高等卫生职业院校课程改革规划教

供高职医学检验技术专业使用

案例版™

微生物检验技术

主　编　李剑平

副主编　杨　翀　张新明　袁　星

编　者　（按姓氏汉语拼音排序）

陈　娇　江西卫生职业学院
陈　静　江西卫生职业学院
陈秀荣　宜春职业技术学院医学院
窦　迪　四川中医药高等专科学校
李剑平　江西卫生职业学院
龙小山　广州医科大学卫生职业技术学院
楼　研　安徽医学高等专科学校
王革新　南阳医学高等专科学校
胥振国　合肥职业技术学院
杨　翀　广州医科大学卫生职业技术学院
杨园园　运城护理职业学院
袁　星　合肥职业技术学院
张新明　湖北三峡职业技术学院

科学出版社

北　京

内 容 简 介

本教材分为三篇，共二十一章。第一篇为微生物学及检验概述，第二篇为微生物检验，第三篇为微生物检验常用实验指导。各院校在使用时，根据教学大纲要求，结合本校实际情况对教材内容加以适当调整。

在教材内容中，增设了相关的临床案例，以启发学生思考，提高学习兴趣，开阔学生视野，便于教师开展"学导式"教学活动；并紧密结合全国临床医学检验技术（士）专业资格考试大纲，在每章正文后附复习思考题，便于学生对所学知识进行自我检测。

本教材供高职医学检验技术专业使用。

图书在版编目（CIP）数据

微生物检验技术 / 李剑平主编．—北京：科学出版社，2016.1
高等卫生职业院校课程改革规划教材
ISBN 978-7-03-046234-3

Ⅰ．微…　Ⅱ．李…　Ⅲ．病原微生物－医学检验－高等职业教育－教材　Ⅳ．R446.5

中国版本图书馆 CIP 数据核字（2015）第264582号

责任编辑：丁海燕 / 责任校对：朱　光
责任印制：李　彤 / 封面设计：金舵手世纪

科 学 出 版 社 出版
北京东黄城根北街 16 号
邮政编码：100717
http://www.sciencep.com
北京虎彩文化传播有限公司 印刷
科学出版社发行　各地新华书店经销
*
2016年1月第　一　版　开本：787×1092　1/16
2022年1月第五次印刷　印张：24 1/4
字数：568 000

定价：98.80元

（如有印装质量问题，我社负责调换）

前　言

《微生物检验技术》是高等卫生职业院校课程改革规划教材之一，可供卫生职业院校高职医学检验技术专业学生及相关人员使用。

本教材的编写以《中国医学教育改革和发展纲要》、《中共中央国务院关于卫生改革与发展的决定》为指南，围绕“培养与我国社会主义现代化建设要求相适应，德智体美全面发展，具有综合职业能力、高素质的技术技能型医药卫生职业人才”的培养目标编写而成。

在编写本教材的过程中，参考了大量相关教材及资料，认真精选教材内容，吸取现有同类教材的优点；突出必须的基本理论、基本知识和基本技能；体现思想性、科学性、先进性、启发性和适用性的原则。融传授知识、培养能力、提高素质为一体，注重培养学生创新、获取信息及终身学习的能力。做到深入浅出，循序渐进，便于学生理解与自学。

全书分为三篇，共二十一章。第一篇为微生物学及检验概述，第二篇为微生物检验，第三篇为微生物检验常用实验指导。各院校在使用时，根据教学大纲要求，结合本校实际情况对教材内容加以适当调整。

在教材内容中，增设了相关的临床案例，以启发学生思考，提高学习兴趣，开阔学生视野，便于教师开展“学导式”教学活动；并紧密结合全国临床医学检验技术（士）专业资格考试大纲，在每章正文后附复习思考题，便于学生对所学知识进行自我检测。

在教材编写过程中，参考和引用了各类医药院校同类教材及相关资料，得到了科学出版社及各参编学校的大力支持，在此一并表示衷心感谢。限于编写人员的学术水平及编写能力，教材中可能存在不少欠妥和错漏之处，恳请读者批评指正。

编　者

2015 年 10 月

目　　录

第一篇　微生物学及检验概述

第二篇　微生物检验

第一篇　微生物学及检验概述

第1章 绪 论

学习目标

1. 掌握：微生物的概念、微生物的类型、微生物学检验的主要任务及微生物学检验的基本原则。
2. 熟悉：微生物学、医学微生物学及微生物与人类的关系。
3. 了解：医学微生物学的发展。

一、微生物、微生物学及医学微生物学

1. 微生物 微生物（microorganism）是一群个体微小、结构简单，不能被肉眼直接看见，必须借助光学显微镜或电子显微镜放大数百倍、数千倍，甚至数万倍才能观察到的微小生物。

2. 微生物学 微生物学（microbiology）是研究微生物的种类、形态、结构、生长繁殖、代谢、遗传变异、进化，以及微生物之间，微生物与人类、动植物等相互关系的一门科学，是生命科学的一个分支。

现代微生物学根据研究的侧重面及层次的不同，形成了许多分支。例如，基础微生物学有微生物生理学、微生物生态学、微生物遗传学、微生物分子生物学、微生物基因组学等。按研究对象可分为细菌学、真菌学、病毒学等。按生态环境不同可分为土壤微生物学、环境微生物学、水域微生物学、海洋微生物学、宇宙微生物学等。按应用领域可分为医学微生物学、药用微生物学、食品微生物学、卫生微生物学、工业微生物学、农业微生物学、兽医微生物学、预防微生物学等。这些分支学科相互配合，相互促进，使微生物学不断深入发展。

3. 医学微生物学 医学微生物学（medical microbiology）是研究与医学有关的致病性微生物的生物学性状、感染与免疫机制、特异性诊断和防治的科学。通过医学微生物学的研究，达到控制和消灭感染性疾病及与之有关的免疫损伤等疾病，保障和提高人类健康水平的目的。

二、微生物的种类

微生物具有个体微小、结构简单、繁殖迅速、容易变异、种类繁多及分布广泛的特点。根据其结构及化学组成等的不同，可将其分为三大类。

1. 真核细胞型微生物 细胞核分化程度高，有核膜和核仁，细胞器完整。真菌属此类。

2. 原核细胞型微生物 有原始的核，无核膜、核仁，缺乏完整的细胞器。例如，细菌、放线菌、支原体、衣原体、立克次体及螺旋体。

3. 非细胞型微生物 是一类最小的微生物，能通过滤菌器，无典型的细胞结构，无酶

系统，必须在活的组织细胞内进行增殖。核酸类型为 DNA 或 RNA。病毒属此类。

三、微生物与人类的关系

自然界中微生物常以种群形式出现，极少单独存在。各种微生物种群与周围环境或人体共同构成生态系统。它们在自然界分布极为广泛，土壤、水、空气，各种物体表面均存在不同种类及数量的微生物。人体体表及与外界相通的腔道中也存在大量的微生物，这些微生物在长期的进化过程中与人体形成共生关系。绝大多数微生物对人和动植物的生存是无害的，有些甚至是必需的。在地球上，在生物的繁衍与发展、食物链的形成中微生物起着重要作用。自然界中物质循环需要有关微生物的代谢活动来进行。现在，人类已将微生物广泛应用于工农业生产上。

在工业方面，微生物应用于制药、食品、皮革、纺织、石油、化工、冶金、创新能源等领域。通过微生物发酵途径生产抗生素、维生素、有机酸等。在利用微生物进行石油勘探、开采、加工及处理石油污染的土壤、海洋等方面有广阔的发展前景；在农业方面，利用微生物制造菌肥、植物生长素等；在环境保护方面，亦可利用微生物分解污水中的酚、有机磷、氰化物，还原废水中的汞、砷等毒性物质，从而保护环境；在遗传工程及基因工程方面，微生物也被广泛利用。例如，大肠埃希菌、枯草芽胞杆菌及酵母菌是常用的工程菌，噬菌体和质粒是分子生物学中的重要载体，限制性核酸内切酶是细菌的代谢产物等。

少数微生物能引起人和动、植物的病害，这些微生物被称为病原微生物。例如，它们可引起人类的结核、伤寒、痢疾、肝炎、艾滋病等；引起禽、兽的禽流感、鸡霍乱、牛炭疽等；有的微生物既可引起人的疾病，又可引起动物的疾病，此类微生物被称为人兽共患病原微生物，此类微生物所引起的疾病称人兽共患病。例如，狂犬病病毒所引起的狂犬病，为人兽共患病。另外，有的微生物能引起食物、药物等物质的霉变和腐败。

四、医学微生物学的发展

医学微生物学是人类在探讨感染性疾病的病因、发病机制、流行规律及防治措施的过程中，通过不断认识、长期实践而逐步发展完善起来的科学。

链 接

开创微生物学的第一人

1632 年，吕文虎克出生在荷兰一个靠编织篮子和酿酒为生的家庭，曾经当过学徒工，他在业余时间学会了磨透镜的技术。1676 年，他制成了一台能放大 266 倍的显微镜。他取来唾液、大小便、池水等样品，置于这台显微镜下观察，结果发现了游动着的小生命，他如实地记录下结果，将结果寄给了英国皇家学会，并提出了他的见解。吕文虎克的发现得到了英国皇家学会的肯定，他由此成为皇家学会会员。吕文虎克是第一个发明显微镜和最早发现微生物的人，因此被誉为开创微生物学的第一人。

1676 年，荷兰人吕文虎克利用自制的显微镜观察到不同形态的微生物，证实了微生物的存在，为微生物学的发展奠定了基础。法国化学家巴斯德证实了有机物的发酵与腐败是由微生物引起的，并创用了巴氏消毒法。在巴斯德影响下，英国外科医生李斯特创用苯酚喷洒手术室和煮沸手术用具，以防止术后感染，这些措施为防腐、消毒及无菌操作打下了基础。德国医生郭霍创用了固体培养基分离培养细菌和细菌染色技术，为分离细菌和鉴定细菌打下了基础，并先后发现了炭疽芽胞杆菌、结核分枝杆菌和霍乱弧菌等。巴斯德和郭霍是微生物学的奠基人。1892 年，俄国的伊凡诺夫斯基发现了烟草花叶病毒。1901 年，美国科学家 Walter Reed 首先分离出对人致病的第一个病毒（黄热病病毒）。1929 年，英国人弗莱明发现青霉素，为感染性疾病的临床治疗带来了一次重大的革命。

近年来，随着化学、物理学、生物化学、遗传学、细胞生物学、免疫学和分子生物学等学科的发展，医学微生物学也得到了突飞猛进的发展。新的微生物不断被发现。微生物全基因组的研究已取得进展，使人们能发现病原微生物的致病基因和特异 DNA 序列，这对于诊断感染性疾病、研制新抗菌药物和疫苗等都有重要意义。新型疫苗的研究进展快，具有广阔的发展前景。微生物学诊断技术也有了快速发展。新的抗细菌和抗病毒药物研究有了突破性进展，对感染性疾病的治疗起着极大的作用。

五、微生物学检验

微生物学检验是应用医学微生物学的基础理论和技能，及时、准确地对临床标本作出病原学诊断和抗菌药物敏感性报告，为临床感染性疾病的预防、诊断和治疗提供科学依据的一门应用型学科。

案例 1-1

2002 年底至 2003 年上半年，全球流行一种急性呼吸道传染病（严重急性呼吸综合征，SARS），自 2002 年 11 月 16 日我国广东佛山市首次报告 SARS 病例后，该疾病在我国乃至全世界迅速形成流行态势。患者主要出现发热和咳嗽、呼吸加速、气促、或呼吸窘迫综合征等症状。SARS 传染性极强，死亡率高。2003 年 3 月，中国军事医学科学院微生物学流行病学研究所及国际 13 个实验室的病毒学专家通过微生物学检验，从 SARS 患者组织中先后成功地检测到该疾病的病原体（SARS 冠状病毒）。

问题：

1. 什么是微生物学检验？
2. 微生物学检验的主要任务有哪些？
3. 微生物学检验的发展趋势是什么？

（一）微生物学检验的主要任务

1. 研究微生物检验标本采集、运送、保存和处理等方法，提高病原微生物的检出率。
2. 探讨各种病原微生物的鉴定程序，选择最佳检验方法，为临床提供快速、准确的病原学诊断，提高检验质量。
3. 正确使用各种微生物检验快速诊断和药敏试验的自动化、微量化设备。
4. 按照国际标准操作程序和方法进行抗微生物药物敏感性试验，为临床合理使用抗菌药物提供依据。
5. 根据医院感染的特点、发生因素、实验室检测结果，采取有效措施对医院感染进行监控。
6. 正确分析微生物学检验结果，正确评价实验方法及临床意义。

（二）微生物学检验的基本原则

1. 保障临床微生物检验标本可靠 正确采集标本是感染性疾病诊断的第一步，必须根据患者的临床表现选择采集标本的部位和类型，正确处理和运送标本。并了解送检标本的临床背景和抗菌药物的使用情况，为选择微生物检验程序、检验方法及分析检验结果提供参考。

2. 了解机体正常菌群 对来自机体体表及各种腔道的标本，必须排除正常菌群的污染，方能确定为感染。了解人体正常菌群、条件致病菌、内源性感染、菌群失调症，以正确评价检验结果的临床意义。

3. 保证检验质量 收到合格的临床标本后，应选择适宜的检验程序及正确的检验方法进行微生物检验，并对检验人员、检验试剂、检验设备、操作方法、结果报告等进行全面的质量控制，保证检验质量。

4. 正确分析微生物学检验结果 分析微生物检验结果首先要定性，即判断是致病菌还是条件致病菌，若分离出致病菌，则无论其数量多少均有临床意义。若分离到条件致病菌，则要参考其数量，此为定量。有的标本还要进行定位（细菌分离的部位）分析，如细菌来自人体有菌部位，其临床意义要参考微生物的定性和定量分析，如细菌来自血液等无菌部位，排除污染的情况，则无论微生物种类是什么，数量多少均具有临床意义。在分析检验结果时，还要结合患者的病情，考虑结果是否符合临床症状。

5. 加强与临床的沟通 通过与临床沟通，了解患者临床信息，为选择合理的检验方法提供参考，为检验结果提供依据。亦可指导临床正确采集标本、接受专业咨询，告知耐药情况及医院感染情况，提出预防和控制措施。

目前，随着生物物理技术、光电信号转化技术、分子生物学技术、计算机技术等的发展和运用，微生物学检验技术正向着快速化、微量化、自动化及信息化的方向迈进。气相色谱技术、荧光免疫技术、酶免疫分析技术、发光免疫分析技术、聚合酶链反应等技术的广泛应用，使微生物检验具有特异性强及灵敏度高等特点，极大地提高了检测水平。各类商品化的检测试剂盒、微生物自动鉴定和药敏分析系统的使用，使得微生物检验效率得到提高，结果更加准确，检验质量得到保障。随着人类社会的进步和医学科学的发展，微生物学检验将会取得新的更大的成就，为人类健康作出更大的贡献。

目标检测

一、名词解释

1. 微生物
2. 病原微生物
3. 微生物学检验

二、选择题（选择一个最佳答案）

1. 绝大多数微生物对人体（　　）
   A. 有益　B. 有害
   C. 危害大于益处　D. 引起感染
   E. 致病
2. 下列属于非细胞型微生物的是（　　）
   A. 细菌　B. 支原体
   C. 衣原体　D. 病毒
   E. 立克次体
3. 下列属于真核细胞型微生物的是（　　）
   A. 放线菌　B. 立克次体
   C. 支原体　D. 病毒
   E. 真菌
4. 不属于原核细胞型微生物细胞结构特征的是（　　）
   A. 结构简单　B. 有细胞壁
   C. 细胞器完善　D. 有原始核
   E. 无核仁

5. 真核细胞型微生物的主要特点（　　）
   A. 体积最微小的微生物
   B. 有完整的细胞核结构
   C. 无核仁
   D. 无完整细胞器
   E. 均为单细胞
6. 下列哪项不是非细胞型微生物的特征（　　）
   A. 体积最小，能通过滤菌器
   B. 无细胞结构
   C. 无酶系统
   D. 核酸类型为 DNA 和 RNA
   E. 必须在活的组织细胞内进行增殖
7. 有关微生物特点的叙述哪项是错误的（　　）
   A. 肉眼看不见
   B. 只有用电子显微镜才能观察到
   C. 体积微小，结构简单
   D. 种类繁多，分布广泛
   E. 与人类关系密切
8. 首次创用固体培养基和细菌染色技术的是（　　）
   A. 吕文虎克
   B. 法国化学家巴斯德
   C. 英国外科医生李斯特
   D. 俄国的伊凡诺夫斯基
   E. 德国医生郭霍
9. 首先分离出对人致病的第一个病毒的是（　　）
   A. 美国科学家 Walter Reed
   B. 英国人弗莱明
   C. 英国外科医生李斯特
   D. 德国医生郭霍
   E. 俄国的伊凡诺夫斯基
10. 炭疽芽胞杆菌可引起人和牛、羊、马的炭疽，该菌属于（　　）
   A. 条件致病病原体　B. 条件致病菌
   C. 人兽共患病原菌　D. 非致病菌
   E. 引起食物、药物等物质的霉变和腐败的细菌

三、问答题

1. 按照微生物的结构和化学组成，可把微生物分为哪些类型？每种类型分别包括哪几种微生物？
2. 微生物学检验的主要任务有哪些？
3. 微生物学检验的基本原则是什么？

（李剑平）

第2章　细菌的基本性状

学习目标

1. 掌握：细菌的形态、大小、结构和消毒灭菌方法。
2. 熟悉：细菌的L型、生长繁殖、新陈代谢和分布。
3. 了解：细菌的理化性状、变异现象和变异机制。

细菌(bacterium)属于原核微生物，具有细胞壁，除核糖体外无其他细胞器，仅有核质，没有核膜和核仁。细菌的形态和结构相对稳定，掌握细菌的基本性状，对研究细菌的致病机制、免疫性和抵抗力，鉴别细菌、诊断和防治疾病，开发利用细菌等具有重要意义。

第1节　细菌的形态与结构

一、细菌的大小与形态

（一）细菌的大小

细菌个体微小，需要用显微镜放大数百至上千倍才能看见。细菌的测量单位通常是微米（μm），球菌用直径、杆菌和螺形菌用长×宽的大小来表示，一般球菌的直径为1.0μm，中等大小的杆菌为（2.0～3.0）μm×（0.3～0.5）μm，但是螺形菌的长度是菌体两端点间的距离，不是真正的长度。

（二）细菌的形态

细菌的基本形态有球形、杆形和螺形3种，因此根据形态分别称为球菌、杆菌和螺形菌（图2-1）。

1. 球菌（coccus） 菌体大多数呈球形，某些近似球形（肾形、矛头形或咖啡豆形等）。按照其分裂方向和分裂后菌体的排列方式不同分为：①双球菌：沿着一个平面分裂，分裂后的两个菌体成双排列，如脑膜炎奈瑟菌；②链球菌：沿着一个平面分裂，分裂后的多个菌体成链状排列，如溶血性链球菌；③葡萄球菌：沿着多个平面进行不规则的分裂，分裂后的菌体成葡萄串状排列，如金黄色葡萄球菌；④四联球菌和八叠球菌：沿着两个垂直平面分裂，分裂后的四个菌体排列在一起称四联球菌，沿着三个垂直平面分裂，分裂后的八个菌体叠在一起称八叠球菌。

2. 杆菌（bacillus） 菌体大多数呈直杆状，长短粗细随着种类不同而差别很大。短杆菌近似球状，长杆菌近似丝状，有的末端膨大似棒状，有的中间膨大似纺锤（梭状）。按照其分裂后的排列方式不同分为：①单杆菌：散在排列，如大肠埃希菌；②双杆菌：成双排

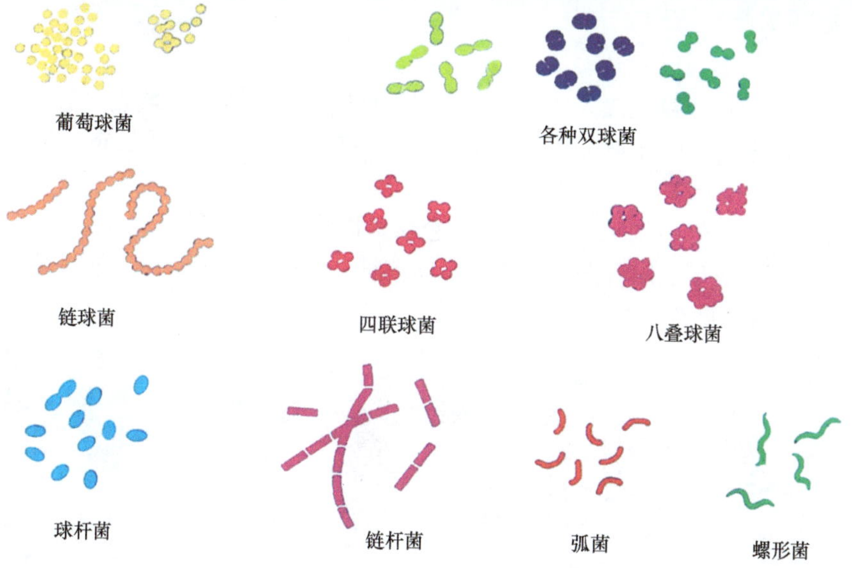

图 2-1　细菌的各种形态示意图

列，如肺炎克雷伯菌；③链杆菌：链状排列，如炭疽芽胞杆菌；④分枝杆菌：呈分枝状生长，如结核分枝杆菌。

3. 螺形菌（spiral bacterium） 菌体弯曲，根据弯曲的数目不同分为：①弧菌：只有一个弯曲，呈弧形或逗点状，如霍乱弧菌；②螺菌：有数个弯曲，如幽门螺杆菌。

不同种细菌的形态大小不一样，同种细菌的形态大小也受菌龄和环境的影响而有差异，如培养基成分、pH、温度、培养时间和受抗生素作用等。通常细菌在适宜条件下培养 8～18h，即对数期形态大小较为典型，菌龄老化或不利环境导致细菌常出现多形性，在细菌的研究、鉴别及实验室诊断时应引起注意。通常描述的细菌形态、染色、排列等指的是典型状态。

二、细菌的结构

图 2-2 显示了细菌的结构，细菌的结构包括基本结构和特殊结构。细菌的基本结构是指所有细菌都具有的结构，特殊结构是指某些细菌特有的结构。

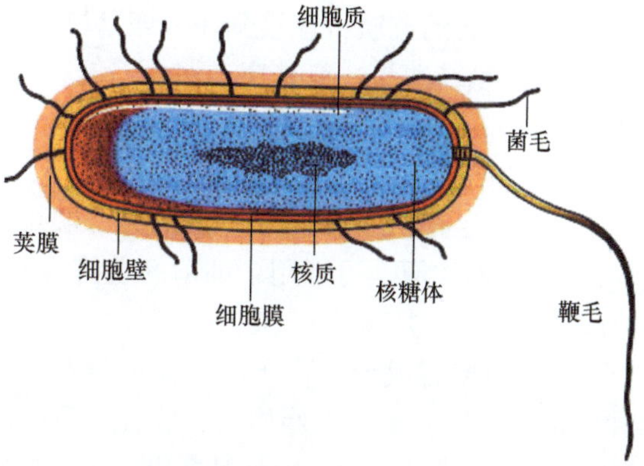

图 2-2　细菌细胞结构模式图

（一）细菌的基本结构

细菌的基本结构包括细胞壁、细胞膜、细胞质和核质。

1. 细胞壁 紧贴于细胞膜外的坚韧而富有弹性的膜状结构，一般光学显微镜下不易看到，经高渗溶液处理使其与细胞膜分离后，再经特殊染色观察才可见，或者用电子显微镜直接观察。

（1）细胞壁的组成与结构：采用革兰染色法可以将细菌分为革兰阳性菌（G^+）和革兰阴性菌（G^-）两类。革兰阳性菌的细胞壁由肽聚糖和磷壁酸组成，革兰阴性菌的细胞壁由肽聚糖和外膜组成，见图 2-3。

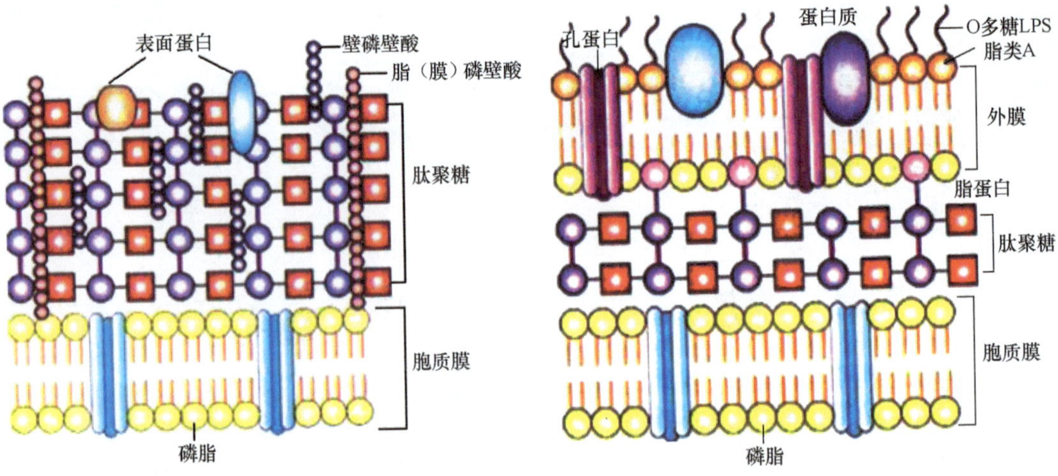

革兰阳性菌的细胞壁　　革兰阴性菌的细胞壁

图 2-3　细菌细胞壁结构模式图

肽聚糖又称黏肽、糖肽，是细菌细胞壁的共同成分，也是原核细胞所特有的成分。革兰阳性菌的肽聚糖是由聚糖骨架、四肽侧链和五肽交联桥构成的三维立体结构，而革兰阴性菌的肽聚糖是由聚糖骨架和四肽侧链构成的二维平面结构，见图 2-4。聚糖骨架由 *N*- 乙酰葡萄糖胺和 *N*- 乙酰胞壁酸交替排列，经 β-1，4 糖苷键连接而成。四肽侧链由四个氨基酸组成，连接在胞壁酸分子上。五肽交联桥由五个氨基酸组成，连接侧链。各种细菌的聚糖骨架基本相同，但是四肽侧链和五肽交联桥的组成和连接方式随着菌种的不同有差异。金黄色葡萄球菌的四肽侧链由 L- 丙氨酸、D- 谷氨酸、L- 赖氨酸、D- 丙氨酸依次构成，第三位的 L- 赖氨酸由五个甘氨酸组成的五肽桥连接到相邻四肽链第四位的 D- 丙氨酸上。大肠埃希菌的四肽侧链中第三位的氨基酸为二氨基庚二酸，二氨基庚二酸与相邻四肽侧链末端的 D- 丙氨酸直接连接。

磷壁酸是革兰阳性菌细胞壁的特有成分，依据结合部位的不同，分为壁磷壁酸和膜磷壁酸，两种磷壁酸的一端都游离于细胞壁外。壁磷壁酸的另一端与肽聚糖的 *N*- 乙酰胞壁酸相连，是革兰阳性菌的重要的表面抗原，可以用于细菌的血清型分类。膜磷壁酸的另一端与细胞膜的磷脂相连，为黏附因子，与致病性有关。

外膜是革兰阴性菌细胞壁的特有成分，位于肽聚糖的外侧，由外向内依次为脂多糖（LPS）、脂质双分子层和脂蛋白：①脂多糖由脂质 A、核心多糖和特异性多糖三部分组成，其中脂质 A 为内毒素的主要成分和毒性成分，特异性多糖是重要的菌体抗原（O 抗原），决定细菌种或型的特异性；②脂质双分子层为典型的磷脂双层，内镶嵌有多种功能的蛋白质，

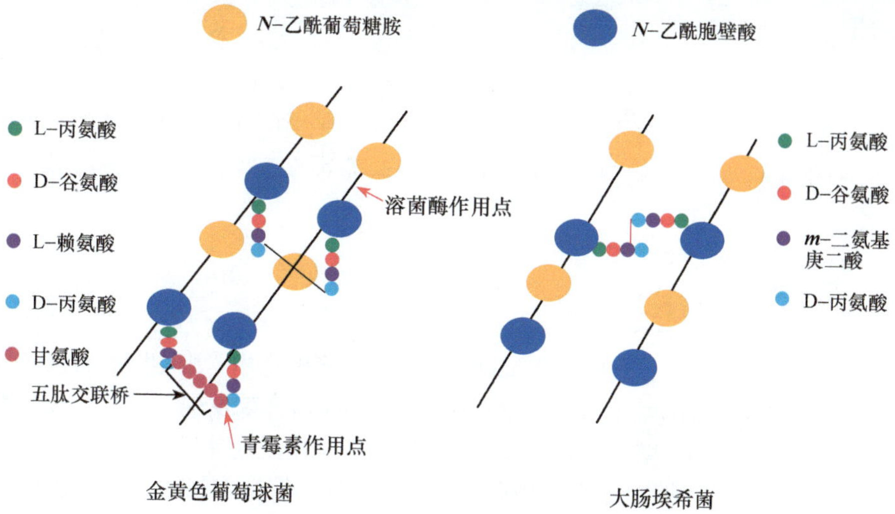

图 2-4 细菌细胞壁中肽聚糖的结构模式图

除进行物质交换外，还有屏障作用，阻止青霉素、溶菌酶和大分子物质进入，有的承担受体作用；③脂蛋白由脂质和蛋白质构成，连接外膜和肽聚糖，构成一个稳定的整体。

此外，某些革兰阳性菌的细胞壁表面还有一些特殊成分，如金黄色葡萄球菌有A蛋白，链球菌有M蛋白和C多糖等。革兰阴性菌的细胞膜和细胞壁间有一空隙称为周浆间隙，内含特殊结合蛋白质及多种胞外酶，在细菌获得营养、破坏抗生素等方面起重要作用。

由于两类细菌细胞壁的组成和结构有显著差异（表2-1），导致这两类细菌在染色性、抗原性、致病性及对药物的敏感性等方面有很大差异。革兰染色时革兰阳性菌呈紫色，革兰阴性菌呈红色。壁磷壁酸是革兰阳性菌的表面抗原，特异性多糖是革兰阴性菌的菌体抗原。脂质A是革兰阴性菌的致病因素，膜磷壁酸是革兰阳性菌的致病因素。革兰阳性菌一般对溶菌酶和青霉素敏感，因为溶菌酶能破坏*N*-乙酰葡萄糖胺和*N*-乙酰胞壁酸之间的β-1，4-糖苷键，青霉素能抑制五肽交联桥与四肽侧链末端的D-丙氨酸之间的连接，干扰细胞壁合成导致细菌死亡；革兰阴性菌的肽聚糖含量少，无五肽交联桥，还有外膜的保护，故对溶菌酶和青霉素不敏感。人与动物的细胞没有细胞壁和肽聚糖，故这类药物对人和动物体细胞无毒性作用。

表 2-1 革兰阳性菌与革兰阴性菌细胞壁比较

结构	革兰阳性菌	革兰阴性菌
肽聚糖组成	聚糖骨架、四肽侧链、五肽交联桥	聚糖骨架、四肽侧链
肽聚糖层数	可达50层	仅1~2层
肽聚糖含量	占细胞壁干重50%~80%	占细胞壁干重5%~10%
坚韧度	强，较坚韧	差，较疏松
磷壁酸	有	无
外膜	无	有

（2）细胞壁的功能：细菌细胞壁的主要功能有①维持细菌固有外形，抵抗低渗环境；②参与物质交换；③屏障作用，阻止药物渗入；④免疫作用，菌体存在的抗原可以诱发机体的免疫应答，进行血清型分类；⑤致病作用，存在有内毒素、黏附因子和抗吞噬物质。

案例 2-1

某患者，男性，40岁，反复发热5个月余收入院。查体：体温39℃，心率98次/分，呼吸19次/分，皮肤有多处出血点。常规检查：白细胞计数14×10^9/L，中性粒细胞85%，初步诊断为败血症。但是血液多次细菌培养均为阴性，抗生素治疗效果不佳。

问题：

1. 细菌培养为阴性的原因可能是什么？
2. 该细菌有哪些特性？

（3）细胞壁缺陷型细菌：当细菌受到理化或生物因素的作用，细胞壁被直接破坏或者合成被抑制，称为细胞壁缺陷型细菌，因首先在法国Lister研究院发现，故又称L型细菌。特性有：①多形性：缺失细胞壁，主要是肽聚糖缺陷造成细菌呈现球形、杆状和丝状等。不论细菌原来是革兰阳性或阴性，形成L型后多是革兰阴性。②嗜高渗性：在普通培养基上难生长，只能在高渗环境中才能生长。在含有10%～20%人或马血清的高渗低琼脂培养基中缓慢生长，形成中间较厚、四周较薄的荷包蛋样细小菌落。在液体培养基中生长后呈疏松的絮状颗粒，沉于管底。改用高渗培养基培养后，分离出细菌。③返祖性：当破坏菌壁的因素去除后，L型又可恢复完整的细胞壁变回亲本菌株。④可致病：L型仍具有一定的致病力，通常引起慢性感染，如尿路感染、骨髓炎、心内膜炎等，并常在使用作用于细胞壁的抗菌药物（β-内酰胺类抗生素等）治疗过程中发生。临床上遇有症状明显而标本常规细菌培养阴性者，应考虑L型细菌感染的可能性，宜做L型的专门分离培养，并更换抗菌药物。

2. 细胞膜 位于细胞壁内侧，为紧包在细胞质外面的一层富有弹性和半透性的生物膜。其由磷脂双层和多种蛋白质组成，还含少量糖类。蛋白质多是酶和载体，不含胆固醇是与真核细胞膜的区别点。

（1）功能：细菌细胞膜的功能主要有①控制细菌内外物质的转运与交换；②参与细菌的呼吸过程，与能量产生、储存和利用等有关；③参与生物合成，细菌细胞膜上的合成酶与细胞壁、荚膜和鞭毛的合成有关；④分泌细胞胞外酶；⑤形成中介体。

（2）中介体：又称中间体，是细胞膜内陷、折叠形成的囊状结构，电镜下可见，多见于革兰阳性菌。中介体扩大了细胞膜的表面积，相应地增加了呼吸酶的含量，可为细菌提供大量能量，有拟线粒体之称。中介体与核质相连，当细菌分裂时中介体也一分为二，各自带一套核质进入子代细菌，有类似真核细胞纺锤体的功能。中介体还与细胞壁合成和芽胞形成等有关。

3. 细胞质 又称细胞浆，是被细胞膜包裹着的无色透明胶状物，由水、蛋白质、脂类、核酸及少量的糖、无机盐组成。细胞质内含有多种酶类，是细菌新陈代谢的主要场所。细胞质中还含有以下多种重要结构。

（1）核糖体：又称核蛋白体，是由RNA和蛋白质组成的超微颗粒，大量存在于细胞质中，是细菌合成蛋白质的场所。细菌核糖体的沉降系数和人体核糖体的沉降系数不同；细菌核糖体的沉降系数为70S，由50S和30S两个小亚基组成。真核细胞核糖体的沉降系数为80S，由60S和40S两个小亚基组成。抗生素中链霉素与小亚基30S结合、红霉素与大亚基50S结合，干扰蛋白质合成导致细菌死亡，而对人体细胞无影响。

（2）胞质颗粒：是指细胞质中存在的多种颗粒，多为细菌暂时储存的营养物质，包括多糖、脂类、多磷酸盐等。较常见的是异染颗粒，主要成分是RNA和多聚偏磷酸盐，嗜碱性强，经染色后颜色明显不同于菌体的其他部位，对细菌鉴别有一定意义，如白喉棒状杆菌可通过异染颗粒鉴别。

（3）质粒（plasmid）：是细菌染色体外的遗传物质，为环状闭合的双链 DNA 分子，携带有某些遗传信息，控制细菌的某些特殊的遗传性状，如性菌毛生成、耐药性的产生。质粒在遗传工程中常用作基因的载体。

4. 核质　多集中于菌体中央。细菌是原核细胞，没有成形的核，即没有核膜和核仁，故又称核区或拟核。内含细菌存活必需的遗传物质，由一条细长的闭合双链 DNA 反复盘绕卷曲而成，控制细菌的共同的遗传性状，如生长、代谢、繁殖、遗传变异等。

（二）细菌的特殊结构

细菌的特殊结构包括芽胞、荚膜、鞭毛和菌毛。

1. 芽胞（spore）　是某些细菌（主要是革兰阳性杆菌）在一定条件下脱水浓缩，在菌体内形成的圆形或椭圆形的小体（图 2-5）。芽胞形成受环境的影响，一般在动物体外或者营养缺乏，特别是缺少碳源和氮源时容易形成。芽胞具有核质和菌体的酶，保持细菌的全部生命活性，遇适宜的环境又可吸水膨大形成新的菌体。一个细菌只能形成一个芽胞，一个芽胞也只能形成一个菌体，菌体能进行分裂繁殖，芽胞不是细菌的繁殖方式。由于芽胞壁厚、折光性强，不易着色，需经媒染和加热等处理，在光学显微镜下才能可见。

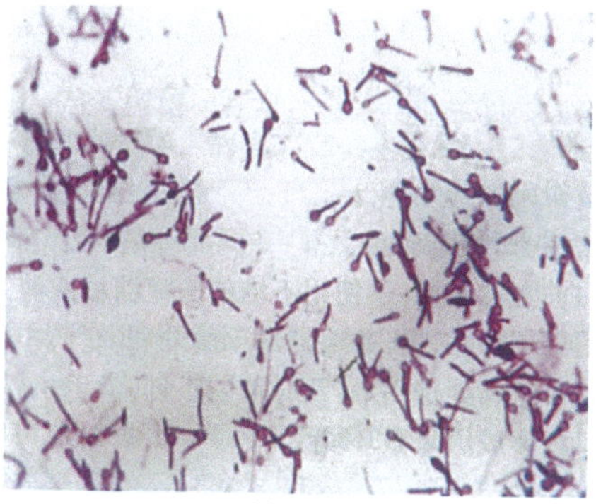

镜下图

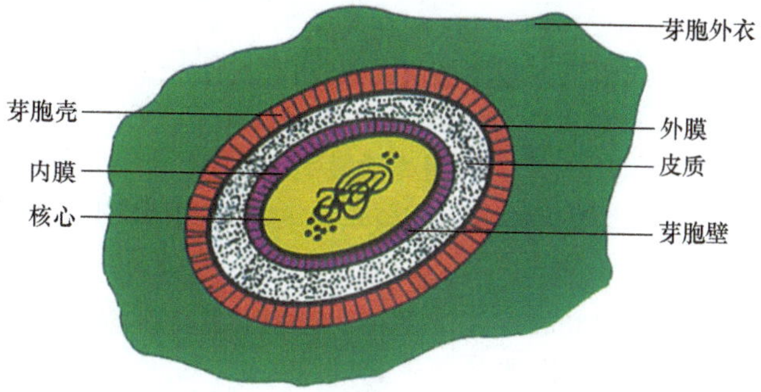

结构示意图

图 2-5　细菌芽胞

芽胞形成的意义有：①细菌的休眠体：芽胞代谢缓慢，营养要求低，因此芽胞是细菌抵抗不良环境的特殊存活形式，与芽胞相对而言菌体称繁殖体。②增强细菌的抵抗力：由于芽胞具有多层致密的膜结构，通透性低，含水量少，蛋白质受热不易变性，内含大量耐热的吡啶二羧酸钙盐，因此对高温、干燥、化学消毒剂和辐射等有较强的抵抗力。芽胞形成后可以脱离菌体游离于环境中，在自然界分布广泛，可以存活几年至数十年，一旦进入机体后可以转变成繁殖体。芽胞本身不引起疾病，但是菌体大量繁殖后能够致病，因此，防止芽胞污染环境具有重要的医学意义。③鉴别细菌：芽胞的大小、形状和在菌体中的位置因种而异，故可鉴别细菌。④判断灭菌效果的指标：医疗器械、敷料、培养基等进行灭菌时，要以杀灭芽胞作为消毒灭菌的标准。

2. 荚膜（capsule）　是某些细菌细胞壁外包绕的一层黏液性物质。厚度≥0.2μm 者称荚膜，与细胞壁结合牢固，用普通光学显微镜可见；厚度<0.2μm 者称微荚膜，必须用电子显微镜或免疫学方法证实其存在，若黏液性物质疏松附着细菌表面，边界不明显且易洗脱者称黏液层。荚膜的形成受遗传控制和环境影响，一般在动物体内或营养丰富的培养基

中容易形成，环境不良或在普通培养基上则容易消失。荚膜的化学成分随种而异，多数细菌的荚膜为多糖，如肺炎双球菌等；少数细菌的荚膜为多肽，如炭疽芽胞杆菌；个别细菌的荚膜为透明质酸。用一般染色法荚膜不易着色，但是在显微镜下能看到菌体周围有一层透明圈（图 2-6），需特殊染色法将荚膜染成与菌体不同的颜色，如墨汁负染法。荚膜与同型抗血清特异性结合可使荚膜显著增大出现肿胀，称荚膜肿胀试验，常用于鉴定肺炎链球菌、流感嗜血杆菌和炭疽芽胞杆菌等。

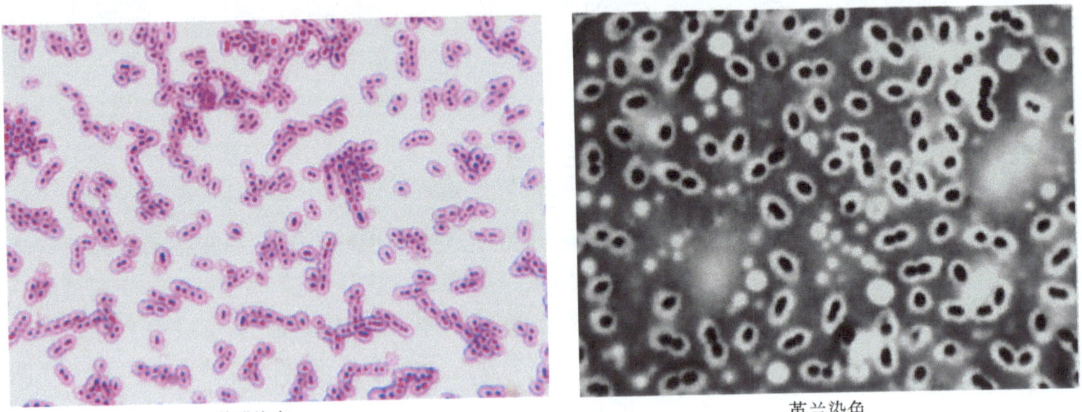

荚膜染色　　革兰染色

图 2-6　细菌的荚膜

荚膜形成的意义有：①抗吞噬：可以有效抵抗吞噬细胞的吞噬消化作用。②抗杀伤：保护细菌免受体内抗菌药物、溶菌酶、抗体、补体等的杀伤作用。③抗干燥：荚膜多糖为高度水合分子，可以潴留水分。④黏附作用：荚膜多糖可使细菌彼此间粘连，也可黏附于组织细胞或无生命物体表面。荚膜本身无毒性，但与细菌的致病性密切相关。⑤细菌鉴别与分型：根据细菌有无荚膜、荚膜抗原的特异性鉴别不同细菌，同种细菌还可根据荚膜组分的不同进行分型。⑥制备疫苗：荚膜具有免疫原性，能刺激机体产生抗体，可用荚膜抗原制备有效疫苗来预防疾病。

3. 鞭毛（flagellum） 是细菌从细胞质延伸到细胞壁外的细长呈波状弯曲的丝状物，为弧菌、螺菌、某些杆菌和少数球菌所具有。

经过特殊鞭毛染色再用光学显微镜可观察鞭毛，用电子显微镜可直接观察鞭毛。还可以通过悬滴法观察细菌运动方式，或者在半固体培养基上穿刺培养观察生长现象，以间接判断细菌是否有鞭毛存在。按鞭毛数目和排列方式，可将鞭毛菌分为单毛菌、双毛菌、丛毛菌和周毛菌四种（图 2-7）。

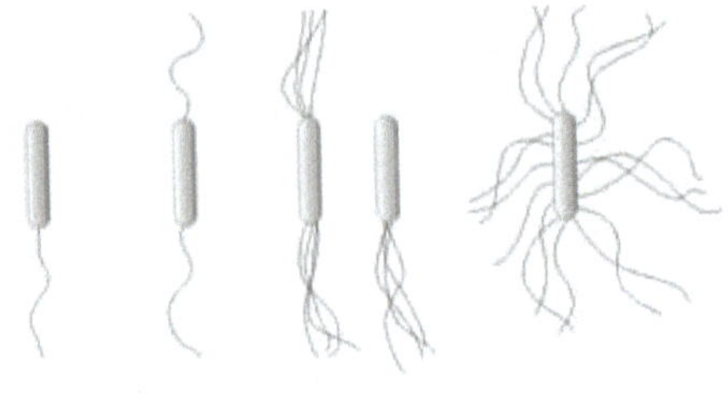

单毛菌　双毛菌　丛毛菌　周毛菌

图 2-7　细菌鞭毛类型模式图

鞭毛形成的意义有：①细菌的运动器官；②与致病性相关：有些细菌的鞭毛与黏附性和侵袭力有关；③与细菌鉴定、分类及分型有关：根据鞭毛的有无、类型和鞭毛蛋白质抗原性（H 抗原）的不同来鉴别不同的细菌。

4. 菌毛（pilus） 是菌体表面具有的比鞭毛细短而直硬的丝状物，主要出现在革兰阴性菌中，必须使用电子显微镜才能观察到（图 2-8）。

根据功能的不同，菌毛分为普通菌毛和性菌

毛两类。普通菌毛遍布于菌体表面，直而短，约数百根，是细菌的黏附器官，细菌借此可牢固黏附于呼吸道、消化道或泌尿生殖道的黏膜上皮细胞上，有利于细菌定居在细胞表面，继而侵入细胞致病，因此普通菌毛与细菌的致病性有关。性菌毛比普通菌毛长而粗，中空管状，仅有 1～10 根，是细菌的接合器官，也是细菌传递遗传物质的通道，细菌的耐药性、毒力等性状可以通过性菌毛转移。通常把有性菌毛的细菌称为雄性菌（F^+菌），无性菌毛的细菌称为雌性菌（F^-菌），性菌毛能将 F^+菌的某些遗传物质转移给 F^-菌，使 F^-菌获得 F^+菌的某些性状。

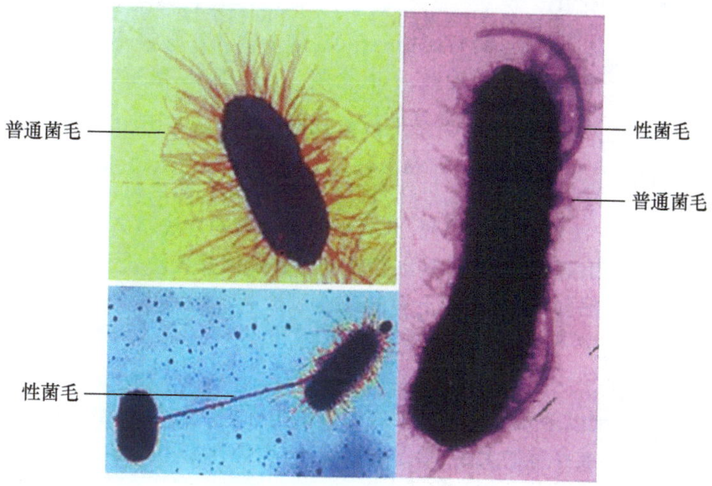

图 2-8　细菌的菌毛

第 2 节　细菌的生理

一、细菌的化学组成和物理性状

（一）细菌的化学组成

细菌细胞内存在多种化学物质，是细菌生命活动的物质基础。细菌和其他生物细胞相似，含的化学物质有水、无机盐、蛋白质、糖类、脂类与核酸等。水是细菌细胞的主要成分，约占总重量的 80%。细菌还含有与其他生物细胞不同的成分，如肽聚糖、磷壁酸、D- 型氨基酸、二氨基庚二酸、吡啶二羧酸等。

（二）细菌的物理性状

1. 带电现象　细菌的蛋白质由兼性离子氨基酸组成，在溶液中可电离出正电荷的氨基和负电荷的羧基，电离与细菌的等电点及所处环境的 pH 有关。革兰阳性菌的等电点为 pH2～3，革兰阴性菌的等电点为 pH4～5，在培养液（近中性或弱碱性）中 pH 均比细菌的等电点高，所以细菌均带负电荷，且革兰阳性菌所带负电荷比革兰阴性菌更多。细菌的带电现象与染色反应、凝集反应、抑菌和杀菌作用等都有密切关系。

2. 光学性质　细菌细胞为半透明体，当光线照射在菌体上，一部分光被吸收，另一部分光被折射，故细菌悬液呈浑浊状态，菌数越多，浊度越大。可以用比浊法或分光光度计粗略估计悬液中细菌数量。

3. 渗透压 细菌内含有高浓度的有机物和无机盐，因而具有较高的渗透压。

4. 布朗运动 无鞭毛的细菌在溶液中，因受分散媒分子的撞击，呈现不发生位移的原地颤动称布朗运动，与有鞭毛细菌的有方向性位移运动完全不同。

5. 体表面积 细菌体积虽小，但相对表面积大，有利于细菌同外界进行物质交换。因此细菌代谢旺盛，繁殖迅速。

6. 半透性 细菌的细胞壁和细胞膜均为半透膜性质，允许水和小分子物质通过，有利于营养的吸收与代谢物的排出。

二、细菌的生长繁殖

（一）细菌生长繁殖的条件

不同种类的细菌生长繁殖的条件不尽相同，但基本条件主要有：

1. 充足的营养物质 无论细菌在机体内生长繁殖，还是在体外人工培养都必须保证有充足的营养物质，而且还要按不同细菌的嗜好满足其营养要求，但基本的营养要求包括水、碳源、氮源、无机盐和生长因子等。

（1）水：是细菌的主要成分，细菌营养的溶解、吸收、渗透、分泌、排泄等均以水为媒介，新陈代谢过程中的生化反应必须有水才能进行。

（2）碳源：细菌利用的碳源包括含碳的无机物和有机物，致病菌所需的碳源主要从葡萄糖、麦芽糖及甘油中获得。碳源用于合成细菌的成分，也是细菌代谢的主要能量来源。

（3）氮源：细菌需要的氮源来自含氮的无机物和有机物，致病菌的氮源主要是蛋白胨、氨基酸等有机氮化物。摄取氮源主要用于合成细菌的蛋白质、酶与核酸等。

（4）无机盐：细菌需要钾、钠、钙、镁、硫、磷、铁、氯等无机盐。作用除构成菌体成分外，还可以调节菌体内外渗透压，作为酶的辅基或激活剂维持酶的活性，并参与能量的储存和转运。某些元素还与细菌致病因素的产生有关，如白喉毒素的产生受培养基中铁含量的影响。

（5）生长因子：指某些细菌在生长繁殖时所必需的但自身不能合成的物质。通常为B族维生素、氨基酸、嘌呤、嘧啶等。少数细菌还需要特殊的生长因子。例如，流感嗜血杆菌需要X因子和V因子，其中X因子是细胞色素氧化酶、过氧化氢酶、过氧化物酶的辅基；V因子是脱氢酶的辅酶。

2. 适宜的酸碱度 大多数致病菌生长繁殖的最适pH为7.2～7.6，个别细菌如霍乱弧菌在pH8.4～9.2，结核分枝杆菌在pH6.5～6.8时生长最好。许多细菌在代谢过程中产酸或碱，影响细菌生长，故在培养基中需要加入缓冲剂。

3. 合适的温度 致病菌在长期的进化过程中适应了人体环境，最适温度为35～37℃，个别细菌如鼠疫耶氏菌在20～28℃生长最好。

4. 恰当的渗透压 大多数细菌生长最适渗透压为等渗环境，少数细菌如嗜盐菌需要在高浓度（3%）的NaCl环境中生长良好。

5. 必要的气体环境 细菌生长繁殖时需要的气体主要是O_2和CO_2。大多数病原菌在有氧及无氧的条件下均能生存，有些细菌仅能在有氧条件下生长，有的只能在无氧环境下生长。大多数细菌在代谢过程中产生的CO_2及空气中的CO_2足够满足需要，不需要额外补充，少数细菌如脑膜炎奈瑟菌、淋病奈瑟菌等初次分离培养时，需要提供5%～10%的CO_2

才能较好地生长，需要人为供给。

（二）细菌的繁殖方式和速度

细菌一般以二分裂方式进行无性繁殖，个别细菌如结核分枝杆菌偶可通过分枝方式繁殖。球菌可从不同平面分裂，分裂后形成不同的排列，如双球菌、链球菌、葡萄球菌；杆菌一般沿横轴分裂，形成链杆菌。细菌分裂数量倍增所需要的时间称为代时，细菌的代时因细菌种类不同而有差异，同时受环境的影响。在适宜条件下，一般细菌繁殖一代只需要20～30min，个别细菌如结核分枝杆菌分裂较慢，繁殖一代用时为18～20h。

（三）细菌群体生长繁殖的规律

按一般细菌20min繁殖一代计算，一个细菌经10h后30次分裂可以增殖到10亿以上。但事实上受多种因素的影响，细菌繁殖远没有这么快。在人工培养细菌时，细菌连续繁殖一段时间后，由于细菌群体大量堆积、营养物消耗、代谢废物积聚及pH的改变等，细菌的繁殖速度会逐渐减慢甚至停止。如果将一定数量细菌接种于适宜的培养基上，以培养时间为横坐标，培养基中细菌数的对数为纵坐标，绘出一条曲线称为细菌的生长曲线（图2-9），大致分为4个时期。

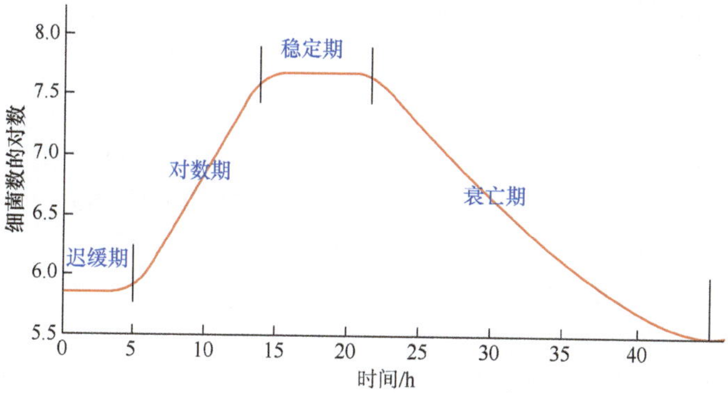

图 2-9　细菌的生长曲线

1. 迟缓期　细菌进入新环境的适应阶段，一般为最初培养的1～4h。此期细菌几乎不繁殖，但代谢活跃、菌体增大，合成各种酶、辅酶和储存能量等。

2. 对数期　细菌繁殖迅速，呈几何级数增加，生长曲线中活菌数的对数呈直线上升至顶峰，细菌总数与活菌数大致相等，一般为培养的8～18h。此期细菌的形态、大小、染色性、生物活性等性状典型，对抗生素敏感，因此研究细菌的性状最好选用此期的细菌。

3. 稳定期　由于培养基中营养物消耗、毒性产物积聚及pH变化等，细菌的繁殖速度逐渐下降，繁殖数与死亡数大致平衡，活菌数保持相对稳定。此期细菌的形态、生理特性可发生改变，如革兰阳性菌可形成革兰阴性；同时细菌在此期可形成芽胞，产生和集聚外毒素、抗生素、色素等代谢产物。

4. 衰退期　由于营养物质缺乏，毒性产物累积导致环境变化，细菌繁殖缓慢或停止，死菌数超过活菌数。此期细菌形态显著改变，出现衰退型或者菌体自溶，不易辨认，生理代谢活动也趋于停滞，因此陈旧培养的细菌难以鉴定。

细菌生长曲线只有在体外人工培养的条件下才能观察到。在自然界或人体和动物体内繁殖时，受环境和机体免疫等多方面影响，不可能出现在培养基中的典型的生长曲线。

三、细菌的新陈代谢

细菌与环境之间的物质和能量交换及体内物质和能量的自我更新过程称为新陈代谢，包括物质代谢和能量代谢，物质代谢分为合成代谢和分解代谢，显著特点是代谢旺盛和类型多样化。分解代谢（异化作用）是将营养物质或胞内物质降解为简单的化合物，同时释放能量；合成代谢（同化作用）是将简单的化合物合成为复杂的菌体成分和酶，同时消耗能量。细菌的分解代谢产物及合成代谢产物在医学上均具有重要价值。

（一）细菌新陈代谢的类型

1. 根据细菌在同化作用过程中能不能利用无机物制造有机物，新陈代谢可以分为自养型和异养型两种。

（1）自养菌：以简单的无机物如 CO_2、N_2 等为原料，合成菌体成分。其中以无机物氧化获能的称为化能自养菌，通过光合作用获能的称为光能自养菌。

（2）异养菌：必须以多种有机物如蛋白质、糖类为原料，才能合成菌体成分并获能。其中以动物尸体、腐败食物为营养物的细菌称为腐生菌，寄生活体内并从宿主体内现成的有机物中获得营养和能量的细菌称为寄生菌。

2. 根据细菌在异化作用过程中对氧的需求情况，可以把细菌分为专性需氧菌、微需氧菌、兼性厌氧菌和专性厌氧菌四种。

（1）专性需氧菌：如结核分枝杆菌、铜绿假单胞菌等，必须在有氧的条件下才能生长。

（2）微需氧菌：如幽门螺杆菌、空肠弯曲菌等，在低氧（5% 左右）下才能生长，当氧浓度大于 10% 时生长受抑制。

（3）兼性厌氧菌：大多数致病菌如葡萄球菌、伤寒沙门菌、痢疾志贺菌等属于此类，在有氧和无氧环境中均能生长，但有氧时生长较好。

（4）专性厌氧菌：如破伤风梭菌、脆弱类杆菌等，必须在无氧的条件下才能生长。

（二）细菌的分解代谢产物

不同种类的细菌具有不同的酶系统，对营养物质的分解能力不一致，因而形成不同的代谢产物，借此可以鉴别细菌。细菌分解代谢产物主要有酸类、碱类、醇类、醛类、胺类和气体等。

1. 糖类的分解 糖类是细菌代谢所需能量的主要来源，也是构成菌体有机物的碳源。糖类需经细菌分泌的胞外酶分解成单糖（葡萄糖）后再吸收。各种细菌将多糖分解为单糖，进而转化为丙酮酸的过程基本相同。不同的细菌进一步分解丙酮酸产生不同的产物。需氧菌将丙酮酸经三羧酸循环彻底分解成 CO_2 和 H_2O，产生多种中间代谢产物（如苹果酸、枸橼酸）。厌氧菌则发酵丙酮酸，产生各种酸类（如甲酸、乙酸、丙酸、丁酸、乳酸、琥珀酸）、醛类（如乙醛）、醇类（如乙醇、乙酸甲基甲醇、异丙醇、丁醇）、酮类（如丙酮）。

2. 蛋白质的分解 蛋白质是大分子物质，通常先被细菌分泌的胞外酶分解为短肽或氨基酸，吸收入菌细胞内。进入菌细胞的氨基酸在胞内酶作用下，脱羧或脱氨进一步分解成各种产物。例如，有的细菌使色氨酸脱氨基生成吲哚，有的细菌使苯丙氨酸脱氨生成苯丙酮酸，有的细菌使氨基酸脱羧生成胺类。

3. 其他物质的分解　细菌除能分解糖和蛋白质外，还可对一些有机物和无机物进行分解利用。例如，变形杆菌具有尿素酶，可以水解尿素产生氨。乙型副伤寒沙门菌和变形杆菌都具有脱硫氢基作用，使含硫氨基酸（胱氨酸等）分解成氨和 H_2S。产气肠杆菌分解枸橼酸盐生成苯酚盐，并分解培养基中的铵盐生成氨。细菌还原硝酸盐为亚硝酸盐、氨和氮气的作用，称为硝酸盐还原作用。

（三）细菌的合成代谢产物及其意义

细菌在合成代谢过程中，除不断合成细胞壁、蛋白质和核酸等菌体自身成分外，还可合成一些其他代谢产物，这些代谢产物有的与细菌致病作用有关，有的可用于鉴别细菌或防治疾病。

1. 毒素　致病菌能合成对人和动物有毒性的物质称为毒素，包括内毒素和外毒素。内毒素是革兰阴性菌细胞壁中的脂多糖，只有菌体死亡裂解后才能释放出来，不同细菌内毒素的毒性大致相同。外毒素是革兰阳性菌及少数革兰阴性菌在代谢过程中合成能分泌到菌体外的毒性蛋白质，毒性强且有高度选择性，引起肠毒、细胞毒和神经毒作用。

2. 侵袭性酶　病原菌在代谢过程中合成的具有侵袭性的胞外酶，协助病原菌在机体内的定植或扩散。某些细菌能产生具有损伤机体组织，促使细菌扩散的侵袭性酶，如金黄色葡萄球菌产生血浆凝固酶，使病灶局限，浓汁黏稠。链球菌产生的透明质酸酶、链激酶和链道酶，使病灶扩散，浓汁稀薄。

3. 热原质　某些细菌在代谢过程中合成的一种注入机体可引起发热反应的物质称为热原质或致热原。其是由大多数革兰阴性菌和少数革兰阳性菌产生的，为革兰阴性菌细胞壁中的脂多糖，或为革兰阳性菌多糖成分。热原质耐热，不被高压蒸气灭菌所破坏。注射用药液、器皿等如被细菌污染可能有热原质产生，因此制备注射用药剂时应该严格无菌操作，防止细菌污染，必须用无热原质的蒸馏水配制，玻璃器皿和用具要经过 250℃高温干烤才能破坏热原质，液体中的热原质可用吸附剂或过滤等方法除去。

4. 色素　某些细菌在营养丰富、氧气充足、温度适宜等条件下产生的有色物质。细菌的色素有两类：①水溶性色素：能弥散至整个培养基或周围组织，如铜绿假单胞菌产生的绿色色素，可使整个培养基、伤口或感染性的浓汁和敷料成绿色；②脂溶性色素：不溶于水，色素仅局限在菌落内，培养基颜色不变，如金黄色葡萄球菌产生的金黄色色素。细菌的色素有助于细菌的鉴别。

5. 细菌素　某些细菌产生的一种仅对近缘的细菌有抗菌作用的蛋白质。细菌素的产生受菌体内质粒的控制，如大肠菌素为大肠埃希菌的 Col 质粒编码。细菌素的种类很多，常按照产生的细菌命名，如大肠菌素、绿脓菌素、弧菌素、葡萄球菌素等。细菌素主要是抑制菌体蛋白的合成，而且具有种和型的特异性，因此细菌素在细菌分型和流行病学调查上具有一定的应用价值。

6. 抗生素　某些微生物在代谢中产生一种能抑制和杀灭其他微生物或癌细胞的物质称为抗生素。细菌产生的抗生素很少，仅有多黏菌素、杆菌肽等，大多数抗生素是由放线菌和真菌产生的，如链霉素、青霉素等。

7. 维生素　某些细菌能合成自身所需的维生素，并能分泌到菌体外供人体吸收利用。例如，人体肠道内的大肠埃希菌能合成 B 族维生素和维生素 K 等。

第3节 细菌与环境

一、细菌的分布

细菌广泛分布于自然环境中，但是火山爆发区、一些人为环境，如手术室内的空气等一般不存在细菌。人体的体表和腔道中分布有细菌，但是内脏器官和胎儿体内正常情况下不存在细菌。熟悉细菌的分布情况，对于保护环境、增强无菌观念、防止医院感染有重要意义。

（一）细菌在自然界的分布

1. 细菌在土壤中的分布 土壤中含有细菌生长繁殖所需要的水分、无机盐和有机物等营养物质，并且具有适宜的生长环境，因此土壤中细菌的种类多、数量大。细菌主要分布于距地表10～20cm的耕作层，大多为非致病菌，在自然界的物质循环中起重要作用；但也有来自人和动物的粪、尿、痰等排泄物，以及死于传染病的人和动物尸体的致病菌。多数致病菌在土壤中容易死亡，但是有芽胞的细菌，如炭疽芽胞杆菌、破伤风梭菌、气性坏疽病原菌等可长期存活，并能通过创伤引起人的感染。所以当人体伤口处污染泥土时，要严防这些厌氧菌等细菌的感染。

2. 细菌在水中的分布 水是细菌生存的天然环境，因此有自然生存的细菌群，也有来自土壤、人畜的排泄物、垃圾和尘埃中的细菌。水中微生物种类及数量因水源不同而不同，一般地面水比地下水含菌量多，静止水比流动水含菌量多。若水源被伤寒沙门菌、痢疾杆菌、霍乱弧菌等污染，可引起消化道传染病的暴发流行，故注意饮水卫生，加强水源、粪便的卫生管理和监督对于预防和控制消化道传染病具有重要意义。直接检查水中的病原菌比较困难，常测定细菌总数和大肠菌群数来判断水的污染程度。目前我国规定饮用水的标准是：每毫升饮用水中细菌总数不超过100个，总大肠菌群数每升水中不超过3个。

3. 细菌在空气中的分布 空气中缺少细菌生长所需的营养物质和水，且受日光和水分等的影响，不利于细菌的存活，因此空气中细菌的种类和数量都较少。空气中的细菌主要来源于人畜呼吸道的飞沫、地面飘扬起来的尘埃等，因而细菌主要存在于靠近地面的空气中。室内空气中的细菌比室外多，尤其是人口密集的公共场所、医院病房、门诊室等处，易受到带菌者和患者的污染。常见的病原菌有脑膜炎奈瑟菌、结核分枝杆菌、溶血性链球菌、金黄色葡萄球菌、白喉棒状杆菌、百日咳鲍特菌等，引起呼吸道传染病或伤口感染。空气中的细菌多以气溶胶的形式存在，可造成药物制剂、生物制品、培养基和手术室等污染，因此对手术室、制剂室、微生物实验室应经常进行空气消毒，细菌培养时严格无菌操作避免污染。

（二）细菌在正常人体的分布

1. 正常菌群 人出生后外界的微生物群（包括细菌、真菌、螺旋体、支原体等）就逐渐进入人体，存在于人体的皮肤、黏膜及腔道等部位，微生物群与宿主之间及各微生物之间相互制约、相互依存构成一种动态平衡。

（1）正常菌群（normal flora）：在正常条件下，人体的体表及与外界相通的腔道中都有不同种类和数量的微生物群存在，对宿主一般无害甚至有益，故称为正常菌群。正常菌群中大部分长期居留于人体的称为常居菌，少数是暂时寄居的称为过路菌。寄生在人体各部位的常见微生物见表 2-2。

表 2-2　人体各部位常见的正常菌群

部位	主要的菌群
皮肤	葡萄球菌、类白喉棒状杆菌、铜绿假单胞菌、痤疮丙酸杆菌、分枝杆菌、需氧芽胞杆菌、链球菌等
口腔	葡萄球菌、链球菌、肺炎链球菌、奈瑟菌、乳酸杆菌、卡他布兰汉菌、棒状杆菌等
鼻咽腔	葡萄球菌、甲型和乙型链球菌、肺炎链球菌、奈瑟菌、棒状杆菌、嗜血杆菌、不动杆菌、铜绿假单胞菌、变形杆菌等
胃、肾	一般无菌
肠道	大肠埃希菌、产气肠杆菌、变形杆菌、肺炎克雷伯菌、铜绿假单胞菌、葡萄球菌、肠球菌、韦荣球菌、脆弱类杆菌等
泌尿生殖道	葡萄球菌、链球菌、棒状杆菌、分枝杆菌、大肠埃希菌、类杆菌、不动杆菌、乳酸杆菌、拟杆菌、双歧杆菌等

（2）正常菌群的生理作用：正常菌群对保持人体生态平衡和内环境的稳定有着重要作用。主要有：①拮抗作用：正常菌群通过竞争作用抵抗病原菌的侵袭及定植，从而起到保护宿主的作用。除与病原菌争夺营养物质和空间位置外，还可以通过其代谢产物，以及产生抗生素、细菌素等阻止病原菌的生长。②营养作用：肠道正常菌群能够合成 B 族维生素和维生素 K，供人体吸收利用。此外还参与人体的物质代谢、营养转化和合成等。③免疫作用：正常菌群作为抗原可促进机体免疫系统的发育和成熟，增强免疫细胞的活性，刺激机体免疫系统发生免疫应答。④抑癌作用：正常菌群能产生酶类作用于致癌物质，能够降解或抑制亚硝胺合成，充当免疫原或佐剂刺激免疫系统，从而达到抑癌作用。⑤抗衰老作用：正常菌群可产生超氧化物歧化酶，保护细胞免受活性氧损伤。

2. 条件致病菌　在某些条件下，正常菌群之间、正常菌群与宿主之间的平衡被打破，可以引起宿主的疾病。正常情况下不致病，但是在某些特定条件下能引起疾病的菌群称为条件致病菌（conditional bacterium）或机会致病菌。致病的特定条件主要有：①寄居部位改变：外伤、手术、介入性诊断与治疗等可发生定位转移，如大肠埃希菌进入腹腔或泌尿道，可引起腹膜炎、泌尿道感染；②机体免疫力降低：大面积烧伤或烫伤患者、慢性消耗性疾病、使用大剂量的皮质激素、抗肿瘤药物等可造成机体免疫功能低下；③菌群失调：宿主某部位的正常菌群中各微生物间的比例发生大幅度改变，超出正常范围导致菌群失调，引起的疾病称为菌群失调症。菌群失调的常见诱因是长期使用抗生素、激素等，在抗菌药物治疗原来感染疾病的过程中诱发的第二次感染又称二重感染。

二、消毒灭菌

（一）消毒灭菌常用术语

1. 消毒　杀死物体上的病原微生物，但不一定能杀死细菌芽胞的方法称消毒。用于消毒的药物称为消毒剂，一般消毒剂在常用的浓度下只对细菌的繁殖体有效，要对芽胞有效则需要提高消毒剂的浓度和延长作用的时间。

2. 灭菌　杀灭物体上所有微生物的方法称灭菌。灭菌比消毒要求高，包括杀灭病原微生物、非病原微生物和细菌的芽胞。

3. 防腐 防止或抑制微生物生长繁殖的方法称防腐。使用同一种化学药物在高浓度时为消毒剂，低浓度时常为防腐剂。

4. 无菌 没有活的微生物存在称无菌。

5. 无菌技术 防止微生物进入机体或其他操作对象的方法称为无菌技术，又称为无菌操作。例如，进行外科手术时需防止细菌进入创口，微生物学实验中要注意防止污染和感染。

（二）消毒灭菌的方法

1. 物理消毒灭菌法 利用物理因素如高温、辐射、滤过、干燥等杀灭或控制微生物生长的方法。

（1）热力灭菌法：高温可使细菌的蛋白质和酶变性凝固、核酸结构破坏，细胞膜损伤，导致细菌死亡。该法包括干热法和湿热法，在同一温度下湿热法比干热法灭菌效果好。原因有：①湿热比干热的穿透力强，能较快提高灭菌物品内部的温度；②有水时蛋白质更易变性凝固，菌体蛋白在湿热时易变性凝固；③湿热的蒸汽有潜热存在，可迅速提高被灭菌物品的温度。

湿热灭菌法是以高温的水或蒸汽为导热介质，包括：①巴氏消毒法：用较低温度杀灭液体中的病原菌或特定微生物，但又不破坏营养成分。本法主要用于牛乳、酒类等的消毒。方法有两种：一种是于61.1～62.8℃加热30min，另一种是于71.7℃加热15～30s。②煮沸法：将物品浸入水中加热至沸腾（100℃），经过5～6min可杀死一般细菌的繁殖体，但对芽胞无影响，适用于饮水、食具、注射器和手术器械等的消毒。水中如果加入2%苯酚钠可提高沸点至105℃，既可促进芽胞的杀灭，又可防止金属器材生锈。③流通蒸汽消毒法：利用流通蒸汽灭菌器或蒸笼，在一个大气压下，利用100℃的蒸汽进行消毒。细菌繁殖体经15～30min可被杀灭，但对芽胞作用不大，常用于食品、食具及不耐高温物品的消毒。④间歇灭菌法：利用反复多次的流通蒸汽间歇加热可以杀灭细菌的繁殖体和芽胞。将待灭菌的物品置于流通蒸汽灭菌器内，100℃加热15～30min杀死细菌的繁殖体，但芽胞尚有残存。取出后放入37℃孵箱中过夜，使芽胞发育成繁殖体，次日再蒸一次，如此连续3次以上。此法适用于含糖或牛奶等培养基的灭菌。⑤高压蒸汽灭菌法：是一种最常用、最有效的灭菌方法，在高压蒸汽灭菌器中进行，在103.4kPa（1.05kg/cm^2）蒸汽压下，温度达到121.3℃，维持15～20min可杀灭包括细菌芽胞在内的所有微生物。本法用于一般培养基、生理盐水、手术敷料等耐高温、耐湿物品的灭菌。

干热灭菌法是以热空气为导热介质，包括：①焚烧法：直接点燃或在焚烧炉内焚烧，适用于废弃物品或动物尸体等；②烧灼法：直接用火焰烧灼，适用于接种环（针）、试管口等；③干烤法：利用干烤箱灭菌，一般加热至160～170℃维持2h，适用于耐高温的物品，如玻璃器皿、某些粉剂药品等；④红外线：利用红外线烤箱灭菌，多用于医疗器械及碗筷食具等的灭菌。

（2）紫外线和电离辐射：紫外线的杀菌作用与波长有关，波长在200～300nm时具杀菌作用，在265～266nm时最强。紫外线主要作用于细菌的DNA，使一条DNA链上相邻的两个胸腺嘧啶共价结合而形成二聚体，从而干扰DNA的复制与转录，导致细菌变异甚至死亡。紫外线只能用于手术室、传染病房、烧伤病房、微生物实验室等的空气消毒，或者物品的表面消毒。紫外线对人体的皮肤、眼睛有损伤作用，使用时应注意防护。日光中含有紫外线，将衣服、被褥放在日光下暴晒2h以上可杀死大部分细菌。X线、γ射线和高速电子流等具有电离辐射作用，使细菌体内的水电离成 H^+ 和 OH^-，这些游离基可以破坏蛋白质、酶和核酸，导致细菌死亡，用于塑料导管、手套等不耐热物品的消毒灭菌。

（3）滤过除菌法：用物理阻留的方法将液体或空气中的细菌除去，达到无菌目的，所用的器具是滤菌器，含有微细小孔，只允许液体或气体通过，而大于孔径的细菌等颗粒不能通过。本法主要用于一些不耐高温的血清、毒素、抗生素、药液及空气等的除菌，一般不能除去病毒、支原体和 L 型细菌。实验室中的超净工作台或生物安全柜也是利用过滤除菌的原理去除进入工作台空气中的细菌。

（4）干燥法：干燥可使细菌脱水、菌体蛋白变性和盐类浓缩，从而妨碍细菌代谢、生长繁殖，产生抑菌杀菌作用。干燥对细菌的影响因菌种、干燥程度、时间和温度等因素而异，如脑膜炎奈瑟菌、淋病奈瑟菌干燥数小时即可死亡，而结核分枝杆菌在干燥的痰中可保持传染性数月，芽胞在干燥环境可存活数月至数年。常用干燥方法保存食品、药材和菌种等，如将食品、药材晒干或烘干以防霉变，用冷冻真空干燥法保存菌种、生物制品等。

2. 化学消毒灭菌法　运用适宜种类和浓度的化学药物（消毒剂）处理物品，从而杀死或抑制病原微生物的方法。消毒剂不仅能杀死病原微生物，对人体组织细胞也有损害，因此消毒剂只能外用或用于环境的消毒。

（1）化学消毒剂的种类：消毒剂种类较多，用途各异，在实际中应酌情选用，常用消毒剂的种类、作用机制、浓度与用途见表 2-3。

表 2-3　常用消毒剂的种类、作用机制、浓度及用途

种类	作用机制	常用浓度	用途
重金属盐类	氧化作用，蛋白质变性与沉淀，灭活酶类	0.05%～0.1% 氯化汞 2% 红汞（汞溴水） 0.1% 硫柳汞 1% 硝酸银	非金属器皿浸泡消毒 皮肤黏膜小创伤消毒 皮肤手术部位消毒 新生儿滴眼，预防淋球菌感染
氧化剂	氧化作用、蛋白质沉淀	0.1% 高锰酸钾 3% 过氧化氢（双氧水） 0.5%～2% 过氧乙酸 0.2～0.5ppm 氯 10%～20% 漂白粉	皮肤、尿道、阴道消毒，蔬菜、水果消毒 口腔黏膜消毒冲洗伤口 塑料玻璃器材消毒及洗手 饮水及游泳池消毒 地面、厕所及排泄物消毒
表面活性剂	损伤细胞膜，灭活氧化酶等酶活性，蛋白质沉淀	0.05%～0.1% 新洁尔灭（苯扎溴铵） 0.05%～0.1% 杜灭芬（度米芬）	外科手术洗手，皮肤黏膜消毒，浸泡手术器械 皮肤创伤冲洗，金属器械塑料橡皮类物品消毒
醇类	蛋白质变性与凝固，干扰代谢	70%～75% 乙醇	皮肤、体温计消毒
酚类	蛋白质变性，损伤细胞膜，灭活酶类	3%～5% 苯酚 2% 来苏水	地面、家具、器皿的表面消毒
烷化剂	菌体蛋白质及核酸烷基化	10% 甲醛 50mg/L 环氧乙烷 2% 戊二醛	物品表面消毒，空气消毒，手术器械、敷料等消毒 精密仪器、内镜等消毒
酸碱类	破坏细胞的膜和壁，蛋白质凝固	5～10ml/m^3 乙酸加等量水蒸发	空气消毒
染料	抑制细菌繁殖，干扰氧化过程	2%～4% 甲紫	浅表创伤消毒

（2）化学消毒剂的杀菌机制：①使菌体蛋白质变性或凝固；②影响细菌酶活性及代谢；③损伤细菌细胞膜；④破坏细菌核酸。

（3）影响化学消毒剂灭菌效果的因素：消毒剂的杀菌效果受多种因素的影响，处理得当可提高消毒效果，否则会削弱消毒效果。影响因素主要包括：①消毒剂的性质：各种消毒剂的理化性质不同，对微生物的作用有差异。例如，表面活性剂对革兰阳性菌的杀灭效果比对革兰阴性菌好，甲紫对葡萄球菌作用较强。②消毒剂的浓度与作用时间：同一种消毒剂的浓度不同，消毒效果不同。一般消毒剂浓度越高，作用时间越长，杀菌效果越好。但醇类例外，70%～75%乙醇或50%～80%异丙醇的消毒效果最好，原因在于更高浓度使菌体表面蛋白质迅速凝固，影响渗透作用。③微生物的种类与数量：不同的细菌对消毒剂的抵抗力不同，细菌芽胞的抵抗力更强，老龄菌比幼龄菌抵抗力强，处于对数生长期的对消毒剂敏感。微生物的数量越大，所需消毒剂的浓度越高、作用时间越长。④温度：消毒剂的杀菌过程是一种化学过程，反应速度随温度的升高而加快，故在一定范围内温度越高消毒效果越好。⑤酸碱度：戊二醛只有在加入苯酚氢钠后呈碱性才发挥杀菌作用，酚类在酸性条件下消毒效果最好。⑥环境中有机物：病原菌与血液、脓液和痰液等混在一起，影响消毒剂对细菌的杀伤作用。受有机物影响较大的消毒剂有氯化汞、表面活性剂、次氯酸盐、乙醇等。此外湿度、穿透力、表面张力及拮抗物质的存在亦对化学消毒灭菌的效果有影响。

链接

化学消毒剂的使用方法

正确选用消毒剂及使用方法。主要方法有：①浸泡法：将玻璃试管、衣服、床单、水果、蔬菜等放入消毒剂中浸泡后冲洗；②擦拭法：用消毒剂擦拭仪器的表面、患者的皮肤、管道的内表面、病房地面等；③喷雾法：在疫区利用喷雾器喷撒地面和厕所等；④薰蒸法：让消毒剂变成气体对空气消毒。在使用中要注意防止误吸中毒、溅入眼口、长期停留等。

第4节 细菌的遗传与变异

细菌与其他生物一样具有遗传和变异的特性，遗传保证细菌的性状相对稳定，种属得以延续；变异有利细菌适应环境，促进生存与进化。

一、细菌的遗传物质与变异现象

（一）细菌的遗传物质

细菌的遗传物质是DNA，主要存在于染色体和质粒中。噬菌体也可将其核酸整合到细菌体内。

1. 染色体 细菌核质中存在DNA，因为功能与真核细胞的染色体相同，所以称为细菌染色体。DNA是一条环状闭合的双螺旋长链，附着在中介体或细胞膜上，以松散网状形式存在，携带着细菌的绝大部分遗传信息，决定细菌的基因型，控制细菌的生长繁殖、遗传变异等共同性状。细菌染色体与真核细胞染色体不同，不含组蛋白，基因是连续的，无内含子。

2. 质粒 存在于细胞质中，也为双链环状DNA，分子质量远比染色体小，仅为细菌染色体DNA的0.5%～3%。质粒的主要特征有：①携带着遗传信息，控制细菌的致育性、耐药性等特殊性状。②不是细菌生命活动必需的，细菌失去染色体后不能生存，失去质粒后仍能生存，但是特殊性状也随之消失。质粒可自行丢失，也可经人工处理而消失。③可以转移，细菌可以通过性菌毛、噬菌体等转移质粒，使受体菌获得相应的特殊性状。④具有自我复制的能力，质粒的复制可不依赖于染色体，这一特性在基因工程中很有用处，细菌停止繁殖但质粒仍可继续复制，从而获得大量的质粒。细菌质粒的主要种类有：①致育质粒（F质粒）：编码细菌的性菌毛；②耐药质粒（R质粒）：编码细菌对抗菌药物的耐药性；③毒力质粒（Vi质粒）：编码与细菌致病性有关的毒力因子；④细菌素质粒（Col质粒）：编码产生大肠菌素；⑤代谢质粒：编码产生与代谢相关的多种酶类。

3. 噬菌体　个体微小，需要用电子显微镜观察，是感染细菌、真菌、放线菌、支原体和螺旋体等微生物的病毒。噬菌体多为蝌蚪形（图2-10），由头部和尾部组成。头部外壳为蛋白质，内只含一种核酸（DNA或者RNA）。尾部为蛋白质，由尾领、尾鞘、尾髓、尾板、尾刺和尾丝组成。噬菌体感染细菌时尾板、尾刺和尾丝与细菌接触，靠尾鞘和尾髓的收缩，将头部的核酸注入细菌体内。噬菌体感染细菌后有两种结果（图2-11）：①裂解细菌：噬菌体的核酸进入细菌体内后，在细菌体内大量复制子代噬菌体，引起细菌裂解并释放出子代噬菌体，此过程为溶菌周期，此类噬菌体称毒性噬菌体；②形成溶原状态：噬菌体的核酸进入细菌体内后，整合到细菌染色体上，随细菌的增殖被分配到子代细菌的染色体中，此过程为溶原周期，此类噬菌体称温和性噬菌体。整合在细菌染色体上的噬菌体称前噬菌体，带有前噬菌体的细菌称溶原性细菌。

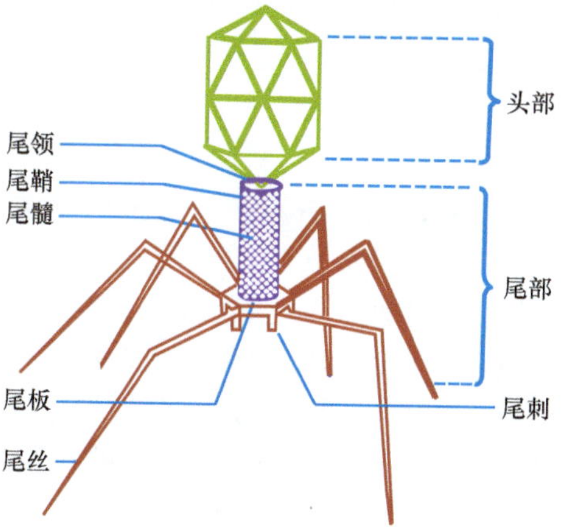

图2-10　噬菌体结构模式图

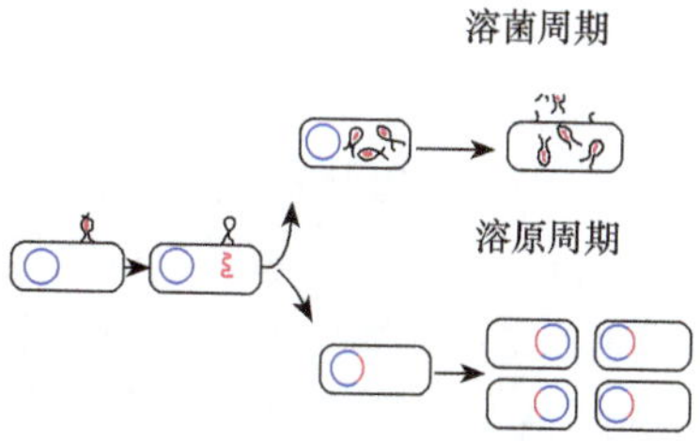

图2-11　噬菌体感染细菌结果

（二）细菌的变异现象

1. 形态结构变异　细菌在不适宜的温度、酸碱度、盐类浓度、有害代谢产物、化学药品或免疫血清等不利的环境中生长，在形态结构上常可以出现多形态与衰残型。例如，鼠疫耶尔森菌的典型形态是两端钝圆的椭圆形杆菌，但是在含有30～60g/LNaCl的培养基中可呈现球形、棒状、丝形、哑铃形等多形态。临床上由于使用青霉素药物、溶菌酶、抗体、补体等，患者体内细菌可出现L型。从患者标本中分离的肺炎链球菌有较厚的荚膜，在无血清的培养基中传代数次后可失去荚膜。普通变形杆菌在含有1g/L苯酚的培养基中培养可失去鞭毛。炭疽芽胞杆菌在42℃培养10～20d后失去产生芽胞的能力。

2. 毒力变异 包括减弱和增强两种情况。预防疾病的疫苗制备一般属于毒力减弱变异，如预防结核病的卡介苗（BCG）制备，将有毒的牛型结核分枝杆菌培养在含有胆汁、甘油和马铃薯的培养基中，连续转种230代，经过13年培养获得弱毒变异株，然后制备而成。有些细菌遇到合适环境或易感动物，弱毒株也能变异为强毒株，如无毒的白喉棒状杆菌被β-棒状杆菌噬菌体感染后，发生溶原化后可以变异为能产生白喉毒素的致病株。

3. 菌落变异 细菌的菌落主要有光滑型（S型）与粗糙型（R型）两种类型。一般细菌的菌落由S型变异成R型比较容易，但由R型变异成S型比较困难。S-R变异常见于肠道杆菌，刚从患者体内分离出的志贺菌菌落光滑、湿润、边缘整齐（S型），在培养基上多次传代后菌落表面粗糙、干燥有皱纹、边缘不齐（R型）。细菌发生S-R变异后，毒力、生化反应性与抗原性等也常常发生改变。

4. 抗原变异 在志贺菌属和沙门菌属中较普遍，如沙门菌属发生鞭毛抗原的相变化，即在Ⅰ相和Ⅱ相之间互相转变。福氏志贺菌菌体抗原可发生变异。

案例 2-2

患儿，女，4岁。因发热、咳嗽、气喘2d入院。查体：两肺可闻及固定湿啰音，痰标本涂片染色镜检，发现革兰阴性杆菌，诊断为支气管肺炎。给予氨苄西林治疗5d后症状未见好转。通过药敏试验后，发现感染菌对氨苄西林耐药，选择左氧氟沙星（敏感药物）治疗，3d后患儿病情逐渐好转。

问题：

1. 氨苄西林治疗该患儿感染无效果，是因为引起疾病的病原体对氨苄西林发生了什么变异？
2. 导致变异的原因是什么？

5. 耐药性变异 是细菌对药物敏感性的变异，往往由原来对某种药物敏感的菌株变成对该药耐药的菌株。例如，金黄色葡萄球菌对青霉素的耐药菌株目前已高达95%以上，常见的耐药菌还有结核杆菌、痢疾杆菌、铜绿假单胞菌等。有的细菌从耐药菌株变异成赖药菌株，如对链霉素敏感的痢疾杆菌在含链霉素的培养基中长期培养，可以变为赖药菌株，离开链霉素不能生长。有些细菌表现为耐受多种抗菌药物，即多重耐药性菌株。这些都给临床治疗带来极大困难。细菌耐药性获得的主要机制有：①产生药物灭活酶：耐药细菌可以产生一种或多种水解酶、钝化酶或修饰酶，主要有*β*-内酰胺酶、氨基糖苷类钝化酶、氯霉素乙酰转移酶和红霉素酯化酶，改变药物结构或破坏药物使之失去活性；②抗生素作用靶位的改变：如*β*-内酰胺类抗生素必须与菌体膜蛋白－青霉素结合蛋白（PBP）结合，抑制细胞壁合成发挥杀菌作用，若PBP改变就会影响亲和力，使细菌对该抗生素耐药；③改变渗透屏障：细菌细胞壁的障碍或细胞膜通透性的改变，抗菌药物无法进入菌体内达到作用靶位发挥抗菌效能；④过度表达主动外排系统：使药物浓度不足以发挥作用或改变药物代谢途径。

6. 酶活性变异 细菌的新陈代谢需要酶的催化作用，酶活性变异对生长繁殖、生化反应等会产生影响。例如，由于紫外线照射或化学诱导剂等的作用，使细菌基因发生改变，丧失了代谢过程中某种酶，导致合成生长所必需的某些氨基酸或维生素缺乏，必须加入某种营养物质细菌才能生长，这种变异的细菌称为营养缺陷型，变异可以传给后代。例如，只有当培养基中有乳糖时，大肠埃希菌才产生 β-半乳糖苷酶，分解乳糖。当培养基中无乳糖时，这种诱导酶就不产生，这种变异与遗传物质无关，不能传给后代。

二、细菌变异的机制

细菌的变异分为遗传性变异和非遗传性变异。非遗传性变异由环境影响引起，出现的新性状不会遗传给后代，环境影响消除后新性状可恢复，又称表型变异。遗传性变异是基因结构的改变，出现的新性状能够稳定遗传给子代，是不可逆的，又称基因型变异。细菌基因结构的改变包括基因突变、基因转移与重组。

（一）基因突变

细菌 DNA 序列改变产生突变，根据改变片段的大小不同，突变分为基因突变（点突变、小突变）和染色体畸变（大突变）。基因突变是由于个别碱基的置换、插入或缺失引起，影响一个或几个基因的改变，涉及的变化范围小。染色体畸变是大段核苷酸序列的缺失、重复、易位或倒位，引起较大范围的改变。

在自然界中发生的称为自发突变，突变率极低，一般为 10^{-9}～10^{-6}，且是随机和不定向的。通过高温、紫外线、烷化剂、亚硝酸盐等理化因素诱导，发生诱发突变，可使突变率提高 10～1000 倍。

（二）基因转移与重组

外源性遗传物质包括供体菌中染色体 DNA 片段、质粒 DNA 片段和噬菌体基因。外源性遗传物质由供体菌转入受体菌的过程称为基因转移，转移的外源基因被受体菌接纳并与受体菌 DNA 整合在一起的过程称为基因重组。基因转移与重组可以使受体菌获得供体菌的某些性状。

1. 转化　受体菌直接摄取供体菌的游离 DNA 片段，并将其整合到自身基因组中，从而获得供体菌的某些性状。如图 2-12 所示，将无荚膜、粗糙型（R）菌落的Ⅱ型肺炎链球菌活菌注射小鼠，小鼠存活；将有荚膜、光滑型（S）菌落的Ⅲ型肺炎链球菌活菌注射小鼠，小鼠死亡，并且从死鼠体内分离出Ⅲ S 型肺炎链球菌；将热处理后的Ⅲ S 型肺炎链球菌死菌注射小鼠，小鼠能存活；将Ⅱ R 型活菌和热处理后的Ⅲ S 型死菌混合注射小鼠，小鼠死亡，并且从死鼠体内分离出Ⅲ S 型肺炎链球菌；将Ⅱ R 型活菌和Ⅲ S 型的 DNA 混合注射小鼠，小鼠也死亡，也能从死鼠体内分离出Ⅲ S 型肺炎链球菌。试验证实活的无毒的肺炎球菌可摄取死的有毒的肺炎球菌 DNA 片段，从而转化为有毒株。

2. 接合　供体菌通过性菌毛连接受体菌，将遗传物质（质粒或染色体）转移给受体菌。例如，无 F 质粒的细菌获得 F 质粒后，编码出性菌毛（图 2-13）。

3. 转导　以噬菌体为载体，将供体菌的遗传物质转移给受体菌，经重组而使受体菌获得供体菌的某些性状。

4. 溶原性转换　温和噬菌体感染细菌后形成溶原性细菌，噬菌体的遗传物质与受体菌 DNA 发生重组，从而使受体菌基因型改变并获得新性状。例如，β 棒状杆菌噬菌体感染白喉杆菌时，通过溶原性转化使白喉杆菌变成产生白喉毒素的有毒株；一旦失去 β 棒状杆菌噬菌体，白喉杆菌产毒素能力随之消失。

5. 原生质体融合　将不同的细菌经过溶菌酶或青霉素处理，除去细胞壁形成原生质体，然后在高渗条件下借助融合剂（聚乙二醇等）可彼此融合，融合后的细菌通过基因的交换与重组获得新的性状。

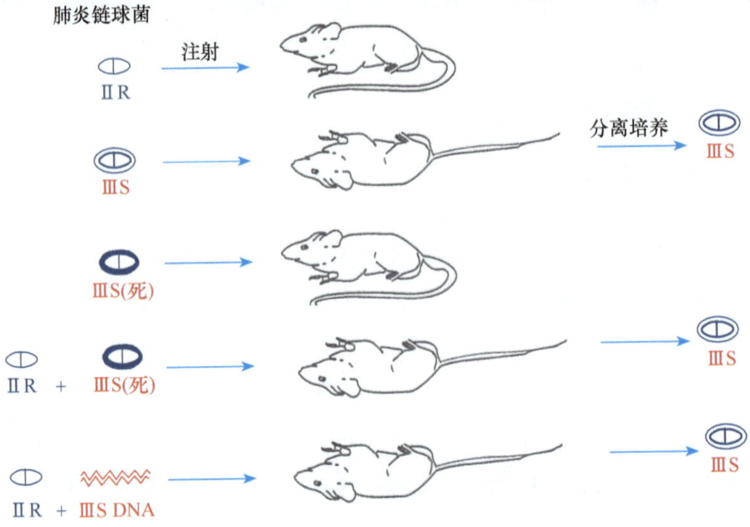

图 2-12　肺炎链球菌的转化试验

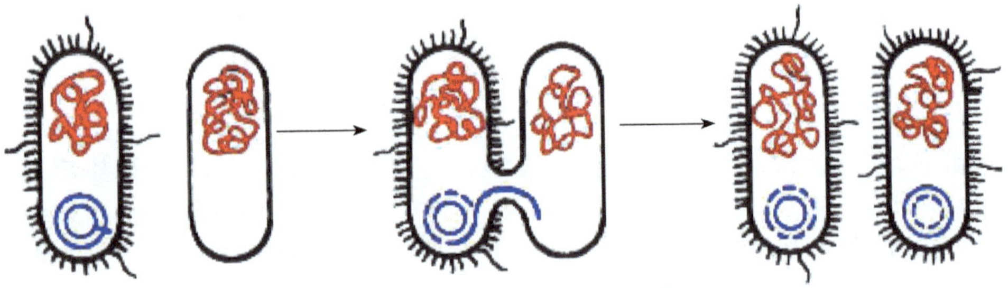

图 2-13　F 质粒接合转移模式图

三、细菌遗传变异在医学上的应用

用细菌进行的一系列遗传学实验，不仅揭示了细菌本身许多遗传变异的规律，而且推动整个分子遗传学的迅速发展。在微生物学领域内，细菌遗传变异的研究也有助于对其他有关问题的了解和发展。例如，帮助了解微生物的起源和进化，微生物结构与功能的关系，原核生物性状的调节控制，以及推动微生物分类学的深入发展。细菌遗传变异的理论知识与技术在医学微生物学、临床医学及预防医学等方面已被广泛应用。

（一）在诊断中的应用

由于细菌在形态、菌落、生化反应、毒力、抗原性等方面都可发生变异，使细菌的生物学性状不典型，给临床细菌学检验带来困难。细菌检验人员要作出正确的诊断，不但要熟悉细菌的典型特性，还要了解细菌的变异规律，以免造成误诊和漏诊。例如，金黄色葡萄球菌随着耐药性菌株的增加，绝大多数菌株产生的色素由金黄色变成灰白色，以金黄色色素作为判断致病性的指标就不适用了。

（二）在预防中的应用

利用细菌毒力变异的原理，可人工诱变细菌而获得保留免疫原性的弱毒或无毒菌株，制备疫苗，接种到人体内提高机体特异性免疫力，达到预防传染病的目的，如卡介苗的生产。

（三）在治疗中的应用

由于抗菌药物的广泛使用，从患者体内分离的耐药菌株逐年增多，而且许多细菌常对多种药物具有耐药性。通过了解产生耐药性的原理，可采取有针对性的措施。为了防止耐药株的产生和扩散，提高临床抗菌药物疗效，在治疗前应分离病原菌做药敏试验，根据结果选择敏感药物治疗，同时注意足够剂量、全疗程用药，联合用药，高效杀菌。

（四）检查致癌物质的作用

肿瘤的发生被认为是细胞内遗传物质发生了改变，因此导致突变的条件因素均被认为是可疑的致癌因素。污染物致突变性检测即 Ames 试验就是根据导致细菌基因突变的物质均为可疑致癌物的原理设计的，用鼠伤寒沙门菌的组氨酸营养缺陷型（his^-）作试验菌，用被检测化学物质作诱变剂。因 his^-菌在组氨酸缺乏的培养基上不生长，突变成 his^+菌后生长，以此现象为观察指标，比较有被检物的试验平板和无被检物的对照平板。若被检物能诱导试验平板上的菌落增多，证明此物质有致癌可能性，即 his^-菌的恢复突变率越高，被检物的致癌危害性越大。

（五）在基因工程方面的应用

基因工程是根据遗传变异中细菌基因可转移和重组而获得新性状的原理来设计的，先从供体细胞的 DNA 中筛选出需要表达的基因即目的基因，然后选择合适的载体如质粒或噬菌体，将目的基因结合到载体上，最后通过载体将目的基因转移到受体菌内，表达大量所需要的基因产物。基因工程是改变生物性状、创造生物新品系的一项生物技术，在控制疾病、制造生物制剂和改造生物品系等方面有重要意义，如胰岛素、生长激素、干扰素、乙肝疫苗等的生产。

第 5 节　细菌的分类与命名

一、细菌的分类等级

细菌的分类等级与其他生物相似，依次为界、门、纲、目、科、属、种。种是最基本的分类单位，把生物学性状基本相同的细菌群归属为一个菌种。性状相近且关系密切的细菌种组成一个菌属。相近的菌属归为科，依次类推。若同一种类的细菌在某些方面仍存在一定的差异，则可将其分为亚种（变种）及以下的等级型等。来源不同的同种细菌的纯培养物，称为菌株。具有某菌种典型生物学特征的菌株称为标准菌株，标准菌株是菌种分类、命名、鉴定的参照依据，也是微生物检验质量控制的标准。

二、细菌的分类方法

1. **生物学特性分类法**　生物学特性分类法包括传统分类法和数值分类法。两者主要以形态、染色特性、生理、生化、代谢、抗原性等生物学特征为依据，分析对比细菌之间相似度以划分种和属。

2. **遗传学分类法**　是测定 DNA 分子中，鸟嘌呤（G）和胞嘧啶（C）所占的摩尔百分比值（G+Cmol%）或核酸同源值或 16SrRNA 碱基序列，以确定其 DNA 分子同源程度或 rRNA 的相关性，从而判定种系发生关系。

细菌的分类系统有多种，目前国际上普遍采用伯杰细菌分类系统。

三、细菌的命名

细菌的命名多采用双命名法，该方法具备拉丁化文字形式和明确的分类等级两个特点，由一个属名和一个种名组成。属名在前，名词，首字母大写，种名在后，形容词，均用小写。中文译名次序则与拉丁文相反，如 *Staphylococcus aureus*，中文为金黄色葡萄球菌。拉丁文命名中，属名可缩写，只用第一个字母代表，如 *Salmonella typhi* 缩写为 *S. typhi*。

目标检测

一、名词解释

1. 质粒
2. 生长曲线
3. 消毒
4. 灭菌
5. 转化

二、单项选择题

1. 与细菌的运动有关的结构是（　　）
   A. 质粒　B. 菌毛　C. 鞭毛　D. 荚膜　E. 芽胞
2. 革兰阳性菌和革兰阴性菌细胞壁的共同成分是（　　）
   A. 肽聚糖　B. 磷壁酸　C. 外膜　D. 核酸　E. 胆固醇
3. 芽胞与细菌有关的特性是（　　）
   A. 抗吞噬作用　B. 产生毒素　C. 耐热性　D. 黏附于感染部位　E. 侵袭力
4. 下列有鉴别意义的细菌代谢产物是（　　）
   A. 热原质　B. 毒素　C. 抗生素　D. 色素　E. 侵袭酶
5. 关于高压蒸汽灭菌法不正确的是（　　）
   A. 灭菌效果最可靠，应用最广
   B. 适用于耐高温和潮湿的物品
   C. 通常温度为121.3℃
   D. 通常压力为2.05kg/cm^2
   E. 可杀灭包括细菌芽胞在内的所有微生物
6. 转化过程中受体菌摄取供体菌遗传物质的方式是（　　）
   A. 胞饮　B. 性菌毛　C. 噬菌体　D. 直接摄取　E. 细胞融合
7. 属于毒力变异的是（　　）
   A. 卡介苗生产　B. S-R 变异　C. 细菌 L 型的形成　D. 耐药株的产生　E. 营养缺陷型细菌的出现
8. 杀灭物体上所有的微生物，包括芽胞的方法称为（　　）
   A. 消毒　B. 灭菌　C. 防腐　D. 清洁　E. 无菌操作
9. 哪种试验不属于细菌的生化反应（　　）
   A. 糖发酵试验　B. 甲基红试验　C. 外－斐试验　D. 靛基质试验　E. V-P 试验
10. 观察细菌大小、形态、染色性、药物敏感性应选择哪期培养物（　　）
    A. 迟缓期　B. 对数期　C. 稳定期　D. 衰亡期　E. 任意时期
11. 需用电子显微镜才能观察到的结构是（　　）
    A. 荚膜　B. 异染颗粒　C. 鞭毛　D. 菌毛　E. 芽胞
12. 消毒灭菌是否彻底的指标是杀死细菌的（　　）
    A. 荚膜　B. 异染颗粒　C. 鞭毛　D. 菌毛　E. 芽胞
13. 正常人体不存在细菌的部位是（　　）
    A. 体表　B. 口腔　C. 血液　D. 大肠　E. 尿道口
14. 细菌 L 型不具有的特征是（　　）
    A. 缺乏细胞壁　B. 嗜高渗性　C. 多形性　D. 返祖可形成真菌

E. 仍有致病能力

15. 不是细菌生长繁殖所需要的条件是（　　）

A. 营养物质　　B. 酸碱度

C. 光照　　D. 温度

E. 气体

16. 细菌繁殖方式是（　　）

A. 二分裂　　B. 复制

C. 出芽　　D. 孢子

E. 有丝分裂

17. 关于噬菌体的描述，下列错误的是（　　）

A. 属于病毒

B. 具有严格细胞内寄生性

C. 含有 DNA 和 RNA

D. 赋予宿主菌某些性状

E. 有温和噬菌体和毒性噬菌体

18. 长期使用广谱抗生素治疗的患者又被诊断为白假丝酵母菌性肠炎是（　　）

A. 耐药菌株引起　　B. 毒力变异引起

C. 菌群失调引起　　D. 药物不良反应引起

E. 患者抵抗力下降引起

19. 去除热原质的最好方法是（　　）

A. 蒸馏法　　B. 高压蒸气灭菌法

C. 滤过法　　D. 巴氏消毒法

E. 干烤法

20. 溶原性细菌是（　　）

A. 带有毒性噬菌体的细菌

B. 产生细菌素的细菌

C. 有 F 因子的细菌

D. 带有 R 因子的细菌

E. 带有噬菌体基因组的细菌

21. 下列消毒灭菌方法使用错误的是（　　）

A. 金属器械—过氧乙酸

B. 排泄物—漂白粉

C. 饮用水—氯气

D. 皮肤—碘伏

E. 人和动物血清—滤过除菌

22. 可以在细菌之间传递质粒的结构是（　　）

A. 荚膜　　B. 菌毛

C. 鞭毛　　D. 芽胞

E. 核糖体

23. 细菌的测量单位是（　　）

A. 厘米　　B. 毫米

C. 微米　　D. 纳米

E. 分米

24. S-R 变异是（　　）

A. 形态变异　　B. 菌落变异

C. 毒力变异　　D. 耐药性变异

E. 酶变异

25. 滤过除菌法能除去的微生物是（　　）

A. 细菌　　B. L 型细菌

C. 病毒　　D. 支原体

E. 立克次体

26. 以噬菌体为载体，将供体菌的遗传物质转移给受体菌，经重组而使受体菌获得供体菌的某些性状是（　　）

A. 转化　　B. 接合

C. 转导　　D. 溶原性转换

E. 原生质体融合

27. 编码细菌对抗菌药物的耐药性质粒是（　　）

A. F 质粒　　B. R 质粒

C. Vi 质粒　　D. Col 质粒

E. 代谢质粒

28. 化学消毒剂的杀菌机制不包括（　　）

A. 使蛋白质变性　　B. 影响酶活性

C. 损伤细胞膜　　D. 损伤核糖体

E. 破坏核酸

29. 正常菌群的生理作用不包括（　　）

A. 拮抗作用　　B. 营养作用

C. 调节作用　　D. 免疫作用

E. 抑癌作用

30. 细菌芽胞的作用不包括（　　）

A. 增强免疫性　　B. 休眠体

C. 增强抵抗力　　D. 鉴别细菌

E. 判断灭菌效果的指标

31. 把生物学性状基本相同的细菌群归属在一起，称之为（　　）

A. 科　　B. 属

C. 种　　D. 亚种

E. 型

三、问答题

1. 比较革兰阳性菌与革兰阴性菌细胞壁结构的异同。
2. 细菌的特殊结构有哪些？各有哪些功能？
3. 简述细菌合成代谢产物及其在医学中的意义。
4. 消毒灭菌的方法有哪些？
5. 简述细菌基因转移与重组的方式。

（张新明）

第3章 细菌的感染

学习目标

1. 掌握：细菌的致病因素及医院感染的监测与控制。
2. 熟悉：感染的发生发展和医院感染常见的微生物。
3. 了解：感染的来源与医院感染的流行病学。

细菌等病原生物入侵宿主并在体内生长繁殖，释放毒性代谢产物，引起宿主不同程度的病理过程称为感染（infection）。当细菌侵入宿主引起感染的同时，也能刺激宿主免疫系统产生一系列免疫应答，故感染的发生、发展、结局与细菌的致病性及宿主的免疫防御功能的强弱有关，有的可能不引起感染，或引起感染但逐渐消退消失，或感染持续存在甚至扩散引起疾病，甚至导致感染者最终死亡。因此，探索细菌的致病性及感染的发生发展，对防治人类感染性疾病具有重要意义。

第1节 细菌的致病性

细菌在宿主体内寄生、增殖并引起疾病的性能称为细菌的致病性或病原性。例如，志贺菌属细菌可引起细菌性痢疾，结核分枝杆菌可引起结核病等。致病性是细菌的特性之一，毒力（virulence）则用来衡量细菌致病性的强弱程度。不同种类的细菌其毒力各不相同，并可因其感染的宿主种类与寄居环境条件的不同而发生变化，故同一种细菌又可分为强毒株、弱毒株和无毒株。细菌的毒力常用半数致死量（median lethal dose，LD_{50}）或半数感染量（median infective dose，ID_{50}）表示，其含义是在单位时间内，通过一定途径，使一定体重的某种实验动物半数死亡或半数被感染所需要的最少的细菌数量或细菌毒素量。细菌的致病性与其毒力因子、侵入数量和侵入途径密切相关（图3-1），并受机体的免疫状态影响。

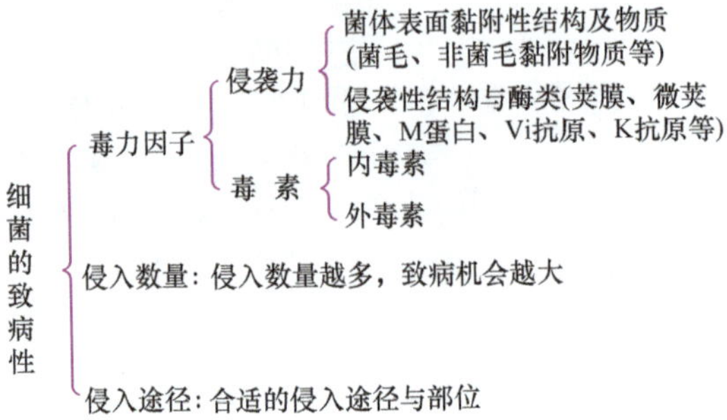

图3-1 细菌的致病因素

一、细菌的毒力因子

与细菌毒力有关的物质统称为细菌毒力因子。主要有细菌的侵袭力和毒素。

（一）侵袭力

细菌突破宿主机体的免疫防御机制，并在宿主体内定居、生长繁殖和扩散的能力，称为侵袭力。与侵袭力有关的物质包括细菌细胞表层结构物质、侵袭性酶类等。

1. 菌体表面黏附性结构及物质 黏附性结构及物质是微生物与宿主接触引发感染的第一步。具有黏附作用的细菌表面的特殊结构及有关物质称为黏附因子（或黏附素）。细菌的黏附因子主要有菌毛和非菌毛黏附物质。

（1）菌毛：许多细菌表面都有菌毛。细菌通过其表面的菌毛与宿主细胞表面受体结合而使细菌吸附于易感细胞，从而获得定居宿主的机会，故菌毛又称为定植因子。例如，淋病奈瑟菌、大肠埃希菌、沙门菌属和志贺菌属细菌等均有菌毛。

菌毛的黏附作用具有组织选择性。这种选择性决定于宿主易感细胞表面的相应受体。G^-菌的菌毛受体成分一般是糖类，如克雷伯菌属、沙门菌属和志贺菌属等的细菌菌毛受体为 D- 甘露糖，霍乱弧菌的为岩藻糖和甘露糖。

（2）非菌毛黏附物质：主要见于如 A 群链球菌等的 G^+菌及某些 G^-菌。例如，葡萄球菌、链球菌、白假丝酵母菌等多种病原微生物的表层有纤维蛋白原结合蛋白、胶原黏附素等，A 群链球菌菌体表面有膜磷壁酸、糖萼或多糖包被等。某些 G^-菌除菌毛外，其外膜蛋白亦具有黏附作用。这些黏附物质，除膜磷壁酸外，主要与血液成分及细胞基质相互作用，使细菌在扩散入血液及其他部位时进一步定植。有的细菌如口腔变异链球菌可通过菌体表面结构黏附于牙齿而最终造成龋齿。

2. 侵袭性结构与酶类 侵袭性结构主要有荚膜、微荚膜。细菌荚膜的主要成分为多糖或多肽。微荚膜的成分因菌种而异，如链球菌有 M 蛋白、伤寒沙门菌有 Vi 抗原、大肠埃希菌有 K 抗原等，它们有的是蛋白质，也有的是多糖。细菌的荚膜及微荚膜具有抗吞噬、抗补体、抗干燥及抗体液中杀菌物质的作用，使细菌能抵抗并突破宿主的抗感染免疫防御功能，并迅速繁殖而引起病变。

有些细菌可释放其引起感染的侵袭性的胞外酶。例如，金黄色葡萄球菌产生的血浆凝固酶，能使血浆中液态的纤维蛋白原转变为固态的纤维蛋白包绕在菌体表面，从而使细菌具有抗吞噬、抗补体等的作用。又例如，A 群链球菌能产生透明质酸酶、链激酶、链道酶等，其中透明质酸酶能溶解机体结缔组织中的透明质酸，使结缔组织疏松、通透性增加，使链球菌在组织中易于扩散。链激酶能激活溶纤维蛋白酶原成为溶纤维蛋白酶，使纤维蛋白凝块溶解等。故链球菌感染时容易溶解感染局部的纤维蛋白屏障而促使细菌和毒素更易于扩散。

（二）毒素

按毒素的来源、性质和作用等方面的不同，分为内毒素（endotoxin）和外毒素（exotoxin）两类。

1. 内毒素 是 G^-菌及支原体、衣原体、立克次体和螺旋体等病原微生物的重要毒力因子。G^-菌内毒素的主要成分是细胞壁上的脂多糖，是当菌体自溶或用人工方法使细菌裂解后才释放出的毒性物质。各种 G^-菌产生的内毒素引起的病理变化和临床症状大致相同。

主要生物学作用有：①发热反应：微量内毒素就可引起健康人体温上升。其机制是内毒素作为外源性致热原激活巨噬细胞，使之释放内源性致热原 IL-1、TNF-α 等，这些细胞因子作用于下丘脑体温调节中枢，引起发热反应。②白细胞反应：当内毒素进入血液循环系统后，白细胞大量移行并黏附于组织的毛细血管床中，使白细胞数量骤减。数小时后，骨髓大量释放中性粒细胞进入血液，使其数量显著增加。但伤寒沙门菌感染则为例外，血液中白细胞数量始终不增加甚至减少，机制不明。③内毒素血症和内毒素性休克：当宿主的血液中 G^- 菌大量繁殖或病灶内细菌裂解释放大量内毒素入血或输入含有大量内毒素污染的药液时，可引起宿主发生内毒素血症，导致其全身微小血管舒缩功能紊乱而出现微循环障碍和低血压等。表现为血液淤滞于微循环，有效循环血量减少，血压下降，组织器官毛细血管灌注不足、缺氧、酸中毒甚至休克。④弥散性血管内凝血（disseminated intravascular coagulation，DIC）：它不是一种独立的疾病，而是在宿主出现感染性休克基础上进一步发展所表现的严重并发症。其发生机制主要是：内毒素导致宿主微循环障碍时，血压下降，血流缓慢，血细胞粘连阻塞小血管，使组织血流灌注不足，缺氧，引起酸血症。同时，内毒素激活凝血因子Ⅻ，小血管和毛细血管内形成大量微血栓，由于血小板和纤维蛋白原大量消耗，以及内毒素激活纤维蛋白溶酶原为纤维蛋白溶酶，分解纤维蛋白，进而产生出血倾向，引发 DIC。

2. 外毒素 指由 G^+ 菌和部分 G^- 菌产生并释放到菌体外的一类毒性蛋白质。

细菌内毒素与外毒素的主要区别，详见表 3-1。

表 3-1 内毒素与外毒素的主要区别

区别要点	内毒素	外毒素
来源	G^- 菌死亡裂解后释放出来	主要为 G^+ 菌及少数 G^- 菌合成分泌至菌体外
化学成分	脂多糖，由脂质 A、核心多糖和菌体特异性多糖组成，其中脂质 A 是内毒素的主要毒性成分	蛋白质。多由 A、B 两个亚单位组成，A 亚单位是外毒素的活性部分，决定毒性效应。B 亚单位是结合单位，无毒性但免疫原性强，能与宿主靶细胞表面的特异性受体结合，介导 A 亚单位进入细胞
理化性状	稳定，耐热，160℃ 2～4h 或用强碱或强氧化剂煮沸 30min 能破坏	不稳定，60～80℃或以上 30min 能被破坏，遇酸发生变性；可被蛋白酶分解
毒性作用	较弱，对组织无选择性。各种细菌内毒素的毒性作用大致相同。引起发热、微循环障碍、内毒素性休克、DIC 等	毒性强，对组织有选择性，各种外毒素的作用不同，可引起特殊的临床表现
抗原性	弱。能刺激机体产生一定的抗体，但无保护作用，不能经甲醛处理制成类毒素	强，可刺激机体产生高效价的抗毒素。经甲醛处理，可脱毒成为类毒素

此外，外毒素有多种，根据外毒素对宿主靶细胞的亲和性及其作用机制的不同，可将外毒素分为神经毒素、细胞毒素和肠毒素三大类，详见表 3-2。

表 3-2　外毒素的种类及作用特点

类型	外毒素名称	所致疾病	作用机制	临床表现
神经毒素	破伤风痉挛毒素	破伤风	阻断上下神经元间正常抑制性神经冲动的传递	骨骼肌强直性痉挛
	肉毒毒素	肉毒中毒	抑制胆碱能运动神经释放乙酰胆碱	肌肉松弛性麻痹
细胞毒素	白喉外毒素	白喉	抑制靶细胞蛋白质的合成	心肌损伤、肾上腺出血和外周神经麻痹
	中毒性休克综合征毒素-1（TSST-1）	中毒性休克综合征（TSS）	增加对内毒素休克的敏感性	发热、皮疹、休克
	致热外毒素	猩红热	破坏毛细血管内皮细胞	猩红热皮疹
肠毒素	霍乱肠毒素	霍乱	激活肠黏膜腺苷环化酶，增高细胞内 cAMP 浓度，小肠上皮细胞内水和电解质大量丢失	腹泻、呕吐
	金黄色葡萄球菌肠毒素	食物中毒	作用于呕吐中枢	以腹泻、呕吐为主

二、细菌的侵入数量

病原菌侵入宿主机体后能否引起感染，除取决于毒力因子外，还与其是否有足够的数量密切相关。一般是细菌的毒力越强，引起感染所需的细菌数量越少，反之则需要的细菌数量大。例如，毒力极强的鼠疫耶尔森菌在无特异性免疫力的机体中，只要数个细菌侵入宿主就可能引起感染，而毒力相对较弱的伤寒沙门菌则需要食入上亿个细菌才能导致急性胃肠炎等。

三、细菌的侵入途径

不同种类的病原菌需要通过一定的侵入途径才能使其在宿主特定部位的器官、组织或细胞引起感染。一般情况下，一种病原菌只有一种侵入途径，如破伤风梭菌或产气荚膜梭菌需侵入小而深并缺氧环境的伤口才能生长繁殖并引发破伤风或气性坏疽。又例如，志贺菌属细菌需经口食入并在肠道黏膜上皮细胞定植生长繁殖后才能导致细菌性痢疾。但有一些病原菌可通过多种侵入途径引起感染，如结核分枝杆菌可经呼吸道、消化道、皮肤创伤等多种方式侵入宿主机体的相应部位而引起结核病。

第 2 节　细菌感染的发生发展

一、感染的来源

（一）外源性感染

由来自宿主体外的病原菌引起的感染称外源性感染（exogenous infection）。外源性感染的传染源主要有传染病患者、恢复期患者和健康带菌者，以及病畜、带菌动物或媒介昆虫等。因此，及时治疗患者、筛查带菌者和治疗患病或带菌的动物，对控制传染病的流行具有十分重要的意义。在外源性感染中，病原菌可通过不同的途径导致宿主发生感染，详见表 3-3。

表 3-3　病原菌的感染途径

感染途径	入侵方式	病种举例
呼吸道	经吸入带菌的气溶胶或飞沫	百日咳、猩红热、白喉等
消化道	经粪便污染食物或水源，经口食入	痢疾、伤寒、食物中毒等
泌尿生殖道	经性行为或接触（直接或间接）等	淋病、梅毒等
皮肤黏膜	经皮肤或黏膜创伤侵入	疖或痈等皮肤化脓性感染
输血或注射	经输血、注射或针刺及使用血制品等	注射部位化脓性感染、败血症等
媒介昆虫	被媒介昆虫叮咬等	鼠疫、斑疹伤寒等
多途径感染	经食入、吸入、创伤等感染病原菌	炭疽、结核病等

（二）内源性感染

内源性感染主要指来自于宿主体内的正常菌群及潜伏在宿主体内的细菌又重新生长繁殖而引起的感染。当大量使用抗生素导致菌群失调，以及各种原因导致机体免疫防御功能下降时常可引起感染，如婴幼儿、长期卧床的老年人、晚期癌症患者、艾滋病患者及器官移植使用免疫抑制剂者等均容易发生内源性感染。防止内源性感染是现代医院控制医院内感染的重要内容之一。

二、感染的发生发展

在宿主免疫防御功能相对稳定的情况下，感染的发生发展主要取决于细菌的毒力因子、侵入数量和侵入途径。常见的感染类型如下。

（一）不感染

当侵入宿主体内的病原菌的毒力很弱、数量不足或侵入途径与部位不适宜，而机体免疫防御功能很强时，病原菌将迅速被机体免疫系统消灭而不发生感染。

（二）潜伏感染

潜伏感染是某些细菌等病原体在侵入宿主机体后，可潜伏在病灶内或某些特定的组织中，由于机体免疫防御功能足以将细菌等病原体局限化而不引起临床症状，但又不足以将病原体清除时，细菌等病原体便可长期潜伏起来，当机体免疫防御功能下降时，潜伏的病原体大量繁殖而引发疾病的一种感染类型。细菌等病原体一般不在血液、分泌物或排泄物中出现，如结核分枝杆菌、梅毒螺旋体及单纯疱疹病毒等均可引起潜伏感染。

（三）隐性感染

当入侵宿主体内的病原菌毒力较弱、数量较少及侵入途径与部位合适，而机体的免疫防御功能正常或相对较强时，病原菌对宿主机体不引起或只引起轻微的损伤，使机体不出现或出现不明显的临床症状与体征，称为隐性感染或亚临床感染。许多情况下病原菌感染人体后表现为隐性感染，可刺激机体产生特异性抗体以抵御同种病原菌的再次感染。

（四）显性感染

当入侵宿主体内的病原菌毒力强、数量多及侵入途径与部位合适，而机体的免疫防御功能相对较弱时，通过病原菌本身的作用或机体的超敏反应而导致宿主机体组织细胞受到不同程度的损伤及生理功能发生障碍，出现一系列临床症状和体征者称为显性感染。

1. 按病情急缓、病程长短不同分类

（1）急性感染：表现为起病急、病程短（一般为数天至数周）、症状明显。急性感染病愈后，细菌等病原体从体内消失，但内源性急性感染病愈后体内的细菌则不一定消失。引起急性感染的细菌一般多见为胞外寄生菌，如脑膜炎奈瑟菌、霍乱弧菌、致病性大肠埃希菌、痢疾志贺菌等。

（2）慢性感染：表现为起病慢、病程长（常持续数月至数年）。胞内寄生菌和病毒引起的感染往往是慢性感染，如结核分枝杆菌、麻风分枝杆菌、布鲁菌等。

2. 按感染的部位和性质不同分类

（1）局部感染：指细菌等病原体侵入机体后，仅局限在机体某一部位生长繁殖，引起局部病变的一种感染类型。例如，化脓性球菌引起的疖、痈，皮肤癣菌引起的头癣、甲癣等。

案例 3-1

某同学右脚感染形成一化脓性疖肿，自行挤压疖肿排出脓液。几天后出现头痛、高热，体温达 40℃。入院后昏迷，诊断为脓毒血症、感染性休克。

问题：

1. 什么是脓毒血症？
2. 试分析产生此症状的原因。

（2）全身感染：指感染发生后，细菌等病原体及其毒性代谢产物向全身扩散，引起全身性症状的一种感染类型。此类型多见于胞外菌的急性感染。临床常见的全身感染类型有：①菌血症（bacteremia）：病原菌由局部一时性或间断性侵入血液循环，但未在血液中生长繁殖或极少量繁殖，引起的症状轻微。此种情况见于某些细菌在体内的播散过程中，细菌只是短暂的一过性通过血液循环到达体内适宜部位后再进行生长繁殖而导致疾病。例如，伤寒沙门菌的早期感染和脑膜炎奈瑟菌感染中的菌血症。②毒血症（toxemia）：能产生外毒素的病原菌侵入宿主体内后，在局部的组织器官中生长繁殖，其产生的外毒素进入血液循环，并损害特定的靶器官或组织，引起特殊的毒性症状。常见的病原菌有破伤风梭菌、白喉棒状杆菌等。③败血症（septicemia）：病原菌侵入血液循环，在其中大量生长繁殖，并产生毒性代谢产物而引起严重的全身性中毒症状。G^+菌和 G^-菌均引起败血症，其主要症状有高热、皮肤黏膜瘀斑、肝脾大等。④脓毒血症（pyemia）：化脓性细菌由病灶侵入血液循环后，在其中大量繁殖，并通过血液循环扩散至宿主的其他组织或器官，引起新的化脓性病灶。例如，金黄色葡萄球菌所致的脓毒血症，可导致多发性肝脓肿、肺脓肿、肾脓肿等。⑤内毒素血症（endotoxemia）：宿主受 G^-菌侵入感染后，在病灶或血液循环中大量生长繁殖，死亡裂解并释放内毒素进入血液循环而引起的全身症状。其主要表现为轻则发热，重则休克、脑水肿甚至死亡，如小儿急性中毒性菌痢等。

（五）带菌状态

在隐性感染或显性感染痊愈后，患者不再表现临床症状，但病原菌在体内继续留存一定时间，并不断排出体外，即形成带菌状态。处于带菌状态的人称为带菌者。按病原体种类不同而分为带菌者和带病毒者；按其发生于显性或隐性感染的情况而划分为恢复期携带者和健康携带者。①恢复期带菌者：为宿主患传染病后，在短期内机体仍保留有致病菌的人，如痢疾、伤寒、白喉恢复期带菌者都比较常见；②健康带菌者：为宿主机体内带有病原菌的健康人。例如，在流行性脑脊髓膜炎或白喉的流行期间，不少健康人的鼻咽腔内可带有脑膜炎奈瑟菌或白喉棒状杆菌。医护工作者常与患者接触，很容易成为带菌者，在患者之间互相传播，造成交叉感染。带菌者是重要的传染源。因此，及时查出带菌者，有效地加以隔离治疗，这在防止传染病的流行上是重要的手段之一。

第3节 医院感染

随着新微生物和新感染性疾病的出现，人口增长与人群拥挤，人群免疫力不断下降，抗生素耐药性不断增长，感染性疾病将进一步加大对全球的影响。《WHO 医院获得性感染预防控制指南》引言中就特别提示“医院感染将成为日益严重的公共卫生问题”。医院感染的发生不仅增加了患者及国家的经济负担，也增加了医护人员的工作量，医院感染直接关系到医疗质量和患者安全。因此，了解医院感染特点，研究医院感染的发生规律，对提高医院感染的监测与控制有重要意义。

医院感染（nosocomial infection，NI）是指住院患者、门诊或急诊就诊患者、探视者和患者家属或医院工作人员在医院内获得的感染，又称医院内感染（hospital infection）或医院获得性感染（hospital-acquired infection，HAI）。其包括患者在住院期间发生的感染和患者在住院时获得出院后发生的感染，但不包括患者入院前已开始或入院时已处于潜伏期的感染。医院工作人员在医院内获得的感染也属于医院感染。由于就诊患者、探视者和患者家属在医院的时间短暂，获得感染的因素多而复杂，常难以确定感染是否来自医院，故实际上医院感染的对象主要是住院患者和医院工作人员。我国原卫生部颁发的《医院感染诊断标准（试行）》对一些容易混淆的情况作了明确界定，对各系统如呼吸等系统和口腔等部位的感染诊断作了明确规定和说明。

案例 3-2

1998 年 4～5 月两个月内，某市妇幼医院 294 例手术患者中，166 例术后出现伤口感染，切口感染率为 56.84%。此事件成为我国医院感染的典型案例。

问题：

1. 什么是医院感染？
2. 医院感染的常见微生物有哪些？
3. 如何预防和控制医院感染？

一、医院感染常见的微生物

医院感染常见于泌尿道感染、呼吸道感染、伤口和皮肤感染及胃肠道感染。感染的微生物主要为细菌和病毒，其次为真菌和衣原体。这些微生物适应性强，其中细菌对常用的抗生素多呈耐药性，治疗较难。在 20 世纪 50～60 年代医院感染的微生物主要是 G^+球菌，70～80 年代后则以 G^-杆菌为主。随着时代及诊疗技术的发展，引起医院感染的微生物种类也不断发生变化。近年来引起医院感染的主要微生物种类见表 3-4。

表 3-4 医院感染常见微生物

微生物类别	微生物名称
G^+球菌	金黄色葡萄球菌、凝固酶阴性葡萄球菌、肺炎链球菌、链球菌、肠球菌等
G^-杆菌	大肠埃希菌、沙门菌属细菌、宋内志贺菌、克雷伯菌属细菌、变形杆菌属细菌、流感嗜血杆菌、嗜肺军团菌、铜绿假单胞菌、不动杆菌属细菌等
厌氧性细菌	类杆菌、丙酸杆菌、梭杆菌、消化球菌、产气荚膜梭菌等
其他细菌	结核分枝杆菌及非典型分枝杆菌、产单核细胞李斯特菌、弯曲菌属细菌等
病毒	水痘－带状疱疹病毒、呼吸道合胞病毒、流感病毒、单纯疱疹病毒、腺病毒、巨细胞病毒、轮状病毒、肝炎病毒、人类免疫缺陷病毒等
真菌	白假丝酵母菌、曲霉菌、毛霉菌、隐球菌等

二、医院感染的流行病学

（一）内源性医院感染

内源性医院感染（endogenous hospital infection）又称自身感染，是指患者在医院内由于某种原因使自身寄居的正常菌群成为条件致病菌大量繁殖而引起的感染。

（二）外源性医院感染

外源性医院感染（exogenous hospital infection）又称交叉感染，是指患者遭受医院内非自身存在的微生物侵袭而发生的感染。其微生物主要来源于医院内的其他患者或携带者，其次来自于医护用品或诊疗用品及空气中气溶胶中的微生物。

医院感染遵循一般传染病的三个环节规律，即感染源、感染途径和易感人群。它们构成了医院感染的感染链（图 3-2）。

1. 感染源 医院感染源是指病原体自然生存、繁殖及排出的场所或宿主（人或动物），是导致感染的来源。病原体主要来源于人、动物、环境和各种器械。患者是医院感染最重要的感染源。

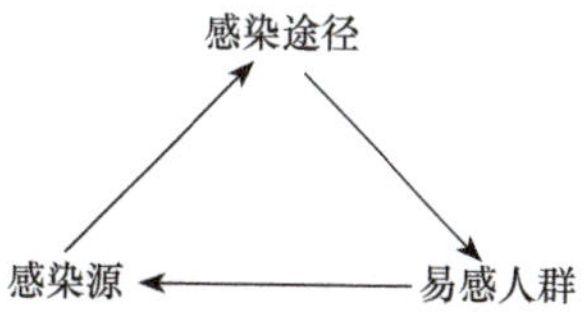

图 3-2 感染链

2. 感染途径 医院感染的途径与社区感染相同，外源性微生物传播给宿主的方式通常以空气、接触及媒介传播最为重要。介入性诊疗技术的发展和广泛应用，如内镜检查、活检、导管技术、机械通气及手术等，增加了感染的危险性，污染的物品或者材料直接进入人体组织或者器官也可引起感染。

3. 易感人群 医院感染的易感人群广义上包括住院患者、医院职工、门诊患者、探视者及陪同人员等。患者的易感性主要与年龄、免疫力、所患的疾病及所应用的诊疗方法密切相关。患者感染病原体后是否发生疾病亦与病原体的性质、个体的功能状况等有密切关系，可表现为病原体定植、亚临床感染、引起疾病甚至死亡等情况。

三、医院感染的监测与控制

（一）医院感染的监测

医院感染监测是指长期、系统、连续地收集、分析医院感染在一定人群中的发生、分布及其影响因素，并将监测结果报送和反馈给有关部门和科室，为医院感染的预防、控制和管理提供科学依据。医院感染监测的内容包括对病原体、易感者、媒介因素和环境等方面的监测。医院感染监测的范围包括全院综合性监测和目标性监测。全院综合性监测是指连续不断地对所有临床科室的全部住院患者和医务人员进行医院感染及其有关危险因素的监测，目标性监测则是指针对高危人群、高发感染部位等开展的医院感染及其危险因素的监测。

重点监测的科室包括手术室、重症监护病房（ICU）、新生儿病房（包括新生儿重症监护室）、中心供应室、血液透析室、血库、各临床治疗室和实验室等。

1. 医院感染监控中常用的检测方法 采样后必须尽快对标本进行相应指标的检测，送检时间不得超过6h。若标本0～4℃保存时，送检时间可延长，但不得超过24h。

（1）医务人员手的细菌监测：①采样：在接触患者或从事医疗活动前进行采样。被检人五指并拢，将一支浸有无菌生理盐水的棉拭子在双手指曲面从指根到指端来回涂擦各2次（一只手涂擦面积约30cm^2），并随之转动采样棉拭子，将棉拭子放入装有10ml采样液的试管内送检。采样面积按cm^{2}计算。②细菌菌落总数（colony forming unit, CFU）检查：取1ml采样液放入灭菌平皿内，用普通营养琼脂作倾注培养，置（35±1）℃温箱内培养24～48h计数菌落。计算公式为：

$$手细菌菌落总数（CFU/m^2）=\frac{平板上平均菌落数\times采样液稀释倍数}{30\times2}$$

（2）物体表面的细菌监测：①采样：消毒处理后4h内进行采样。用5cm×5cm的标准灭菌规格板，放在被检物体表面，用浸有无菌生理盐水的棉拭子1支，在规格板内横竖往返各涂抹5次，并随之转动棉拭子，连续采样1～4个规格板面积，将棉拭子放入装有10ml采样液的试管中送检。门把手等小型物体则采用棉拭子直接涂抹物体的方法采样。一般情况下，被采表面<100cm^2，取全部表面；被采表面≥100cm^2，取100cm^2。②细菌菌落总数检查：取1ml采样液放入灭菌平皿内，用普通营养琼脂作倾注培养，放（35±1）℃温箱内培养24～48h计数菌落。计算公式为：

$$物体表面细菌菌落总数（CFU/m^2）=\frac{平板上平均菌落数\times采样液稀释倍数}{采样面积（m^2）}$$

（3）空气的细菌监测：①采样：选择消毒处理后与进行医疗活动之前期间采样。用直径90mm普通营养琼脂平板在采样点暴露5min后送检培养。采样时与地面垂直高度80～150cm。室内面积≤30m^2，设一条对角线上取3个点，即中心一点、两端各距墙1m处取一点；室内面积>30m^2，设东、西、南、北、中5个点，其中东、西、南、北点均距墙1m。②细菌菌落总数检查：将平板置（35±1）℃温箱内培养18～24h计数菌落。计算公式为：

$$空气细菌菌落总数（CFU/m^3）=\frac{50000N}{AT}$$

式中，A为平板面积（cm^2）、T为平板暴露时间（min）、N为平均菌落数（CFU/平板）。

（4）消毒剂和无菌器械保存液的细菌监测：①采样：采取更换前使用中的消毒剂与无菌器械保存液。在无菌条件下，用无菌吸管吸取1ml被检样液，加入到9ml稀释液中混匀。醇类和酚类消毒剂可用普通营养肉汤作稀释液。用于其他消毒剂的营养肉汤稀释液中必须加入相应物质以中和被检样液的残效作用。如含氯、含碘消毒液及过氧化物消毒液的肉汤稀释液内须加入0.1%硫代硫酸钠；洗必泰（醋酸氯己定）、季铵盐类消毒液需在肉汤中加入3%吐温-80和0.3%卵磷脂。②细菌菌落总数检查：分别取1ml采样液放入2只灭菌培养皿内，用普通营养琼脂作倾注培养，将其中一只平板置20℃培养7d，观察真菌生长情况；另一平板放（35±1）℃温箱内培养72h计数菌落。平板上有菌生长，证明被检样液有残存活菌，若每个平板菌落数在 10 个以下，仍可用于消毒（但不能用于灭菌），若每个平板菌落数超过 10 个，说明每毫升被检样液含菌量已超过 100 个，不宜再用。

（5）消毒灭菌效果监测：消毒灭菌效果监测使用的方法较多，如化学指示剂、压力表监测法等，但最为可靠的方法为生物指标法，即用某些特异的菌种作为指示菌，视其是否被杀死作为消毒灭菌的指标。

2. 环境细菌监测的卫生学标准

（1）细菌菌落总数：细菌总数标准见表 3-5。

表 3-5　各类环境空气、物体表面、医护人员手细菌菌落总数卫生学标准

环境类别	范　围	细菌菌落总数		
		空气（CFU/m³）	物体表面（CFU/m²）	医护人员手（CFU/m²）
Ⅰ类	层流洁净手术室、层流洁净病房	≤10	≤5	≤5
Ⅱ类	普通手术室、产房、婴儿室、早产儿室、普通保护性隔离室、供应室无菌区、烧伤病房、ICU 病房	≤200	≤5	≤5
Ⅲ类	儿科病房、妇产科检查室、注射室、换药室、治疗室、供应室清洁区、急诊室、化验室、各类普通病房和房间	≤500	≤10	≤10
Ⅳ类	传染病科及病房	—	≤15	≤15

注：一为不要求。

（2）病原微生物指标：凡经过消毒后的医疗物品不得检出病原菌，灭菌后的医疗用品不得检出任何微生物。母婴室、早产儿室、婴儿室、新生儿及儿科病房的物体表面和医护人员手上不得检出沙门菌。内、外、妇、儿科病房物体表面不得检出铜绿假单胞菌。各科室、门诊的空气中，乙型链球菌应每立方米≤20 个。

（二）医院感染的控制

1. 完善预防医院感染的管理制度　进行广泛宣传，提高医务人员对医院感染的认识，增强医务人员的责任心。

2. 消毒灭菌　在临床诊疗过程中，严格执行无菌操作技术，加强对中心供应室及临床各科室的消毒，对进入人体组织或无菌器官的医疗用品进行灭菌，对污染的医疗器材和物品应先消毒后清洗，再消毒灭菌。对连续使用中的氧气湿化瓶、雾化器、呼吸机及其管道等必须进行定期消毒。消毒灭菌后应进行效果监测。

3. 隔离预防　是防止病原体从患者或病原携带者传给其他人群的一种保护性措施。建立隔离预防措施应以切断传播途径为依据，同时还应考虑病原体和宿主因素的特点。

4. 合理使用抗菌药物　抗菌药物在医院应用广泛，使用不当是造成医院感染的重要原因，合理使用抗菌药物是降低医院感染率的有效手段。

此外，还必须对医院内重点部门，如重症监护室、急诊室、治疗室、婴儿室、手术室、供应室、检验科等密切监测和预报。对一次性使用的医疗器具、医院污物等应按照有关部门规定和要求来规范化管理或销毁处理，以切断医院感染的传播途径，有效预防和控制医院感染。

目标检测

一、名词解释

1. 感染
2. 毒力
3. 内毒素

4. 脓毒血症
5. 医院感染

二、选择题（选择一个最佳答案）

1. 衡量细菌致病性的强弱程度用下列哪项表示(　　)
   A. 毒力　B. LD_{50}
   C. ID_{50}　D. 侵袭力
   E. 黏附因子
2. 被称为定植因子的是(　　)
   A. 毒力　B. 荚膜
   C. 菌毛　D. M蛋白
   E. Vi抗原
3. 细菌的荚膜以及微荚膜不具有下列哪种作用(　　)
   A. 抗吞噬　B. 抗补体
   C. 抗干燥　D. 抗体液中杀菌物质
   E. 抗肿瘤
4. G^-菌的菌毛受体成分一般是(　　)
   A. 脂多糖　B. 糖类
   C. 脂类　D. 纤维蛋白原结合蛋白
   E. 黏肽
5. 下列物质中能使结缔组织疏松、通透性增加的毒性酶是(　　)
   A. 血浆凝固酶　B. 透明质酸酶
   C. 链激酶　D. 链道酶
   E. 纤维蛋白酶
6. 链球菌感染时易于扩散的最主要原因是(　　)
   A. 透明质酸酶　B. 链激酶
   C. 链道酶　D. 血浆凝固酶
   E. M蛋白
7. 感染的发生发展主要取决于(　　)
   A. 细菌的毒力因子　B. 侵入数量
   C. 侵入途径　D. A+B
   E. A+B+C
8. G^-菌内毒素的主要成分是(　　)
   A. 壁磷壁酸　B. 膜磷壁酸
   C. D-甘露糖　D. 脂多糖
   E. 胶原黏附素
9. 有关内毒素的描述哪项是错误的(　　)
   A. 均由G^-菌产生
   B. 其化学成分为脂多糖
   C. 160℃，2～4h才被破坏
   D. 毒害效应具有组织器官选择性
   E. 毒性作用较弱
10. 内毒素的毒性作用包括(　　)
    A. 发热反应
    B. 白细胞反应
    C. 内毒素血症与内毒素休克
    D. 以上都是　E. A和C
11. 下列哪种成分不属于外毒素(　　)
    A. 脂多糖　B. 痉挛毒素
    C. 肉毒毒素　D. 表皮剥脱毒素
    E. 霍乱肠毒素
12. 外毒素可分为(　　)
    A. 神经毒素　B. 细胞毒素
    C. 肠毒素　D. 以上都是
    E. A和C
13. 下列哪项不属于外毒素的特征(　　)
    A. 来源于G^+菌和部分G^-菌
    B. 甲醛液处理不形成类毒素
    C. 60～80℃，30min被破坏
    D. 毒害效应具有组织器官选择性
    E. 毒性作用强
14. 淋病的发生主要是通过下列哪种途径而感染(　　)
    A. 呼吸道　B. 消化道
    C. 泌尿生殖道　D. 皮肤黏膜
    E. 输血或注射
15. 病原菌由局部一时性或间断性侵入血液循环，但未在血液中生长繁殖或极少量繁殖，引起的全身感染的症状称为(　　)
    A. 菌血症　B. 毒血症
    C. 败血症　D. 脓毒血症
    E. 内毒素血症
16. 病原菌侵入血液循环并在其中大量生长繁殖，并产生毒性代谢产物而引起严重的全身性中毒症状称为(　　)
    A. 菌血症　B. 毒血症
    C. 败血症　D. 脓毒血症
    E. 内毒素血症
17. 化脓性细菌由病灶侵入血液循环后，在其中大量繁殖，并通过血液循环扩散至宿主的其他组织或器官，引起新的化脓性病灶的全身性感染症状称为(　　)
    A. 菌血症　B. 毒血症
    C. 败血症　D. 脓毒血症
    E. 内毒素血症
18. 下列细菌中能引起脓毒血症的是(　　)
    A. 结核分枝杆菌　B. 麻风分枝杆菌

C. 霍乱弧菌 D. 金黄色葡萄球菌
E. 破伤风梭菌

19. 下列描述哪项是错误的（ ）
A. 病原菌致病力的强弱程度称为毒力
B. 毒力主要由侵袭力和毒素所决定
C. 破伤风痉挛毒素属于内毒素
D. 侵袭力是指病原突破宿主机体的防御功能，并能在体内定居、繁殖和扩散的能力
E. 肉毒素属于外毒素

20. 有关医院获得性感染的描述哪项是错误的（ ）
A. 住院时获得的感染
B. 感染与上次住院有关
C. 医护人员在医院工作时获得感染
D. 患者原有的慢性感染在医院内急性发作
E. 患者家属在医院陪护时获得感染

21. 下列情况中属于医院感染的是（ ）
A. 皮肤黏膜开放性伤口只有细菌定植而无炎症表现
B. 由于创伤或非生物性因子刺激而产生的炎症表现
C. 新生儿经胎盘获得感染（出生后48h内发病），如单纯疱疹、弓形虫病、水痘等
D. 患者原有的慢性感染在医院内急性发作
E. 医务人员在医院工作期间获得的感染

22. 下列说法正确的是（ ）
A. 经消毒灭菌后的医疗物品不得检出病原菌
B. 灭菌后的医疗物品不能检出微生物
C. 婴儿室、新生儿科、儿科等病房物体表面不得检出沙门菌
D. 内、外、妇、儿科病房物品表面不得检出铜绿假单胞菌
E. 上述均正确

23. 在流行病学调查时，距离传染源多少米的受染者才能认为是经空气传播（ ）
A. 0.5m B. 1m
C. 2m D. 0.5～1m
E. 1～2m

24. 目标性监测是针对下列哪一项等开展的医院感染及其危险因素的监测（ ）
A. 全部住院患者
B. 门诊患者
C. 医务人员
D. 高危人群、高发感染部位
E. 探视者

25. 关于医院感染监测，下面哪种说法是不正确的（ ）
A. 包括全院综合性监测和目标性监测
B. 具有长期、系统、连续的特点
C. 研究对象是医院感染在一定人群中的发生、分布及其影响因素
D. 为医院感染的预防、控制和管理提供科学依据
E. 二级甲等以上医院必须开展医院感染监测

26. 医院感染监控中通常情况下对标本送检的时间要求是（ ）
A. ≤1h B. ≤2h
C. ≤4h D. ≤6h
E. ≤12h

27. 在对医务人员手的细菌监测中棉拭对一只手涂擦的面积约为（ ）
A. $10cm^2$ B. $20cm^2$
C. $30cm^2$ D. $40cm^2$
E. $50cm^2$

28. 在对物体表面的细菌监测中一般情况下用棉拭采样的面积为（ ）
A. $>10cm^2$ B. $>20cm^2$
C. $>30cm^2$ D. $<50cm^2$
E. $<100cm^2$

29. 空气的细菌监测中用直径90mm普通营养琼脂平板在采样点应暴露的时间是（ ）
A. 3min B. 5min
C. 10min D. 15min
E. 20min

30. 下列哪种细菌用于对压力蒸汽灭菌器灭菌效果的监测（ ）
A. 乙型溶血性链球菌
B. 金黄色葡萄球菌
C. 枯草芽胞杆菌黑色变种
D. 嗜热脂肪芽胞杆菌
E. 大肠埃希菌

三、问答题

1. 试述细菌的致病因素。
2. 比较内毒素与外毒素的主要区别。
3. 全身感染有哪些类型？
4. 医院感染常见微生物有哪些？
5. 医院感染的控制措施有哪些？

（杨 翀）

第4章　细菌检验技术

学习目标

1. 掌握：常用细菌形态检验方法、培养基的制备方法、细菌接种技术、细菌生长现象及常用细菌生化反应。
2. 熟悉：免疫学技术、分子生物学技术在微生物检验方面的运用。
3. 了解：运用自动化技术进行微生物检验。

微生物检验是一门综合性应用型实验技术。随着科技的发展，人们对微生物的认识已经进入到分子生物学水平，微生物检验的技术和方法已得到日新月异的发展，但其基本技术手段还是通过微生物形态学观察、分离培养、代谢产物的检测、免疫应答产物的测定及微生物核酸测定等方法进行检验。

第1节　细菌形态检验

细菌形态学检查是微生物检验技术中最常用的基本方法之一，是利用各类显微镜对细菌的形态、排列、大小、结构、动力及染色特性等进行观察分析的方法。此类方法常用于细菌的分类和初步鉴定，并为细菌分离培养、生化反应、血清学鉴定、选择抗菌药物等提供依据。细菌形态检验常用普通光学显微镜、暗视野显微镜、相差显微镜、荧光显微镜和电子显微镜等，观察细菌的一般形态和结构最常用的是普通光学显微镜。细菌形态检验包括染色标本检查法和不染色标本检查法。

一、细菌染色标本检验

细菌为无色半透明的微小生物，用光学显微镜直接观察通常显示不清。为了更好地显示细菌的形态、排列、染色和结构等特点，常先将细菌标本制片染色后再进行镜检。

（一）细菌染色标本检查的基本程序

1. 涂片　将细菌标本涂布于洁净的载玻片上。临床标本或细菌培养液可直接取样涂布在载玻片上，若为细菌菌落，则用灭菌接种环挑取菌落或菌苔少许，置于载玻片上预先滴加的无菌生理盐中，涂布成 $1cm^2$ 的菌膜。

2. 干燥　涂片后自然干燥，若需加快干燥速度，则可将涂抹面朝上，将载玻片置于火焰上方烘干。

3. 固定　玻片干燥后，以钟摆的速度来回通过火焰3次进行固定，以玻片反面接触皮肤热而不烫手为宜。也可用冷冻干燥法或化学干燥法。固定的目的是使细菌的蛋白质凝固，杀死细菌，有利于菌细胞着色，并使菌体与玻片黏附牢固。

4. 染色　按检验方法和目的要求，选用不同的染料对标本进行染色。染色时滴加染液的量以覆盖菌膜为宜。

用于细菌染色的常用染料有碱性染料、酸性染料、中性染料等 3 种。其中，碱性染料带正电荷，易与带负电荷的细菌结合，因此，在细菌染色中应用最广泛的有亚甲蓝、甲紫、碱性复红等。

细菌染色标本检查可分为单染法和复染法。单染法只用一种染料染色，如稀释复红或吕氏亚甲蓝染色法。染色后可观察细菌的形态、大小、排列及简单结构，但不能区别细菌的染色性。复染法需用两种或两种以上的染料进行染色，染色后既可观察细菌的形态特征，又可观察不同种类细菌或同一细菌不同结构所染成的不同颜色，利于观察鉴别细菌，故又称鉴别染色法。复染法是细菌检验中用途最广泛的染色法，常用的有革兰染色法、抗酸染色法等。

复染法一般包括初染、媒染、脱色、复染 4 个步骤。①初染：用一种染液对细菌进行染色。②媒染：用媒染剂以增加染料与被染物的亲和力或使细胞膜通透性改变，以提高染色效果。常用媒染剂有碘液、醇类、明矾、酚类等。也可用加热的方法促进着色。③脱色：用脱色剂使某些已着色的被染物脱去颜色，检查某种染料与被染物结合的稳定性，以显示各种细菌的不同染色反应性和结构特点。常用的脱色剂有醇类、丙酮、氯仿、酸类等，其中乙醇是最常用的脱色剂。④复染：是使已脱色的被染物重新着色。常用的复染剂有稀释复红、亚甲蓝、沙黄等。⑤镜检：待已染色的细菌标本干燥后，在油镜头与标本之间加入香柏油，用生物显微镜油镜观察细菌。

案例 4-1

王刚同学在进行革兰染色操作时，挑取纯培养细菌涂片，固定后，经初染、媒染、脱色、复染色，镜检发现视野一片紫色，难以见到单个细菌。

问题：

1. 革兰染色的原理是什么？
2. 为什么会出现难以见到单个细菌的情况？
3. 如何避免出现上述情况？

（二）革兰染色法

1. 染液　甲紫、卢戈碘液、95% 乙醇、稀释苯酚复红液或沙黄。

2. 染色方法　细菌标本经涂片、干燥、固定后，用甲紫液初染，再以卢戈碘液媒染，再用 95% 乙醇脱色，最后用稀释苯酚复红复染，干燥后镜检。

3. 结果　染成紫色的为革兰阳性菌（G^+），染成红色的为革兰阴性（G^-）菌。

4. 染色原理　革兰染色的原理尚未完全阐明，有以下几种学说：①等电点学说：革兰阳性菌的等电点（pH2～3）比革兰阴性菌（pH4～5）低，在同一 pH 条件下，革兰阳性菌比革兰阴性菌所带负电荷多，与带正电荷的碱性染料结合牢固，不易脱色。②化学学说：革兰阳性菌含大量核糖核酸镁盐，可与甲紫、碘牢固结合成大分子复合物，不易被乙醇脱色。革兰阴性菌体内所含核糖核酸镁盐少，故易被脱色。③通透性学说：革兰阳性菌肽聚糖层厚，细胞壁结构较致密，含脂质少，故乙醇不易透入，反而使细胞壁脱水，细胞壁间隙缩小，通透性降低，阻止了甲紫与碘的复合物渗出。而革兰阴性菌肽聚糖层薄，细胞壁结构较疏松，且含脂质多，故易被乙醇溶解，使细胞壁通透性增加，胞内甲紫与碘的复合物易被乙醇溶解而被脱出。

5. 革兰染色的实际意义 ①鉴别细菌：革兰染色法可把细菌分成革兰阳性菌和革兰阴性菌两类，可初步鉴别细菌，缩小检查范围，并确定进一步的鉴定方法。②选择抗菌药物：革兰阳性菌和革兰阴性菌因细胞壁结构的差异，使之对抗菌药物的敏感性不同。例如，大多数革兰阳性菌对青霉素、红霉素、头孢菌素等敏感，而大多数革兰阴性菌对链霉素、氯霉素、庆大霉素等敏感。故可根据病原菌的染色性选择有效的药物治疗细菌引起的感染。③与细菌致病性有关：大多数革兰阳性菌主要以外毒素致病，革兰阴性菌则主要以内毒素致病，两者的致病机制和治疗方法不同。故区分细菌的染色性可指导临床采用针对性的治疗方案。

（三）萋–尼抗酸染色法

1. 染色液 5% 苯酚复红、3% 盐酸乙醇、碱性亚甲蓝。

2. 染色方法 细菌标本涂片经自然干燥固定后，先用 5% 苯酚复红加温染色 5min（保持染液冒热气，不能沸腾），冷却后水洗，再用 3% 盐酸乙醇脱色（玻片无红色脱出为止），水洗后用碱性亚甲蓝液复染，水洗后干燥镜检。

3. 结果 染成红色的为抗酸菌，非抗酸菌、背景、细胞呈蓝色。抗酸染色法将细菌分成抗酸性细菌和非抗酸性细菌。此方法一般用于分枝杆菌属的检查。

（四）特殊染色法

1. 细胞壁染色法 细菌涂片自然干燥后，滴加 100g/L 鞣酸染色 15min，水洗后滴 5g/L 甲紫溶液染色 3～5min，水洗后干燥镜检。有细胞壁的细菌菌体周边染成紫色，菌体内部不着色。无细胞壁的细菌（如 L 型细菌）染料可渗入菌体，从而整个菌体染成紫色。

2. 荚膜染色法 细菌涂片固定后，用苯酚复红微加热 1min，水洗后加特殊媒染剂（氯化汞饱和液 2 份、200g/L 鞣酸 2 份、钾明矾饱和液 5 份混合）作用 30s，水洗后用碱性亚甲蓝复染 1min，水洗后干燥镜检。细菌菌体呈红色，荚膜染成蓝色。

3. 芽胞染色法 细菌涂片固定后，加苯酚复红液，用微火加热 5min（使染液冒蒸气，不能沸腾），冷却后水洗，再用 95% 乙醇脱色 2min，水洗后用碱性亚甲蓝复染 30s，水洗后吸干镜检。细菌菌体呈蓝色，芽胞染成红色。

4. 鞭毛染色法 ①染色液：将 9 份甲液（明矾饱和液 2ml，50g/L 苯酚 5ml，200g/L 鞣酸液 2ml 混匀）和 1 份乙液（碱性复红乙醇饱和液）混合并过滤，滤后第 3 日使用最佳；②方法：取一接种环菌液于载玻片上（不要研磨和摇动），置 37℃孵箱内自然干燥，滴加染色液染色 1～2min，轻轻水洗后干燥镜检；③结果：细菌鞭毛和菌体均染成红色。

5. 异染颗粒染色法 ①染色液：甲液（甲苯胺蓝 0.15g、孔雀绿 0.2g 溶解于 95% 乙醇 2ml 中，再加蒸馏水 100ml 及冰醋酸 1ml，放置 24h 后过滤），乙液（将碘化钾 3g 溶于 10ml 蒸馏水中，再加 2g 碘，待溶解后加蒸馏水至 300ml）；②方法：加甲液染色于固定后的细菌涂片上，染色 3～5min，水洗后加乙液，染色 1min，水洗后干燥镜检；③结果：异染颗粒蓝染成黑色，菌体染成蓝绿色。

（五）负染色法

负染色法是细菌本身不着色而使背景着色。常用的染液有墨汁，也可用酸性染料，如水溶性苯胺黑、刚果红等，由于酸性染料带负电荷，故菌体不着色，只能使背景着色。

（六）荧光染色法

荧光染色法是用不同的荧光素使细菌着色，置于荧光显微镜下观察，可见细菌发出某种颜色的荧光。

二、细菌不染色标本检验

不染色标本检验主要是用显微镜直接观察细菌的动力和运动方式。常用的方法如下。

1. 压滴法

（1）操作：用接种环取2～3环菌液至载玻片中央，盖上盖玻片，置普通光学显微镜油镜下观察。镜下可见有鞭毛的细菌呈方向性位移，无鞭毛的细菌原地震颤（布朗运动）。

（2）操作过程应注意：①加菌液量要适中，过多易溢出，过少将产生气泡，不易观察；②放盖玻片时要缓慢，防止产生气泡；③观察时视野光线宜暗，以达到最佳效果；④及时观察，以免菌液蒸干及细菌失去动力。

2. 悬滴法

（1）操作：取洁净凹玻片，在凹孔四周平面上涂一薄层凡士林；加菌液1滴至盖玻片中央；将凹玻片的凹孔对准盖玻片中央的菌液并盖于其上，迅速翻转玻片；用小镊子轻压盖玻片四周使其与凹孔边缘粘紧封闭；置普通光学显微镜油镜下观察，镜下所见与压滴法相同。

（2）操作过程中应注意：①用滴管或毛细吸管滴加；②盖玻片易碎，滴加菌液和压紧盖玻片时要轻；③观察时视野宜暗，可通过调节光圈大小和聚光器上下位置来控制光线亮度，以达到最佳效果；④及时观察，以免菌液蒸干及细菌失去动力。

第2节 细菌接种与培养

为了鉴定病原菌及确定其毒力和对治疗药物的敏感性，需要对细菌进行培养。培养时要求提供细菌生长繁殖所需要的营养和最适生长环境，如温度、pH、湿度和气体等，使细菌迅速生长繁殖。

一、培养基

培养基（culture media）是指用人工方法配制而成的适合细菌生长繁殖的营养基质。

（一）培养基的成分及作用

1. 营养物质

（1）肉浸液：是将新鲜牛肉去除脂肪、肌腱及筋膜后，浸泡、煮沸而制成。肉浸液中含有可溶性含氮浸出物、非含氮浸出物及某些生长因子。此类物质可为细菌提供碳源和氮源。

（2）牛肉膏：将肉浸液经一定时间加热浓缩熬制而成。加热过程中，牛肉膏中糖类物质被破坏，故其营养价值比肉浸液低。但由于无糖，故可用作肠道鉴别培养基的基础成分。

（3）糖与醇类：糖与醇可为细菌生长提供碳源和能量。常用的糖类包括单糖（葡萄糖、阿拉伯胶糖等）、双糖（乳糖、蔗糖等）、多糖（淀粉、菊糖等）；常用醇类有甘露醇、卫茅醇等。此类物质除作为碳源及提供能量外，亦可用于鉴别细菌。糖类物质不耐热，因此，在制备此类培养基时不宜用高温灭菌，而宜选用 $55.46kPa/cm^2$ 的压力灭菌。

（4）血液：血液中含有蛋白质、氨基酸、糖类及无机盐等物质，还可提供细菌生长所需的辅酶（V 因子）、血红素（X 因子）等特殊生长因子。因而在培养基中加入血液，有利于营养要求较高的细菌生长。含血液的培养基还可检测细菌的溶血性。

（5）鸡蛋与动物血清：鸡蛋和动物血清为某些细菌生长所必需的营养物质，因而用于制备特殊的培养基，如鸡蛋培养基用于培养结核分枝杆菌，吕氏血清培养基用于培养白喉棒状杆菌。

（6）无机盐类：无机盐可提供细菌生长所需的化学元素（如钾、钠、钙、镁、铁、磷、硫等）。常用的有氯化钠和磷酸盐等，氯化钠可维持细菌酶的活性及调节细菌细胞内外渗透压，磷酸盐可为细菌生长提供良好磷源，也可在培养基中起缓冲作用。

（7）生长因子：细菌本身不能合成但生长又需要的物质。其主要包括某些氨基酸、嘌呤、嘧啶、B 族维生素及特殊生长因子（X 因子、V 因子）等，细菌对这些物质需要量不大，但不能缺少。通常在肉浸液、肝浸液、酵母浸液及血清等中含有这些生长因子。

2. 水 是细菌在代谢过程中重要的物质，细菌所需的营养物质必须溶于水才能被细菌吸收。制备培养基一般用不含杂质的蒸馏水或离子交换水，亦可用自来水、井水、河水等。但自来水、井水、河水中常含有钙、磷、镁等，可与培养基中蛋白胨及磷酸盐生成不溶性的磷酸钙或磷酸镁，高压灭菌后，可析出沉淀。因此，用自来水、井水等制备培养基时，应先煮沸使部分盐类沉淀，再过滤使用。

3. 凝固物质 制备固体培养基时，必须在培养基中加入一定量的凝固物质。凝固物质本身不能被细菌利用，在细菌生长温度范围内保持固体状态，不被消毒灭菌而破坏，透明度好，黏着力强。最常用的凝固物质是琼脂，琼脂是从石花菜中提取的一种多糖（硫酸酚酯半乳糖）。此物质在 98℃以上时可以溶于水，45℃以下时则凝固成凝胶状态。某些情况下也可用明胶、血清及卵清蛋白等。

4. 指示剂 为了观察细菌是否利用或分解培养基中的糖、醇等物质，可在培养基中加入指示剂，常用的指示剂有酚红、溴甲酚紫、溴麝香草酚蓝、中性红、中国蓝及亚甲蓝等。

5. 抑制剂 在培养基中加入某种化学物质，选择性抑制非目的菌生长而利于目的菌生长，此类物质称抑制剂。常用的抑制剂有胆盐、煌绿、抗生素、玫瑰红酸、亚硫酸钠等。

（二）培养基的种类

1. 按培养基的物理性状分类

（1）液体培养基：在肉浸液中加入 1%～2% 蛋白胨和 0.5%NaCl，调 pH 至 7.4，灭菌后即成，该培养基常用于增菌或纯培养后观察细菌的生长现象。

（2）半固体培养基：在液体培养基中加入 0.2%～0.5% 的琼脂即成，半固体培养基常用于保存菌种及观察细菌的动力。

（3）固体培养基：在液体培养基中加入 2%～3% 的琼脂，琼脂溶化后即成固体培养基。该培养基倾注至培养皿中制成琼脂平板，用于细菌的分离纯化、鉴定及药敏实验等。注入试管中则可制成斜面而用于菌种的保存。

2. 按培养基的用途分类

（1）基础培养基：具备细菌生长繁殖所需的基本营养成分，如肉汤、普通琼脂平板等。基础培养基应用于细菌检验，也是制备其他培养基的基础成分。

（2）营养培养基：由基础培养基加入血液、血清、生长因子、葡萄糖等成分配制而成。用于营养要求较高的细菌和需要特殊生长因子的细菌培养。例如，血琼脂平板、巧克力琼脂平板等。

（3）鉴别培养基：在培养基中，加入糖或醇类、蛋白质、氨基酸等底物和指示剂，用以观察细菌的生化反应，用于鉴定和鉴别细菌，此类培养基称为鉴别培养基。例如，葡萄糖蛋白胨水、克氏双糖铁琼脂等。

（4）选择培养基：在培养基中加入抑制剂，抑制杂菌生长，利于目的菌生长，此类培养基称为选择培养基。例如，SS琼脂、伊红亚甲蓝琼脂等。

（5）特殊培养基：主要有厌氧培养基和L型细菌培养基。常用的厌氧培养基包括疱肉培养基、硫乙醇酸钠培养基等。细菌L型必须采用高渗（3%～5%NaCl、10%～20%蔗糖等）低琼脂培养基培养。

（三）培养基的制备程序

各类培养基的制备程序不尽相同，但制备程序基本相似，操作步骤如下：

1. 调配　准确称量培养基的各成分，置于盛有蒸馏水的三角烧瓶中，充分混匀。

2. 溶化　培养基的各成分混匀后，加热溶解。在加热的过程中要不断搅拌，并防止瓶中液体外溢。待溶化完毕后，注意补充蒸发的水分。

3. 矫正pH　用精密pH试纸、pH比色计或比色法可测定培养基的pH。一般将培养基的pH矫正至7.4～7.6。有的细菌需要酸性或碱性环境，因而pH须适当调低或调高。由于培养基经高压灭菌后，其pH降低0.1～0.2，因此矫正pH时应比实际需要的pH调高0.1～0.2。

4. 过滤澄清　培养基配成后若有沉渣或浑浊，则需过滤使之澄清透明。液体培养基一般用滤纸过滤澄清。固体培养基加热溶化后趁热用绒布过滤，或用双层纱布夹薄层脱脂棉过滤。

5. 分装

（1）基础培养基：一般分装于三角烧瓶中，灭菌后备用。

（2）营养琼脂：将已溶化并灭菌的固体培养基按无菌操作倾入无菌平皿内，轻摇平皿，使培养基均匀分布在平皿底部，凝固后备用。一般内径为90mm的培养皿中倾入培养基的量为13～15ml，如为M-H琼脂则每个平皿倾入的量约为25ml。内径为70mm的培养皿内倾入培养基的量为7～8ml。

（3）半固体培养基：半固体培养基分装在试管中，分装量为试管长度的1/4～1/3，灭菌后直立凝固待用。

（4）琼脂斜面：制备琼脂斜面应将培养基分装在试管内，分装量约为试管长度的1/5，灭菌后趁热放置成斜面，斜面长约为试管长度的2/3，凝固后备用。

（5）液体培养基：一般分装在试管内，分装量约为试管长度的1/3，灭菌后备用。

6. 灭菌　根据培养基的性质和成分不同选择适宜的灭菌方法。普通基础培养基一般选用高压蒸汽灭菌，如分装量少时，用103.4kPa/cm^2的压力灭菌15min即可，若分装量多，则用此压力灭菌 30min。培养基中如含有糖及明胶时，则以 68.45kPa/cm^2 的压力灭菌 15min。含尿素、血清、腹水等物质的培养基选择过滤除菌。培养基中如含有糖、血清、牛乳、鸡蛋等不耐高温高压的物质时，则选择间歇蒸汽灭菌法灭菌。

7. 检定 培养基制备后是否符合要求，必须进行质量检查，包括无菌试验和效果检测。无菌试验时，将制备好的培养基置于 35℃恒温箱，18～24h 后若培养基中无菌生长，说明被检培养基无菌并符合要求。效果检测是将标准菌株接种在被检培养基上，18～24h 后，观察细菌在该培养基上生长现象，若细菌的菌落、形态等典型，说明被检培养基符合要求。

8. 保存 制备好的培养基标明名称、配制的日期等，置于保鲜袋内存放于 4℃环境，保存时间一般不超过 2 周。培养基储存时间不宜过长，应根据实际情况，少量勤做为宜。

二、细菌接种与培养技术

（一）无菌技术

临床微生物检验的标本来自患者，这些标本具有潜在的传染性，可能导致实验室感染。微生物广泛分布于自然界及正常人体，这些微生物随时都可能污染实验环境、实验材料物品等，影响实验结果的判断。因此，在临床微生物检验过程中，工作人员必须树立牢固的无菌观念，严格执行无菌操作。

1. 微生物检验的整个操作过程必须在无菌室、超净工作台或生物安全柜内进行。无菌室、超净工作台、生物安全柜使用前后都必须消毒灭菌。

2. 微生物检验所用物品、器具等在使用前应严格进行灭菌，在使用过程中不得与未灭菌物品接触，也不可长时间暴露在空气中。

3. 无菌试管或烧瓶在拔塞后及回塞前，管（瓶）口应通过火焰 1～2 次，以杀灭管（瓶）口附着的细菌。

4. 接种细菌、倾注琼脂平板等应在超净工作台或生物安全柜内进行操作。

5. 使用无菌吸管时，应在吸管上端塞入棉花，并使用洗耳球（不得用嘴吹）轻轻吹吸出管内液体。

6. 微生物实验室具有感染性的废弃物、细菌培养物等均不能拿出实验室，也不可随意倒入水池。必须进行严格消毒灭菌后，用医用废物袋装好，送医疗废物集中处置中心处置。

7. 临床微生物检验工作人员必须加强个人防护，工作时必须穿工作衣、戴工作帽及口罩。必要时穿防护衣，戴手套及防护镜。工作完毕，应对实验台再进行消毒灭菌。禁止在实验室（工作区）内吃东西、吸烟等。离开实验室时要更衣、洗手。

（二）细菌接种与分离技术

接种细菌是细菌分离培养的关键步骤。按照待检标本的来源、培养目的及培养基的性状，可采用不同的接种方法。操作时，一般用右手握持接种环（针），左手握持培养基。接种程序为：灭菌接种环→待冷→蘸取细菌标本→接种细菌→灭菌接种环。

1. 平板划线法 此方法用于固体培养基的接种。待检标本中若含有多种细菌，经过划线接种到固体培养基表面而分离，经过培养后可得到单个菌落，这种将混杂细菌分离开的方法称为分离培养。将单个菌落转种到另一培养基中，生长出的细菌为纯菌种，此方法称为纯培养。

（1）分区划线：用接种环挑取细菌标本，将标本均匀涂布在平板边缘培养基表面，约占培养基面积的 1/5，此为第一区。灭菌接种环，待冷，转动平板约 70°，将接种环通过第一区 3～4 次，连续划线，划线面积约占培养基面积的 1/5，此为第二区。同样方法依次划第三区、第四区（或第五区，图 4-1）。此方法多用于含菌量较多的标本接种，如痰液、脓汁、粪便等标本。

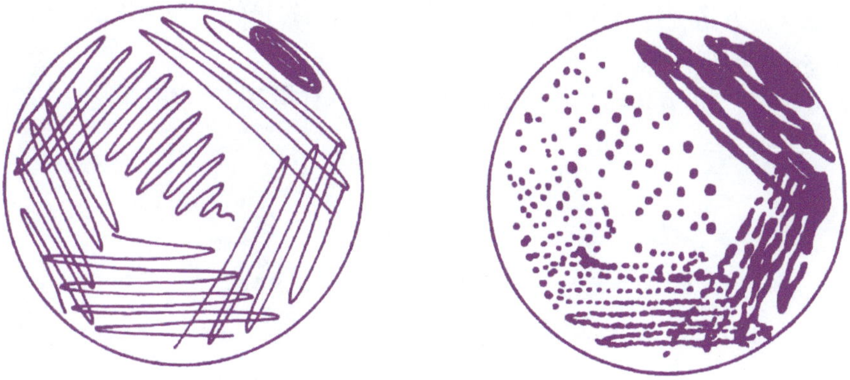

图 4-1　平板分区划线法（左）及培养后菌落分布（右）示意图

（2）连续划线：用接种环挑取细菌标本均匀涂于琼脂边缘一角，再由此开始在平板表面连续划线，并连续划成若干条分散的平行线，此方法适用于接种含菌量较少的标本。

2. 斜面接种法　该方法主要用于增菌、保留菌种及进行生化反应。用接种针从单个菌落上挑取细菌，从斜面底部自下而上划一直线，再从底部向上划曲线。或将已粘取细菌的接种针从斜面正中垂直刺入底部，不要触及管底（距管底约 0.4cm），抽出接种针后再由斜面底部由下而上划曲线（图 4-2）。

3. 穿刺接种法　用接种针挑取菌落或培养物，由培养基中央垂直刺入管底（距管底约 0.4cm），再沿穿刺线拔出接种针（图 4-3）。此方法用于半固体培养基或细菌生化反应所用鉴别培养基的接种。

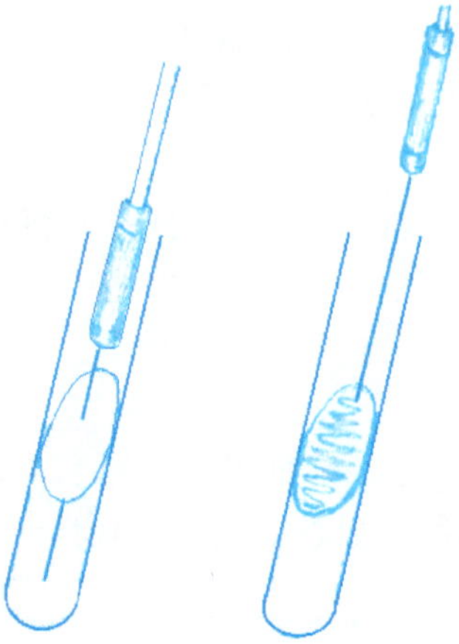

图 4-2　斜面接种法示意图

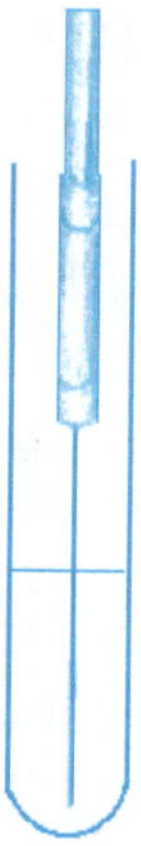

图 4-3　穿刺接种法示意图

4. 液体接种法 用接种针（环）挑取细菌，倾斜液体培养管，先在液面与管壁交界处（以试管直立后液体培养基能淹没接种物为宜）研磨接种物（图 4-4），用少许培养液与之调和，使细菌均匀分布于培养基中。

5. 倾注平板法 此方法常用于水、牛乳、饮料及尿液等标本细菌计数。取细菌标本（或细菌标本稀释液）1ml，置于直径为 90mm 的无菌培养皿中，将已溶化并冷却至 50℃左右的琼脂（13～15ml）倾注于平皿，与细菌标本混匀（图 4-5）。凝固后培养，并计数菌落。计算方法是数 6 个方格（每格为 $1cm^2$）中菌落数，求出每格的平均菌落数。按下列公式计算出每毫升标本中的细菌数。

细菌数 /ml＝每方格的平均菌落数 $\times \pi r^2 \times$ 稀释倍数（r 为培养皿的半径）

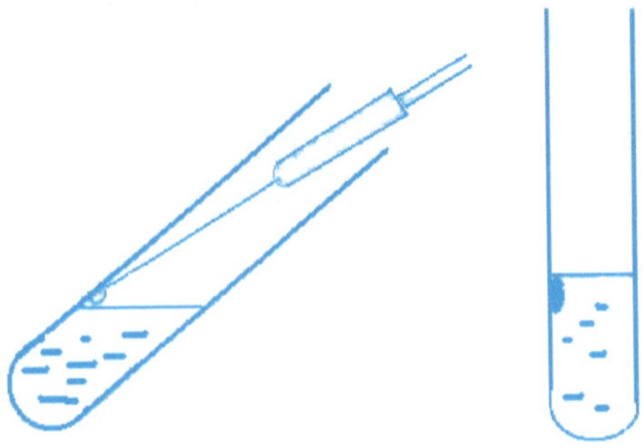

图 4-4 液体接种法示意图

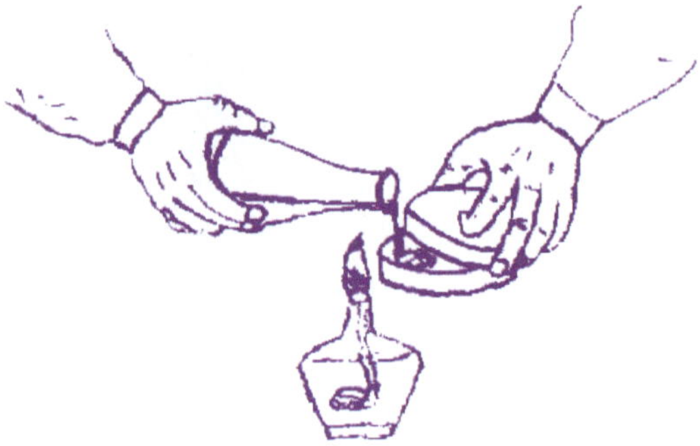

图 4-5 倾注平板法示意图

（三）细菌的培养方法

根据临床标本的来源及检验目的不同，选择用不同的方法培养细菌。

1. 普通培养 亦称有氧培养，将已接种好细菌的培养基置于 35℃普通培养箱内培养 18～24h，在此环境条件下，需氧菌和兼性厌氧菌均可生长。标本中菌量少或有些生长缓慢的细菌（如布鲁菌、结核分枝杆菌）则需要培养较长时间。

2. 二氧化碳培养 是将细菌置于 5%～10%CO_2 环境中进行培养的方法。

（1）二氧化碳培养箱培养法：二氧化碳培养箱具有调节箱内 CO_2 的浓度、温度和湿度的功能。将已种好细菌的培养基置于二氧化碳培养箱内，孵育一定时间后，细菌的生长良好。

（2）烛缸培养法：将已接种细菌的培养基置于标本缸或玻璃干燥器内，把蜡烛点燃后置于缸内，加盖并用凡士林密封缸口。待蜡烛燃烧消耗缸中的氧气后，蜡烛自行熄灭，缸内则产生 5%～10% 的 CO_2。

（3）化学法：将已接种细菌的培养基置于标本缸内，按标本缸每升容积加苯酚氢钠 0.4g 和浓盐酸 0.35ml 的比例，分别加入此两种化学物质于一个平皿内，将该平皿放入标本缸中，加盖密封标本缸。倾斜标本缸，两种化学物质接触后发生化学反应，反应后产生 CO_2。

3. 厌氧培养 厌氧菌对氧敏感，培养过程中，必须降低氧化还原电势，构成无氧环境。常用方法包括厌氧手套箱培养法、厌氧罐培养法、厌氧气袋法、疱肉培养法等。

三、细菌的生长现象

将细菌接种到适宜的培养基中，经 35℃培养 18～24h（生长缓慢的细菌则需要数天或数周）后，细菌可生长。不同的细菌在不同的培养基中生长现象各异，据此可鉴别细菌。

（一）细菌在液体培养基中的生长现象

细菌在液体培养基中可出现 3 种生长现象（图 4-6）。

1. 浑浊　细菌在液体培养基中生长后，大多数出现肉眼可见的均匀浑浊生长现象。

2. 沉淀　少数呈链状生长的细菌生长后，在液体培养基的底部形成沉淀，培养液较清亮，如链球菌、炭疽芽胞杆菌等。

3. 菌膜　需氧菌生长时需要氧气，因而集中在液体表面生长，形成肉眼可见的膜状物。例如，铜绿假单胞菌等。

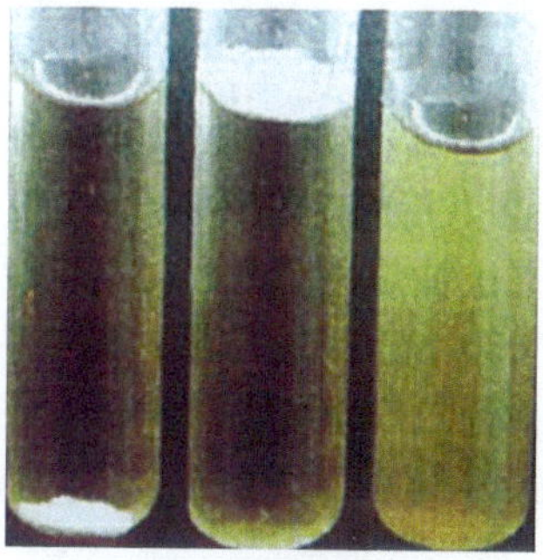

图 4-6　细菌在液体培养基中生长现象（沉淀、菌膜、均匀浑浊）

（二）细菌在半固体培养基中的生长现象

有动力（有鞭毛）的细菌在半固体培养基中，沿穿刺线扩散生长，穿刺线模糊或消失，周围培养基浑浊呈羽毛状或云雾状。无鞭毛的细菌沿穿刺线生长，穿刺线清晰，周围培养基透明澄清（图 4-7）。

图 4-7　细菌在半固体培养基中的生长现象（沿穿刺线生长、沿穿刺线扩散生长）

（三）细菌在固体培养基上的生长现象

细菌经分离培养后在固体平板上生长并形成菌落或菌苔（图 4-8）。菌落是由单一细菌繁殖形成的肉眼可见的细菌集团。多个菌落融合在一起则形成菌苔。进行标本活菌计数时，以在琼脂平板上形成的菌落数来确定标本中的活菌数，用菌落形成单位（colony forming unit，CFU）表示。不同的细菌其菌落特征也不相同，在菌落大小、形态、颜色、气味、透明度、表面光滑或粗糙、湿润或干燥、边缘整齐与否等方面各有差异。根据菌落的性状可将菌落分为三种类型。

1. 光滑型菌落（smooth colony，S 型菌落）　菌落表面光滑、湿润、边缘整齐。

2. 粗糙型菌落（rough colony，R 型菌落）　菌落表面粗糙、干燥，呈皱纹状或颗粒状，边缘多不整齐。R 型菌落多由 S 型细菌变异失去表面多糖或蛋白质形成，细菌的抗原不完整，细菌毒力及抗吞噬能力均比 S 型细菌弱。少数细菌新分离的毒力株即为 R 型，如结核分枝杆菌、炭疽芽胞杆菌等。

3. 黏液型菌落（mucoid colony，M 型菌落）　菌落表面光滑、湿润、黏稠，似水珠样（图 4-9）。多见于有较厚荚膜或丰富黏液层的细菌（如肺炎克雷伯菌等）。

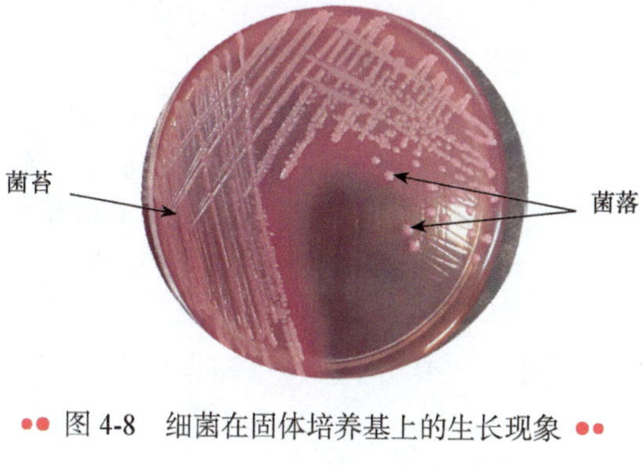

图 4-8　细菌在固体培养基上的生长现象

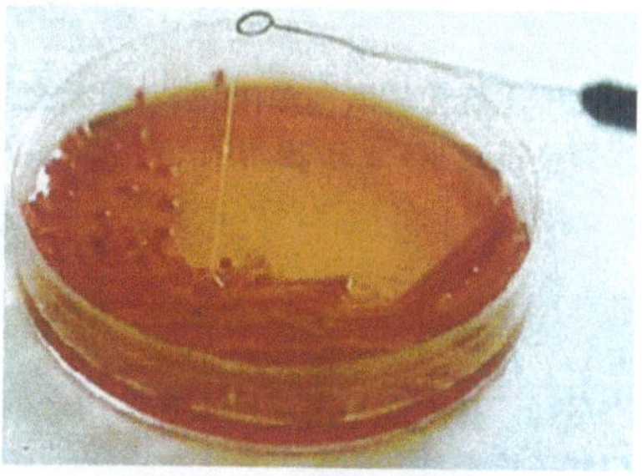

图 4-9　黏液型菌落

此外，细菌在血琼脂平板上生长还可出现不同的溶血现象：①α溶血（草绿色溶血）：菌落周围出现1～2mm的草绿色溶血环，可能为细菌代谢产物使红细胞中的血红蛋白变为高铁血红蛋白所致；②β溶血（完全溶血）：菌落周围出现完全透明的溶血环，系因细菌在生长过程中产生溶血素使红细胞完全溶解所致；③γ溶血（不溶血）：菌落周围培养基无变化。有些细菌在代谢过程中可产生水溶性色素，使菌落周围培养基出现颜色变化。有些细菌产生脂溶性色素，使菌落本身出现颜色。有的细菌在生长繁殖后，可产生特殊气味，如铜绿假单胞菌产生生姜味、白假丝酵母菌产生酵母味等。

（王革新）

第3节　细菌生化鉴定技术

不同的细菌具有各自独特的酶系统，因而在代谢过程中，对培养基中底物的分解能力不相同，故产生的代谢产物也不相同，由于这些代谢产物各具有不同的生物化学特点，因此，利用生物化学的方法检测这些代谢产物可鉴别和鉴定细菌。这种生物化学反应检测细菌的方法称为细菌的生化反应。在临床微生物检验过程中，除根据细菌形态染色及培养特性对细菌进行初步鉴定外，细菌的生化反应对大多数细菌的鉴定具有重要作用。掌握细菌生化反应的原理、方法对于鉴定和鉴别细菌具有十分重要的意义。

一、糖类代谢试验

（一）糖（苷、醇）发酵试验

1. 原理　不同的细菌具有发酵不同糖（苷、醇）的酶，故分解糖（苷、醇）类的能力各异，产生的产物也不一样，据此检测产物可鉴别细菌。

2. 方法　将待检菌种入含指示剂的糖（苷、醇）发酵培养基中，置35℃恒温箱培养18～24h。例如，细菌分解糖（苷、醇）类产酸，培养基中的指示剂呈酸性反应；如产气则液体培养基中倒置的小管内出现气泡，固体培养基出现裂隙；若细菌不分解糖（苷、醇）类，培养基无颜色变化。

3. 应用　糖（苷、醇）类发酵试验可鉴别多种细菌。

（二）葡萄糖氧化/发酵试验

1. 原理　按照细菌在分解葡萄糖时对氧分子需求不同，可将细菌分为氧化、发酵和产碱三种类型。只在有氧环境中分解葡萄糖，无氧环境不能分解葡萄糖的细菌称为氧化型细菌；在有氧或无氧环境中均能分解葡萄糖的细菌称为发酵型细菌；在有氧或无氧环境中都不能分解葡萄糖的细菌称为产碱型细菌。该试验也称为O/F试验或Hugh-Leifson（HL）试验。

2. 方法　取2支HL葡萄糖培养管，置沸水中水浴10min，冷却后，将待检菌接种于2支培养管中。其中一支加灭菌的液体石蜡覆盖；另一管不加液体石蜡。35℃培养18～24h后，若2管均不变色为产碱型；2管均变黄（产酸）为发酵型；加液体石蜡管不产酸，不加液体石蜡管产酸为氧化型。

3. 应用　利用此试验可区分细菌的代谢类型。主要用于肠杆菌和非发酵菌的鉴别，也可用于葡萄球菌与微球菌的鉴别。

（三）七叶苷水解试验

1. 原理　有些细菌可分解七叶苷生成七叶素与葡萄糖，七叶素与培养基中 Fe^{2+} 结合后，生成黑色的化合物，培养基变黑。

2. 方法　将待检细菌接种于七叶苷培养基上，35℃培养 18～24h 后观察结果，培养基变为黑色为阳性，培养基不变色为阴性。

3. 应用　该试验主要用于D群链球菌与其他链球菌的鉴别，D群链球菌为阳性，后者为阴性。也可用于肠杆菌、其他革兰阴性菌等的鉴别。

（四）甲基红试验

1. 原理　某些细菌发酵葡萄糖产生丙酮酸，丙酮酸进一步分解成甲酸、乙酸、乳酸等的混合酸，使培养基 pH 下降至 4.4 以下，加入甲基红指示剂变为红色，为甲基红试验阳性。若细菌产酸量少，或酸进一步被分解为醇、醛、酮等物质，使培养基 pH 在 5.4 以上，则甲基红指示剂呈黄色，为甲基红试验阴性。甲基红试验简称为 MR 试验。

2. 方法　将待检细菌接种在葡萄糖蛋白胨水培养液中，35℃培养 18～24h，加入甲基红试剂，出现红色为 MR 试验阳性，出现黄色为 MR 试验阴性。

3. 应用　主要用于肠杆菌科细菌的鉴别或鉴定。

（五）V-P 试验

1. 原理　某些细菌发酵葡萄糖产生丙酮酸，并使丙酮酸脱羧生成乙酰甲基甲醇（中性），乙酰甲基甲醇在碱性环境中被空气中的氧氧化成二乙酰，二乙酰与胍基化合物发生反应，生成红色化合物。若加入 *α*- 萘酚，则可加快该试验速度。

2. 方法　将待检细菌接种在葡萄糖蛋白胨水中，35℃培养 18～24h 后，按每毫升培养基加入含 0.3% 肌酸（肌酐）的 40%KOH 溶液 0.1ml，混匀，出现红色为该试验阳性。

3. 应用　V-P 试验主要用于肠杆菌科细菌的鉴别或鉴定。

（六）*β*- 半乳糖苷酶试验

1. 原理　有的细菌可产生 *β*- 半乳糖苷酶，可分解邻硝基酚 -*β*-D- 半乳糖苷（ONPG），产生黄色的邻硝基苯酚，该试验又称为 ONPG 试验。

2. 方法　将被检细菌接种于 1% 乳糖肉汤琼脂培养基上，35℃培养 18～24h。挑取菌落制成菌悬液，并加入 1 滴甲苯充分振摇，37℃水浴 5min，使 *β*- 半乳糖苷酶释放，再加入 0.25ml ONPG 混匀，置于 37℃水浴中孵育，菌悬液呈黄色为 ONPG 试验阳性。

3. 应用　*β*- 半乳糖苷酶试验常用于迟缓发酵乳糖细菌的鉴定。

二、蛋白质和氨基酸的代谢试验

（一）靛基质试验

1. 原理　有些细菌含色氨酸酶，可分解培养基中色氨酸产生靛基质（吲哚），吲哚与对二甲基氨基苯甲醛反应，生成红色化合物。此试验又称为吲哚试验。

2. 方法　将待检细菌接种于蛋白胨水中，35℃培养 18～24h，在培养基中加入对二甲基氨基苯甲醛（靛基质试剂），靛基质试剂与培养基两液面交界处呈红色为阳性，无色为阴性。

3. 应用　吲哚试验主要用于肠杆菌科细菌的鉴定。

（二）尿素酶试验

1. 原理 有的细菌产生尿素酶，分解尿素生成 CO_2 和氨，氨在水溶液中形成苯酚铵，使培养基呈碱性。

2. 方法 将待检菌接种于尿素培养基（指示剂为酚红）中，培养 18～24h 后出现红色为阳性，不变色为阴性。

3. 应用 尿素酶试验主要用于变形杆菌属及幽门螺杆菌等的鉴定。

（三）硫化氢试验

1. 原理 有些细菌具有分解含硫氨基酸（胱氨酸、半胱氨酸等）的酶，能分解胱氨酸或半胱氨酸产生 H_2S，H_2S 与培养基中 Fe^{2+} 或 Pb^{2+} 反应生成黑色的硫化亚铁或硫化铅。

2. 方法 将待检细菌接种到含乙酸铅或硫酸亚铁的培养基中，35℃培养 18～24h，培养基出现黑色沉淀为阳性，无变化为阴性。

3. 应用 硫化氢试验常用于肠杆菌科细菌鉴定。沙门菌属、变形杆菌属、枸橼酸杆菌属中的大多细菌硫化氢试验为阳性。

（四）氨基酸脱羧酶试验

1. 原理 细菌产生氨基酸脱羧酶，分解氨基酸使其脱去羧基产生胺和二氧化碳，胺使培养基呈碱性反应。

2. 方法 将待检菌分别接种于氨基酸脱羧酶培养基（如含鸟氨酸、葡萄糖，溴甲酚紫为指示剂）和氨基酸对照管（不含氨基酸）中，培养 18～24h。对照管为黄色，若试验管中培养基由黄色变成紫色为脱羧酶试验阳性，若仅发酵葡萄糖显黄色为阴性。

3. 应用 氨基酸脱羧酶试验主要用于肠杆菌科细菌的鉴定。例如，沙门菌属细菌中，伤寒沙门菌和鸡沙门菌赖氨酸、鸟氨酸脱羧酶为阴性，其余沙门菌的赖氨酸、鸟氨酸脱羧酶试验均为阳性。

（五）苯丙氨酸脱氨酶试验

1. 原理 有的细菌产生苯丙氨酸脱氨酶，使苯丙氨酸脱氨生成苯丙酮酸，苯丙酮酸与 10%$FeCl_3$ 作用生成绿色的化合物。

2. 方法 将待检菌接种于苯丙氨酸琼脂斜面上，培养 18～24h 后，滴加 4～5 滴 10% 氯化铁在斜面上，出现绿色为阳性，无色为阴性。

3. 应用 肠杆菌科中的变形杆菌属、摩根菌属及普罗菲登斯菌属为阳性，肠杆菌科的其他细菌为阴性。

三、碳源利用试验

（一）枸橼酸盐利用试验

1. 原理 有的细菌能利用培养基中枸橼酸盐作为唯一碳源，利用铵盐为唯一氮源。细菌在生长过程中分解枸橼酸盐产生苯酚盐，分解铵盐生成氨，使培养基呈碱性。

2. 方法 将待检菌接种于枸橼酸盐培养基上，培养 18～24h。培养基由淡绿色变为深蓝色为阳性。若培养基上无菌生长且仍为绿色，则枸橼酸盐利用试验阴性。

3. 应用 该试验主要用于肠杆菌科细菌属间的鉴别。例如，沙门菌属、克雷伯菌属、枸橼酸杆菌属等为阳性，埃希菌属、志贺菌属等为阴性。

（二）丙二酸盐利用试验

1. 原理　有些细菌可利用丙二酸盐作为唯一碳源，使丙二酸盐分解生成苯酚钠，导致培养基呈碱性。

2. 方法　将待检细菌接种到丙二酸钠培养基上，培养后若培养基由绿色变成深蓝色为阳性，培养基颜色不变则为阴性。

3. 应用　该试验用于肠杆菌科细菌属间的鉴别。例如，克雷伯菌属为阳性，枸橼酸杆菌属、哈夫尼亚菌属及肠杆菌属中有的菌种也呈阳性，其他菌属为阴性。

四、酶类试验

（一）触酶（过氧化氢酶）试验

1. 原理　有的细菌具有过氧化氢酶，能催化过氧化氢生成水和新生态氧，继而生成氧分子出现气泡。

2. 方法　取少许待检细菌，置于洁净的载玻片上，滴加 3%H_2O_2 试剂 1～2 滴，若 1min 内产生大量气泡则触酶试验为阳性，不产生气泡则触酶试验为阴性。

3. 应用　链球菌属触酶试验阴性，葡萄球菌、微球菌触酶试验阳性。

（二）氧化酶（细胞色素氧化酶）试验

1. 原理　有些细菌具有氧化酶（细胞色素氧化酶），可将二甲基对苯二胺或四甲基对苯二胺氧化生成红色的醌类化合物。

2. 方法　取一洁净滤纸条，粘取被检细菌，滴加氧化酶试剂 1 滴于粘有细菌的纸条上。立即出现红色者为阳性。

3. 应用　用于肠杆菌科细菌与假单胞菌的鉴别，肠杆菌科细菌氧化酶试验阴性，假单胞菌为阳性。另外，奈瑟菌属、莫拉菌属细菌也呈阳性反应。

（三）凝固酶试验

1. 原理　金黄色葡萄球菌能产生血浆凝固酶，可使血浆中的纤维蛋白原转变为纤维蛋白。血浆凝固酶有两种，一种为分泌到菌体外的游离凝固酶，用试管法检测；另一种是结合在细菌细胞壁上的结合凝固酶，用玻片法检测。

2. 方法

（1）试管法：取 3 支洁净的试管，编号为 1、2、3。每支试管中各加入 1 ∶ 4 稀释的新鲜兔血浆 0.5ml，在 1 号试管中加入 0.5ml 待检菌的肉汤培养物，2 号试管中加入 0.5ml 凝固酶阳性菌株肉汤培养物，3 号试管中加入 0.5ml 凝固酶阴性菌株肉汤培养物，置 37℃ 水浴 1～4h。试管内血浆凝固成胶冻状，为血浆凝固酶试验阳性，试管内血浆能流动不凝固，则为阴性。

（2）玻片法：取兔血浆和生理盐水各一滴分别置于载玻片的两侧，挑取待检菌少许分别与它们混合，立即观察结果。细菌在生理盐水中无自凝，菌液呈均匀浑浊状态者凝固酶试验为阴性；菌液聚集成团块或颗粒状，则血浆凝固酶试验为阳性。

3. 应用　凝固酶试验主要用于葡萄球菌属的鉴定。

（四）DNA 酶试验

1. 原理　细菌产生 DNA 酶，分解培养基中的 DNA，将长链 DNA 水解成寡核苷酸链。由于长链 DNA 可被酸沉淀，寡核苷酸链则溶于酸，在琼脂平板上加入酸后，菌落周围形成透明环。

2. 方法 将被检细菌接种到 DNA 琼脂平板上，35℃培养 18～24h，用 1mol/L 盐酸覆盖琼脂平板。菌落周围出现透明环者为阳性；无透明环者为阴性。

3. 应用 用于葡萄球菌、沙雷菌及变形杆菌的鉴定，此三者 DNA 酶试验均为阳性。

（五）硝酸盐还原试验

1. 原理 细菌还原培养基中的硝酸盐成亚硝酸盐，亚硝酸盐与乙酸作用，生成亚硝酸，亚硝酸与试剂中的对氨基苯磺酸作用生成重氮苯磺酸，再与 *α*- 萘胺结合，生成红色的 *N*-*α*- 萘胺偶氮苯磺酸。

2. 方法 将被检细菌接种于硝酸盐培养基中，35℃培养 18～24h，加入甲液（对氨基苯磺酸 0.8g、5mol/L 乙酸 100ml）和乙液（*α*- 萘胺 0.5g、5mol/L 乙酸 100ml）等量混合液，立即出现红色者为阳性。若加入试剂不出现红色，可在培养管内加入少许锌粉，如无色，说明亚硝酸盐进一步分解，硝酸盐还原试验为阳性。若加锌粉后出现红色，说明锌使硝酸盐还原为亚硝酸盐，而待检细菌无还原硝酸盐的能力，硝酸盐还原试验为阴性。

3. 应用 用于肠杆菌科细菌、假单胞菌及厌氧菌等的鉴定。

（六）卵磷脂酶试验

1. 原理 细菌产生卵磷脂酶（*α*- 毒素），当钙离子存在时，此酶可迅速分解卵磷脂，产生混浊沉淀状的甘油酯和水溶性磷酸胆碱，在菌落周围形成不透明的乳浊环或浑浊白环，或使血清、卵黄液变浑浊。

2. 方法 将被检菌点种或划线接种于卵黄琼脂平板上，35℃培养 3～6h。若在菌落周围形成乳白色浑浊环，即为阳性。

3. 应用 用于厌氧菌的鉴定。产气荚膜梭菌、诺维梭菌卵磷脂酶试验阳性，其他梭菌为阴性。

（七）胆汁溶菌试验

1. 原理 胆汁或胆盐可使肺炎链球菌溶解，可能是胆汁加快了细菌的自溶速度，或是胆汁降低了细菌细胞膜表面的张力，使细胞膜破损或菌体裂解。

2. 方法 用接种环挑取 10% 去氧胆酸钠溶液，滴于被检菌的菌落上，置 35℃温箱 30min，菌落消失为阳性。或取 2 支各含 0.9ml 被检菌液的试管，分别加入 10% 去氧胆酸钠溶液和生理盐水（为对照管）0.1ml，摇匀后置 35℃水浴 30min，若加胆盐的菌液变透明，对照管仍浑浊判为阳性。

3. 应用 主要用于肺炎链球菌与甲型链球菌的鉴别，前者为阳性，后者为阴性。

（八）CAMP 试验

1. 原理 B 群链球菌产生的 CAMP 因子可促进金黄色葡萄球菌 *β*- 溶血素的活性。故在血平板上，B 群链球菌和金黄色葡萄球菌交界处出现箭头状溶血区。

2. 方法 将产生 *β*- 溶血素的金黄色葡萄球菌于血琼脂平板中央划种一条直线，再将被检菌在距接种金黄色葡萄球菌 3mm 处垂直划一短线。设阴性和阳性对照，35℃培养 18～24h。若在被检菌接种线与金黄色葡萄球菌接种线之间有一个箭头状透明溶血区，则 CAMP 试验为阳性，无箭头状透明溶血区为阴性。

3. 应用　主要用于链球菌属的鉴定。

五、复合生化试验

复合生化试验是根据鉴定或鉴别细菌需要而设计的一种专门培养基，某细菌生长繁殖后，能观察到该菌多种生化反应的试验。

（一）动力靛基质尿素酶（MIU）试验

1. 原理　MIU培养基中含有200g/L尿素和酚红指示剂等，其蛋白胨含量高，制成半固体培养基，便于观察细菌动力。由于蛋白胨中含有丰富的色氨酸，产生色氨酸酶的细菌可以水解色氨酸形成靛基质。产生尿素酶的细菌能分解尿素。故该试验可同时观察细菌动力、靛基质的产生和尿素分解的情况。

2. 方法　取待检细菌，穿刺接种到MIU培养基内，35℃培养18～24h。若穿刺线变宽、变模糊，培养基变浑浊为动力试验阳性；加入靛基质试剂后，试剂与培养基的接触面形成玫瑰红色为靛基质试验阳性；培养基全部变成桃红色为尿素酶试验阳性。

3. 应用　MIU试验与KIA试验共同用于肠杆菌的鉴定。

案例4-2

将A菌接种到KIA斜面培养基中，置35℃恒温箱培养18～24h后，培养基斜面变红，底层变黄并出现黑色物质。

问题：

1. 什么是KIA斜面培养基？
2. 培养基斜面变红的原因是什么？
3. 培养基底为什么出现黑色物质？

（二）克氏双糖铁（KIA）试验

1. 原理　KIA培养基中含有乳糖、葡萄糖、枸橼酸铵铁、酚红指示剂、牛肉膏、酵母浸膏、蛋白胨等。培养基中乳糖的浓度是葡萄糖的10倍，若细菌只分解葡萄糖不分解乳糖，葡萄糖被分解后产生少量的酸，在最初培养的8～11h内，这些酸可以使培养基的底层和斜面变黄色。但连续培养数小时后，在细菌和氧的作用下，培养基斜面中所含氨基酸降解释放氨，立即中和斜面中的酸，培养18～24h后，斜面转变成碱性，变成红色。但在培养基深层，氨基酸的降解作用不足以中和所形成的酸，故仍呈黄色。若细菌分解乳糖则产生大量的酸，可中和斜面产生的碱，使整个培养基呈黄色。若细菌能分解培养基中含硫氨基酸则可产生H_2S。

2. 方法　将待检菌接种于KIA斜面琼脂中，35℃培养18～24h，观察结果。常见KIA反应结果如下：①斜面酸性/底层酸性：细菌发酵葡萄糖和乳糖，如大肠埃希菌、克雷伯菌属、肠杆菌属；②斜面碱性/底层酸性：细菌发酵葡萄糖，不发酵乳糖，如志贺菌；③斜面碱性/底层酸性（黑色）：细菌发酵葡萄糖、不发酵乳糖，产生H_2S，如肠炎沙门菌、普通变形杆菌；④斜面碱性/底层碱性：细菌不发酵糖类，如粪产碱杆菌。

3. 应用　用于肠杆菌科细菌的鉴定和鉴别。

（李剑平）

第4节 细菌的非培养检测技术

一、免疫学检测

免疫学检测是应用免疫学的原理和方法，即用已知的抗原（抗体）检测临床标本中未知的抗体（抗原），以诊断或辅助诊断感染性疾病。

（一）抗原检测

用以检测细菌抗原的免疫学方法较多，常用的有酶联免疫吸附试验（ELISA）、荧光免疫显微技术、凝集反应等。

1. 酶联免疫吸附试验 ELISA既可检测细菌的抗原，也可检测细菌抗体，还可用于细菌代谢产物的检测。该方法可检测几乎所有的可溶性抗原或抗体，最低检测水平可达ng甚至pg水平，特异性强、灵敏度高。此方法所用试剂的商品化及其自动化操作仪器的广泛应用，使该试验成为临床细菌检验中应用最为广泛的免疫学检测技术之一。

2. 荧光免疫显微技术 该方法是以荧光显微镜为检测工具，以荧光素标记抗体或抗抗体，检测固定标本上的细菌抗原的技术。常用方法有直接法、间接法及双标记法等。间接法的特异性强、敏感性高，常用于脑膜炎奈瑟菌、淋病奈瑟菌、链球菌、致病性大肠埃希菌等细菌的检测。

3. 凝集反应 应用玻片凝集试验、反向间接凝集试验、协同凝集试验可检测感染性疾病患者早期血液、脑脊液和其他分泌液中存在的抗原。

除上述方法外，发光免疫分析技术、免疫印迹试验等常用于临床标本中细菌抗原的检测。

（二）抗体检测

机体感染病原菌后，细菌抗原刺激其免疫系统产生免疫应答而产生特异性抗体。抗体的量常随感染过程而呈现动态变化，表现为效价（或称滴度）的升高或下降。因此用已知细菌或其特异性抗原检测患者血清中相应抗体及其效价的动态变化，可辅助诊断细菌性感染。血清学诊断试验以抗体效价明显高于正常人水平或患者恢复期抗体效价比急性期升高4倍以上者方有意义。

常用于检测细菌特异性抗体的免疫学方法有：①直接凝集试验：如肥达试验（辅助诊断伤寒、副伤寒）、外－斐试验（辅助诊断斑疹伤寒）、瑞特试验（辅助诊断布鲁菌病）等；②沉淀试验：如性病研究实验室试验（辅助诊断梅毒）、Ascoli试验（辅助诊断炭疽病）等；③ELISA：诊断各类微生物引起的感染性疾病等。

二、分子生物学检测

分子生物学技术在鉴定难以培养的细菌及培养时间较长的细菌时发挥重要作用，为鉴定细菌提供了更加快速、准确的检测手段。常用的方法有聚合酶链反应、核酸杂交技术、生物芯片技术等。

（一）聚合酶链反应

聚合酶链反应（PCR）是一种模拟天然DNA复制过程，简便而快速的特异性DNA体外扩增技术。其是以待扩增的两条 DNA 链为模板，由一对人工合成的寡核苷酸引物介导，以三磷酸脱氧核糖核苷为底物，通过 DNA 多聚酶酶促反应，于体外快速扩增特异性 DNA 序列。整个扩增过程分为三步：①变性：加热使模板 DNA 双链间的氢键断裂而形成两条单链；②退火：当温度突然降低时，引物与其互补的模板 DNA 按碱基配对原则特异结合，在局部形成杂交链；③延伸：将反应混合物冷却至某一温度，在 DNA 聚合酶、4 种三磷酸脱氧核糖核苷底物及 Mg^{2+}存在的条件下，从引物的 3′ 端开始结合单核苷酸，形成与模板链互补的新 DNA 链。如此反复循环，由于每一延伸产物又充当下一循环的模板，经过 30～35 个循环后，介于两个引物之间的特异性 DNA 片段大量复制，数量可达 10^6～10^9 拷贝，足以被检测到。应用这种技术可在数小时内将研究的基因或片段扩增百万倍，从微量的样品中获得足够的 DNA 供分析研究之用。对于目前传统培养方法不能及时检出或敏感性太低或培养时间长的病原体可应用 PCR 技术，如结核分枝杆菌培养需 2～3 个月，耗时太长，影响诊断；麻风分枝杆菌迄今不能人工培养，麻风病的病原诊断仅能从组织活检中取材作抗酸染色镜检，阳性率太低；沙眼衣原体感染时常无特殊症状，且常规培养困难，不易得到及时诊治和预防控制；还有军团菌、肺炎支原体、立克次体等，此类病原体用 PCR 检测会是一个非常好的选择。另外，PCR 方法在细菌的毒素检测方面也有广泛应用。

（二）核酸杂交技术

核酸分子 DNA 两条链之间的结合是靠氢键将互补核苷酸连接起来，当 DNA 受热时，两条链之间的氢键打开，分解成两条单核苷酸链，此过程称变性。在适当条件下，原来互补的两条单链又借碱基的互补性通过氢键恢复成双链，此过程称为复性。若来自两个不同个体的单链 DNA 相互结合成互补的 DNA 双链，这个过程则称为杂交。我们利用这一特性，制备特定序列 DNA 片段，进行标记后用作探针。在一定条件下，按照碱基互补配对原则与标本中已变性的细菌 DNA 进行杂交，通过检测杂交信号确定是否发生杂交反应，从而鉴定标本中有无相应的病原菌基因。核酸探针技术是一项特异性强、敏感度高、简便、快速的检测方法，可直接检出临床标本中的病原菌，而不受非致病菌的影响，尤其对那些尚不能分离培养或很难培养的细菌的检测具有特殊意义。目前，这项技术已广泛用于致病性大肠埃希菌、沙门菌、空肠弯曲菌、结核分枝杆菌、衣原体等多种致病菌的检测。根据毒素基因中的特异碱基序列而制成的探针，可直接检测分离株或标本中的某一毒素基因。例如，肠毒素型大肠埃希菌的 ST 和 LT、霍乱毒素、艰难梭菌的毒素 A 等的检测。

（三）生物芯片技术

生物芯片技术是用光导原位合成或微量点样等方法，将大量生物大分子（核酸片段、多肽分子、细胞等）有序地固化在支持物（硅片、玻片、尼龙膜等）表面，然后与已标记的待测标本中靶分子杂交，通过检测杂交强度来判断标本中靶分子的性质和数量。此技术具有高通量、微型化和自动化等特点，在固体芯片表面构建微型生物化学分析系统，实现对 DNA、蛋白质、细胞及其他生物组分的大信息量的检测。常用的生物芯片分两大类：基因芯片、蛋白质芯片。

1. 基因芯片　是按特定的排列方式，固定有大量基因探针的玻片、硅片、塑料片等。一张芯片上集成有成千上万密集排列的分子微阵列，能够在短时间内分析大量的核酸分子，快速、高效、准确地获取样品中的生物信息。应用基因芯片技术，仅用极少量的样品，就可在极短时间内对病原菌进行快速检测。随着基因芯片特异性的进一步提高，信号检测灵敏度的增加，样品制备和标记操作的简单化，芯片制备及检测仪器的开发和普及，基因芯片将在临床细菌检验中得到广泛应用。

2. 蛋白质芯片 是按特定排列方式，在经过特殊处理的固相材料表面固定了许多蛋白质分子的玻片、硅片、塑料片等。利用蛋白质芯片可检测相应的抗原、抗体及蛋白质。

三、毒素检测

（一）内毒素检测

检测内毒素常用鲎试验。鲎的蓝色血液中含有一种有核变形细胞，细胞质内有多个致密的大颗粒，颗粒中含有凝固酶原及凝固蛋白原。鲎的变形细胞经低温冷冻干燥后即制成鲎试剂。细菌内毒素可激活鲎试剂中的凝固酶原，从而使可溶性的凝固蛋白原转变成凝胶状态的凝固蛋白，即内毒素使鲎试剂变成凝胶状态为阳性反应。此试验灵敏度高（可检测出 0.0005～0.005μg/ml 的内毒素）、简便、快速、准确。具体方法是：①取 3 支盛有鲎试剂的安瓿瓶，分别编为 1、2、3 号；②打开试剂瓶，各加入 0.1ml 无热原生理盐水使试剂溶解；③于上述安瓿瓶中，分别加入 0.1ml 样品（标本）、0.1ml 无菌蒸馏水、0.1ml 标准内毒素，混匀后垂直于 37℃水浴箱中孵育 1h；④判断结果：鲎试剂不形成凝胶为阴性，鲎试剂形成凝胶但不牢固，倒持安瓿瓶凝胶可流动，判定为阳性（＋）；鲎试剂形成凝胶，倒持安瓿瓶凝胶不能流动，判定为阳性（2＋）。另外，用动态浊度法、终点浊度法、动态显色法、终点显色法可定量检测内毒素。

（二）外毒素检测

细菌外毒素对机体的毒性作用可被相应抗毒素中和。若预先给动物注射抗毒素，再注射相应的外毒素，则动物不出现中毒症状。以此可鉴定细菌是否产生相应的外毒素。具体方法是：取 1 只小白鼠（标记为甲），于其腹腔注射破伤风抗毒素 0.2ml（100U），30min 后于小白鼠左后肢肌内注射 1∶100 稀释的破伤风外毒素 0.2ml。另取 1 只小白鼠（标记为乙），于其腹腔注射生理盐水 0.2ml，30min 后，再于其左后肢肌内注射 1∶100 稀释的破伤风外毒素 0.2ml（100U）。乙鼠出现症状，可见其尾部强直，注射侧肢体麻痹，强直性痉挛，继而另一侧肢体出现痉挛。甲鼠正常，不出现上述症状。另外，用 ELISA 等方法亦可检测细菌外毒素。

（王革新）

第 5 节　细菌检验自动化技术

一、全自动血液培养检测系统

全自动血液培养检测系统用于检测血液及脑脊液、胸腔积液、腹腔积液、关节腔液等无菌部位的微生物。全自动血液培养检测系统操作简单，可提高检测效率，节省人力，也提高了微生物检验的阳性率，缩短了检验周期，重复性好。

（一）基本原理

全自动血液培养仪通过自动监测培养瓶中培养液的浑浊度、pH、代谢终产物 CO_2 的浓度、荧光标记底物或代谢产物等的变化，将检测到的信号传送至联机的计算机中进行分析，从而判断有无微生物存在，定性地检测微生物。如出现阳性结果，仪器自动发出阳性警报，并显示阳性培养瓶的位置。

（二）基本结构和配套试剂

1. 自动恒温孵育系统　系统内具有恒温装置、震荡装置、培养瓶的支架等。培养瓶的支架上放置盛有标本的培养瓶，微生物可在恒温振荡条件下生长。

2. 自动检测系统　检测系统通常设在培养瓶支架的底部，自动传送装置按顺序将每个培养瓶送到检测器所在的位置上进行检测分析。

3. 培养瓶　培养瓶内盛有微生物生长所需培养基，有需氧培养瓶、厌氧培养瓶、小儿专用培养瓶、中和抗菌药物培养瓶、高渗培养瓶及分枝杆菌培养瓶等。培养瓶放入仪器前，先用扫描器对培养瓶上的条形码进行扫描，电脑储存标本信息。

4. 数据管理系统　全自动血液培养检测系统配有计算机，具有数据管理功能，分析判断并发出阴阳性结果报告。通过条码识别标本编号，记录和打印检测结果，进行数据存储和分析等。

采血后应及时送检，收到血培养瓶后应尽快放入检测仪检测。对报警阳性的血培养瓶应及时取出，并无菌抽取培养物涂片做形态检查，发现细菌应尽快报告结果，并选择合适的培养基转种。如镜检为阴性，应立即将培养瓶放回仪器继续培养。对报警阴性的血培养瓶，再接种血琼脂平板进行传代，以防止假阴性结果。血培养阳性结果应采用分级报告制度，包括：①初级报告：阳性血培养结果应立即口头报告给医生，报告内容包括细菌形态与染色特性，血培养阳性的瓶数、报警时间等鉴定信息。同时，报警阳性的培养物应用K-B 纸片扩散法做初步药敏试验。②中级报告：报告初步抗菌药物敏感试验结果和细菌种属的初步鉴定结果。③最终报告：报告细菌种属名和标准抗菌药物敏感试验结果。

二、全自动微生物鉴定 / 药敏分析系统

用传统的方法检测分析微生物时，其过程繁琐、费时费力、质量控制难，且易发生主观片面错误。利用全自动微生物鉴定 / 药敏分析系统鉴定微生物的种类及进行药敏测试，可免去繁琐的工作环节，缩短检测时间，工作流程方便，实现快速、准确、简易和自动化检测，可大大提高实验室工作效率。

（一）基本原理

1. 微生物的鉴定原理　采用微生物数码鉴定原理，数码鉴定是指通过数学的编码技术将细菌的生化反应模式转换成数学模式，给每种细菌的反应模式构建一组数码，建立数据库或编成检索本。通过对未知菌进行有关生化试验并将生化反应结果转换成数字（编码），经查阅编码检索本或计算机系统分析，得到待鉴定菌的名称及鉴定百分率（ID%）。

2. 抗菌药物敏感性试验的检测原理　是微型化的肉汤稀释试验，将抗生素微量稀释在条孔中，加入菌悬液后放入检验仪内。仪器每隔一定时间自动检测细菌生长的浊度，或测定培养基中荧光物质的变化情况，从而观察细菌的生长情况，得出待检菌在各药物浓度中的生长斜率，经回归分析得到最低抑菌浓度 MIC（最小抑菌浓度）值，并根据 CLSI（临床与实验室标准化委员会）标准得到相应敏感度，即敏感（S）、中度敏感（MS）和耐药（R）。

（二）基本结构和配套试剂

1. 恒温孵育系统 系统内具有恒温装置，微生物可在恒温条件下生长。

2. 光学检测系统 监测系统每隔一定时间对每个反应孔的透光度或荧光物质的变化进行检测。快速荧光测定系统可直接对荧光测试板各孔中产生的荧光进行测定，并将荧光信号转换成电信号，常规测试板则直接检测电信号，从干涉滤光片过滤的光通过光导纤维导入测试板上的各个测试孔，光感受二极管测定通过每个测试孔的光量，产生相应的电信号，从而推断出菌种的类型及药敏结果。

3. 测试卡（板） 是检测系统的工作基础，主要包括革兰阴性菌、革兰阳性菌、厌氧菌、苛氧菌、酵母菌等微生物鉴定卡，以及革兰阴性菌和革兰阳性菌药敏试验测试卡等。卡上附有条形码，上机前经扫描器扫描后可被数据管理系统识别，以防止标本混淆。

4. 数据管理系统 数据管理系统与检测系统连接，可控制孵箱温度、自动定时读数、数据的转换及分析处理，与打印机连接，可打印最终的鉴定结果。

仪器一般都配有标准麦氏浓度比浊仪，挑取适量菌落调至合适浓度的菌悬液后，通过自动接种器，或直接将菌液接种于测试卡。有的仪器利用独特的接种针定量选取菌落，可免去繁琐的比浊工作环节，缩短接种时间，工作流程更方便。

目标检测

一、名词解释

1. 菌落
2. 培养基
3. 细菌生化反应
4. 靛基质试验
5. 鉴别培养基

二、选择题（选择一个最佳答案）

1. 革兰染色法的染色步骤是（　　）
   A. 结晶紫或甲紫液初染→碘液媒染→乙醇脱色→复红或沙黄液复染
   B. 结晶紫或甲紫液初染→乙醇脱色→碘液媒染→复红或沙黄液复染
   C. 结晶紫或甲紫液初染→乙醇脱色→复红或沙黄液复染
   D. 结晶紫或甲紫液初染→复红或沙黄液复染
   E. 亚甲蓝液初染→碘液媒染→乙醇脱色→复红或沙黄液复染
2. 用萋－尼抗酸染色法染色，抗酸杆菌染成(　　)
   A. 蓝色　B. 紫色
   C. 黄色　D. 红色
   E. 绿色
3. 采用悬滴法检查不染色标本时，在显微镜下若看见细菌在液体中能定向地从一处泳到另一处，这称为（　　）
   A. 分子运动
   B. 布朗运动
   C. 分子运动与布朗运动
   D. 真正运动
   E. 分子运动或布朗运动
4. 亚甲蓝在细菌学中是常用染料之一，它是哪一类染料（　　）
   A. 酸性染料　B. 弱酸性染料
   C. 碱性染料　D. 中性染料
   E. 复合染料
5. 应用光学显微镜观察细菌不染色标本主要是观察（　　）
   A. 细胞壁　B. 细胞膜
   C. 荚膜　D. 动力
   E. 鞭毛
6. 芽胞、鞭毛、荚膜及异染颗粒等的染色需要用什么染色法（　　）
   A. 吕氏亚甲蓝染色　B. 革兰染色
   C. 抗酸染色　D. 复红染色
   E. 特殊染色

7. 在革兰染色中，苯酚复红或沙黄染液起的作用是（　　）
A. 初染剂　　B. 复染剂
C. 脱色剂　　D. 媒染剂
E. 固定剂

8. 细菌染色法中，最常用最重要的鉴别染色法为（　　）
A. 抗酸染色　　B. 革兰染色
C. 荧光染色　　D. 鞭毛染色
E. 荚膜染色

9. 吕氏血清斜面培养基适用培养下列哪种细菌（　　）
A. 分离鼠疫杆菌　　B. 布鲁菌
C. 白喉杆菌　　D. 肠道杆菌
E. 百日咳杆菌

10. 下面不属于选择培养基的是（　　）
A. 中国蓝平板　　B. 伊红美蓝平板
C. SS 琼脂平板　　D. 麦康凯平板
E. 血液增菌培养基

11. TCBS 琼脂用于何种细菌的分离（　　）
A. 志贺菌　　B. 沙门菌
C. 大肠埃希菌　　D. 铜绿假单胞菌
E. 弧菌

12. 欲对某菌株进行增菌培养，适宜接种于（　　）
A. 血平板　　B. 伊红美蓝平板
C. 营养肉汤　　D. 麦康凯平板
E. 血液增菌培养基

13. 霍乱弧菌在 TCBS 琼脂上生长的颜色是（　　）
A. 黄色　　B. 粉红色
C. 蓝色　　D. 紫黑色具金属光泽
E. 灰色

14. 有关细菌培养基的说法，哪项是错误的（　　）
A. 固体培养基中的琼脂含量为 2%～3%
B. 半固体培养基中的琼脂含量为 0.2%～0.5%
C. 固体培养基中的琼脂具有重要的营养价值
D. 观察细菌的动力用半固体培养基
E. 葡萄糖蛋白胨水为鉴别培养基

15. 适用于接种粪便标本的培养基是（　　）
A. 中国蓝平板　　B. 伊红美蓝平板
C. SS 琼脂平板　　D. 麦康凯平板
E. 血平板

16. 大肠埃希菌在伊红镁蓝平板上生长呈现（　　）
A. 粉红色　　B. 黑色
C. 蓝色　　D. 紫黑色具金属光泽
E. 灰色

17. 血液标本通常接种于（　　）
A. 血液增菌培养基　　B. 血平板
C. 巧克力平板　　D. 中国蓝平板
E. 伊红亚甲蓝平板

18. 适于接种 TCBS 琼脂的标本是（　　）
A. 粪便　　B. 尿液
C. 痰　　D. 血液
E. 胸、腹水

19. 对于 SS 琼脂平板，不正确的是（　　）
A. SS 琼脂平板有较强的抑菌力
B. 用于志贺菌和沙门菌的分离
C. 单独使用可提高检出率
D. 常与弱选择平板配对使用
E. 因选择性过强，可影响检出率

20. 巧克力平板得名的原因是（　　）
A. 成分中含有巧克力
B. 颜色像巧克力
C. 味道是甜的
D. 最初在巧克力工厂使用
E. 在巧克力工厂制造

21. 可以鉴定非发酵菌的培养基是（　　）
A. TCBS 琼脂　　B. 血平板
C. SS 琼脂平板　　D. 麦康凯平板
E. 碱性琼脂

22. 属于中等强度选择性培养基的是（　　）
A. 中国蓝平板　　B. 伊红美蓝平板
C. SS 琼脂平板　　D. 麦康凯平板
E. 碱性琼脂

23. 含有 V 因子和 X 因子，适用于接种疑有嗜血杆菌、奈瑟菌等标本的培养基（　　）
A. 麦康凯平板　　B. 巧克力血平板
C. SS 琼脂平板　　D. 血液增菌培养基
E. 中国蓝平板

24. 在基础琼脂培养基中不含有的营养成分是(　　)
A. 水解酪蛋白　　B. 牛肉膏
C. 蛋白胨　　D. NaCl
E. 琼脂

25. 一般不用作培养基抑制剂的是（　　）
A. 胆盐　　B. 煌绿
C. 亚硫酸钠　　D. 氯化钠
E. 染料

26. 细菌生长繁殖中所需营养物质，其中葡萄糖、淀粉、甘露醇等属于哪一类物质（　　）

A. 碳源　　B. 氮源
C. 无机盐类　　D. 维生素类
E. 生长因子类

27. 血液接种于培养瓶后，若为生长阴性，应孵育多长时间弃去（　　）
A. 1d　　B. 2d
C. 1周　　D. 2周
E. 1个月

28. β溶血是指（　　）
A. 菌落周围血培养基变为绿色环状
B. 菌落周围形成完全清晰透明环
C. 菌落周围培养基无变化
D. 菌落周围血培养基变为蓝色环状
E. 菌落周围完全溶解的晕圈外有一个部分溶血的第二圆圈

29. 关于血琼脂上溶血的分类不正确的是（　　）
A. α溶血　　B. β溶血
C. γ溶血　　D. 双环
E. 单环

30. 平板分区划线的目的是（　　）
A. 使细菌获得充分的营养
B. 减少细菌间的相互抑制作用
C. 获得足够的单个菌落
D. 加快细菌的生长速度
E. 利于细菌的大量生长

31. 脑膜炎奈瑟菌需要在浓度为多少的CO_2环境中才能生长良好（　　）
A. 3%～7%　　B. 5%～10%
C. 10%～15%　　D. 15%～20%
E. 20%～25%

32. 紫外线常用于消毒（　　）
A. 接种环　　B. 玻璃器皿
C. 手术器械　　D. 实验室的空气
E. 培养基

33. 对于血液培养，血液和培养液合适的比例约为（　　）
A. 1∶2　　B. 1∶5
C. 1∶20　　D. 1∶10
E. 1∶15

34. 男，数日前去游泳，后出现尿急、尿频、尿痛等症状，疑为细菌性尿道炎，采集清洁中段尿进行细菌检查，尿细菌定量培养，常用方法为（　　）
A. 平板分区划线法　　B. 穿刺培养法
C. 倾注平板法　　D. 平板涂布法
E. 平板连续划线法

35. 肺炎患者，咳大量黄痰，做培养应（　　）
A. 在血平板和麦康凯平板上连续划线法
B. 在液体培养基增菌
C. 接种斜面
D. 在血平板和麦康凯平板上分区划线法
E. 倾注平板法

36. 某患者头痛剧烈，喷射性呕吐，皮肤出血性瘀斑。怀疑细菌性脑膜炎，取脑脊液做细菌培养，应选用（　　）
A. 罗氏培养基　　B. 血平板
C. 巧克力血平板置5%～10%CO_2
D. 吕氏培养基　　E. 远藤培养基

37. 下列不是凝集反应的是（　　）
A. 肥达试验　　B. 外－斐试验
C. 瑞特试验　　D. ELISA
E. 间接血凝试验

38. 下列哪种培养基中含有酚红指示剂（　　）
A. 尿酶试验　　B. 甲基红试验
C. 乳糖氧化发酵　　D. 硫化氢试验
E. 靛基质试验

39. 细菌分解胱氨酸后的产物是（　　）
A. 二乙酰　　B. 乙酰甲基甲醇
C. 硫化氢　　D. NH_3
E. 吲哚

40. 关于吲哚试验，不正确的是（　　）
A. 培养基为蛋白胨水
B. 培养基中不含葡萄糖
C. 加入的吲哚试剂为四甲基对苯二胺
D. 阳性的细菌含有色氨酸酶
E. 有红色的玫瑰吲哚形成为阳性

41. V-P试验阳性呈红色是由于生成的二乙酰与下列哪种基团结合（　　）
A. 巯基　　B. 醛基
C. 羟基　　D. 胍基
E. 羧基

42. 关于尿素酶试验，叙述错误的是（　　）
A. 是一种氨基酸代谢试验
B. 分解底物是尿素
C. 阳性时培养基变酸性
D. 常用尿素培养基
E. 是肠道杆菌科细菌鉴定时常用试验

43. 细菌的分解代谢产物不包括（　　）

A. CO_2 和 H_2O_2　B. 各种酸类
C. 细菌素　D. NH_3
E. H_2S

44. 硝酸盐还原作用是指细菌还原硝酸盐形成(　　)
A. 胺类和氮气　B. 亚硝酸盐、氨和氮气
C. 氨、氮气和氧气　D. 氨、CO_2 和 H_2O_2
E. 氨和氧气

45. 需氧分解糖类代谢的终产物为(　　)
A. CO_2 和 H_2O　B. 酸类
C. 醛类　D. 醇类
E. 酮类

46. 枸橼酸盐利用试验的指示剂是(　　)
A. 酚红　B. 中性红
C. 溴麝香草酚蓝　D. 中国红
E. 亚甲蓝

47. 利用细菌生化反应鉴定的依据是(　　)
A. 细菌酶活性的不同
B. 细菌毒素活性的不同
C. 细菌酶含量的不同
D. 细菌毒素种类的差异
E. 细菌分解代谢产物的差异

48. 进行玻片法血浆凝固酶试验，不需要的是(　　)
A. 兔血浆　B. 生理盐水
C. 5% 红细胞悬液　D. 待检细菌
E. 玻片

49. 有关氧化酶试验叙述错误的是(　　)
A. 氧化酶又称为细胞色素氧化酶
B. 氧化酶试剂常用盐酸四甲基对苯二胺
C. 氧化酶与氧化酶试剂接触产生颜色反应
D. 试验时接触含铁物质会出现假阳性
E. 革兰阴性杆菌均应进行氧化酶试验

50. KIA 琼脂一般不用于观察(　　)
A. 乳糖发酵　B. 葡萄糖发酵
C. 硫化氢产生　D. 动力
E. 产气现象

51. 甲基红试验出现阳性结果时，其 pH 小于(　　)
A. 2.5　B. 4.5
C. 6.5　D. 7.2
E. 8.4

52. 七叶苷水解试验中，七叶素与下列哪种离子反应使培养基变黑(　　)
A. Cu^{2+}　B. Mn^{2+}
C. Ag^{+}　D. NH_4^{+}
E. Fe^{2+}

53. 硝酸盐还原试验的结果如不呈红色，应加入何种试剂方可作出最后判断(　　)
A. 铝粉　B. 锌粉
C. 肌酸　D. 铁粉
E. 镁粉

54. ONPG 试验是测定细菌的(　　)
A. 乳糖酶　B. β- 半乳糖苷酶
C. 乳糖渗透酶　D. β- 半乳糖苷渗透酶
E. 蔗糖酶

55. O/F 试验哪项结果不正确(　　)
A. 封蜡管，不封蜡管均产酸—发酵型
B. 封蜡管不产酸，不封蜡管产酸—氧化型
C. 封蜡管，不封蜡管均不产酸—不解糖型
D. 封蜡管产酸，不封蜡管不产酸—厌氧菌
E. O/F 试验可用于区分肠杆菌科细菌和假单胞菌属细菌

56. 全自动血液培养系统不可通过监测微生物引起的哪项指标变化来判断标本中是否有微生物存在(　　)
A. O_2 浓度　B. pH 变化
C. CO_2 浓度　D. 代谢产物变化
E. 浊度

57. 血细菌培养阳性结果的分级报告制度为(　　)
A. 零级报告制度　B. 一级报告制度
C. 二级报告制度　D. 三级报告制度
E. 四级报告制度

58. 全自动微生物鉴定 / 药敏分析系统进行药敏试验的原理是(　　)
A. K-B 纸片扩散法　B. E-test 法
C. 联合药敏试验　D. 琼脂稀释法
E. 微量肉汤稀释法

三、问答题

1. 简述革兰染色过程及结果。
2. 简述培养基的种类及制备过程。
3. 简述细菌在培养基中的生长现象。
4. 常见细菌生化反应有哪些类型?
5. 归纳概括细菌检验方法。

（李剑平）

第5章 细菌耐药性检测

学习目标

1. 掌握：抗菌药物敏感试验（纸片扩散法）的操作方法。
2. 熟悉：抗菌药物敏感试验（稀释法、E-test 法、联合药物敏感试验）的方法，细菌耐药性检测方法。
3. 了解：临床常用抗菌药物种类。抗菌药物选择原则。

抗菌药物是临床应用范围广、品种繁多的一大类药物，这类药物对感染性疾病的治疗发挥了重要作用，挽救了无数患者的生命。但由于抗菌药物的不合理使用而导致的细菌耐药已经成为全球性的公共卫生问题，威胁到了人类的健康和生命。细菌耐药性的传播与蔓延将导致多重耐药菌感染面临无药可医的严重局面，世界卫生组织发出呼吁："控制细菌耐药，今天不采取行动，明天将无药可用"。

第1节 临床常用抗菌药物

抗菌药物是指具有杀菌或抑菌活性的抗生素和化学合成药物。前者是真菌、放线菌、细菌等的代谢产物，后者是经化学半合成或全合成的相同或类似的物质。

一、抗菌药物种类

（一）青霉素类

青霉素类抗生素包括天然青霉素、耐青霉素酶青霉素、广谱青霉素。青霉素类抗菌药物的作用是通过与青霉素结合蛋白（PBP）结合干扰细菌细胞壁的合成，而哺乳类动物的细胞没有细胞壁，所以青霉素对人体的毒性很低，达到有效杀菌浓度的青霉素对人体细胞几无影响。

1. 天然青霉素 有青霉素 G、青霉素 V，作用于不产青霉素酶的革兰阳性、革兰阴性球菌、厌氧菌。

2. 耐青霉素酶青霉素 如甲氧西林、苯唑西林、氯唑西林、氟氯西林等，作用于产青霉素酶的葡萄球菌。

3. 广谱青霉素 如氨苄西林、阿莫西林、哌拉西林、阿洛西林、美洛西林。其特点为杀菌作用强、毒性低、价格便宜、过敏反应率高，这类药物用前需做皮试。其作用于青霉素敏感的大部分肠杆菌科细菌和假单胞菌。

（二）头孢菌素类

根据其抗菌谱、抗菌活性、对 β- 内酰胺酶的稳定性及肾毒性的不同分为四代。

1. 第一代头孢菌素 有头孢唑林、头孢噻吩、头孢拉定、头孢氨苄和头孢羟氨苄等。

主要作用于需氧革兰阳性球菌，对 β- 内酰胺酶的稳定性差，对肾具有一定毒性。

2. 第二代头孢菌素 有头孢呋辛、头孢孟多、头孢克洛和头孢丙烯等。对革兰阳性球菌的活性与第一代相仿或略差，对部分革兰阴性杆菌亦具有抗菌活性，对各种 β- 内酰胺酶较稳定，肾毒性小。

3. 第三代头孢菌素 有头孢噻肟、头孢曲松、头孢他啶、头孢哌酮、头孢克肟等。对肠杆菌科细菌等革兰阴性杆菌具有强大抗菌作用，对 β- 内酰胺酶高度稳定，对肾基本无毒性。头孢他啶、头孢哌酮还可用于治疗铜绿假单胞菌所致的各种感染。

4. 第四代头孢菌素 有头孢吡肟、头孢匹罗、头孢噻利。对肠杆菌科细菌作用与第三代头孢菌素大致相仿，其中对阴沟肠杆菌、产气肠杆菌、枸橼酸菌属等的部分菌株作用优于第三代头孢菌素，对铜绿假单胞菌的作用与头孢他啶相仿，对金黄色葡萄球菌等的作用较第三代头孢菌素略强。

头孢菌素对革兰阳性球菌的抗菌效果：一代头孢菌素＞二代头孢菌素＞三代头孢菌素；对革兰阴性杆菌的抗菌效果：一代头孢菌素＜二代头孢菌素＜三代头孢菌素；四代头孢菌素对于革兰阳性球菌和革兰阴性杆菌的作用几乎相同，并具有抗假单胞菌作用。

（三）其他 β- 内酰胺类

1. 单环 β- 内酰胺类 代表药物有氨曲南和卡芦莫南，对需氧革兰阴性菌如脑膜炎奈瑟菌、淋病奈瑟菌、流感嗜血杆菌、铜绿假单胞菌作用强。对革兰阳性菌和厌氧菌无作用。

2. 头霉素类 主要品种有头孢西丁、头孢美唑、头孢替坦、头孢米诺、头孢拉宗等。对革兰阳性菌的作用显著低于第一代头孢菌素，对革兰阴性菌作用优异。具体地讲头霉素类对大肠埃希菌、流感嗜血杆菌、奇异变形杆菌、沙门菌属、志贺菌属、肺炎克雷伯菌、产气杆菌等革兰阴性杆菌，卡他莫拉菌、淋病奈瑟菌、脑膜炎奈瑟菌等革兰阴性球菌和甲氧西林敏感的葡萄球菌、链球菌、白喉杆菌等革兰阳性菌均具良好的抗菌作用。对脆弱拟杆菌等厌氧菌有较强抗菌活性，头霉素类抗生素耐革兰阴性菌 β- 内酰胺酶的活性强，包括对部分超广谱 β- 内酰胺酶（ESBLs）很稳定，其稳定性优于大多数头孢菌素，因此可用于产酶菌、耐药菌感染。

3. 氧头孢烯类 代表药是拉氧头孢和氟氧头孢。其抗菌谱和抗菌活性与第三代头孢菌素相似，对多种 β- 内酰胺酶稳定。脑脊液和痰液中浓度高，可用于尿路、呼吸道、妇科、胆道感染及脑膜炎、败血症等的治疗。

4. 碳青霉烯类 有亚胺培南、美罗培南、帕尼培南、法罗培南、厄他培南、比阿培南。本类药具有超广谱的、极强的抗菌活性，以及对 β- 内酰胺酶高度的稳定性。因其有对 β- 内酰胺酶稳定及毒性低等特点，已经成为治疗严重细菌感染最主要的抗菌药物之一。但其对嗜麦芽窄食单胞菌耐药。

5. β- 内酰胺酶抑制剂及复合制剂 β- 内酰胺酶抑制剂对 β- 内酰胺酶有很强的抑制作用，与相应抗生素联合用药能有效对抗临床耐药性的产生。主要 β- 内酰胺酶抑制剂有克拉维酸、舒巴坦、他唑巴坦。

（1）克拉维酸：又名棒酸，虽然自身的抗菌活性很弱，但却是很多 β- 内酰胺酶的强力抑制剂，能增强青霉素类及头孢菌素类对许多产 β- 内酰胺酶微生物的抗菌活性。

（2）舒巴坦：与克拉维酸的抑酶谱相似（均能有效抑制细菌产生的Ⅱ、Ⅲ、Ⅳ和Ⅴ型酶），但抑酶作用稍弱，抗菌活性略强，可单独用于淋球菌和脑膜炎球菌的周围感染。舒巴坦既可与头孢菌素类联合使用，也可与青霉素类合用，是一个使用较为广泛的酶抑制剂。

（3）他唑巴坦：是舒巴坦衍生物，自身只有弱的抗菌活性，但抑酶谱广，能抑制革兰阴性菌产生的各种质粒介导的β-内酰胺酶，对染色体介导的Ⅰ型酶也有效。

（4）复合制剂：目前临床应用的β-内酰胺酶抑制药复方制剂有阿莫西林/克拉维酸、替卡西林/克拉维酸、氨苄西林/舒巴坦、头孢哌酮/舒巴坦和哌拉西林/他唑巴坦。

（四）氨基糖苷类

有来自链霉菌的链霉素、卡那霉素、妥布霉素、新霉素等，有来自小单孢菌的庆大霉素等天然氨基糖苷类，还有阿米卡星、奈替米星等半合成氨基糖苷类。氨基糖苷类抗生素可起到杀菌作用，属静止期杀菌药。

氨基糖苷类抗生素对铜绿假单胞菌、肺炎克雷伯菌、大肠埃希菌等常见革兰阴性杆菌的抗生素后效应较长，可用于治疗需氧革兰阴性杆菌所致的严重感染。但由于其有比较严重的耳毒性和肾毒性，应用受到一些限制。

（五）喹诺酮类

喹诺酮类抗生素按发明先后及其抗菌性能的不同，分为一、二、三、四代。

1. 第一代喹诺酮类 有萘啶酸和吡咯酸等，只对大肠埃希菌、志贺菌属、克雷伯菌属、少部分变形杆菌属有抗菌作用，因疗效不佳现已少用。

2. 第二代喹诺酮类 有吡哌酸、新恶酸、甲氧恶喹酸。在抗菌谱方面有所扩大，对肠杆菌属、枸橼酸杆菌属、铜绿假单胞菌、沙雷菌属也有一定抗菌作用。因不良反应仍较大，故目前除吡哌酸偶用外，其他已淘汰。

3. 第三代喹诺酮类 主要有诺氟沙星、氧氟沙星、左氧氟沙星、培氟沙星、依诺沙星、环丙沙星等。抗菌谱进一步扩大，对葡萄球菌等革兰阳性菌也有抗菌作用，对一些革兰阴性菌的抗菌作用则进一步加强。本代药物的分子中均有氟原子，因此称为氟喹诺酮。

4. 第四代喹诺酮类 有加替沙星、曲伐沙星、克林沙星、莫昔沙星。相对于第三代喹诺酮类，其对革兰阳性菌、厌氧菌（包括脆弱拟杆菌）、肺炎支原体、肺炎衣原体、军团菌及结核分枝杆菌的抗菌作用增强。

（六）大环内酯类

常用药物有红霉素、螺旋霉素、交沙霉素、阿奇霉素、克拉霉素、罗红霉素等。大环内酯类抗生素抗菌谱广，对大多数革兰阳性菌、部分革兰阴性菌及一些非典型致病菌（支原体、衣原体等）均有效。红霉素对军团菌有良好的抗菌作用。阿奇霉素、克拉霉素尚可用于流感嗜血杆菌、卡他莫拉菌所致的社区获得性呼吸道感染，与其他抗菌药物联合用于鸟分枝杆菌复合群感染的治疗及预防。克拉霉素与其他药物联合，可用于幽门螺杆菌感染。

（七）糖肽类

有万古霉素、去甲万古霉素和替考拉宁。抗菌谱主要包含革兰阳性菌（革兰阳性球菌、杆菌和革兰阳性厌氧菌），对革兰阴性菌无效。仅用于严重革兰阳性菌和耐药菌株（如MRS）感染。

（八）磺胺类

1. 全身感染用磺胺 本类药物口服后均可吸收，根据血药浓度持续时间不同可分为短效磺胺、中效磺胺和长效磺胺三类。目前临床上应用的主要是中效磺胺，常用磺胺甲噁唑和磺胺嘧啶两种。

2. 肠道磺胺　本类磺胺口服后吸收甚少，主要在肠道中起作用，有磺胺脒、琥磺噻唑、酞磺胺噻唑、酞磺醋胺等。

3. 外用磺胺　主要有磺胺醋酰钠、磺胺米隆、磺胺嘧啶银等。

（九）四环素、氯霉素、林可霉素类

1. 四环素类　药物有四环素、多西环素、米诺环素等。本类药物抗菌谱广，对革兰阴性菌、革兰阳性菌、螺旋体、衣原体、立克次体、支原体、放线菌和阿米巴原虫都有较强的作用。其可沉积于骨、牙齿，致牙齿黄染、骨骼发育不良，故学龄前儿童、孕妇及哺乳期妇女禁用。

2. 氯霉素类　主要有氯霉素及甲砜霉素。广谱，因可引起粒细胞缺乏及再生障碍性贫血，应用普遍减少。

3. 林可霉素类　包括林可霉素及克林霉素，对大多数革兰阳性球菌和某些厌氧菌有抗菌活性，对革兰阴性菌无效；骨组织中浓度高，可透过胎盘和有炎症时的血－脑屏障，新生儿、孕妇禁用；可致严重假膜性肠炎。

（十）其他抗菌药物

1. 利福霉素类　目前在临床应用的有利福平、利福喷汀及利福布汀。本类药具有广谱抗菌作用，对结核杆菌、麻风杆菌、链球菌等革兰阳性细菌，特别是耐药性金黄色葡萄球菌的作用都很强，对某些革兰阴性菌也有效。

2. 硝基咪唑类　常见的有甲硝唑、替硝唑等。对厌氧菌及原虫有独特的杀灭作用，与其他抗生素联合应用于临床的各个领域。

二、抗菌药物选择原则

临床微生物实验室在分离出病原体后，必须选择合适的抗菌药物和合适的方法进行药物敏感试验，抗菌药物的选择应遵循有关指南，并与本院感染科、药事委员会和感染控制委员会的专家共同讨论决定。目前我国主要遵循美国临床实验室标准化委员会（Clinical and Laboratory Standards Institute，CLSI）制定的抗菌药物敏感性试验执行标准。

CLSI 将试验用药物分为 4 组。A 组为常规药敏试验的首选药物，必须常规报告；B 组为与 A 组平行的药物，但可以选择性报告。例如，当细菌对 A 组同类药物耐药或过敏时，可以选择地报告 B 组中的一些结果。C 组为补充药物，当对 A 组、B 组药物呈现多重耐药时必须报告；U 组为仅用于治疗泌尿道感染的抗菌药物。

非苛养菌常规抗菌药物敏感性试验应选择和报告的抗菌药物主要分为四组，见表 5-1。

表 5-1　非苛养菌常规抗菌药物敏感性试验应选择和报告的抗菌药物建议分组

	肠杆菌科	铜绿假单胞菌	葡萄球菌属	肠球菌属[14]
A 组 首选试验并常规报告的药物	氨苄西林[1]	头孢他啶	阿奇霉素[3]或克拉霉素[3]或红霉素[3]	氨苄西林 青霉素[15]
			克林霉素[3]	
			苯唑西林[6, 7, 8, 9] 头孢西丁[7, 8, 9]	
	头孢唑啉[2]	庆大霉素	青霉素[8]	
		妥布霉素		
	庆大霉素 妥布霉素	哌拉西林	复方新诺明（磺胺甲噁唑）	

续表

<table>
<tr><th></th><th>肠杆菌科</th><th>铜绿假单胞菌</th><th>葡萄球菌属</th><th>肠球菌属[14]</th></tr>
<tr><td rowspan="13">B 组
首选试验
有选择报
告的药物</td><td rowspan="3">阿米卡星</td><td rowspan="2">阿米卡星</td><td>头孢洛林[10]</td><td rowspan="2">达托霉素[6, 11]</td></tr>
<tr><td>达托霉素[6, 11]</td></tr>
<tr><td>氨曲南</td><td>利奈唑胺</td><td rowspan="2">利奈唑胺</td></tr>
<tr><td>阿莫西林－克拉维酸
氨苄西林－舒巴坦
哌拉西林－他唑巴坦
替卡西林－克拉维酸</td><td rowspan="2">头孢吡肟</td><td></td></tr>
<tr><td rowspan="2">头孢呋辛</td><td>多西环素
米诺环素[3]
四环素[4]</td><td rowspan="9">万古霉素</td></tr>
<tr><td>环丙沙星
左氧氟沙星</td><td>万古霉素[6, 7]</td></tr>
<tr><td>头孢吡肟</td><td>多利培南
亚胺培南
美罗培南</td><td rowspan="7">利福平[12]</td></tr>
<tr><td>头孢替坦
头孢西丁</td><td rowspan="6">哌拉西林 - 他唑巴坦
替卡西林</td></tr>
<tr><td>头孢噻肟[1, 2]或
头孢曲松[1, 2]</td></tr>
<tr><td>环丙沙星[1]
左氧氟沙星[1]</td></tr>
<tr><td>多利培南
厄他培南
亚胺培南
美洛培南</td></tr>
<tr><td>哌拉西林</td></tr>
<tr><td>磺胺甲噁唑[1]</td></tr>
<tr><td rowspan="4">C 组
补充试验
有选择报
告的药物</td><td>氨曲南
头孢他啶</td><td rowspan="4"></td><td>氯霉素[3]</td><td>庆大霉素（仅用于筛选高水平耐药株）</td></tr>
<tr><td>头孢洛林</td><td>环丙沙星或
左氧氟沙星或
氧氟沙星
莫西沙星</td><td rowspan="3">链霉素（仅用于筛选高水平耐药株）</td></tr>
<tr><td rowspan="2">氯霉素[1, 3]
四环素[4]</td><td>庆大霉素[13]</td></tr>
<tr><td></td></tr>
</table>

续表

	肠杆菌科	铜绿假单胞菌	葡萄球菌属	肠球菌属[14]
U 组补充试验仅用于泌尿道感染的药物	头孢噻吩[5]	洛美沙星或 氧氟沙星 诺氟沙星	洛美沙星 诺氟沙星	环丙沙星 左氧氟沙星 诺氟沙星
	洛美沙星或 氧氟沙星 诺氟沙星			
	呋喃妥因		呋喃妥因	呋喃妥因
	磺胺异噁唑		磺胺异噁唑	四环素[4]
	甲氧苄啶		甲氧苄啶	

注：

1. 当测试粪便中分离的沙门菌和志贺菌株时，只有氨苄西林、一种氟喹诺酮类和复方新诺明可用于常规报告。另外，对肠道外感染沙门菌分离株，应测试并报告一种三代头孢菌素。分离于肠道内和肠道外的伤寒沙门菌和副伤寒沙门菌需进行药敏试验。
2. 从 CSF 中分离菌株，试验和报告头孢噻肟和头孢曲松，以取代头孢唑啉。
3. 分离于泌尿道菌株不常规报告。
4. 对四环素敏感被认为对多西环素和米诺环素也敏感。然而，某些对四环素中介或耐药的菌株可能对多西环素、米诺环素或两者敏感。
5. 头孢噻吩仅用于预测口服药物结果，包括头孢羟氨苄、头孢泊肟酯、头孢氨苄和氯碳头孢。
6. 仅用于最低抑菌浓度（MIC）法；纸片扩散法不可靠。
7. 使用头孢西丁作为苯唑西林替代品，测定所有葡萄球菌分离株对万古霉素敏感性应执行 MIC 试验。
8. 青霉素敏感的葡萄球菌对具有临床疗效的其他 β- 内酰胺类药物也敏感。青霉素耐药葡萄球菌对青霉素酶不稳定青霉素类耐药。除具有抗 –MRSA 活性新的头孢菌素外，苯唑西林耐药葡萄球菌对当前所有使用的 β- 内酰胺类药物均耐药。因此，仅测试青霉素和头孢西丁或苯唑西林两者中任一种，则可推测对各种 β- 内酰胺类药物的敏感或耐药性。除具有抗 –MRSA 活性药物外，不建议常规测试其他 β- 内酰胺类药物。
9. 头孢西丁纸片扩散法或 MIC 试验结果可用于预报金黄色葡萄球菌和路登葡萄球菌分离株是否存在 *mecA* 基因介导的苯唑西林耐药。
10. 仅对金黄色葡萄球菌包括耐甲氧西林金黄色葡萄球菌（MRSA）。
11. 分离于呼吸道菌株不报告达托霉素结果。
12. 利福平不能单独用于抗菌治疗。
13. 对试验敏感的葡萄球菌，可使用氨基糖苷类与试验敏感的具有活性的其他药物一起进行联合。
14. 在体外，头孢菌素类、氨基糖苷类（除了筛选高水平耐药）、克林霉素和复方新诺明可表现对肠球菌有活性，但临床上无效，因此，不能报告分离菌对这些药物敏感。
15. 对青霉素敏感非产 β- 内酰胺酶的肠球菌，可预报其对氨苄西林、阿莫西林、氨苄西林 / 舒巴坦、阿莫西林 / 克拉维酸、哌拉西林、哌拉西林 / 他唑巴坦敏感。

第 2 节　抗菌药物敏感试验方法

抗菌药物敏感试验（antimicrobial susceptibility test，AST）是指在体外测定药物抑制或杀死细菌能力的试验，简称药敏试验。常用方法有纸片扩散法、稀释法和 E-test 法。其实际意义是：①预测和监控抗菌药物的治疗效果，指导临床医师选择用药；②了解本医院及本地区耐药菌的变迁，进行耐药菌监控，为流行病学调查提供资料；③对病原菌耐药谱进行分析和分型，可用于某些菌种的鉴定。

案例 5-1

患者，男，56 岁，脑出血意识丧失，入院立即手术，气管切开插管，术后第 7d，肺部闻及湿啰音，体温 39.2℃，血常规：白细胞数 14×10^9/L，吸痰痰液性状为黄色脓痰，临床医师怀疑患者肺部发生细菌感染，采用抗生素经验治疗，效果不佳。

问题：

1. 通过什么方法可确认何种细菌感染？
2. 为什么临床医师使用抗生素经验治疗效果不佳？应该怎样选择抗生素针对性治疗？

一、纸片扩散法

纸片琼脂扩散法又称 K-B 法，由于操作简单，可灵活选择抗菌药物，且花费低，是 WHO 推荐的定性药敏试验的基本方法，目前在临床上广为应用。其原理是将含有一定量抗菌药物的纸片贴在已接种待测菌的琼脂平板表面，药物将在培养基中由纸片往周围扩散，且浓度递减。在抑菌浓度范围内待测菌的生长被抑制，形成透明的抑菌圈。根据抑菌圈的大小可判断待测菌对测定药物的敏感程度。

（一）实验材料

1. 抗菌药物纸片 选择直径 6.35mm，吸水量 20μl 的专用药敏纸片，灭菌后，经逐片加样或浸泡的方法使每片的含药量达到规定浓度。纸片冷冻干燥后储藏于密封瓶内，-20℃保存。日常工作用的少量纸片可保存于 4℃冰箱内 1 周。

2. 培养基 水解酪蛋白（Mueller-Hinton，M-H）培养基是 CLSI 推荐采用的需氧菌和兼性厌氧菌药敏试验标准培养基，pH7.2～7.4，溶化后倾注平板（琼脂厚度为 4mm）。使用前应将琼脂平板放入 35℃孵育至表面干燥。

对特殊营养要求的细菌，需在 M-H 琼脂中加入相应的营养添加剂或使用专属的培养基，如肺炎链球菌须在 M-H 琼脂中加入 5% 的脱纤维羊血，而流感嗜血杆菌则须补充正铁血红素和 NAD，淋病奈瑟菌须使用 TM 琼脂培养基等。

3. 菌液 药敏试验菌液浓度应为 0.5 麦氏比浊标准，相当于 1.5×10^8CFU/ml 的含菌量。①生长法：挑取已分纯的菌落 4～5 个，接种于 3～5ml M-H 肉汤中，35℃孵育 4h，用生理盐水或肉汤校正菌液浓度至 0.5 麦氏比浊标准；②直接调制法：用接种环挑取纯菌落数个，混悬于生理盐水或肉汤中，充分混匀并调整浓度为 0.5 麦氏比浊标准。

（二）实验方法

1. 接种 以无菌棉拭蘸取配制好的菌液，在管内壁旋转挤压除去多余的菌液后，均匀涂布于整个 M-H 琼脂平板表面，涂布 3 次，每次旋转平板 60°，最后沿平板边缘涂抹 1 圈。盖上皿盖，置室温放置 3～5min，使平皿表面稍干。

2. 贴放药物纸片 用无菌镊子或纸片分配器将含药纸片平整地贴于平板表面，稍加按压使纸片贴紧。各纸片中心相距＞24mm，纸片距平板内缘应＞15mm。纸片贴牢后切勿移动，因为抗菌药物已经扩散至培养基中。

3. 培养 置 35℃培养箱中孵育 16～18h，检测苯唑西林和万古霉素的敏感性试验应孵育 24h。为使平板温度均匀，最好单独摆放，不超过 2 个叠放。

（三）结果判断

用游标卡尺或厘米尺测量抑菌圈直径（mm）（图 5-1）。抑菌圈的边缘以肉眼见不到细菌生长为限。根据 CLSI 标准报告敏感（sensitivity，S）、中介（intermediate，I）或耐药（resistant，R）。

1. 敏感 表示待测菌能被常规剂量的测定药物在体内所达到的药物浓度抑制或灭杀。

2. 中介 表示待测菌对常规剂量的测定药物反应性低于敏感株，但在该药物生理浓集部位（如尿液、胆汁）具有临床效力或者可以通过加大药物的剂量进行治疗；它表示抑菌环直径介于敏感与耐药之间的“缓冲区”，可以避免微小的、不能控制的技术因素造成结果解释错误。

3. 耐药 表示常规剂量的测定药物在体内所达到的药物浓度不能抑制待测菌生长。

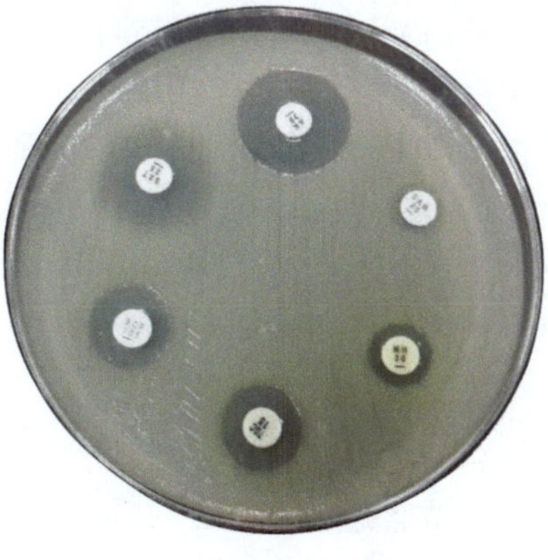

图 5-1 纸片法抗菌药物敏感性试验

（四）质量控制

质量控制是采用与常规试验相同的操作方法，测定质控菌株（标准菌株）的抑菌圈。常用的质控菌株有：金黄色葡萄球菌 ATCC25923、大肠埃希菌 ATCC25922、大肠埃希菌 ATCC35218（监控 β- 内酰胺酶抑制剂 /β- 内酰胺酶抑制剂复合剂药敏纸片）、铜绿假单胞杆菌 ATCC27853、粪肠球菌 ATCC29212、流感嗜血杆菌 ATCC49247、肺炎链球菌 ATCC49619 等。质控菌株的抑菌圈应在允许范围内，这个范围为 95% 的可信区间，即实验室日间质控得出的连续 20 个试验结果中，仅允许有 1 个结果超出这个范围。如果经常有质控结果超出这个范围，说明试验方法不稳定。每日质控菌株的抑菌圈直径的均值应接近允许范围的中间值，否则说明操作中有不规范之处，应查找原因并及时纠正。

（五）影响因素

1. 抗菌药物纸片 纸片含药量是影响抑菌圈大小的重要因素，含药量高可使抑菌圈扩大，反之可使抑菌圈减小。纸片保存条件应以低温干燥为佳，如保存不当可使药物效力降低。

2. 培养基 如培养基 pH 超过规定范围，碱性可扩大氨基糖苷类药物的抑菌圈，酸性可扩大四环素族药物的抑菌圈；琼脂过厚、过硬会影响药物渗透，造成抑菌圈缩小。

3. 菌量 待检菌液的浓度、接种量也可影响试验的结果，浓度高、菌量多时抑菌圈减小，反之则扩大。因此菌液浓度一定要与比浊管接近。此外，菌液配好后应在 15min 内用完。

4. 操作因素 菌液涂布应厚薄均匀；接种细菌后，平板应在室温放置片刻，待菌液被培养基吸收后再贴纸片；孵育温度、孵育时间应严格遵循要求；平板堆放不超过 2 块，以使其受热均匀；测量抑菌圈应仔细、准确。

二、稀释法

稀释法是定量的抗菌药敏试验方法，分为肉汤稀释法和琼脂稀释法。基本原理是将抗菌药物作系列稀释，然后接种定量待测菌并孵育，观察不同浓度的药物对细菌的抑菌（或杀菌）情况，可定量测定抗菌药物对该细菌的最低抑菌浓度（minimal inhibitory concentration，MIC）或最低杀菌浓度（minimal bactericidal concentration，MBC）。

（一）肉汤稀释法

采用 M-H 液体培养基将抗菌药物进行系列稀释，然后接种定量的待测菌液（0.5 麦氏比浊标准）。经 35～37℃孵育 16～20h，观察结果。肉眼观察或仪器检测无菌生长的最低药物浓度即为该药物对待测菌的 MIC。

肉汤稀释法有常量稀释法和微量稀释法。微量肉汤稀释法是近年来临床微生物实验室应用较多的商品化的药敏试验法，优点是一块板可同时测定多种抗菌药物对细菌的抑菌情况，操作方便、结果可信赖。缺点是所含抗菌药物不一定完全适合实验室的具体需要。

（二）琼脂稀释法

将不同浓度的抗菌药物分别加于 50～55℃的定量琼脂培养基中，混匀后倾注无菌平皿，制成含递减浓度的抗菌药物琼脂平板。然后接种待测细菌，经培养后观察菌落的生长情况。以能抑制细菌生长的最低药物浓度为该菌的 MIC。其优点是：①可自由选择药物；②每个平板可同时测定多株细菌；③可观察被检菌落生长良好与否；④能发现污染的菌落。

三、E-test 法

E-test 法（Epsilometer test）是一种结合稀释法和扩散法的原理直接测量 MIC 的药敏试验。

（一）原理

E-test 试条为 50mm×5mm 的长条，其内含有干化、稳定的、浓度由高至低呈指数梯度分布的某种抗菌药物。在试条的一面标有该抗菌药物的浓度刻度（μg/ml），梯度范围可覆盖 20 个等倍稀释度。当试条放在接种有细菌的琼脂平板上，抗菌药物从试条向周围扩散，经孵育后，围绕试条可见椭圆形抑菌环，环的边缘与试条交点的刻度即为该抗生素抑制检菌的 MIC。

（二）方法

将药敏纸条放置在已涂布细菌的 M-H 平板上，试条刻度面朝上，药物最高浓度处应靠平板边缘。用镊子轻压以驱赶其下方的气泡。置 35℃培养 18～24h，观察结果（图 5-2）。

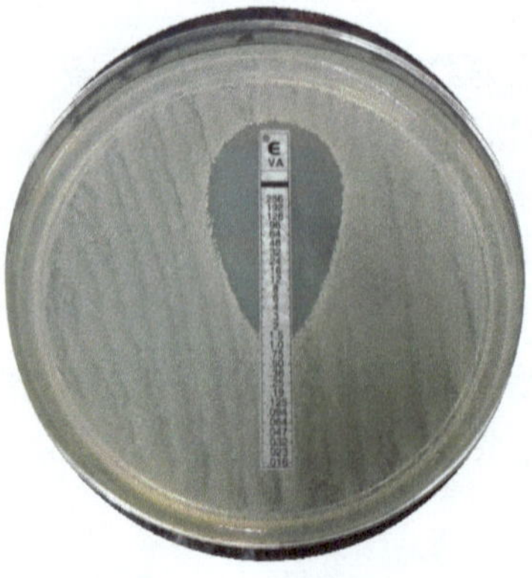

图 5-2　E-test 法抗菌药物敏感性试验

（三）结果

培养后围绕试条可形成一个椭圆形的抑菌圈，在抑菌圈和试条的横切相交处试条上的读数刻度即是抗菌药物对被检菌的 MIC。当无抑菌环时 MIC≥最大浓度；当抑菌环延伸至试条下方，与试条无交点时，MIC≤最小浓度。

四、联合药物敏感试验

体外联合药物敏感试验的目的在于：①治疗多种细菌所引起的混合感染；②减少或推迟治疗过程中细菌耐药性的产生；③对于某些多重耐药菌株感染，可取得协同抗菌作用；④减少某些抗菌药物的用量，从而减轻其不良反应。

联合药物敏感试验可以出现 4 种结果：①协同作用：两种抗菌药物联合作用时，药效显著大于其单药抗菌活性的总和；②累加作用：两种抗菌药物联合作用时，药效等于两药单独抗菌活性的总和；③无关作用：两种抗菌药物联合作用时，药效等于活性最大的抗菌药物的药效；④拮抗作用：两种抗菌药物联合作用时，药效显著低于其单独抗菌活性，即一种抗菌药物的活性被另一种抗菌药物所削弱。

目前临床实验常用的联合药敏试验方法有棋盘稀释法和单药纸片搭桥法，前者为棋盘稀释法抑菌定量方法，而后者可用于定性粗筛。

1. 棋盘稀释法 是分别测定两药的 MIC 值，再将各种稀释度的两药混合，测定两药联合时的 MIC 值。比较两药联合时的 MIC 值与其单独用药的 MIC 值，计算部分抑菌浓度指数（fractional in-hibitory concentration，FIC），进行联合药敏试验的结果判断。

$$\text{FIC 指数}=\frac{\text{A 药联合时的 MIC}}{\text{A 药单侧时的 MIC}}+\frac{\text{B 药联合时的 MIC}}{\text{B 药单侧时的 MIC}}$$

判断标准：FIC 指数＜0.5 为协同作用；0.5～1 为相加作用；1～2 为无关作用；＞2 为拮抗作用。

2. 单药纸片搭桥法 是两种含药纸片贴于含菌琼脂平板的表面，药物联合对待测菌的作用不同，可出现不同的抑菌图形，根据图形解释结果。

第 3 节 细菌耐药性检测

一、耐药表型的检测

通过纸片琼脂扩散法、稀释法和 E-test 法测出的抑菌圈直径、MIC，根据 CLSI 标准可判断细菌对抗生素的耐药性。另外某些特殊菌耐药表型的检测可有下述几种方法。

（一）β- 内酰胺酶试验

细菌产生的 β- 内酰胺酶能水解青霉素及头孢菌素类抗生素的基本结构 β- 内酰胺环，使抗生素灭活造成细菌耐药。临床常用的 β- 内酰胺酶试验是头孢硝噻吩纸片法。对于革兰阳性球菌，直接用无菌牙签挑取 16～20h 的菌落或其细菌悬液涂抹头孢硝噻吩纸片；对于革兰阴性杆菌，提取细菌裂解液涂抹头孢硝噻吩纸片，8～10min 后观察结果，纸片由黄色变为红色为阳性，表示产生 β- 内酰胺酶。每次试验应设已知的产酶阳性菌和阴性菌作对照。

β- 酰胺酶试验阳性预示待测菌株如流感嗜血杆菌、卡他莫拉菌、淋病奈瑟菌和葡萄球菌等对青霉素、氨苄西林、阿莫西林等耐药。

（二）超广谱 β- 内酰胺酶检测

超广谱 β- 内酰胺酶（extended spectrum β-lactamases，ESBLs）是由质粒介导的能水解

青霉素类、头孢菌素类及单环β-内酰胺类抗生素的一类酶，不能水解头孢霉素类和碳青霉烯类药物，能被克拉维酸、舒巴坦、三唑巴坦等β-内酰胺酶抑制剂所抑制。ESBLs主要由克雷伯菌属、大肠埃希菌等革兰阴性菌产生。产ESBLs的克雷伯菌和大肠埃希菌不论其体外药物敏感试验结果如何，青霉素、头孢菌素和氨曲南治疗均无效。

临床可采用纸片扩散法或肉汤稀释法进行初筛试验及确证试验。纸片扩散法的判断标准见表5-2。

表5-2 肺炎克雷伯菌、产酸克雷伯菌、大肠埃希菌和奇异变形杆菌ESBLs初筛和确证试验

	初筛试验	确证试验
结果判断	肺炎克雷伯菌、产酸克雷伯菌、大肠埃希菌抑菌圈直径： 头孢泊肟（10μg）≤17mm或 头孢他啶（30μg）≤22mm或 氨曲南（30μg）≤27mm或 头孢噻肟（30μg）≤27mm 奇异变形杆菌抑菌圈直径： 头孢泊肟（10μg）≤22mm或 头孢他啶（30μg）≤22mm或 头孢噻肟（30μg）≤27mm 上述结果提示菌株可能产ESBLs	头孢他啶（30μg） 头孢他啶/克拉维酸（30/10μg） 和 及头孢噻肟（30μg） 头孢噻肟/克拉维酸（30/10μg） 两组中任何一组药物加克拉维酸与不加克拉维酸的抑菌圈相比，增大值≥5mm时判断为产ESBLs菌株

（三）耐甲氧西林葡萄球菌检测

耐甲氧西林葡萄球菌（methecillin-resistant staphylococcus，MRS）的检测方法有头孢西丁纸片扩散法、苯唑西林琼脂稀释法等。结果判断：①金黄色葡萄球菌：头孢西丁纸片（30μg）抑菌圈直径≤21mm提示为耐甲氧西林金黄色葡萄球菌（MRSA）。②除路登葡萄球菌外的凝固酶阴性葡萄球菌：头孢西丁纸片（30μg）抑菌圈直径≤24mm提示为耐甲氧西林凝固酶阴性葡萄球菌（MRCNS）。

绝大多数的MRS为多重耐药，一旦检出，预示细菌的耐药范围除全部的β-内酰胺类抗生素外，还包括氨基糖苷类、大环内酯类等抗生素。

（四）D试验——克林霉素诱导耐药试验

对大环内酯类耐药的葡萄球菌可能对克林霉素耐药。纸片法D试验检测：使用M-H平板或血平板，试验菌为葡萄球菌，在距红霉素纸片（15μg）边缘15～26mm处放置克林霉素纸片（2μg）；试验菌为β-溶血链球菌，则克林霉素纸片（2μg）和红霉素纸片（15μg）边缘相距12mm。在35℃孵育16～24h后观察靠红霉素纸片一侧的克林霉素纸片周围抑菌环有无出现“截平”现象（称为“D”抑菌环）。若出现“截平”现象，应报告细菌对其耐药（图5-3）；若无“截平”现象，但在克林霉素纸片周围抑菌圈内存在菌株生长等同于克林霉素耐药。反之则报告菌株对克林霉素敏感。

（五）耐万古霉素和高水平氨基糖苷类肠球菌检测

1. 耐万古霉素肠球菌（VRE）检测 VRE的检测方法包括BHI琼脂稀释法、E-test法和显色培养基法等，具体方法参考CLSI制订的抗菌药物敏感性试验执行标准。对万古霉素多重耐药菌目前尚无有效治疗方法，而且还存在将万古霉素耐药性传播到毒力更强细菌的危险，因此对 VRE 的检出和预防非常重要。

2. 耐高水平氨基糖苷类肠球菌检测　肠球菌若对庆大霉素耐药，则对除链霉素以外的其他氨基糖苷类均耐药，所以常规耐药性检测试验主要是庆大霉素和链霉素的药敏试验。肠球菌对 120μg 庆大霉素纸片抑菌圈直径≤6mm 或 MIC≥500μg/ml 时，以及对 300μg 链霉素纸片抑菌圈直径≤6mm 或 MIC≥1000μg/ml（肉汤稀释法）或 MIC>2000μg/ml（琼脂稀释法）时，则视为耐高水平氨基糖苷类肠球菌（HLAR）。

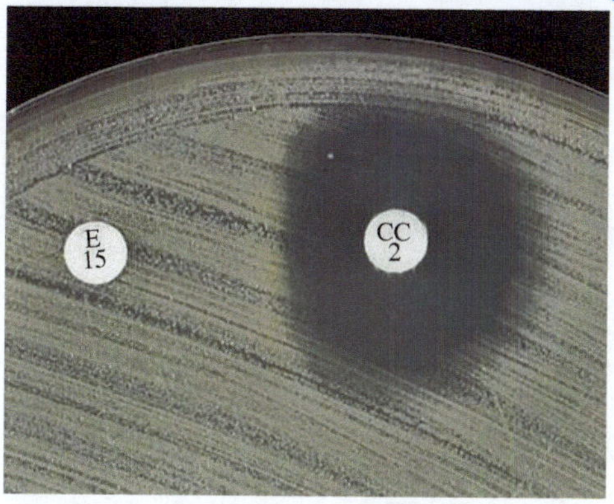

图 5-3　D 试验阳性

二、耐药基因检测

耐药基因检测主要用于 MIC 值处于临界点菌株的耐药机制研究。例如，检测编码各种药物水解酶的 *TEM*、*OXA*、*CMY*、*SHV*、*CTX-M* 等基因；编码氨基糖苷钝化酶的 *aac*（3）-*IIc*、*aac*（6′）-*Ib*、*ant*（2″）-*Ia* 和 *ant*（3″）-*Ia* 基因；编码氨基糖苷类修饰酶基因的 *AMEs* 基因等。基因检测方法包括 PCR、限制性片段长度多态性分析（PCR-RFLP）、单链构象多态性分析（PCR-SSCP）、基因芯片等分子生物学技术。

目标检测

一、名词解释

1. 耐药
2. 中介
3. 敏感
4. MIC
5. 抗菌药物敏感性试验

二、选择题（选择一个最佳答案）

1. 下列哪种培养基为药敏培养基（　　）
   A. 巧克力培养基　B. 克氏双糖铁培养基
   C. S-S 培养基　D. M-H 培养基
   E. 葡萄糖肉汤培养基
2. 不能在 M-H 琼脂上生长良好的细菌是（　　）
   A. 大肠埃希菌　B. 金黄色葡萄球菌
   C. 肺炎克雷伯菌　D. 肺炎链球菌
   E. 以上都不是
3. 临床上常用定量药敏试验是（　　）
   A. 扩散法　B. 纸片法
   C. MIC 测定法　D. 联合药敏法
   E. 以上全对
4. 纸片扩散法药物敏感试验常用的培养基为（　　）
   A. 布氏琼脂　B. M-H 琼脂
   C. 营养琼脂　D. 肉汤琼脂
   E. HE 琼脂
5. 一块直径 9cm 的 MHA 平板中最多可贴几片药敏纸片（　　）
   A. 4 片　B. 5 片
   C. 6 片　D. 7 片
   E. 8 片
6. 倾注 MH 平板时，培养基的厚度为（　　）
   A. 3mm　B. 2mm
   C. 4mm　D. 5mm
   E. 6mm
7. MIC 的单位（　　）
   A. mg/m1　B. μg/ml
   C. mg/L　D. μg/L
   E. g/m1
8. 最低杀菌浓度的英文缩写为（　　）
   A. MIC　B. MBC

C. BAC　　D. CBC

E. KBC

9. 亚胺培南、美罗培南等青霉烯类抗菌药主要用于（　　）

A. 革兰阴性产酶菌　　B. 革兰阳性产酶菌

C. 衣原体　　D. 真菌

E. 支原体

10. 耐甲氧西林的葡萄球菌（MRSA）的治疗应选用（　　）

A. 青霉素　　B. 头孢拉啶

C. 头孢哌酮　　D. 万古霉素

E. 亚胺培南

11. 下列哪种属于第三代头孢菌素（　　）

A. 头孢呋辛　　B. 头孢唑啉

C. 头孢噻肟　　D. 头孢氨苄

E. 头孢克洛

12. 下列属于氨基糖苷类抗生素的是（　　）

A. 万古霉素　　B. 链霉素

C. 环丙沙星　　D. 红霉素

E. 米诺环素

13. K-B 法抗菌药物敏感试验贴药敏纸片的要求是（　　）

A. 各纸片中心相距＞15mm，纸片距平板内缘＞24mm

B. 各纸片中心相距＞18mm，纸片距平板内缘＞24mm

C. 各纸片中心相距＞24mm，纸片距平板内缘＞18mm

D. 各纸片中心相距＞24mm，纸片距平板内缘＞15mm

E. 各纸片中心相距＞18mm，纸片距平板内缘＞15mm

14. K-B 法抗菌药物敏感试验所用 M-H 培养基 pH 是（　　）

A. 6.8～7.0　　B. 7.0～7.2

C. 7.2～7.4　　D. 7.4～7.6

E. 7.6～7.8

15. K-B 法抗菌药物敏感试验抑菌圈最小值是(　　)

A. 0mm　　B. 5mm

C. 6mm　　D. 10mm

E. 12mm

16. 细菌菌液 0.5 麦氏浊度相当于(　　)的含菌量。

A. 1.5×10^{8}cfu/μl　　B. 1.5×10^{8}cfu/ml

C. 1.0×10^{8}cfu/μl　　D. 1.0×10^{8}cfu/ml

E. 1.0×10^{6}cfu/ml

17. 联合药敏感试验可以出现 4 种结果，除外(　　)

A. 协同作用　　B. 抵消作用

C. 拮抗作用　　D. 无关作用

E. 累加作用

18. VRE 是（　　）

A. 耐甲氧西林的葡萄球菌

B. 耐甲氧西林的金黄色葡萄球菌

C. 耐万古霉素的葡萄球菌

D. 耐万古霉素的肠球菌

E. 耐青霉素的肺炎链球菌

19. 我国抗菌药物敏感试验主要遵循（　　）制定的抗菌药物敏感性试验执行标准。

A. ALSI　　B. CLSI

C. NLSI　　D. DLSI

E. GLSI

20. 临床实验室标准化委员会制定的抗菌药物选择原则中，仅用于治疗泌尿道感染的抗菌药物药物是（　　）

A. A 组　　B. B 组

C. C 组　　D. D 组

E. U 组

三、问答题

1. 简述抗菌药物敏感性试验纸片扩散法的操作步骤及结果判断。

2. 简述抗菌药物敏感性试验纸片扩散法的影响因素。

（陈　静）

第6章 病原微生物实验室生物安全

学习目标

1. 掌握：病原微生物实验室生物安全水平、常用器具及设备的使用。

2. 熟悉：病原微生物实验室危险度评估、生物安全防护的常用设备、血液及其他体液的标准预防措施。

3. 了解：病原微生物实验室感染性或潜在感染性物质的操作。

实验室生物安全是指在从事病原微生物实验活动的实验室中，采取措施避免病原微生物对工作人员和相关人员造成危害，对环境造成污染和对公众造成伤害，保证实验研究的科学性并保护被实验因子免受污染。医学微生物学领域中涉及生物安全的主要方面是：病原微生物实验室的生物安全、生物恐怖事件、重大传染病暴发流行的防控。由于从事临床诊断、研究的实验室会涉及各种已知或未知的病原微生物，工作人员会受到潜在致病微生物感染的威胁，如果病原微生物从实验室泄露，还可在实验室及其周围，甚至更广的范围内造成疾病传播或流行，因此，加强实验室的生物安全是病原生物安全研究的需要，是传染病预防和控制的需要，是医院感染控制的需要，也是国防安全的需要。

链 接

美国“9.11”恐怖袭击事件及随后发生的“炭疽白色粉末”等生物恐怖事件震惊了全世界，生物安全问题已成为各国关注的焦点。近年来，新发或新认识的病原体的出现（SARS冠状病毒、甲型H1N1流感病毒等），以及一些传染性疾病（结核、手足口病等）的再度暴发，使实验室生物安全工作成为安全管理工作的重点。

第1节 实验室生物安全

一、危险度评估

实验室生物安全工作的核心是风险评估。根据危险度评估结果，可确定拟开展的研究工作的生物安全水平级别，选择合适的生物安全水平级别实验室，采取相应的防护措施，确保在最安全的状态下完成实验室工作。

（一）危险度评估考虑因素

在进行危险度评估时，评估内容除了考虑病原微生物的危害程度外，还应考虑以下因素：微生物的致病性和感染数量，自然感染途径，实验室操作所致的其他感染途径（非消化道途径、空气传播、食入），微生物在环境中的稳定性，所操作微生物的浓度和浓缩标本的量，暴露的潜在后果，适宜宿主（人或动物的存在），已报道的实验室感染情况，拟进行的操作（如超声处理、气溶胶化、离心等），可能会扩大微生物的宿主范围或改变微生物对于已知有效治疗方案敏感性的所有基因技术，当地是否能进行有效的预防或治疗干预等。

（二）危险度等级

通常，根据危害程度，将微生物的危险度等级划分为 4 类。

1 **危险度 1 级（个体危险低，群体危险低）** 不会引起健康的人或动物致病的微生物。

2 **危险度 2 级（个体危险中等，群体危险低）** 对人或动物致病，但不严重。实验室暴露很少引起严重性疾病的感染，具备有效治疗和预防措施，并且传播风险有限。例如，金黄色葡萄球菌、产单核细胞李斯特菌等。

3 **危险度 3 级（个体危险高，群体危险低）** 能引起人或动物严重疾病，或造成严重经济损失，但通常不能因偶然接触而在个体间传播，并且对感染有有效的预防和治疗措施。例如，伤寒沙门菌、朊病毒等。

4 **危险度 4 级（个体危险高，群体危险高）** 能引起人或动物的严重疾病，一般不能治愈，容易发生直接或间接传播，缺乏有效的预防和治疗措施。例如，天花病毒等。

为确保在最安全的状态下工作，应根据危险度评估结果评价生物安全水平，采取适宜防护措施。此外，应及时收集实验室和临床报告的有关资料，定期检查、研究、修订评估结果，及时调整生物安全水平等级。

二、生物安全防护设备

（一）生物安全柜

生物安全柜（biological safety cabinet，BSC）是处理原代培养物、菌（毒）株及诊断性标本等具有感染性的实验材料时，为了防止操作处理过程中某些含有危险性或未知性生物微粒发生气溶胶散逸而设计的箱形空气净化负压安全装置（图 6-1）。根据正面气流速度及送排风方式分为Ⅰ级、Ⅱ级、Ⅲ级 3 个类型。

图 6-1 生物安全柜

1. **Ⅰ级生物安全柜** 室内空气通过前窗操作口流过工作台表面，并且通过排风管排出。操作者的手臂可从生物安全柜的前门伸到柜子里，并且通过观察窗观察工作台面，窗子可完全抬起，以便清理工作台。从生物安全柜排出的气体通过一个高效过滤器（HEPA）后：①进入实验室，然后通过建筑物的排风系统排到建筑物外面；②通过建筑物的排风系统排到建筑物外面；③直接排到外面。Ⅰ级生物安全柜可提供对人员及环境的保护，不对样品进行保护，保证对危险度 1 级、2 级和 3 级的生物因子操作的生物安全，也能应用于放射性核素和挥发性有毒的化学药品。

2. **Ⅱ级生物安全柜** 有 A1、A2、B1、B2 四种类型，其进风的方式是只允许 HEPA 过滤过的（无菌的）空气流经工作台表面。用于操作危险度 1 级、2 级和 3 级的生物因子，穿正压防护服时可处理危险度 4 级的微生物。可对人员和环境提供保护，也可保护工作台面的材料免受室内空气的污染。Ⅱ级 A2、B1、B2 型生物安全柜都是由Ⅱ级 A1 型生物安全柜变化而来。

（1）Ⅱ级 A1 型生物安全柜：内置的风扇通过前窗操作口吸入室内空气（供给空气）到达前面的进风网栅，气流在前窗操作口的流速至少应达到 0.40m/s。然后，供气先通过 HEPA 进风过滤器，然后向下流向工作台。工作台面上产生的任何气溶胶都立即被向下流的气流所捕捉，带到前面或后面的排风网栅，提供最高级别的样品保护。70% 的空气通过进风过滤器再循环回工作区，30% 流经排风过滤器进入房间或排到外面。

（2）Ⅱ级 A2 型生物安全柜：气流在前窗操作口的流速至少应达到 0.50 m/s。所有废气必须经 HEPA 过滤器过滤后排出室外。A2 型 BSC 可用于进行以少量挥发性有毒化学品和痕量放射性核素为辅助剂的微生物实验，但必须连接功能合适的排气罩。

（3）Ⅱ级 B1 型生物安全柜：气流在前窗操作口的最低平均流速为 0.50m/s。经 HEPA 过滤器过滤后的 70% 的垂直气流通过专用风道排出室外。B1 型 BSC 可用于操作有微量挥发性有毒化学物质或痕量放射性核素，但对这些化学性物质或放射性核素应在安全柜的垂直排风区内，或者当垂直气流循环时进行处理。

（4）Ⅱ级 B2 型生物安全柜：气流在前窗操作口的最低平均流速为 0.50m/s，所有的吸入气流和垂直气流经 HEPA 过滤器过滤后排入大气，不再进入安全柜循环或返回实验室。B2 型 BSC 可用于操作有挥发性有毒化学物质和痕量放射性核素为辅助剂的微生物实验。

3. Ⅲ级生物安全柜　所有接口为密封，是完全密闭的、不露气的通风安全柜。进风经过 HEPA 过滤器，排风要经过 2 个 HEPA 过滤器。人员通过与安全柜连接的密闭手套实施操作。安全柜内对实验室的负压应不低于 120Pa。下降气流应经 HEPA 过滤器过滤后进入微生物安全柜内。排出气流应经 2 个 HEPA 过滤器过滤或通过高效过滤器过滤再经焚烧或化学灭活处理。当连接的手套脱落时，与柜体连接口气流流速不低于 0.70m/s。Ⅲ级生物安全柜有一个附属的通道盒，可灭菌，且排风经 HEPA 过滤。也可连接到一个双开门的高压灭菌器，用于净化拿入或拿出生物安全柜的所有物品。Ⅲ级生物安全柜适用于三级和四级生物安全防护实验室，提供最高级别的个体防护，用于操作危险度 1 级、2 级、3 级和 4 级的生物因子。

正确选择生物安全柜是确保实验室生物安全的一个很重要的因素，应根据所从事工作的性质、保护的对象及环境条件进行选择，具体见表 6-1。

表 6-1　生物安全柜的选择

保护类型	生物安全柜的选择
个体防护，针对危险度 1～3 级微生物	Ⅰ级、Ⅱ级、Ⅲ级生物安全柜
个体防护，针对危险度 4 级微生物	手套箱型实验室，Ⅲ级生物安全柜
个体防护，针对危险度 4 级微生物	防护服型实验室，Ⅰ级、Ⅱ级生物安全柜
实验对象保护	Ⅱ级生物安全柜，带有层流装置的Ⅲ级生物安全柜
少量挥发性放射性核素 / 化学品的防护	Ⅱ级 B1 型生物安全柜，外排风式Ⅱ级 A2 型生物安全柜
挥发性放射性核素 / 化学品的防护	Ⅰ级、Ⅱ级 B2 型、Ⅲ级生物安全柜

（二）超净工作台

超净工作台（clean bench）工作原理为：通过风机将空气吸入预过滤器，经由静压箱进入高效过滤器过滤，将过滤后的空气以垂直或水平气流的状态送出，使操作区域达到百级洁净度，保证生产对环境洁净度的要求。超净工作台根据气流的方向分为垂直流超净工作台和水平流超净工作台，根据操作结构分为单边操作及双边操作两种形式。其与生物安全柜不同。超净工作台只能保护在工作台内操作的试剂、标本等不受污染，并不保护工作人员，而生物安全柜是负压系统，能有效保护工作人员。

（三）个人防护用品

个人防护用品是减少操作人员暴露于气溶胶、喷溅物及意外接种等危险的一个屏障。实验室所用任何个人防护用品应符合国家有关标准的要求。在危害评估的基础上，按不同级别的防护要求选择适当的个人防护用品。

1. 实验室防护服 背面开口，罩在日常服装外，防止污染衣服。当具有潜在危险的物质有可能溅到工作者或来访者时，需使用塑料围裙或者防液体的长罩服。在这种工作环境中，可能还会要求穿戴其他个人防护用品（防护镜、头面部保护罩、手套等），见图 6-2。

2. 护目镜、安全眼镜和面罩 在处理危险材料时应有经过了核准的安全眼镜、面部防护罩或其他眼部面部防护装置供使用（图 6-3）。要根据所进行的操作来选择相应的个人防护用品，以免因实验物品的碰撞和飞溅对眼睛和面部造成危害。护目镜、安全眼镜或面罩都不得戴离实验室区域。

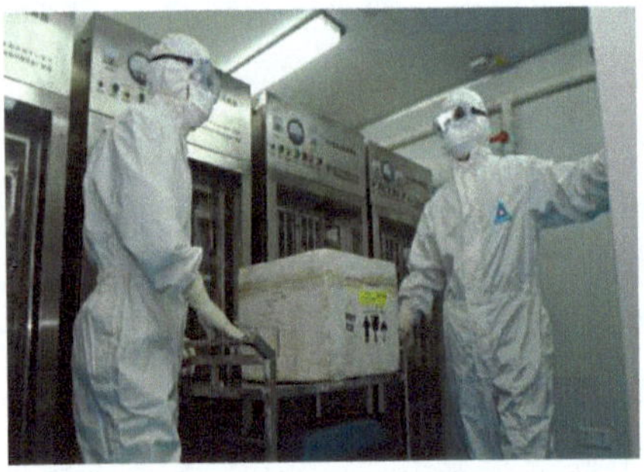

图 6-2 生物安全实验室防护服

图 6-3 护目镜

3. 手套 可防止化学品、生物危险物、辐射污染、冷和热、产品污染、刺伤和擦伤等造成的伤害。佩戴前应检查是否存在破损，戴好以后应完全遮住手及腕部，必要时覆盖实验室长罩服或外衣袖。

4. 鞋 实验室内应穿舒适、防滑，不露脚趾的鞋，避免碰撞和飞溅暴露。推荐使用皮质或合成材料的不渗液体的鞋类。可能发生泄漏时，穿一次性的防水鞋套。特殊区域穿专用鞋（如一次性或橡胶靴子）。在接触大量化学品、从事危险活动、日常使用刀或其他利器的组织病理区要求使用经过核准的安全鞋。

5. 呼吸装置 必要时，穿戴面具、个人呼吸器、正压服等，以防止吸入气溶胶。应按作业指导书及培训要求使用。应安排工作场所监控、医学评价和对呼吸器使用者的监督以确保始终正确使用装备。可要求对呼吸器进行个体适合性测试。呼吸器不能充分保护蓄须者。

6. 急救设备 实验室内应确保在紧急情况下有以下设备可供使用：一个急救箱、急救设备、眼部冲洗设备、实验室所用的有毒化学品的解毒药物及使用说明、实施急救人员使用的防护服及安全设备、医疗救助呼叫及需要时立即送医院的设备等。

7. 洗眼装置 应该是经过核准的固定设施或经核准的以软管连接于水源或等渗盐水源

的简易喷淋型装置。在有喷溅风险而无水管可用的地方，可连接于供应充足且开启方便的无菌水容器的简易喷淋型装置。应每周测试洗眼装置以确保其功能正常。

8. 紧急喷淋装置　安装在使用苛性碱和腐蚀性化学品附近的地方，尽可能提供舒适的水温。地面排水通常应设在紧急喷淋装置附近。

（四）其他常用安全设备

1. 高压灭菌器　设计需经批准，具有有效的加热灭菌功能，应确保感染性物质在废弃或重复使用时的安全。还应该按期检查和验证，以确保符合要求。

2. 离心机　应该带有防气溶胶的密封盖或在安全罩里使用。

3. 移液辅助器　实验室进行吸取操作时通常要使用移液辅助器，这样可以避免操作人员吸入病原体。选择移液器的原则是其设计和使用不应产生其他的感染性危害，同时易于灭菌和清洁。在生物安全柜中操作可以防止吸入产生的气溶胶。

4. 超声清洗器　要求在密闭设备里操作，清洗效率高，噪声小。

5. 匀浆器、摇床、搅拌器和超声处理器　应该使用专为实验室设计的、结构上可以最大限度地减少或避免气溶胶释放的仪器设备。当用匀浆器处理危险度 3 级的微生物时，通常应该在生物安全柜中装样及重新开启。

超声处理器可能释放气溶胶，应该在生物安全柜中操作，或者在使用期间用防护罩盖住。在使用后应该清除护罩和超声处理器的外部污染。

6. 微型加热器、微型接种环、一次性接种环　微型加热器配有硼硅酸玻璃或陶瓷保护罩，从而减少接种环灭菌时感染性物质的飞溅和散布，但由于微型加热器会扰乱气流，因此应置于生物安全柜中靠近工作表面后缘的地方。一次性接种环可在生物安全柜中使用，无须灭菌，使用后应置于消毒剂中，按照医疗废弃物进行处理。

三、实验室生物安全水平

根据所操作的生物因子危害程度及采取的防护措施，将实验室生物安全水平（biosafety level，BSL）分为 4 级。用 BSL-1、BSL-2、BSL-3、BSL-4 表示相应的实验室生物安全水平，WHO 实验室生物安全手册中将 BSL-1 和 BSL-2 实验室称为基础实验室，BSL-3 实验室为防护实验室，BSL-4 实验室为最高防护实验室。具体见表 6-2。

表 6-2　与风险等级对应的生物安全水平、操作和设备

危害等级	生物安全水平	实验室类型	实验室操作	安全设施
1 级	BSL-1	基础教学、研究	微生物学操作技术规范（GMT）	不需要；开放实验台
2 级	BSL-2	初级卫生服务、诊断、研究	GMT、防护服、生物危害标志	开放实验台，此外需要 BSC 用于防护可能生成的气溶胶
3 级	BSL-3	特殊诊断、研究	在二级生物安全防护水平上增加特殊防护服、进入制度及定向气流	BSC 和（或）其他所有实验室工作所需要的基本设备
4 级	BSL-4	危险病原体研究	在三级生物安全防护水平上增加气锁入口、出口淋浴和污染物品的特殊处理	Ⅲ级或Ⅱ级 BSC 并穿着正压服、双开门高压灭菌器（穿过墙体）、经过滤的空气

1. 一级生物安全水平（BSL-1）实验室 属于基础实验室，多为基础教学和研究实验室。实验室的结构和设施、安全操作规程和安全设备适用于对健康成人不引起疾病的微生物（危险度1级）。实验室不需要特殊选址，没必要和建筑物中的一般活动区分开，一般按照标准操作规程，在开放的实验台面上开展工作，操作人员一般不需要特殊的防护装置和设备。实验人员在实验流程方面受过专业培训，持有上岗证。作为普通的微生物实验室，对外来人员的进入不特别禁止，也不需要使用生物安全柜。

2. 二级生物安全水平（BSL-2）实验室 属于基础实验室，多为诊断、研究实验室。实验室的结构和设施、安全操作规程和安全设备适用于对人或环境具有中等潜在危害的微生物（危险度2级），实验人员都接受过致病因子处理方面的特殊培训，并且由有资格的工作人员指导。在进行实验时，限制进入实验室；要特别注意被污染的锐器。一些可能产生传染性气溶胶或飞溅物的过程，也应在生物安全柜中进行。BSL-2实验室需配置生物安全柜和高温消毒灭菌装置。遵循标准化的操作规程进行实验操作，且配备个人防护装备。

3. 三级生物安全水平（BSL-3）实验室 属于防护实验室，为特殊诊断、研究实验室。实验室的结构和设施、安全操作规程和安全设备适用于主要通过呼吸途径使人感染上严重的甚至是可危及生命的致病微生物（危险度3级）和毒素，通常已有预防传染的疫苗。在BSL-2防护基础上，增加了特殊防护服、进入制度、定向气流。实验人员在处理致病性的和可能使人致死的致病因子方面接受过专业的训练，并且由对该致病因子有工作经验和有资格的工作人员监督。非实验室工作人员禁止入内，实验室送风须经过三级过滤，排风须独立设置。

4. 四级生物安全水平（BSL-4）实验室 属于最高防护实验室，为危险病原体研究。实验室的结构和设施、安全操作规程和安全设备适用于对人体具有高度危险性，通过气溶胶传播或传播途径不明，目前暂时没有有效的疫苗或治疗方法的致病微生物及毒素。实验人员在处理特别危险的传染源方面应受过特殊和全面的训练，且了解标准和特殊操作中生物安全柜的作用、安全设备和实验室设计性能。实验应由在致病因子方面受过训练并有工作经验、有资格的工作人员监督。在BSL-3防护基础上，增加了入口气锁、出口淋浴和污染物品特殊处理。实验室操作应在Ⅱ级B2型生物安全柜或Ⅲ级生物安全柜中进行。工作人员穿正压防护服，非实验室的工作人员禁止入内。

第2节 生物安全技术

实验操作技术的标准化、暴露的处理、感染性废弃物的处理、感染性物质的运输是减少或避免实验室相关感染发生的重要技术。

一、常用器具及设备的使用

微生物实验室的常用设备包括接种环、移液管、生物安全柜、离心机、个人防护用品等。

1. 接种环 为了避免被接种物洒落，建议使用一次性接种环（图6-4），或直径2～3mm并完全封闭、长度小于6cm的接种环，以减少抖动。为了避免感染性物质的爆溅，建议采用封闭式微型电加热器对接种环进行消毒。

2. 移液管 移液管内塞棉塞，以减少污染。使用移液辅助器移液，严禁用口向含有感染性或潜在感染性物质的溶液中吹吸。台面铺浸有消毒液的布或纸，避免滴出的感染性物质扩散。

3. 离心机 安置高度以使操作者能正确放置十字轴或离心杯为宜。在生物安全柜内装载、平衡、密封、打开离心杯；每次离心后清除离心杯、转子和离心机内的污染物；每天检查转子、离心杯有无腐蚀或细微裂痕、离心机内腔污染状况，如污染明显，应重新评审离心操作规程（如规定液面距管口距离）。

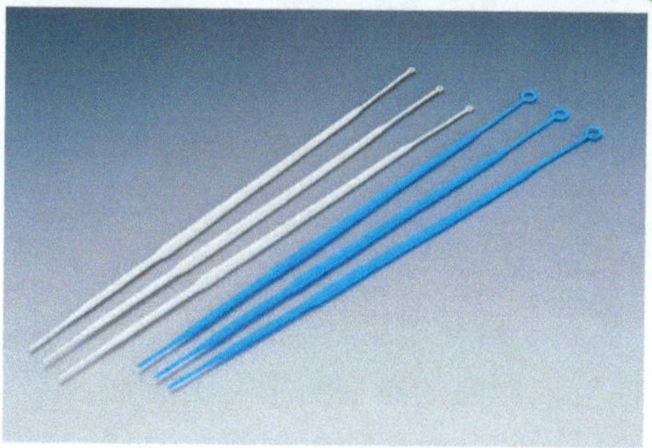

图 6-4 一次性接种环

4. 生物安全柜 确认所使用的生物安全柜运行正常。使用生物安全柜时应注意：在生物安全柜中后部操作，并能够通过玻璃挡板观察操作；玻璃挡板在使用过程中不可打开；柜内尽量少放器材或样本，以免影响气流循环；使用微型电加热器，而非本生灯（实验室常用的中高温加热工具），因后者产生的热量干扰气流，并可能损坏空气过滤器；操作前后，风机至少运行 5min；此外，应特别注意避免干扰气流，如尽量减少周围人员活动、避免手臂频繁进出、不阻挡空气格栅。当发生溢出、破损或不良操作时，生物安全柜不再有保护作用。

5. 其他 应选用封闭型匀浆器、摇床和超声处理器，并在生物安全柜内开盖，避免液滴和气溶胶扩散。

二、感染性或潜在感染性物质的操作

1. 样本采集 掌握病原微生物相关专业知识和样本采集操作技能，始终要遵循标准防护方法，穿戴与采集病原微生物样本所需要的生物安全防护水平相适应的个人防护装备。

2. 样本运送 所有样本应以防止污染工作人员、患者或环境的方式运送到实验室。为了避免意外泄漏和溢出，装样本的容器应坚固、无泄漏，标识明确。使用盒子等二级容器，并将容器直立于固定的架子上。申请单最好放在防水袋中，而非卷在容器外。样本在机构所属建筑物内运送应遵守该机构的安全运输规定。在生物安全柜内打开、处理样本。打开样本管时，应该用纸或纱布抓住塞子以防喷溅。

3. 感染性物质冻干管的开启和储存 建议在生物安全柜内打开感染性物质冻干管。先清洁外表面，在棉花或纤维塞的中部锉一痕迹，用酒精棉花包裹打开（保护双手）后，缓慢加入液体重悬冻干物，避免出现泡沫。另一端按污染材料处理。感染性物质冻干管常储存在液氮的气相、低温冰箱或干冰中，因裂痕或密封不严，取出时可能破碎或爆炸，应防护眼睛和手。

4. 避免感染性或潜在感染性物质扩散的操作 干燥的痰液标本要避免生成气溶胶。进行血清分离时应戴手套并防护眼睛和黏膜，动作轻柔，避免或尽量减少喷溅和生成气溶胶。朊粒很难彻底灭活，应严格遵循防护措施，基本原则是尽可能使用专用设备、一次性塑料制品、一次性个人防护装备。所有操作在生物安全柜中进行。垃圾，包括个人防护装备充分高压灭菌后焚烧。准备高压灭菌和（或）被处理的废弃标本和培养物应放置在防漏的容器中。每一阶段工作结束后，要使用适当的消毒剂清除工作区的污染。

5. 避免感染性或潜在感染性物质食入、与皮肤和眼睛接触的操作 微生物操作过程中释放的较大粒子和液滴会迅速沉降在工作台面和操作者的手上。实验室人员在操作时应该戴一次性手套，以避免触摸口、眼及面部；不能在实验室内饮食、储存食品、化妆等。在所有可能产生的潜在感染性物质喷溅操作过程中，操作者应将口、眼及面部遮住或采取其他防护措施。

6. 避免感染性或潜在感染性物质注入的操作 尽量用塑料制品代替玻璃制品，避免破损玻璃器皿的刺伤所引起的接种感染。锐器的损伤可能会引起意外注入感染性物质。不要给用过的注射器针头重新戴护套。

三、血液及其他体液的标准预防措施

血液和其他体液的标准预防措施能降低感染性或潜在感染性因子传播的危险性。预防措施包括以下几点：

1. 防止样本渗漏 样本置密闭、防穿刺、防渗漏的容器中，容器可以是玻璃的，但是最好使用塑料制品，标本容器要坚固，正确使用盖子或塞子盖好以后不会出现泄漏。容器外面不能有残留物。

2. 个人安全防护及手卫生 处理样本时戴手套、面罩和眼罩，避免皮肤黏膜接触样本或生物危险因子。在生物安全柜内处理感染性或潜在感染性的样本和微生物。操作完成后脱手套并洗手。

3. 规范实验操作 移液时严禁用嘴吸移液器，严禁将实验材料放入口内，禁止舔标签。使用针头和注射器时避免锐器伤。使用移液器、搅拌器、离心机、超声破碎仪、涡旋混匀器等仪器设备时，应小心、从容、熟练操作，避免产生气溶胶，所有的操作要按尽量减少气溶胶和微小液滴形成的方式进行。

4. 消毒 工作结束后，被污染的工作台面用合适的消毒剂消毒，离开实验室前要脱防护服、洗手。污染的、重复使用的物品需先消毒，再清洗。被污染的设备经消毒后，方可进行维修、报废或运送。

（1）清除局部环境的污染：需联合应用液体和气体消毒剂来清除实验室空间、用具及设备污染。清除表面污染时可使用次氯酸钠溶液。普通环境卫生设备可用1%有效氯溶液。但在高危环境的处理时，建议使用高浓度溶液。可以通过加热多聚甲醛或煮沸福尔马林所产生的甲醛蒸气熏蒸来清除房间和仪器的污染，但此项操作非常危险，清除污染时气体需与物体表面至少接触8h，熏蒸完毕彻底通风后才能允许进入，否则需要戴适当的防毒面具。

（2）清除生物安全柜的污染：清除Ⅰ级和Ⅱ级生物安全柜的污染时，要使用能够让甲醛气体独立发生、循环和中和的设备。使用前要擦掉生物安全柜表面上的残渣。

（3）清除手部污染：处理生物危害性的材料，只要可能均需戴合适的手套，但是这不能代替实验室人员需要经常性、彻底地洗手。一般情况下，普通的肥皂和水彻底冲洗对于清除手部污染就足够了，但是高度危险的情况下，建议使用杀菌肥皂。手上要完全抹上肥皂，至少搓洗10s，用干净的水冲洗后再用干净的纸巾或毛巾擦干。

（4）消毒和灭菌：加热是最常用的清除病原体污染的物理手段。干热可用来处理实验器材中许多可耐受160℃或更高温度2～4h的物品。高压蒸汽灭菌是对实验材料进行灭菌的最有效和最可靠的方法。

链 接

中国台湾地区的实验室感染事件

2003年12月一名台湾的詹姓SARS研究人员在实验室（四级生物安全实验室）因操作疏忽感染SARS病毒。从实验室操作到发病，包括在实验室清除废弃物时出现疏忽，他没有主动通报，后来还到新加坡开会，出现发热症状也没有第一时间告知、通报。

根据世界卫生组织的调查，台湾SARS实验室的一个主要问题是人手不足，科研人员常常单独工作，提高了发生意外和错误被忽视的风险。事件发生后，台湾"立法院"在新版的"传染病防治法"中规定：P4级以上的实验室依照世界卫生组织的规范，每次都需两人同行才可进入，而且进入时全程都需穿着隔离衣和隔离装备，而"研究人员也不可兼作工友及清洁人员"。

目标检测

一、名词解释

1. 实验室生物安全
2. 生物安全柜
3. 生物安全防护水平

二、选择题（选择一个最佳答案）

1. 运输高致病性病原微生物菌（毒）种时，须经过批准，批准的机构是（　　）
   A. 省级以上卫生行政部门
   B. 省级以上安全保卫部门
   C. 市级以上卫生行政部门
   D. 市级以上安全保卫部门
   E. 实验室安全主管部门
2. 《病原微生物实验室生物安全管理条例》规定我国尚未发现或者已经宣布消灭的微生物属于（　　）
   A. 第一类病原微生物　B. 第二类病原微生物
   C. 第三类病原微生物　D. 第四类病原微生物
   E. 以上都不是
3. 《病原微生物实验室生物安全管理条例》颁布日期是（　　）
   A. 2004年3月　B. 2004年11月
   C. 2003年3月　D. 2003年11月
   E. 2002年11月
4. 使用超净工作台时应注意以下哪些事项（　　）
   A. 工作台应放在洁净度较高的室内，且不受外界风力影响
   B. 净化工作台应单独使用专门开关和保险并设断相保护装置
   C. 使用前应提前10～20min打开紫外灯消毒，以净化操作区
   D. 需定时检测工作台性能，并记录检测结果，根据结果调整过滤器
   E. 以上均应注意
5. 生物安全柜主要保护（　　）
   A. 工作人员　B. 检测样品
   C. 实验室仪器　D. 实验室空气
   E. A＋B
6. 三级生物安全柜适用于（　　）
   A. 一级生物安全水平实验室
   B. 二级生物安全水平实验室
   C. 三级生物安全水平实验室
   D. 四级生物安全水平实验室
   E. 五级生物安全水平实验室
7. 三级生物安全柜柜体完全气密，试验品通过双门的传递箱进出安全柜以确保不受污染，俗称手套箱，适用于（　　）
   A. 高风险的生物试验　B. 低风险的生物试验
   C. 无风险的生物试验　D. 高风险的化学试验
   E. 高风险的物理试验
8. 目前应用最为广泛的生物安全柜柜型为（　　）
   A. Ⅰ级生物安全柜　B. Ⅱ级生物安全柜
   C. Ⅲ级生物安全柜　D. Ⅳ级生物安全柜
   E. 以上都是
9. 生物安全柜柜内操作主要注意事项（　　）
   A. 缓慢移动原则　B. 物品平行摆放原则
   C. 避免震动原则　D. 无明火使用原则
   E. 以上都是

10. 邮局一名工作人员发现一个信封内有白色粉末物质，怀疑是有毒物质，派你参与采样和检测。采样时的生物防护级别是（　　）
A. 普通生物防护　B. 一级生物防护
C. 二级生物防护　D. 三级生物防护
E. 四级生物防护
11. 生物安全柜的作用是（　　）
A. 保护环境和样品
B. 保护操作者、环境和样品
C. 保护操作者
D. 保护环境
E. 保护样品
12. 超净工作台的作用是（　　）
A. 保护环境和样品
B. 保护操作者、环境和样品
C. 保护操作者
D. 保护环境
E. 保护样品
13. 检测大肠菌群一般使用（　　）
A. 需要外接排风管道
B. 不需要外接排风管道
C. 超净工作台
D. 生物安全柜
E. 全排生物安全柜
14. 检测致病菌一般使用（　　）
A. 需要外接排风管道
B. 不需要外接排风管道
C. 超净工作台
D. 生物安全柜
E. 全排生物安全柜
15. 三级生物安全柜是（　　）
A. 生物安全柜本身无风机
B. 层流技术净化空气
C. 柜体完全气密
D. 高压灭菌
E. 高温烘烤

三、问答题

1. 对实验室生物安全危险度评估时应考虑哪些方面？
2. 简述生物因子的危害等级及对应的实验室防护水平。

（陈秀荣）

第7章　微生物检验的质量保证

学习目标

1. 掌握：微生物检验中质量控制的主要措施。
2. 熟悉：微生物检验标本采集的质量保证。
3. 了解：微生物检验后的质量保证。

微生物检验结果必须准确、可靠、重复性好，并要求检验过程相对简单、时间尽量短、成本低。为了实现这样的目标，必须对检验过程（从标本采集、运送、保存到接种、培养、分离、鉴定、药敏试验及结果判读、记录和报告等）的各个环节进行严格的质量控制，才能减少主观因素对结果稳定性和可靠性的影响，提高临床微生物学检验的质量。以标本为线索，微生物检验的质量保证过程可分为检验前、检验中及检验后三个阶段。

案例 7-1

某医院检验科细菌室在做K-B法药敏实验时坚持按原则每天进行质量控制，该室使用的质控标准菌株中大肠埃希菌的编码为ATCC25922，其对每片含30μg抗菌药物的阿米卡星（AMK）的预期抑菌环直径95%可信区间范围为19~26mm。一工作人员在2014年4月1日做药敏质控时发现大肠埃希菌对阿米卡星的抑菌环直径为18mm。另一工作人员在2014年4月19日做药敏质控时发现大肠埃希菌对阿米卡星的抑菌环直径为18.5mm。

问题：

1. 该细菌室的药敏试验是否失控?
2. 如属于失控，请你分析可能的原因有哪些?
3. 如属于失控，该室工作人员应如何处理并纠正?

第1节　检验前质量保证

检验前程序，又称分析前阶段，是指从临床医师开出医嘱开始，至分析检验程序启动时为止的步骤。检验前质量控制是保证检验信息正确、有效的先决条件。按时间顺序，包括提出检验要求、患者的准备、原始标本的采集、运送到实验室并在实验室内传递，至检验过程开始时结束。

一、检验申请

每一份标本都应有相应的申请单和（或）标识（能在相应的实验室通过信息系统产生检验申请）。检验申请单应包含有足够的信息，以识别患者和申请者，以及相关的临床资料。检验申请单的基本内容应包括：受检者唯一性标识，如姓名、性别、年龄、科别、床号、住院（门诊）号、临床表现、诊断或疑似诊断及当前所用抗菌药物情况（可能导致病原体分离困难，也可为实验室报告所用抗菌药物的耐药性提供线索），相关旅行和食宿史（有助于分离流行病原体），标本类型，检验项目（如镜检、培养等，必要时说明感染类型或目标微生物），标本采集时间、实验室收到标本时间，申请者的唯一标识（如医师签名）。

二、标本的采集与运送

微生物检验标本通常由医师或护士在病房或诊室采集，再运送到实验室。实验室应制定标本的采集及运送指南，提供合适的容器，监控标本运送，记录进入实验室的所有标本及收到标本的日期和时间，制定标本接受和拒收准则，保证标本质量。

（一）患者的准备

患者的状态如情绪、饮食、生理节律、药物使用等均是影响检验结果的内在的生物因素。因此，应根据标本采集的需要，耐心细致地交代患者，使其主动配合以便采集到有价值的标本。

（二）标本的采集

根据感染部位、目标病原体、病程、检验项目的不同，确定合理的采集部位、时机、方法及标本种类、采样量等。采集时应严格无菌操作，标本应置于无菌容器中，尽快送检。

（三）标本保存和运送

1. 已采集的标本应视为是有潜在性生物危险的，应置于防渗漏、相对密封的容器中收集、储存与转运。

2. 标本应尽快送到实验室，可在15～30min内送达实验室，最迟不能超过2h，床边接种效果最好。

3. 如不能及时送检，要根据目标病原菌的特点确定保存条件，在规定的时间内送到实验室。

（四）标本的验收

标本至实验室后要有专人验收，验收的内容包括：采样时间、送检条件是否合格，盛标本容器是否正确、有无破损，标本外观及标本量，申请单信息是否完整，标本的标识是否正确无误等。对不合格标本可拒收，并向送检医护人员说明拒收理由，告知正确送检要求。对于由损伤方法获得的不合格标本或者一些特殊情况下（如疑难病症或罕见病例或传染性疾病或标本不易获得等）获得的不合格标本，我们应与主管医生协商后，再处理标本，并在报告单上注明，提示不合格标本可能对结果有影响。

第 2 节　检验中质量保证

微生物检验结果的准确性，除依赖于标本质量、相关临床资料外，还与方法学、检验过程、人员、培养基、试剂、仪器、结果的报告等相关，应制订相关的文件和程序，监控这些因素，及时发现错误，采取纠正措施。微生物检验中的质量保证至少应关注人员、试剂、培养基、设备、方法学确认和验证及检验过程。

一、对检验人员的要求

临床微生物检验是一门专业性很强且相对复杂的工作，需要从业人员具有良好的职业道德、科学严谨的工作作风、丰富的专业理论知识和熟练的实验技能。同时应具备相应的能力和资格。熟悉实验室质量管理流程。具有一定的临床知识，与临床医护人员能良好沟通，能够为临床提供必要的咨询和解释服务。对实验室安全知识有足够的了解，具备生物安全防范、消防、应急等基本常识。

二、对试剂、培养基、设备要求

（一）试剂

微生物实验室所用的各种试剂都应在标签上标记名称、浓度、储存条件（购买试剂按照说明书执行）、配制日期、pH、有效期、生物危害性，同时做性能检测。新批号或同一批号不同货次试剂的性能评估方法为直接分析质控物质、新旧批号 / 货次平行试验或常规质控等。定性试验（如触酶试验、氧化酶试验）试剂至少检测阳性和阴性质控。定量试验的试剂需设两个浓度或滴度。抗原检测的试剂，若含内质控品（试剂内部带有的质控品），每一新批号或相同批号不同批次需检测阳性和阴性外质控（试剂内部携带之外的质控品），若不含内质控品，则每天要检测阳性和阴性质控。常用试剂和染色液的质控菌株和质控频率见表 7-1。

表 7-1　常用试剂和染色液的质控菌株或频率

试剂	阳性质控菌	阴性质控菌	质控频率
氧化酶试剂	铜绿假单胞菌	大肠埃希菌	每批，以后每次
3%H_2O_2	金黄色葡萄球菌	A 群链球菌	每天
新鲜血浆（凝固酶试验）	金黄色葡萄球菌	表皮葡萄球菌	每天
靛基质试剂	大肠埃希菌	产气肠杆菌	每批，以后每天
MR 试剂	大肠埃希菌	产气肠杆菌	每批，以后每周
V-P 试剂	产气肠杆菌	大肠埃希菌	每批，以后每周
硝酸盐还原试剂	大肠埃希菌	醋酸钙不动杆菌	每批，以后每周
三氯化铁试剂	奇异变形杆菌	大肠埃希菌	每批，以后每周
5μg/ 片新生霉素纸片	金黄色葡萄球菌	腐生葡萄球菌	每批
革兰染色液	金黄色葡萄球菌	大肠埃希菌	每天
抗酸染色液	结核分枝杆菌		每次

实验室所用抗血清应澄清，若出现浑浊或沉淀，表明已污染，不可使用。第一次使用时，应用已知阳性和阴性菌进行效价和特异性检测，合格者方可使用。以后可每月质控1次。所有抗血清应于4℃冰箱内保存。

（二）培养基

培养基是临床标本中微生物分离鉴定的重要材料，质量的好坏直接关系到实验结果的准确性。培养基可自制，也可购买，无论是哪一种都应有良好的外观，即表面光滑、水分适宜、无污染、适宜的厚度等。自制培养基，每批产品都应进行质量控制。购买的培养基，只有当生产者遵循一定的质量保证标准，并提供质量控制合格证明等文件时，实验室才可免除质量控制。但是培养基脱水、溶血、破损、被污染或量不足时，仍应进行相关检查。所以，原则上所有培养基都应进行相应的质量控制，包括无菌试验、生长试验或与旧批号产品平行试验、生长抑制试验（适用时）、生化反应（适用时）等。

1. 无菌试验 新制备的培养基要按批号随机抽取一定数量的样品作无菌试验。若有细菌生长，说明培养基制备过程中已受杂菌污染，除了寻找原因外，不应再使用，同时要做好记录。

2. 细菌生长试验 所有的培养基在使用前除了做无菌试验外还必须做细菌生长试验以确定培养基性能是否符合要求。用已知的标准菌株按照美国临床实验室标准化研究所（CLSI）推荐的方法作质控，质控所需的标准菌株分两种：一种是已知的可在某种培养基上生长并产生阳性反应的菌株；另一种是用已知的不能在某种培养基上生长或产生阴性生化反应的菌株。临床常用培养基、试验用质控菌株及其预期结果见表7-2、表7-3。对于生长缓慢或需要新鲜培养基才能生长的微生物，在培养基使用前难以完成各项质量控制，应认真检查培养基配制和培养过程中可能出现的问题。

表7-2 常用培养基的质量控制

培养基	培养环境和时间	质控菌株	预期结果
血平板	有氧环境，24h	A群链球菌	生长，β-溶血
		肺炎链球菌	生长，α-溶血
营养琼脂	有氧环境，24h	大肠埃希菌	生长
		金黄色葡萄球菌	生长
巧克力平板	CO_2，24h	流感嗜血杆菌	生长
		脑膜炎奈瑟菌	生长
麦康凯平板	有氧环境，24h	大肠埃希菌	粉红色菌落
		伤寒沙门菌	无色菌落
		金黄色葡萄球菌	不生长
S-S平板	有氧环境，24h	产气肠杆菌	生长，粉红色菌落
		鼠伤寒沙门菌	无色菌落，中心黑色
		金黄色葡萄球菌	不生长
中国蓝平板	有氧环境，24h	大肠埃希菌	蓝色菌落
		宋内志贺菌	无色菌落
TCBS平板	有氧环境，24h	霍乱弧菌	黄色菌落

续表

培养基	培养环境和时间	质控菌株	预期结果
		副溶血弧菌	蓝色菌落
沙保弱琼脂	有氧环境，25℃ 24h	白色念珠菌	生长
		大肠埃希菌	受抑制
增菌肉汤	有氧环境	脆弱拟杆菌	生长
		A 群链球菌	生长

表 7-3　常用生化试验培养基及试验的质量控制

培养基	质控菌种	预期结果
蛋白胨水（靛基质）	大肠埃希菌	阳性（加试剂后呈红色）
	肺炎克雷伯菌	阴性
V-P 试验	肺炎克雷伯菌	阳性（加试剂后呈红色）
	大肠埃希菌	阴性
甲基红	大肠埃希菌	阳性（加试剂后呈红色）
	阴沟肠杆菌	阴性
枸橼酸盐（西蒙氏）	肺炎克雷伯菌	阳性（蓝色）
	大肠埃希菌	阴性
赖氨酸脱羧酶	鼠伤寒沙门菌	阳性（深紫色、浑浊）
	福氏志贺菌	阴性
鸟氨酸脱羧酶	黏质沙雷菌	阳性（深紫色、浑浊）
	肺炎克雷伯菌	阴性（黄色）
精氨酸双水解酶	阴沟肠杆菌	阳性（深紫色、浑浊）
	奇异变形杆菌	阴性
苯丙氨酸脱氨酶	奇异变形杆菌	阳性（加试剂后呈绿色）
	大肠埃希菌	阴性
O-F 试验（葡萄糖）	铜绿假单胞菌（氧化型）	阳性（黄色）
	不动杆菌属（不利用）	阴性
硝酸盐还原	大肠埃希菌	阳性（加试剂后呈红色）
	不动杆菌属	阴性
胆汁－七叶苷	粪肠球菌	阳性（黑色）
	乙型链球菌	阴性
半固体（动力）	奇异变形杆菌	阳性（穿刺线周围生长）
	肺炎克雷伯菌	阴性
乳糖	大肠埃希菌	阳性（黄色）
	福氏志贺菌	阴性
三糖铁琼脂	弗劳地枸橼酸菌	产酸 / 产酸，H_2S
	福氏志贺菌	产碱 / 产酸
	铜绿假单胞菌	产碱 / 不反应

续表

培养基	质控菌种	预期结果
触酶	金黄色葡萄球菌	阳性（立即产生气泡）
	粪肠球菌	阴性（无气泡产生）
杆菌肽纸片	A 群链球菌	出现生长抑制环
	α 溶血链球菌	无抑制环
奥普托欣纸片	肺炎链球菌	抑制环（≥14mm）
	α 溶血链球菌	无抑制环
V 因子和 X 因子纸片（在 M-H 平板上）	流感嗜血杆菌	在两纸片间生长
氧化酶	铜绿假单胞菌	阳性（蓝色）
	大肠埃希菌	阴性

（三）仪器设备

微生物实验室仪器设备包括基础设备和专业设备。常用的基础设备包括显微镜、孵育箱、二氧化碳孵育箱、水浴箱、冰箱与低温冰箱、离心机、药敏纸片自动分配器、温度计、生物安全柜、压力蒸汽灭菌器等。常用的专业设备，自动化或半自动化鉴定系统、培养系统等。

与检测相关的所有仪器设备均应制定操作程序，定期维护、保养、监测并记录，新设备或经搬运、维修后的仪器设备应进行评估及功能验证，或由使用者确保试验结果的准确性，所用记录保存至仪器报废。专业设备的质量控制见表 7-4。

表 7-4　微生物自动化培养系统和鉴定系统的质量控制

仪器	质控菌株	监控方法	监控频率
血培养系统	金黄色葡萄球菌、大肠埃希菌、铜绿假单胞菌、流感嗜血杆菌、脆弱拟杆菌	用相应质控菌株检测需氧和厌氧培养瓶	新购培养瓶进行质控每周质控一次
鉴定 / 药敏系统	金黄色葡萄球菌、大肠埃希菌、粪肠球菌、铜绿假单胞菌、肺炎链球菌	选用相应质控菌株检测各种生化试条卡和 MIC 药敏卡	每批新购买反应卡随机取一张质控，每周质控一次

三、检验过程

（一）实验方法的确认

通常选择公认的、权威的教科书，或经同行评议的书刊、杂志，或国际、国家、地区法规中明确的方法和程序。内部规程应确认其符合相应的用途。所选择的检测方法和程序还应与所提供的服务相适宜，并且方便操作。例如，血培养系统不仅能培养需氧菌还要能培养厌氧菌，粪便培养一般选用选择培养基如麦康凯平板、SS 平板和碱性琼脂等，脑脊液的培养条件应能确保培养出常见苛养菌（如脑膜炎奈瑟菌、流感嗜血杆菌等）。所用方法和程序在检测之前需评估其准确性、精确度、灵敏度、特异性、检出限、可报告范围，并与已有的检验方法进行比对。投入使用的方法和程序，还要定期评审，以保证方法和程序与时俱进，满足服务对象的需求。

（二）操作规程

所有的工作程序，包括标本质量评估、染色、接种、分离、鉴定、药敏试验、结果报告和特殊病原体的识别、隔离、报告及特殊处理等，都应形成文件，由实验室负责人批准、签名发布，方便相关人员取阅。标准化操作规范（standard operating procedure，SOP）内容包括：试验原理、操作步骤、临床意义、标本类型、容器和添加剂、性能参数、定标试剂、所需设备、标准程序、质量控制程序、干扰和交叉反应、结果计算、生物参考区间、检验结果的可报告区间、警告或危急值（适用时）、检测结果的解释、安全性警告及措施、潜在变异来源，并注明分析前和分析后注意事项、特殊操作模式的处理。

（三）测量准确性

临床微生物检测比较特殊，能够溯源的项目很少，必须通过其他方式保证结果的准确性，如参加适当的能力验证或实验室间质量控制，证实测量结果的准确性。

室间质量控制是由外部权威机构向实验室发放未知标本，根据检测结果评价实验室的检测质量。值得注意的是，应将这些未知标本纳入常规工作，由常规工作人员采用与患者标本相同的方法、检测次数，鉴定水平也和常规标本一致，这样才能真正体现实验室质量，作为评价实验室质量的依据。满意的结果提示实验室的人员、试剂、培养基、设备状态良好。

（四）室内质量控制体系

室内质量控制体系是实验室检验结果准确的保证。主要内容包括：质量控制计划；试剂、培养基、仪器设备的质控程序；参加室间质量控制计划，使每位工作人员都有机会操作；定期学习以掌握不常见微生物的性状，及时更新知识，重温并改进实验室的质量保证计划。

室内质控物质的检测方法、检测次数、操作者必须与患者标本一致，质控频率遵循相关标准，并规范操作。出现室内质控失控时，立即报告主管或实验室负责人，并记录所采取的纠正措施。经评估，室内质控结果在可接受范围时，才可发送标本的报告。

（五）标本质量评估

标本质量评估指标包括标本量、标本性状（如痰液显微镜检查白细胞、上皮细胞数量是否符合要求等）、标本采集次数、采集时机，以及血液、体液、尿标本等的污染率。

第3节　检验后质量保证

检验后程序也称分析后期，包括结果的审核、报告的规范化和解释、报告的发送、标本的储存、废弃物的处理等。应重视检验报告的流程与规范，如报告格式、异常结果的标注、电话报告结果、报告时效、报告修正等。

一、检验结果的评审与报告

（一）鉴定结果的审核

在细菌鉴定结果出来向临床发出报告前，实验室需要专业主管或资深的检验人员对鉴定结果进行系统的分析和审核，保证结果的准确性。审核内容主要包括：

1. 将鉴定结果与原始分离平板上的细菌菌落形态、染色情况、生化和血清学鉴定等进行比较，是否吻合，核实后再做出正确鉴定结果。

2. 鉴定结果必须结合临床实际，要根据标本的采集质量、感染的部位、病原体的变迁、有无污染的可能等因素进行综合分析和审核，做出客观、恰当的鉴定结果。

3. 审查当日检验过程中的质控情况，如培养基，染色液、细菌鉴定系统及药敏纸片等是否在控，在确认无失控的情况下，才可发出细菌鉴定报告。

（二）药敏试验结果的审核

审核药敏试验结果的正确性，首先是看本周各种抗菌药物纸片室内质控是否在控，只有药敏纸片质控结果在可接受范围内，才能签发药敏报告。药敏结果要与所鉴定菌种结合分析。一般来说各种细菌对抗菌药物的敏感性有一些比较固定的药敏谱，各个医院的分离菌又有一些耐药特点。若发现药敏谱与菌种的普遍表现有异常时，应分析异常结果到底是来自于药敏试验错误或鉴定错误，还是源于这细菌自身产生的变异或特殊表现，这时应重新将原始平板菌落与药敏平板一起对照比较，或重新进行菌株鉴定或药敏试验，确认无误后再发报告。

（三）检验报告的审核

检测报告要求信息全面、结果准确和报告及时。检验报告应包括：实验室的名称标识、患者的唯一性标识、检验申请者的姓名、标本类型和来源、检验目的、鉴定和药敏结果内容、参考区间、标本采集时间、实验室接收标本时间、发出报告时间、检验者和审核者签名。所有记录应按规定保存一定时间。

当发现已发送检验报告有错误时，应进行更改并记录改动日期、时间及责任人。经改动后，原内容应清晰可辨。已用于临床决策的检验结果的修改，应与原报告一同保存，并清楚标明其被修改。

（四）检验结果的报告程序

1. 一般程序

（1）已审核的报告，即可通过 LIS 和 HIS 系统查询、打印。

（2）门诊患者报告单凭领取凭证或就诊卡打印。

（3）住院患者报告单由专人送至各病区，并签收。

2. 分级报告

（1）初级报告：无菌体液涂片阳性结果均应及时电话通知临床。报告革兰染色的形态，排列方式。

（2）最终报告：报告细菌种名、药敏试验结果。

3. 危急值报告 无菌体液涂片或培养检出细菌，均应进行危急值报告。

4. 传染病报告 如检测出可疑的甲类、乙类或者丙类法定传染病病原体时按规定报告。

5. 多重耐药菌报告 发现耐甲氧西林金黄色葡萄球菌、泛耐药鲍曼不动杆菌、多重耐药铜绿假单胞菌、产 ESBLs 肠杆菌等，按相关规定报告。

二、检验后标本的处置

检验后的标本、污染培养基等感染性废弃物尽可能以减少对处理者危害的方式丢弃，最好在实验室内消毒或去污染。如果在处理前运送，应置坚硬、防渗漏容器中，并适当标记。

检验申请单及标本检验过程应记录并保存。记录内容包括患者姓名或识别码、采集标本的时间、实验室接收时间、检验项目、申请者、标本的处理过程、检验者、与申请者的交流、结果。

目标检测

一、名词解释

1. 分析前质量保证
2. 标准化操作程序

二、选择题（选择一个最佳答案）

1. 全面质量管理，包括（ ）
   A. 检测前、检验中、检验后，以及患者识别及准备
   B. 标本采集、标识、保存、运送、处理、检测后贮藏
   C. 报告发送时间
   D. 试剂、培养基、设备、环境和信息资源，以及人员、技术和专业知识
   E. 以上都是
2. 质量保证涉及的内容，不正确的说法是（ ）
   A. 包括标本采集、运送
   B. 包括室内质量控制
   C. 包括实验室间比对
   D. 不包括非检验科人员的标本采集、运送
   E. 包括试剂、设备、环境和信息资源，以及人员、技术和专业知识
3. 关于标本采集指南，不正确的说法是（ ）
   A. 标本采集指南应收藏起来，以防丢失
   B. 描述不同部位标本的采集方法、标本运送要求
   C. 延迟运送时标本的贮藏方法
   D. 安全运送标本的方法
   E. 标本标识方法
4. 关于培养基，正确的是（ ）
   A. 购买的培养基质量一定比自制的好
   B. 所有购买的培养基均无需做质量控制
   C. 应明确标识，能够获得生产日期、保质期、质量控制、储存条件等信息
   D. 自制培养基只需做无菌试验
   E. 以上都正确
5. 关于检测相关的设备，不正确的是（ ）
   A. 检测相关的设备均应制定操作程序，定期维护、保养、检测并记录
   B. 新设备或经搬运、维修后的设备应进行评估及功能验证
   C. 新设备或经搬运、维修后的设备可由使用者去把握试验结果的准确性
   D. 大型检测相关的设备才需指定操作程序，定期维护、保养、检测并记录
   E. 所有记录保存至仪器报废
6. 以下哪种设备应定期检测（ ）
   A. 用于检测的温度依赖性设备必须定时监测温度
   B. 存放试剂盒标本的冰箱应监测温度
   C. 定期检测 CO_2 孵育箱内的 CO_2 浓度、厌氧系统的厌氧条件
   D. 定期检测生物安全柜内气流、过滤器，检测压力灭菌器灭菌效果
   E. 以上都是
7. 评估测量结果准确性的途径，不包括（ ）
   A. 能力验证或实验室间比对计划
   B. 室内质量控制
   C. 与参考实验室或其他实验室分割标本检测
   D. 与本实验室已建立的方法分割标本检测
   E. 分析纯物质、分析数据、查阅临床资料
8. 室内、室间质控评估测量结果的精密度、准确性，以下不正确的是（ ）
   A. 应制定质量控制计划
   B. 质控频率遵循有关标准
   C. 检测方法、检测次数必须与患者标本一致
   D. 应选择技术过硬的操作者进行检测
   E. 满足仪器和（或）检测系统制造商的要求，并规范地实施
9. 关于标本质量评估指标，不正确的是（ ）
   A. 标本量　　B. 标本采集次数
   C. 标本的质量　　D. 无菌体液的污染率
   E. 以上都不是
10. 关于危急值，不正确的是（ ）
   A. 经与临床讨论建立检测重要指标及其“警告 / 危急”范围
   B. 及时发送分级报告
   C. 立即通知临床医生或相关人员
   D. 未及时通知相关人员时，无需记录此事件

及其原因

E. 危急值报告记录包括日期、时间、报告者、报告接受者及检测结果

11. 试剂的性能评估方法为（　　）

A. 直接分析质控物质

B. 新旧批号平行试验

C. 新旧货次平行试验

D. 常规质控

E. 以上均正确

12. 做细菌血浆凝固酶试验时，要求每天做阳性及阴性菌种质控，常用的阴性控制菌种是下列哪一种（　　）

A. 金黄色葡萄球菌　B. 表皮葡萄球菌

C. 腐生葡萄球菌　D. 乙型链球菌

E. 肺炎链球菌

13. 做药敏试验时，除对培养基和抗生素纸片有所要求外，对每只 9cm 平板上所贴的抗生素纸片一般最多不能超过多少张（　　）

A. 3　B. 5

C. 7　D. 9

E. 11

14. 每片含 30μg 阿米卡星的抗菌纸片，贴在含有大肠埃希菌（编码为 ATCC25922）的培养平板上，它的抑菌圈直径（mm）应该是（　　）

A. 10～16　B. 13～19

C. 16～22　D. 19～26

E. 22～28

15. 样本需要长期保存时需保存在（　　）

A. －20℃　B. 4℃

C. －80℃　D. 液氮

E. 室温

三、问答题

1. 微生物检验标本的采集与运送的注意事项是什么?

2. 微生物检验过程中的质量保证包括哪些内容?

3. 微生物检验结果的审核与报告有哪些要求?

（袁　星）

第二篇　微生物检验

第 8 章　常见病原性球菌

学习目标

1. 掌握：葡萄球菌属、链球菌属、奈瑟菌属的主要生物学特性及检验方法、鉴定依据。
2. 熟悉：肠球菌主要生物学特性及检验方法、鉴定依据。
3. 了解：常见病原性球菌的临床意义。

球菌是细菌中的一大类，广泛分布于自然界和人体内。与医学有关的需氧或兼性厌氧球菌有 9 个菌属，此类细菌可引起化脓性炎症，又称为化脓性球菌。根据革兰染色性的不同，球菌又被分为革兰阳性球菌和革兰阴性球菌两类。本章主要介绍其中的葡萄球菌属、链球菌属、肠球菌属、奈瑟菌属和卡他布兰汉菌等。

第 1 节　葡萄球菌属

葡萄球菌属（*Staphylococcus*）的细菌是一类革兰阳性球菌，因常堆集排列成葡萄串状而得名。葡萄球菌广泛存在自然界和人体体表及与外界相通的腔道中，多数为非致病菌，并形成人体正常菌群。少数可致化脓性感染、败血症等，如金黄色葡萄球菌是最常见的化脓性球菌，也是引起医院感染的常见微生物。近年来发现表皮葡萄球菌等凝固酶阴性的葡萄球菌在临床感染中呈上升趋势。

案例 8-1

患者，男，63 岁。因感觉右背部疼痛不适，伴有畏寒、发热、食欲减退入院。经检查发现，患者背部有脓性肿块。查体：T 39℃，P 84 次 / 分，R 20 次 / 分，BP 135/90mmHg。实验室检查：白细胞 21.0×10^9/L，中性粒细胞 86%。取脓液涂片作革兰染色，镜检发现革兰阳性球菌，呈堆排列。

问题：

1. 该患者可能感染什么细菌？
2. 如何对该菌进行检验？
3. 鉴定该菌的依据有哪些？

一、生物学性状

（一）形态与染色

本属细菌革兰染色呈阳性，菌体球形，直径0.5～1.5μm；在液体培养基或脓汁标本中可呈单、双、短链排列，平板培养物多呈堆排列，形似葡萄串状（图8-1）。无鞭毛，无芽胞，除少数菌株外一般不形成荚膜。当其衰老、死亡或被白细胞吞噬后可被染成革兰阴性。

（二）培养特性

为需氧或兼性厌氧菌，营养要求不高，在普通培养基上生长良好，最适生长温度35～37℃，最适pH7.4～7.6。在琼脂平板上形成直径2～3mm的圆形凸起、边缘整齐、表面光滑湿润、不透明的菌落，不同种类的菌株可产生不同的脂溶性色素，如金黄色、白色、柠檬色等。金黄色葡萄球菌在血琼脂平板上形成的菌落较大，为金黄色、光滑整齐、微隆起、不透明，周围形成明显的透明溶血环（β-溶血，见图8-2）；其中有小菌落变异株，生长缓慢，菌落较小，易与β-溶血性链球菌的菌落相混淆。某些菌株能在含10%～15%NaCl的培养基中生长。在肉汤中培养24h后呈均匀浑浊生长。

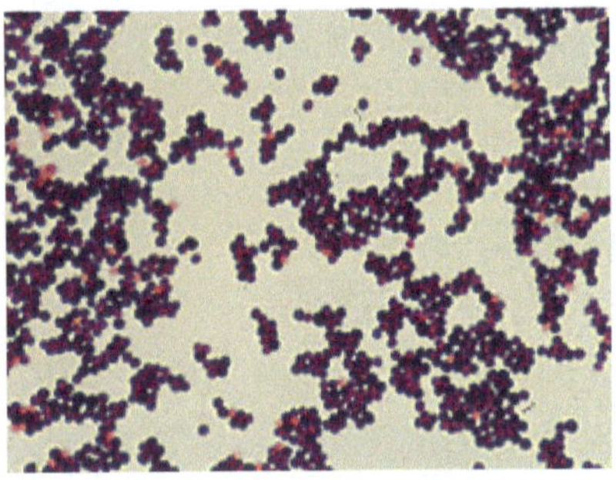

图8-1　金黄色葡萄球菌形态

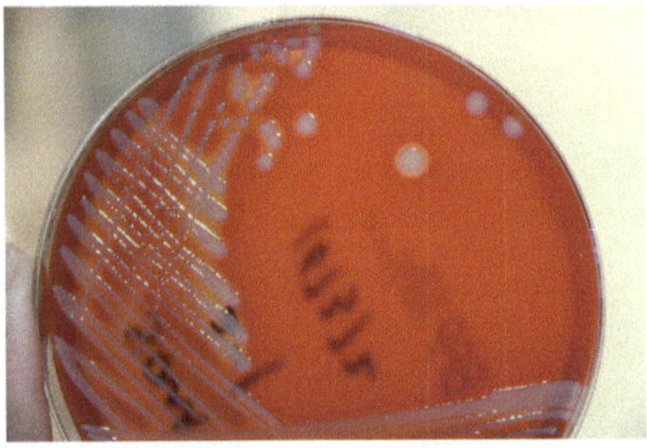

图8-2　金黄色葡萄球菌菌落

（三）生化反应

葡萄球菌的生化反应较活泼。触酶阳性，能分解多种糖类如葡萄糖、麦芽糖和蔗糖，产酸不产气，致病菌株可分解甘露醇产酸，产生血浆凝固酶，耐热DNA酶阳性。

（四）抗原构造

葡萄球菌的抗原结构较复杂，主要有两种：①葡萄球菌A蛋白（staphylococcal protein A,SPA）：为具有种属特异性的完全抗原，存在于葡萄球菌细胞壁中。SPA具有抗吞噬作用，可与人类的IgG的Fc段非特异性结合，而不影响Fab段与特异性抗原结合的功能，故可作为载体，结合特异性抗体后，通过协同凝集试验检测多种微生物抗原；②多糖抗原：为具有型特异性的半抗原，存在于细胞壁中。

（五）分类

葡萄球菌属现有37个种、17个亚种，与人类疾病有关的主要有金黄色葡萄球菌、表皮葡萄球菌、头状葡萄球菌等。临床上常以是否产生血浆凝固酶为依据，将葡萄球菌分为凝固酶阳性葡萄球菌（金黄色葡萄球菌）和凝固酶阴性葡萄球菌（*coagulase negative staphylococcus,CNS*）两大类。

（六）抵抗力

葡萄球菌是无芽胞的细菌中抵抗力最强的，耐热、耐干燥，加热 80℃ 30min 才能将其杀死，在干燥的脓汁中可生存数月。5% 苯酚、0.1% 氯化汞中 10～15min 死亡。耐盐性强，能在含 10%～15%NaCl 琼脂中生长。对红霉素、链霉素、氯霉素及四环素较敏感。

二、临床意义

葡萄球菌感染的特点是感染部位组织的化脓、坏死和脓肿形成。凝固酶阳性的金黄色葡萄球菌是人类重要的致病菌，可通过外源或内源性感染途径引起社区和医院感染。能产生多种致病物质，包括葡萄球菌溶血毒素、杀白细胞素、耐热肠毒素、表皮剥脱毒素、毒素休克综合征毒素，以及血浆凝固酶、耐热 DNA 酶等。对人类所致疾病主要有：①侵袭性疾病：主要为化脓性炎症。细菌通过多种途径侵入机体，引起局部组织及内脏器官感染，如疖、痈、毛囊炎、蜂窝织炎和伤口化脓性感染等。也可引起全身性感染如败血症、脓毒血症、骨髓炎、心内膜炎和脑膜炎等。②毒素性疾病：可通过产生不同毒素，引起食物中毒、烫伤样皮肤综合征、中毒性休克综合征等。③菌群失调症：长期使用广谱抗生素导致正常菌群失调，引发假膜性肠炎等。

凝固酶阴性葡萄球菌是人体皮肤黏膜的正常菌群，已成为重要的条件致病菌和免疫受损患者的感染菌，也是医院感染的主要病原菌之一。其中表皮葡萄球菌可引起人工瓣膜性心内膜炎、静脉导管感染、腹膜透析性腹膜炎、血管相关感染和人工关节感染等。腐生葡萄球菌主要引起女性泌尿系统感染、前列腺炎及败血症等。

葡萄球菌感染后，机体所获免疫力不强，难以防止再次感染。加强卫生宣传教育，讲究个人卫生，及时处理皮肤创伤，可预防葡萄球菌感染。根据药敏试验选择抗菌药物可治疗葡萄球菌感染。

链 接

耐甲氧西林金黄色葡萄球菌（MRSA）

金黄色葡萄球菌是临床上常见的毒力较强的细菌，自从 20 世纪 40 年代青霉素问世后，金黄色葡萄球菌引起的感染性疾病受到较大的控制，但随着青霉素的广泛使用，有些金黄色葡萄球菌产生青霉素酶，能水解 β- 内酰胺环，对 β- 内酰胺类药物，即青霉素类、β- 内酰胺 /β- 内酰胺酶抑制剂复合物、头孢菌素类（新的“具有抗 -MRSA 活性的头孢菌素”例外）和碳青霉烯类等耐药。科学家研究出一种新的能耐青霉素酶的半合成青霉素，即甲氧西林（methicillin）。1959 年应用于临床后曾有效地控制了金黄色葡萄球菌产酶株的感染。但是，1961 年，英国的 Jevons 首次发现了耐甲氧西林金黄色葡萄球菌（MRSA）。MRSA 从发现至今，其感染几乎遍及全球，已成为院内和社区感染的重要病原菌之一。

三、微生物学检验

（一）检验程序

葡萄球菌属检验程序见图 8-3。

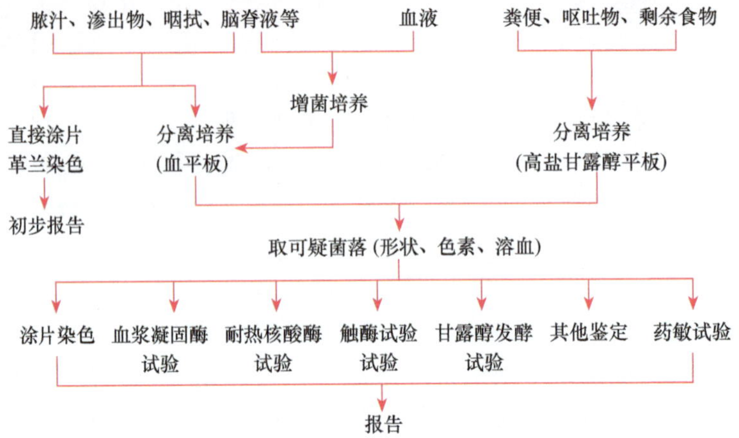

图 8-3　葡萄球菌属检验程序

（二）标本采集

根据葡萄球菌感染所致的疾病不同，可采集脓汁、渗出液、伤口分泌物、血液、粪便、痰液及脑脊液等。食物中毒采集粪便、呕吐物或剩余的食物标本。该菌广泛分布于人体皮肤和黏膜，故采集时应注意避免病灶周围正常菌群的污染。

（三）检验方法

1. 形态检查　取脓汁、痰、渗出物和脑脊液（离心后取沉渣）涂片，经革兰染色后镜检，若查见革兰阳性球菌呈葡萄状排列，可初步报告“找到革兰阳性葡萄状排列球菌，疑为葡萄球菌”。正常情况时无菌体液如脑脊液、关节穿刺液等查见细菌有重要价值，其他体液标本若同时伴有炎性细胞也有参考价值。

2. 分离培养与鉴定

（1）分离培养：血液标本（静脉血约 5 ml）注入 50 ml 葡萄糖肉汤增菌培养，如增菌液发生浑浊、内有胶冻样凝块等现象，进一步转种血琼脂平板进行分离培养。脓液、分泌物、尿液等标本直接接种血平板（尿液标本必要时做细菌菌落计数）。有污染标本如粪便、呕吐物，接种高盐甘露醇平板。置 35℃培养。

血平板上，金黄色葡萄球菌菌落为金黄色，周围有明显的 β- 溶血环。表皮葡萄球菌菌落无色素或白色色素。腐生葡萄球菌菌落呈白色或柠檬色。高盐甘露醇平板上，金黄色葡萄球菌菌落呈黄色。取上述可疑菌落，经镜检证实为革兰阳性球菌、葡萄状排列，则作进一步鉴定。

脓汁、尿道分泌物、脑脊液离心沉淀物，通常可直接接种血琼脂。35℃培养，18～24h 可见直径 2～3mm，产生不同色素的菌落。金黄色葡萄球菌在菌落周围有透明的溶血环。

（2）鉴定

1）触酶试验：葡萄球菌属为阳性，链球菌属为阴性。

2）血浆凝固酶试验：血浆凝固酶是金黄色葡萄球菌所产生的一种与其致病性有关的侵袭性酶，分游离型和结合型两种。其作用是使血浆中的纤维蛋白在菌体表面沉积和凝固以阻碍吞噬细胞的吞噬。其可分别用试管法和玻片法检测。玻片法用于粗筛，若玻片法为可疑或阴性结果，还需用试管法确证。使用的血浆为 EDTA 抗凝兔血浆。

3）甘露醇发酵试验：金黄色葡萄球菌为阳性。

4）新生霉素敏感试验：凝固酶阴性的葡萄球菌的鉴别，采用新生霉素敏感试验。腐生葡萄球菌新生霉素耐药。

5）肠毒素检测：食物中毒患者标本中分离出的金黄色葡萄球菌还需检测肠毒素。常以幼猫作动物试验进行检测：取食物中毒患者的呕吐物或剩余食物接种于高盐肉汤培养基，35℃孵育 48h 后，煮沸 30min，去除死菌及其他毒素。离心取上清液 2ml 注射到 4～6 周龄的幼猫腹腔内。若注射后 4h 内幼猫发生呕吐、腹泻、体温升高或死亡等现象，提示有肠毒素存在的可能。亦可用 ELISA 法检测肠毒素。

（3）鉴别：葡萄球菌属与其他革兰阳性球菌的鉴别、葡萄球菌属内主要种类的鉴别要点见表 8-1～表 8-3。

表 8-1　葡萄球菌属与微球菌属的鉴别要点

鉴定项目	葡萄球菌属	微球菌属
形态、排列	球菌以葡萄状排列为主	球菌以四联排列为主
发酵葡萄糖产酸	+	－
杆菌肽（0.04U/ 片）	R	S
呋喃唑酮（100μg/ 片）	S	R

表 8-2　葡萄球菌属与链球菌属、奈瑟菌属的鉴别要点

鉴定项目	葡萄球菌属	链球菌属	奈瑟菌属
革兰染色	G^+球菌	G^+球菌	G^-球菌
触酶	+	－	+
氧化酶	－	－	+

表 8-3　常见有临床意义的 4 种葡萄球菌的鉴别要点

菌名	血浆凝固酶	耐热 DNA 酶	脲酶	甘露糖氧化	新生霉素耐药	多粘菌素 B 耐药
金黄色葡萄球菌	+	+	d	+	－	+
表皮葡萄球菌	－	－	+	+	－	+
溶血葡萄球菌	－	－	－	－	－	－
腐生葡萄球菌	－	－	+	－	+	－

d：不定

第 2 节　链球菌属

链球菌属（*Streptococcus*）是一大群常呈链状排列的革兰阳性球菌，是引起化脓性感染的另一大类主要的病原性球菌。其广泛分布于自然界及人的鼻咽部、消化道、泌尿生殖道等，多数不致病，对人类致病的主要是 A 群链球菌和肺炎链球菌。A 群链球菌引起人类的各种化脓性炎症、猩红热、产褥热、新生儿败血症及链球菌超敏反应性疾病如风湿热、肾小球肾炎等。肺炎链球菌引起大叶性肺炎。

一、生物学性状

（一）形态与染色

革兰阳性，圆形或卵圆形，直径 0.5～1μm，成双或呈链状排列（图 8-4）。链的长短与细菌种类及生长环境有关，在液体培养基中易形成长链，固体培养基上常成短链，致病性链球菌一般链较长。不形成芽胞，无鞭毛，不能运动。有的菌株（幼龄菌）在血清肉汤培养物中可形成微荚膜，但延长培养时间后即消失。肺炎链球菌呈矛尖状，宽端相对，尖端向外，成双排列（图 8-5），无芽胞、无动力，能形成荚膜。

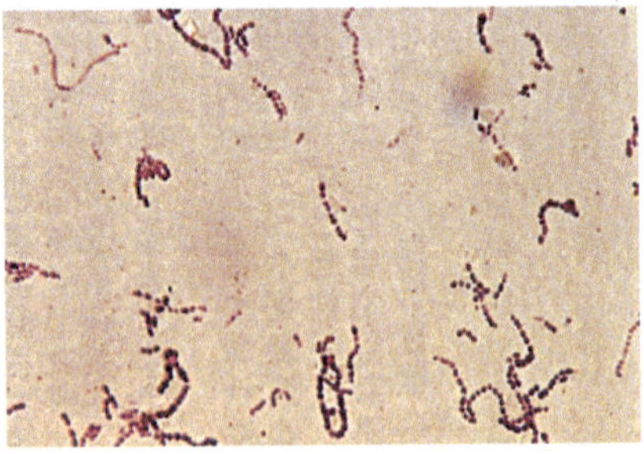

图 8-4　链球菌形态

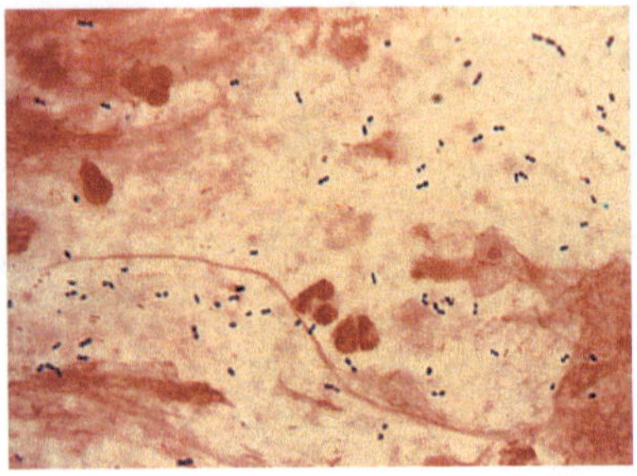

图 8-5　肺炎链球菌形态

（二）培养特性

大多为需氧或兼性厌氧，最适生长温度 35～37℃，最适 pH 为 7.4～7.6。营养要求较高，在普通培养基上生长不良，必须加血液、血清、腹水等。血琼脂平板上形成灰白色、半透明或不透明、表面光滑、直径 0.5～0.75mm、圆形、凸起的细小菌落，不同菌种可出现 α、β 溶血现象或不溶血。肺炎链球菌形成细小、灰色、扁平的菌落，周围形成草绿色溶血环（α- 溶血环），培养 48h 后，因产生自溶酶，菌落中央凹陷呈“脐窝状”。血清肉汤中呈颗粒状或絮状生长现象，不溶血菌株则呈均匀浑浊状。

（三）生化特性

触酶阴性，发酵葡萄糖产酸不产气，对其他糖类的分解因不同菌株而异。A 群链球菌对杆菌肽敏感，L- 吡咯烷酮 -*β*- 萘酚酰胺（PYR）试验阳性。B 群链球菌 CAMP 试验阳性。D 群链球菌可水解七叶苷。肺炎链球菌分解菊糖、对奥普托欣（optochin）敏感、胆盐溶菌试验阳性、荚膜肿胀试验阳性。

（四）抗原构造

链球菌抗原构造比较复杂，主要有：①多糖抗原：或称 C 抗原，存在于细胞壁中，具有群特异性，是链球菌血清学分群的依据；②蛋白抗原：或称表面抗原，有 M 蛋白、F 蛋白、G 蛋白等，位于 C 抗原外层，具有型特异性。

（五）分类

1. 根据链球菌在血平板上的溶血现象不同分类　可分为 3 类：①甲型（α）溶血性链球菌：又称草绿色链球菌，菌落周围形成 1～2mm 宽的草绿色溶血环。此型链球菌多为条件致病菌，主要包括肺炎链球菌和草绿色链球菌群。②乙型（β）溶血性链球菌：又称溶血性链球菌，菌落周围形成 2～4mm 的透明溶血环。此型链球菌致病性强，常引起人类和动物多种疾病。包括 A、C、G 群，以及 B 群 β-溶血性链球菌（又称无乳链球菌）。③丙型（γ）链球菌：又称非溶血性链球菌，菌落周围不形成溶血环（图 8-6）。此型链球菌一般无致病性。非溶血性 D 群链球菌主要有牛链球菌。

2. 根据抗原结构分类（即 Lancefield 分类） 按链球菌多糖抗原可将乙型溶血型链球菌分成 A、B、C、D 等 20 个血清群，对人类致病的链球菌株 90% 属 A 群，其次为 B 群。

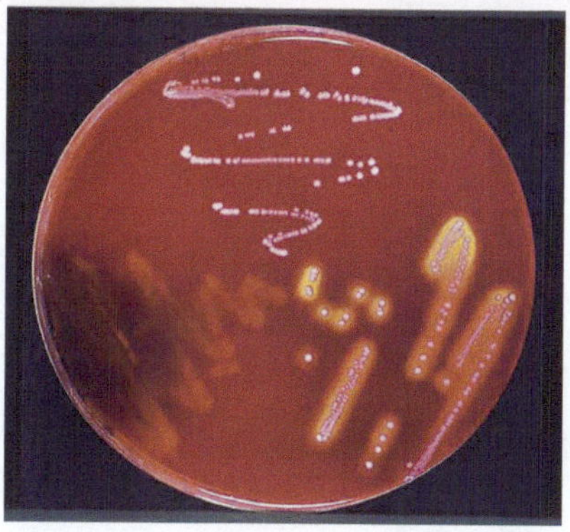

图 8-6　链球菌在血平板上不同的溶血现象

（左下、右下和正上方分别为 α、β 和 γ 溶血）

（六）抵抗力

本菌属大多数细菌对干燥和消毒剂敏感，60℃ 30min 即可将其杀死。除肺炎链球菌外，本菌属细菌较少引起细菌耐药性，但对青霉素耐药甚至多重耐药的肺炎链球菌已出现并在全球播散，引起临床高度重视。

二、临床意义

A 群链球菌是致病性极强的一种链球菌，其传染源为患者和带菌者。A 群链球菌能产生多种毒素（链球菌溶血毒素、红疹毒素等）、M 蛋白、脂磷壁酸和一些侵袭性酶（透明质酸酶、链激酶、链道酶等）。通过直接接触、呼吸道、皮肤黏膜、伤口或污染食物由消化道感染，可引起下列疾病：①化脓性感染，如扁桃体炎、急性咽炎、丹毒、脓疱病、医源性伤口感染和产后感染等；②中毒性疾病，如猩红热等；③超敏反应性疾病，如风湿热和急性肾小球肾炎等。

A 群链球菌产生的溶血毒素有 O、S 两种，具有溶解 RBC、杀灭 WBC 及毒害心脏作用。①溶血毒素 O（SLO）：对 O_2 敏感，免疫原性强，可刺激机体产生抗“O”抗体。检测抗“O”抗体可辅助诊断链球菌引起的超敏反应性疾病，如风湿热和链球菌感染后的肾小球肾炎。②溶血毒素 S（SLS）：对 O_2 稳定，无免疫原性。A 群链球菌在血平板形成的 β 溶血现象是由 SLS 所引起的。

B 群链球菌（无乳链球菌）主要寄居于妇女生殖道及人体肠道等部位，可导致新生儿感染。肿瘤和免疫功能低下者易受 B 群链球菌感染，主要有菌血症、肾盂肾炎、子宫内膜炎等。

肺炎链球菌是正常人群口腔、鼻咽部正常菌群，带有荚膜的菌株由于具备较强的侵袭力，因而当机体抵抗力下降时（如受寒、感冒和病毒感染后），可侵入机体引起大叶性肺炎、支气管炎，还可引起化脓性脑膜炎、中耳炎、鼻窦炎、败血症等。

草绿色链球菌群是人体口腔、消化道、女性生殖道的正常菌群，可因刷牙、拔牙等原因造成局部损伤后侵入血流，是引起心瓣膜异常患者亚急性细菌性心内膜炎最常见的病原菌，还可引起龋齿。严重感染患者如中性粒细胞减少患者，草绿色链球菌可引起致命性休克，以及肺部感染继发菌血症。

三、微生物学检验

（一）检验程序

链球菌检验程序见图 8-7。

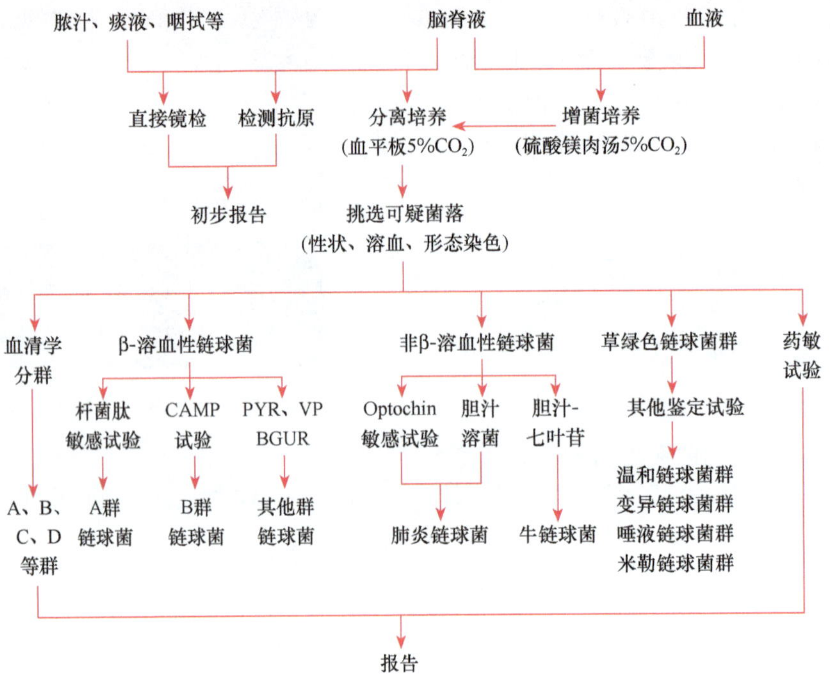

图 8-7　链球菌检验程序

（二）标本采集

可采集血液、脓液、咽拭子、痰液等标本，采集后在 2h 内运送到实验室，立即进行检查。链球菌所致的超敏反应性疾病应采集血清标本进行抗链球菌溶血毒素 O 抗体检测。

（三）检验方法

1. 标本直接检查　标本直接涂片革兰染色镜检，见革兰阳性、呈链状排列的球菌，可初步报告“查见革兰阳性球菌，链状排列，疑为链球菌”；若见革兰阳性矛头状球菌成双排列，菌体周围有透明环，可初步报告“查见革兰阳性矛头状球菌，成双排列，疑为肺炎链球菌”。

2. 分离培养与鉴定

（1）分离培养：血液标本需先行增菌，脓液、咽拭子、痰液等标本可直接进行分离培养。

1）血液标本先接种于液体培养基，经 35℃、18～24h 增菌培养后，若培养液出现自下而上的溶血现象，或呈均匀浑浊，或有绿色荧光等现象，则转种血平板进行分离培养。疑为亚急性心内膜炎患者的血液标本，增菌培养应延长至第 4 周。

2）脓液、咽拭子、痰液等标本直接接种血平板，置 5% CO_2 环境，35～37℃孵育 24h。观察菌落特征，并初步判断链球菌的溶血类型：① α- 溶血性链球菌：菌落似针尖状，周围有草绿色溶血环；肺炎链球菌菌落细小扁平或呈“脐窝状”。② β- 溶血性链球菌：菌落 0.5mm 左右，周围有透明溶血环。③ γ- 溶血性链球菌：菌落灰白色，不出现溶血环。

（2）鉴定

1）β- 溶血性链球菌的鉴定与鉴别：可通过检测链球菌特异性群抗原来进行分群，但目前临床上仍多用生化试验加以鉴定。A、B、C、G 群链球菌一般以杆菌肽敏感试验、CAMP

试验、PYR 试验、VP 试验、*β*-D- 葡萄糖苷酶（BGUR）等试验进行鉴别（表 8-4）。

表 8-4　β- 溶血性链球菌的鉴定

菌种	Lancefield 群抗原	PYR	VP	CAMP	BGUR
化脓链球菌	A	+	−	−	NA
咽峡炎链球菌群	A	−	+	−	NA
无乳链球菌	B	−	NA	+	NA
停乳链球菌马样亚种	C	−	−	−	+
咽峡炎链球菌群	C	−	+	−	−
咽峡炎链球菌群	F	−	+	−	NA
停乳链球菌马样亚种	G	−	−	−	+
咽峡炎链球菌群	G	−	+	−	−
咽峡炎链球菌群	未分群	−	+	−	NA

注：NA．无资料；大菌落．＞0.5mm；小菌落．＜0.5mm

PYR 试验：化脓性链球菌产生吡咯烷酮酰胺酶，可水解 L- 吡咯烷酮 -*β*- 萘酚酰胺（PYR）基质，产生 *β*- 萘酚酰胺，当加入 *N*，*N*- 二甲氧基肉桂醛试剂后，两者反应出现桃红色。方法：用接种环将待检菌涂擦在含 PYR 的纸片上，35℃孵育 5min，在纸片上滴加 PYR 试剂，观察纸片颜色的改变，纸片呈红色反应为阳性，不变色为阴性。

2）非 β- 溶血链球菌的鉴定与鉴别：包括不溶血 D 群链球菌（牛链球菌）、草绿色链球菌群、肺炎链球菌等。其鉴定与鉴别特征见表 8-5～表 8-7。

表 8-5　非 β- 溶血链球菌的鉴定与鉴别

菌种	α- 溶血	Optochin 敏感性	胆盐溶菌	胆汁七叶苷
肺炎链球菌	+	+	+	−
其他草绿色链球菌	+	−	−	−
D 群链球菌	+/−	−	−	+

表 8-6　草绿色链球菌群间鉴别

菌群	甘露醇	山梨醇	七叶苷	VP	精氨酸	脲酶
缓症链球菌群	−	−	−	−	−	−
咽峡炎链球菌群	−	−	+	+	+	−
变异链球菌群	+	+	+	+	−	−
唾液链球菌群	−	−	+	+	−	d

d：不定

表 8-7 肺炎链球菌与甲型链球菌的鉴别

	形态	菌落	血清肉汤中	盐水中	胆汁溶菌	菊糖发酵	Optochin 敏感	小白鼠毒力
肺炎链球菌	矛头状、成双、有荚膜	稍大、湿润、扁平、脐窝状	均匀浑浊	均匀	+	+	+	+
甲型链球菌	圆形、成链、无荚膜	较小、稍干圆形、凸起	沉淀生长	自凝	−	−	−	−

3. 抗链球菌溶血素 O 试验 测定患者血清中抗链球菌溶血素 O 抗体的效价，作为风湿性关节炎、急性肾小球肾炎等疾病的辅助诊断。效价大于 400 单位即有诊断意义。

第 3 节 肠球菌属

肠球菌属(*Enterococcus*)也是触酶试验阴性，单个、成双或短链状排列，革兰阳性球菌，分类上属链球菌科。其广泛分布在自然界，是人类和动物肠道中的正常菌群，可作为条件致病菌，引起心内膜炎、胆囊炎、脑膜炎、尿路感染及伤口感染等多种疾病，也是医院感染的重要病原菌。

一、生物学性状

（一）形态与染色

肠球菌为革兰阳性球菌，呈单个、成对或短链状排列，在液体培养基中链较长。无芽胞、无荚膜、大多数无鞭毛（个别菌种有稀疏鞭毛）。

（二）培养特性

需氧或兼性厌氧，在 10～45℃均可生长，最适生长温度 35℃，最适 pH 7.4～7.6。在血琼脂上形成直径 0.5～1.0mm 大小的菌落，菌落光滑、湿润、易乳化，依据种的不同，可出现 α、β 或 γ 溶血现象。某些菌株在选择性培养基如麦康凯平板上可生长。在液体培养基中呈均匀浑浊生长，较易形成长链。在含 6.5%NaCl 肉汤中能生长，在 40% 胆汁培养基中能分解七叶苷，此特点可与链球菌鉴别。

（三）生化反应

触酶阴性，氧化酶阴性，能分解多种糖类产酸不产气，多数菌种能水解吡咯烷酮 -*β*-萘基酰胺（PYR），胆汁七叶苷试验阳性。

（四）分类

肠球菌属归类链球菌科，原被归类于链球菌属，但种系分类法证实某些菌种（如粪肠球菌、屎肠球菌）不同于链球菌属细菌，故于 1984 年将其命名为肠球菌属。现有 5 群、21 个种，粪肠球菌为该属中的代表种。

二、临床意义

肠球菌是重要的医院感染病原菌，所致感染以尿路感染为最多见，这与尿路器械操作、留置导尿、尿路生理结构异常有关。其次也可引起腹腔和盆腔的创伤感染。亦是引起老年患者、严重基础疾患患者、免疫功能低下患者发生菌血症、心内膜炎的常见病原菌。呼吸道或中枢神经系统的肠球菌感染偶尔可见，在临床诊断前应认真评估分离菌的临床意义。近年来由于广泛使用抗生素导致肠球菌出现对青霉素、庆大霉素等抗菌药物产生耐药性，使肠球菌所致重症感染的治疗已成为临床棘手的问题之一。对于从重症感染患者血液、感染部位穿刺液和尿液等重要临床标本中分离出的肠球菌，除常规 K-B 法药敏试验外，应考虑作 MIC 测定和联合药敏试验。

链 接

肠球菌属的耐药性和药敏试验药物选择

肠球菌的耐药性分为天然耐药和获得性耐药，对一般剂量或中剂量氨基糖苷类耐药和对万古霉素低度耐药常是先天性耐药。获得性耐药表现为对氨基糖苷类高水平耐药和对万古霉素高度耐药。

其药敏试验药物选择原则为：A 组为青霉素或氨苄西林；B 组为万古霉素；C 组为四环素类和红霉素、氯霉素、利福平；D 组为环丙沙星、诺氟沙星等。

临床上联合使用青霉素 G、氨苄西林与氨基糖苷类抗生素成为治疗肠球菌感染的首选方法。

三、微生物学检验

（一）检验程序

肠球菌检验程序请见图 8-8。

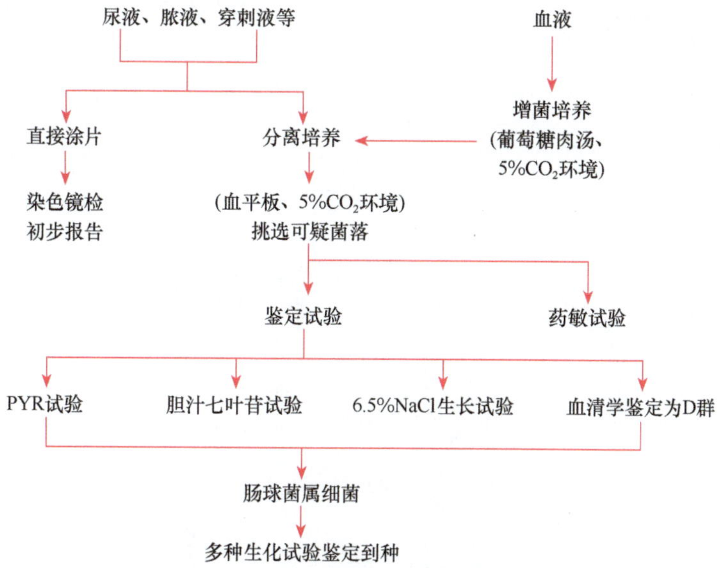

图 8-8　肠球菌属检验程序

（二）标本采集

根据所致疾病的不同，可采取患者的血液、脓汁、胆汁、尿液及脑脊液标本等。

（三）检验方法

1. 标本直接检查 标本直接涂片染色镜检，查见单个、成双，或短链状排列的卵圆形革兰阳性球菌，可初步报告。

2. 分离培养与鉴定

（1）分离培养：血液、脑脊液标本先增菌培养，若出现生长现象则转种血平板；其他标本可直接接种血平板或选择性培养基（如叠氮胆汁七叶苷琼脂），置35℃培养18～24h。肠球菌可形成灰白、不透明、表面光滑、0.5～1mm大小的菌落，粪肠球菌的某些菌株可在兔血或马血平板上出现β溶血。叠氮胆汁七叶苷琼脂平板上，肠球菌分解七叶苷形成黑色菌落。取上述可疑菌落进行鉴定。

（2）鉴定

1）肠球菌属的鉴定：肠球菌属细菌为革兰阳性、卵圆形，呈单、双或短链排列。触酶阴性，PYR阳性、胆汁七叶苷阳性，6.5% NaCl肉汤中可生长。

2）肠球菌属的鉴别：确定为肠球菌属后，用甘露醇、山梨醇和精氨酸水解试验分为五个群（表8-8）。肠球菌属内常见菌种的鉴别见表8-9。

表8-8　肠球菌属分群

试验	Ⅰ群	Ⅱ群	Ⅲ群	Ⅳ群	Ⅴ群
甘露醇产酸	+	+	−	−	+
山梨醇产酸	+	−	−	−	−
精氨酸水解	−	+	+	−	−

表8-9　肠球菌属内常见菌种的鉴别

试验	亚碲酸盐	阿拉伯糖	丙酮酸盐
粪肠球菌	+	-	+
屎肠球菌	-	+	-

3）血清学鉴定：与Lancefield血清D群抗血清发生凝集（利用6.5%NaCl耐受试验可鉴别肠球菌与D群链球菌，前者为阳性，后者为阴性）。

第4节　奈瑟菌属

奈瑟菌属（*Neisseria*）是一群革兰阴性球菌，属于奈瑟菌科，包括28个种和亚种，其中对人致病的只有脑膜炎奈瑟菌和淋病奈瑟菌。

案例8-2

患儿，女，1岁，因发热、呕吐入院。查体：患儿面色苍白、烦躁、哭闹，体温39℃。血常规：白细胞14×10^9/L，以中性多核细胞为主，有明显核左移现象，并有中毒颗粒出现。取患儿脑脊液标本涂片镜检，发现革兰阴性双球菌。

问题：

1. 该患儿可能患什么疾病？
2. 引起该疾病的病原体是什么？
3. 鉴定该病原体的依据有哪些？

一、脑膜炎奈瑟菌

脑膜炎奈瑟菌（*N.meningitidis*）又称脑膜炎球菌，是流行性脑脊髓膜炎（简称流脑）的病原菌。人类是脑膜炎奈瑟菌的唯一宿主。

（一）生物学性状

1. 形态与染色 脑膜炎奈瑟菌为革兰阴性球菌，在患者脑脊液中，菌体多存在于中性粒细胞内，单个菌体呈肾形或咖啡豆形，常成双排列，凹面相对（图 8-9）。培养物涂片菌体可呈圆形或卵圆形，成双或不规则排列。无鞭毛、无芽胞，有菌毛，新分离菌株有荚膜。

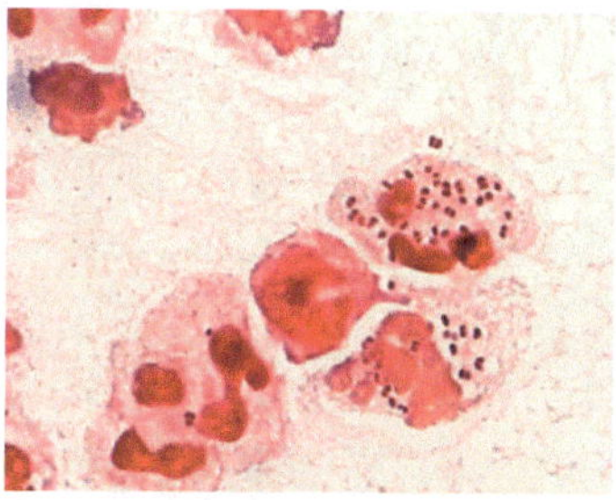

图 8-9 脑膜炎奈瑟菌形态

2. 培养特性 专性需氧，初次分离培养时，需 5%～10% 的 CO_2。对温度要求很严，低于 30℃或超过 40℃则不生长，最适生长温度为 35℃。最适 pH7.4～7.6。营养要求高，普通培养基上不生长，在含有血清、血液或卵黄等营养成分的培养基上方能生长。在血平板、巧克力平板上培养 24～72h 后，形成圆形、光滑、湿润、透明、微带灰蓝色菌落，在血平板上不溶血、易乳化。在卵黄双抗（含万古霉素和多粘菌素）平板（EPV）上，菌落呈无色、较大、扁平、湿润奶油状。在血清肉汤中，呈轻度或中度浑浊，有颗粒状或黏稠状沉淀生长，无菌膜。脑膜炎奈瑟菌可产生自溶酶，培养时间过长，菌体可发生自溶死亡。

3. 生化反应 大多能分解葡萄糖和麦芽糖产酸不产气，不分解乳糖、蔗糖和果糖，氧化酶、触酶阳性，硝酸盐还原阴性。

4. 抗原构造及分类 脑膜炎奈瑟菌的抗原主要有：①荚膜多糖抗原：具有群特异性，根据此抗原不同，可将脑膜炎奈瑟菌分为至少 13 个血清群，与人类疾病关系密切的主要是 A、B、C 群，我国流行的菌株以 A 群为主，偶见 B 群、C 群；②外膜蛋白：具有型特异性，可据此将脑膜炎奈瑟菌分为 20 个血清型；③脂多糖抗原：具有型特异性，可对脑膜炎奈瑟菌分型。

5. 抵抗力 对外界环境的抵抗力弱。对干燥、湿热、寒冷均很敏感，室温中仅存活 3h，60℃ 5min 即死亡。对各种消毒剂也很敏感，如 1% 苯酚、75% 乙醇、0.1% 苯扎溴铵能立刻杀死该菌。对青霉素、链霉素、金霉素均敏感，但容易产生耐药性。

（二）临床意义

脑膜炎奈瑟菌的致病物质有荚膜、菌毛和内毒素，以内毒素为主。荚膜可抵抗宿主体内吞噬细胞的吞噬作用，增强细菌对机体的侵袭力。菌毛介导细菌黏附在宿主易感细胞表面，有利于细菌在宿主体内定居、繁殖。内毒素是脑膜炎奈瑟菌的主要致病物质，可导致皮肤出血性瘀斑、肾上腺出血、弥散性血管内凝血，甚至休克。

脑膜炎奈瑟菌常寄居于人的鼻咽部、口腔黏膜上，通过呼吸道分泌物或空气中微滴核经呼吸道传播，人群携带率为5%～10%，冬末春初为流行性脑脊髓膜炎流行高峰，带菌率可高达20%～90%。细菌由鼻咽部侵入机体，多数人感染后表现为带菌状态或隐性感染，细菌仅在体内短暂停留后被机体清除，少数人可发展为菌血症或败血症，甚至发展成化脓性脑脊髓膜炎。

（三）微生物学检验

1. 检验程序 脑膜炎奈瑟菌见图8-10。

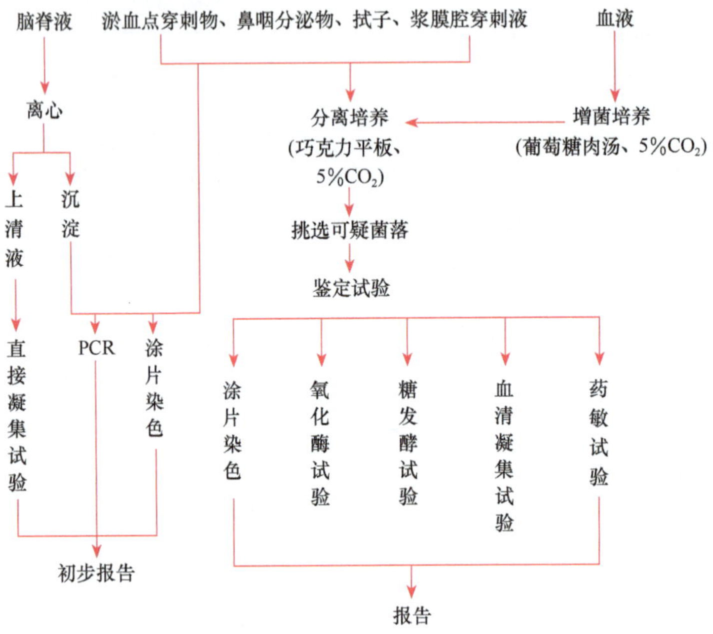

图8-10 脑膜炎奈瑟菌检验程序

2. 标本采集 取患者脑脊液、血液或刺破皮肤出血瘀斑取渗出物，带菌者检查可用鼻咽拭子。脑膜炎奈瑟菌因对低温和干燥极敏感，故标本采集后应注意保暖、保湿和避免日光照射，并立即送检。接种标本的培养基宜预先加温，以免病菌死亡，影响检出率。最好是床边接种。

3. 检验方法

（1）标本直接检查

1）直接涂片镜检：取脑脊液离心沉淀物或出血瘀斑渗出物，涂片革兰染色后镜检。如镜下见到中性粒细胞内、外有革兰阴性双球菌，可初步报告“查见革兰阴性球菌，疑似脑膜炎奈瑟菌”。

2）抗原检测：用脑膜炎奈瑟菌群抗体血清，通过凝集试验检测细菌荚膜多糖抗原。抗原检测若呈阳性，结合涂片和培养结果，可作出快速诊断。

（2）分离培养与鉴定

1）分离培养：血液与脑脊液标本在葡萄糖肉汤培养基中增菌后，接种巧克力平板。其他标本直接接种于血平板、巧克力平板或EPV平板，置于含5%～10%CO_2、35℃培养箱中孵育18～24h后，观察菌落特征。

2）鉴定：取可疑菌落涂片革兰染色镜检，若见革兰阴性双球菌，则做生化试验加以鉴定。脑膜炎奈瑟菌氧化酶、触酶阳性，分解葡萄糖和麦芽糖产酸不产气，不分解其他糖类。可进一步应用脑膜炎奈瑟菌诊断血清确定其血清型别。

脑膜炎奈瑟菌与其他菌的鉴别：与卡他莫拉菌的主要鉴别点见表 8-10；与其他相似菌属的主要鉴别点见表 8-11。

表 8-10　奈瑟菌与卡他莫拉菌鉴别要点

菌种	生长试验		分解产酸					硝酸盐还原试验	多糖合成	DNA 酶	在巧克力平板上的菌落特点
	巧克力平板或血平板（22℃）	营养琼脂（35℃）	葡萄糖	麦芽糖	乳糖	蔗糖	果糖				
脑膜炎奈瑟菌	–	V	+	+	–	–	–	–	–	–	灰白色，半透明、光滑，1～2mm
淋病奈瑟菌	–	–	+	–	–	–	–	–	–	–	灰棕色，半透明，光滑，0.5～1mm
卡他莫拉菌	+	+	+	–	–	–	–	+	–	+	淡红色、不透明、光滑，干燥，1～3mm

表 8-11　奈瑟菌属与其他相似菌属的鉴别

菌属	形态	菌落特征	氧化酶	触酶	葡萄糖产酸	硝酸盐还原
奈瑟菌属	球形	灰白色，湿润	+	+	+	–
莫拉菌属	球杆状	灰白色，湿润	+	+	–	–
不动杆菌属	球杆状	灰白色，湿润	–	+	+	–

二、淋病奈瑟菌

淋病奈瑟菌（*N.gonorrhoeae*）又称淋球菌，是人类淋病的病原体。人类是唯一的天然宿主和传染源。主要引起人类泌尿系统黏膜的急、慢性化脓性感染。

案例 8-3

患者，男性，37 岁。因尿痛、尿频、尿道有色脓性分泌物而入院。取分泌物标本涂片镜检，发现有大量白细胞，细胞内有革兰染色阴性双球菌。

问题：

1. 该患者最可能感染的病原体是什么？
2. 如何鉴定该细菌？
3. 鉴定该细菌依据有哪些？

（一）生物学性状

1. 形态与染色　淋病奈瑟菌的形态与脑膜炎奈瑟菌极为相似。其为革兰阴性球菌，呈

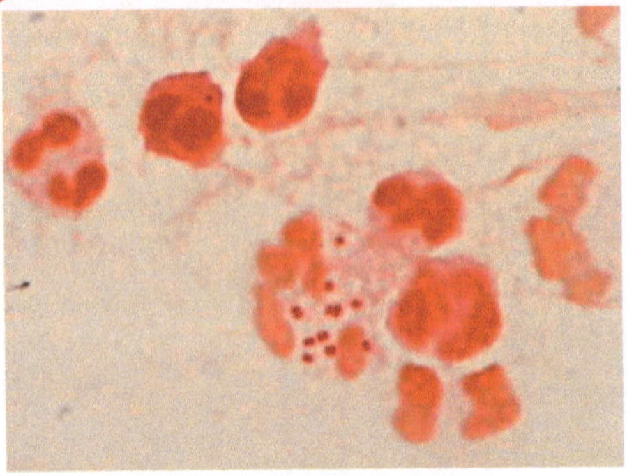

图 8-11　淋病奈瑟菌形态

肾形或咖啡豆形，成双排列，两球菌接触面扁平或稍凹（图 8-11）。其无鞭毛，无芽胞，从患者体内新分离菌株大多有荚膜和菌毛。

2. 培养特性　初次分离需提供 5%～10%CO_2。最适生长温度 35℃，低于 30℃不能生长。营养要求高，需在含有血液、血清等培养基中才能生长。常用巧克力平板或专用平板（如含万古霉素、多粘菌素及制霉菌素的 TM 培养基、改良的 MTM 培养基、Martin-Lewis 培养基和 NYC 培养基等）。在巧克力平板上经 18～24h 培养后，形成圆形、细小、光滑、半透明菌落。

3. 生化反应　本菌只分解葡萄糖，产酸不产气，不分解麦芽糖（可借此与脑膜炎奈瑟菌相鉴别）及蔗糖。氧化酶及触酶均为阳性。

4. 抗原构造　主要有菌毛抗原、脂多糖抗原和外膜蛋白抗原。根据外膜蛋白抗原的不同，将淋病奈瑟菌分成 A、B、C 等 16 个血清型。

5. 抵抗力　对外界抵抗力低，对干燥、寒冷、热及常用消毒剂均敏感。55℃加热 5min、干燥状态下 1～2h 即死亡。1∶4 000 硝酸银经 2min 即可将其杀死。其对青霉素、磺胺药物、金霉素均敏感，但易产生耐药性。

（二）临床意义

淋病奈瑟菌致病物质主要有菌毛、外膜蛋白、内毒素、IgAI 蛋白酶等。本菌主要通过性接触传染，污染的毛巾、衣裤、浴缸等也起一定传播作用。感染后可引起淋病，主要表现为泌尿生殖道的化脓性感染，出现尿频、尿急、尿痛、尿道或宫颈口流脓等症状。如不及时治疗可扩散到生殖系统，引起慢性炎症，男性出现前列腺炎、输精管炎、附睾炎等，女性出现前庭大腺炎、输卵管炎、盆腔炎等。新生儿可经产道感染，致淋病性结膜炎，因眼内有大量脓性分泌物，故称脓漏眼。

病后免疫力弱且不持久，再感染和慢性患者较多见。

（三）微生物学检验

1. 检验程序　淋病奈瑟菌检验程序见图 8-12。

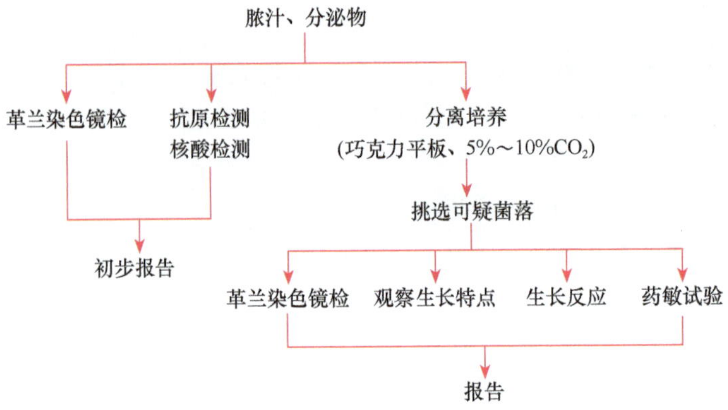

图 8-12　淋病奈瑟菌检验程序

2. 标本采集 男性患者用无菌棉拭取尿道脓性分泌物，女性患者取宫颈分泌物，患结膜炎的新生儿取结膜分泌物。因本菌抵抗力极低且易自溶，故采集标本后应立即送至检验室，在冬季运送过程中应采取保温措施。

3. 检验方法

（1）标本直接检查：脓性分泌物立即涂片，作革兰染色镜检。若查见中性粒细胞内、外有革兰阴性双球菌，结合临床症状可作出初步诊断报告。

（2）分离培养与鉴定

1）分离培养：将标本及时接种在预温的巧克力平板或选择性培养基中，置 37℃、5%～10%CO_2 气体中培养 24～48h 后，观察菌落特征。淋病奈瑟菌在巧克力平板上的菌落小而透明，似水滴状、无色素、易乳化。

2）鉴定：取上述可疑菌落进行涂片镜检，并作生化反应鉴定。若氧化酶阳性、触酶阳性、30%H_2O_2 分解试验阳性、葡萄糖发酵阳性、不分解其他糖类，可鉴定为淋病奈瑟菌（表 8-10）。

三、卡他莫拉菌

卡他莫拉菌（*Moraxella catarrhalis*，MC）也称卡他布兰汉菌，是寄居于人类上呼吸道的莫拉菌属的一种细菌。

（一）生物学性状

MC 菌是一种革兰阴性双球菌。MC 在血平板、巧克力平板等各种培养基上生长良好，菌落呈“冰球”状。菌落光滑，直径 1～3mm，不透明，乳白色，易从培养基上刮下。本菌无芽胞、无鞭毛，形态上易与其他奈瑟菌属相混淆。MC 可产生氧化酶、触酶和 DNA 酶。

（二）临床意义

过去认为其仅是健康人呼吸道的正常寄居菌群。近年来被认为是一种重要的呼吸道病原菌，其发病率逐年增加，尤其多见于慢性阻塞性肺病（COPD）患者。该菌可引起人类多种感染。例如，急性中耳炎、上颌窦炎和下呼吸道感染，亦可引起脑膜炎、心内膜炎、尿道炎，婴儿和儿童眼结膜炎、角膜炎和败血症。近来报道 MC 尚可致男女性生殖泌尿道的感染如前庭大腺脓肿、男性尿道炎等。该菌产生 β- 内酰胺酶的菌株渐多，为临床治疗带来一定困难。

（三）微生物学检验

实验室检查依赖痰菌培养、生化鉴定和涂片革兰染色，有条件者可进行分子生物学检测。细菌学检测应根据不同的感染部位尽早获得标本并进行细菌学鉴定。传统方法是糖类的降解试验及硝酸盐还原试验，此法需要大量细菌，耗时长，且易出现假阳性。近年来不断推出快速、准确、简易的方法，如改良糖类降解试验、产色底物快速酶试验、丁酸盐油脂水解试验、丁酸酯酶试验。其中 Bacto-TB 水解试验具有特异、实用、简单、费用低等优点，可对 MC 作出快速鉴定。基于脂多糖（LPS）的血清学分型、β- 内酰胺酶蛋白等电聚焦、蛋白外膜电泳谱均已用于 MC 的表现型鉴定。

目标检测

一、名词解释

1. MRSA
2. 血浆凝固酶
3. SPA
4. 抗“O”试验
5. CAMP 试验

二、选择题（选择一个最佳答案）

1. 鉴别葡萄球菌与链球菌的首选试验是（　　）
   A. 血浆凝固酶试验　B. 耐热核酸酶试验
   C. 新生霉素敏感试验　D. 触酶试验
   E. 葡萄糖分解试验
2. 在含有 10%～15%NaCl 培养基中仍能生长的细菌是（　　）
   A. 葡萄球菌　B. 链球菌
   C. 肺炎链球菌　D. 脑膜炎球菌
   E. 淋球菌
3. 下列哪一项是致病性葡萄球菌与表皮葡萄球菌共有的特点（　　）
   A. 有金黄色色素　B. 人群带菌率高
   C. 能发酵甘露醇　D. 产生血浆凝固酶
   E. 有 SPA
4. 可在普通培养基上生长的病原性球菌是（　　）
   A. 葡萄球菌　B. 乙型链球菌
   C. 肺炎链球菌　D. 脑膜炎球菌
   E. 淋球菌
5. SPA 是下列哪种细菌所含的抗原（　　）
   A. 金黄色葡萄球菌　B. 乙型链球菌
   C. 肺炎链球菌　D. 伤寒杆菌
   E. 结核分枝杆菌
6. 下列致病性葡萄球菌的鉴定依据中，哪一项最主要（　　）
   A. 革兰染色和溶血试验
   B. 菌落特点和革兰染色
   C. 革兰染色和耐盐试验
   D. 革兰染色和血浆凝固酶试验
   E. 革兰染色和甘露醇发酵试验
7. 血液增菌培养结果呈均匀浑浊生长，并有胶冻状凝块者可能为（　　）
   A. 金黄色葡萄球菌　B. 伤寒沙门氏菌
   C. 肺炎链球菌　D. 粪产碱杆菌
   E. 化脓性链球菌
8. 哪个细菌初次分离培养时须提供 5%～10%CO_2（　　）
   A. 金黄色葡萄球菌　B. 肺炎链球菌
   C. 脑膜炎奈瑟氏菌　D. A 群链球菌
   E. 粪肠球菌
9. 可引起变态反应性疾病的细菌是（　　）
   A. 葡萄球菌　B. 乙型溶血性链球菌
   C. 肺炎链球菌　D. 淋球菌
   E. 粪肠球菌
10. 下列哪种细菌 Optochin 敏感试验阳性（　　）
    A. A 群链球菌　B. 甲型链球菌
    C. 丙型链球菌　D. 肺炎链球菌
    E. 脑膜炎奈瑟菌
11. 下述的肺炎链球菌与甲型链球菌的鉴别法中不正确的是（　　）
    A. 葡萄糖发酵试验　B. Optochin 敏感试验
    C. 胆汁溶菌试验　D. 小白鼠毒力试验
    E. 血平板上的菌落特征
12. 杆菌肽敏感试验可用来鉴别（　　）
    A. A 群链球菌　B. B 群链球菌
    C. C 群链球菌　D. D 群链球菌
    E. E 群链球菌
13. 鉴别 A 群链球菌与其他链球菌的主要试验是（　　）
    A. 淀粉水解　B. Optochin 敏感
    C. 七叶苷分解　D. 菊糖发酵
    E. 杆菌肽敏感
14. 鉴定肺炎链球菌的快速、敏感、特异性试验是（　　）
    A. 直接镜检　B. 动物试验
    C. 胆汁溶解试验　D. 荚膜肿胀试验
    E. Optochin 敏感试验
15. 对人致病的链球菌 90% 属于（　　）
    A. A 群　B. B 群
    C. C 群　D. D 群
    E. E 群
16. 关于链球菌溶血素 O 的说法何者为错（　　）
    A. 含—SH 的蛋白质
    B. 抗原性强
    C. 血平板上可形成透明溶血环
    D. 可刺激机体产生“O”抗体

E. 测定此抗体可助风湿病、肾小球肾炎等诊断

17. 血浆凝固酶试验主要用于鉴定（　　）
A. 肺炎链球菌　B. 乙型溶血性链球菌
C. 金黄色葡萄球菌　D. 破伤风杆菌
E. 甲型链球菌

18. 下列哪个细菌胆汁溶解试验阳性（　　）
A. 白喉杆菌　B. 甲型链球菌
C. 金黄色葡萄球菌　D. 肺炎链球菌
E. 破伤风杆菌

19. 涂片染色为 G^-、肾形、成双排列、凹面相对，可能是（　　）
A. 肺炎链球菌　B. 变形杆菌
C. 脑膜炎奈瑟菌　D. 霍乱弧菌
E. 百日咳杆菌

20. 以下对脑膜炎奈瑟氏菌的陈述中哪项不正确（　　）
A. G^-双球菌
B. 抵抗力弱，常于 22℃环境中培养
C. 营养要求高
D. 需 5%～10% CO_2
E. 首选磺胺药治疗

21. 下列何种细菌与协同凝集试验有关（　　）
A. 乙型链球菌　B. 金黄色葡萄球菌
C. 肺炎链球菌　D. 淋病奈瑟菌
E. 脑膜炎奈瑟菌

22. 金黄色葡萄球菌对青霉素不敏感是因为其产生了（　　）
A. 形态变异　B. 结构变异
C. 毒力变异　D. 耐药性变异
E. 酶活性变异

23. 检查流脑带菌者时，其鼻咽试子标本应接种在（　　）
A. 血平板　B. 巧克力平板
C. EPV 平板　D. 鲍－金二氏培养基
E. 鸡蛋斜面

24. 分离培养淋病奈瑟氏菌的选择性培养基为（　　）
A. 血平板　B. 巧克力平板
C. EPV 平板　D. 鲍－金二氏培养基
E. TM 培养基

25. 在血清肉汤中呈明显沉淀生长的细菌是（　　）
A. 乙型链球菌　B. 粪链球菌
C. 肺炎链球菌　D. 金黄色葡萄球菌
E. 淋病奈瑟菌

26. 抗链球菌“O”试验效价在多少单位以上即有诊断参考价值（　　）
A. 80　B. 160
C. 320　D. 500
E. 600

27. 下列哪种细菌具有肥厚的荚膜（　　）
A. 金黄色葡萄球菌　B. 链球菌
C. 肺炎链球菌　D. 霍乱弧菌
E. 脑膜炎奈瑟菌

28. 下列不属于奈瑟氏菌属共同特点的是（　　）
A. G^-菌　B. 球形
C. 单个或成双排列　D. 触酶和氧化酶阳性
E. 抵抗力强

29. 在血平板上可形成甲型溶血的细菌是（　　）
A. 脑膜炎球菌　B. 金黄色葡萄球菌
C. 肺炎链球菌　D. 绿脓杆菌
E. 流感杆菌

30. 30%H_2O_2 试验是下列哪种细菌快速且有鉴别意义的试验（　　）
A. 葡萄球菌　B. 甲型链球菌
C. 肺炎链球菌　D. 脑膜炎奈瑟菌
E. 淋病奈瑟菌

三、问答题

1. 如何从咽拭标本中检出并鉴定链球菌？
2. 何谓抗“O”试验？其检测的方法和意义是什么？
3. 某糖尿病患者因近日右小腿出现疖肿而就医，查体发现，右小腿外侧中下 1/3 处可见 1.2cm×0.8cm 疖肿，界限清楚，中央有黄色脓栓，未见有出血，患者一般状态良好，行走不受限制。请根据临床症状初步诊断该患者患有什么疾病？应该如何对其进行病原学检查？

（袁　星）

第9章 肠杆菌科

学习目标

1. 掌握：肠杆菌科细菌的分类；埃希菌属、志贺菌属、沙门菌属的主要生物学特性及检验方法、鉴定依据。

2. 熟悉：克雷伯菌属、变形杆菌属主要生物学特性及检验方法、鉴定依据。

3. 了解：常见肠杆菌科细菌的临床意义及耶尔森菌属、肠杆菌属的主要生物学性状。

第1节 概 述

肠杆菌科（*Enterobacteriaceae*）是一大群寄居在人和动物肠道中，生物学性状相似的革兰阴性杆菌。该类细菌随人和动物粪便排出而广泛分布于自然界，大多为肠道正常菌群，当机体免疫力降低或寄居部位发生变化时，可成为条件致病菌而引起感染。少数为致病菌，如致病性大肠埃希菌、沙门菌属、志贺菌属、耶尔森菌属等。

一、分类

肠杆菌科细菌种类繁多，根据生化反应、抗原结构、核酸杂交和序列分析，目前至少有31个菌属，120个以上的菌种（表9-1）。肠杆菌科细菌的DNA G+C含量为39%～59%。

表9-1 肠杆菌科细菌的31个菌属

属名	属名
爱德华菌属（*Edwardsiella*）	爱文菌属（*Ewingella*）
埃希菌属（*Escherichia*）	巴特维菌属（*Budvicia*）
变形杆菌属（*Proteus*）	布丘菌属（*Buttiauxella*）
肠杆菌属（*Enterobacter*）	泛菌属（*Pantoea*）
肥杆菌属（*Obesumbacterium*）	光杆状菌属（*Photorhabdus*）
哈夫尼亚菌属（*Hafnia*）	枸橼酸杆菌属（*Citrobacter*）
克雷伯菌属（*Klebsiella*）	克卢瓦菌属（*Kluyvera*）

续表

属名	属名
兰恩菌属（*Rahnella*）	勒克菌属（*Leclercia*）
勒米诺菌属（*Leminorella*）	摩根菌属（*Morganella*）
穆勒菌属（*Moellerella*）	欧文菌属（*Erwinia*）
布拉格菌属（*Pragia*）	普罗威登斯菌属（*Providencia*）
沙雷菌属（*Serratia*）	沙门菌属（*Salmonella*）
塔特姆菌属（*Tatumella*）	特拉布斯菌属（*Trabulsiella*）
西地西菌属（*Cedecea*）	耶尔森菌属（*Yersinia*）
约根菌属（*Yokenella*）	致病杆菌属（*Xenorhabdus*）
志贺菌属（*Shigella*）	

二、主要生物学特性

肠杆菌科细菌具有以下共同的生物学特性：

1. 形态染色 肠道杆菌均为中等大小的革兰阴性无芽胞杆菌，多数有鞭毛和菌毛。

2. 培养特性 需氧或兼性厌氧，营养要求不高，在普通培养基上生长良好。在肠道选择培养基如麦康凯（MAC）、伊红亚甲蓝（EMB）等上，肠道致病菌一般不分解乳糖，形成无色菌落。非致病菌大多能分解乳糖，形成有色菌落，有鉴别意义。

3. 生化反应 生化反应非常活泼，发酵葡萄糖，氧化酶试验阴性、触酶多阳性，多能还原硝酸盐为亚硝酸盐。临床常见肠道杆菌的主要生化特征见表9-2。

4. 抗原结构 结构复杂，主要有菌体（O）抗原、鞭毛（H）抗原、表面（K、Vi）抗原。相关抗原的检测是肠道杆菌分群、分型鉴定的重要依据。

5. 抵抗力 抵抗力不强，对热及一般化学消毒剂敏感。在水中生存能力较强，胆盐、煌绿等染料能选择性地抑制非致病性肠道杆菌，故常用于制备肠道选择性培养基。

6. 变异性 肠杆菌科细菌极易出现变异，如毒力变异、S-R变异、H-O变异、生化反应特性改变，最常见的是耐药性变异。

三、临床意义

肠杆菌科细菌可引起肠道感染，也可引起化脓性疾病、肺炎、脑膜炎、菌血症及伤口、泌尿道等肠道外感染。有些细菌是引起医院感染的常见病原体。肠杆菌科细菌占临床分离菌总数的50%，占临床分离的革兰阴性杆菌总数的80%。

1. 肠道感染 引起肠道感染的肠杆菌科细菌主要有埃希菌属、志贺菌属、沙门菌属和耶尔森菌属。主要引起各种急、慢性肠道感染、食物中毒、旅行者腹泻等。

2. 肠道外感染 许多肠杆菌科细菌均可引起肠道外感染，如大肠埃希菌、肺炎克雷伯菌、产酸克雷伯菌、普通变形杆菌、奇异变形杆菌、产气肠杆菌、阴沟肠杆菌等可引起泌尿道、呼吸道、伤口和中枢神经系统等的感染，且多见于医院感染。鼠疫耶尔森菌能引起鼠疫，为我国甲类传染病之一。

表 9-2　常见肠杆菌科细菌的主要鉴别特征

	KIA	GAS	H_2S	MR	V-P	IND	CIT	PAD	URE	MOT	LYS	ARG	ORN	ONPG
埃希菌属														
大肠埃希菌	A（K）/A	+	−	+	−	+	−	−	−	+	+	−/+	+/−	+
志贺菌属														
A、B、C 群志贺菌	K/A	−	−	+	−	−/+	−	−	−	−	−	−	−	−
D 群志贺菌	K/A	−	−	+	−	−	−	−	−	−	−	−	+	+
爱德华菌属														
迟钝爱德华菌	K/A	+	+	+	−	+	−	−	−	+	+	−	+	−
沙门菌属														
沙门菌种	K/A	+	+	+	−	−	+	−	−	+	+	+/−	+	−
枸橼酸菌属														
弗劳地枸橼酸菌	A（K）/A	+	+	+	−	−	+	−	+/−	+	−	+/−	−/+	+
异型枸橼酸菌	K/A	+	−	+	−	+	+	−	+/−	+	−	+/−	+	+
克雷伯菌属														
肺炎克雷伯菌	A/A	++	−	−	+	−	+	−	+	−	+	−	−	+
产酸克雷伯菌	A/A	++	−	−	+	+	+	−	+	−	+	−	−	+
肠杆菌属														
产气肠杆菌	A/A	++	−	−	+	−	+	−	−	+	+	−	+	+
阴沟肠杆菌	A/A	++	−	−	+	−	+	−	+/−	+	−	+	+	+
哈夫尼菌属														
蜂房哈夫尼菌	K/A	+	−	−/+	+	−	−	−	−	+	+	−	+	+
沙雷菌属														
黏质沙雷菌	A（K）/A	+	−	−/+	+	−	+	−	−	+	+	−	+	+
变形杆菌属														

续表

	KIA	GAS	H_2S	MR	V-P	IND	CIT	PAD	URE	MOT	LYS	ARG	ORN	ONPG
普通变形杆菌	A（K）/A	+/−	+	+	−	+	−/+	+	++	+[a]	−	−	−	−
奇异变形杆菌	K/A	+	+	+	+/−	−	+/−	+	++	+[a]	−	−	+	−
摩根菌属														
摩根菌	K/A	+	−	+	−	+	−	+	++	+	−	−	+	−
普罗威登菌属														
雷氏普罗威登菌	K/A	−	−	+	−	+	+	+	++	+	−	−	−	−
斯氏普罗威登菌	K/A	−	−	+	−	+	+	+	−/+	+/−	−	−	−	
产碱普罗威登菌	K/A	+/−	−	+	−	+	+	+	−	+	−	−	−	−
耶尔森菌属														
小肠耶尔森菌	A/A	−	−	+	−	+/−	−	−	+/−	−[b]	−	−	+	+

注：KIA. 克氏双糖；GAS. 产气；H_2S. 硫化氢；MR. 甲基红；V-P. 伏－普试验；IND. 吲哚；CIT. 枸橼酸盐；PAD. 苯丙氨酸脱氨酶；URE. 脲酶；MOT. 动力；LYS. 赖氨酸脱羧酶；ARG. 精氨酸双水解酶；ORN. 鸟氨酸脱羧酶；ONPG. β- 半乳糖苷酶。A. 产酸；K. 产碱；+. 90% 以上菌株阳性；−. 90% 以上菌株阴性；+/−. 50%～90% 菌株阳性；−/+. 50%～90% 菌株阴性。a. 迁徙现象+；b.22～25℃阳性，35℃阴性

四、微生物学检验

（一）检验程序

肠杆菌科细菌检验程序见图 9-1。

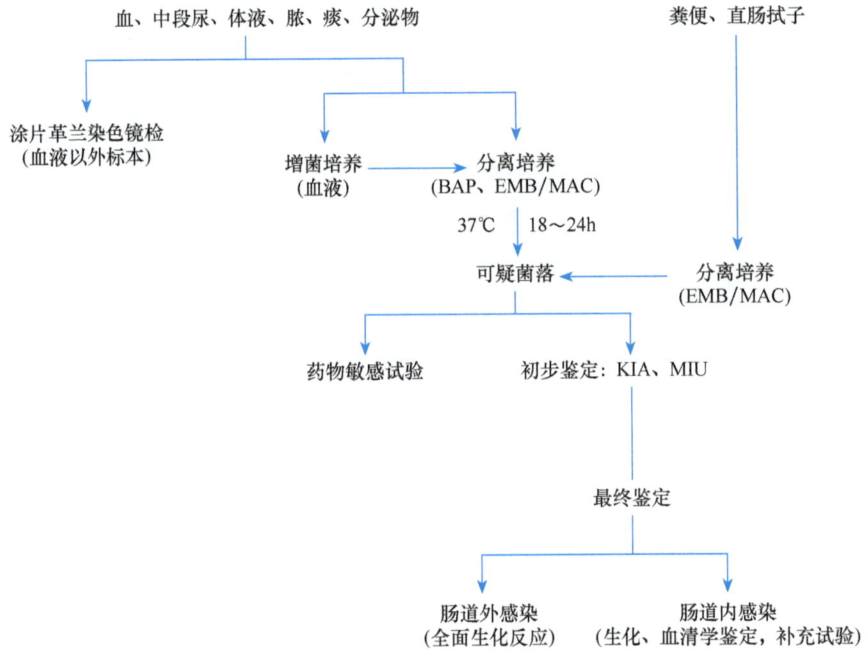

图 9-1 肠杆菌科细菌检验程序

（二）标本采集

1. 肠道外标本 根据不同疾病采集不同标本，如血液、体液、呼吸道、伤口、尿液等。

2. 肠道标本 采集新鲜的粪便标本，挑取其中的脓血和黏液部分，尽快送检。如不能及时送检，应将粪便标本置于运送培养基或甘油缓冲盐水中，冷藏待检。

（三）检验方法

1. 标本直接检查 脓液、痰液等标本涂片革兰染色，镜检为革兰阴性杆菌。大多数肠杆菌科细菌的形态及染色性相似，根据形态及染色难以相互鉴别。

2. 分离培养与鉴定

（1）分离培养

1）肠道外标本：血液、穿刺液等增菌后，再接种血平板或巧克力平板分离培养。有菌部位标本（如痰液、伤口分泌物等）往往含有混杂的细菌，需采用血平板及肠道选择性培养基以提高肠杆菌科细菌的检出率。

2）粪便标本：接种于肠道选择性培养基（如 MAC、EMB、SS 平板等）。

（2）鉴定：先根据染色性和菌体形态、有无鞭毛、葡萄糖氧化发酵（O/F）试验及氧化酶试验等特征，将肠杆菌科和其他革兰阴性杆菌初步区分开（表 9-3）。再根据生化反应、抗原构造、血清学反应等特征，将肠杆菌科细菌鉴定到属、种、群、型、亚型等。此外，也可利用分子生物学检测方法如 PCR 检测细菌核酸；免疫学检测方法如直接凝集试验、免疫荧光菌球法等进行快速检测。

表 9-3 肠杆菌科与其他革兰阴性杆菌的主要鉴别试验

	形态	鞭毛	葡萄糖氧化 / 发酵试验	氧化酶试验
肠杆菌科	杆状	周鞭毛或无	发酵	−
弧菌科	弧状、杆状	单鞭毛	发酵	+
非发酵革兰阴性菌	杆状	单、丛周鞭毛或无	氧化或不分解	+/−*

* 不动杆菌、嗜麦芽窄食单胞菌氧化酶试验为阴性

第2节 埃希菌属

埃希菌属（*Escherichia*）包括大肠埃希菌（*E.coli*）、蟑螂埃希菌、弗格森埃希菌、赫尔曼埃希菌、伤口埃希菌和艾伯特埃希菌 6 个种。其中大肠埃希菌是临床最常见的分离菌，俗称大肠杆菌，是人和动物肠道的正常菌群，可引起肠内外感染。本节以大肠埃希菌为代表叙述。

案例 9-1

某女，26 岁，尿频、尿急、排尿时有烧灼感，尿液浑浊。入院检查，血常规：白细胞 11×10^9/L；尿中白细胞>100 个 /HP，红细胞 0～2 个 /HP，尿蛋白（−）；中段尿培养菌落计数大于 10^5CFU/ml。

问题：

1. 临床诊断为什么病?
2. 该病最常见的病原菌是什么？该病原体的鉴定依据是什么？
3. 该菌主要通过何种途径感染？

一、生物学特性

（一）形态与染色

革兰阴性杆菌（图 9-2），无芽胞，多数有鞭毛，部分菌株有菌毛，引起肠道外感染的菌株具有微荚膜。

（二）培养特性

兼性厌氧，最适生长温度 35～37℃，最适 pH7.2～7.4。营养要求不高，在普通营养琼脂上生长良好（血平板上典型菌落见图 9-3），某些菌株在血平板上可产生 β 溶血。在肠道选择培养基上能发酵乳糖产酸，形成有色菌落（图 9-4、图 9-5）。在液体培养基中呈浑浊生长。

（三）生化反应

发酵葡萄糖、乳糖、麦芽糖、甘露醇产酸产气，不产 H_2S，不分解尿素，IMViC 试验结果为＋＋−−。其他生化反应见表 9-2。

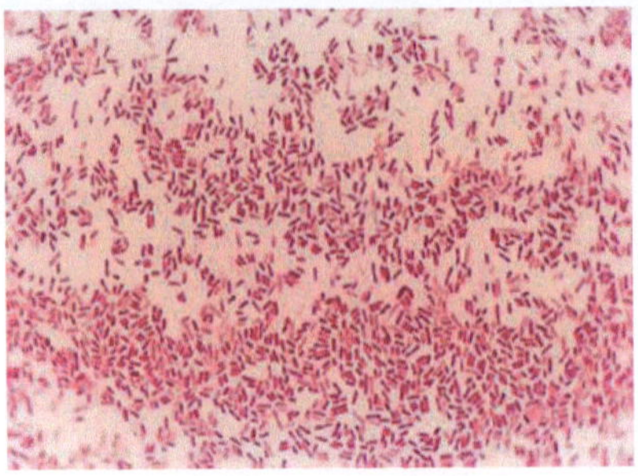

●● 图 9-2　大肠埃希菌革兰染色 ●●

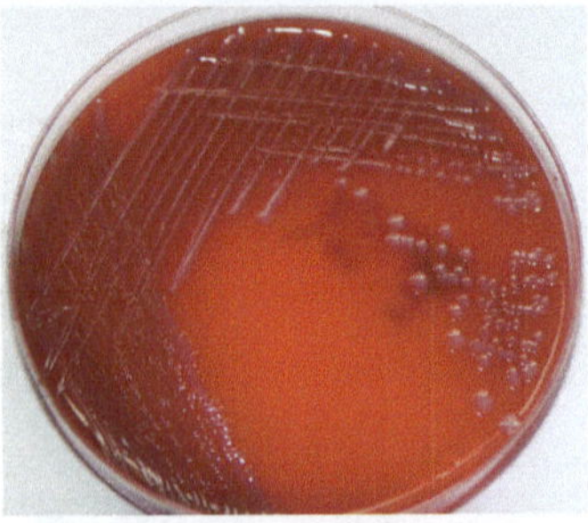

●● 图 9-3　大肠埃希菌在血平板上的菌落特征 ●●

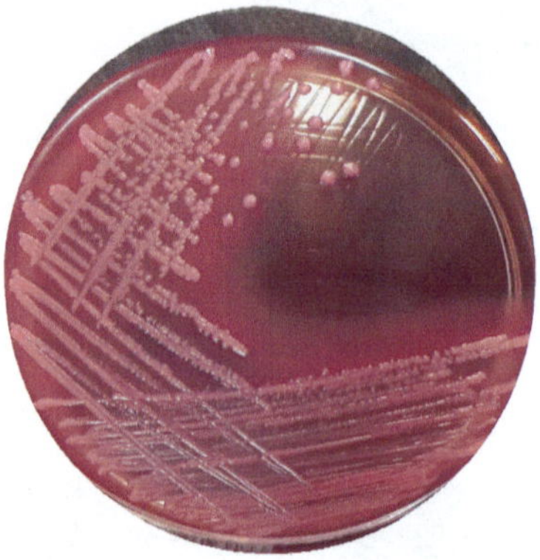

●● 图 9-4　大肠埃希菌在 MAC 平板上的菌落特征 ●●

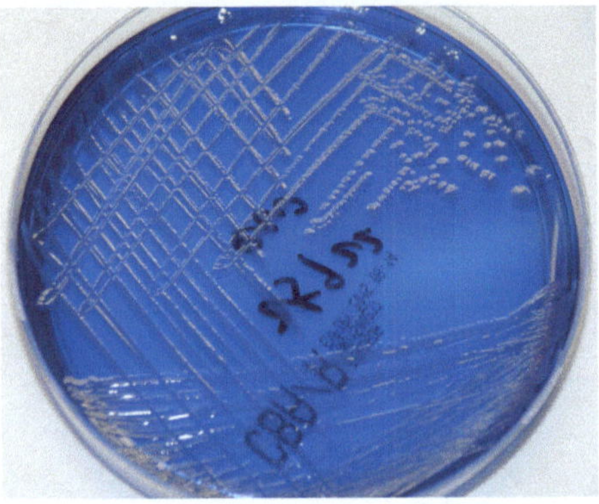

●● 图 9-5　大肠埃希菌在中国蓝琼脂平板上的菌落特征 ●●

（四）抗原构造

大肠埃希菌的抗原结构较复杂，主要包括菌体（O）抗原、鞭毛（H）抗原和表面（K）抗原等。O 抗原是血清学分型的基础；H 抗原不耐热；K 抗原为多糖荚膜抗原，位于 O 抗原外层，在 K 抗原存在时能阻止 O 抗原与相应抗体的凝集。大肠埃希菌的血清型一般按 O：K：H 的顺序排列，字母后加数字表示，如 O111：K58：H2、O157：H7 等。

（五）抵抗力

对理化因素抵抗力不强；60℃ 30min 即死亡，对常用的化学消毒剂敏感。胆盐、煌绿等对大肠埃希菌有抑制作用。

二、临床意义

（一）致病物质

1. **黏附素**　能使细菌紧密黏附在泌尿道和肠道的细胞上，避免因排尿时尿液的冲洗和肠道的蠕动作用而被排除。

2. **毒素**　本菌可产生内毒素、外毒素（肠毒素）。肠毒素主要有志贺毒素Ⅰ和Ⅱ；耐热肠毒素（ST）a 和 b；不耐热肠毒素（LT）Ⅰ和Ⅱ；溶血毒素 A。

3. **K 抗原**　具有抗吞噬作用，并能抵抗抗体和补体的杀菌作用。

（二）所致疾病

1. 肠道外感染 多数大肠埃希菌在肠道内不致病，但如移居至肠道外组织或器官则可引起肠道外感染。例如，尿道炎、膀胱炎、肾盂肾炎，腹膜炎、阑尾炎、手术创口感染、婴儿和老年人败血症及新生儿脑膜炎等。

链接

为什么女性比男性更易患尿路感染？

引起泌尿道感染的大肠埃希菌大多来源于结肠，污染尿道后，上行至膀胱、肾脏和前列腺，引起上行性感染。女性的尿道较男性短且宽弛，细菌易于进入。且女性的尿道口与阴道、肛门距离很近，无论是阴道还是肛门周围，都有大量细菌，一旦细菌进入尿道则有可能引起尿路感染。年轻女性首次尿道感染，90%以上是由本菌引起。男性的尿道长，且尿道口远离会阴部，因而不易患尿路感染。

尿道感染的临床症状主要有尿频、尿急、尿痛、血尿和脓尿；累及肾盂时可出现寒战、高热、腰痛等症状。

2. 肠道感染 某些大肠埃希菌菌株能引起腹泻，并能引起致死性并发症如溶血性尿毒综合征（HUS）。根据不同的血清型别、毒力和所致临床症状的不同，可将致腹泻的大肠埃希菌分为5类，其主要致病特征见表9-4。

（1）肠产毒素型大肠埃希菌（enterotoxigenic *E.coli*，ETEC）：引起儿童腹泻和旅行者腹泻，导致恶心、腹痛、低热及急性发作的类似于轻型霍乱的大量水样便。由ETEC引起的旅行者腹泻有时甚为严重，但很少致死。

（2）肠致病性大肠埃希菌（enteropathogenic *E.coli*，EPEC）：主要引起婴儿肠道感染，导致发热、呕吐、大量水泻，便中含黏液但无血液。

（3）肠侵袭型大肠埃希菌（enteroinvasive *E.coli*，EIEC）：该菌引起的肠炎类似于菌痢，可导致发热、腹痛、水泻、里急后重等症状，并出现黏液脓血便。

（4）肠出血型大肠埃希菌（enterohemorrhagic *E.coli*，EHEC）：最具代表性的血清型是O157：H7，可引起出血性结肠炎，主要特征为腹痛、水泻、血便，多无发热，主要见于婴幼儿，可出现暴发或流行。由EHEC引起的腹泻2%～7%可发展为HUS，主要临床表现为溶血性贫血、血小板减少性紫癜和急性肾衰竭，死亡率为3%～10%。

（5）肠凝聚性大肠埃希菌（enteroaggreative *E.coli*，EAEC）：可致儿童肠道感染，引起水样腹泻、呕吐和脱水，偶有腹痛、发热和血便。

表9-4 引起肠道感染的大肠埃希菌的主要特征

菌株	致病因素	疾病与症状
ETEC	LT和ST	旅行者腹泻及婴幼儿腹泻：大量水样便、恶心、呕吐、腹痛、低热等
EIEC	侵袭力、内毒素	痢疾样腹泻：脓血便、里急后重、腹痛、发热等
EPEC	黏附因子	婴幼儿腹泻：水样便、恶心、呕吐、发热等
EHEC	菌毛、志贺样毒素	出血性腹泻：水样便，继以大量出血、剧烈腹痛，可并发HUS和血小板减少性紫癜等
EAEC	未明	婴儿腹泻：持续性水便、呕吐、脱水、低热等

三、微生物学检验

（一）检验程序

大肠埃希菌检验程序见图 9-1。

（二）标本采集

根据不同疾病采集尿液、血液、脓汁、创伤渗出液、脑脊液、痰、粪便等标本。

（三）检验方法

1. 肠道外感染

（1）标本直接检查：除血液标本外，其他标本均可作涂片染色镜检。中段尿和其他各种体液标本以 3000r /min 离心 10min 后取沉淀物涂片，脓、痰、分泌物等可直接涂片，革兰染色后镜检。镜下可见革兰阴性短杆菌。

（2）分离培养与鉴定

1）分离培养：血液标本接种肉汤增菌培养，待生长后移种血平板；其他标本直接或离心取沉淀接种于血平板及肠道弱选择性平板，35℃孵育 18～24h。大肠埃希菌在血平板上形成圆形、凸起、灰白色、光滑型菌落，某些菌株可出现 β 溶血；在 EMB 上菌落呈粉红色或紫黑色有金属光泽；在 MAC、SS 上菌落呈粉红色或红色。

2）鉴定：菌落涂片染色结果为革兰阴性杆菌。生化反应结果符合表 9-5 几种情况的可初步鉴定为大肠埃希菌。必要时可用系列生化反应做最后鉴定。

表 9-5　大肠埃希菌的几种生化反应结果

KIA				MIU			甲基红	V-P	枸橼酸盐	触酶	氧化酶	硝酸盐还原
斜面	底层	产气	H_2S	动力	吲哚	脲酶						
A	A	+/−	−	+/−	+	−	+	−	−	+	−	+
K	A	−	−	+	+	−	+	−	−	+	−	+
K	A	−	−	−	+	−	+	−	−	+	−	+
K	A	−	−	+/−	+	−	+	−	−	+	−	+

2. 肠道感染　分离培养与鉴定如下。

（1）分离培养：标本接种肠道选择培养基（MAC/EMB），35℃孵育 18～24h。筛选 ETEC 可将标本接种于山梨醇麦康凯琼脂（SMAC）平板，35～37℃孵育 18～24h，肠道正常菌群中的大肠埃希菌约 80% 在孵育<24h 可发酵山梨醇，但 O157：H7 不发酵或缓慢发酵山梨醇。

（2）鉴定：引起肠道感染的 ETEC、EPEC、EIEC、EHEC 和 EAEC 生化反应符合大肠埃希菌的生物学性状，但分别具有特殊的血清型、肠毒素或毒力因子。鉴定时，先参照肠道外标本的方法鉴定到大肠埃希菌种，再依据血清学试验、毒素检测等作进一步鉴定。

1）ETEC 鉴定：用生物学方法或细胞培养、免疫学、分子生物学方法等测定 LT 和 ST。但因上述检测方法均较复杂，在临床实验室一般难以开展。

2）EPEC 鉴定：常用 EPEC 分型血清测定 O 抗原和 H 抗原，以鉴定其血清型别（O：H 分型），也可用酶联免疫吸附试验（ELISA）或细胞培养方法检测。

3）EIEC 鉴定：运用血清学分型和毒力测定。本菌生化反应与志贺菌相似，动力阴性、不发酵或迟缓发酵乳糖、赖氨酸脱羧酶阴性。两者主要鉴别试验是乙酸钠、葡萄糖铵利用和黏质酸盐产酸试验，EIEC 鉴定三者均为阳性，而志贺菌为阴性。以 EIEC 分型血清进行 O：H 分型。还可利用豚鼠眼睛结膜试验检测毒力，将被检菌液接种于豚鼠结膜囊内，产生典型的角膜结膜炎症状，在角膜细胞内可见大量的细菌，即为毒力试验阳性。

4）EHEC 鉴定：以 EHEC 分型特异性抗血清进行 O：H 分型。目前，O157：H7 血清型是临床实验室常规检测项目。

5）EAEC 鉴定：常用液体培养基－凝集试验检测 EAEC 对细胞的黏附性。

第3节 志贺菌属

志贺菌属（*Shigella*）是主要的肠道病原菌之一，引起人类细菌性痢疾。志贺菌属通称痢疾杆菌，包括四个群：痢疾志贺菌（A 群）、福氏志贺菌（B 群）、鲍特志贺菌（C 群）和宋内志贺菌（D 群）。我国以福氏志贺菌和宋内志贺菌引起的菌痢最为多见。

案例 9-2

患儿，男，5 岁，中午生食了未洗净的黄瓜，晚上发热 40℃，全身乏力，呕吐、腹泻多次，大便外观为黏液脓血便，左下腹疼痛明显，次日来到医院就医。血常规白细胞 15×10^9/L；中性粒细胞增多。粪便检查显示大便量少，为脓血黏液便。镜检可见成堆脓细胞，其中有红细胞及巨噬细胞。

问题：

1. 临床可初步诊断什么病诊？诊断依据是什么？
2. 该病最可能由哪种病原菌引起？怎样鉴定此病原菌？

一、生物学特性

（一）形态与染色

志贺菌属为革兰阴性短小杆菌，无鞭毛，不能运动。无芽胞、无荚膜。某些菌型有菌毛，容易吸附在肠黏膜细胞上。

（二）培养特性

需氧或兼性厌氧，最适生长温度 35～37℃，最适 pH 7.2～7.4。营养要求不高，在普通琼脂平板上经 24h 培养，形成直径 2mm、半透明的光滑型菌落。除宋内志贺菌个别菌株迟缓发酵乳糖外，均不分解乳糖，故在肠道选择性培养基 SS、MAC、EMB 琼脂平板上形成乳糖不发酵、中等大小、无色半透明的光滑型菌落。宋内志贺菌培养超过 48h，可迟缓分解乳糖，形成粗糙型、有色菌落。

（三）生化反应

大多数志贺菌不分解乳糖，KIA 试验结果为 K/A，不产生硫化氢，动力阴性，不分解尿素；IMViC 试验结果为－/＋＋－－。其他生化反应见表 9-2。

（四）抗原构造

有O抗原，耐热；部分菌株有K抗原，能阻止O凝集；无H抗原。O抗原分为型特异性（特异性较高）和群特异性（特异性较低）两类，是志贺菌分群分型的依据。根据生化反应及O抗原的不同，可将志贺菌属分为4个血清群、40余种血清型及亚型（表9-6）。

表9-6　志贺菌属的分类

种	群	型	亚型
痢疾志贺菌	A	1～10	
福氏志贺菌	B	1～6，X，Y变种	1a，1b，2a，2b，3a，3b，3c，4a，4b
鲍特志贺菌	C	1～15	
宋内志贺菌	D	1	

（五）抵抗力

志贺菌的抵抗力弱，加热60℃ 10min可被杀死。对酸和一般消毒剂敏感，在粪便中，由于其他肠道杆菌产酸或噬菌体的作用常使本菌在数小时内死亡，故粪便标本应迅速送检。但在污染物品及瓜果、蔬菜上，志贺菌可存活10～20d。在适宜的温度下，可在水和食品中繁殖，引起水源和食物型的爆发流行。本菌易出现耐药性。

（六）变异性

1. S-R变异　宋内志贺菌的菌落可由光滑型（S）变为粗糙型（R），同时常伴有生化反应、抗原构造和致病性的变异，成为不典型菌株。在慢性痢疾患者和恢复期患者的标本中常可分离到不典型菌株。光滑型菌落的宋内志贺菌的抗原构造为Ⅰ相，粗糙型菌落的宋内志贺菌的抗原构造为Ⅱ相，故宋内志贺菌的诊断血清中应含有两相血清才能保证不漏检。

2. 耐药性变异　志贺菌对四环素、链霉素、氯霉素、氨苄西林、磺胺类药物都可产生耐药性。

3. 毒力变异　志贺菌的某些菌株可产生毒力变异。对链霉素耐药的菌株常常伴有毒力减弱，但仍保留免疫原性，可作为口服疫苗，预防细菌性痢疾。

二、临床意义

（一）致病物质

志贺菌致病物质包括菌毛、内毒素和外毒素。

1. 菌毛　细菌借助菌毛黏附在回肠末端和结肠黏膜上皮细胞，有利于细菌的侵入及生长繁殖，引起局部炎症。

2. 内毒素　本属所有菌株均有强烈的内毒素。内毒素的作用：①破坏肠黏膜上皮细胞，引起肠黏膜炎症、坏死、脱落、形成溃疡，随粪便排出体外，出现典型的黏液脓血便。②作用于肠壁自主神经，使肠功能紊乱，肠蠕动失调和痉挛，尤其以直肠括约肌痉挛最明显，表现为腹痛、里急后重等症状。③作用于肠黏膜，使其通透性增高，促进对内毒素的进一步吸收，引起发热、神志障碍甚至中毒性休克。

3. 外毒素　A群痢疾志贺菌Ⅰ型和Ⅱ型能产生外毒素，称为志贺毒素（ST）。该毒素同时具有细胞毒性、神经毒性、肠毒性三种毒性，引起水样腹泻、昏迷、麻痹等症状。

（二）所致疾病

志贺菌引起细菌性痢疾（菌痢），主要通过粪－口途径传播，传染源为患者和带菌者。人类对志贺菌普遍易感。潜伏期1～3d。常见的感染剂量为10^3个。

细菌性痢疾分为急性、慢性和中毒性三种类型。

1. 急性菌痢 发病急，主要有发热、腹痛、腹泻、里急后重、黏液脓血便等典型临床症状。若治疗及时，预后良好。

2. 慢性菌痢 急性菌痢治疗不彻底，反复发作，可转为慢性。病程往往迁延2个月以上。

3. 中毒性菌痢 多见于小儿，常无明显的消化道症状而表现为全身中毒症状。例如，高热、休克、中毒性脑病，可迅速发生循环障碍及呼吸衰竭，病情凶险，病死率高。

部分患者恢复后可成为带菌者，具有高度传染性，为重要传染源，故菌痢带菌者不能从事餐饮业和幼教等工作。

三、微生物学检验

（一）检验程序

志贺菌属检验程序见图9-1。

（二）标本采集

志贺菌一般不入血，尽量在早期（使用抗生素前）采集患者新鲜粪便或脓血黏液便床边接种，否则应将标本保存于30%甘油缓冲盐水或卡－布运送培养基内，并尽快送检。中毒性菌痢患者可取肛门拭子。

（三）检验方法

1. 分离培养和增菌培养 立即将标本接种SS琼脂平板和MAC［也可用EMB或木糖－赖氨酸－去氧胆酸盐（XLD）培养基］35℃孵育18～24h。为提高分离率也可将标本先接种于GN肉汤中增菌4～6h后，再分离接种到选择培养基上。志贺菌菌落为无色透明或半透明状。

2. 鉴定 志贺菌属的鉴定主要依据生化反应和血清学试验。

（1）生化反应鉴定：挑选肠道选择培养基上无色菌落做氧化酶试验，并接种于KIA和MIU，结果符合表9-7者可初步疑为志贺菌。最终鉴定依据全面生化反应和血清学试验。

表9-7 志贺菌属主要生化反应

KIA				MIU			甲基红	V-P	枸橼酸盐
斜面	底层	气体	硫化氢	动力	靛基质	脲酶			
K	A	－/＋	－	－	＋/－	－	＋	－	－

（2）志贺菌血清学鉴定：生化反应符合志贺菌属，先用志贺菌属A～D群多价血清（包括A群1～2型、B群1～6型、C群1～6型和D群）做玻片凝集试验。如不凝集，可能为表面K抗原隔离所致，可通过加热100℃ 15～30min破坏K抗原，再行凝集试验；如仍不凝集，则可能为EIEC菌株，需进一步鉴别。如发生凝集，再用定群和定型诊断血清作

玻片凝集以鉴定到群和型。我国以 B 群多见，若鉴定为 B 群，需进一步用型因子血清确定其型别及亚型。

志贺菌属鉴定时应注意与下列细菌区别：

1）肠侵袭型大肠埃希菌（EIEC）：该型大肠埃希菌在 KIA 上的反应结果与志贺菌完全相同，在血清学上，与 A 群和 C 群志贺菌含有共同 K 抗原可发生交叉凝集。鉴别用赖氨酸脱羧酶试验、黏质酸盐试验、醋酸盐试验，志贺菌属均为阴性，而 EIEC 为阳性。

2）类志贺邻单胞菌：可用动力加以区别，但有时动力不明显难以确定。因此，必须借助氧化酶和 ONPG 鉴别，志贺菌属均为阴性，而邻单胞菌为阳性。

3）伤寒沙门菌：该菌如动力不明显，KIA 上 24h 培养硫化氢又为阴性时，难与志贺菌区别，此时可继续培养直至出现硫化氢阳性，并用沙门菌多价血清及伤寒沙门菌因子血清或 Vi 血清加以区别，志贺菌不凝集。

4）白色念珠菌：在培养时，也可在肠道选择培养基上形成不发酵乳糖的菌落，在 KIA 上的反应结果也与志贺菌相同，难以判别。可用涂片革兰染色加以区别，志贺菌为革兰阴性杆菌，白色念珠菌为革兰阳性圆形或卵圆形菌体。

第 4 节 沙门菌属

沙门菌属（*Salmonella*）是一群寄生于人类和动物肠道中，形态、生化反应和抗原结构等生物学性状相关的革兰阴性杆菌。目前已发现血清型有 2400 多种，但只有少数对人致病，如伤寒沙门菌和甲、乙、丙型副伤寒沙门菌等只对人致病，引起肠热症；有的沙门菌能引起人和动物疾病，如鼠伤寒沙门菌、猪霍乱沙门菌、肠炎沙门菌等，主要引起食物中毒；有些沙门菌仅对动物致病。

案例 9-3

患者，男，21 岁，9d 前发热 39～40℃，全身不适、乏力、食欲减退、腹泻、腹胀，口服抗生素四环素、罗红霉素等未见明显好转。入院就诊查体：患者表情淡漠，呆滞迟缓，相对缓脉，肝脾大，皮肤出现淡红色玫瑰疹。实验室检查：①血常规：白细胞 3.5×10^9/L，中性粒细胞占 70%，淋巴细胞占 30%；②粪便常规：镜下见少许白细胞及脓细胞；③粪便细菌培养：MAC 上发现无色、透明菌落，SS 平板上有中心黑色，外周无色透明菌落。

问题：

1. 临床最可能的诊断是什么？
2. 该病在治疗过程中应注意什么？
3. 如何鉴定该菌？

一、生物学特性

（一）形态与染色

革兰阴性杆菌，多数有周鞭毛，无荚膜，无芽胞。

（二）培养特性

兼性厌氧，营养要求不高。普通琼脂平板上37℃培养18～24h，形成中等大小、无色、半透明光滑型菌落。在SS和XLD琼脂上因不分解乳糖菌落呈无色，多数产生H_2S，使菌落中心呈黑色。在MAC、EMB上菌落与志贺菌相似，为透明或半透明菌落。

（三）生化反应

发酵葡萄糖、麦芽糖和甘露醇，除伤寒沙门菌不产气外，其余沙门菌均产酸产气；不发酵乳糖和蔗糖；不分解尿素；大多可产H_2S；IMViC试验结果为－＋－＋。沙门菌详细生化反应见表9-2。

（四）抗原构造

沙门菌的抗原结构较复杂，主要包括菌体（O）抗原、鞭毛（H）抗原，少数菌种有表面（Vi）抗原（表9-8）。

表9-8　沙门菌属常见血清型抗原构造

群	菌名	O抗原	H抗原	
			第1相	第2相
A	甲型副伤寒沙门菌	1、2、12	a	—
B	乙型副伤寒沙门菌	1、4、5、12	b	1、2
	德而比沙门菌	1、4、12	f、g	—
	海登堡沙门菌	4、5、12	r	1、2
	鼠伤寒沙门菌	1、4、5、12	i	1、2
	斯坦得沙门菌	4、5、12	—	—
C1	丙型副伤寒沙门菌	6、7，Vi	c	1、5
	猪霍乱沙门菌	6、7	c	1、5
	汤卜逊沙门菌	6、7	k	1、5
	波茨坦沙门菌	6、7	l、v	e、n、z15
	孔成道夫水沙门菌	6、7	—	1、5
C2	纽波特沙门菌	6、8	e、h	1、2
	病牛沙门菌	6、8	r	1、5
D	伤寒沙门菌	9、12（Vi）	d	—
	仙台沙门菌	1、9、12	a	1，5
	肠炎沙门菌	1、9、12	g、p	—
	都柏林沙门菌	1、9、12	g、p	—
	鸡沙门菌	1、9、12	—	—
E1	鸭沙门菌	3、10	e、h	1、6
	火鸡沙门菌	3、10	e、h	1
E2	纽因顿沙门菌	3、15	e，h	1、6
E3	山夫登堡沙门菌	1、3、19	g、s、t	—
F	阿伯丁沙门菌	11	i	1、2

1. O抗原　是细菌细胞壁上的脂多糖，耐热，性质稳定，特异性低，是血清分群的

依据。每个沙门菌的血清型可具有 1 种或数种 O 抗原，将具有共同 O 抗原成分的归为一个群，每个群以大写英文字母（A～Z）顺序排列，Z 以后无英文字母标记，直接以 O 加数字表示，如 O51、O65 等。临床上常见的是 A～F 群。其刺激机体产生的抗体以 IgM 为主，与相应的抗血清反应时呈颗粒状凝集。

2. H 抗原 为蛋白质抗原，性质不稳定，加热及用乙醇处理可被破坏，特异性高，是血清分型的依据。H 抗原分两个相，第 1 相为特异相，用小写英文字母 a、b、c……表示，z 以后用 z 加阿拉伯数字表示，如 z1、z2、z3……；第 2 相为沙门菌所共有，称非特异相，用阿拉伯数字表示。仅具有一相 H 抗原的为单相菌，具有两相 H 抗原的称为双相菌。H 抗原刺激机体产生的抗体以 IgG 为主，与相应抗血清反应呈絮状凝集。

3. 表面抗原 新分离的菌株如伤寒沙门菌、丙型副伤寒沙门菌等有 Vi 抗原，其具有抗吞噬及保护细菌免受相应抗体和补体的溶菌作用，人工传代后可消失。Vi 抗原可阻碍 O 抗原与相应抗体发生凝集反应，影响沙门菌的血清学鉴定，因 Vi 抗原不耐热，可通过加热等方法去除这种阻碍作用。

（五）抵抗力

对理化因素抵抗力较差，处于湿热 65℃ 15～30min 即被杀死。在水中能存活 2～3 周，粪便中可存活 1～2 个月。对一般消毒剂敏感，但对某些化学物质如胆盐、煌绿等的耐受性较其他肠道杆菌强，利用此特点可制备沙门菌的选择培养基。

（六）变异性

沙门菌属的细菌容易发生变异，主要有以下几种变异形式：

1. S-R 变异 沙门菌属的细菌可由光滑型（S）菌落变为粗糙型（R）菌落，其原因是菌体表面特异多糖抗原丢失。这种变异株在盐水中往往发生自凝。

2. H-O 变异 沙门菌属的细菌可发生失去鞭毛的变异。H-O 变异一般为表型变异，实验室一般不易获得稳定菌株。

3. V-W 变异 沙门菌属的某些细菌有 Vi 抗原，细菌失去 Vi 抗原的变异称 V-W 变异。初次分离的具有 Vi 抗原的菌株称为 V 型菌株，经多次人工培养后失去 Vi 抗原的菌株称为 W 型菌株。

4. 位相变异 具有双相 H 抗原的沙门菌接种在琼脂平板上多次传代后，变成只有其中某一相 H 抗原的单相菌，这种变异称为位相变异。在分析抗原时，如遇到只有其中一个相抗原的培养物，特别是只有第 2 相的非特异抗原的细菌时，需接种在琼脂含量较低的培养基上反复传代，诱导出第 1 相抗原，才能作出鉴定。

二、临床意义

（一）致病物质

1. 菌毛 对小肠黏膜有较强的黏附能力，并穿入其内繁殖。

2. Vi 抗原 抵抗吞噬细胞的吞噬和杀伤，并阻挡抗体、补体等的杀菌作用，有助于沙门菌穿过小肠上皮到达固有层。

3. 内毒素 沙门菌死亡后，释放出内毒素，可引起宿主体温升高，白细胞下降，大剂量时导致中毒症状和休克，并能激活补体系统，导致一系列病理生理变化。

4. 肠毒素 某些沙门菌（鼠伤寒沙门菌）能产生类似 ETEC 的肠毒素，与早期的水样腹泻有关。

（二）所致疾病

沙门菌主要通过食入或饮用被污染的食品或水源而感染，可引起人类和动物的沙门菌病。主要有以下类型。

1. 肠热症 即伤寒、副伤寒。由伤寒沙门菌和甲、乙、丙型副伤寒沙门菌引起，传染源是患者及带菌者。细菌经口进入体内，侵入小肠壁和肠系膜淋巴组织大量繁殖，经胸导管进入血流引起第一次菌血症。患者有发热、乏力、全身酸痛等症状（病程第1周）。随后，细菌随血流到达骨髓、肝、肾、脾、胆囊等器官大量繁殖，再次进入血流，引起第二次菌血症。患者常有持续高热（>39℃）、肝脾大、相对缓脉、皮肤出现玫瑰疹、外周血白细胞减少等症状。胆囊中的细菌通过胆汁进入肠道，一部分随粪便排出体外，另一部分再次侵入肠壁淋巴组织，使已致敏的组织发生超敏反应，导致局部坏死和溃疡，严重的出现肠出血或肠穿孔并发症。肾中细菌可随尿液排出体外（病程第2～3周）。若无并发症，第3～4周病情开始好转。肠热症潜伏期7～12d，典型病例的病程为3～4周，副伤寒的病程稍短。

伤寒沙门菌感染后约3%患者可成为携带者，在粪便中可持续排菌长达1年或1年以上。病菌主要潴留于胆囊，间歇性排菌，成为重要传染源。

2. 胃肠炎（食物中毒） 是最常见的沙门菌感染，因食入含有被大量鼠伤寒沙门菌、肠炎沙门菌、猪霍乱沙门菌等污染的食物而引起。常见的食物主要有畜、禽肉类、蛋类、奶及奶制品。主要症状为发热、恶心、呕吐、腹痛、腹泻。多见于老人、婴儿和体弱者，一般2～3d可自愈。

3. 菌血症或败血症 以猪霍乱沙门菌感染为多，表现为高热、寒战、厌食、贫血等，无明显的胃肠炎症状，常伴有局部病灶如胆囊炎、骨髓炎等。往往血培养阳性而粪便培养阴性。多见于儿童及免疫力低下的成人。

链 接

“伤寒玛丽”的故事

“伤寒玛丽”，本名叫玛丽·梅伦，1869年生于爱尔兰。1906年夏天，纽约的银行家华伦雇玛丽做厨师。随后，华伦夫人、两个女儿、两个女佣和园丁相继感染伤寒。经调查发现此前7年中玛丽换过7个工作地点，而每个工作地点都暴发过伤寒病，累计共有22个病例，其中1例死亡。通过医院检查证实了玛丽为伤寒疫情的传染源，随后玛丽被送入一个小岛上的传染病房进行隔离。1910年2月，当地卫生部门解除对她的隔离，条件是玛丽同意不再做厨师。1915年，纽约一家妇产医院暴发了伤寒，25人被感染，2人死亡。卫生部门很快在这家医院的厨房里找到了玛丽。此后，玛丽一直被隔离于传染病房，医生对隔离中的玛丽使用了可以治疗伤寒病的所有药物，但直到1939年玛丽去世，伤寒病菌一直顽强地存在于她的体内。玛丽·梅伦便以“伤寒玛丽”的绰号留名于医学史。

三、微生物学检验

（一）检验程序

沙门菌属检验程序见图9-1。

（二）标本采集

根据不同疾病类型、病程发展采集不同标本，最好在使用抗生素前采集。例如，肠热症第1周取血液，第2～3周取粪便、尿液，全程可取骨髓。血清学诊断应在病程的不同时期分别采集2～3份标本。胃肠炎型取粪便、呕吐物和可疑食物。败血症或菌血症取血液。

（三）检验方法

1. 标本直接检查 尿标本等可直接涂片革兰染色镜检。

2. 分离培养与鉴定 血液和骨髓需先增菌，再用血琼脂平板分离培养。粪便或尿液沉淀物可直接接种肠道选择培养基（如SS或EMB、XLD琼脂平板），37℃培养18～24h。若粪便标本中含菌量较少可先接种于亚硒酸盐肉汤等选择性增菌液中增菌，然后再转种于肠道选择性琼脂平板上。挑取SS和XLD上中心黑色，外周无色透明菌落，MAC、EMB上无色菌落进行氧化酶、KIA、MIU等简单生化反应试验，若生化反应结果符合沙门菌属，再通过全面生化反应和血清学鉴定分群、分型。

3. 血清学试验 肠热症病程长，由于抗生素的使用，临床症状不典型，临床标本分离阳性率低，故常用肥达反应辅助诊断。肥达反应即用已知伤寒沙门菌的O、H抗原，甲型副伤寒沙门菌、乙型副伤寒沙门菌和丙型副伤寒沙门菌的H抗原，检测受检血清中有无相应抗体及其效价，以辅助诊断伤寒与副伤寒。

一般伤寒沙门菌O效价＞1∶80，H效价＞1∶160；甲、乙、副伤寒沙门菌H效价＞1∶80才有诊断价值。或在疾病早期及中后期分别采集两次血清，若第二次血清较第一次的效价≥4倍以上具有诊断意义。

一般来说，若O、H抗体效价均大于正常值，则患伤寒的可能性大，两者均低则患伤寒病的可能性小。若O高，H不高，则可能是感染早期或其他沙门菌的交叉感染，可于1周后复查，若H升高则可诊断。若O不高，H高，则可能是预防接种或非特异性回忆反应。

第5节 克雷伯菌属、耶尔森菌属、变形杆菌属、肠杆菌属

一、克雷伯菌属

克雷伯菌属（*Klebsiella*）主要包括肺炎克雷伯菌（*K.pneumoniae*）、产酸克雷伯菌（*K. oxytoca*）等，为条件致病菌，临床感染中以肺炎克雷伯菌多见。肺炎克雷伯菌包括肺炎亚种、臭鼻亚种和鼻硬结亚种。

（一）生物学特性

克雷伯菌属为革兰阴性杆菌，卵圆形或球杆状，常成双排列，有菌毛；无芽胞，无鞭毛。在营养丰富的培养基上可形成明显的荚膜，荚膜肿胀试验可用于鉴定本菌。

兼性厌氧，营养要求不高，在普通培养基上生长良好，在血平板上形成较大凸起、灰白色、不透明、不溶血、黏液型菌落（图9-6），用接种环挑起时可出现拉丝现象。在肠道选择培养基上，可发酵乳糖产酸，形成较大、有色、黏稠菌落（图9-7）。

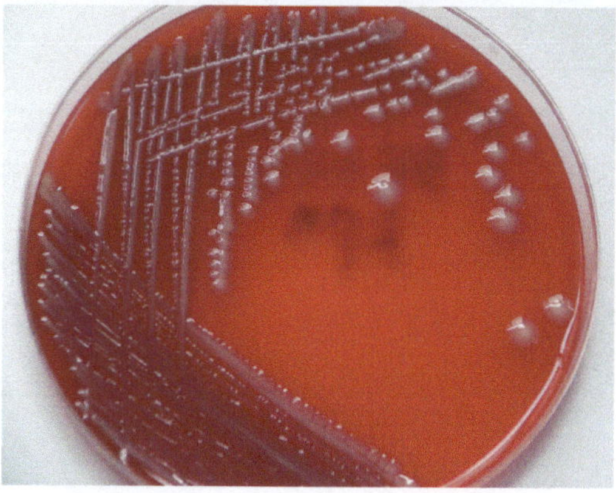

图 9-6 肺炎克雷伯菌在 BA 上的菌落

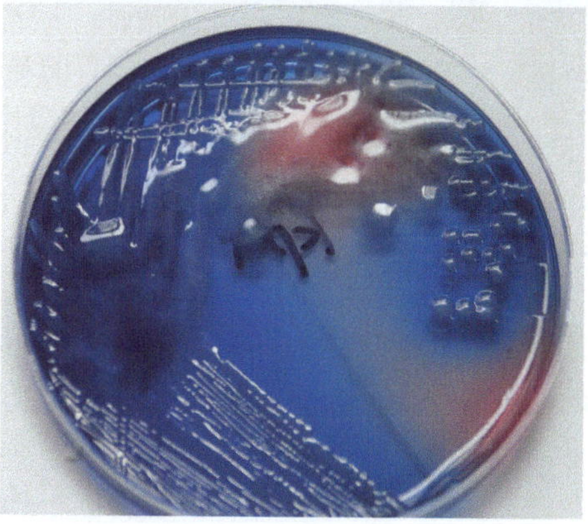

图 9-7 肺炎克雷伯菌在中国蓝平板上的菌落

本属细菌主要生化反应见表 9-2。本属细菌各菌种间鉴别见表 9-9。

表 9-9 肺炎克雷伯菌与产酸克雷伯菌的鉴别

试验	肺炎克雷伯菌肺炎亚种	肺炎克雷伯菌臭鼻亚种	肺炎克雷伯菌鼻硬结亚种	产酸克雷伯菌
靛基质试验	－	－	－	＋
赖氨酸脱氨酶	＋	－/＋	－	＋
鸟氨酸脱氨酶	－	－	－	－
VP 试验	＋	－	－	＋
丙二酸盐利用	＋	－	＋	＋
ONPG	＋	v	－	＋

注：＋. ≥90% 阳性；v. 11%～89% 阳性；－. ≤10% 阳性

克雷伯菌属有 O 抗原和 K 抗原，K 抗原的化学性质是荚膜多糖，是分型的主要依据，用荚膜肿胀试验将克雷伯菌分为 82 个血清型，肺炎克雷伯菌多属于 3 型和 12 型。

（二）临床意义

克雷伯菌属是医院感染中常见的条件致病菌，以肺炎克雷伯菌感染较多见。该菌在正常人口咽部的带菌率为 1%～6%，但在住院患者中可达 20%。肺炎克雷伯菌可引起典型的原发性肺炎；也可引起肺外感染，如肠炎、婴儿脑膜炎、菌血症、泌尿系统感染等。其中臭鼻亚种可引起臭鼻症和鼻黏膜化脓性感染。鼻硬结亚种可引起呼吸道黏膜、口咽部、鼻和鼻窦等部位感染，导致肉芽肿病变和硬结形成。产酸克雷伯菌可引起人体各部位感染。

在肺炎克雷伯菌临床感染治疗中，随着 β- 内酰胺类及氨基糖苷类等广谱抗生素的广泛使用，细菌易产生超广谱 β- 内酰胺酶（ESBLs）和头孢菌素酶（AmpC 酶）及氨基糖苷类修饰酶（AMEs），对常用药物包括第三代头孢菌素和氨基糖苷类呈现出严重的多重耐药性。

（三）微生物学检验

1. 检验程序 检验程序见图 9-1。

2. 标本采集 据不同疾病采集不同标本，如血液、痰、脓汁、尿液、脑脊液及胸、腹水等。

3. 检验方法

（1）标本直接检查：痰、脓汁、尿液、脑脊液及胸、腹水，离心后沉淀物涂片做革兰染色镜检，可见革兰阴性球杆菌，有明显的荚膜。

（2）分离培养与鉴定：血液标本先增菌培养，其他标本接种于血平板和MAC平板。35℃孵育18～24h，取血平板上灰白色、大而黏稠的菌落和MAC上粉红色黏稠的菌落，做革兰染色及全面生化反应进行鉴定。

必要时可结合荚膜肿胀试验帮助鉴别：于玻片上加1滴待检菌，再加1滴墨汁（或亚甲蓝），最后加一接种环抗血清，在菌体周围出现较大空白圈者为阳性，应同时做不加抗血清的阴性对照。

二、耶尔森菌属

耶尔森菌属（*Yersinia*）包括11个种，导致人体致病的主要有鼠疫耶尔森菌、小肠结肠炎耶尔森菌和假结核耶尔森菌。

（一）小肠结肠炎耶尔森菌

小肠结肠炎耶尔森菌（*Y.enterocolitica*）是引起人类腹泻的常见病原菌，可寄居在啮齿类和家畜等动物体内，通过污染肉类、水经口感染或因接触染疫动物而感染。

1. 生物学性状 本菌为革兰阴性短小杆菌，有两极浓染现象。无芽胞，无荚膜，25℃培养形成周鞭毛，呈翻滚旋转运动，37℃培养则无动力。

需氧或兼性厌氧，在4～40℃均能生长，但最适生长温度为20～28℃。在液体培养基中浑浊生长，液体表面可形成白色菌膜或有沉淀生长。营养要求不高，在普通培养基上形成圆形、光滑、突起的菌落，某些菌株在血琼脂平板中可有溶血环，在MAC和NYE（新耶尔森菌选择性培养基）呈无色、半透明、乳糖不发酵型菌落。

分解葡萄糖和蔗糖产酸不产气，绝大多数菌株不分解乳糖；硫化氢阴性，脲酶阳性，鸟氨酸脱羧酶阳性，V-P试验25℃阳性、37℃阴性。

2. 临床意义 本菌主要通过污染的食物和水经消化道传播，为人畜共患病，可因接触带菌动物而感染。临床表现有多种，以小肠、结肠炎为最多见，也可引起败血症、阑尾炎和肠系膜淋巴炎、结节性红斑、反应性关节炎等。

3. 微生物学检验

（1）标本采集：常采集粪便及可疑食物，也可取血液、尿液等标本。

（2）直接检查：标本直接涂片、革兰染色镜检为革兰阴性球杆菌。

（3）冷增菌：粪便标本接种于5～7ml pH 7.4磷酸缓冲液中，置4℃冷增菌2～3周。

（4）分离培养：标本可直接接种或冷增菌后接种于MAC和NYE琼脂，25℃孵育48h后，菌落为无色、半透明、扁平较小的菌落。

（5）鉴定：小肠结肠炎耶尔森菌与其他肠杆菌属的主要区别是形态上有两极浓染现象，有嗜冷性，动力25℃阳性，35℃阴性。另外，该菌不分解乳糖，脲酶阳性，鸟氨酸脱羧酶阳性。

（二）鼠疫耶尔森菌

鼠疫耶尔森菌（*Yersinia pestis*）俗称鼠疫杆菌，为鼠疫的病原菌。鼠疫是一种自然疫源性的烈性传染病，历史上曾发生过3次世界性大流行，病死率很高。我国将其列为甲类传染病。

1. 生物学性状 本菌为革兰阴性短杆菌，卵圆形，两端浓染。有荚膜，无芽胞和鞭毛，动力阴性。在陈旧培养物或在高盐（3% NaCl）培养基上呈球形、哑铃形等多形态性。

兼性厌氧，营养要求不高，最适生长温度27～30℃，最适pH为6.9～7.2。在普通培养基上生长缓慢；在血琼脂平板上可形成柔软、黏稠的粗糙型菌落。在液体培养基开始浑浊，24h后表现为沉淀生长，48h后逐渐形成菌膜，稍加摇动菌膜呈“钟乳石”状下垂，此特征有一定鉴别意义。在半固体培养基穿刺接种后，表面可形成菌膜，穿刺线周围呈纵树状生长。

分解葡萄糖和甘露醇产酸不产气，对多数糖不分解；不分解尿素、不产生H_2S；IMViC试验为－＋－－；赖氨酸、鸟氨酸脱羧酶、苯丙氨酸脱氨酶均为阴性。

鼠疫耶尔森菌的抗原构造复杂，其中比较重要的有FI、V/W和T三种抗原。①FI抗原：是封套抗原，不耐热，100℃ 15min即失去抗原性；但其特异性高，抗原性强，刺激产生的相应抗体对人和实验动物有良好的保护作用。②V/W抗原：是表面抗原，其中V抗原是蛋白质，W抗原为类脂蛋白。V/W抗原有抗吞噬作用，并有在细胞内保护细菌生长繁殖的能力，因此，与侵袭力有关。③T抗原：为可溶性蛋白抗原，对小鼠和大鼠有剧烈毒性，故称为鼠毒素。T抗原有良好的抗原性和免疫原性，可用0.4%甲醛脱毒成为类毒素，类毒素免疫马制成抗毒素。

2. 临床意义 鼠疫耶尔森菌的致病物质主要有FI抗原、V/W抗原、鼠毒素及内毒素等。

鼠疫耶尔森菌的毒力很强，引起鼠疫，是我国法定的甲类传染病。鼠疫通常先在鼠类间发病和流行，通过鼠蚤的叮咬而传染人类。人对本菌的易感性没有年龄和性别的差异，而取决于被感染的方式。人主要通过带菌鼠蚤的叮咬或与感染动物（或人）接触感染。临床常见有三种类型：①腺鼠疫：以急性淋巴结炎为特点，侵犯的淋巴结多在腹股沟，一般为单侧，并引起肿胀、出血和坏死，称为腺鼠疫。②肺鼠疫：引起肺部病变，患者有高热、咳嗽、胸痛、咯血、呼吸困难、全身衰竭等症状，病死率高。死亡患者的皮肤常呈黑紫色，故有“黑死病”之称。③败血型鼠疫：重症腺型或肺型鼠疫的病菌侵入血流，大量繁殖，引起败血症型鼠疫，患者出现严重中毒症状，如高热、寒战、皮肤黏膜有出血点、休克和DIC，常因全身衰竭而于发病后2～4d死亡。

3. 微生物学检验 因鼠疫为法定甲类烈性传染病，故采集标本及检测过程中应严格遵守操作规程，采取严格的生物安全防护措施。标本必须送指定的具有严格防护措施的专门实验室。

（1）标本采集：按不同病型采取淋巴结穿刺液、痰、血液等；尸体标本取淋巴结、心、肝、脾、肺组织等病变组织；对腐烂尸体可取骨髓。

（2）直接检查：标本涂片作革兰染色镜检，可见革兰阴性球杆菌，两端浓染。在陈旧培养物内或慢性病灶内可呈多形态，在动物体内可形成荚膜。

（3）分离培养及鉴定：未污染标本接种血琼脂，污染标本可接种选择性培养基（如甲紫溶血亚硫酸钠琼脂）。接种两个平板分别置于28℃和37℃孵育24～48h，挑取直径为1～1.5mm灰白色、黏稠的粗糙型菌落为可疑菌落作鉴定。

根据菌落特征、菌体形态、肉汤中生长特点，以及生化反应可作出初步鉴定。结合临床和流行病学资料综合分析，依据全面生化反应、噬菌体裂解试验、动物试验及免疫学方法等鉴定至属、种。

三、变形杆菌属

变形杆菌属（*Proteus*）广泛分布存在于自然界和人类及动物肠道中，包括普通变形杆菌、奇异变形杆菌、产黏变形杆菌和潘氏变形杆菌 4 种。其中普通变形杆菌在临床分离标本中最为常见。

（一）生物学特性

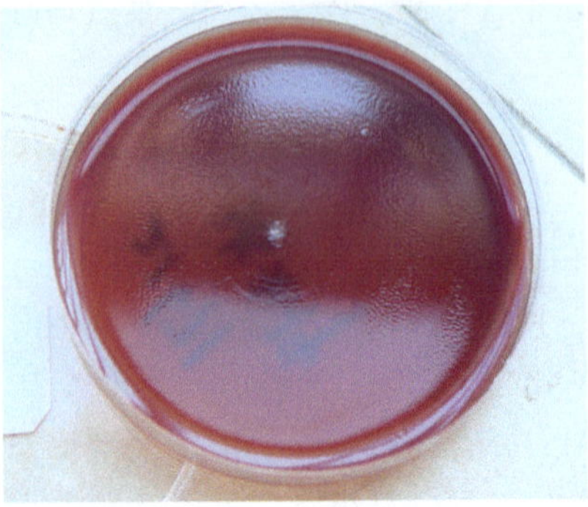

图 9-8 变形杆菌的迁徙生长现象（血琼脂平板）

变形杆菌属为革兰阴性杆菌，呈多形性。有周身鞭毛，运动活跃。产生 H_2S，尿素酶阳性，苯丙氨酸脱氨酶阳性。在普通琼脂平板或血琼脂平板上，普通变形杆菌和奇异变形杆菌可呈波纹状薄膜生长，布满整个培养基表面，称迁徙生长现象（图 9-8）。在肠道选择培养基中形成不发酵乳糖的无色透明、乳糖不发酵型菌落。产硫化氢的菌株在 SS 和 XLD 平板上的菌落中心可呈黑色。

不发酵乳糖，硫化氢阳性，脲酶、苯丙氨酸脱氨酶阳性。详细生化反应见表 9-2。本属细菌主要菌种间鉴别见表 9-10。

表 9-10 变形杆菌属种间鉴别

	奇异变形杆菌	产黏变形杆菌	潘氏变形杆菌	普通变形杆菌
吲哚试验	−	−	−	+
鸟氨酸脱羧酶	+	−	−	−
七叶苷	−	−	−	+
麦芽糖	−	+	+	+
木糖	+	−	+	+
水杨苷	−	−	−	+
H_2S	+	−	−/+	+
氯霉素敏感性	S	S	R	V

注：S. 敏感>14mm；R. 耐药；+. ≥90% 的菌株阳性；V. 10%~90% 的菌株阳性；−. ≤10% 的菌株阳性

变形杆菌某些菌株如 X_{19}、X_2、X_K 的 O 抗原与某些立克次体之间有共同的抗原成分，故常用变形杆菌菌株代替立克次体抗原与可疑患者血清做交叉凝集试验，以检测立克次体的抗体效价，以辅助诊断立克次体病（如斑疹伤寒、恙虫病等），该试验称外 - 斐（Weil-Feix）反应。

（二）临床意义

变形杆菌为条件致病菌，是医院性感染的常见病原菌之一，在引起泌尿系统感染的病原菌中分离率仅次于大肠埃希菌，还可引起创伤、烧伤、呼吸道等多种感染。由变形杆菌造成的新生儿脐带感染可导致菌血症和脑膜炎，死亡率高。普通变形杆菌可引起食物中毒，奇异变形杆菌可致婴、幼儿肠炎。

（三）微生物学检验

1. 检验程序 检验程序见图9-1。

2. 标本采集 不同疾病采集不同标本，如中段尿、脓液及分泌物、婴幼儿粪便、可疑食物。

3. 检验方法

（1）直接检查：取中段尿、脑脊液、胸腹水等离心沉淀物、脓液及分泌物涂片后，做革兰染色，可见革兰阴性杆菌；鞭毛染色可见周身鞭毛。

（2）分离培养及鉴定：血液标本增菌后接种于血平板，粪便标本接种于SS、MAC平板，其他标本接种于血平板、MAC/EMB平板，35℃孵育18～24h。挑取迁徙型生长菌落或乳糖不发酵型菌落进一步鉴定。

氧化酶阴性、脲酶阳性、苯丙氨酸脱氨酶阳性，KIA：K/A＋＋可初步鉴定为变形杆菌属，再根据表9-10将其鉴定到种。

变形杆菌属、普罗威登菌属和摩根菌属均为肠道正常菌群，为医院感染中常见的条件致病菌，具有一些共同的生化反应特征，如不发酵乳糖、葡萄糖酸盐阴性、苯丙氨酸脱氨酶阳性，其主要鉴别要点见表9-11。

表9-11 变形杆菌属与类似菌属的鉴别

	变形杆菌属	普罗威登菌属	摩根菌属
迁徙生长	＋	－	－
H_2S	＋	－	－
明胶液化	＋	－	－
脂酶（玉米油）	＋	－	－
西蒙枸橼酸盐	V	＋	－
鸟氨酸脱羧酶	V	－	＋
甘露醇	－	－/＋	－
麦芽糖	V	－	－
肌醇	－	＋/－	－
侧金盏花醇	－	＋/－	－
阿拉伯醇	－	－/＋	－

注：＋．≥90%的菌株阳性；V．10%～90%的菌株阳性；－．≤10%的菌株阳性

四、肠杆菌属

肠杆菌属（*Enterobacter*）主要分布于自然界，偶见于人和动物肠道，为条件致病菌；临床上常见的有产气肠杆菌、阴沟肠杆菌和阪崎肠杆菌。

（一）生物学特性

本属细菌为革兰阴性粗短杆菌，有周鞭毛，部分菌株有荚膜，无芽胞。兼性厌氧，营养要求不高，在营养琼脂和血平板上形成大而湿润的黏液型菌落，在肠道选择培养基上为乳糖发酵型菌落，在液体培养基中可见菌膜和黏性沉淀物。

本属细菌KIA：A/A＋，IMViC试验结果为－－＋＋，鸟氨酸脱羧酶阳性，详细生化

反应见表 9-2。产气肠杆菌和阴沟肠杆菌的主要生化反应见表 9-12。

表 9-12　产气肠杆菌和阴沟肠杆菌的主要生化反应

	KIA				MIU			甲基红	V-P试验	枸橼酸盐	鸟氨酸	赖氨酸	精氨酸
	斜面	底层	产气	硫化氢	动力	靛基质	脲酶						
产气肠杆菌	A	A	+	－	+	－	+/－	－	+	+	+	+	－
阴沟肠杆菌	A	A	+	－	+	－	+/－	－	+	+	+	－	+

+：≥90% 的菌株阳性；－：≤10% 的菌株阳性；+/－：50% ～ 90% 的菌株阳性

（二）临床意义

肠杆菌属广泛分布于自然界，属肠道正常菌群，是医院感染常见的病原菌之一，其定植和感染往往与医疗仪器设备的使用有关，也可引起内源性感染。临床分离的肠杆菌属中最常见阴沟肠杆菌和产气肠杆菌，可引起尿路感染、呼吸道、伤口感染等肠道外感染。容易产生耐药，多重耐药的阴沟肠杆菌引起的菌血症有很高的死亡率。阪崎肠杆菌可引起新生儿脑膜炎和败血症，死亡率较高。

（三）微生物学检验

1. 检验程序　检验程序见图 9-1。

2. 标本采集　不同疾病采集不同标本，如血液、痰液、中段尿、脓液及分泌物等。

3. 检验方法

（1）直接检查：取中段尿、脑脊液等离心沉淀物、痰液、脓液及分泌物涂片后，做革兰染色，可见革兰阴性杆菌。

（2）分离培养及鉴定：血液标本增菌后接种于血平板，痰液、脓液等接种于血平板和 MAC 等肠道选择性培养基，35℃孵育 18～24h。血平板上形成大而湿润的黏液型菌落，MAC 上为红色或粉红色菌落。通过生化反应（表 9-2、表 9-12）将可疑菌落进一步鉴定到种。

目标检测

一、名词解释

1. 肥达反应
2. 细菌的迁徙生长现象
3. 外－斐试验

二、选择题（选择一个最佳答案）

1. 能初步鉴别致病性肠道杆菌与非致病性肠道杆菌的试验是（　　）
   A. 葡萄糖发酵试验　B. V-P 试验
   C. 乳糖发酵试验　D. 甲基红试验
   E. 枸橼酸盐利用试验
2. 肠道杆菌之间常用的主要鉴别依据是（　　）
   A. 毒力试验　B. 生化反应
   C. 抗原构造　D. 形态染色
   E. 以上都不是
3. 冷增菌常用疫源性烈性传染病的病原菌是（　　）
   A. 军团菌
   B. 鼠疫耶尔森菌
   C. 小肠结肠炎耶尔森菌
   D. 假结核耶尔森菌
   E. 羊布鲁菌
4. 用于培养肠道致病菌的强选择性培养基是（　　）
   A. 中国蓝平板　B. SS 平板
   C. 双糖铁培养基　D. 乳糖发酵管
   E. 巧克力平板
5. 患者，男，20 岁，低热，全身疼痛不适 1 周。

根据其临床表现疑为伤寒或副伤寒沙门菌感染，此时分离伤寒或副伤寒沙门菌检出率最好的标本是（　　）

A. 粪便　　B. 咽拭子
C. 尿液　　D. 腹腔液
E. 静脉血

6. 分离肠道致病菌，不被应用的是（　　）
A. 中国蓝琼脂　　B. 伊红美蓝琼脂
C. 麦康凯琼脂　　D. SS 琼脂
E. 罗－琴培养基

7. 肠毒素型大肠埃希菌是（　　）
A. EIEC　　B. ETEC
C. EPEC　　D. EHEC
E. EAEC

8. 冷增菌常用于下面哪个菌的培养（　　）
A. 大肠埃希菌　　B. 霍乱弧菌
C. 沙门菌
D. 小肠结肠炎耶尔森菌
E. 志贺菌

9. 下列哪种细菌氧化酶试验阴性（　　）
A. 铜绿假单胞菌　　B. 副溶血性弧菌
C. 霍乱弧菌　　D. 大肠埃希菌
E. 莫拉菌属细菌

10. 鼠伤寒沙门菌在 SS 培养基上的生长特点为（　　）
A. 生长，无色透明菌落
B. 生长，黑色菌落中心
C. 部分抑制生长，无色透明菌落
D. 生长，红色浑浊菌落
E. 部分抑制生长

11. 大肠埃希菌分解以下什么物质生成靛基质（　　）
A. 尿素　　B. 色氨酸
C. 半胱氨酸　　D. 葡萄糖
E. 枸橼酸盐

12. 与腹泻有关的致病性大肠埃希菌有以下几种，哪一种可产生志贺样脓血便（　　）
A. Enteropathogenic *E.coli*（EPEC）肠致病型大肠埃希菌
B. Enterotoxigenic *E.coli*（ETEC）肠毒素型大肠埃希菌
C. Enteroinvasive *E.coli*（EIEC）肠侵袭型大肠埃希菌
D. Enterohemorrhagic *E.coli*（EHEC）肠出血型大肠埃希菌
E. Enteroaggregative *E.coli*（EaggEC）肠凝聚型大肠埃希菌

13. 能阻止菌体抗原与相应的抗血清发生凝集反应的抗原是（　　）
A. O　　B. H
C. Vi　　D. SPA
E. 以上均不是

14. 大肠埃希菌的 IMViC 试验结果为（　　）
A. ＋＋－－　　B. ＋－＋－
C. －＋＋－　　D. －－＋＋
E. ＋＋＋－

15. 沙门菌属中的 Vi 抗原是（　　）
A. 菌体抗原　　B. 鞭毛抗原
C. 表面抗原　　D. H 抗原
E. K 抗原

16. 肠杆菌科细菌与 O 特异型抗血清反应常不出现凝集是因为（　　）
A. 细菌表面抗原的存在
B. 细菌 O 抗原发生变异
C. 反应条件不当
D. 细菌量不够
E. 抗血清过浓

17. 荚膜肿胀试验可用来鉴定（　　）
A. 痢疾志贺菌　　B. 伤寒沙门菌
C. 肺炎克雷伯菌　　D. 大肠埃希菌
E. 阴沟肠杆菌

18. IMViC 试验不能用于鉴别（　　）
A. 产气肠杆菌与肺炎克雷伯菌
B. 大肠埃希菌与肺炎克雷伯菌
C. 大肠埃希菌与产气肠杆菌
D. 肺炎克雷伯菌与迟钝爱德华菌
E. 大肠埃希菌和阴沟肠杆菌

19. 大肠埃希菌 O157：H7 属于（　　）
A. 肠产毒型大肠埃希菌
B. 肠侵袭型大肠埃希菌
C. 肠致病型大肠埃希菌
D. 肠出血型大肠埃希菌
E. 肠凝聚型大肠埃希菌

20. 痢疾志贺菌（　　）
A. 为革兰阴性杆菌，有鞭毛
B. 大多能分解乳糖
C. 能引起败血症
D. 易产生多重耐药菌株

E. 在外界生存时间甚短

21. 下列哪一种疾病不宜取血做微生物检查（ ）
A. 细菌性心内膜炎
B. 流脑 C. 伤寒
D. 菌痢 E. 布鲁菌病

22. 主要引起婴幼儿腹泻的细菌是（ ）
A. 葡萄糖球菌 B. 志贺菌
C. 肠致病性大肠埃希菌
D. 伤寒沙门菌
E. 变形杆菌

23. 能发酵乳糖产酸产气的是（ ）
A. 伤寒沙门菌 B. 痢疾志贺菌
C. 大肠埃希菌 D. 变形杆菌
E. 鼠伤寒沙门菌

24. 有关“鼠疫耶尔森菌”的叙述，哪一项是错误的（ ）
A. 两端浓染，有荚膜
B. 陈旧培养基中菌体可呈多形态性
C. 最适生长温度为 37℃
D. 抗原结构复杂
E. 革兰染色阴性

25. 尿路感染最常见的病原菌是（ ）
A. 金黄色葡萄球菌 B. 痢疾志贺菌
C. 大肠埃希菌 D. 伤寒沙门菌
E. 变形杆菌

26. 一幼儿日前在 5 岁生日时得到一只宠物龟，之后出现低热、寒战、头痛、恶心、呕吐、腹泻，粪便培养查到革兰阴性杆菌，该菌有动力，不发酵乳糖，硫化氢试验阳性。该病原菌最可能为（ ）
A. 鼠伤寒沙门菌
B. 肠致病型大肠埃希菌
C. 肠产毒型大肠埃希菌
D. 肠出血型大肠埃希菌
E. 痢疾志贺菌

27. 一个 4 岁女孩在随母亲旅游中，吃小店出售的汉堡包，回家 3d 后，出现剧烈腹部痉挛疼痛和多次血便，伴发热、呕吐。入院后检查有溶血性贫血及血小板减少等溶血性尿毒综合征。常规粪便培养发现有革兰阴性杆菌，有动力。该病原菌最可能为（ ）
A. 鼠伤寒沙门菌
B. 肠致病型大肠埃希菌
C. 肠产毒型大肠埃希菌
D. 肠出血型大肠埃希菌
E. 痢疾志贺菌

28. 某男，27 岁，突发高热，经一般抗感染治疗 5d 高热不退，入院。查体：患者表情淡漠，体温 39.5℃，相对缓脉，约 90 次 / 分钟。皮肤散在玫瑰疹，脾大肋下 1cm。实验室检查：白细胞低于正常值。病原菌可能是（ ）
A. 伤寒沙门菌 B. 葡萄球菌
C. 脑膜炎奈瑟菌 D. 乙型溶血性链球菌
E. 痢疾志贺菌

29. 可辅助诊断伤寒和副伤寒的血清学试验是（ ）
A. 抗 O 试验 B. 凝固酶试验
C. 肥达反应 D. 外 – 斐反应
E. OT 试验

30. 可引起溶血性尿毒综合征（HUS）的是（ ）
A. Enteropathogenic *E.coli*（EPEC）肠致病型大肠埃希菌
B. Enterotoxigenic *E.coli*（ETEC）肠毒素型大肠埃希菌
C. Enteroinvasive *E.coli*（EIEC）肠侵袭型大肠埃希菌
D. Enterohemorrhagic *E.coli*（EHEC）肠出血型大肠埃希菌
E. Enteroaggregative *E.coli*（EaggEC）肠凝聚型大肠埃希菌

三、问答题

1. 如何从血液标本中检出并鉴定大肠埃希菌？
2. 疑似伤寒患者在病程不同阶段应采取何种标本？
3. 由鼠伤寒沙门菌引起的腹泻应怎样进行微生物学检验？
4. 简述肠杆菌科细菌共同的生物学特性。

（陈　静）

第 10 章 非发酵革兰阴性杆菌

学习目标

1. 掌握：铜绿假单胞菌的主要生物学特性及检验方法、鉴定依据。
2. 熟悉：其他非发酵革兰阴性杆菌的主要生物学特性及检验方法、鉴定依据。
3. 了解：常见非发酵革兰阴性杆菌的临床意义。

非发酵革兰阴性杆菌，是指一大群不利用葡萄糖或仅以氧化形式利用葡萄糖的需氧或兼性厌氧、无芽胞的革兰阴性杆菌。大多数为条件致病菌。近年来，非发酵革兰阴性杆菌引起的感染日益增加，同时，由此菌引起的耐药率也不断增高，引起了临床医学及检验医学的重视。

非发酵革兰阴性杆菌包括的菌种较多，主要有假单胞菌属、不动杆菌属、产碱杆菌属、窄食单胞菌属、无色杆菌属、莫拉菌属等。非发酵革兰阴性杆菌的鉴定较为复杂，必须先进行初步分群，即科、属之间的鉴别，然后再进行属内种的鉴定。初步分群的常用试验是：氧化酶试验、葡萄糖氧化发酵（O/F）试验、动力观察（表 10-1）。

表 10-1 常见非发酵革兰阴性杆菌的初步分群鉴定

试验	假单胞菌属	不动杆菌属	无色杆菌属	黄杆菌属	产碱杆菌属	莫拉菌属	丛毛菌属
氧化酶	+	−	+	+/−	+	+/−	+
O/F 试验	O/−	O/−	O	O	−	−	−
动力	+/−	−	+/−	+/−	+	−	+

注：+. 90% 以上阳性；−. 10% 以下阴性；+/−. 约 70% 为阳性；O. 氧化

案例 10-1

一位患有囊性纤维化的 11 岁男孩，因金黄色葡萄球菌反复感染肺部，出现喘息、咳痰、发热、呼吸急促和体重减轻而入院。检查发现患者支气管扩张，肺膨胀不全并伴肺部纤维化，细菌培养发现在肺部有革兰阴性杆菌，该菌氧化酶阳性，有动力，能产生带荧光的水溶性色素。

问题：

1. 该患者最可能患什么疾病？病原体是什么？
2. 如何对该病原体进行检验？
3. 鉴定该病原体的依据有哪些？

第1节 假单胞菌属

假单胞菌属（*Pseudomonas*）包括一群革兰阴性小杆菌，广泛分布于自然界中。需氧、无芽胞、有荚膜、有鞭毛和菌毛。其种类繁多，与人类关系密切的主要有铜绿假单胞菌、荧光假单胞菌和类鼻疽假单胞菌等，多为条件致病菌。

一、铜绿假单胞菌

铜绿假单胞菌（*P.aeruginosa*）俗称绿脓杆菌，为假单胞菌的代表菌种，是一种常见的条件致病菌。由于在生长过程中产生绿色的水溶性色素，感染后的脓汁或敷料上出现绿色，因此而得名。

（一）生物学性状

1. 形态与染色 铜绿假单胞菌为革兰阴性杆菌，菌体长短不一，呈球杆状或长丝状，单个、成对或短链状排列（图 10-1）。无芽胞，有荚膜，单端有 1～3 根鞭毛，运动活泼。临床分离的菌株常有菌毛。

2. 培养特性 专性需氧，部分菌株可在兼性厌氧环境下生长。可生长的温度范围为 25～42℃，最适生长温度为 25～30℃，4℃不生长，42℃可生长是该菌的一个鉴别特点。营养要求不高，在普通培养基上生长良好，18～24h 后形成圆形、大小不一、边缘不齐、扁平、隆起、光滑、湿润、有金属光泽、生姜气味且呈融合状态的菌落，因产生水溶性色素而使整个培养基呈现绿色或黄绿色。在血琼脂平板上，菌落周围有透明溶血环（图 10-2）。在 SS、麦康凯琼脂平板上形成不发酵乳糖的无色半透明小菌落，48h 后菌落常呈棕绿色。在液体培养基中呈浑浊生长，表面可形成菌膜。

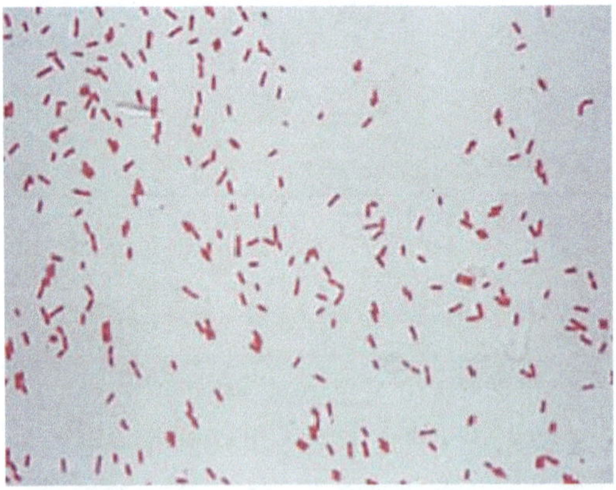

图 10-1 铜绿假单胞菌纯培养物镜下形态

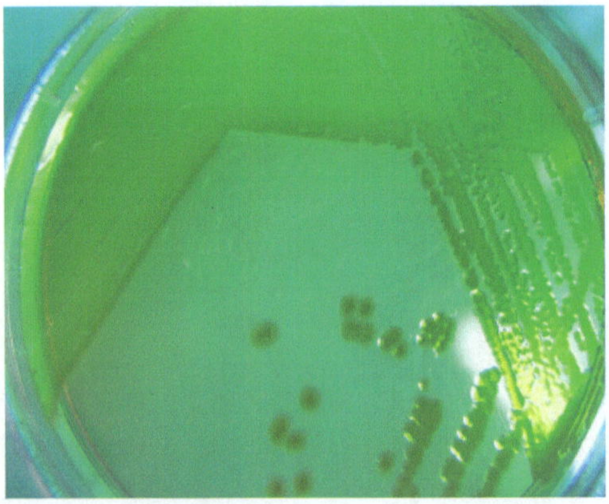

图 10-2 铜绿假单胞菌在营养琼脂上的菌落特征

3. 生化反应 氧化酶试验阳性，氧化分解葡萄糖、木糖产酸，可分解尿素，精氨酸双水解酶阳性，枸橼酸盐利用试验阳性，吲哚阴性，还原硝酸盐为亚硝酸盐并产生氮气。

4. 抗原构造 铜绿假单胞菌有菌体（O）抗原、鞭毛（H）抗原、黏液（S）抗原和菌毛抗原。O 抗原有两种成分，一种是外膜蛋白，为保护性抗原，是一种高分子、低毒性、免疫性强的物质，具有属特异性；另一种为脂多糖（LPS），具有型特异性，可用于细菌分型。

5. 抵抗力　铜绿假单胞菌对某些外界因素的抵抗力比其他无芽胞细菌强，在潮湿的环境中能生存。对干燥、紫外线有抵抗力。但是对热的抵抗力不强，56℃ 30min 可被杀死。对多种抗生素不敏感。

（二）临床意义

铜绿假单胞菌的主要致病物质包括结构成分（菌毛和多糖荚膜）、毒素（内毒素和外毒素 A）和酶（弹性蛋白酶和磷脂酶）等。菌毛对宿主细胞有黏附作用，荚膜多糖有抗吞噬作用，内毒素可致发热、休克、DIC 等，外毒素 A 和胞外酶 S 可抑制多种脏器易感细胞的蛋白质合成，溶血物质可溶解红细胞，对肺泡有毒性作用。

铜绿假单胞菌广泛分布于医院环境中，该菌引起的感染常与水或溶液的污染有关。它已被发现存在于各种水性溶液中，包括软膏、眼药水、消毒剂、肥皂水、灌洗液、透析液和医疗诊断器械中，因此它是医院感染的主要病因。铜绿假单胞菌可以定植在经常接受抗菌治疗的患者胃肠道、接受机械通气患者的气道和烧伤患者的皮肤，从而成为铜绿假单胞菌感染的危险因素。在人体抵抗力低下时，铜绿假单胞菌可引起皮肤感染、呼吸道感染、烧伤感染、泌尿道感染等，也可导致菌血症、心内膜炎、囊性纤维变性，该菌引起的慢性肺部感染占很大比例。

铜绿假单胞菌感染后可产生特异性抗体，对机体有一定保护作用。此外，中性粒细胞的吞噬作用在抗铜绿假单胞菌感染中也起着重要作用。

链 接

铜绿假单胞菌引起的肺部感染，尤其是肺部囊性纤维化（CF）和慢性呼吸道疾病的患者，在 ICU 插管患者中尤为严重，死亡率为 40%～50%。在 CF 患者中，具有特殊"黏液样"表型的铜绿假单胞菌所致的慢性感染占 70%～80%。中性粒细胞减少和免疫功能低下者，可因使用被该菌污染的呼吸性治疗装置而感染。

（三）微生物学检验

1. 标本采集

常见标本如血液、尿液、脑脊液、分泌物、脓液、痰液、胸腔积液、腹水等。医院环境监控可以从空气、水、物体表面等处采样。

2. 检验程序

检验程序见下图（图 10-3）。

3. 检验方法

（1）直接镜检：脑脊液、胸腔积液、腹水可直接或离心后取其沉淀物涂片，脓液、分泌物、痰液可直接涂片染色镜检。

（2）分离培养：对无正常菌群寄生的标本，如血液、骨髓、脑脊液等可接种血平板，对有正常菌群寄生的临床标本或外界环境标本应接种选择性培养基，如 SS、麦康凯琼脂平板等。

（3）鉴定：根据涂片染色和菌落特征结果再做生化反应，氧化酶阳性、O/F 试验为 O 型、枸橼酸盐利用试验阳性、精氨酸双水解酶阳性。根据以上特征可对铜绿假单胞菌做出初步鉴定，再结合其他特征（表 10-2），可对该菌做出最后鉴定，并可借此与其他假单胞菌相鉴别。必要时还可进行分型，如血清学分型、噬菌体分型和绿脓菌素分型。分型对院内感染的流行病学调查具有重要意义。

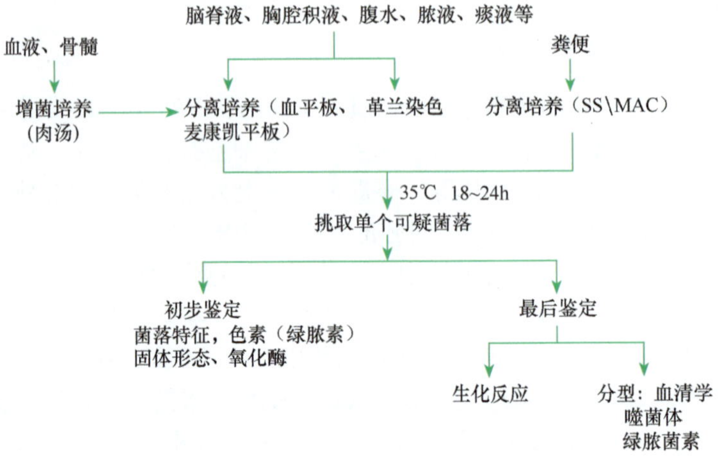

图 10-3 铜绿假单胞菌的检验程序

表 10-2 铜绿假单胞菌的鉴定要点及与其他假单胞菌的区别

试验	铜绿假单胞菌	荧光假单胞菌	恶臭假单胞菌	斯氏假单胞菌	嗜麦芽窄食单胞菌	鼻疽假单胞菌	假鼻疽假单胞菌
动力	+	+	+	+	+	−	+
荧光素	+/−	+	+/−	−	−	−	−
绿脓素	+/−	+/−	+/−	−	−	−	−
4℃生长	−	+	+/−	−	−	−	−
42℃生长	+	−	−	+/−	+/−	−	+
氧化酶	+	+	+	+	−	+/−	+
葡萄糖氧化	+	+	+	+	+	+	+
木糖氧化	+/−	+	+	+	+/−	−	+/−
乳糖氧化	−	−	−	−	+	+	+
蔗糖氧化	−	−/+	−	−	+	−	+
明胶液化	−/+	+	−	−	+	−	+
硝酸盐还原	+/−	−/+	−	+	−	−	+
精氨酸双水解酶	+	+	+	−	−	+	+
赖氨酸脱羧酶	−	−	−	−	+	−	−
卵磷脂酶	−	+	−	−	ND	ND	+/−

注：ND 表示无数据

二、其他假单胞菌

以下几种假单胞菌在临床上也比较常见，常见于医源性感染。

（一）荧光假单胞菌

1. 临床意义 荧光假单胞菌（*P.fluorescens*）存在外环境中，可从痰液、血液、尿液及脓肿穿刺液标本中分离出来。也可在冰箱储存的血及血液制品中生长繁殖。故输血科应予以重视，避免该菌污染引起的医源性感染。

2. 微生物学检验　与铜绿假单胞菌相似，但菌体一端有丛鞭毛（3 根以上），有动力，生长温度范围为 4～30℃，最适生长温度为 25～30℃，40℃不能生长。由于可在 4℃生长，低温培养是临床常用方法，可在室温 20～30℃增菌后再接种于血平板，不能在 35℃孵育，避免产生假阴性结果。生长过程中产生荧光素，在紫外线下呈黄绿色荧光。不产绿脓素，可与铜绿假单胞菌区别。

（二）恶臭假单胞菌

1. 临床意义　恶臭假单胞菌（*P.putida*）可从临床标本中分离出来，但比例较低，常可引起尿路感染、皮肤感染和骨髓炎，分泌物有腥臭味。

2. 微生物学检验　革兰阴性杆菌，菌体为卵圆形，一端有丛鞭毛（3 根以上），运动活泼，培养最适温度为 25～30℃，4℃及 42℃均不能生长，陈旧培养有腥臭味，生长过程中也产生荧光素。在细菌鉴定过程中要与其他假单胞菌区别，该菌产生荧光素而不产生绿脓素及 42℃不能生长，这两点有别于铜绿假单胞菌。不液化明胶、不产生卵磷脂酶、陈旧培养物有腥臭味，有别于荧光假单胞菌。

（三）斯氏假单胞菌

1. 临床意义　斯氏假单胞菌（*P.stutzeri*）存在于土壤、水、粪便中和人体上呼吸道中，能引起抵抗力低下患者的伤口感染、泌尿道感染、肺炎、心内膜炎。

2. 微生物学检验　革兰阴性杆菌，一端有单根鞭毛，动力活泼。最适生长温度为 35℃，4℃不生长，90% 菌株 42℃可生长，营养要求不高，可在普通培养基和 6.5% 高盐培养基上生长。新分离的菌株在琼脂培养基上形成粗糙有皱纹的菌落，也可形成光滑型或介于两者之间的菌落。可产生色素，无荧光（生化反应见表 10-2）。

第 2 节　其他非发酵革兰阴性杆菌

一、伯克霍尔德菌属

伯克霍尔德菌属为 rRNA 第Ⅱ群萨拉那塞菌 DNA 同源群。临床常见洋葱伯克霍尔德菌（*Burkholderia cepacia*），多为医院感染病原菌；马勒伯克霍尔德菌（*Burkholderia mallei*）与伪马勒伯克霍尔德菌（*Burkholderia pseudomallei*）是鼻疽病与类鼻疽病的病原体，被称为潜在生物恐怖菌；唐菖蒲伯克霍尔德菌（*Burkholderia gladioli*）、皮氏伯克霍尔德菌（*Burkholderia pickettii*）也能在临床见到。

（一）生物学性状

伯克霍尔德菌为革兰阴性杆菌，菌体细长稍带弯曲，两端钝圆，单个或成双排列，不形成芽胞和荚膜。马勒伯克霍尔德菌无鞭毛无动力，伪马勒伯克霍尔德菌有端丛鞭毛（1～4 根）。

伯克霍尔德菌为需氧菌，最适生长温度 35℃。洋葱伯克霍尔德菌生长较缓慢，在麦康凯琼脂平板上，其菌落可以是点状的和黏着性的，大多数临床分离的菌株是不产生色素的，但在含铁培养基上，许多菌株可产生亮黄色色素。伪马勒伯克霍尔德菌运动活泼，最适生长温度35～37℃，4℃不能生长，而马勒伯克霍尔德菌42℃不生长。马勒伯克霍尔德菌营养要求较高，在普通培养基上生长缓慢，发育不良。在血琼脂平板上生长良好，能在麦康凯上生长，不产生绿脓素和荧光素。伪马勒伯克霍尔德菌营养要求不高，在普通培养基、血琼脂、麦康凯琼脂平板上生长良好。多数菌株在普通琼脂上形成圆形、凸起、透明、有光泽、大小1～2mm的菌落，培养时间过长后，出现皱纹并呈红棕色。

（二）临床意义

洋葱伯克霍尔德菌存在土壤及水中，是医院感染常见的病原菌之一，可从医院的自来水、体温表、喷雾器、导尿管分离到。本菌可引起败血症、肺炎、伤口感染、脓肿等；也是囊性纤维化和慢性肉芽肿患者呼吸道感染的条件致病菌。

马勒伯克霍尔德菌与伪马勒伯克霍尔德菌均对马、骡驴、猫狗等动物感染。人类感染是经伤口或黏膜、呼吸道而进入体内。急性患者可有高热、衰竭等全身症状；皮肤、皮下、鼻黏膜出现结节和溃疡，肺鼻疽病有胸痛、咳嗽、咯血等。病菌进入血液，可形成菌血症及内脏脓肿，最后常因脓毒血症死亡。慢性患者全身症状不明，可有皮肤、皮下溃疡，其潜伏期可达数年。从患者血液、尿液、痰液、皮肤伤口、脓肿的脓液中分离出以上两种细菌。

（三）微生物学检验

1. 标本采集 按不同感染部位采集标本，如菌血症取血液培养。也根据不同的鼻疽病采集不同标本，皮肤鼻疽取溃疡部脓液，鼻鼻疽和肺鼻疽取脓性鼻液及肺灌洗液。

2. 显微镜检查 临床采用荧光直接法染色镜检，可快速诊断，特异性也较强。

3. 抗原检测 马勒伯克霍尔德菌与伪马勒伯克霍尔德菌，菌体含有两种抗原，一种为各自的特异性脂多糖抗原，另一种为两菌蛋白质的共同抗原。特别是自马体新分离的菌株，共同抗原含量较多。共同抗原在凝集试验、补体结合试验和皮肤变态反应中两菌均有交叉。

4. 分离培养与鉴定 伯克霍尔德菌种间鉴定见表10-3。

表10-3 临床标本中分离的常见非发酵菌的特征（rRNA同源群Ⅱ）

菌名	42℃生长	动力	脲酶	乳糖	氧化酶	麦芽糖	七叶苷	精氨酸双水解酶	硝酸盐	
									还原	产气
洋葱伯克霍尔德菌	+/−	+	+/−	−	V	V	+/−	−	+/−	−
马勒伯克霍尔德菌	−	−	+/−	+/−	+/−	−	−	+	+	−
伪马勒伯克霍尔德菌	+	+	+/−	+	+	+	+/−	+	+	+
唐菖蒲伯克霍尔德菌	−	+	+	−	−	−	+/−	ND	+/−	−
皮氏伯克霍尔德菌	+	+	+/−	+	+	+	+/−	+	+	+

注：+．90%以上菌株阳性；−．90%以上菌株阴性；+/−．11%～89%菌株阳性，V．反应不定；ND．无数据

二、窄食单胞菌属

窄食单胞菌属（*Stenotrophomonas*）属于rRNA同源群Ⅴ，有两个菌种，临床上最常见的是嗜麦芽窄食单胞菌（*S.maltophilia*），也是该属中唯一对人类致病的细菌。这里仅对嗜麦芽窄食单胞菌进行介绍。

（一）生物学性状

1. 形态与染色　革兰阴性杆菌，菌体直或微弯，单个或成对排列。端极鞭毛，有动力、无芽胞、无荚膜。

2. 培养特性　专性需氧，最适宜生长温度 35℃，4℃不生长，约半数菌种可在 42℃生长。营养要求不高，普通琼脂平板和麦康凯琼脂平板均可生长，在普通琼脂平板上可产黄色色素。在血平板上有刺鼻的氨气味，呈 β 溶血。

3. 生化反应　缓慢利用葡萄糖，快速分解麦芽糖，氧化酶阴性，DNA 酶阳性，水解明胶和七叶苷，硝酸盐还原试验、赖氨酸脱羧酶及动力试验阳性。

（二）临床意义

嗜麦芽窄食单胞菌广泛存在于水、土壤、动物体内，为条件致病菌，是重要的医院感染菌，其分离率在非发酵菌中，仅次于铜绿假单胞菌和鲍曼不动杆菌，其易感因素包括：体弱、免疫功能低下、外伤、插管、手术、移植、使用呼吸机等。

（三）微生物学检验

1. 标本采集　根据临床需要采集相应标本，如血液、分泌物、痰液、脓液等。

2. 检验方法与鉴定　血液、脑脊液标本需增菌，其他标本可直接接种血琼脂或巧克力琼脂分离培养。根据菌落特征、菌体形态、氧化酶试验、动力、结合生化反应作鉴定。

三、产碱杆菌属

产碱杆菌属（*Alcaligenes*）是一群有动力，专性需氧，氧化酶阳性不分解糖类的革兰阴性杆菌。与临床有关的有以下 4 个种及 2 个亚种：粪产碱杆菌（*A.faecalis*）、皮乔特产碱杆菌（*A.piechaudii*）、粪产碱杆菌亚型（*A.faecalis type* Ⅱ）、木糖氧化产碱杆菌（*A.xylosoxidans*）、脱硝亚种（*Subsp denitrificans*）、木糖氧化亚种（*Subsp xylosoxidans*）。

（一）生物学性状

1. 形态与染色　产碱杆菌属细菌为革兰阴性短杆菌，常成单、成双或呈链状排列，有周鞭毛、有动力，无芽胞，多数菌株无荚膜。

2. 培养特性　专性需氧菌，最适生长温度为 25～37℃，营养要求不高，在普通培养基上可生长，在麦康凯琼脂、中国蓝琼脂及 SS 琼脂上形成无色透明菌落。在血琼脂平板上可形成灰色、扁平、边缘薄的较大菌落，有水果味。肉汤中培养 24h 呈均匀浑浊，表面形成菌膜，管底形成沉淀。在含蛋白胨的肉汤中产氨，使 pH 升高至 8.6 为本菌特点。

3. 生化反应　该菌氧化酶及触酶均为阳性，枸橼酸盐利用试验阳性，部分菌株能还原硝酸盐，不分解任何糖类，尿素酶阴性，不液化明胶，在 O/F 培养基上呈碱性反应。不产生吲哚和硫化氢，VP 和 MR 试验阴性。

（二）临床意义

本属细菌中以粪产碱杆菌最为常见，在自然界和人体均广泛存在，是医院感染的主要病原菌之一，可以从血液、尿液、脑脊液、呼吸道分泌物等临床标本中检出。脱硝产碱杆菌曾自尿液、血液及脑脊液中分离出来。木糖氧化产碱杆菌木糖氧化亚种是免疫缺陷患者的常见致病因子，目前在呼吸道插管的患儿和囊性纤维化患者体内已发现有因为本菌定植导致患者肺部症状恶化的报道。

（三）微生物学检验

产碱杆菌属和不动杆菌属检验程序见图 10-4。

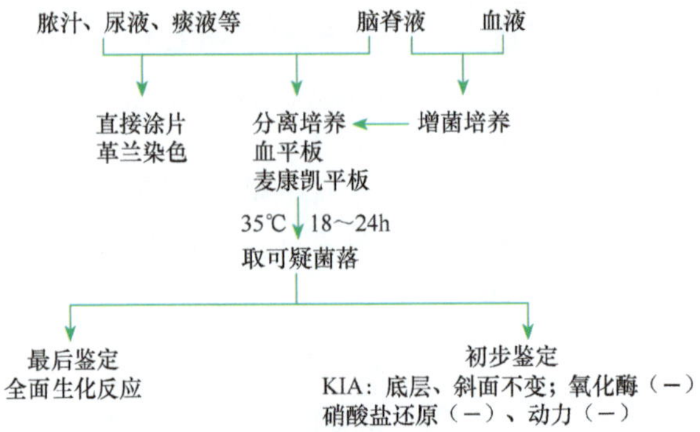

图 10-4　产碱杆菌属和不动杆菌属检验程序

1. 标本采集　根据不同疾病采集相应标本，菌血症患者取血液，创伤感染可采集分泌物和脓汁，尿道感染可采集尿液。

2. 检验方法　产碱杆菌属和不动杆菌属检验程序见图 10-4。根据菌落特征、菌体形态、氧化酶和触酶试验、结合生化反应进行鉴定。临床常见 4 种产碱杆菌的特性（表 10-4）。还可用脂肪酸分析及鉴定分型。

表 10-4　常见 4 种产碱杆菌的特性

试验	粪产碱杆菌	皮乔特产碱杆菌	粪产碱杆菌Ⅱ型	木糖氧化产碱杆菌
42℃生长	－	－	－	＋
亚硝酸盐还原	＋	－	－	＋
硝酸盐还原	－	＋	－	＋
丙二酸盐	＋	＋	－	＋
木糖	－	－	－	＋

注：粪产碱杆菌与原芳香产碱杆菌为同义词；皮乔特产碱杆菌与粪产碱杆菌Ⅰ型为同义词

四、不动杆菌属

不动杆菌属（*Acinetobacter*）是一群氧化酶阴性、不发酵糖类、无动力的革兰阴性杆菌。按照《伯杰系统细菌学手册》（1984）命名，不动杆菌属只有一个种，即醋酸钙不动杆菌。1986 年，Bouveth 和 Grimont 应用 DNA 杂交技术对不动杆菌进行研究，确定 17 个杂交群（基因种），其中原命名 6 个种，即醋酸钙不动杆菌（*A.calcoaceticus*）、洛菲不动杆菌（*A.lwoffi*）、溶血不动杆菌（*A.haemolytius*）、鲍曼不动杆菌（*A.baumanii*）、琼氏不动杆菌（*A.junii*）、约翰逊不动杆菌（*A.johnsonii*），未命名 11 个基因种。

（一）生物学性状

1. 形态与染色　不动杆菌属为革兰阴性球杆菌，以成双排列为主。革兰染色常不易被脱色，易呈假阳性。无芽胞、无鞭毛。

2. 培养特性　专性需氧，营养要求不高，在普通琼脂及麦康凯琼脂上生长良好。最适生长温度为 35℃，在血琼脂平板上形成直径为 2～3mm 的圆形、灰白色、光滑、边缘整齐的菌落，洛非不动杆菌菌落较小。溶血不动杆菌可产生 β 溶血。

3. 生化反应　氧化酶阴性、触酶阳性、葡萄糖 O/F 为氧化型。硝酸盐、动力、吲哚、甲基红、VP 试验、硫化氢试验阴性。其主要生化特征见表 10-5。

（二）临床意义

本菌存在于正常人体的皮肤、口腔、呼吸道、胃肠道和泌尿道，在自然界和医院环境中也分布广泛，为条件致病菌，在非发酵菌中本菌的分离率仅次于铜绿假单胞菌，近年鲍曼不动杆菌感染呈上升趋势，在临床上已受到广泛的重视。

（三）微生物学检验

1. 标本采集　可根据临床需要采集各种标本，如血液、尿液、脑脊液、痰液、分泌物等。

2. 检验方法　其检验程序见图 10-2。

（1）直接镜检：脑脊液、尿液可离心取沉淀物涂片，脓液和痰液可直接涂片染色镜检，由于该菌为革兰阴性球杆菌呈双排列，应注意与奈瑟菌属鉴别。本菌难以被褪色，常染成革兰阳性，多数菌株有荚膜。

（2）分离培养与鉴定：脑脊液、血液标本先增菌后转种血琼脂培养基进行分离培养。痰液、尿液、脓液可直接接种血琼脂或麦康凯琼脂平板进行培养。经培养 18～24h 后挑取可疑菌落做涂片染色及生化反应鉴定。

根据菌落特征、菌落形态，结合主要生化反应（无动力、氧化酶阴性、触酶阳性、硝酸盐还原试验阴性、不发酵葡萄糖）可初步判定为不动杆菌属细菌。不动杆菌的鉴别参见表 10-5。

表 10-5　不动杆菌属菌种的鉴别

试验	醋酸钙不动杆菌	鲍曼不动杆菌	溶血不动杆菌	琼氏不动杆菌	约翰逊不动杆菌	洛非不动杆菌
葡萄糖产酸	+	+	+/−	−	−	−
β-木糖苷酶	−	+	+/−	−	−	−
乳糖	+	+	−	+	+	+
精氨酸双水解酶	+	+	+	+	−/+	−
鸟氨酸脱羧酶	+	+	−	−	−	−
苯丙氨酸脱氨酶	+	+	−	−	−	−
丙二酸盐利用	+	+	+	+	−/+	−
枸橼酸盐利用	+	+	+	+/−	+	−
明胶液化	−	−	+	−	−	−
溶血	−	−	+	−	−	−
37℃生长	+	+	+	+	−	+
41℃生长	−	+	−	+	−	−
42℃生长	−	+	−	−	−	−

五、黄杆菌属

黄杆菌属（*Flavobacterium*）为一群无动力、无芽胞、氧化酶阳性的革兰阴性杆菌。本菌属有已命名的8个种及未命名的4个群。临床上意义较大的菌种为芳香黄杆菌（*F.odoratum*）、短小黄杆菌（*F.breve*）、嗜糖黄杆菌（*F.multrivorum*）、脑膜炎败血黄杆菌（*F.meningosepticum*）、嗜醇黄杆菌（*F.spiritivorum*）、水田黄杆菌（*F.mizutaii*）和嗜温黄杆菌（*F.thalpophilum*）等。

（一）生物学性状

1. 形态与染色 革兰阴性杆菌，无鞭毛、无动力、无荚膜、无芽胞。

2. 培养特性 该菌为专性需氧菌，最适生长温度为35℃，营养要求不高，普通琼脂和麦康凯琼脂平板上可生长，该菌在血琼脂平板上经18～24h培养后可见直径为1.0～1.5mm圆形、光滑、有光泽、边缘整齐的菌落。常产生脂溶性的黄色色素，部分菌株可呈棕黄色。

3. 生化反应 氧化酶、触酶及磷酸酶试验阳性，氧化分解葡萄糖，但产酸量很少。部分菌株可以水解七叶苷，液化明胶。黄杆菌属的主要生化特征见表10-6。

表10-6 黄杆菌属主要菌种的生化特征

试验	脑膜炎败血性黄杆菌	短小黄杆菌	芳香黄杆菌	嗜糖黄杆菌	嗜醇黄杆菌
葡萄糖	+	+	−	+	+
木糖	−	−	−	+	+
甘露醇	+	−	−	−	+
蔗糖	−	−	−	+	+
乳糖	−	−	−	+	+
麦芽糖	+	+	−	+	+
脲酶	−	−	+	+	+
吲哚	+	+	−	−	−
明胶液化	+	+	+	−	−
七叶苷	+	−	−	+	+

注：+．全部菌株阳性；−．全部菌株阴性

（二）临床意义

该属细菌为条件致病菌，常存在于水、土壤、植物中，是引起医院感染的常见细菌之一，常引起术后感染和败血症、亚急性心内膜炎、肺炎等，在新生儿及婴幼儿的化脓性脑膜炎中分离出脑膜炎败血性黄杆菌比例较高。

（三）微生物学检验

1. 标本采集 各种临床标本，如血液、脑脊液、脓液、分泌物、伤口和溃疡渗出物等。

2. 检验方法及鉴定 血液、脑脊液标本需要增菌，其他标本可直接接种血琼脂或巧克力琼脂培养基分离培养。挑淡黄色的菌落涂片染色为无动力的革兰阴性杆菌，氧化酶阳性，即可初步判断为此菌。但是，其他菌属细菌也可产生黄色素，还应做进一步的生化反应鉴定，尤其应注意与假单胞菌区别。

六、莫拉菌属

莫拉菌属（*Moraxella*）属于莫拉菌科（*Moraxellaceae*），医学上重要的莫拉菌有腔隙莫拉菌（*M.lacunata*）、奥斯陆莫拉菌（*M.osloensis*）、非液化莫拉菌（*M.nonliquefaciens*）、亚特兰大莫拉菌（*M.atlantae*）、林肯莫拉菌（*M.lincolnii*）、苯丙酮酸莫拉菌（*M.phenylpyruvica*）、狗莫拉菌（*M.canis*）等。

（一）生物学性状

1. 形态与染色 革兰阴性球杆菌，具有多形性，成对或呈短链状排列。无芽胞、无鞭毛，多数菌株有荚膜。

2. 培养特性 专性需氧菌，多数菌株能在普通培养基上生长，但有些菌株营养要求较高，初次分离时需在含血液或血清的培养基中方能生长，最适生长温度为 32～35℃。在血琼脂平板上奥斯陆莫拉菌菌落较大，灰白色、光滑湿润、不溶血，有时可形成黏液状菌落。亚特兰大莫拉菌呈细小、圆形凸起、光滑透明、灰白色菌落。腔隙莫拉菌在巧克力琼脂平板上菌落较小，周围可形成黑晕。

3. 生化反应 氧化酶和触酶阳性、动力阴性、不分解任何糖类，不产生吲哚，不生成硫化氢，在 6.5%NaCl 肉汤中不生长。本属细菌主要鉴定特征见表 10-7。

表 10-7 莫拉菌属细菌主要鉴定特征

试验	腔隙莫拉菌	非液化莫拉菌	狗莫拉菌	林肯莫拉菌	奥斯陆莫拉菌	亚特兰大莫拉菌	苯丙酮酸莫拉菌
动力	－	－	－	－	－	－	－
触酶	＋	＋	＋	＋	＋	＋	＋
麦康凯生长	－	－	＋	－	V	＋	V
42℃生长	－	V	ND	－	D	V	V
尿素酶	－	－	－	－	－	－	＋
苯丙氨酸脱氨酶	D	－	－	ND	－	－	＋
明胶液化	＋[b]	－	－	－	－	－	－
硝酸盐还原	＋	＋	＋	－	V	－	V
氮气产生	－	－	V	V	－	V	－
DNA 酶	－	－	＋	－	－	－	－

D：数据分散；ND：没有资料；V：数据不同；b：迟缓

（二）微生物学检验

1. 标本采集 根据临床需要，采集相应标本，如血液、尿液、心包积液、脑脊液等。

2. 检验方法 血液、脑脊液等标本增菌后转种血琼脂培养基。心包积液、分泌物、尿液等标本直接接种血琼脂培养基。再根据菌落特征、菌体形态、氧化酶试验、动力，结合生化反应作出鉴定。

目标检测

一、名词解释

1. 非发酵菌
2. 产碱杆菌属

二、选择题（选择一个最佳答案）

1. 铜绿假单胞菌无下列哪种结构及成分（　　）
A. 菌毛　B. 多糖
C. 鞭毛　D. 荚膜
E. 内毒素

2. 关于铜绿假单胞菌，错误的是（　　）
A. 革兰阴性杆菌
B. 氧化酶阳性、触酶阳性
C. 硝酸盐还原阴性
D. 产水溶性绿色色素
E. 菌落有金属光泽

3. 血琼脂平板上大而扁平、湿润、有生姜味及透明溶血环的蓝绿色菌落，很可能是（　　）
A. 金黄色葡萄球菌　B. 乙型溶血性链球菌
C. 铜绿假单胞菌　D. 不动杆菌
E. 黏金色黄杆菌

4. 不动杆菌属细菌中引起感染的最常见的细菌是（　　）
A. 醋酸钙不动杆菌　B. 鲍曼不动杆菌
C. 溶血不动杆菌　D. 琼氏不动杆菌
E. 洛菲不动杆菌

5. 在下列革兰阴性杆菌中，动力、氧化酶、硝酸盐还原三项同时阴性的细菌是（　　）
A. 伤寒沙门菌　B. 产碱杆菌
C. 军团菌　D. 不动杆菌
E. 痢疾志贺菌

6. 产碱杆菌属细菌的鉴别特征是（　　）
A. 氧化酶试验阳性
B. 专性需氧
C. 具有周鞭毛，无芽胞
D. 在含有蛋白胨的肉汤培养基中产胺，使 pH 上升至 8.6
E. 不分解任何糖类

7. 下列细菌除哪个外均为非发酵菌（　　）
A. 铜绿假单胞菌　B. 枸橼酸杆菌
C. 醋酸钙不动杆菌　D. 粪产碱杆菌
E. 莫拉氏杆菌

8. 下列特性与铜绿假单胞菌有关（　　）
A. 生姜味　B. 革兰阴性杆菌
C. 氧化酶阳性　D. 尿素阳性
E. 以上均是

9. 关于假单胞菌属的特性，下列哪项是错误的（　　）
A. 兼性厌氧菌
B. 革兰阴性直或微弯的杆菌
C. 无芽胞，有鞭毛
D. 分布广泛，存在于水、土壤、污水和空气中
E. 与人类关系较密切的有铜绿假单胞菌等少数菌种

10. 关于铜绿假单胞菌的培养特性，错误的是（　　）
A. 需氧生长，生长温度范围广
B. 最适生长温度 35℃
C. 营养要求高
D. 在血琼脂平板上产生透明溶血环
E. 能产生水溶性色素

11. 铜绿假单胞菌引起的医源性感染最常见于（　　）
A. 烧伤患者　B. 胸膜炎患者
C. 肺炎患者　D. 恶性肿瘤患者
E. 肝炎患者

12. 引起感染的非发酵菌最常见的是（　　）
A. 假单胞菌属　B. 不动杆菌属
C. 窄食单胞菌属　D. 产碱杆菌属
E. 伯克菌属

13. 观察非发酵菌动力最好的方法是（　　）
A. 半固体穿刺接种　B. 悬滴法
C. 革兰染色　D. 暗视野显微镜
E. 荧光显微镜

14. 伯克菌属中唯一无动力的细菌是（　　）
A. 类鼻疽伯克菌　B. 葱头伯克菌
C. 唐菖蒲伯克菌　D. 皮氏伯克菌
E. 鼻疽伯克菌

15. 铜绿假单胞菌的典型菌落是（　　）
A. 菌落呈灰绿色，大小不一，扁平湿润，边缘不规则，呈伞状伸展，表面常可见金属光泽

B. 菌落圆形凸起，灰白色半透明，似大肠埃希菌菌落，血平板可见透明溶血环
C. 菌落光滑凸起，呈黏液状
D. 细小，无光泽半透明菌落
E. 菌落中央凸起，边缘扁平，表面粗糙

16. 铜绿假单胞菌产生的特征性色素是（　　）
A. 绿脓素　　B. 青脓素
C. 红脓素　　D. 黑脓素
E. 黄脓素

17. 关于恶臭假单胞菌，错误的是（　　）
A. 单端丛毛菌，运动活跃
B. 专性需氧，42℃不生长，4℃生长不定
C. 菌落特征与铜绿假单胞菌相似，但只产生荧光素，不产生绿脓素
D. 革兰阴性杆菌，氧化酶阴性
E. 为鱼的一种致病菌，常从腐败的鱼中检出

三、问答题

1. 简述非发酵菌的初步鉴定特征。
2. 简述不动杆菌的细菌特性。
3. 铜绿假单胞菌是院内感染常见的非发酵菌，如何从烧伤患者创面脓性分泌物中检出铜绿假单胞菌？

（陈秀荣）

第 11 章　弧菌属、气单胞菌属、邻单胞菌属、弯曲菌属、螺杆菌属

学习目标

1. 掌握：霍乱弧菌的主要生物学特性及检验方法、鉴定依据。
2. 熟悉：弯曲菌属的微生物学检验、螺杆菌属的生物学特性及检查方法。
3. 了解：副溶血性弧菌、气单胞菌属和邻单胞菌属的特性及检查方法。

弧菌科细菌是一大群菌体短小、弯曲成弧形或直杆状的革兰阴性菌。兼性厌氧，利用葡萄糖，大多数菌株氧化酶试验阳性，具有单端鞭毛、运动活泼，大多数菌株生长需要 2%～3%NaCl。该类细菌广泛分布于自然界中，以水中居多，人体肠道中偶有此类细菌存在。弧菌科包括弧菌属（*Vibrio*）、气单胞菌属（*Aeromonas*）、邻单胞菌属（*Plesiomonas*）和发光杆菌属（*Photo-bacterium*），其中发光杆菌属主要存在于海水中，对人类不致病。

本节主要叙述弧菌属、气单胞菌属和邻单胞菌属，其主要特性见表 11-1。

表 11-1　弧菌科 3 个菌属的特性

试验	弧菌属	气单胞菌属	邻单胞菌属
甘露醇产酸	+/−	+	−
明胶液化	+	+	−
鸟氨酸	+/−	−	+
精氨酸	+/−	+/−	+
O/129 敏感	S	R	S
TCBS 生长	+	−	−
嗜盐性	+/−	−	−
黏丝试验	+	−	−

S：敏感；R：耐药；+/−：90% 阳性

第 1 节　弧菌属

弧菌属细菌广泛分布于自然界中，以淡水及海水最多。其共有 36 个种，有 12 个种与人类感染有关。根据抗原性、生化反应、DNA 同源性、致病性及耐盐性等不同分为：O1

群霍乱弧菌、不典型 O1 群霍乱弧菌、非 O1 群霍乱弧菌和其他弧菌。其中以霍乱弧菌和副溶血弧菌最为重要，它们分别引起霍乱和食物中毒。临床上常见弧菌及所致疾病见表 11-2。

表 11-2　临床上常见弧菌及所致疾病

种	所致疾病	临床意义	标本来源
O1 群霍乱弧菌	霍乱	主要致病菌	粪便
O139 群霍乱弧菌	霍乱	主要致病菌	粪便
非 O1 群霍乱弧菌	胃肠炎	主要致病菌	粪便、血
副溶血弧菌	胃肠炎	主要致病菌	粪便、伤口
创伤弧菌	败血症、伤口感染	主要致病菌	粪便、伤口
少女弧菌	伤口感染	散发感染	伤口
溶藻弧菌	伤口感染	散发感染	耳、伤
霍利斯弧菌	胃肠炎	散发感染	粪便
拟态弧菌	胃肠炎	散发感染	粪便
河弧菌	胃肠炎	罕见感染	粪便
麦氏弧菌	胃肠炎	罕见感染	粪便
氟尼斯弧菌	胃肠炎	罕见感染	
辛辛那提弧菌	菌血症、脑炎	罕见感染	
鲨鱼弧菌	伤口感染	罕见感染	

弧菌属（*Vibrio*）细菌的共同生物学特性要点如下：①革兰阴性、弧形（短杆）菌、动力（＋）；②兼性厌氧，营养要求不高；③除麦氏弧菌外，氧化酶阳性、还原硝酸盐；④发酵葡萄糖产酸、罕见产气；⑤钠离子能刺激其生长，部分菌株嗜盐；⑥对 O/129 敏感（近年出现抗性株）。

一、霍乱弧菌

霍乱弧菌（*V.cholerae*）是引起烈性肠道传染病霍乱的病原体。该菌分为古典生物型和埃尔托（Eltor）生物型。霍乱发病急，传染性强，死亡率高。

自 1817 年以来，已发生过 7 次世界性霍乱大流行，前 6 次均由霍乱弧菌古典生物型引起，1961 年开始的第 7 次大流行由霍乱弧菌 Eltor 生物型引起。1992 年在印度、孟加拉等国发现一个新的流行株 O139。

案例 11-1

患者，男，20 岁。因饮用不洁河水后一天突发剧烈腹泻，继而呕吐，吐泻物“米泔水”样，无腹痛。查体：T 36.8℃，BP 95/70mmHg，腹部无明显压痛，心脏无异常，标本涂片镜检可见鱼群状排列的革兰阴性菌。

问题：

1. 请问引起该病最有可能的病原菌是什么？
2. 该病原菌的致腹泻机制是怎样的？
3. 如何鉴定该菌？

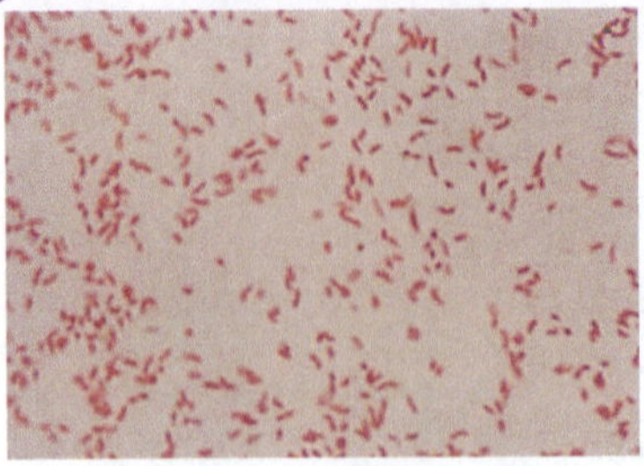

图 11-1　霍乱弧菌革兰染色

（一）生物学特性

1. 形态与染色　霍乱弧菌系革兰阴性杆菌（图 11-1），从患者标本中新分离的霍乱弧菌形态典型呈弧形、月牙形或逗点状，有荚膜，无芽胞，周身菌毛，有长为菌体 3～5 倍的单鞭毛（图 11-2），运动活泼。取患者米泔样粪便标本悬滴观察可见穿梭样或流星状运动。做涂片染色镜检可见如"鱼群状"排列的革兰阴性弧菌（图 11-3）。

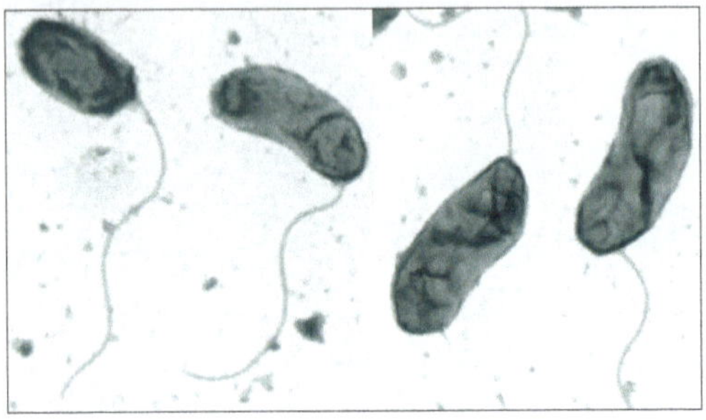

图 11-2　霍乱弧菌鞭毛（电镜图）

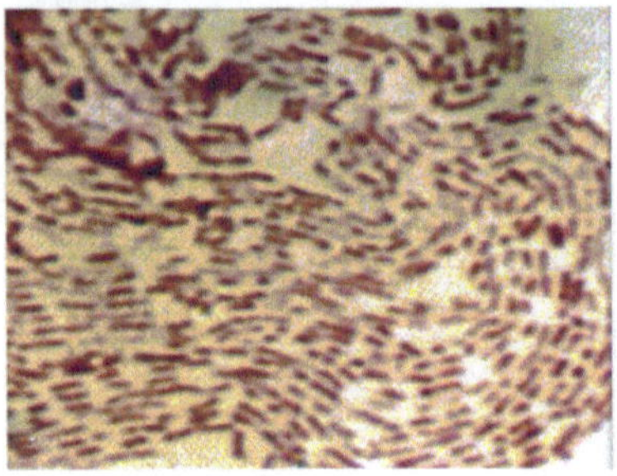

图 11-3　霍乱弧菌"鱼群状"排列

2. 培养特性　兼性厌氧，最适生长温度为 35℃，耐碱不耐酸，在 pH6.8～10.2 范围内能生长，尤其在 pH8.4～9.2 碱性蛋白胨水或碱性琼脂平板上生长良好。营养要求不高，在普通营养琼脂上生长良好。初次分离时常用碱性蛋白胨水增菌，由于其他杂菌受到抑制，而霍乱弧菌经 6～8h 可在液体表面大量繁殖，形成菌膜（图 11-4）。在碱性琼脂平板上，经 18～24h 培养，形成较大、圆形、扁平、无色透明或半透明似水滴状的菌落。在选择性培养基硫代硫酸盐 - 枸橼酸盐 - 胆盐 - 蔗糖琼脂平板（TCBS）上，霍乱弧菌可形成较大的菌落，因发酵蔗糖产酸而使菌落呈黄色（图 11-5）。在含亚碲酸钾的琼脂平板上，因还原亚碲酸钾成金属碲，形成中心呈灰褐色的菌落，较易辨认（图 11-6）。在血琼脂平板（BAP）上形成的菌落较大，Eltor 生物型可产生 β 溶血环；在 SS 琼脂平板上通常不长，麦康凯琼脂平板上多可生长。

3. 生化反应　氧化酶阳性，动力阳性，赖氨酸、鸟氨酸脱羧酶阳性，精氨酸双水解酶阴性，分解甘露醇、葡萄糖、蔗糖、麦芽糖，产酸不产气，迟缓发酵乳酸，不分解阿拉伯糖，明胶液化试验和 ONPG（β- 半乳糖苷酶）试验阳性，霍乱红反应（即亚硝基靛基质试验）阳性。

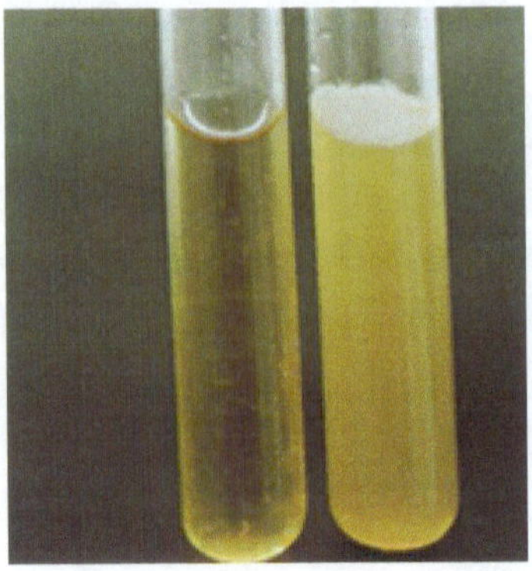

图 11-4　在 pH8.5 碱性蛋白胨水中经 6～8h 形成菌膜

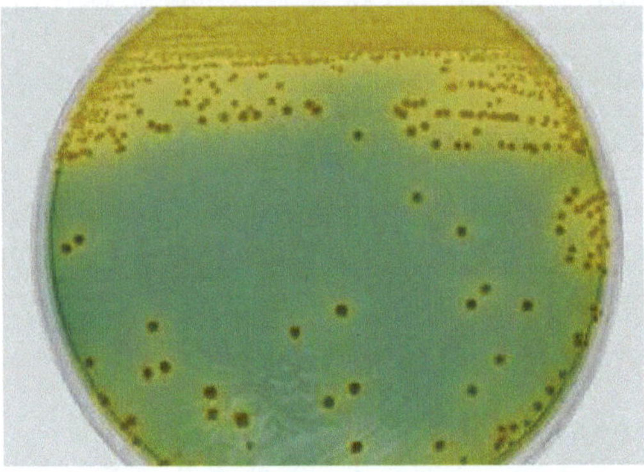

图 11-5　霍乱弧菌在 TCBS 琼脂平板上形态

4. 抗原结构与分型　霍乱弧菌具有耐热的O抗原和不耐热的H抗原。H抗原为弧菌属所共有，无特异性。O抗原特异性高，具有群特异性和型特异性，是分群和分型的基础。根据O抗原的不同可把霍乱弧菌分成200多个血清群。其中O1群、O139群引起霍乱。O2群～O138群只引起人类的胃肠炎，不引起霍乱流行，称为非O1群霍乱弧菌。非O1群血清群的霍乱弧菌广泛分布于地面水中，可引起人类胃肠炎，但从未引起过霍乱流行。因这些血清群的细菌均不与O1群抗血清发生凝集，故称为非O1群霍乱弧菌，以往又称为不凝集弧菌。O1群霍乱弧菌包括霍乱弧菌的古典生物型和Eltor生物型，其鉴别见表11-3。

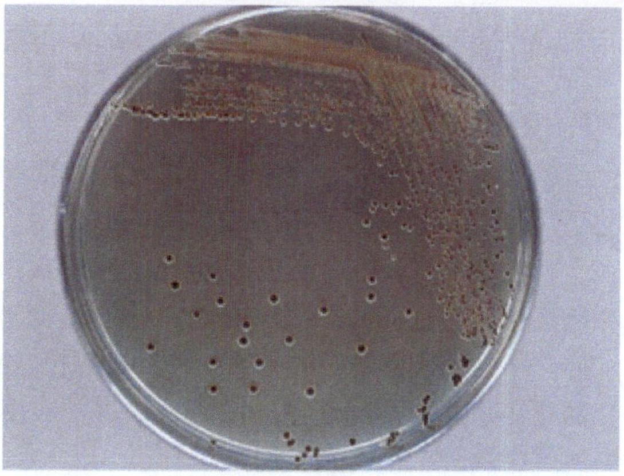

图 11-6　霍乱弧菌在含亚碲酸钾的琼脂平板上形态

表 11-3　霍乱弧菌的生物分型

生物学特性	古典生物型	Eltor 生物型
V-P 试验	−	+
羊红细胞溶血	−	+
鸡红细胞凝集	−	+
多粘菌素 B 敏感试验	S	R
Ⅳ组噬菌体裂解	+	−
Ⅴ组噬菌体裂解	−	+

S：敏感；R：耐药

根据O1群霍乱弧菌菌体抗原含有A、B、C3种抗原因子的不同，又可将其分为小川型、稻叶型、彦岛型3个血清型（表11-4）。

表 11-4　霍乱弧菌 O1 群血清型

血清型（抗原发组分）	O1 多克隆抗体	O1 单克隆抗体			出现频率	造成流行
		A	B	C		
小川型（AB）	+	+	+	−	常见	是
稻叶型（AC）	+	+	−	+	常见	是
彦岛型（ABC）	+	+	+	+	极少见	未知

5. 抵抗力　霍乱弧菌对热、干燥、日光和常用消毒剂敏感，但耐碱力较强。100℃煮沸1～2min可杀灭细菌。该菌怕酸，在正常胃酸中仅存活4min，以1份含氯石灰加4份水处理患者的排泄物或呕吐物1h可达消毒目的。Eltor生物型在自然界生存能力较古典生物型强，其在河水中、井水及海水中可存活1～2周。对链霉素、氯霉素和四环素敏感，但Eltor生物型对一定浓度的多黏菌素B及庆大霉素有耐受性（可做分型依据）。

（二）临床意义

霍乱弧菌引起烈性肠道传染病霍乱，霍乱为我国法定的甲类传染病。人类是唯一易感者，传染源是患者和带菌者。

细菌通过污染的水或食物经口进入机体而感染，进入人体小肠内的霍乱弧菌借助其鞭毛的运动及弧菌黏蛋白溶解酶和黏附素的作用穿过黏液层，并通过菌毛黏附于肠黏膜上皮细胞上，大量繁殖，产生霍乱肠毒素，该毒素作用于肠黏膜表面受体，使肠黏膜细胞的分泌功能亢进，造成肠液的大量分泌，致使患者出现剧烈腹泻与呕吐，泻出物与呕吐物呈米泔水样，可致严重脱水、电解质紊乱和代谢性酸中毒。如治疗不及时，患者常因肾衰竭和休克而死亡，若及时补充液体和电解质，则大多数患者可在数日内恢复。霍乱弧菌古典生物型所致疾病较 Eltor 生物型严重。近年来，由 O139 群霍乱弧菌所引起的霍乱暴发流行有上升的趋势，应给予高度重视。

霍乱病后可获得牢固免疫力，主要是体液免疫。发病数天后，血液和肠腔中出现保护性抗体，同时小肠内出现 SIgA，保护肠黏膜免受霍乱弧菌及肠毒素的侵袭。

改善卫生条件，加强水源、食品、粪便的卫生管理，不生食贝壳类水产品等是预防霍乱弧菌感染和霍乱流行的重要措施。加强国境检疫，同时有计划地进行疫苗接种，提高人群免疫力，及时发现、隔离、治疗患者。治疗的关键是补液，纠正水、电解质紊乱，预防大量失水导致的低血容量休克和酸中毒，同时使用有效抗菌药物进行治疗。

（三）微生物学检验

1. 检验程序 霍乱弧菌的检验程序见图 11-7。

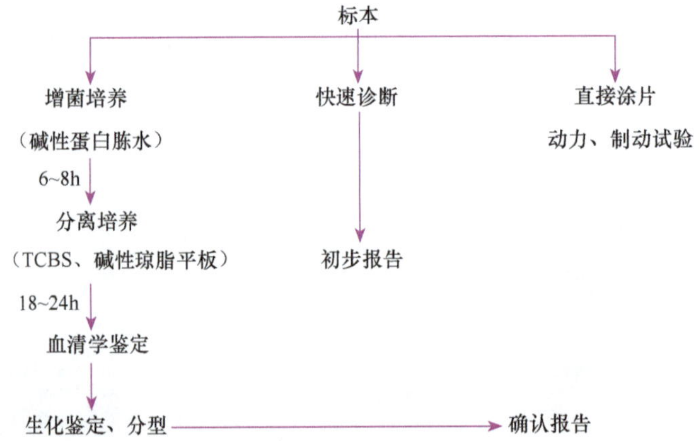

图 11-7 霍乱弧菌的检验程序

2. 标本采集与运送 霍乱是烈性传染病，尽量在发病早期及使用抗菌药物前采集标本。可采集患者“米泔水”样粪便，也可采取呕吐物或肛拭等标本。标本应避免接触消毒液。采集的标本及时接种，不能及时接种者，可将标本置于文－腊保存液内或卡－布保存液内运送。应避免使用甘油盐水缓冲运送培养基，送检标本应装在密封且不易破碎的容器中，由专人运送。对于带菌者的检查，可用无菌棉签挑取粪便标本或肛拭标本置于碱性蛋白胨水或卡－布运送培养基，35℃增菌 6～8h。

3. 检验方法

（1）直接涂片：取标本直接涂片，干燥固定后革兰染色，油镜下见到鱼群状排列的革兰阴性弧菌可初步报告。

（2）动力及制动试验：取米泔水样粪便制备悬滴（或压滴）标本，观察细菌动力，可见穿梭及流星状运动的细菌。同法另制备一标本片，加入 1 滴 O1 群霍乱弧菌多价诊断血清（效价 1∶64），可见运动活泼的细菌停止运动，并发生凝集，此为制动试验阳性。

（3）快速诊断：免疫荧光菌球法、SPA 协同凝集试验、溶原性噬菌体检查等。

（4）分离培养：将标本直接接种碱性蛋白胨水，35℃ 6～8h 后，接种至 TCBS 平板或庆大霉素琼脂平板，35℃ 12～18h 形成黄色菌落形态，为可疑菌落。

（5）血清鉴别：霍乱弧菌的鉴定按以下 3 个步骤进行。

1）确定血清群：与 O1 群及 O139 群抗血清做凝集试验确定属于 O1 群、O139 群还是非 O1 群。

2）确定血清型：与分型血清 A、B、C 凝集。

3）生物分型：通过生化试验确定古典生物型、Eltor 生物型（表 11-3）。

（6）抗体的测定：可用于霍乱的回顾性诊断和培养不能确定的霍乱病例的辅助诊断。血清学试验主要测定杀菌抗体和抗毒素抗体。在感染发生后的 10 天内，特异性杀菌抗体和抗毒素抗体升高，在非流行地区杀菌抗体的效价将在 1～6 个月内降至原来的基础水平。而抗毒素抗体则可维持 1～2 年后下降，但不会降至原来的基础水平。

4. 霍乱弧菌鉴别试验

（1）霍乱红试验：霍乱弧菌有色氨酸酶和硝酸盐还原能力。当将霍乱弧菌培养于含硝酸盐的蛋白胨水中时分解培养基色氨酸产生吲哚。同时，还原硝酸盐成为亚硝酸盐，两种产物结合成亚硝酸吲哚。滴加浓硫酸后呈现蔷薇色，视为霍乱红试验阳性。

（2）黏丝试验：将 0.5% 去氧胆酸钠水溶液与霍乱弧菌混匀成浓悬液。1min 内悬液由混变清，并变得黏稠。以接种环挑取时有黏丝形成，弧菌属均有此反应。

（3）O/129 敏感试验：参照标准药敏试验的方法进行。将 O/129（2，4- 二氨基 -6，7- 二异丙基蝶啶）药敏纸片 10μg 及 150μg 的纸片贴在接种有待测菌的琼脂平板上，经 35℃ 18～24h 孵育后，纸片周围有任何大小的抑菌环均表示为敏感。

（4）鸡红细胞凝集试验：古典生物型阳性，Eltor 生物型阴性。在洁净的玻片上滴加生理盐水 1 滴，取 18～24h 的细菌斜面培养物与生理盐水混匀成浓厚菌悬液。加入用生理盐水洗涤 3 次的 2.5% 新鲜鸡红细胞盐水悬液 1 滴充分混匀，1min 内出现凝集为阳性。

（5）多黏菌素 B 敏感试验：在 50℃的普通琼脂中加入 50μg/ml 多黏菌素 B，混匀后倾注平板，凝固后备用，取被测菌株的 3h 的肉汤培养物，接种于平板表面，35℃ 18～24h 后观察有无细菌生长。古典生物型不生长为敏感，Eltor 生物型生长为不敏感。

（6）第Ⅳ、Ⅴ组噬菌体裂解试验：第Ⅳ组噬菌体可裂解古典生物型，不能裂解 Eltor 生物型；第Ⅴ组噬菌体裂解 Eltor 生物型，不能裂解古典生物型。

（7）耐盐培养试验：霍乱弧菌能在不含氯化钠和含 6% 氯化钠培养基中生长。氯化钠浓度高于 6% 则不生长。

5. 鉴别依据

（1）若细菌的菌落及形态典型，涂片为革兰阴性弧菌或杆菌，运动活泼，氧化酶试验、靛基质试验和黏丝试验阳性，与 O1 群霍乱弧菌的多价诊断血清发生明显的凝集，可诊断为霍乱弧菌。

（2）若细菌的菌落、形态及生化反应与霍乱弧菌相似，但与 O1 群霍乱弧菌多价诊断血清不凝集，应作进一步鉴定，以确定是否为非 O1 群霍乱弧菌或其他类似弧菌。

（3）根据流行病学调查的需要，可进一步用霍乱弧菌的单价诊断血清做血清学分型。必要时还可做噬菌体分型和生物分型。

二、副溶血性弧菌

副溶血性弧菌（*Vibrio parahaemolyticus*）为一种嗜盐性弧菌，广泛分布于近海的海水、海底的沉积物和鱼类、贝类海产品及盐浸食品中，主要引起食物中毒，是我国沿海地区食物中毒最常见的病原菌。

案例 11-2

2014 年 10 月 1 日，一度假村举办一场婚宴，就餐人员约 390 人，餐后上述人员中有 168 例因腹痛、腹泻（粪便多为水样）、恶心、呕吐等症状到医院就诊。经调查，患者在同一时间进食，均食用海产品或腌制食品等食物，未食用者不发病。腹泻患者中分离得到革兰阴性杆菌，且多数菌株神奈川现象阳性。

问题：

1. 请问最有可能的病原菌是什么？
2. 现场应采集哪些标本作为待测物？
3. 如何鉴定该菌？

（一）生物学特性

1. 形态与染色 革兰阴性杆菌，随培养基不同菌体形态差异较大，有卵圆形、棒状、球杆状、梨状、弧形等多种形态，无芽胞，无荚膜，该菌两极浓染，有周鞭毛或极端鞭毛，运动活泼。

2. 培养特性 本菌营养要求不高，需氧或兼性厌氧，在 3.5% 氯化钠的培养基中生长良好，无盐或氯化钠的浓度高于 8% 不生长，最适生长温度为 35℃，最适 pH7.7～8.0，但 pH9.5 时仍可生长。在碱性蛋白胨水中经 35℃ 6～9h 培养后呈均匀浑浊生长，并形成菌膜；在 TCBS 平板上形成 0.5～2.0mm 大小、不发酵蔗糖的绿色或蓝绿色菌落（图 11-8）。在 3.5% 氯化钠琼脂平板上菌落为圆形、隆起、边缘不整齐、光滑湿润不透明，并呈蔓延生长。在血琼脂平板上形成较大（直径 2～3mm）圆形隆起、湿润并略带灰色或黄色的菌落，某些菌株可呈 β 溶血。在 SS 琼脂上，部分菌株不生长，能生长的菌落较小（1～2mm）、扁平、无色半透明、蜡滴状，有辛辣味，不易挑起。初次分离时，该菌不能在伊红美蓝琼脂或中国蓝琼脂上生长，部分菌株可在麦康凯平板上生长，菌落呈圆形、边缘整齐、半透明或浑浊状。

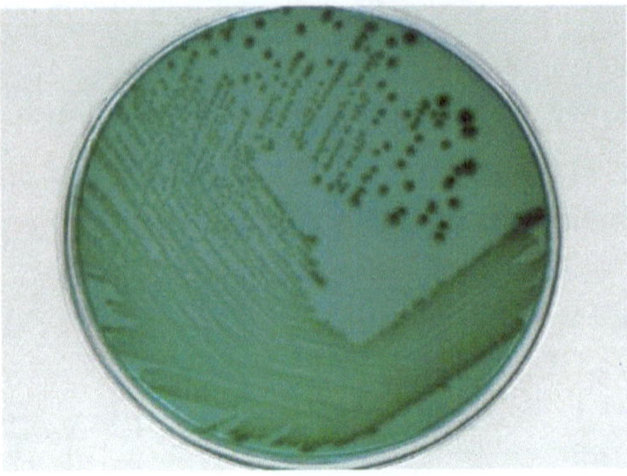

图 11-8 副溶血性弧菌在 TCBS 琼脂上的菌落特征

3. 生化反应 副溶血性弧菌的生化反应培养基中需加入 3.5%NaCl。几乎所有来自患者粪便中分离的致病性菌株都能溶解人和兔红细胞，不溶解马红细胞，称神奈川现象（Kanagawa phenomenon，KP）。而从海水及海产品中分离的非致病菌株多不能溶解人和兔红细胞。该菌生化特性见表 11-6。

表 11-6　副溶血性弧菌的生化特性

生化试验	结果	生化试验	结果
氧化酶	+	葡萄糖	+
吲哚	+	乳糖	−
甲基红	+	麦芽糖	+
V-P	−	蔗糖	−
枸橼酸盐利用	−	阿拉伯糖	+/−
尿素酶	+/−	甘露醇	+
硫化氢	−	无 NaCl 中生长	−
精氨酸双水解	−	1%NaCl 中生长	+
鸟氨酸脱羧酶	+	7%NaCl 中生长	+
赖氨酸脱羧酶	+	10%NaCl 中生长	−

+：90% 以上为阳性；−：90% 以上为阴性；+/−：大多数阳性

4. 抗原构造　副溶血性弧菌有菌体（O）抗原、荚膜（K）抗原及鞭毛（H）抗原。O 抗原共有 13 种，是副溶血性弧菌分群的依据。K 抗原有 68 种，可根据 K 抗原和 O 抗原的组合进行定型。

5. 抵抗力　本菌抵抗力弱，对氯、苯酚（石炭酸）、甲酚皂（来苏尔）等消毒剂敏感，不耐热，90℃ 1min 即被杀死。在淡水中生存不超过 2d，但在海水中能生存 47d 以上，盐渍酱菜中存活 30d 以上。耐碱不耐酸，在 1% 乙酸或 50% 食醋中 1min 死亡。对氯霉素敏感，对新霉素、链霉素、多粘菌素、呋喃西林、吡哌酸中度敏感，对青霉素、磺胺嘧啶耐药。

（二）临床意义

1. 致病物质　从致病性副溶血性弧菌中分离出两种致病因子。

（1）耐热直接溶血素：其作用是通过增加上皮细胞内的 Ca^{2+} 而引起 Cl^- 的分泌。实验表明，该溶血素还具有细胞毒和心脏毒的作用。

（2）耐热相关溶血素：其作用与耐热直接溶血素相似，此外，黏附素与黏附素酶也与致病性有关。

2. 所致疾病　人因食入被副溶血性弧菌污染而烹饪不当的海产品（如海蜇、海鱼、海虾、海贝等）或盐渍食物（如咸菜、咸肉、咸鱼等）而引起食物中毒。潜伏期平均为 24h，患者可出现腹痛、腹泻、呕吐、发热等症状，粪便多为水样或糊状，少数为血水样。多发于夏秋季节，一般恢复较快。该菌偶尔引起肠道外感染，如中耳炎、伤口感染等。病后免疫力不强。

（三）微生物学检验

1. 检验程序（图 11-9）

2. 标本采集　常规标本为患者粪便、肛拭子、可疑食物。该菌对干燥敏感，标本采集后立即送检，如不能及时送检，应将标本置于 1%NaCl 的碱性蛋白胨水或含 3.5%NaCl 蛋

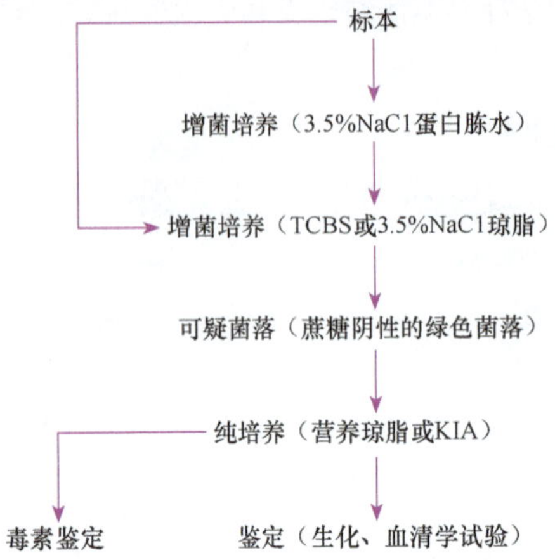

图 11-9　副溶血性弧菌的检验程序

白胨水中，35℃增菌培养 6～8h。挑取菌膜或表面生长物进一步分离培养。

3. 检验方法

（1）增菌培养：取 0.5～1ml 标本接种到含 1%NaCl 的碱性蛋白胨水或含 3.5%NaCl 蛋白胨水中，35℃增菌培养 6～8h。若有本菌存在，一般数小时后会出现明显浑浊，待挑取菌膜或表面生长物后进一步分离培养。

（2）分离培养：将标本或上述增菌液接种于 TCBS 平板或 3.5%NaCl 琼脂平板或 SS 琼脂平板上，35℃培养 18～24h 后，观察菌落特征。

（3）鉴定：副溶血性弧菌在不含 NaCl 和含 10%NaCl 的蛋白胨水中不生长，在含 3%NaCl 和含 7%NaCl 的蛋白胨水中生长。赖氨酸和鸟氨酸脱羧酶试验阳性，精氨酸双水解酶试验阴性，脲酶多为阴性，少数为阳性。从腹泻患者中分到的多数菌株神奈川现象阳性。

（4）与溶藻弧菌鉴别：由于从食物和粪便中经常能分离到溶藻弧菌，该菌在海水和海产品中分布也较多。溶藻弧菌主要引起伤口感染和中耳炎，也可引起食物中毒和败血症。溶藻弧菌和副溶血性弧菌同属弧菌属 6 群，其生化反应非常相似，应注意两者之间的鉴别（表 11-7）。

表 11-7　溶藻弧菌和副溶血性弧菌之间鉴别

	溶藻弧菌	副溶血性弧菌
蔗糖发酵试验	+	−
V-P 试验	+	−
7%NaCl 中生长	+	+
10%NaCl 中生长	+	−

第 2 节　气单胞菌属和邻单胞菌属

一、气单胞菌属

气单胞菌属隶属气单胞菌科，广泛存在于自然界，可从土壤、水源及人的粪便中分离出来，与人类疾病相关的主要有豚鼠气单胞菌、嗜水气单胞菌、简氏气单胞菌、维氏气单胞菌、舒氏气单胞菌和易损气单胞菌等。冷血动物为其重要宿主，是人类感染的主要来源。以往认为气单胞菌属是毒力较弱的条件致病菌，但目前已陆续发现该菌属与人类疾病有关，尤其当机体防御功能减退时，更易引起机体严重感染。

（一）生物学特性

1. 形态与染色　本属细菌为革兰阴性直杆菌，也可呈球杆状或丝状，大小（0.3～

1.0）μm×（1.0～3.5）μm，除杀蛙气单胞菌外，均有单端鞭毛，呈穿梭状运动。

2. 培养特性　需氧或兼性厌氧，营养要求不高，生长温度范围较宽，嗜中温菌为 0～45℃，嗜低温菌生长温度为 10～15℃，35 ℃不生长。该菌能在普通培养基上生长，经 35℃ 24～48h 形成 1～3mm 大小、微白色、半透明的菌落。TCBS 培养基不生长。在血琼脂平板上经 35℃ 24～48h 的培养，形成白色、光滑、稍凸起、直径约 2mm 的菌落，嗜水气单胞菌可形成 β 溶血环。在麦康凯及 SS 平板上形成扁平无色、稍浑浊、无臭味的乳糖不发酵菌落。杀蛙气单胞菌在含有苯丙氨酸或酪氨酸的琼脂平板上产生棕色或黑色色素。氨苄血琼脂（羊血琼脂中加入氨苄西林 30μg/ml）可作为此菌选择性培养基，其中氨苄西林可抑制杂菌生长，对气单胞菌有刺激生长的作用，其菌落为 2mm 大小，灰白色，湿润状。

3. 生化反应　本属细菌氧化酶、触酶阳性，发酵葡萄糖产酸，在含 6%NaCl 培养基中不生长。

4. 抗原结构　气单胞菌抗原结构复杂，基因种的血清分型显示出血清学上的异质性。许多抗原能在多种细菌中存在。O11、O34 和 O16 似乎在人类的感染中特别重要。易损气单胞菌和霍乱弧菌 O139 群有交叉反应。

（二）临床意义

1. 肠道内感染　以温和生物变种所致感染最多见，主要表现为急性腹泻，常见于 5 岁以下儿童和成人，为夏季腹泻的第二、三位病原菌。主要致病物质为溶血毒素和细胞毒素等。

2. 肠道外感染　主要为伤口感染和菌血症，亦可引起心内膜炎、脑膜炎、肺炎、骨髓炎、腹膜炎、关节炎、血栓性静脉炎和胆囊炎等。皮肤和软组织感染，主要由亲水气单胞菌和维隆气单胞菌引起。90% 以上菌血症由亲水气单胞菌和维隆气单胞菌引起，通常发生在免疫低下人群。

绝大多数气单胞菌产生 *β*- 内酰胺酶，对青霉素、氨苄西林、羧苄西林、替卡西林耐药，但对广谱的头孢菌素、氨基糖苷类抗生素、氯霉素、四环素、甲氧苄啶 – 磺胺甲噁唑和喹诺酮类药物敏感。绝大多数维隆气单胞菌温和生物型对头孢噻吩敏感，而嗜水气单胞菌和豚鼠气单孢菌对头孢噻吩耐药。

（三）微生物学检验

1. 标本采集　根据感染部位不同，腹泻患者采集粪便或肛门拭子。肠道外感染采集血液、脓液、脑脊液或尿液标本。

2. 检验程序（图 11-10）

3. 检验方法

（1）直接涂片：取脓汁、分泌物及尿沉渣等标本作直接涂片，可查见革兰阴性短杆菌。用悬滴法可观察到细菌运动活泼。

（2）分离培养：脓汁标本可直接接种血液琼脂平板；血液标本先经肉浸液或胰化酪蛋白大豆肉汤增菌，再转种血液琼脂平板。粪便标本接种肠道选择性培养基。部分标本可接种于磷酸盐缓冲液（PBS），置 4℃增菌，于 1d、3d、7d、14d 后接种到琼脂平板上，置

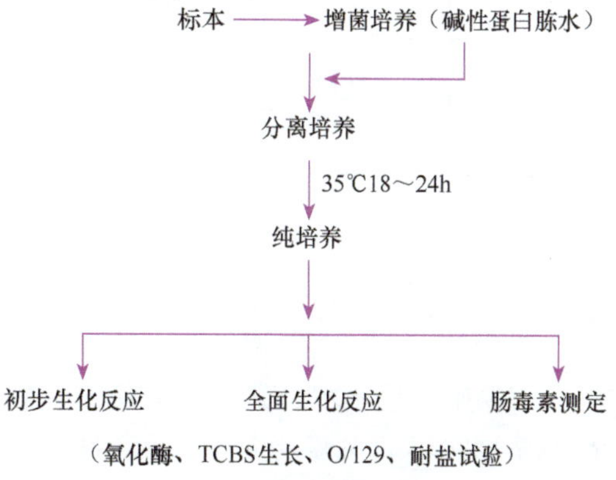

图 11-10　气单胞菌属的检验程序

35 ℃培养 24～48h 后观察菌落。

（3）鉴定试验：取生长在血琼脂平板上的菌落做氧化酶试验、O/F 试验、靛基质试验等生化反应。一般按以下步骤鉴定。

1）与肠杆菌科细菌和非发酵菌的鉴别：弧菌科的细菌氧化酶试验均为阳性，O/F 试验为发酵型。故本属细菌可以氧化酶试验与肠杆菌科细菌相鉴别，以 O/F 试验与非发酵菌相鉴别。

2）与邻单胞菌和弧菌属的鉴别（表 11-1）。

3）气单胞菌属之间的鉴别（表 11-8）。

表 11-8　临床常见气单胞菌及类志贺邻单胞菌的主要鉴定特征

特性	嗜水气单胞菌	豚鼠气单胞菌	维隆气单胞菌温和型	维隆气单胞菌维隆型	简达气单胞菌	舒伯特气单胞菌	易损气单胞菌	类志贺邻单胞菌
脱氧核糖核酸酶	+	+	+	+		+		−
脲酶	−	−	−	−	−	−	−	−
KCN 生长	+	+	V	v		−		−
吲哚试验	+	+	+	+	+	−	+	+
葡萄糖产气	+	−	+	+	+	−	+	+
精氨酸双水解酶	+	+	+	−	+	+	+	+
赖氨酸脱羧酶	+	−	+	+	+	+	+	+
鸟氨酸脱羧酶	−	−	−	+	−	−	−	+
V-P 试验	+	−	+	+	+	−	−	−
产酸								
阿拉伯糖	+	+	−	−	−	−	−	−
乳糖	−	+	−	−		−		−
蔗糖	+	+	+	+	−	−	−	−
肌醇	−	−	−	−	−	−	−	+
甘露醇	+	+	+	+	+	−	+	−
水杨苷	+	+	−	+	−	−	−	v
纤维二糖	v	+	V	v	−	−	+	−
七叶苷水解	+	+	−	+	−	−	−	−
羊血平板 β 溶血	+	−	+	+	+	V	v	−
头孢噻吩敏感	−	−	+	+	−	+	−	+
氨苄西林敏感	−	−	−	−	−	−	+	+
O/129（10μg/150μg）	−/−	−/−	−/−	−/−	−/−	−/−	−/−	+/+

v：不定

二、邻单胞菌属

邻单胞菌属（*Plesiomonas*）只有一个菌种，即类志贺邻单胞菌（*P.shigelloides*）。该菌存在于自然界的水源及人和动物的肠道，也曾从人类血液、脑脊液及骨髓中分离到该菌。该菌引起人类水样腹泻和食物中毒，在机体免疫力下降时，也可引起肠道外感染。

链 接

邻单胞菌属分类

邻单胞菌属原归属于弧菌科，由于邻单胞菌属的16SrRNA序列较接近于肠杆菌科，又因其含有肠杆菌共同抗原，认为与肠杆菌科细菌关系更为密切。因此，在第四版《全国临床检验操作规程》中，将邻单胞菌属列于肠杆菌科中。但该菌属氧化酶阳性。本教材仍将该菌属列此介绍。

（一）生物学特性

1. 形态与染色　革兰阴性杆菌，成双或短链状排列，有 1～5 根极端鞭毛，运动活泼，无芽胞，无荚膜。

2. 培养特性　兼性厌氧，生长温度范围广，可在 8～45℃生长，最适生长温度 35℃。在 0～5% 的 NaCl 中可生长，pH 范围 4.0～8.0。在普通培养基及多种肠道选择性培养基上均能生长。于血液琼脂平板上培养 18～24h，形成灰白色、不溶血的菌落。在肠道选择性培养基上形成不发酵乳糖的无色半透明或透明菌落。

3. 生化反应　氧化酶和触酶试验阳性，发酵葡萄糖产酸不产气，赖氨酸、鸟氨酸和精氨酸试验均为阳性。发酵肌醇，不发酵乳糖和甘露醇。

4. 抗原性　具有 O 抗原和 H 抗原，可用 O 抗原分型。同时该菌具有与志贺菌属相似的抗原，可与志贺菌属诊断血清发生交叉凝集反应（志贺菌属氧化酶阴性，动力阴性可以鉴别）。

（二）临床意义

本菌普遍存在于水和土壤中，可寄生于淡水鱼、贝壳类、蟾蜍、蛇、家禽等。主要引起肠胃炎，感染主要与食入生的海产品有关，好发于夏季，通常为散发流行，临床症状是短时间的水样泻或病程较长的痢疾样腹泻，感染人群无年龄差别。也可引起肠道外感染，多见于机体抵抗力下降人群，主要引起败血症和脑膜炎。邻单胞菌脑膜炎常见于助产分娩的婴儿，偶尔也可在伤口分泌液、胆汁、关节液、淋巴结等标本中分离到。感染率低，但死亡率很高。

第 3 节　弯曲菌属

弯曲菌属（*Campylobacter*）属于弯曲杆菌科，是一类呈逗点状或 S 形的革兰阴性杆菌。其广泛分布于家禽、家畜体内，是禽类肠道的正常菌群，可引起一些动物流产和肠炎。《伯杰氏系统细菌学手册》将弯曲菌属分为 5 个种和 5 个亚种（表 11-9），对人类致病的主要是空肠弯曲菌和胎儿弯曲菌胎儿亚种，前者是人类腹泻最常见的病原菌之一，后者在免疫功能低下时可引起败血症、脑膜炎等。

表 11-9　弯曲菌属分类

种	亚种	种	亚种
胎儿弯曲菌	胎儿亚种	痰液弯曲菌	痰液亚种
	性病亚种		牛亚种
空肠弯曲菌			黏膜亚种
大肠弯曲菌		简明弯曲菌	

案例 11-3

患者，男，1岁，家住农村。因有畏寒、发热、食欲减退7d而入院。查体：T 39.5℃。实验室检查：WBC 12×10^9/L，青绿色黏液样便，涂片经染色可见S形革兰阴性杆菌，将粪便标本接种后置于25℃环境培养，该菌可生长，而在42℃环境不生长。

问题：

1. 该患者可能被哪种细菌感染？
2. 该菌的生物学特性有哪些？
3. 如何鉴定该菌？

一、生物学性状

1. 形态与染色 本属细菌为革兰阴性杆菌，大小为（0.2～0.8）μm×（0.5～5）μm，不易着色。菌体细长弯曲呈弧形、“S”形、逗点状、螺旋形或海鸥展翅状（图 11-11），陈旧培养物可呈球形或长丝状。一端（多见于胎儿亚种）或两端（多见于空肠弯曲菌）具有单鞭毛（图 11-12），运动活泼，暗视野显微镜下呈“投标样”或“螺旋样”运动。无荚膜，不形成芽胞。

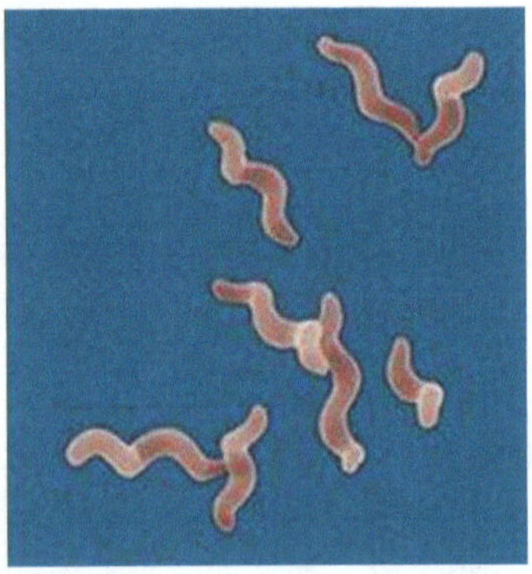

图 11-11 弯曲菌形态（示意图）

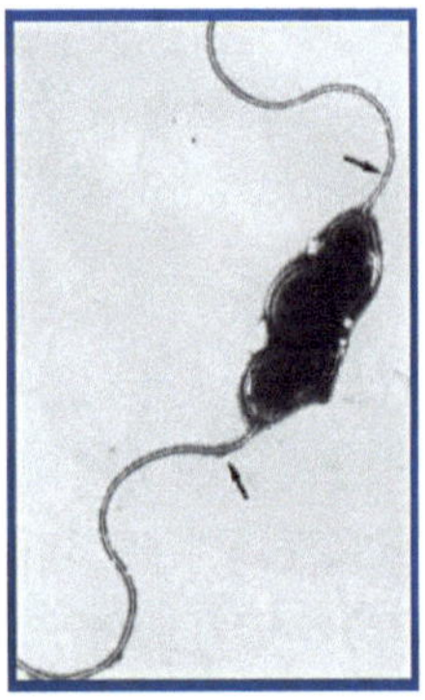

图 11-12 空肠弯曲菌的两端单鞭毛

2. 培养特性 弯曲菌属的显著特点是微需氧性，多氧或无氧环境下均不生长，初次分离时在含有5%O_2、10%CO_2、85%N_2环境生长最佳，可用烛缸法进行传代培养。最适生长温度随菌种而异，培养温度通常取决于所需要分离的菌株，在不同温度下培养基的选择性也不同，通常绝大多数实验室用42℃作为初始分离温度，这一温度对空肠弯曲菌、大肠弯曲菌的生长有利，其他菌株在37℃生长良好。

本属菌营养要求高，在普通培养基上不长，需加入血液、血清才能生长，选择培养基大多含有抗生素（主要为头孢哌酮），以抑制肠道正常菌群。常用选择培养基有含血的Skirrow培养基、改良Campy-BAP选择平板、头孢哌酮－万古霉素－两性霉素琼脂培养基（CVA）和不含血的碳－头孢哌酮－去氧胆酸盐（CCDA）、碳基培养基（CSM）、半固体动力培养基。弯曲菌在同一培养基上可出现两种菌落，一种为灰白、湿润、扁平边缘不整齐的蔓延生长的菌落；另一种为半透明、圆形、凸起、有光泽的小菌落，陈旧菌落可因产生色素而变红。

3. 生化反应 不活跃，不氧化糖类也不发酵糖类，氧化酶试验和触酶试验阳性，还原硝酸盐，不液化明胶。

4. 抗原性　弯曲菌有耐热菌体（O）抗原、热不稳定抗原（HL）和鞭毛（H）抗原，根据 O 抗原不同，可将空肠弯曲菌和大肠弯曲菌分为 65 个血清型。根据 HL 系统，将空肠弯曲菌、大肠弯曲菌和海鸥弯曲菌至少分为 160 个血清型。所以，耐热菌体（O）抗原、热不稳定抗原（HL）是弯曲菌分型的依据。

5. 抵抗力　抵抗力不强，对热敏感，在室温下迅速死亡，易被干燥、光线、一般消毒剂杀灭。潮湿环境、4℃可存活数周。

二、临床意义

被感染的人和动物粪便中的活菌可以污染环境，临床上主要通过食物和水传播，未经处理的水和生牛乳是人类感染的主要来源。

弯曲菌可借助鞭毛和特异性外膜蛋白与空肠、回肠上皮细胞结合，然后侵入上皮细胞生长繁殖，产生肠毒素、细胞毒素、内毒素等致病物质。其主要引起肠炎和肠道外感染，腹泻是空肠弯曲菌感染最常见的临床表现，胎儿弯曲菌主要引起肠外感染，其中胎儿亚种是人类的主要致病菌，可引起菌血症、心内膜炎、活动性关节炎、脑膜炎、胸膜炎等。

感染弯曲菌后，机体能产生特异性抗体，早期血清中可查出 IgM。恢复期患者血清中可检出 IgG 和 IgA。

三、微生物学检验

（一）标本采集

急性肠炎患者，应采集粪便及剩余食物，若不能立即检验，可将标本接种于卡 - 布运送培养基中送检。高热和患脑膜炎的患者，在用药前抽取静脉血液或脑脊液，注入布氏肉汤内送检。

（二）检验方法

1. 镜检　粪便或肛拭子可直接涂片，脑脊液离心沉淀物涂片革兰染色，查找革兰阴性，菌体细长，弯曲呈“S”状或螺杆状小杆菌。鞭毛染色见一端或两端单根鞭毛，悬滴法观察有无投标样或螺旋样运动的细菌。

2. 核酸检查　PCR 方法检测粪便中弯曲菌的核酸序列。

3. 分离培养　可将标本直接接种于选择培养基上，也可将标本过滤后培养。将一层孔径 0.45～0.65μm 的滤膜放于不含抗生素的 CCDA 或 GSM 培养基上，滴加 10～15 滴标本悬液于滤膜上，由于弯曲菌有动力可穿过滤膜，将平板置于 37℃孵育 1h，除去滤膜，平板置于 37℃微需氧环境中继续培养，必要时给予一定浓度的氢气。在改良 Campy-BAP 选择平板上，经 48h 孵育，可形成两种形态的菌落：一种为扁平、湿润、灰或蓝灰白色、边缘不整齐、常沿接种线扩散生长的菌落；另一种为圆形、凸起、湿润、周围有黏液样外观、直径 1～2mm、不溶血的菌落。本属细菌在布氏肉汤中呈均匀浑浊生长。培养时需注意气体环境和适合的温度，空肠弯曲菌最适温度为 42℃，25℃则不生长；相反胎儿弯曲菌在 25℃生长，而在 42℃不生长；简明弯曲菌在 25℃和 42℃均不生长。但各种菌在 37℃皆可生长，生长温度的差异可用于菌种鉴别。

4. 生化反应　氧化酶和触酶试验阳性，能还原硝酸盐。

5. 免疫学试验 特异性抗体包被乳胶颗粒，可鉴定空肠弯曲菌和大肠弯曲菌。

6. 鉴别要点 弯曲菌属主要致病菌种的鉴别特征见表 11-10。

表 11-10 弯曲菌属主要致病菌种的鉴别特征

	触酶	还原硝酸盐	还原亚硝酸盐	生长需要氢气	尿素酶	产生硫化氢	马尿酸水解	醋酸吲哚酚水解	25℃生长	42℃生长	3.5%氯化钠生长	1%甘氨酸生长	0.1%盐酸三甲胺生长	萘啶酸敏感（30μg）	头孢唑林敏感（30μg）
胎儿弯曲菌胎儿亚种	+	+	−	−	−	−	−	−	+	−	−	+	−	R	S
胎儿弯曲菌性病亚种	+	+	−	−	−	−	−	−	+	−	−	−	−	R	S
空肠弯曲菌空肠亚种	+	+	−	−	−	−	+	+	−	+	−	+	−	S	R
大肠弯曲菌	+	+	−	−	−	−	−	+	−	+	−	+	−	S	R

+：阳性；−：阴性；S：敏感；R：耐药

第4节 螺杆菌属

螺杆菌属（*Helicobacter*）也是一类微需氧的革兰阴性螺形杆菌。最早根据其形态染色、培养条件、生长特征、生活环境等归于弯曲菌，但近年来根据其超微结构（螺旋与胞周纤维）、酶活性、脂肪酸序列、生长特性等的不同，尤其是该菌属 16SrRNA 与弯曲菌属存在的巨大区别，将其从弯曲菌属中划分出来而成立一个新的螺杆菌属。其中与人类关系密切的是幽门螺杆菌（*H.pylori*, Hp）。

1983 年，澳大利亚学者 Marshall 和 Warren 从慢性胃炎胃窦黏膜活检组织中分离出幽门螺杆菌，并证明该菌感染胃部会引起胃炎、胃溃疡和十二指肠溃疡。2005 年，Marshall 和 Warren 因此获得诺贝尔生理学或医学奖。

一、生物学特性

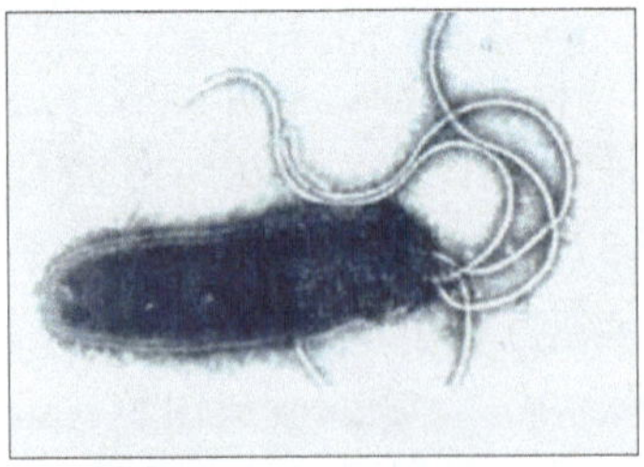

图 11-13 幽门螺杆菌鞭毛

1. 形态与染色 幽门螺杆菌为革兰阴性，菌体细长，呈弧形、海鸥状、S 形和螺旋状，陈旧培养物可呈球形。大小为（2.5～4.0）μm×（0.5～1.0）μm。运动活泼，菌体一端或两端可伸出 2～6 条带鞘的鞭毛（图 11-13），长为菌体的 1.0～1.5 倍，鞭毛在运动中起推进器作用，在定居过程中起锚的作用。在胃黏膜层中常呈鱼群样排列。

2. 培养特性 本菌为微需氧菌，在含 2%～8%O_2、10%H_2、5%～10%CO_2、85%N_2 的环境中稳定生长，在空气中和绝对无氧条件下均不能生长。从临床标本中分离的野生菌株在培养时均需要补充适当的 CO_2，同时培养环境中必须保持 95% 以上的相对湿度。幽门螺杆菌生长的最适 pH 为中性或弱碱性，最适生长温度为 37℃，25℃不生长，42℃少数生长，此与弯曲菌属明显不同。本菌营养要求较高，普通培养基上不生长，须加入血液、血清、活性炭等物质，才能促进生长，常用的培养基有巧克力血平板、TYP 血琼脂、Skirrow 琼脂、MH 琼脂等。

3. 生化反应　生化反应不活泼，显著的生化特性是脲酶试验迅速强阳性，可作为鉴定的主要依据和快速诊断试验。其不能利用糖类，氧化酶和触酶试验阳性。

4. 抵抗力　抵抗力弱，对热、干燥、常用消毒剂敏感，对青霉素和氨基糖苷类等抗生素敏感。

二、临床意义

Hp 通过粪 – 口途径传播，传染源主要是人。临床表明，Hp 是慢性胃炎的病原因子，且一般都接受该菌是大多数胃炎及十二指肠溃疡的病因。Hp 的感染与胃窦、胃体部位的胃腺癌关系密切，还与胃黏膜相关 B 细胞淋巴瘤密切关联。

Hp 致病机制非常复杂，其致病机制至今尚未完全明了。目前认为 Hp 的致病机制主要是细菌在胃黏膜上的定值，产生毒性因子直接作用及诱导炎症反应和免疫反应导致胃黏膜损害。

Hp 进入机体后，其螺旋状菌体，为 Hp 在黏稠的胃黏液中运动提供了基础，而其鞭毛的摆动则为 Hp 的运动提供了足够的动力。产生的尿素酶能将尿素分解为氨和二氧化碳，氨在 Hp 周围形成“氨云”，中和胃酸保护 Hp。产生的多种黏附因子，使其能紧密地黏附于胃上皮表面。因而，Hp 可在胃黏膜定植。Hp 产生空泡毒素、尿素酶、黏液酶、内毒素、磷脂酶 A 等有害物质，能降解胃黏液，使细胞出现空泡变性，细胞膜破坏，从而破坏黏膜屏障，造成胃酸对胃黏膜的损害，导致溃疡形成。Hp 表面及分泌的可溶性成分和趋化蛋白能趋化激活中性粒细胞、单核 / 巨噬细胞产生 TNF-α、白细胞三烯、IL-1 和 IL-2 等，促进黏膜的炎症损伤。Hp 感染诱导产生特异性细胞和体液免疫，并诱发机体的自身免疫反应，损害胃肠黏膜。

幽门螺杆菌感染后，可刺激机体产生体液免疫，但是否对机体有保护作用尚不清楚。

三、微生物学检验

（一）标本采集

多部位采集胃、十二指肠黏膜标本，标本要新鲜，保持湿润，置 2ml 无菌等渗盐水中保存，在运送途中不超过 3h，在 4℃下最多保存 5h。流行病学调查和检测治疗效果时可取血清检查。

（二）检验方法

1. 直接显微镜检查　胃黏膜活检标本，革兰染色镜检，螺杆菌菌体细长，呈弧形、S 形和螺旋状，革兰阴性，呈鱼群样排列，可报告“疑似幽门螺杆菌”。

2. 分离培养　选用哥伦比亚琼脂、心脑浸液琼脂、布氏琼脂及 MH 琼脂等作基础，加入 5%～7% 的全血或胎牛血清。培养基中加入 1% 淀粉或 0.2% 活性炭，有利于吸收培养基中衍化产生的毒性氧离子。选择培养基可采用改良的 Skrrow 琼脂。为了抑制兼性厌氧菌和真菌的生长，常须加入万古霉素、甲氧苄啶、多粘菌素 B、两性霉素 B 组合的抑菌剂。该菌生长缓慢，培养 3d 后可形成针尖大小、圆形、光滑、无色透明、边缘整齐、凸起的菌落。在血琼脂平板上有轻度 β 溶血。

3. 鉴定试验

（1）细菌的直接检查：通过胃镜检查钳取胃黏膜（多为胃窦黏膜）作直接涂片、染色，组织切片染色及细菌培养来检测幽门螺旋杆菌。其中胃黏膜细菌培养是诊断幽门螺旋杆菌最可靠的方法，可作为验证其他诊断性试验的“金标准”，同时又能进行药敏试验，指导临床选用药物。

（2）尿素酶检查：幽门螺杆菌是人胃内唯一能够产生大量尿素酶的细菌，故可通过检测尿素酶来诊断幽门螺旋杆菌感染。

（3）抗原检测：ELISA 等方法测定粪便标本中幽门螺旋杆菌抗原。

（4）抗体检测：用 ELISA 方法测定患者血清中幽门螺杆菌特异性抗体或脲酶抗体。

（5）核酸检测：用聚合酶链反应技术检测患者胃液、粪便等标本中幽门螺杆菌的 DNA。

（6）尿素呼气试验：嘱患者口服用核素 ^{13}C 或 ^{14}C 标记的尿素，如患者的胃内有 Hp 感染，则 Hp 产生的高活性的尿素酶可将尿素分解为氨和 ^{13}C 或 ^{14}C 标记的 CO_2，^{13}C 或 ^{14}C 标记的 CO_2 通过血液经呼气排出，收集呼出的气体，通过分析呼气中 ^{13}C 或 ^{14}C 标记的 CO_2 的含量即可判断患者是否存在幽门螺杆菌感染。

目标检测

一、名词解释

1. 神奈川现象（KP）
2. 血清制动试验
3. 不凝集弧菌

二、选择题（选择一个最佳答案）

1. 分离培养霍乱弧菌常用的平板是（　　）
   A. SS 平板　B. 麦康凯平板　C. EMB 平板　D. TCBS 平板　E. 中国蓝平板
2. 沿海地区食物中毒中最常见的病原菌是（　　）
   A. 沙门菌　B. 金黄色葡萄球菌　C. 肉毒梭菌　D. 副溶血弧菌　E. 产气荚膜梭菌
3. 气单胞菌属和邻单胞菌属的鉴别试验常用（　　）
   A. 脲酶试验　B. O/129 敏感试验　C. 吲哚试验　D. 氧化酶试验　E. 触酶试验
4. 鉴定幽门螺杆菌的重要依据是（　　）
   A. 产生大量脲酶　B. 定居于肾黏膜层中　C. 生化反应活泼　D. 革兰阴性杆菌　E. 以上都不是
5. 空肠弯曲菌的培养条件中氧的浓度一般为（　　）
   A. 5%　B. 2%　C. 2% 以下　D. 10% 以上　E. 不含氧
6. 以下不是幽门螺杆菌的生物学性状是（　　）
   A. 细长弯曲呈“S”形或海鸥状
   B. 革兰染色阴性，有鞭毛
   C. 微需氧，营养要求高
   D. 生化反应活泼
   E. 脲酶丰富，是鉴定该菌的主要依据之一
7. 有关霍乱弧菌的特性，错误的是（　　）
   A. 曾引起 7 次世界大流行
   B. 本菌初次分离通常用碱性蛋白胨水
   C. 运动活泼，周身鞭毛
   D. 可用活菌悬液滴法直接观察其动力
   E. 患者粪便常呈米泔样
8. 下列细菌为单鞭毛且悬滴法检查呈穿梭样运动的是（　　）
   A. 大肠埃希菌　B. 变形杆菌　C. 副溶血弧菌　D. 霍乱弧菌　E. 幽门螺杆菌
9. 在碱性培养基中生长良好的细菌是（　　）
   A. 霍乱弧菌　B. 大肠埃希菌　C. 葡萄球菌　D. 结核分枝杆菌　E. 厌氧菌
10. 副溶血性弧菌在 TCBS 培养基上的菌落颜色是（　　）

A. 无色透明　B. 淡红色
C. 蓝绿色　D. 淡黄色
E. 紫色

11. 霍乱弧菌在 TCBS 培养基上的菌落颜色是（　）
A. 无色透明　B. 淡红色
C. 蓝绿色　D. 淡黄色
E. 紫色

12. 幽门螺杆菌与空肠弯曲菌比较，其最突出的特点是（　）
A. 微需氧菌　B. 运动活泼
C. 革兰染色阴性　D. 产生大量脲酶
E. 营养要求高

13. 有关“幽门螺杆菌”的叙述，哪一项是错误的（　）
A. 革兰阴性微需氧菌
B. 产生大量脲酶
C. 初代分离培养时培养基中仅需添加血液
D. 鞭毛与致病性有关
E. 是胃癌的重要危险因子

14. 一名患者因十二指肠溃疡而入院。取其胃黏膜活检标本接种于巧克力培养基，37℃微需氧培养 3d 长处菌落，为革兰阴性杆菌，氧化酶阳性，该菌最最有可能是（　）
A. 空肠弯曲菌　B. 副溶血弧菌
C. 流感嗜血杆菌　D. 幽门螺杆菌
E. 大肠埃希菌

15. 运输霍乱孤菌的保存培养基为（　）
A. 碱性蛋白胨水　B. PV 平板
C. SS 琼脂　D. EC 肉汤
E. GN 增菌液

16. 能在 25℃生长，42℃不生长的细菌是（　）
A. 胎儿弯曲菌胎儿亚种
B. 胎儿弯曲菌性病亚种
C. 空肠弯曲菌空肠亚种
D. 大肠弯曲菌
E. A+B

17. 有关类志贺邻单胞菌的生化反应，正确的叙述是（　）
A. 氧化酶和触酶试验阳性
B. 发酵葡萄糖产酸不产气
C. 赖氨酸、鸟氨酸酶试验均为阳性
D. 精氨酸酶试验为阳性
E. 均正确

三、问答题

1. 弧菌属细菌的共同生物学特性是什么?
2. 霍乱弧菌的形态特点是什么?
3. 霍乱弧菌分别为哪两个生物型，分别的生物学差异是什么?
4. 弯曲菌属的抗原分别有哪些?

（窦　迪）

第12章 其他革兰阴性杆菌

学习目标

1. 掌握：流感嗜血杆菌、百日咳鲍特菌的主要生物学特性及检验方法、鉴定依据。
2. 熟悉：军团菌属、布鲁菌属的主要生物学特性及检验方法、鉴定依据。
3. 了解：流感嗜血杆菌、百日咳鲍特菌、军团菌属、布鲁菌属的临床意义。

第1节 嗜血杆菌属

嗜血杆菌属（*Haemophilus*）归属巴斯德菌科，是一类革兰阴性短小杆菌。本属细菌分为17个种，对人有致病性的主要有流感嗜血杆菌、副流感嗜血杆菌、溶血嗜血杆菌、副溶血嗜血杆菌、杜克嗜血杆菌、埃及嗜血杆菌、嗜沫嗜血杆菌、副嗜沫嗜血杆菌、惰性嗜血杆菌（表12-1）等。本节主要叙述流感嗜血杆菌。

表12-1 嗜血杆菌的致病性

菌种	致病性
流感嗜血杆菌	原发性化脓性感染及继发性感染，包括脑膜炎、鼻咽炎、关节炎、心包炎、鼻窦炎及中耳炎等
副流感嗜血杆菌	口腔及阴道正常菌群，偶可引起心内膜炎、尿道炎
埃及嗜血杆菌	急性、亚急性结膜炎，儿童巴西紫癜热
杜克嗜血杆菌	软下疳
嗜沫嗜血杆菌	咽部正常菌群，牙菌斑中常见菌，偶致心内膜炎和脑脓肿
溶血嗜血杆菌	鼻咽部正常菌群

1882年，波兰细菌学家Pfeiffer首先从流行性感冒患者的鼻咽部分离到流感嗜血杆菌（*H.influenzae*），当时被误认为是流感的病原菌，故名流感嗜血杆菌。直至1993年Smith等人成功分离流感病毒，才证实了该菌不是流感的病原菌。但在流感患者中可引起继发感染。

案例12-1

患者，男，29岁。因头痛、发热（38.6℃）、咳嗽、全身肌肉酸软、纳差入院。取痰液进行病原体检查发现革兰阴性杆菌，将该菌接种到巧克力琼脂平板上18h后出现似露滴状菌落，当其与金黄色葡萄球菌在血平板上共同培养时，出现“卫星生长”现象。

问题：

1. 患者可能患什么疾病？
2. 病原体可能是什么？
3. 如何鉴定该病原体？

一、生物学性状

1. 形态与染色　为革兰阴性短小杆菌，在恢复期病灶中或长期人工传代后可呈球杆状、长杆状、丝状等多态性（图 12-1）。本菌无鞭毛，不形成芽胞，多数菌株有菌毛，黏液型菌株有荚膜且毒力强。

2. 培养特性与生化反应　流感嗜血杆菌需氧或兼性厌氧，培养较困难，最适生长温度 35～37℃，初分离时，需放置 5%～10%CO_2 环境，营养要求高，培养时需 X 因子和 V 因子。X 因子存在于血红蛋白中，是血红素及其衍生物，可耐高温，120℃ 30min 不被破坏，是细菌合成过氧化物酶、细胞色素氧化酶等呼吸酶的辅基，这些酶类供细菌氧化还原时进行电子传递。V 因子存在于血液中，是脱氢酶，即辅酶 I 或 Ⅱ，在细菌的呼吸中起递氢作用。血液中此因子通常处于抑制状态，经 80～90℃加热 5～15min 破坏红细胞膜上的不耐热抑制物，可使 V 因子释放，故常用巧克力培养基培养流感嗜血杆菌。此外痰、咽分泌物等标本中含有快速生长的细菌，可掩盖本菌生长，应在巧克力培养基中加抗生素（杆菌肽 300μg/ml、万古霉素 50μg/ml）抑制杂菌，提高本菌的分离率。

流感嗜血杆菌在巧克力培养基中培养 18～24h 后，可见 0.5～1.5mm 直径的菌落，灰白色、光滑、湿润、似露滴状，有荚膜的菌株呈轻度黏稠。当流感嗜血杆菌与金黄色葡萄球菌在血平板上共同培养时，由于后者可产生 V 因子，故距金黄色葡萄球菌菌落近的流感嗜血杆菌菌落较大，远则渐小，称为“卫星生长现象”（图 12-2）。

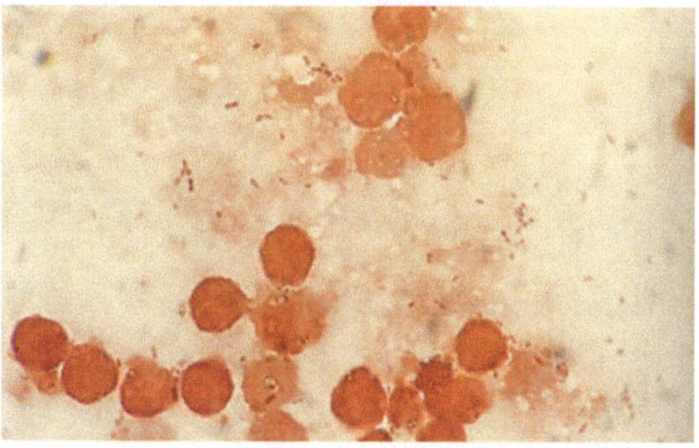

图 12-1　流感嗜血杆菌形态染色

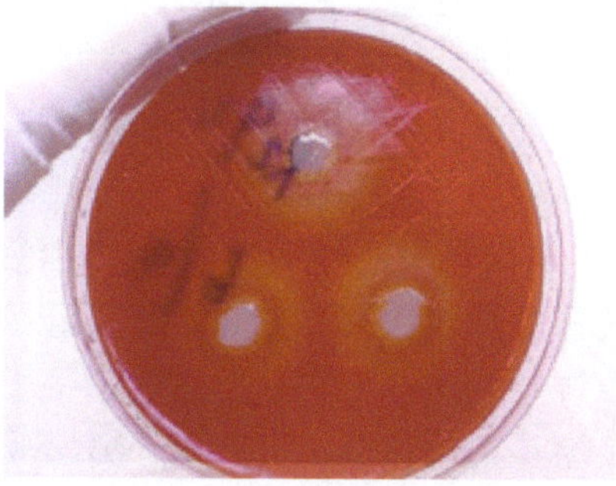

图 12-2　流感嗜血杆菌“卫星生长现象”

流感嗜血杆菌对糖发酵不稳定，可分解葡萄糖产酸，不分解蔗糖、乳糖和甘露醇。其能还原硝酸盐为亚硝酸盐，有荚膜的菌株能分解色氨酸产生吲哚，大部分菌株能分解尿素，部分菌株产生鸟氨酸脱羧酶。根据流感嗜血杆菌产生吲哚、尿素酶及鸟氨酸脱羧酶，将本菌分为 8 个生物型。

3. 抗原构造与分型　根据荚膜多糖抗原性的不同将有荚膜流感嗜血杆菌分为 a、b、c、d、e、f 六个血清型，其中 b 型致病力最强，f 型次之。

4. 抵抗力　流感嗜血杆菌抵抗力弱。对干燥和消毒剂敏感，50～55℃、30min 可被杀死。对青霉素和氯霉素易产生耐药性，其耐药性由 R 质粒决定。

二、临床意义

流感嗜血杆菌的致病物质为荚膜、菌毛、内毒素。特异性荚膜多糖抗原能中和机体在感染过程中形成的抗体，并抵抗机体内的白细胞吞噬。菌毛有黏附人类口咽部细胞的作用。致病力强的流感嗜血杆菌产生 IgA 蛋白酶，能分解破坏分泌型 IgA。

流感嗜血杆菌在呼吸道定植者可达 50%，但有荚膜的 b 型株定植者不多，主要引起呼吸道原发性和继发性感染。原发性感染（外源性）多为由荚膜的 b 型菌株引起，多为急性化脓性炎症，如化脓性脑膜炎、鼻咽炎、咽喉会厌炎、化脓性关节炎、心包炎等，严重的引起菌血症，以小儿多见。继发性感染（内源性）多由呼吸道寄居的无荚膜菌株引起，常继发于流感、麻疹、百日咳、肺结核等临床表现有慢性支气管炎、鼻窦炎、中耳炎等，以成人多见。无荚膜菌株为上呼吸道正常菌群。

对本菌的预防可接种荚膜多糖菌苗，治疗时若 β- 内酰胺酶阴性，则首选氨苄西林、阿莫西林等。

三、微生物学检验

1. 标本采集 根据感染部位不同采集不同标本，如鼻咽拭子、痰液、脓液、脑脊液及血液等避免干燥，及时送检。

2. 检验方法

（1）直接镜检：痰液、脓液、鼻咽分泌物等标本可直接涂片，脑脊液离心取沉淀物涂片，革兰染色，显微镜检查，查到革兰阴性短小杆菌或多形态杆菌，结合临床症状，可做初步诊断。

（2）抗原检测：可以直接检测标本中的抗原成分或采用酶联免疫的方法检测其抗原成分。

（3）核酸检查：采用 DNA 杂交的方法检查核酸。在囊性纤维化患者痰中，可用 DNA 杂交及单克隆标记法检查流感嗜血杆菌的外膜蛋白。

（4）分离培养与鉴定：①分离培养：临床标本中常含大量杂菌，所以在巧克力琼脂中加入抗菌药物如万古霉素、杆菌肽、克林霉素等，可提高嗜血杆菌属的阳性检出率。经 18～24h 培养，出现无色透明小菌落。在液体培养基中，有荚膜的菌株均匀浑浊生长，而无荚膜的菌株呈颗粒状沉淀生长。②鉴定：血液、脑脊液标本先增菌后再行分离培养，其他标本可直接画线接种于巧克力血琼脂平板或兔血琼脂平板。经 35℃培养 24～48h，根据菌落形态、涂片染色、卫星现象、分离培养中对 X、V 因子的需要，再加上生化特性可以做种间鉴定。

3. 鉴别要点 常见嗜血杆菌属菌种的鉴别见表 12-2。

表 12-2 嗜血杆菌属菌种的鉴别

	因子		β 溶血	发酵					触酶	CO_2 促进生长	ONPG	H_2S
	X	V		葡萄糖	蔗糖	乳糖	甘露醇	木糖				
流感嗜血杆菌	+	+	−	+	−	−	−	+	+	−	−	−
埃及嗜血杆菌	+	+	−	+	−	−	−	−	+	−	−	−
溶血嗜血杆菌	+	+	+	+	−	−	−	+	+	−	−	+

续表

	因子		β溶血	发酵					触酶	CO_2 促进生长	ONPG	H_2S
	X	V		葡萄糖	蔗糖	乳糖	甘露醇	木糖				
杜克嗜血杆菌	+	−	−	−	−	−	−	−	−	−	−	−
副流感嗜血杆菌	−	+	−	+	+	−	+	−	v	−	v	+
嗜沫嗜血杆菌	w	−	−	+	+	+	+	−	−	+	+	+

注：v. 不同结果；w. 弱发酵反应；ONPG. *O*– 硝基酚 -*β*-D 半乳糖吡喃苷

4. 鉴定依据 主要包括：①革兰阴性小杆菌或呈多形性；②巧克力色血平板上的菌落形态；③卫星现象；④ X、V 因子需求实验；⑤在血清肉汤及普通琼脂平板上不生长。

第 2 节 鲍特菌属

鲍特菌属（*Bordetella*）包括百日咳鲍特菌、副百日咳鲍特菌、支气管鲍特菌、鸟鲍特菌、欣氏鲍特菌、霍氏鲍特菌。百日咳鲍特菌是百日咳的病原体，副百日咳鲍特菌可引起急性呼吸道感染，其他鲍特菌偶可对人类致病。

百日咳鲍特菌（*B.pertusis*）俗称百日咳杆菌，人类是百日咳鲍特菌的唯一宿主。1900 年，由 Bordet 和 Gengou 首次从百日咳患儿痰中分离。

一、生物学特性

1. 形态与染色 百日咳鲍特菌为革兰阴性短小杆菌，大小为（0.2～0.5）μm×（0.5～2.0）μm，多单个分散存在，培养条件不适可出现丝状形态。用苯酚甲苯胺蓝染色，两端浓染。无鞭毛，不形成芽胞，光滑型菌株有荚膜和菌毛。其他鲍特菌菌种中某些菌种有鞭毛，有动力。

2. 培养特性及生化反应 百日咳鲍特菌为专性需氧菌。最适生长温度 35～36℃，对营养要求较高，初次分离需用含甘油、马铃薯、血液的鲍－金（Bordet-Gengou，B-G）培养基培养，3～5d 后形成细小、凸起、光滑、半透明、灰白色的有珍珠光泽的菌落，周围有狭窄不透明的溶血环。本菌经多次人工传代培养后，对营养要求降低，毒力也随着消退。在液体培养基内呈均匀浑浊生长，管底有少量黏性沉淀。

百日咳鲍特菌生化反应极不活泼，不发酵任何糖类，不产生靛基质，不生成硫化氢，不利用枸橼酸盐，不还原硝酸盐，不分解尿素。氧化酶试验阳性，多数菌株触酶阳性。

3. 抗原构造与分型 新分离的百日咳鲍特菌有荚膜，毒力强，菌落光滑，称为 Ⅰ 相菌，具有耐热的菌体抗原（O 抗原）和不耐热的表面抗原（K 抗原）。O 抗原为鲍特菌属的共同抗原。K 抗原为该菌的表面成分，又称凝集原，包括凝集因子 1～6，它们有不同组合的血清型。凝集因子 1 为 Ⅰ 相菌共同抗原，是种的特异性抗原。鉴于百日咳鲍特菌血清型的特异性，世界卫生组织推荐在菌苗中应含有 1、2、3 因子血清型的菌株。百日咳鲍特菌可发生相变，Ⅰ 相菌可变为无荚膜、无毒力的粗糙型Ⅳ相菌，并且这种相的变化是可逆的。Ⅱ、Ⅲ相为过渡相。

4. 抵抗力 百日咳鲍特菌抵抗力较弱，但在低温（0～10℃）能生存，对紫外线敏感，56℃经 30min 或日光照射 1h 可致死。治疗首选红霉素，对青霉素耐药。

二、临床意义

（一）致病物质

百日咳鲍特菌的致病物质主要有三种毒素：①百日咳毒素：是百日咳鲍特菌的主要毒力因子，与阵发性咳嗽、支气管痉挛有关；②丝状血细胞凝集素：能促进病原菌黏附在纤毛上皮细胞上；③腺嘌呤环酶毒素：可使吞噬细胞活性受抑制，导致呼吸道的免疫力降低。

（二）所致疾病

百日咳鲍特菌主要通过飞沫经呼吸道传播，引起百日咳。传染源主要是早期患者和带菌者。百日咳是儿童常见的传染病，传染性强，临床主要引起痉挛性阵咳。整个病程分为四期：①潜伏期，约 2 周；②卡他期，仅表现轻度咳嗽，此期排菌最多，喷沫传染性最强；③痉咳期，出现阵发性剧烈咳嗽，支气管痉挛呈现特殊的“鸡鸣样”吼声，并可伴呕吐，此期可出现合并症，如肺炎、中耳炎、中枢神经系统症状等；④恢复期，阵咳减轻，完全恢复需经数周到数月。

百日咳后可获持久免疫力，主要为体液免疫。预防主要用百日咳鲍特菌死疫苗（常用百白破三联疫苗）进行人工自动免疫。

三、微生物学检验

1. 标本采集 在发病的早期采集标本可提高阳性率。标本采集方法有：①咳碟法：将鲍金培养基平板打开，对准患者的口部，嘱患者连续咳嗽数次，直接收集患者咳出的飞沫进行培养；②鼻咽拭子法：固定患者头部，将拭子通过鼻孔进入鼻咽部采集标本。

2. 检验方法

（1）直接显微镜检查：患者鼻咽分泌物与咳痰标本直接涂片进行革兰染色镜检，为革兰阴性球杆菌。

（2）分离培养：将采集的标本接种于 B-G 培养基上，35℃培养 2～5d，注意保持湿度。挑取可疑菌落，涂片染色，根据生化反应进行鉴定。百日咳鲍特菌在含有血液、甘油、马铃薯的 B-G 培养基上培养 3～4d，可形成细小、光滑、灰色不透明、带珠光（水银滴状）的 β 溶血菌落。在液体培养基中呈均匀浑浊生长，管底有少量沉淀。其他鲍特菌可在含血液的常规培养基或麦康凯培养基上生长。

（3）抗原检测：①直接荧光抗体检测：将标本涂片，以荧光标记特异性抗体处理涂片后，用荧光显微镜检查菌体，找到外周呈绿色荧光，中心暗的球杆菌为阳性；② ELISA 快速诊断法：可检查患者血清中抗鲍特菌属共同抗原的抗体。

（4）核酸检查：用 PCR 扩增试验，百日咳鲍特菌的 DNA 有高度特异性和敏感性。

（5）抗体检查：用 ELISA 法检查患者血清中所含该菌的丝状血细胞凝集素和百日咳毒素的抗体（IgM 和 IgA）。

（6）毒力试验：以纯培养液注射豚鼠腹腔，豚鼠可中毒死亡。若注射于家兔皮下，发生皮肤坏死。

3. 鉴别要点　鲍特菌属菌种鉴定特征见表 12-3。

表 12-3　鲍特菌属菌种鉴定特征

	触酶	氧化酶	硝酸盐还原	脲酶	动力	血琼脂生长	麦康凯生长
百日咳鲍特菌	+	+	−	−	−	−	−
副百日咳鲍特菌	+	−	−	+	−	+	v
支气管败血鲍特菌	+	+	+	+	+	+	+

+：阳性；−：阴性；v：不定

第 3 节　军团菌属

1976 年 7 月，在美国费城举办了一次全美退伍军人会议，会议期间爆发了一种不明原因的严重肺炎，与会者 149 人，34 人死亡。1977 年 1 月，McDade 等用分离立克次体的方法，从死亡者肺组织中，分离出一种新的革兰阴性杆菌，称其为军团菌，1978 年，美国疾病控制中心正式命名本菌为嗜肺军团菌（*Legionella pneumophila*）。军团菌在 1984 年被正式命名为军团菌属，共包括 40 多个菌种，其代表菌为嗜肺军团菌。军团菌在自然界普遍存在，特别易存在于各种天然水源及人工冷、热水管道系统中。

一、生物学特性

1. 形态与染色　军团菌属细菌为革兰阴性杆菌，着色较浅，菌体大小为（2～3）μm×0.3μm，有显著多形性，有时呈线状（图 12-3），无芽胞、无荚膜，有端鞭毛或侧鞭毛。

2. 培养特性　军团菌属细菌为专性需氧菌，多数菌株在含有 2.5%～5%CO_2 的环境中生长良好。最适生长温度为 35℃，最适 pH 为 6.7～7.0。本菌营养要求较苛刻，在营养琼脂和血琼脂上不生长，须在含有 L- 半胱氨酸和铁离子的培养基中才能生长。在费 - 高（Feeley-Gorman，F-G）培养基上生长缓慢，培养 3～5d 可见针尖大小的菌落，直径 1～2mm，有光泽，湿润，半透明，有特殊臭味，颜色多变，在紫外线照射下可发黄色荧光，菌落周围呈现褐色。常用缓冲液活性炭酵母琼脂培养基（BCYE）培养，培养 3～5d 可形成直径 1～2mm、灰白色、圆形凸起、湿润有光泽的菌落。

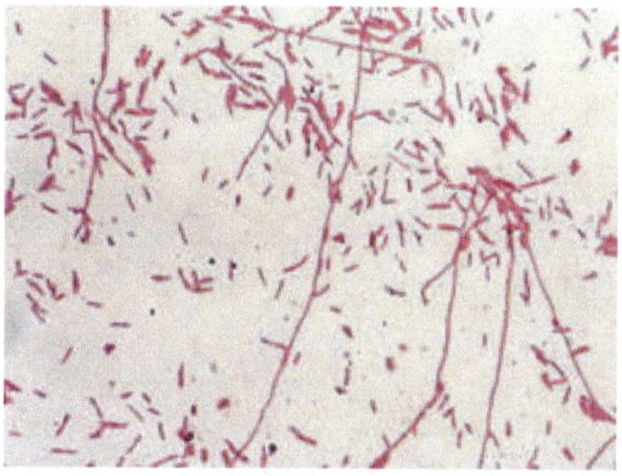

图 12-3　军团菌形态染色

3. 生化反应　军团菌属细菌触酶阳性，氧化酶阳性，可液化明胶，不分解糖类，脲酶阴性，不还原硝酸盐。大多数军团菌产生明胶酶和 β- 乳酸酶，嗜肺军团菌可分解马尿酸盐。

4. 抗原构造　军团菌属细菌具有 O 抗原和 H 抗原，H 抗原无特异性，O 抗原有特异性。根据 O 抗原特异性可将嗜肺军团菌分成 15 个血清型，我国分离较多的嗜肺军菌为 1 型和 6 型。

5. 抵抗力 嗜肺军团菌的生存能力较强，在蒸馏水中可存活100d以上，在下水道污水中可存活1年。对热和化学消毒剂敏感，1%甲酚处理数分钟可被杀死，但对氯的抵抗力比肠道杆菌强。

二、临床意义

（一）致病物质

致病物质为细胞产生的多种酶和毒素、菌毛、微荚膜。嗜肺军团菌存在于土壤和水中，在人工管道，如空调冷却水、淋浴头、呼吸机等产生的气溶胶颗粒中均有此菌。嗜肺军团菌通过呼吸道侵入机体，黏附于肺泡和细支气管，被吞噬细胞吞噬。但该菌产生的吞噬细胞活化抑制因子，能抑制吞噬体与溶酶体融合，故不仅不被杀死，反而在吞噬细胞内生长繁殖，导致细胞死亡。

（二）所致疾病

军团菌病有肺炎型（重症型）、流感样型（轻症型）及肺外感染3种类型。肺炎型发病急，出现以肺部感染为主的多器官损害，高热、寒战、咳嗽、呕吐、胸痛，全身症状明显，伴消化道及神经系统症状及体征，患者往往死于呼吸衰竭，病死率为10%～20%。流感样型表现为发热、寒战、肌肉酸痛等症状，延续3～5d症状缓解，预后良好，X线检查无肺炎征象。肺外感染型为继发性感染，出现脑、肾、肝等多脏器感染症状。

嗜肺军团菌是细胞内寄生菌，所以其免疫主要依靠细胞免疫。机体感染本菌后，能产生保护性抗体，促进中性粒细胞对胞外细菌的吞噬和杀菌作用。大环内酯类、喹诺酮类对军团菌有效。临床用甲氧苄啶，也可用磺胺异噁唑与红霉素或利福平联合用药。青霉素、头孢类抗生素对本菌无效。

三、微生物学检验

1. 标本采集 临床标本包括下呼吸道分泌物、胸腔积液、血液、肺活检组织等。正常菌群对军团菌有杀灭作用，取材后应及时分离培养，并使用加抗生素的选择培养基。病理组织标本，如尸体或活检及实验动物的肝、脾等标本，必须制成悬液，再进行涂片和分离培养。环境污染标本，水标本应先浓缩再接种，土壤标本加入无菌水中振荡30min取样，参照水标本处理。

2. 检验方法

（1）直接显微镜检查：将采集的各种标本处理后，革兰染色，如为革兰染色阴性的多形性小杆菌，可进行分离培养鉴定。

（2）核酸检查：DNA探针及PCR扩增rRNA的方法均可用于军团菌的快速鉴定。原位杂交技术可利用特异性核酸作为探针对组织细胞进行杂交，以确保有无军团菌感染。

（3）分离培养：各标本接种在BCYE培养基及F-G培养基上培养，根据典型菌落初步判断。

（4）色素产生试验：军团菌在MH-LH琼脂上可产生褐色色素。

（5）抗体检查：检查患者血清中抗军团菌IgM及IgG抗体可做特异性诊断。IgM抗体为近期感染，IgG抗体可在体内持续数月，供流行病学调查用。

3. 鉴别要点 常见军团菌主要特征见表12-4。

表 12-4　常见军团菌主要特征

试验项目	嗜肺军团菌	米克戴德军团菌	长滩军团菌	瓦兹俄斯军团菌	佐丹军团菌	博杰曼军团菌	杜莫夫军团菌	高曼军团菌	安绥军团菌
氧化酶	+	+	+	−	+	+/−	−	−	−
触酶	+	+	+	+	+	+	+	+	+
明胶酶	+	+	+	+	+	+	+	+	+
血琼脂生长	−	−	−	−	−	−	−	−	−
BYCE 生长	+	+	+	+	+	+	+	+	+
半胱氨酸需要	+	+	+	+	+	+	+	+	+
马尿酸水解	+	−	−	−	−	−	−	−	−
β- 内酰胺酶	+	−	+/−	+	+	+/−	+	+	+
自发荧光	−	−	−	−	−	+	+	+	+

第 4 节　布鲁菌属

布鲁菌属（*Brucella*）细菌是一类人畜共患感染性疾病的病原菌，由美国 David Bruce 分离出来而得名。该属细菌是一类革兰阴性短小杆菌，只有一个种，包括 6 个生物变种：羊布鲁杆菌、牛布鲁杆菌、猪布鲁杆菌、犬布鲁杆菌、绵羊布鲁杆菌、森林鼠布鲁杆菌。前四种可引起人类疾病，我国流行的主要是羊、牛、猪三种布鲁杆菌，尤以羊布鲁杆菌最为常见。

案例 12-2

2011 年 3 月 4 日，某大学动物医学专业医学硕士班的一个学生出现发热、头晕，并伴有左膝关节疼痛等症状。3 月 14 日，医院检验结果表明，该学生血清中布鲁菌特异性抗体阳性。随后，该校有多名学生出现类似感染情况。据了解，感染与学生所进行的动物实验有关。校方没有要求养殖场出具实验动物检疫合格证明，在实验之前，实验指导教师未按规定对实验动物（山羊）进行现场检疫，教师在指导学生实验过程中，也没有切实按照标准的实验规范严格要求学生进行有效防护，以至造成 27 名学生和 1 名教师感染。

问题：

1. 该大学学生患了哪种感染性疾病？病原体是什么？
2. 该疾病的感染途径是什么？
3. 引起感染的病原体有哪些生物学特性？

一、生物学特性

1. 形态与染色　本属细菌为革兰阴性短小球杆菌，两端钝圆，偶见两极浓染，无鞭毛、无芽胞、无荚膜，光滑型有微荚膜，菌体大小（0.5～0.7）μm×（0.6～1.5）μm，常单个存在，很少成对或者短链。羊布鲁杆菌较小，长0.3～0.6μm，近似球状，猪和牛布鲁杆菌长0.5～1.5μm，次代培养呈杆状，羊布鲁杆菌仍呈球状。

2. 培养特性与生化反应 本属细菌为严格需氧菌。营养要求高，在普通培养基上生长缓慢，若加入血清和肝浸液可促进生长。初次分离培养时，需在5%～10%的CO_2环境中才能生长，培养基中宜含维生素B_1、烟酸、生物素等物质，最适生长温度为35～37℃，最适pH为6.7，生长缓慢，初代分离更为迟缓，培养48h可长出微小、透明、无色的光滑型（S）菌落，经人工传代培养后可转变成粗糙型（R）菌落。强毒株比弱毒株生长慢。分解葡萄糖产酸，不分解阿拉伯糖，多数布鲁菌触酶、氧化酶阳性，能还原硝酸盐，脲酶阳性，能产生H_2S。不分解甘露醇，不形成靛基质，不利用枸橼酸盐，甲基红和V-P试验阴性。

3. 抗原构造 布鲁菌属抗原结构复杂。目前临床上用于诊断的主要有A和M两种抗原成分，两种抗原在各种布鲁菌中含量不同：羊布鲁菌含M抗原多，而含A抗原少（A∶M约为1∶20），牛布鲁菌含A抗原多，含M抗原少（A∶M约为20∶1），猪布鲁菌介于两者之间（A∶M约为2∶1）。利用A和M因子血清进行凝集试验，可对三种布鲁杆菌进行鉴别。此外，布鲁杆菌还含有Vi抗原和Y、L、C等抗原。已证明布鲁杆菌抗原与伤寒沙门菌、副伤寒沙门菌、霍乱弧菌、土拉弗朗西斯菌、耶尔森菌、铜绿假单胞菌、大肠埃希菌O157等有共同抗原成分，可出现交叉反应。

4. 抵抗力 抵抗力较强，在土壤、毛皮、病畜的脏器和分泌物、肉和乳制品中可生存数周至数月，但在湿热60℃ 20min，日光直接照射下20min可死亡。对常用消毒剂和广谱抗生素均较敏感。牛奶中的布鲁菌可用巴氏消毒法灭菌。

二、临床意义

（一）致病物质

内毒素是布鲁杆菌的主要致病物质，可引起发热反应。荚膜、透明质酸酶和过氧化氢酶的侵袭力强，使细菌可通过完整的皮肤和黏膜进入宿主体内，并在体内有很强的繁殖和扩散能力。

（二）致病机制

布鲁杆菌是人兽共患病的病原菌，可通过人体的皮肤、呼吸道、消化道进入人体引起感染。发病年龄以青壮年为主，从事兽医、皮毛加工业、屠宰的工人发病率较高，发病季节以夏、秋季节较多。传染源为病兽，常见的为羊、牛、猪，而在人与人之间直接传播的机会极少。病原菌存在于病兽的组织、尿、乳汁、产后阴道分泌物、胎儿及羊水内，引起动物的死胎及流产，饮用未消毒的病兽乳品可感染。

布鲁杆菌侵入人体后，首先侵犯局部淋巴结，并在淋巴结内生长繁殖，形成感染灶，当细菌繁殖到一定数量时，便侵入血流并释放出内毒素，出现菌血症，患者表现畏寒、发热等症状。以后本菌随血液侵入脾、肝、骨髓等细胞内寄生，血流中细菌逐步消失，体温也逐渐消退。细菌在细胞内繁殖至一定程度时，再次进入血流又出现菌血症，体温再次上升，如此反复，使患者的热型呈波浪式，故称波浪热。人布鲁杆菌病的临床特点为多样化，复发率高，易转为慢性。临床表现除有发热、多汗、关节和肌肉疼痛外，亦可引起睾丸炎、附睾炎、乳腺炎和输卵管炎等。布鲁杆菌感染后，其各生物种、型、株间毒力差别较大。羊、牛、猪布鲁菌对人有较强的致病作用，尤以羊布鲁菌毒力最强。

布鲁杆菌感染人体后，被中性粒细胞和巨噬细胞吞噬，成为胞内寄生菌，故以细胞免疫为主，但特异性抗体 IgG、IgM 可发挥免疫调节作用，主要增强吞噬细胞的吞噬作用。布鲁杆菌属各菌种或生物型的抗体有交叉保护作用。初期的免疫为有菌免疫，但随着免疫力不断增强，可转变为无菌免疫。

三、微生物学检验

1. 标本采集　血液是发热期常用的标本，骨髓、乳汁、尿液在急性、亚急性及慢性期可采用。病畜的子宫分泌物、羊水及肝、脾、肺、淋巴结穿刺物等均可作为分离培养的标本。

2. 鉴定

（1）直接显微镜检查：脑脊液离心取沉淀物涂片，革兰染色镜检为革兰阴性。

（2）荧光抗体染色法：将拭子或组织标本用特异性荧光抗体染色，荧光显微镜检查。此方法敏感性高，特异性低。用 PCR 检测细菌的 DNA 是近年来最敏感的方法之一。

（3）分离培养：在血琼脂平板培养 5～7d 可形成微小、灰色不溶血菌落。在固体培养基上菌落无色、半透明、圆形、表面光滑、边缘整齐、中央稍凸起，直径为 2～3mm；有时可出现黏液样或干燥的硬皮样菌落。液体培养基呈轻度浑浊有沉淀，不形成菌膜。如未生长，应延长培养≥30d 才能报告。

（4）生化反应：多数布鲁杆菌触酶、氧化酶阳性，分解葡萄糖产酸，能还原硝酸盐，脲酶阳性。

（5）血清学试验：感染后 2 周，血中开始出现抗体。因为是不完全抗体，需要用抗人球蛋白检查，且在病程进展中不断升高。发病 3 周后出现 IgG 抗体，此时可用补体结合试验检查布鲁杆菌 IgG 抗体，其特异性较高；也可用荧光免疫技术及 ELISA 检查抗体。

3. 鉴别要点　布鲁杆菌属主要菌种鉴别要点见表 12-5。

表 12-5　布鲁杆菌属主要菌种鉴别要点

细菌名称	酶触	氧化酶	葡萄糖	半乳糖	阿拉伯糖	精氨酸脱羧酶	硝酸盐还原	脲酶	H_2S 产生	硫座耐受	复红耐受
羊布鲁杆菌	+	+	+	−	−	−	+	v	−	+	+
牛布鲁杆菌	+	+	+	+	+	−	+	+	+	−	+
猪布鲁杆菌	+	+	+	+	+	+	+	+	（−）	+	−
森林鼠布鲁杆菌	+	−	+	+	+	−	+	+	+	−	−
绵羊布鲁杆菌	+	−	−	−	−	−	−	−	−	+	（−）
犬布鲁杆菌	+	+	+	−	−	+	+	+	−	+	−

注：+. 阳性；−. 阴性；v. 不定；（−）. 大部分菌株阴性

目标检测

一、名词解释

1. 卫星生长现象
2. 咳碟法
3. V 因子

二、单项选择题（选择一个最佳答案）

1. 在兔血琼脂平板上，金黄色葡萄球菌可促进流感嗜血杆菌的生长，是因为金黄色葡萄球菌能够合成（　　）
 A. X 因子　B. V 因子
 C. X、V 因子　D. 血浆凝固酶
 E. 触酶
2. 在巧克力色血琼脂平板上不生长的细菌是（　　）
 A. 流感嗜血杆菌　B. 嗜肺军团菌
 C. 布鲁菌　D. 幽门螺杆菌
 E. 百日咳鲍特菌
3. 嗜肺军团菌的分离培养可选用的培养基是（　　）
 A. M-H 琼脂　B. TYP 血琼脂
 C. Skirrow 琼脂　D. F-G 培养基
 E. 巧克力血琼脂平板
4. 波浪热的病原体是（　　）
 A. 幽门螺杆菌　B. 流感嗜血杆菌
 C. 布鲁杆菌　D. 嗜肺军团菌
 E. 百日咳鲍特菌
5. 初次分离培养百日咳鲍特菌常规应用的培养基是（　　）
 A. Campy-BAP 培养基
 B. 鲍金培养基
 C. M-H 琼脂
 D. F-G 培养基
 E. TYP 血琼脂
6. 软性下疳的病原菌是（　　）
 A. 杜克嗜血杆菌　B. 副流感嗜血杆菌
 C. 埃及嗜血杆菌　D. 嗜沫嗜血杆菌
 E. 副嗜沫嗜血杆菌
7. 在含有甘油、马铃薯血琼脂培养基上培养 2～3d，能够形成细小、光滑、凸起、银灰色、不透明似水银滴状菌落的细菌是（　　）
 A. 布鲁菌　B. 流感嗜血杆菌
 C. 百日咳鲍特菌　D. 嗜肺军团菌
 E. 幽门螺杆菌
8. 能引起流行性暴发性肺炎的病原菌（　　）
 A. 肺炎链球菌　B. 流感嗜血杆菌
 C. 嗜肺军团菌　D. 结核分枝杆菌
 E. 肺炎克雷伯菌
9. 军团菌病的传播是经（　　）
 A. 食物　B. 空气
 C. 血液　D. 皮肤接触
 E. 动物媒介
10. 分离流感嗜血杆菌常用的培养基是（　　）
 A. 血琼脂平板培养基
 B. 巧克力血琼脂平板
 C. SS 培养基
 D. TCBS 培养基
 E. 麦康凯培养基
11. 慢性波浪热患者分离布鲁杆菌阳性率最高的标本是（　　）
 A. 血液　B. 尿液
 C. 粪便　D. 痰液
 E. 骨髓
12. 分离培养军团菌可以采用（　　）
 A. 血平板
 B. 罗氏培养基
 C. 活性炭酵母浸液琼脂
 D. 碱性平板
 E. 沙保弱培养基
13. 下列关于军团菌的叙述中，何种说法不正确（　　）
 A. 杆菌　B. 革兰染色阴性
 C. 有荚膜　D. 需氧菌
 E. 有鞭毛
14. “卫星生长现象”可用于鉴别（　　）
 A. 流感嗜血杆菌　B. 金黄色葡萄球菌
 C. 布鲁杆菌　D. 百日咳鲍特菌
 E. 嗜肺军团菌
15. 流感嗜血杆菌通常分为几个生化型（　　）
 A. 4　B. 5
 C. 6　D. 7
 E. 8
16. 下列最适宜用于军团菌培养的培养基是（　　）
 A. BCYE 琼脂培养基

B. 庆大霉素培养基
C. 巧克力培养基
D. 吕氏鸡蛋血清培养基
E. 亚碲酸盐血琼脂

17. 军团菌感染后，不宜采集哪种标本进行微生物学检查（　　）
A. 痰　B. 肺泡盥洗液
C. 粪便　D. 活检肺组织
E. 血液

18. 军团菌生长对营养和培养环境的要求严格，其中哪种物质是军团菌生长所需要的（　　）
A. 丝氨酸和铁　B. 蛋氨酸和半胱氨酸
C. 苏氨酸和铁　D. 苯丙氨酸和半胱氨酸
E. 半胱氨酸和铁

19. 下列微生物中，哪一种不易在人体口腔及咽部分离培养出（　　）
A. 肺炎链球菌　B. 金黄色葡萄球菌
C. 草绿色链球菌　D. 军团菌
E. 表皮葡萄球菌

20. 军团菌病的多次爆发，大多数与下列何种因素有关（　　）
A. 环境污染
B. 空调系统的冷却塔水污染
C. 临床呼吸机的使用
D. 淋浴器污染
E. 自来水管道污染

三、问答题

1. 简述流感嗜血杆菌在巧克力血琼脂平板上的生长特征和主要鉴定依据。
2. 简述嗜肺军团菌的培养条件与生长现象、主要鉴定试验。
3. 简述布鲁杆菌的培养条件与生长现象。
4. 简述百日咳鲍特菌在鲍金培养基上的生长现象。

（王革新）

第13章 常见革兰阳性需氧或兼性厌氧杆菌

学习目标

1. 掌握：白喉棒状杆菌、阴道加特纳菌、炭疽芽胞杆菌主要生物学特性及检验方法、鉴定依据。
2. 熟悉：产单核细胞李斯特菌、红斑丹毒丝菌、蜡样芽胞杆菌的主要生物学特性及检验方法、鉴定依据。
3. 了解：常见革兰阳性需氧或兼性厌氧杆菌的临床意义。

第1节 革兰阳性无芽胞杆菌

一、白喉棒状杆菌

白喉棒状杆菌（*C.diphtheriae*）俗称白喉杆菌，是引起人类白喉的病原菌。白喉是一种急性呼吸道传染病，该菌侵犯口咽、鼻咽等部位，局部形成灰白色假膜，故名白喉。

案例 13-1

患儿，男性，7岁，因咽喉疼痛就诊，查体时发现有发热、咽痛，全身症状轻，扁桃体红肿，其上有灰白色假膜，不易拭去，拭之易出血。实验室检查：血白细胞为15×10^9/L，咽拭子涂片可找到革兰阳性杆菌，两端见异染颗粒。

问题：

1. 该患儿可能患什么疾病？
2. 最可能的病原体是什么？
3. 如何鉴定该微生物？

（一）生物学特性

1. 形态染色 革兰染色阳性，菌体大小、长短不一，细长，直或略显弯曲，菌体一端或两端膨大，呈棒状，故名棒状杆菌。细菌排列不规则，常呈不规则的栅栏状或V、Y、L等字母形状排列。无鞭毛、无荚膜、无芽胞。用亚甲蓝、奈瑟或甲苯胺蓝染色后，菌体一端、两端或中央可见着色较深，与菌体颜色不同的浓染颗粒，称异染颗粒（图 13-1）。异染颗粒的主要成分是多偏磷酸盐和核糖核酸，是该菌储存的养料。异染颗粒是白喉棒状杆菌的特征之一，具有重要的鉴别意义。但细菌衰老时异染颗粒被消耗而不明显。

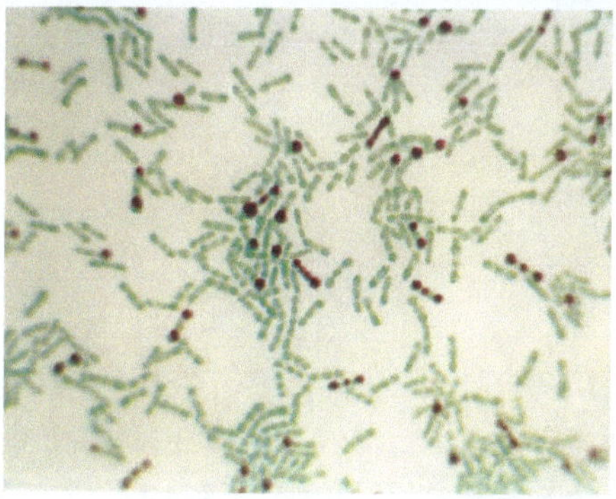

图 13-1　白喉杆菌的异染颗粒（阿尔伯特染色）

2. 培养特性　白喉棒状杆菌为需氧或兼性厌氧菌，最适温度为 35～37℃，最适 pH 为 7.2～7.8，营养要求高，普通培养基不生长或生长不良。常用的培养基有：①吕氏血清斜面或凝固鸡蛋培养基，在此培养基上生长迅速，6h 即可生长，10～12h 长出细小、灰白色、有光泽的圆形菌落，涂片染色后菌体形态典型，异染颗粒明显。②血琼脂培养基，37℃、24h 出现灰白色、不透明的 S 形菌落，直径 1～2mm，有很狭窄的 β 溶血环。③亚碲酸钾血琼脂培养基，为鉴别选择培养基，主要用于初次分离，培养基内含 0.03%～0.04% 亚碲酸钾，可抑制其他杂菌生长，且白喉棒状杆菌能吸收亚碲酸钾使其还原为元素碲，使菌落呈黑色。根据溶血能力和菌落特征可分为重型、中间型和轻型三型（表 13-1）。④液体培养基：在肉汤液体培养基中，除重型白喉棒状杆菌形成菌膜和沉淀外，其他型呈均匀浑浊生长。

表 13-1　白喉棒状杆菌重型、中间型和轻型的鉴别

特征	重型	中间型	轻型
亚碲酸钾血平板上菌落形态	灰黑，表面有条纹，边缘不整齐，无光泽	灰黑，表面光滑或微细颗粒状，边缘较整齐	黑色，表面光滑，有光泽，边缘整齐，菌落较小
菌落周围溶血圈	不溶血	不溶血	有狭窄溶血环
液体培养	有菌膜及粗大颗粒沉淀，液体澄清	微细颗粒状，浑浊，沉淀少或无	均匀浑浊，有沉淀
淀粉及糖原发酵	+	−	−
血清型	≥13 型	可能有 4 型	≥40 型
动物致病性	对豚鼠有毒力	对豚鼠有毒力	对豚鼠有毒力，但从带菌者分离的菌株常无毒力

3. 生化反应　触酶和硝酸盐还原试验阳性，氧化酶阴性，不分解尿素，不产生吲哚，发酵葡萄糖和麦芽糖，产酸不产气。

4. 抵抗力　白喉棒状杆菌对湿热的抵抗力不强，煮沸 1min 或 60℃ 10min 可被杀死。5% 苯酚 1min、3% 来苏水 10min 均可被杀灭。但对干燥、寒冷和日光抵抗力较强，对青霉素、红霉素及广谱抗生素敏感。

（二）临床意义

1. 致病性　传染源是白喉患者、恢复期带菌者和健康带菌者，经飞沫传播，从呼吸道侵入机体，引起白喉，易感者主要是儿童。白喉棒状杆菌致病物质主要为白喉外毒素。当 β- 棒状杆菌噬菌体侵袭无毒白喉棒状杆菌时，其编码外毒素的 *tox* 基因与宿主染色体整合，无毒白喉棒状杆菌则变成为产毒的白喉棒状杆菌，而产生白喉外毒素。白喉棒状杆菌在鼻咽喉部黏膜生长繁殖并释放白喉外毒素，使咽喉部黏膜细胞坏死，血管通透性增加，粒细胞和纤维素渗出，形成灰白色膜状物，称假膜。假膜脱落可引起呼吸道阻塞，使患者窒息死亡。白喉棒状杆菌一般不入血，外毒素可入血，并随血流到达全身易感组织器官，与心肌、肝、肾、肾上腺和外周神经结合，引起细胞变性、坏死，内脏出血和神经麻痹等。临床表现为心肌炎、声嘶、软腭麻痹、吞咽困难、膈肌麻痹及肾上腺功能障碍等症状。约 2/3 患者的心肌受损，成为白喉晚期死亡的主要原因。

2. 免疫性 注射白喉类毒素是主要的预防措施。目前国内外均采用百白破三联疫苗（百日咳菌苗、白喉类毒素、破伤风类毒素）进行人工主动免疫，有效率可达 97%。对密切接触患者的儿童，应立即注射白喉抗毒素 1000～3000U 紧急预防。

治疗白喉应尽早注射足量白喉抗毒素。注射抗毒素前应做皮肤过敏试验，阳性者进行脱敏治疗。在治疗过程中同时应用青霉素、红霉素等进行抗菌治疗。

（三）微生物学检验

1. 标本采集 用无菌长棉拭子，取患者咽喉、假膜边缘或其他可疑病灶处的分泌物，未见假膜的疑似患者或带菌者可采集鼻咽部或扁桃体黏膜上的分泌物。如做培养，则应在用药前采集双份标本。若标本不能及时送检，应将标本浸入生理盐水或 15% 甘油盐水中保存。

2. 鉴定

（1）直接涂片染色镜检：将标本直接制成两张涂片，分别进行革兰染色及异染颗粒染色，镜检如出现革兰阳性棒状杆菌，形态典型，具有明显异染颗粒，即可作出“直接涂片检出具有异染颗粒的革兰阳性杆菌”的初步报告。

（2）分离培养：同时接种血平板及亚碲酸钾血平板或吕氏血清斜面。35℃孵育 48h，挑取可疑菌落涂片，革兰染色和异染颗粒染色镜检。

白喉棒状杆菌鉴定要点：①革兰阳性，着色不均匀，菌体细长微弯曲，排列不规则，有 X、V 形状，具有异染颗粒；②触酶阳性，无动力，无芽胞；③吕氏血清斜面上为灰白小菌落，亚碲酸盐血平板为黑色或灰黑色菌落。

（3）毒力试验：① Elek 琼脂扩散法，其原理是白喉外毒素与适量抗毒素作用后，产生白色沉淀线。将含有 20% 牛（或兔）血清肉汤琼脂分注于平皿中，每只平皿 10ml，50℃冷却，在凝固之前，将浸有 100U/ml 白喉抗毒素血清稀释液的滤纸条沉于琼脂内，制成琼脂平板（Elek 平板）。在与滤纸条相垂直的方向将待检菌划线接种，划线区宽为 6～7mm，两端与平皿相连接。同时，在与之相距 10mm 处平行划线接种一标准产毒菌株，作为阳性对照。将平皿置 37℃培养 24～48h，若菌苔两侧出现斜向外侧延伸的乳白色沉淀线，并与其邻近的标准产毒株的沉淀线相吻合，则为产毒株；无毒株则不出现沉淀线（图 13-2）。②动物毒力试验：常用豚鼠或家兔进行皮内试验。取待检菌的 48h 肉汤培养液 0.2ml，注射在去毛的一侧体壁皮内，5h 后注射 500U 白喉抗毒素血清（豚鼠做腹腔注射，家兔做耳静脉注射），30h 后再次注射同样的培养液于动物去毛的另一侧体壁皮内作对照。经 24～72h 后，若注射抗毒素前接种培养液的部位发生红肿与坏死，而对照部位不发生任何变化，则说明待检菌株具有毒力。该法的优点是试验动物不致死，用一只动物即可同时检测多个菌株。

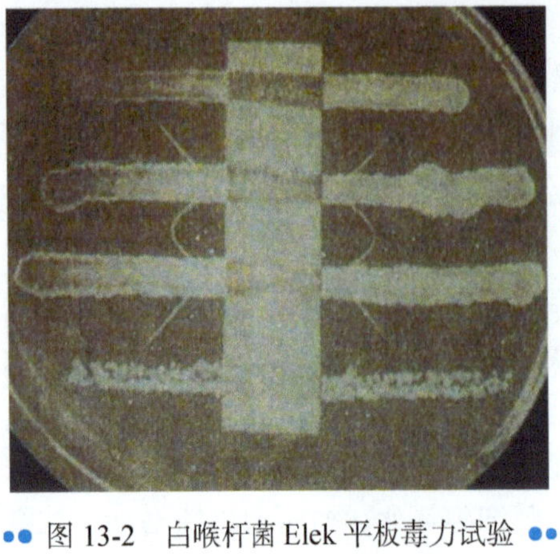

图 13-2 白喉杆菌 Elek 平板毒力试验

二、产单核细胞李斯特菌

产单核细胞李斯特菌（*L. monocytogenes*）属于李斯特菌属。本菌属包括产单核细胞李斯特菌、格氏李斯特菌、默氏李斯特菌三种，其中仅有产单核细胞李斯特菌对人类致病。

（一）生物学特性

1. 形态与染色 产单核细胞李斯特菌是革兰阳性的短小杆菌或球杆菌，常呈双排列，多数菌体一端膨大，似棒状，常呈 V 字形排列。无芽胞，有 1～5 根鞭毛，在含血清的葡萄糖蛋白胨水中能形成黏多糖荚膜。

2. 培养特性 产单核细胞李斯特菌为兼性厌氧菌，营养要求不高，在普通培养基上能生长，但在含有血液、血清、腹水等培养基上生长更好。最适生长温度为 30～37℃。由于其在 4℃能生长故可进行冷增菌。在血琼脂平板上于 35℃经 18～24h 培养，能产生狭窄的 β 溶血环，菌落为灰白色，直径 1～2mm。在肉汤中均匀浑浊生长表面有薄膜形成。在半固体培养基中，可出现倒伞形生长。

3. 生化反应 35℃培养，在 24h 内可发酵多种糖类，如葡萄糖、果糖、麦芽糖等，产酸不产气，甲基红和 V-P 试验阳性，触酶阳性，可使石蕊牛乳缓慢产酸并使其脱色，能水解精氨酸产氨。不还原硝酸盐，不形成吲哚，不液化明胶和凝固血清，不分解尿素，能水解七叶苷，有时可产生硫化氢。

4. 抗原构造 根据菌体和鞭毛抗原的不同，分为 4 个血清型和若干亚型，1 型主要感染啮齿动物，4 型感染反刍动物。但各型均可对人类致病。该菌与葡萄球菌、链球菌、肺炎链球菌及大肠埃希菌等具有共同抗原成分，易出现非特异性交叉反应，故血清学诊断意义不大。

5. 抵抗力 在土壤、粪便及干草中能长期存活。耐盐、耐碱、不耐酸、对热较为敏感，加热 60～70℃时 5～20min 可死亡。对一般消毒剂敏感，70% 乙醇可杀死该菌。对多种抗生素敏感，以氨苄西林为首选治疗药物，其次对青霉素、链霉素、四环素、氯霉素、红霉素敏感。对磺胺类、杆菌肽类及多黏菌素类耐药。

（二）临床意义

传染源主要是健康带菌者，传播途径是粪 - 口传播，也可通过胎盘或产道感染新生儿，常伴随 EB 病毒引起传染性单核细胞增多症，也可引起脑膜炎、菌血症等。近年来在发达国家常因污染奶制品引起食物中毒。与病畜接触可致眼和皮肤的局部感染。致病物质主要是溶血素和菌体表面成分。机体主要通过细胞免疫清除该菌。

（三）微生物学检验

1. 标本的采集 根据感染部位不同可取血液、脑脊液、分泌物、脓液，咽喉拭子、咽喉和外耳道分泌物、粪、尿、新生儿脐带残端、羊水等标本。也可采集病死牲畜、禽类和实验动物的血、肝、脾与脑的病变组织。

2. 鉴定

（1）直接涂片染色镜检：脑脊液等液体标本离心后取沉淀涂片，其他标本可直接涂片，革兰染色后镜检，在细胞内外可见有革兰阳性球杆菌。

（2）分离培养：脑脊液标本取其沉淀物，接种血琼脂平板，5%～10%CO_2 条件下 35℃

培养 18～24h，观察结果。血液标本，经增菌培养后，再接种血平板，于 5%～10%CO_2 环境中或应用血培养仪进行培养。采集咽拭子、组织和粪便等标本，可将其接种于肉汤培养基中，置 4℃冰箱中进行冷增菌，然后转种血琼脂平板培养后观察结果。

（3）产单核细胞李斯特菌鉴定要点：在血平板上有 β 溶血环，4℃生长，为革兰染色阳性杆菌，细菌在湿片中呈翻筋斗运动。触酶阳性，七叶苷阳性，发酵葡萄糖产酸，M-R 和 V-P 实验阳性。

三、红斑丹毒丝菌

红斑丹毒丝菌隶属于丹毒丝菌属（*Erysipelothrix*），包括红斑丹毒丝菌（*E.rhusiopathiae*）、产单核细胞丹毒丝菌（*E.monocytogenes*）、扁桃体丹毒丝菌（*E.tonsillarum*），其中红斑丹毒丝菌是丹毒丝菌属的代表菌种。

（一）生物学特性

1. 形态与染色 革兰阳性杆菌，大小为（1～2）μm×（0.2～0.4）μm，单个存在或形成短链，粗糙型菌落涂片可呈长丝状，且有分支及断裂，与放线菌的形态相近。无抗酸性。无芽胞、无鞭毛、无荚膜。

2. 培养特性 厌氧或微需氧，初次分离要求厌氧环境，传代后在有氧环境中也能生长。最适温度为 30～35℃。在含有葡萄糖或血清的培养基内生长旺盛。在血琼脂平板上，35℃培养 24h，可形成两种菌落。① S 型：细小、圆形、凸起、有光泽、边缘整齐、质软易混悬于液体中。菌细胞呈杆形或球杆状，有时呈短链状。② R 型：菌落大，表面呈颗粒状。菌体长，呈细纤丝形。耐 8.5%NaCl，无动力。血琼脂平板做倾注培养，深层菌落周围有绿色环。在葡萄糖肉汤中呈浑浊生长，底部有少许灰色沉淀。

3. 生化反应 触酶、氧化酶、甲基红、V-P、吲哚、脲酶实验均阴性。不水解七叶苷，发酵葡萄糖能力弱，不产气。红斑丹毒丝菌最显著的特点是三糖铁培养基上产 H_2S。临床分离的革兰阳性菌，除了需氧芽胞菌属某些菌种外，极少在三糖铁上产 H_2S。与芽胞菌种的鉴别是菌体形态、芽胞形成和触酶试验。另外，红斑丹毒丝菌进行明胶穿刺培养，22℃孵育，出现"试管刷"状生长。

（二）临床意义

红斑丹毒丝菌引起一种急性传染病即红斑丹毒丝菌病，主要发生在家畜、家禽和兔类，人也可受染发病。人主要是接触动物或皮肤损伤而引起类丹毒。本病以局部感染为主，全身感染者少见。潜伏期为 1～2d，体温升高可达 39℃以上，感染局部皮肤发红、肿胀、疼痛或有氧感。继而可发展成淋巴管炎，1～2 周后逐渐消退。若 2 周内未痊愈，则可转成局部关节炎，也可引起急性败血症或心内膜炎。近年在发达国家常因污染奶制品而引起食物中毒。

（三）微生物学检查

1. 标本的采集 败血症或心内膜炎患者取血液，皮肤疹块取病灶处的脓液或渗出液，死亡动物取心血和内脏，慢性型患者取受害部位的关节滑膜或心瓣膜。

2. 鉴定

（1）直接涂片染色镜检：可见革兰阴性杆菌。

（2）分离培养：将标本接种于含 1% 葡萄糖肉汤中，置厌氧或 5%～10%CO_2 环境中

37℃增菌培养 24～48h，然后划线接种于含 5% 的兔心血浸液琼脂平板上分离培养，观察菌落特征及涂片染色。

（3）红斑丹毒丝菌的鉴定：血琼脂平板孵育 24h 的菌落特征，革兰染色阳性，但易脱色呈阴性，阳性菌体呈颗粒结节状、串珠样。光滑型菌落的细菌呈杆形或球杆状，有时呈短链状。粗糙菌落的菌体长，呈细纤丝形，超过 60μm。触酶阴性，乳糖、H_2S 阳性。

四、阴道加特纳菌

阴道加特纳菌（*Gardnerella vaginalis*，GV）是加特纳菌属（*Gardnerella*）中仅有的一个菌种。

（一）生物学特性

1. 形态与染色　阴道加特纳菌呈多形性，大小为 0.5μm×（1.5～2.5）μm，大多数两端呈钝圆形，无鞭毛、芽胞和荚膜。革兰染色因菌株和菌龄不同而有差异，实验室保存菌株趋向革兰阴性，而从新鲜的临床标本中分离的菌种趋向革兰阳性。在高浓度血清中生长的菌株呈革兰阳性，故将本菌列入革兰阳性杆菌中。

2. 培养特性　阴道加特纳菌的大多数菌株兼性厌氧，最适 pH 为 6.0～6.5，可在 25～42℃中生长，最适生长温度为 35～37℃，营养要求较高，在一般琼脂平板上不生长。在 5% 的人血琼脂平板上，置 3%～5%CO_2、35℃环境中培养 48h，可形成 0.3～0.5mm 大小菌落，呈圆形、光滑、不透明。在含人血和兔血琼脂平板上可出现 β 溶血环。在羊血琼脂平板上不溶血。

3. 生化反应　阴道加特纳菌发酵葡萄糖、麦芽糖、蔗糖等产酸不产气，能水解马尿酸和淀粉。氧化酶、触酶、尿素酶试验阴性。吲哚试验、明胶液化试验和甘露醇分解试验均为阴性。

（二）临床意义

阴道加特纳菌和厌氧菌在阴道内过度生长，造成阴道正常菌群微生态平衡失调，可引起细菌性阴道病（bacterial vaginosis，BV）。BV 是阴道内乳酸杆菌被另一组厌氧菌和阴道加特纳菌为主的细菌取代，同时伴有阴道分泌物性质改变的一种综合征。其病理表现以无炎症病变和白细胞浸润为特点。阴道内乳酸杆菌数量明显下降，同时伴有阴道加特纳菌、类杆菌、消化球菌及支原体等大量增殖。该病为混合感染，与阴道加特纳菌有一定关系，因为 20%～40% 的正常妇女阴道也可检出此菌，并非阴道加特纳菌阳性者都有 BV。BV 诊断标准：①阴道分泌物增多，呈稀薄、均质、灰白色，有恶臭味；②分泌物 pH＞4.7；③分泌物胺试验阳性；④镜检有线索细胞。BV 可导致妇科多种炎症，如子宫全切术后感染、绒毛膜炎、羊水感染、早产、产后子宫内膜炎等。此菌亦可引起新生儿败血症和软组织感染。

阴道加特纳菌所有菌株对氨苄西林、羧苄西林、苯唑西林、青霉素、万古霉素和甲硝唑均敏感；对萘啶酸、新霉素、多黏菌素和磺胺嘧啶耐药。

（三）微生物学检查

1. 标本的采集　根据临床病程和感染部位的不同采取不同标本。例如，阴道炎可取分泌物，用无菌操作刮取子宫内膜细胞培养，也可用无菌操作方法取羊水等。

2. 检验方法

（1）标本直接检查：①直接湿片镜检，取阴道分泌物加一滴或数滴生理盐水混合涂片，在显微镜高倍镜（400×）下观察，BV 患者可见大量阴道上皮细胞，少量脓细胞及无数成簇的小杆菌群集或吸附于上皮细胞表面，致使细胞边缘晦暗，呈锯齿形，即为线索细胞。②涂片染色镜检，用棉拭子取阴道分泌物涂片染色后，在油镜下观察，若只有革兰阳性大杆菌（乳酸杆菌形态）或仅含少量短杆菌则为非 BV 患者；若有革兰染色不定小杆菌（阴道加特纳菌形态），也有其他革兰阴性杆菌（类杆菌形态），弧菌或革兰阳性细菌，而乳酸杆菌形态缺乏或仅 1～5 个 / 每视野的混合细菌群，可提示为 BV 患者。③ pH 测定，若阴道分泌物 pH＞4.7，也可提示细菌性阴道炎。④胺测定，10%KOH 滴加在阴道分泌物中混匀，若有鱼腥臭味为胺试验阳性，可诊断为细菌性阴道炎。

（2）分离培养与鉴定：①分离培养：将阴道分泌物接种在含 5% 的人血琼脂平板上，37℃ 5%～10%CO_2 环境中培养 48h，菌落形态典型，涂片染色革兰染色阴性或阳性，着色不匀者作系统生化反应进行鉴定。若不能及时鉴定，可将分离菌株混悬于纯兔血清或 10% 脱脂牛乳中，置低温冰箱冻结保存或每隔 3d 用血琼脂平板传代培养。同时做药物敏感试验。②鉴定：根据形态检查、pH 测定及胺试验一般可作出鉴定，必要时做分离培养和生化试验。

第 2 节　革兰阳性需氧芽胞杆菌属

一、炭疽芽胞杆菌

炭疽芽胞杆菌（*B. anthracis*）是人类历史上最早被发现的病原菌，俗称炭疽杆菌，是引起动物和人类炭疽病的病原菌。炭疽病是一种人畜共患的急性传染病。

案例 13-2

患者，男，47 岁，制革刷工人。因手臂出现水疱、脓疱，中央部呈黑色，水肿而入院。水疱或脓疱内容物直接镜检见到竹节状、有荚膜的革兰阳性大杆菌。将标本种入普通琼脂培养基上培养，出现灰白色、大而扁平的 R 型菌落。

问题：

1. 患者可能患什么疾病？该疾病的病原体可能是什么？
2. 该疾病传播途径是什么？
3. 要确认该病原体还应做哪些实验？

（一）生物学特性

1. 形态与染色　本菌为致病菌中最大的革兰阳性粗大杆菌，菌体长为 5～10μm，宽为 1～3μm，两端平截，无鞭毛，在动物或人体新鲜标本中，呈单个或短链状排列，经人工培养后呈长链状排列，如竹节样（图 13-3）。在氧气充足环境下易形成芽胞，芽胞呈椭圆形位于菌体中央且比菌体略小。在机体内或含血清的培养基中可形成荚膜（图 13-4）。

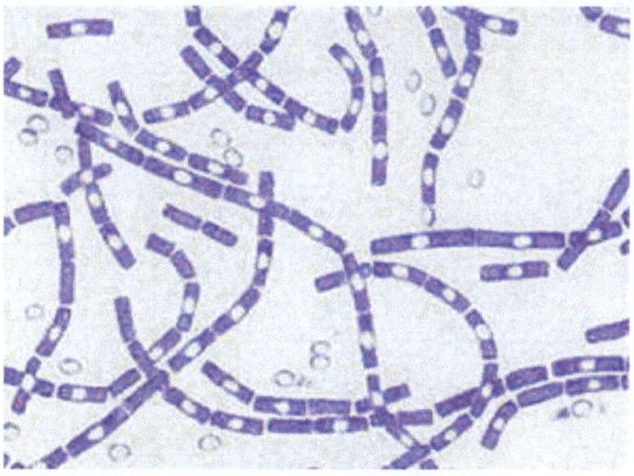

图 13-3 炭疽芽胞杆菌形态（革兰染色）

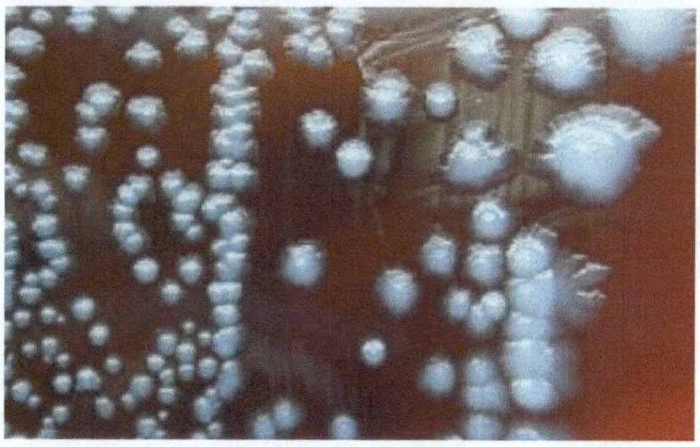

图 13-4 炭疽芽胞杆菌菌落形态

2. 培养特性 营养要求不高，需氧或兼性厌氧，最适生长温度为 30～35℃，pH 为 7.0～7.4，普通琼脂培养基上可形成灰白色、干燥、大而扁平、边缘不整齐的粗糙型菌落，低倍镜下观察可见菌落边缘呈“卷发”样。在血平板上菌落不溶血或轻度溶血。在液体培养基中生长卷绕成团呈絮状沉淀物，液体澄清无菌膜。

3. 生化反应 能发酵葡萄糖、麦芽糖、海藻糖，产酸不产气，硝酸盐还原试验阳性，不产生靛基质和 H_2S。枸橼酸盐、脲酶阴性。

4. 抵抗力 炭疽芽胞杆菌芽胞的抵抗力极强，在动物皮毛和土壤中可生存数年至数十年，煮沸 10min 或干热 140℃经 3h 才能被杀死。芽胞对化学消毒剂的抵抗力也很强，在 5% 苯酚中需 2h 才能杀灭。炭疽芽胞杆菌繁殖体抵抗力不强，60℃加热 30min 死亡，易被一般消毒剂杀灭，对青霉素等抗菌药物敏感。

（二）临床意义

炭疽芽胞杆菌的致病物质主要有荚膜和炭疽毒素。炭疽杆菌引起牛、羊、马等草食动物的炭疽病。人类可通过皮肤接触或摄食病畜及畜产品而感染。根据传播途径不同，人类炭疽病可分成 3 型。①皮肤炭疽：主要发生在牧民，因接触患病牲畜及其皮毛引起。由颜面、四肢等小伤口侵入并在局部引起炎症，出现水疱、脓疱，疱疹破溃形成浅溃疡，病灶中心结成稍凹陷的炭末样黑色焦痂，并因此得名炭疽。②肠炭疽：由于进食未煮熟的带菌肉类而感染，以急性肠道感染为特征。患者会出现连续性呕吐、血便、肠麻痹。③肺炭疽：因吸入含有病菌芽胞的尘埃而感染，多发于制革工人。本病死亡率高，发病急，初期表现为上呼吸道感染，数天后咳嗽、胸痛、呼吸困难和咯血，可因呼吸循环衰竭而死亡。各型炭疽均可导致败血症，偶尔引起炭疽性脑膜炎，病死率极高。

机体感染炭疽后可获得持久免疫力，与机体针对炭疽毒素产生的保护性抗体及吞噬细胞的吞噬功能增强有关。

炭疽是一种死亡率很高的传染病。预防炭疽病重点是加强牲畜管理，病畜应严格隔离或处死，必须焚毁或深埋于 2m 以下。对易感人群用炭疽减毒活疫苗进行特异性预防，可获得半年至一年的免疫力。治疗首选青霉素，但由于该菌会对青霉素产生耐药性，临床上经常使用多西环素或环丙沙星。

（三）微生物学检查

1. 标本的采集与处理 不同病型采取不同标本，皮肤炭疽可取水疱或脓疱内容物；肺炭疽取痰液或胸腔渗出液；肠炭疽取粪便或呕吐物；炭疽性脑膜炎取脑脊液；各型炭疽均可取血液。动物尸体可取脏器如心血、肝、脾、脑等组织，但为了防止芽胞扩散，可在消毒皮肤后割取动物耳朵、舌尖，置无菌容器内立即送检。疑似炭疽杆菌污染的物品，如皮革、兽毛、羽毛、土壤、昆虫、污水等，固体标本取20g左右，液体标本取50～100ml。

新鲜渗出液、血液和脏器标本用无菌操作技术制成乳剂，直接接种肉汤进行增菌培养，然后再接种固体培养基上进行划线分离；固体标本按1∶20加入生理盐水浸泡研磨成乳状，60℃水浴加热30min或80℃水浴加热5min可杀死繁殖体及杂菌，仍保留炭疽芽胞活性，再进行增菌和分离培养；脑脊液标本经3 000r/min离心30min后，弃去上清液用沉渣增菌分离培养；污水标本经3000r/min离心30min后，弃去上清液加入0.5%洗涤剂振荡10～15min后再离心，弃去上清液取沉淀物增菌分离培养。

2. 检验方法

（1）直接镜检：用革兰染色、M′Fadyean荚膜染色法和炭疽芽胞染色镜检。例如，新鲜标本，可见竹节状的革兰阳性大杆菌，并有明显的荚膜，芽胞呈椭圆形，位于菌体中央。要确切诊断为炭疽芽胞杆菌，必须经过培养及鉴定方可作出最后的判断。

（2）分离培养：炭疽芽胞杆菌的分离应同时用血琼脂平板和选择性平板进行。一般采用血平板做常规分离培养，35℃培养24h，观察菌落特点。污染严重的标本，最好用炭疽芽胞杆菌选择培养基——喷他脒多黏菌素B培养基，培养时间可稍长些，且菌落较小。

（3）鉴定试验

1）噬菌体裂解试验：炭疽芽胞杆菌噬菌体能裂解涂布在普通琼脂平板上的炭疽芽胞杆菌，培养后出现噬菌斑。

2）串珠试验：炭疽芽胞杆菌在含0.05～0.5U/ml青霉素的琼脂培养基中培养后，由于细胞壁受损，可发生形态变异，形成大而均匀的圆球形，呈串珠链状生长，类炭疽芽胞杆菌无此现象。此试验具有较高的鉴别价值。

3）青霉素抑制试验：炭疽芽胞杆菌一般在含5U/ml青霉素的普通琼脂平板上能生长，在含10～100U/ml青霉素的平板上生长受到抑制。某些需氧芽胞杆菌也能被抑制。

4）重苯酚盐毒力试验：有毒力的炭疽芽胞杆菌在含0.5%苯酚氢钠和10%马血清的琼脂平板上，置10%CO_2环境中培养后可形成荚膜，菌落呈黏液型，而无毒力芽胞菌不形成荚膜，仍呈粗糙型菌落。

5）荚膜肿胀试验：可快速鉴定炭疽芽胞杆菌。

6）动物试验：将在血平板上所分离的炭疽芽胞杆菌接种肉汤后培养，取0.1ml皮下注射小白鼠，48～96h后因败血症死亡。取小白鼠心血或脾脏进行涂片染色镜检及分离培养，可检出炭疽芽胞杆菌。

二、蜡样芽胞杆菌

蜡样芽胞杆菌（*Bacillus cereus*）俗称蜡样杆菌，隶属于需氧芽胞杆菌属中的一种革兰阳性杆菌，因在普通培养基上能形成芽胞，菌落表面粗糙形似白蜡状而得名。本菌广泛存在于自然界如土壤、污水、尘埃中。蜡样芽胞杆菌为条件致病菌，常通过污水、淀粉制品及乳制品等食品引起食物中毒，甚至引起败血症。

（一）生物学特性

1. 形态与染色　蜡样芽胞杆菌是革兰阳性大杆菌，菌体两端平截或稍钝圆，单个或长链状排列，无荚膜，有周身鞭毛。芽胞呈椭圆形，位于菌体中央或近端，直径小于菌体。

2. 培养特性 蜡样芽胞杆菌需氧或兼性厌氧，营养要求不高，在普通琼脂平板上，生长的菌落呈乳白色，不透明，边缘不整齐，直径 4～6mm，菌落常沿划线蔓延扩展成片如同白蜡。在血琼脂平板上，菌落呈浅灰色、毛玻璃样，伴草绿色溶血或透明溶血环。在卵黄培养基上，培养 3h 能看到卵磷脂分解形成白色浑浊环，称之为乳光反应。在液体培养基中，生长均匀浑浊，有菌膜。

3. 生化反应 蜡样芽胞杆菌能利用枸橼酸盐，产生淀粉酶，能发酵葡萄糖、麦芽糖、蔗糖、水杨素和海藻糖。V-P 试验阳性，不产生吲哚及 H_2S。

（二）临床意义

蜡样芽胞杆菌为条件致病菌，可引起败血症、心内膜炎、创伤和肺部感染及食物中毒。蜡样芽胞杆菌引起食物中毒必须达到一定感染量即食物中的含菌量达 10^6/g 以上才能发病。食物中毒分两种类型。①呕吐型：由耐热的肠毒素引起，于进食 1～6h 发病，主要是恶心、呕吐，仅有少数是腹泻；②腹泻型：进食后发生胃肠炎症状，主要为腹痛、腹泻和里急后重，偶有呕吐和发热。该菌引起食物中毒以夏、秋季为多见，引起食物中毒的常见食物有米饭、乳类、禽畜肉类、果汁饮料等。

蜡样芽胞杆菌对青霉素、氨苄西林、头孢菌素、甲氧苄啶耐药，但对克林霉素、红霉素、氯霉素、万古霉素、氨基糖苷类、四环素、磺胺类等抗菌药物敏感。口服环丙沙星对蜡样芽胞杆菌引起的伤口感染有效，早期克林霉素联合庆大霉素对眼部感染效果最佳。

（三）微生物学检查

1. 标本采集 采集患者食物、呕吐物、剩余食物、腹泻粪便等进行检验。除进行分离培养外，必须做活菌计数。因暴露于空气中的食品，在一定程度上都受细菌污染，故不能因分离出蜡样芽胞杆菌就认为是引起食物中毒的病原菌。

2. 鉴定

（1）直接涂片染色镜检：将可疑食物、粪便或呕吐物用无菌盐水制成菌悬液直接涂片，染色镜检，观察形态特征。

（2）分离培养：将可疑食物或粪便用无菌盐水研磨制成乳悬液接种在普通琼脂平板和血琼脂平板上，呕吐物可直接接种，35℃培养 18～24h，观察菌落特点。

（3）活菌计数：将残余食物用生理盐水稀释成 10^{-3}～10^{-1}。①涂布法：取各稀释液 0.1ml 分别接种于卵黄琼脂平板上，用 L 形玻璃棒涂布均匀，置 35℃条件下孵育 12h，本菌在该平板上产生蜡样光泽，易于识别；②倾注平板法：同上法稀释，将各种稀释液 0.1ml 注入空的无菌平皿，将溶化冷至 45～50℃的普通琼脂适量倾入并立即混匀，冷凝后置 35℃培养 24～48h，每个稀释度作两个平皿。计数时选择菌落在 30～300 个的平板作为菌落总数测定的标准。将两平板所计的菌落平均数乘以稀释倍数，即为每毫升样品所含活菌数。一般认为蜡样芽胞杆菌＞10^5 个 /g 或＞10^5 个 /ml 时，即有发生食物中毒的可能。

（4）鉴定依据：根据菌落特征、形态染色、生化反应等特点，用血清学试验或噬菌体分型。作出初步鉴定。

目标检测

一、名词解释

1. 串珠试验
2. 线索细胞
3. 冷增菌

二、单项选择题（选择一个最佳答案）

1. 白喉棒状杆菌的选择鉴别培养基是（　　）
   A. TCBS　B. NYC
   C. BBE　D. 高盐甘露醇平板
   E. 含 0.03%～0.04% 亚碲酸钾血平板
2. 菌体内有异染颗粒的细菌是（　　）
   A. 炭疽芽胞杆菌　B. 白喉棒状杆菌
   C. 结核分枝杆菌　D. 铜绿假单胞菌
   E. 变形杆菌
3. 确定白喉棒状杆菌是否产生毒素可根据（　　）
   A. 菌体排列及异染颗粒特征
   B. 吕氏血清斜面上快速生长的特点
   C. 亚碲酸钾血平板上菌落特征
   D. Elek 琼脂平板毒力试验
   E. 锡克试验
4. 下列哪项不是白喉棒状杆菌的特点（　　）
   A. 异染颗粒
   B. 吕氏血清培养基中快速生长
   C. 在动物体内可形成荚膜
   D. 革兰阳性一端或两端膨大呈棒状
   E. 外毒素致病
5. 下述哪种组合是错误的（　　）
   A. 布鲁杆菌——肝浸液培养基
   B. 军团菌——培养时需提供 L- 半胱氨酸和铁
   C. 白喉棒状杆菌——沙保葡萄糖琼脂
   D. 百日咳杆菌——鲍金培养基
   E. 流感杆菌——巧克力血琼脂
6. 白喉棒状杆菌易形成异染颗粒的培养基是（　　）
   A. 吕氏血清斜面培养基
   B. 麦康凯培养基
   C. 巧克力培养基
   D. 亚碲酸钾培养基
   E. SS 培养基
7. 疑为白喉患者的最佳取材部位是（　　）
   A. 血液　B. 淋巴液
   C. 假膜深处　D. 假膜表面
   E. 假膜边缘
8. 血液标本中一般不能检出的细菌是（　　）
   A. 肺炎链球菌　B. 脆弱类杆菌
   C. 白喉棒状杆菌　D. 流感嗜血杆菌
   E. 伤寒沙门菌
9. 关于炭疽芽胞杆菌，下列哪项是错误的（　　）
   A. 革兰阴性大杆菌，可形成芽胞
   B. 有荚膜，其与该菌致病力有关
   C. 是人畜共患病病原体
   D. 炭疽毒素是造成致病和死亡的主要原因
   E. 临床可致皮肤炭疽、肺炭疽、肠炭疽
10. 炭疽芽胞杆菌的有毒株易产生荚膜的培养基是（　　）
    A. 血平板　B. 巧克力血平板
    C. 吕氏血清斜面　D. 0.5%$NaHCO_3$ 血平板
    E. 普通琼脂平板
11. 炭疽芽胞杆菌检验的标本采集方式不正确的是（　　）
    A. 败血症患者和病畜应采血液
    B. 肺炭疽的死亡动物可解剖获取组织
    C. 环境固体标本采集 10～20g
    D. 环境液体标本采集 50～100ml
    E. 肠炭疽可取粪便
12. 下列既有荚膜又有芽胞的细菌是（　　）
    A. 伤寒沙门菌　B. 铜绿假单胞菌
    C. 炭疽芽胞杆菌　D. 脂肪芽胞杆菌
    E. 肺炎克雷伯菌
13. 用于鉴定炭疽芽胞杆菌的试验是（　　）
    A. 青霉素抑制试验
    B. 苯酚氢钠毒力试验
    C. 冷增菌试验
    D. Elek 琼脂平板毒力试验
    E. β- 棒状杆菌噬菌体裂解试验
14. 致病菌中最大的革兰阳性菌是（　　）
    A. 破伤风芽胞梭菌　B. 产气荚膜梭菌
    C. 肉毒梭菌　D. 炭疽芽胞杆菌
    E. 枯草芽胞杆菌
15. 结合临床症状可做炭疽病初步诊断的直接镜检结果是（　　）
    A. 找到革兰阳性芽胞大杆菌
    B. 找到有荚膜的竹节状革兰阳性大杆菌
    C. 找到有芽胞的链状革兰阳性大杆菌

D. 找到有荚膜的革兰阳性大杆菌
E. 找到革兰阳性大杆菌

16. 炭疽芽胞杆菌主要引起哪种动物的疾病（　　）
A. 肉食动物　　B. 草食动物
C. 啮齿动物　　D. 节肢动物
E. 鸟、家禽

17. 炭疽芽胞杆菌在肉汤培养基中（　　）
A. 表面形成菌膜
B. 形成长链而呈絮状沉淀生长
C. 肉汤均匀浑浊
D. 不生长
E. 既有菌膜又有浑浊

18. 下列关于产单核李斯特菌的说法不正确的是（　　）
A. 主要粪－口途径传播
B. 为革兰阴性短小杆菌
C. 37℃动力缓慢
D. 4℃能生长称冷增菌
E. 25℃动力明显

19. 下列细菌可进行冷增菌的是（　　）
A. 淋病奈瑟菌
B. 炭疽芽胞杆菌
C. 产单核李斯特菌
D. 红斑丹毒丝菌
E. 流感嗜血杆菌

20. 在半固体培养基内可出现倒伞形生长的是（　　）
A. 炭疽芽胞杆菌　　B. 白喉棒状杆菌
C. 肠球菌　　D. 厌氧类白喉棒状杆菌
E. 产单核李斯特菌

三、问答题

1. 对疑似白喉的患者如何进行微生物学检验?
2. 简述炭疽芽胞杆菌的鉴定方法。
3. 简述阴道加特纳菌的鉴定要点。
4. 简述产单核细胞李斯特菌的生物学特点。

（王革新）

第 14 章 分枝杆菌、放线菌与诺卡菌属

学习目标

1. 掌握：结核分枝杆菌的主要生物学特性及检验方法、鉴定依据。非结核分枝杆菌的主要生物学特性、检验方法及与结核分枝杆菌的鉴别。

2. 熟悉：结核分枝杆菌、非结核分枝杆菌的临床意义。常见非结核分枝杆菌的种类。放线菌与诺卡菌的主要生物学特性、检验方法。

3. 了解：分枝杆菌属的主要种类。麻风分枝杆菌的形态染色特点及微生物学检验。放线菌与诺卡菌的临床意义。

分枝杆菌与放线菌均属放线菌目（*Actinomycetales*）。分枝杆菌属（*Mycobacterium*）是一类细长、略弯曲、有时呈分枝状生长的专性需氧杆菌，其DNA的G+C摩尔分数是62%～70%。本属细菌的主要特点是：①细胞壁含有许多脂质和分枝菌酸（mycolic acid），与染色性、培养特性、抵抗力及致病性有密切关系；②具有抗酸性，革兰染色不易着色；③专性需氧，营养要求特殊；④不产生内、外毒素及侵袭性酶，所致疾病常呈慢性，并伴有肉芽肿。本属多数细菌经加温或延长染色时间而着色后能抵抗盐酸乙醇的脱色，故又称为抗酸杆菌（acid-fast bacillus）。

分枝杆菌属种类较多，已被鉴定的有150余种。根据其致病特点或生物学特性可分为结核分枝杆菌、非结核分枝杆菌和麻风分枝杆菌三类。

第 1 节 结核分枝杆菌

结核分枝杆菌（*Mycobacterium tuberculosis, MTB*）简称结核杆菌，是引起人和动物结核病的病原菌。目前，对人类致病的结核分枝杆菌包括人结核分枝杆菌（*M. tuberculosis*）、牛分枝杆菌（*M. bovis*）、非洲分枝杆菌（*M. africanum*）和坎纳分枝杆菌（*M. canettii*），其中人结核分枝杆菌感染率最高。

案例 14-1

患者，男，52岁。主诉：咳嗽，咳痰1个月余，咳黄白色黏痰，痰内混有血丝，多为干咳，咳嗽严重时夜间不能平卧入睡，同时伴有盗汗、食欲不振、乏力、胸闷，午后低热，体温在38℃左右，入院治疗。查体：营养不良，消瘦，面色苍白，T 37.3℃，

P 80 次 / 分，R 20 次 / 分，BP 120/80mmHg。颈：淋巴结肿大。胸：右胸略下陷，左胸正常，胸部未发现异常肿块，双肺呼吸音粗，右肺叩诊轻度浊音，右肺听诊可闻及湿性啰音。心、腹检查正常。实验室检查：血中白细胞 11×10^9/L，中性粒细胞 86%，血沉为 70mm/h。取痰液涂片抗酸染色，镜下可见红色细长微弯杆菌，有的呈分枝状生长。X 线显示：右肺中部可见大片斑片状阴影，中间有空洞。

问题：

1. 引起该病的病原菌可能是什么？为何用抗酸染色法？
2. 采集标本时应注意什么？
3. 如何对该菌进行微生物学检验？

一、生物学特性

（一）形态与染色

结核分枝杆菌为细长、略带弯曲的杆菌，大小为（1.0～4.0）μm×0.4μm，单个散在，有时呈分枝状排列，菌体可聚集呈束状或堆积成团，无鞭毛和芽胞。近年来在电镜下发现结核分枝杆菌菌体外还有一层微荚膜，一般因制片时被破坏而不易看到。由于细胞壁的脂质含量较高，影响染料的渗入，故革兰染色不易着色。抗酸染色阳性，其他非抗酸性细菌和背景呈蓝色（图 14-1）。

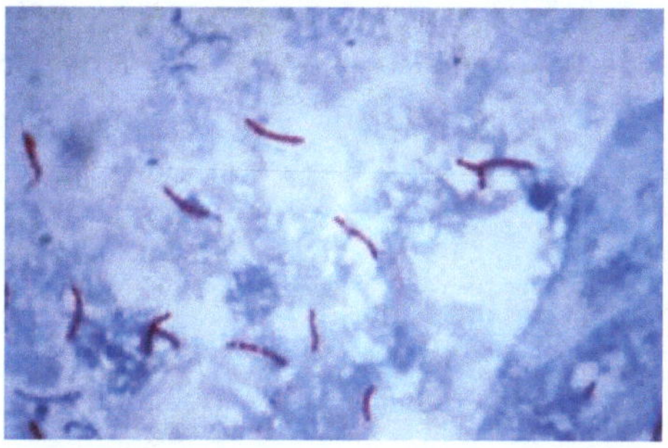

图 14-1　结核分枝杆菌（抗酸染色 ×1000）

链 接

抗酸染色法

抗酸染色法（acid-fast staining method）是一种细菌染色法，由埃利希 1882 年首创并经 F. 齐尔改进。其中齐尔 - 尼尔森（Ziehl-Neelsen）染色法和齐尔 - 加贝特（Ziehl-Gabbet）染色法最有代表性。用苯酚复红染色后，再用盐酸乙醇脱色，之后用亚甲蓝复染。其原理是分枝杆菌的细胞壁内含有大量的脂质，使其一般不易着色，经过加热和延长染色时间可促使其着色。但分枝杆菌中的分枝菌酸与染料结合后，很难被酸性脱色剂脱色，再加碱性亚甲蓝复染后，分枝杆菌仍然为红色，而其他细菌及背景为蓝色，故名抗酸染色。

（二）培养特性

专性需氧，最适生长温度为 35～37℃，最适 pH 为 6.5～6.8。营养要求高，初次分离需用含血清、蛋黄、甘油、马铃薯、孔雀绿及某些无机盐类的特殊培养基才能生长良好，常用罗 – 琴（Lowenstein-Jensen）培养基培养。因细胞壁中脂质含量较高，影响对营养物质的吸收，故生长缓慢，需 14～18h 繁殖一代，置于 37℃，5%～10%CO_2 环境中培养 2～4 周才出现肉眼可见的菌落，典型菌落为粗糙型，呈颗粒状或菜花状，乳白色或淡黄色，干燥、不透明，边缘不规则（图 14-2）。牛分枝杆菌的菌落为光滑、白色膏状。在液体培养基

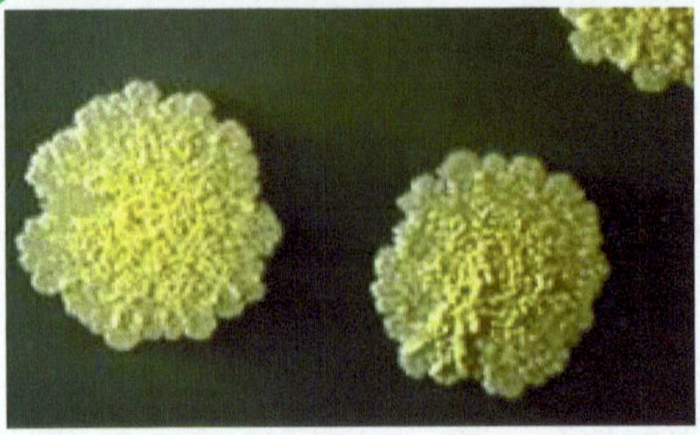

•• 图 14-2 结核分枝杆菌菌落 ••

中该菌生长较为迅速，一般 1～2 周即可见细菌生长，形成粗糙皱纹状菌膜。有毒力的菌株在液体培养基中呈索状生长，液体培养基培养往往比固体培养的阳性率高数倍。

（三）生化反应

结核分枝杆菌不发酵糖类，能产生触酶。利用耐热触酶试验可区别结核分枝杆菌与非结核分枝杆菌，前者阴性，后者大多阳性。利用烟酸试验及硝酸盐还原试验可区别人结核分枝杆菌与牛分枝杆菌，前者阳性，后者阴性。中性红试验可区别人、牛分枝杆菌有毒株和无毒株，前者阳性，后者阴性。

（四）抵抗力

对某些理化因素的抵抗力较强。脂质成分有助于防止水分丢失，故对干燥的抵抗力强，在尘埃表面能保持传染性 8～10d，在干燥痰内可存活 6～8 个月。在酸（3%HCl 或 6%H_2SO_4）或碱（4%NaOH）中耐受 30min，因此可用酸或碱处理有杂菌污染的标本，并消化标本中的黏稠物质。对 1∶13 000 孔雀绿和 1∶75 000 甲紫有抵抗力，加入培养基中可抑制杂菌生长。其对湿热敏感，在液体中加热 62～63℃ 15min 或煮沸即被杀死。对 75% 乙醇敏感，乙醇较易渗入细胞壁，作用 2min 即会杀死细菌。对紫外线敏感，直接日光照射数小时可被杀死，可用于结核患者书籍、衣服等物品的消毒。对异烟肼、利福平、链霉素、卡那霉素、乙胺丁醇等敏感，但长期用药后容易出现耐药性。异烟肼、利福平对细胞内、外细菌均有强大的杀菌力，链霉素、卡那霉素仅对细胞外的细菌有杀灭作用，吡嗪酰胺能杀灭细胞内的细菌。联合用药可以减少耐药性的产生。

（五）变异性

结核分枝杆菌可发生形态、菌落、毒力和耐药性等变异。经溶菌酶、青霉素、环丝氨酸或异烟肼诱导可形成细菌 L 型而呈球状、丝状、串珠状等多种形态，此外，异烟肼可影响分枝菌酸的合成，使该菌的抗酸染色结果变为阴性。在结核病肺内、外感染标本中常能见到上述情况。治疗后的结核分枝杆菌细菌型虽消失，但 L 型仍可存在。L 型的出现可能与结核病的久治不愈、反复发作或病情恶化有关。目前认为结核分枝杆菌细菌型和 L 型均转为阴性者才能视为痰阴性。

不良环境中，菌落可由粗糙型（R 型）变为光滑型（S 型）。卡介苗（BCG）即牛分枝杆菌在含甘油、胆汁、马铃薯的培养基中经 13 年 230 次传代而获得的保留免疫原性的减毒活疫苗株，广泛用于预防接种。结核分枝杆菌对利福平、异烟肼、链霉素等药物较易产生耐药性，临床已分离出多重耐药菌株。

二、临床意义

结核分枝杆菌不产生内、外毒素，无侵袭性酶，其致病作用可能与细菌在组织细胞内大量繁殖引起的炎症、代谢物质的毒性，以及机体对菌体成分产生的免疫损伤有关。

（一）致病物质

1. 荚膜 主要成分为多糖，部分为脂质和蛋白质。其对机体的侵袭力表现为：①荚膜能与吞噬细胞表面的补体受体 3（CR3）结合，有助于结核分枝杆菌在宿主细胞上的黏附与侵入；②荚膜中的多种酶可降解宿主细胞中的大分子物质，为入侵的结核分枝杆菌繁殖提供所需的营养；③荚膜能防止宿主的有害物质进入菌体，甚至小分子（如 NaOH）也不易进入，使细菌获得较强的抵抗力和耐药性，故结核病标本中的一般细菌可用 4%NaOH 溶液消化处理；④荚膜还可抑制吞噬体与溶酶体的融合，有抗吞噬作用。

2. 脂质 细菌毒力与脂质成分有关，尤其糖脂更为重要。脂质含量与毒力呈平行关系，含量越高则毒力越强。脂质含量占细胞壁干重的 60%，菌体干重的 20%～40%。

（1）索状因子：是分枝菌酸和海藻糖结合而成的一种糖脂，能使细菌在液体培养基中生长时互相紧密粘连，形成盘旋的索状现象。此因子与细菌的毒力和抗酸性有关，能破坏细胞线粒体膜，抑制中性粒细胞游走，引起慢性肉芽肿。

（2）磷脂：能刺激单核细胞增生，并使炎症灶中的巨噬细胞转变为类上皮细胞，还可抑制蛋白酶对病灶组织的分解，从而形成结核结节和干酪样坏死。

（3）硫酸脑苷脂：存在于有毒株的细胞壁中，可抑制吞噬细胞中吞噬体与溶酶体的结合，使细菌在吞噬细胞中长期存活。其能与中性红结合，产生中性红反应，有助于鉴定结核分枝杆菌有无毒力。

（4）蜡质 D：是一种肽糖脂与分枝菌酸的复合物，能激发机体产生迟发型超敏反应，具有佐剂作用。

3. 蛋白质 菌体含有多种蛋白质，具有抗原性，其中结核菌素与蜡质 D 结合后使机体发生迟发型超敏反应，引起组织坏死和全身中毒症状，并在形成的结核结节中发挥一定作用。

（二）所致疾病

结核分枝杆菌是结核病的病原体，可通过呼吸道、消化道及破损的皮肤等多途径感染机体，引起全身多种组织器官的结核病，以肺结核最多见。该菌致病机制可能与菌体成分、细菌繁殖引起的炎症及机体对菌体成分产生免疫应答而导致的免疫损伤有关。因肺泡中无正常菌群，结核分枝杆菌可通过飞沫微滴或含菌尘埃被吸入，故肺结核最为常见。由于该菌的毒力、数量及机体的免疫状态不同，肺结核分为原发感染和原发后感染两类表现。

1. 原发感染 原发综合征表现为原发灶、结核性淋巴管炎、肺门淋巴结结核。因初次感染机体对结核杆菌没有建立有效的细胞免疫，巨噬细胞对其杀灭能力有限，结核杆菌在细胞内繁殖，引起局部炎症，形成原发灶；结核杆菌游离或被巨噬细胞吞噬，结核杆菌侵入淋巴管，循淋巴液引流到肺门淋巴结，引起结核性淋巴管炎和肺门淋巴结结核。原发综合征早期结核杆菌有可能通过血道和淋巴道播散到其他器官。95% 的患者由于细胞免疫建立，病灶进行性纤维化和钙化。但病灶内可能有少量结核杆菌潜伏，为继发性肺结核的内源性感染来源。少数患者免疫能力低下，可经血道或淋巴道播散到其他器官，引起相应器官的结核，甚至引起粟粒型结核。

2. 原发后感染 常见于肺尖部位。病原菌可以是外来的（外源性感染），也可是原来潜伏在病灶内的（内源性感染）。因机体已形成特异性细胞免疫，故感染的特点是病灶局限，一般不累及邻近的淋巴结，主要特征为慢性肉芽肿炎症，形成结核结节、纤维化和干酪样坏死。

部分患者体内的结核分枝杆菌可经血液、淋巴液扩散至肺外，引起相应脏器结核，如脑、肾、骨等结核。近年发现肺外感染结核分枝杆菌 L 型的检出率较高。

及时接种卡介苗可降低结核病的发病率。耐药菌株较多，应根据药敏试验指导用药。常用抗结核药物包括异烟肼、利福平、乙胺丁醇、链霉素、对氨基水杨酸等，应注意早期、足量、联合、规范、全程用药以降低耐药性产生。

链 接

结核病与艾滋病

近年来，艾滋病的发病率呈上升趋势，使结核病的易感人群增加，环境污染、吸毒和人群流动性的增加促进病原体传播，此外，结核分枝杆菌易产生耐药性，尤其多重耐药菌株的出现，诸多原因使结核病的发病率呈现明显上升趋势。特别是艾滋病患者极易并发结核病，HIV感染降低了机体的免疫功能，同时结核感染加重了HIV感染者的病情进展，使其更易导致死亡，结核病已成为威胁人类健康的严重的全球公共卫生问题。

（三）免疫性与超敏反应

1. 免疫性与超敏反应 本菌对人的感染率高，但发病率不高，说明人体对此菌有较强的免疫力。结核分枝杆菌是胞内寄生菌，其免疫是以细胞免疫为主的传染性免疫（infection immunity）或称有菌免疫，即指细菌或其成分进入机体后使机体对再次入侵的细菌有免疫力，当细菌或其成分从体内消失后，抗结核免疫也随之消失。致敏淋巴细胞可直接杀伤靶细胞，或可产生多种细胞因子（尤其是INF-γ）激活巨噬细胞，使吞噬作用加强，引起呼吸爆发，杀死病灶中的结核分枝杆菌。目前认为机体产生的多种抗体对机体无保护作用，但高滴度的抗结核分枝杆菌抗体可作为结核病的辅助诊断。

机体对结核分枝杆菌的细胞免疫与迟发型超敏反应同时并存，原发感染因无免疫反应和超敏反应，细菌可迅速扩散至全身。再次感染者因有超敏反应发生，局部反应强烈，病灶很快愈合，故细菌感染不扩散。近年来研究表明，结核分枝杆菌诱导机体产生免疫和迟发型超敏反应的物质不同。超敏反应主要由结核菌素蛋白和蜡质D共同引起，而免疫则由结核分枝杆菌核糖体RNA（rRNA）引起。两种不同的抗原成分激活不同的T淋巴细胞亚群而释放出不同的细胞因子。

2. 结核菌素试验 是应用结核菌素进行皮肤试验来测定机体对结核分枝杆菌是否产生细胞免疫及迟发型超敏反应的一种试验。

（1）试剂：目前使用的结核菌素试剂是纯蛋白质衍生物（purified protein derivative，PPD），有两种，即人结核分枝杆菌提取的PPD-C和卡介苗制成的BCG-PPD，每0.1ml含5个单位。

（2）方法及结果分析：常规试验方法是分别取两种PPD各5个单位注射于两前臂掌侧皮内，48～72h后观察红肿硬结的直径，若超过5mm者为阳性，表明机体曾感染过结核分枝杆菌或接种过卡介苗，有特异性免疫力，不表示正患结核病；若≥15mm为强阳性，对临床诊断有意义，表明可能有活动性结核病，应进一步检查；若<5mm为阴性，表示未感染过结核分枝杆菌或未接种过卡介苗，但应考虑以下情况：①感染初期，超敏反应尚未产生；②老年人；③严重结核病患者；④患有其他严重疾病（如艾滋病或肿瘤）导致细胞免疫功能低下及免疫抑制剂使用者。

（3）主要应用：①选择BCG接种对象及测定接种后免疫效果，阴性者应接种BCG；

②辅助诊断婴幼儿结核病；③在未接种 BCG 的人群中进行结核分枝杆菌感染的流行病学调查；④测定肿瘤患者的细胞免疫功能。

三、微生物学检验

（一）检验程序

结核分枝杆菌检验程序见图 14-3。

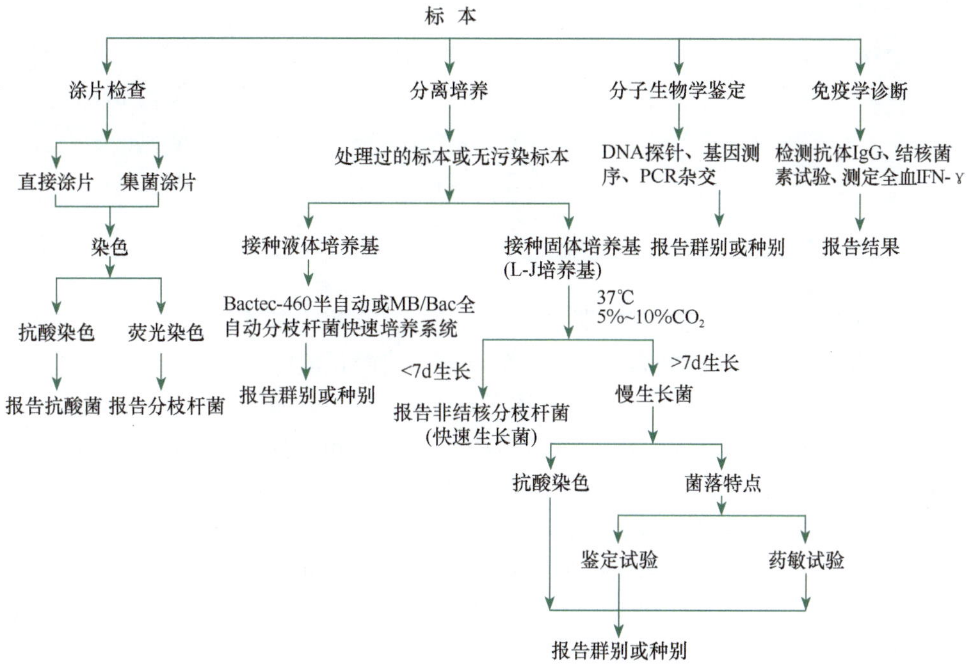

图 14-3　结核分枝杆菌检验程序

（二）标本采集

根据感染部位的不同分别采集痰液、尿液、支气管灌洗液、粪便、脑脊液、胸腔积液、腹水、脓液、分泌物、组织等不同标本。标本中往往混有其他细菌，故采集时注意抑制杂菌污染。

痰液应由患者深呼吸后自肺部深处咳出，最好采集清晨第一口痰，挑取带血或脓液部分，置于干燥清洁的容器内送检。尿液可收集清晨第一次全部尿液或 24h 尿沉淀 10～15ml，泌尿道结核诊断往往需取 3～5 份标本。脑脊液、胸腔积液、腹水等标本需无菌操作抽取置于无菌试管内送检，脑脊液标本取静置后表面的凝块做涂片或培养。脓液采集时应从溃疡处取脓汁。棉拭子标本应直接置于肉汤中培养。

（三）检验方法

1. 形态学检查

（1）直接涂片、染色镜检：用接种环取痰液中浓厚部分或离心后尿沉淀 2～3 环作厚涂片，齐－尼抗酸染色或金胺“O”荧光染色。若找到抗酸阳性菌即可初步报告“找到抗酸杆菌”，但仅凭形态染色不能确定是结核分枝杆菌，还需进一步分离鉴定。

1）抗酸染色镜检：用油镜观察，仔细查遍整个涂片或观察至少 300 个视野，结核分枝杆菌抗酸染色后呈红色，其他非抗酸性细菌和细胞呈蓝色。

2）金胺“O”荧光染色镜检：用荧光显微镜高倍镜观察，结核分枝杆菌荧光染色后呈亮黄色，背景呈黑色。本方法敏感性高，常用于筛选，阳性者再用抗酸染色法核查。荧光染色镜检应在染色后24h内进行，否则应将染片放置于4℃冰箱保存。具体报告方式如下（表14-1）。

表 14-1 涂片镜检的报告方式

报告方式	抗酸染色法（×1000）	金胺“O”荧光染色法（×450）
未找到抗酸杆菌：－	0	0
可疑抗酸杆菌：±，需再送标本检测	1～2个/300视野	1～2个/70视野
1+	1～9个/100视野	2～18个/50视野
2+	1～9个/10视野	4～36个/10视野
3+	1～9个/视野	4～36个/视野
4+	>9个/视野	>36个/视野

（2）浓缩集菌涂片镜检：若标本中细菌含量少，杂菌较多时，直接涂片不易检出，可浓缩集菌后再涂片镜检，以提高检出率。脑脊液、胸腔积液、腹水和中段尿可直接离心沉淀集菌。痰、支气管灌洗液、粪便等杂菌多的标本需先用4%NaOH（痰和碱的比例为1∶4，尿、支气管灌洗液和碱的比例为1∶1）于37℃处理15min，若时间过长可使结核分枝杆菌L型和非结核分枝杆菌死亡，再以3000r/min离心15min，取沉淀物3～4环涂片，染色、镜检，报告“找到抗酸杆菌”或“未找到抗酸杆菌”。

2. 分离培养 脑脊液、胸腔积液、腹水等无污染标本可直接接种或离心后取沉淀物接种。痰、支气管灌洗液、尿、粪便等污染标本接种前需经酸、碱或其他方法处理，以除去杂菌及液化标本，离心沉淀后培养。

（1）固体培养基培养法：常用罗－琴培养基，其所含的孔雀绿能抑制杂菌生长，甘油能促进结核分枝杆菌生长。取处理后标本接种于固体培养基，以蜡封口防止干燥，于37℃的5%～10%CO_2环境下培养8周，每周观察1次，连续培养8周无细菌生长才可判定为阴性。若该菌生长缓慢、菌落干燥、乳白色或淡黄色、呈颗粒状、菜花状，抗酸染色阳性，则多数为结核分枝杆菌。若菌体形态、染色、菌落不典型，需将接种物置于24～33℃环境中继续培养至12周再进一步做鉴定。培养结果报告方式见表14-2。此外，多次检出L型亦作为结核病活动的判断标准之一，细菌型与L型均转阴才能作为痰培养阴性。

表 14-2 培养结果报告方式

报告方式	培养结果
+	斜面上20个以上菌落生长，<斜面1/4
2+	斜面1/4<菌落生长面积<斜面1/2
3+	斜面1/2<菌落生长面积<斜面3/4
4+	斜面上菌落密集生长成菌苔

（2）液体培养法：将处理后的标本加于含血清的培养液中，1～2周后可见管底有颗粒生长。取沉淀物涂片、染色镜检，进一步做其他鉴定试验。20世纪70年代以后，创立了分

枝杆菌快速培养系统（Bactec-460、MB/BacT），制定了严格的检查规则，分离率、报告速度均有较大的提高，系统报告阳性时需做抗酸染色镜检确认抗酸杆菌后再作 NAP（p-nitro*α*-acetylamino-*β*-hydroxy-propiophenome）抑制试验，抑制结核分枝杆菌生长，借以区别结核分枝杆菌和非结核分枝杆菌。已有学者证明结核分枝杆菌 L 型存在于血细胞内，也可黏附于细胞表面，使血沉加快，故血液标本应用低渗盐水溶血，离心后接种于高渗 L 型培养基以提高培养阳性率。

3. 生化反应　结核分枝杆菌多数触酶试验阳性，热触酶试验阴性；而非结核分枝杆菌两种试验均阳性。结核分枝杆菌不发酵糖类，可合成烟酸，还原硝酸盐，而牛分枝杆菌则不能。人、牛结核分枝杆菌有毒株的中性红试验阳性，无毒株为阴性。

4. 其他诊断技术　目前分子生物学技术和免疫学技术已应用于分枝杆菌的鉴定中。

（1）分子生物学：PCR 技术检测结核分枝杆菌 DNA，特异性强，敏感性高，所需菌量少，每毫升标本含有 10～100 个活菌即可检出，且无须培养，1～2d 即能获得结果，对结核病的早期和快速诊断具有较大应用价值，检出率达 30%～50%，相比涂片或培养法较高，但需注意防止污染。PCR- 核酸探针将 DNA 探针技术与 PCR 技术结合对不同的分枝杆菌鉴定，将荧光素或放射性核素标记于探针上，检测荧光或放射性来鉴定菌种。16SrRNA 基因序列测定有助于鉴定结核分枝杆菌，该序列高度保守且具有种特异性。

（2）免疫学诊断：检测患者血清或其他体液中特异性 IgG 抗体，可协助诊断结核病，作为活动性感染的快速诊断方法之一。肺结核患者的血清抗体阳性率为 80%～90%，但应注意排除假阳性。①抗原检测：用 ELISA 检测结核分枝杆菌外分泌的特异性抗原，能快速确定是否感染该菌，准确度高达 90%。②抗体检测：用 ELISA 检测结核患者血清中特异性 IgG 抗体，比传统染色镜检、培养等方法快速、简便，但应注意假阳性的存在。肺结核患者血清阳性率为 80%～90%。③ IFN-γ 测定：酶联免疫斑点技术通过检测患者外周血中致敏 T 细胞分泌的 IFN-γ，进行结核病的辅助诊断，已逐步应用于临床，此法特异、灵敏、快速，作为诊断活动性结核病较准确的一种方法。

第 2 节　非结核分枝杆菌

非结核分枝杆菌（non-tuberculosis mycobacteria，NTM）不是分类学上的名称，而是指结核分枝杆菌复合群和麻风分枝杆菌以外的分枝杆菌，曾被称为非典型分枝杆菌（atypical mycobacteria），分布广泛，多存在于自然界、水、土壤和正常人及动物机体中，往往是条件致病菌，毒力较弱。

一、生物学特性

抗酸染色阳性，形态酷似结核分枝杆菌，生化反应各不相同。种类较多，已发现 150 余种，约 1/3 与人类致病有关。1959 年 Runyon 根据菌落色素、生长速度与生化反应等特点将非结核分枝杆菌分为 4 群：光产色菌（Runyon Ⅰ群）、暗产色菌（Runyon Ⅱ群）、不产色菌（Runyon Ⅲ群）和快速生长菌（Runyon Ⅳ群）。其特性区别于结核分枝杆菌，生长温度不如结核分枝杆菌严格，与结核分枝杆菌有抗原交叉，对酸、碱比较敏感，对常用的抗结核药物较耐受。非结核分枝杆菌 L 型耐药性增高，往往因细胞壁脂质的缺失不易致敏淋巴细胞，导致结核菌素试验可呈阴性，应注意鉴别。非结核分枝杆菌与结核分枝杆菌的主要鉴别见表 14-3。

表 14-3 非结核分枝杆菌与结核分枝杆菌的主要鉴别

鉴别特征	非结核分枝杆菌	结核分枝杆菌
形态	短而粗，有时可见分枝状	细长略弯曲，束状或团状排列
菌落	光滑或粗糙、黄色或橘红色	粗糙、颗粒状、乳白色或淡黄色
索状因子	±	+
热触酶试验	+	−
中性红试验	±	+
豚鼠致病	−	+

二、临床意义

非结核分枝杆菌多数无致病性，少数为条件致病菌，往往发生于机体免疫功能低下时，可引起结核样病变、淋巴结炎等。非结核分枝杆菌的感染呈上升趋势，尤其 AIDS 患者、长期使用免疫抑制剂患者、患肺部疾病的老年患者及器官移植术患者更加常见。目前我国非结核分枝杆菌从结核病患者体内分离的阳性率为 5%～10%，且对常用抗菌药物及抗结核药物易产生耐药性，临床上该菌导致的肺部感染与结核分枝杆菌感染难以区别，治疗方法也不同，因此，早期作出正确的菌种鉴定有利于选择有效的药物及时进行治疗，以降低发病率和死亡率，尤其对常规治疗无效、复发和免疫缺陷患者十分重要。

1. 光产色分枝杆菌 本群细菌生长缓慢、菌落光滑，在暗处呈奶油色，曝光 1h 后在 48h 内呈黄色或橘黄色。对人致病的有堪萨斯分枝杆菌（*M.kansas*）、海分枝杆菌（*M.marinum*）和猿分枝杆菌（*M.simiae*）。

（1）堪萨斯分枝杆菌：可引起人类肺结核样病变，常有空洞形成。

（2）海分枝杆菌：是腐生菌，游泳时或渔业工人接触水时通过皮肤黏膜的擦伤处入侵，引起人的鼻黏膜、手指、脚趾感染，皮肤丘疹，结节与溃疡病变，即所谓的“游泳池肉芽肿”，抗酸染色阳性。

（3）猿分枝杆菌：从猿和人体中均可分离出此菌，形态染色与结核分枝杆菌相似。

2. 暗产色菌 本群细菌生长缓慢、菌落光滑，在暗处培养时菌落呈橘红色，长时间曝光培养菌落呈赤橙色。对人致病的有瘰疬分枝杆菌（*M.scrofulaceum*）和斯氏分枝杆菌（*M.szulgai*）。

（1）瘰疬分枝杆菌：能引起肺部感染或儿童颈部的淋巴结炎。

（2）斯氏分枝杆菌：可引起成人肺部的慢性感染。

3. 不产色菌 本群细菌生长缓慢、菌落光滑，通常不产生色素。对人致病的有鸟 - 胞内分枝杆菌复合体（*M.avium-intracellulare* complex，MAC）、溃疡分枝杆菌（*M.ulcerans*）、蟾蜍分枝杆菌（*M.xenopi*）。

（1）鸟 - 胞内分枝杆菌复合体：包括鸟分枝杆菌和胞内分枝杆菌，两者有很多相似之处，可引起结核样病变，多见于肺与肾。此外，鸟 - 胞内分枝杆菌复合体还是艾滋病患者常见的机会感染菌，并易发生播散，其对常用的抗结核药物不敏感或耐药。

（2）溃疡分枝杆菌：通过皮肤创伤感染，往往在四肢伸侧形成无痛性坏死溃疡，称为 Buruli 溃疡，愈合缓慢，可引起继发感染。

（3）蟾蜍分枝杆菌：可引起老年男性的肺部感染。

4. 快速生长菌　本群细菌在 25～45℃均可生长，生长迅速，培养 3～6d 即可见粗糙型菌落。对人致病的有偶发分枝杆菌（*M.fortuitum*）、龟分枝杆菌（*M.chelonei*）和脓肿分枝杆菌（*M.abscessus*）。

（1）偶发分枝杆菌：可引起肺部病变或局部感染，对常用的抗结核药物均耐药。

（2）龟分枝杆菌：可导致创伤后软组织病变和手术后继发感染，也可引起肺部感染。

（3）脓肿分枝杆菌：生物学特性与龟分枝杆菌类似，常存在于自来水中，与医源性感染有关，可引起注射后医院感染的暴发，导致"寒性脓肿"。快速生长分枝杆菌引起的肺部感染中近 90% 由本菌所致，此外，还可引起外伤感染、中耳炎及免疫缺陷患者的皮肤软组织感染。

耻垢分枝杆菌（*M.smegmatis*）通常不致病，但经常存在于外阴部皮脂中，因此在检查粪、尿标本中结核分枝杆菌时应注意区别。

三、微生物学检验

（一）标本采集

采集方法与结核分枝杆菌相同。

（二）检验方法

1. 涂片抗酸染色　抗酸染色阳性，着色均匀，束状或团状排列，菌体较结核分枝杆菌短而粗。非结核分枝杆菌是否有致病性可用抗煮沸试验加以区别。非致病菌株煮沸 1min 即失去抗酸性，而致病菌株能耐 10min，有的甚至高压蒸汽灭菌亦不失去抗酸性。

2. 分离培养及鉴定

（1）光产色分枝杆菌（Runyon Ⅰ群）：该群细菌在暗处一般不产生或仅产生少量色素，需在营养丰富的培养基上才能生长，有时可形成索状生长，生长缓慢，菌落光滑。

1）堪萨斯分枝杆菌：菌体细长杆状，成双排列。最适生长温度为 37℃，25℃和 45℃不生长。在鸡蛋培养基上呈 S 型易乳化的菌落，接触光线后产生橘黄色色素。

2）海分枝杆菌：菌体为棒状，中等长度。适合生长温度为 25～35℃，25℃生长更为迅速。在鸡蛋培养基上呈 S 型凸起的菌落，暗处生长无色素产生，曝光后产生橘黄色。

（2）暗产色分枝杆菌（Runyon Ⅱ群）：本群细菌无论有光或无光均能产生色素，呈黄色或橘黄色。

1）瘰疬分枝杆菌：菌体呈短棒状或纤细丝状。25℃和 37℃均能生长，45℃不生长。在鸡蛋培养基上呈边缘整齐的丘状 S 型菌落。

2）斯氏分枝杆菌：菌体呈短小棒状。适合生长温度同瘰疬分枝杆菌。在鸡蛋培养基上呈边缘不整齐的 R 型丘状菌落。25℃时为光产色，37℃时为暗产色。

（3）不产色分枝杆菌（Runyon Ⅲ群）：本群细菌因缺乏 β- 胡萝卜素，故在光照和暗处均不能产生色素。

1）鸟 – 胞内分枝杆菌复合体：菌体呈长或短杆状，有些呈丝状。适合生长温度为 37～40℃。在鸡蛋培养基上呈边缘整齐的丘状 S 型菌落，不产生色素。

2）溃疡分枝杆菌：菌体呈棒状，中等长度。适合生长温度为30～33℃，37℃不生长。在鸡蛋培养基上呈小丘状、透亮的菌落。

（4）快速生长分枝杆菌（Runyon Ⅳ群）：生长速度快，普通培养基上即可生长，最适生长温度为25～45℃，3～7d可形成菌落。

1）偶发分枝杆菌：菌体呈棒状，亦可呈球状、细丝状。适合生长温度为25～37℃，45℃不生长。在鸡蛋培养基上呈边缘不整齐、扁平的R型菌落，不产生色素。

2）龟分枝杆菌：菌体大小不一，呈多形性。适合生长温度为22～40℃，42℃不生长，初次分离培养适合温度为28～30℃。在鸡蛋培养基上培养3～5d后可见边缘整齐的S型丘状菌落。能利用枸橼酸盐作为唯一碳源生长，以此与脓肿分枝杆菌鉴别。

3）脓肿分枝杆菌：原被称为龟分枝杆菌脓肿亚种，现已独立更名。生物学特性与龟分枝杆菌相似，生长迅速，营养要求不高，麦康凯平板、巧克力平板均可生长，不产生色素。

3. 生化反应 热触酶试验：某些分枝杆菌的触酶加热后失去活性，而另一些不受影响。堪萨斯分枝杆菌为强阳性，人结核分枝杆菌为阴性。

4. 其他鉴定方法 与结核分枝杆菌类似，分子生物学技术的应用越来越广泛。

第3节 麻风分枝杆菌

麻风分枝杆菌（*M.leprae*）俗称麻风杆菌，是引起麻风病的病原菌，1873年由挪威学者Hansen从麻风患者皮肤结节中发现而命名。麻风是一种潜伏期较长、发病慢、病程较长的传染病。

一、生物学特性

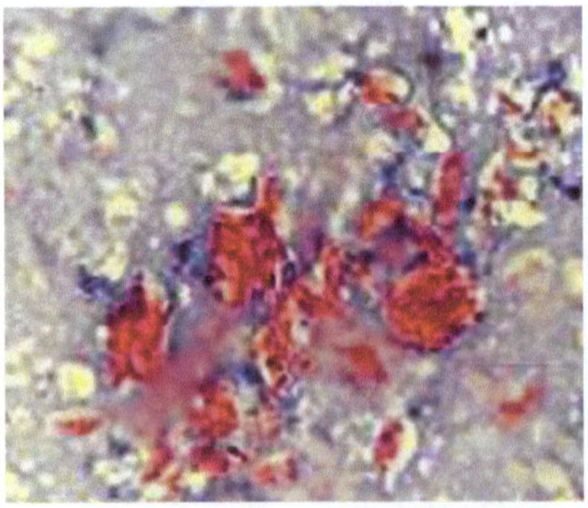

图14-4 麻风细胞

（一）形态染色

麻风分枝杆菌革兰染色和抗酸染色均为阳性，着色均匀，形态较结核分枝杆菌短而粗，菌体细长，略弯曲，常排列呈束状或团状。无荚膜、无鞭毛、无芽胞。经药物治疗后，麻风分枝杆菌可断裂呈短杆状、颗粒状，着色变得不均匀。麻风分枝杆菌是一种典型的胞内寄生菌。取患者渗出物标本涂片检查，可见大量麻风分枝杆菌存在于细胞内，其胞质呈泡沫状，称之为麻风细胞（图14-4），据此可与结核分枝杆菌区别，具有重要的鉴别意义。

（二）培养特性

麻风分枝杆菌的体外人工培养至今尚未成功。犰狳对本菌高度易感，可进行皮内、皮下或静脉接种，还可将麻风分枝杆菌注入小鼠足垫，并降低足垫温度，即可见麻风分枝杆菌繁殖、传代，但易感性较犰狳低，此法主要用于药物筛选、免疫及治疗研究。

二、临床意义

麻风病是一种慢性传染病，流行广泛，发展中国家多见。1985 年以来，全球范围的麻风病已降低 90% 左右。自 1995 年以来，世界卫生组织对所有麻风患者实施免费治疗，发病率明显下降。至 2003 年，麻风病在全球的流行已减少至 10 个国家，主要分布在亚洲、非洲和拉丁美洲。新中国成立前，我国麻风病流行较严重，新中国成立后，随着防治工作积极开展，病情有所缓解，至 2010 年发病率降至 0.10/10 万，近年来麻风病例已稳定在 2000 例左右，很少见新发病例，现有病例主要集中在偏远山区、草原牧区及贫困落后地区。

最近有野生的犰狳、猩猩等自然感染麻风病的报道，可见麻风病是一种人兽共患的疾病。患者的鼻分泌物及其他分泌物（如痰、汗、泪、乳汁、精液和阴道分泌物）中可排出细菌。本菌主要通过破损的皮肤、黏膜进入人体，也可通过密切接触传播。本病多为隐性感染，幼年期最为敏感。潜伏期长，平均为 2～5 年，甚至可达数十年。发病缓慢，病程长，迁延不愈。细菌可沿末梢神经、淋巴、血行扩散至全身。临床主要表现为皮肤、黏膜损害，严重时可累及神经、眼及内脏，晚期可侵犯深部组织和器官，形成肉芽肿。

根据机体的临床表现、免疫病理变化和细菌检查结果，可将大部分患者分为瘤型麻风和结核样型麻风两型，少数介于两型之间的又可分为界限类和未定类，该两类可向瘤型和结核样型转化。我国以结核样型和未定类较多见。瘤型麻风病患者的麻风分枝杆菌主要侵犯皮肤、黏膜，传染性强，为进行性和严重临床类型，称为“开放性麻风”，占麻风病例的 20%～30%，若不治疗，将逐渐恶化，累及神经系统。患者的体液免疫功能正常，血清中有自身抗体，自身抗体与受损组织释放的抗原结合，形成免疫复合物，沉积在皮肤或黏膜下形成红斑和结节，称之为麻风结节，是麻风的典型病灶，面部结节融合后呈“狮面”状。结核样型麻风传染性小，占麻风病例的 60%～70%，属自限性疾病，病情较稳定，可自行消退，称为“闭锁性麻风”。病变往往发生于皮肤和外周神经，不侵犯内脏。结核样型麻风患者的细胞免疫正常，麻风菌素试验呈阳性，细胞内很少有麻风分枝杆菌。

机体对麻风分枝杆菌的抵抗力较强，主要依靠细胞免疫。本病尚未发现特异性预防方法，应早发现、早隔离、早治疗。砜类药物、氯法齐明、利福平及丙硫异烟胺等治疗有效，多采用两三种药联合治疗，以避免耐药性产生。

三、微生物学检验

1. 标本采集　标本可从患者的眶上、颧下、下颌、耳郭及鼻黏膜或皮肤破损处消毒后采集，刮取组织或组织液涂片。

2. 检查方法

（1）涂片染色镜检：麻风分枝杆菌抗酸染色阳性呈红色，其他细菌或细胞呈蓝色。一般在瘤型和界线类患者标本中可找到存在于麻风细胞内的细菌，有诊断意义。在结核样型患者的标本中很少找到细菌。若要提高检查的阳性率，也可用金胺“O”染色后，荧光显微镜检查。本菌注意与结核分枝杆菌鉴别，前者菌体短而粗，两端尖细，呈束状或团状排列；后者菌体细长略弯，可见分枝状生长，多散在，偶有聚集。

（2）活组织切片：经酸染色可检查到麻风分枝杆菌，病理学检查可发现特征性上皮细胞、朗格汉斯细胞、麻风细胞等。

（3）麻风菌素试验：原理与结核菌素试验相同，以麻风结节组织制备麻风菌素，测定机体对麻风分枝杆菌是否存在迟发型超敏反应的皮肤试验。因大多数正常人和结核样型麻风患者呈阳性反应，而瘤型麻风患者呈阴性反应，故对诊断意义不大，可用于麻风患者细胞免疫状态的评价、分型等。

（4）其他方法：PCR 技术、免疫学检测有利于麻风病的早期诊断。

第 4 节　放线菌属与诺卡菌属

放线菌（Actinomycetes）是一类丝状或链状的原核细胞型微生物，主要呈分枝状生长，以分裂方式繁殖，因菌丝呈放射状排列而得名。1877 年 Harz 首先分离发现。放线菌具有菌丝和孢子，且在固体培养基上生长现象与真菌相似，曾被归为真菌。随着新技术的应用，研究发现放线菌在其结构和化学组成上与细菌相似，故归属于一类具有分枝状菌丝体的细菌，与分枝杆菌同属放线菌目。

在自然界中分布广泛，尤其土壤中分布较多，主要致病性放线菌是放线菌属和诺卡菌属。放线菌属细胞壁不含分枝菌酸，常引起内源性感染，致病性较弱，是抗生素的主要产生菌，目前使用的抗生素中约 80% 由放线菌产生，如红霉素、链霉素、卡那霉素等。诺卡菌属细胞壁含分枝菌酸，常引起外源性感染。

一、放线菌属

放线菌属共 35 个种，是人体的正常菌群，可引起人和牛的放线菌病。对人致病的主要有 5 种：衣氏放线菌（*A.israelii*）、内氏放线菌（*A.naeslundii*）、黏液放线菌（*A.viscous*）、龋齿放线菌（*A.odontolyticus*）和丙酸蛛网菌（*Arachnia propionica*），其中衣氏放线菌最常见且致病性较强。牛型放线菌（*A.bovis*）主要引起牛的放线菌病。

（一）生物学特性

1. 形态染色　革兰染色阳性，非抗酸性丝状菌，无荚膜、无鞭毛、无芽胞。菌丝纤细，直径为 0.5～0.8μm，末端膨大，常形成分枝状无隔营养菌丝，有时可断裂成链杆状或球状，可单个、成对、短链状排列，一般无气生菌丝形成。以裂殖方式繁殖，无典型细胞核，也无核膜、核仁、线粒体等。

2. 培养特征　本属细菌培养较困难，厌氧或微需氧，初次分离供给 5%CO_2 可促进生长。生长缓慢，在血平板上培养 4～6d 可见粗糙、圆形微小、淡黄色或灰白色菌落，无溶血现象，多次人工培养后，可形成白色、光滑、不透明、有光泽的菌落。衣氏放线菌在牛心脑浸液琼脂培养基上，37℃厌氧培养 18～24h 后形成直径为 0.03～0.06mm 的微菌落，镜下观察可见菌落由蛛网状菌丝构成，称为蛛网状菌落。继续培养 7～14d 后，可形成直径为 0.5～3mm，白色或灰白色、不溶血的菌落，无气中菌丝，呈臼齿形或面包屑样，黏于琼脂上，不易挑起和乳化。在患者的脓汁标本中，可发现肉眼可见、呈分枝缠绕的黄色小颗粒，直径不超过 1mm，称为硫磺样颗粒（sulfur granule）。将硫磺样颗粒制成压片或组织切片，置于镜下观察，可见颗粒呈放射状排列，中央是革兰阳性菌丝交织组成的丝状体，周围是革兰阴性放射状排列的长菌丝，末端呈粗大棒状体，形似菊花状（图 14-5）。

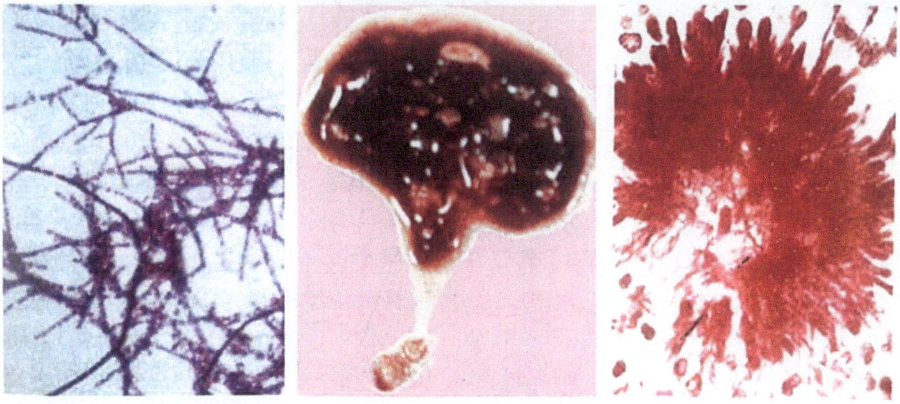

图 14-5　放线菌形态

左：放线菌形态；中：硫磺样颗粒；右："菊花状"放线菌菌丝

3. 生化反应　本属细菌能发酵葡萄糖、蔗糖、乳糖，产酸不产气，触酶试验多数阴性。两种常见放线菌的主要生化反应见表 14-4。

表 14-4　衣氏放线菌和牛型放线菌的主要生化反应

生化反应	衣氏放线菌	牛型放线菌
触酶试验	−	−
硝酸盐还原试验	+	−
葡萄糖分解	+	+
木糖分解	+	−
淀粉水解	−	+

（二）临床意义

放线菌大多存在于人口腔、上呼吸道、胃肠道、泌尿生殖道等与外界相通的腔道中，多数引起内源性感染。在机体抵抗力降低，拔牙、口腔卫生不良或外伤致口腔黏膜受损时，可引起放线菌病，免疫抑制剂的大量应用是重要的诱发因素，表现为软组织的化脓性炎症。若无继发感染，本病大多呈慢性无痛性，可形成慢性肉芽肿，常伴有多发性瘘管形成，排出的脓汁中可发现黄色硫磺样颗粒，称为放线菌病。放线菌感染可涉及多种组织器官，以面颈部感染较为常见，约占 60%，患者近期往往有拔牙史、口腔炎。内氏放线菌和黏液放线菌往往与龋齿、牙周炎有关。

机体对放线菌的免疫主要依靠细胞免疫，患者血清中的抗体无免疫保护作用。预防放线菌病的关键是注意口腔卫生，及时治疗口腔疾病。首选青霉素，也可用红霉素、林可霉素等。

（三）微生物学检验

1. 标本采集　采集患者瘘管的脓汁、病灶组织、痰液等，寻找有无硫磺样颗粒。若脓肿破裂，则硫磺样颗粒不易发现。

2. 检验方法

（1）直接镜检：将可疑硫磺样颗粒制成压片，革兰染色后显微镜检查，若观察颗粒为呈放射状排列的菊花状菌丝，核心是革兰染色阳性的分枝菌丝交织而成，菌丝末端为呈革兰染色阴性的粗大棒状体，据此特征可初步诊断。病理组织切片用苏木精伊红染色后，中央部分为紫色，末端棒状体为红色。

（2）分离培养：本菌厌氧或微需氧，有氧条件一般不生长，故培养较困难。经 37℃、

5%CO_2 温箱环境中培养 3～6d，在葡萄糖肉汤中可见试管底部呈灰白色、球形、小颗粒沉淀物。在血平板上培养 4～6d 可见粗糙、淡黄色或灰白色、不规则的菌落，无溶血现象。在牛心脑浸液琼脂培养基中，37℃厌氧培养 18～24h 后可见衣氏放线菌形成直径为 0.03～0.06mm 的微小菌落，继续培养 7～14d 后可形成圆形、白色或灰白色、表面粗糙呈颗粒状的大菌落，称为“臼齿状”菌落，粘连不易挑起和乳化。

（3）鉴定试验：衣氏放线菌能分解葡萄糖、甘露糖、木糖、甘露醇等，产酸不产气，能还原硝酸盐，不水解淀粉。牛放线菌分解葡萄糖产酸不产气，水解淀粉不分解甘露糖、木糖、甘露醇等，不能还原硝酸盐。除黏液放线菌外，其余放线菌触酶试验均阴性。

二、诺卡菌属

诺卡菌属（*Nocardia*）是一类广泛分布于土壤、形态与放线菌相似的革兰阳性杆菌。本属至少有 22 个菌种，与医学有关的有星形诺卡菌（*N. asteroides*）、巴西诺卡菌（*N. brasiliensis*）、鼻疽诺卡菌（*N. farcinica*）等 13 个菌种。我国最常见的是星形诺卡菌，致病力最强。

（一）生物学特性

1. 形态染色 革兰染色阳性杆菌，形态与放线菌相似，着色不均，有细长的分枝菌丝，菌丝末端不膨大，有时可见杆状与球状同时存在，丝状体呈粗细不等的串珠状。在脑脊液、痰液及脓液标本中多见纤细的分枝状菌丝。抗酸染色弱阳性，用 1% 盐酸乙醇延长脱色时间后可变为抗酸阴性，借此与结核分枝杆菌区别，无芽胞形成。

2. 培养特征 营养要求不高，专性需氧菌，室温或 37℃条件下生长良好。在普通培养基或沙保培养基上可生长。本属细菌生长缓慢，一般培养 1 周后可见有皱褶、干燥、颗粒状、产不同色素的菌落。液体培养基中形成菌膜生长，培养液澄清。

3. 生化反应 能分解葡萄糖，触酶阳性，多数菌种脲酶及硝酸盐还原试验阳性。

（二）临床意义

诺卡菌非人体的正常菌群，多为外源性感染，可引起人或动物的诺卡菌病。人类感染较罕见，往往发生于免疫缺陷疾病或慢性进行性疾病的患者（如艾滋病、肿瘤、糖尿病患者），也可见于长期应用免疫抑制剂、广谱抗生素的患者。

星形诺卡菌主要通过呼吸道入侵人体，引起肺部化脓性感染，导致肺炎、肺脓肿，可出现类似肺结核症状。本菌可通过血行播散，扩散至其他器官，引起脑膜炎、脑脓肿。此外，该菌也可通过皮肤创伤感染人体，侵入皮下组织，引起瘘管、溃疡、慢性肉芽肿等。脓汁及病变组织中可见红色、黄色、黑色颗粒，称为色素颗粒。巴西诺卡菌侵入皮下组织，引起慢性化脓性肉芽肿，临床表现为肿胀、脓肿及多发性瘘管，好发于足和腿部，称为足菌肿。

目前无特异性预防，及时清创脓肿和瘘管是有效的预防措施，可用磺胺类药物治疗。

（三）微生物学检验

1. 标本采集 采集病灶的脓汁、痰、脑脊液等作为标本，查找黄色或黑色颗粒，为诺卡菌菌落，直径往往小于 1mm。

2. 检验方法

（1）直接染色镜检：将渗出液或病灶组织置于平皿内，仔细观察有无带色素小颗粒，并制成压片，染色镜检，颗粒呈菊花状，镜下可见革兰染色阳性分枝菌丝，菌丝末端不膨大，中央为革兰阳性，周围流苏样棒状体为革兰阴性。抗酸染色弱阳性。

（2）分离培养：标本接种于无抗菌药物的沙保弱培养基斜面 2～3 支，分别置于 30℃、37℃、45℃下需氧培养，因星形诺卡菌在 45℃时可生长，故可初步鉴别。血液或其他无菌体液标本可接种于肉汤或心脑浸液增菌培养，若发现有菌生长再转种平板分离鉴定。培养 24～48h 后可见有缓慢出现的小菌落，淡黄色粗颗粒样，表面干燥，边缘陷入培养基中。随着培养时间延长，菌落变得皱褶、堆叠如皮革样，有泥土气味，触之坚硬不易乳化。不同菌种产生色素不同。星形诺卡菌菌落黄色或深橙色，表面无白色菌丝形成。巴西诺卡菌表面有白色菌丝生长。

（3）鉴定：根据形态、菌落特征，结合生化反应进行鉴定。巴西诺卡菌的明胶液化、酪氨酸分解试验为阳性，而星形诺卡菌为阴性。诺卡菌属若入侵肺组织，可出现 L 型变异，应注意区别。

放线菌属与诺卡菌属的主要区别见表 14-5。

表 14-5　放线菌属与诺卡菌属的主要区别

区别要点	放线菌属	诺卡菌属
分布	人和动物口腔、上呼吸道、胃肠道及泌尿生殖道	土壤等自然环境中
代表菌种	衣氏放线菌、牛型放线菌	星形诺卡菌、巴西诺卡菌
形态染色	革兰阳性丝状菌，非抗酸性，菌丝末端呈粗大棒状体	革兰阳性杆菌，弱抗酸性，菌丝末端不膨大
培养特点	厌氧或微需氧，20～25℃不生长	专性需氧，20～25℃生长
生化反应	触酶阴性	触酶阳性
感染性	内源性感染	外源性感染

目标检测

一、名词解释

1. 结核菌素试验
2. 卡介苗
3. 抗酸染色
4. 硫磺样颗粒

二、单项选择题

1. 疑为肺结核患者，痰标本涂片后选用哪种染色方法（　　）
   A. 革兰染色法　B. 墨汁染色法
   C. 特殊染色法　D. 抗酸染色法
   E. 荧光染色法
2. 接种卡介苗可预防何种疾病（　　）
   A. 流感　B. 流脑
   C. 麻疹　D. 结核病
   E. 肺炎
3. 结核分枝杆菌所致疾病中最常见的是（　　）
   A. 淋巴结核　B. 肺结核
   C. 肠结核　D. 结核性胸膜炎
   E. 结核性脑膜炎
4. 结核菌素试验的应用价值不包括（　　）
   A. 用于选择卡介苗接种对象
   B. 用于接种卡介苗免疫效果的测定
   C. 作为结核病诊断的依据
   D. 测定肿瘤患者的细胞免疫功能
   E. 在未接种 BCG 的人群中进行结核分枝杆菌感染的流行病学调查
5. 卡介苗是（　　）
   A. 经甲醛处理后的人结核分枝杆菌

B. 发生了抗原性变异的牛结核分枝杆菌
C. 保持免疫原性的减毒人结核分枝杆菌
D. 保持免疫原性的减毒牛结核分枝杆菌
E. 保持免疫原性的非结核分枝杆菌

6. 抗酸染色阳性的细菌是（　　）
A. 紫色　B. 红色
C. 蓝色　D. 黄色
E. 黑色

7. 结核分枝杆菌致病作用与下列哪种成分有关（　　）
A. 内毒素　B. 外毒素
C. 抗酸特性　D. 菌体成分
E. 以上均可

8. 常规 PPD 试验后，48～72h 后观察结果，阳性结果判断标准是（　　）
A. 红肿硬节≥5mm　B. 红肿硬节≥10mm
C. 红肿硬节≥15mm　D. 红肿硬节＜5mm
E. 红肿硬节≥20mm

9. 结核分枝杆菌化学组成最显著的特点是含有大量的（　　）
A. 蛋白质　B. 脂类
C. 多糖　D. RNA
E. DNA

10. 不产生内、外毒素和侵袭性酶，其菌体成分与致病性有关的细菌是（　　）
A. 肠侵袭性大肠埃希菌
B. 淋球菌
C. 霍乱弧菌
D. 结核分枝杆菌
E. 金黄色葡萄球菌

11. 感染后获得传染性免疫的细菌是（　　）
A. 脑膜炎奈瑟菌　B. 结核分枝杆菌
C. 霍乱弧菌　D. 伤寒沙门菌
E. 大肠埃希菌

12. 结核分枝杆菌胞壁中脂质含量高与下列哪种特性无关（　　）
A. 染色性　B. 抵抗力
C. 生长速度　D. 免疫性
E. 致病性

13. BCG 属于（　　）
A. 死疫苗　B. 减毒活疫苗
C. 类毒素　D. 抗毒素
E. 外毒素

14. 在痰中检出下列哪种微生物具有重要临床意义（　　）
A. 白假丝酵母菌　B. 甲型溶血性链球菌
C. 肺炎链球菌　D. 结核分枝杆菌
E. 葡萄球菌

15. 关于结核分枝杆菌形态染色特点，下列哪项是错误的（　　）
A. 细长略弯的杆菌
B. 菌体有分枝并常聚集成团
C. 不容易着色
D. 壁中脂质多，故易被脱色，呈革兰染色阴性
E. 抗酸染色阳性

16. 关于结核分枝杆菌的培养特性，下列哪项是正确的（　　）
A. 专性需氧
B. 0～42℃时均可生长
C. 营养要求不高
D. 菌落表面光滑，边缘整齐
E. 生长较快

17. 结核分枝杆菌的特征，哪一项是错误的（　　）
A. 专性需氧　B. 生长缓慢
C. 营养要求特殊　D. 有毒株菌落为光滑型
E. 有毒株菌落为粗糙型

18. 结核分枝杆菌常用何种培养基培养（　　）
A. 普通培养基　B. 血平板
C. 罗氏培养基　D. 沙保弱培养基
E. 巧克力平板

19. 关于结核快速诊断方法的叙述，下列哪项是错误的（　　）
A. PCR 技术鉴定 DNA
B. 标本直接涂片抗酸染色
C. 动物试验
D. 标本涂片荧光染料金胺染色
E. ELISA 方法检测特异性抗原

20. 非结核分枝杆菌根据生长速度与产色素等不同分为几组（　　）
A. 2　B. 3
C. 4　D. 5
E. 6

21. 区别结核杆菌与非结核分枝杆菌有重要意义的试验是（　　）
A. 发酵葡萄糖　B. 合成烟酸
C. 热触酶试验　D. 还原硝酸盐

E. 中性红试验

22. 引起儿童淋巴结炎的常见细菌是（　　）
A. 堪萨斯分枝杆菌
B. 瘰疬分枝杆菌
C. 鸟－胞内分枝杆菌
D. 蟾分枝杆菌
E. 海分枝杆菌

23. 鉴别非结核分枝杆菌有无致病性的试验是(　　)
A. 抗酸试验　B. 抗碱试验
C. 抗煮沸试验　D. 热触酶试验
E. 触酶试验

24. 麻风病微生物学诊断的主要依据是（　　）
A. 病理标本涂片或切片，抗酸染色发现抗酸杆菌
B. 病理标本涂片或切片见到麻风细胞
C. 人工培养出麻风杆菌
D. 接种敏感动物犰狳，并从中分离出麻风杆菌
E. 测定患者血清中特异性抗体

25. 放线菌与真菌生物学性状相同的是（　　）
A. 原核细胞　B. 单细胞
C. 厌氧或微需氧　D. 分枝生长成菌丝
E. 培养较困难

26. 在病灶组织或脓汁标本中见到硫磺样颗粒由何菌形成（　　）
A. 衣氏放线菌　B. 白假丝酵母菌
C. 新生隐球菌　D. 葡萄球菌
E. 诺卡菌

27. 诺卡菌属与放线菌属相同点是（　　）
A. 严格需氧菌　B. 胞壁中含分枝菌酸
C. 为丝状菌　D. 营养要求不高
E. 为正常菌群成员

28. 关于放线菌的叙述，下列哪项是错误的（　　）
A. 厌氧或微需氧生长
B. 主要分布于地表面
C. 为条件致病菌
D. 主要引起内源性感染
E. 能引起动物疾病

三、问答题

1. 简述结核菌素试验的意义。
2. 结核分枝杆菌有哪些主要生物学特性？
3. 简述抗酸染色的操作步骤和结果判断。
4. 试述非结核分枝杆菌区别于结核分枝杆菌的特性。

（楼　研）

第15章 厌氧菌

学习目标

1. 掌握：厌氧菌检验标本的采集与送检方法、检验程序及微生物学检验方法。
2. 熟悉：梭状芽胞杆菌属生物学特性、临床意义及微生物学检验方法。
3. 了解：无芽胞厌氧菌在正常人体的分布及临床意义。

第1节 概述

厌氧菌（anaerobic bacteria）是一类只能在低氧分压或无氧条件下生长的细菌。

一、厌氧菌的种类、分布及临床意义

（一）种类

目前根据厌氧菌能否形成芽胞，分为有芽胞厌氧菌和无芽胞厌氧菌两大类。其中有芽胞厌氧菌只有1个菌属，即梭菌属，有130个菌种。无芽胞厌氧菌共有40多个菌属，300多个菌种和亚种，根据革兰染色性分为革兰阳性及革兰阴性，根据形态分为杆菌与球菌。

（二）分布

厌氧菌广泛分布于自然界及正常人体内。其中梭状芽胞杆菌能以芽胞形式存在于自然界，其他绝大多数无芽胞厌氧菌主要存在于人体皮肤、口腔、上呼吸道、肠道和泌尿生殖道等部位，与这些部位的需氧菌和兼性厌氧菌共同构成机体的正常菌群并保持其微生态平衡。

（三）临床意义

厌氧菌在某些特定条件下，可引起人体的内源性感染。据临床资料统计，约60%的临床感染与厌氧菌有关，有些部位的感染（如脑脓肿、牙周脓肿及盆腔脓肿等）80%以上是由厌氧菌感染所致。厌氧菌的感染可遍及临床各科室，人体的各个部位及组织和器官均可感染厌氧菌。例如，败血症、中枢神经系统感染（最常见的为脑脓肿）、口腔与牙周感染（可达80%以上）、呼吸道感染、腹腔内感染（可达90%以上）及女性生殖系统及盆腔感染等。因此，对厌氧菌感染的实验室诊断日益受到重视。近十几年来，由于厌氧培养技术的不断发展与改进，使厌氧菌的检出率逐渐提高。

二、厌氧菌感染的微生物学检验

（一）标本采集与送检

采集标本时必须避免正常菌群的污染和接触氧气。标本采集后要立即送检，送检过程中也必须避免接触氧气。标本送到实验室后，应在20～30min内处理完毕，最迟不超过2h，以免其中的兼性厌氧菌过度生长而抑制厌氧菌的生长。若不能及时接种，可将标本置室温下保存，切不可冷藏，因在低温时氧气的溶解度较高，不利于厌氧菌的生长。

（二）厌氧菌检验程序

临床标本厌氧菌检验程序见图15-1。

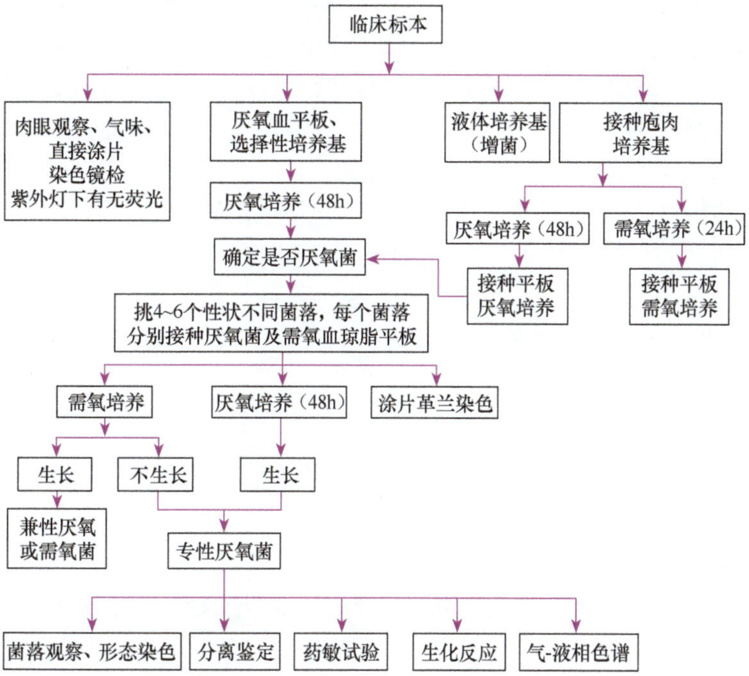

图15-1 临床标本厌氧菌的检验程序

（三）厌氧菌的检验方法

1. 标本直接镜检 接收标本后应观察标本的性状，如是否为脓性、血性，有无黑色坏死组织或黑色分泌物，有无硫磺样颗粒，是否有恶臭等。除血液标本外，各种临床标本在接种前均须直接涂片，做革兰染色后镜检。观察细菌的染色性、形态特征及标本中的菌量，以供分离培养、判断结果时参考。

2. 分离培养

（1）初代培养：临床标本中厌氧菌的初代培养较困难，需选择适宜的培养基，并提供无氧环境，才利于厌氧菌的生长。厌氧菌分离培养常用非选择性培养基，有强化血琼脂平板（几乎能培养出所有的厌氧菌），选择性培养基有卡那万古冻溶血琼脂平板（适于分离类杆菌属、普雷沃菌属和卟啉单胞菌属）、七叶苷胆汁平板（适于分离脆弱类杆菌）、卵黄平板和兔血平板（适于分离产气荚膜梭菌），以及CCFA培养基（适于分离艰难梭菌）等。

上述培养基在接种标本前应注意：①应新鲜配制并放置充以CO_2的容器内，于4℃冰箱中保存，并在1～2d内用完；②使用前24h必须置于无氧环境，使用预还原或使用预还原灭菌法制作的培养基；③若为液体培养基，在使用前必须煮沸 10min 以驱除溶解氧，并迅速冷却后立即接种。

接种好的培养基应立即放入无氧环境进行培养。常用的培养方法有厌氧气袋法、厌氧罐法及厌氧手套箱法等。由于大多数厌氧菌的初代培养生长较慢，故 37℃培养至少需 48h。若仍无菌生长，但直接镜检阳性，应继续培养 5～7d。

（2）次代培养及厌氧菌的确定：标本经 48h 培养后，用放大镜观察并记录平板上各种菌落的性状，每个平板挑选 4～6 个不同性状的菌落，每个菌落接种 1～2 个平板。分别放入有氧和无氧环境培养 48h 进行耐氧试验。只能在无氧环境中生长的为专性厌氧菌。

3. 鉴定试验

（1）形态与染色：可通过革兰染色观察厌氧菌的染色性、形态及某些特殊结构，但由于培养基种类及培养时间不同，某些菌种的染色结果易由革兰阳性变为阴性，此时可用拉丝试验（用于判断厌氧性革兰阳性菌和革兰阴性菌，方法是加 30g/L 氢氧化钾 1 滴于载玻片上，取一接种环的细菌与之混合，经 1min 后用接种环轻轻挑起，能拉起丝状者为革兰阴性菌，不能拉起丝状者为革兰阳性菌），协助判断。

（2）菌落性状：根据菌落的基本性状及是否产生色素或荧光、是否溶血等特点可帮助细菌的鉴定。

（3）快速鉴定：细菌在代谢过程中所产生的酶可催化少量的基质迅速反应，在短时间内可判断结果，据此可快速鉴定厌氧菌，不需要在厌氧环境下培养，只需浓菌液即可。目前国外有专供厌氧菌鉴定的快速鉴定系统，如自动微生物鉴定系统 VITEK-ANI、MicroScan- ANI 等。

另外厌氧菌的鉴定可通过气液相色谱技术、PCR 和基因探针等方法，这些方法具有特异性强、敏感性高及快速简便等优点。

（四）检验结果分析与报告

根据革兰染色镜检、菌落性状、鉴定结果及药敏试验作最终报告。

第 2 节　梭状芽胞杆菌属

梭状芽胞杆菌属（*Clostridium*）为厌氧芽胞杆菌的唯一菌属，因其为革兰阳性大杆菌，有芽胞，且芽胞直径比菌体粗，使菌体膨大呈梭状，故得名。除产气荚膜梭菌等极少数例外，均有周鞭毛，无荚膜。对热、干燥和消毒剂均有强大的抵抗力。本菌属细菌在自然界中广泛分布，多数为腐物寄生菌，少数为致病菌，临床上有致病性的主要有破伤风梭菌、产气荚膜梭菌、肉毒梭菌与艰难梭菌等。在适宜条件下，芽胞进入机体后发芽形成繁殖体，能分泌外毒素和侵袭性酶类，分别引起人类破伤风、气性坏疽、食物中毒及假膜性结肠炎等疾病。

一、破伤风梭菌

破伤风梭菌（*C.tetani*）是梭状芽胞杆菌属中常见的一种芽胞杆菌，因能引起破伤风而得名。

案例 15-1

患者，男，50岁，工人，7d前在工地上干活，右脚背部刺入一长约2cm的铁钉，自行拔除，未做任何医疗处理。5d后患者感觉颈部不适，活动受限，患者现出现吞咽困难，并出现全身抽搐2次，意识清楚，表情痛苦，立即入院治疗。

问题：

1. 该患者最可能患什么病？
2. 该疾病的病原体是什么，该病原体感染应具备哪些条件？
3. 刚开始被铁钉扎伤时，应如何进行处理？

（一）生物学性状

1. 形态与染色 该菌呈细长杆状，初期培养为革兰染色阳性，但培养48h后，尤其当形成芽胞时易转变为阴性。本菌有周鞭毛、无荚膜，芽胞呈圆形且直径大于菌体，位于菌体顶端，使细菌呈“鼓槌状”（图15-2），为本菌的典型特征。

2. 培养特性 专性厌氧菌。在厌氧血琼脂平板上，37℃培养48h后，菌落呈扁平、半透明、灰白色，边缘疏松呈羽毛状并伴有β溶血。在疱肉培养基中，肉汤轻度浑浊，肉渣部分消化呈微黑色，并产生少量气体，生成甲基硫醇及H_2S使培养物有腐败恶臭味。

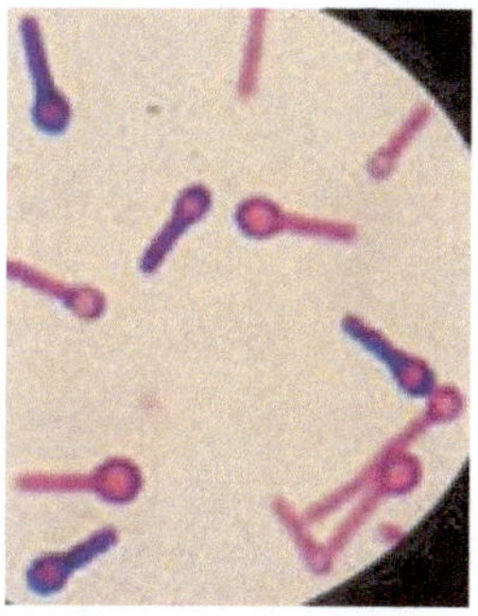

图15-2 破伤风梭菌

3. 生化反应 本菌大多生化反应阴性。一般不发酵糖类，能液化明胶，产生H_2S，多数菌株吲哚试验阳性，不还原硝酸盐，对蛋白质有微弱的消化作用。

4. 抵抗力 本菌芽胞的抵抗力非常强，能耐高温100℃ 1h，在干燥的土壤和尘埃中可存活数年。用高压蒸汽121℃灭菌15～30min或干热160～170℃灭菌1～2h可将其杀灭。其繁殖体对青霉素敏感。

（二）临床意义

破伤风梭菌由伤口侵入人体引起破伤风，但在一般浅表伤口该菌不能生长繁殖，其感染的重要条件是伤口需形成厌氧微环境，如窄而深的伤口（如刺伤），伴有泥土或异物污染。大面积创伤、烧伤，坏死组织多，局部组织缺血。同时有需氧菌或兼性厌氧菌混合感染的伤口，均易造成厌氧微环境，有利于破伤风梭菌繁殖。此外，新生儿接生时使用不洁用具、手术器械灭菌不严等可引起新生儿破伤风（俗称脐带风），在发展中国家，新生儿破伤风病死率可高达90%。

破伤风梭菌的致病物质主要是外毒素，又称破伤风痉挛毒素。此毒素进入血液引起严重的毒血症，该毒素能与脑干神经和脊髓前角运动神经细胞表面的神经节苷脂结合，封闭了脊髓抑制性突触，阻止抑制性突触末端释放抑制性冲动的传递介质，破坏了正常的抑制性调节功能，导致肌肉痉挛性收缩。患者最后可因窒息而死亡。

机体对破伤风的免疫主要是抗毒素免疫，注射破伤风类毒素可有效预防。紧急预防或感染早期治疗可使用破伤风抗毒素。

（三）微生物学检验

根据破伤风患者典型的临床症状和病史即可作出诊断，故一般不进行细菌学检查，只有在特殊情况下才进行检验。初步鉴定根据直接涂片镜检见革兰阳性大杆菌，菌体呈典型鼓槌状。最后鉴定根据本菌在庖肉培养基中，肉渣部分消化呈微黑色。厌氧血琼脂平板上呈扩散生长，扩散生长可被特异性抗毒素抑制。生化反应特征为不发酵糖类，不分解蛋白质。必要时做动物保护性试验以作出最后鉴定。

二、产气荚膜梭菌

产气荚膜梭菌（*C. perfringens*）是临床上引起气性坏疽的病原菌中最多见的一种梭状芽胞杆菌，因能在体内形成荚膜而得名。

（一）生物学性状

1. 形态与染色 产气荚膜梭菌为革兰阳性粗大杆菌，两端钝圆。芽胞位于菌体中央或次极端，呈椭圆形，直径小于菌体的宽度，无鞭毛，在人体内可形成明显的荚膜（图 15-3）。

2. 培养特性 为非严格厌氧菌，在少量氧的环境生长迅速。其对营养要求不高，在厌氧血琼脂平板上培养 24h 后，形成直径 2～4mm 的表面光滑、圆形、半透明、边缘整齐的菌落。多数菌株有双层溶血环：内环是由 θ 毒素引起的狭窄完全溶血环，外环是由 α 毒素引起的较宽的不完全溶血环（图 15-4）。在庖肉培养基中产生大量气体，肉渣呈粉红色不被消化。在牛乳培养基中能分解乳糖产酸，使其中的酪蛋白凝固，同时产生大量气体，将凝固的酪蛋白冲成蜂窝状，使液面封固的凡士林层上推，甚至冲开试管的管塞，气势凶猛，称“汹涌发酵”现象，为本菌特征之一。在卵黄琼脂平板上，菌落周围出现乳白色浑浊圈，是由于细菌产生的卵磷脂酶（α 毒素）分解卵黄中的卵磷脂所致，若在培养基中加入 α 毒素的抗血清，则不出现浑浊。此现象称 Nagler 反应。

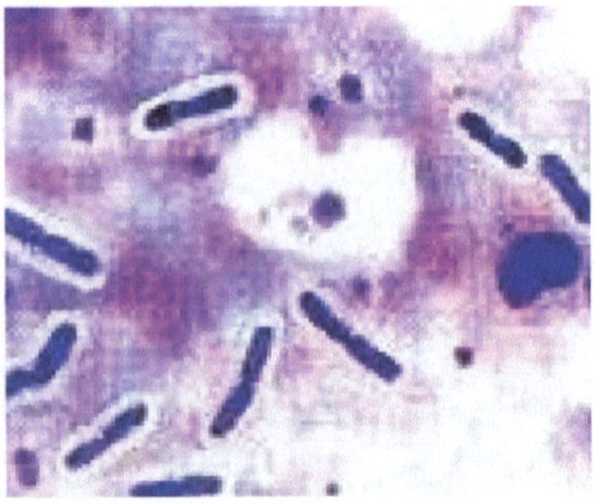

图 15-3 产气荚膜梭菌

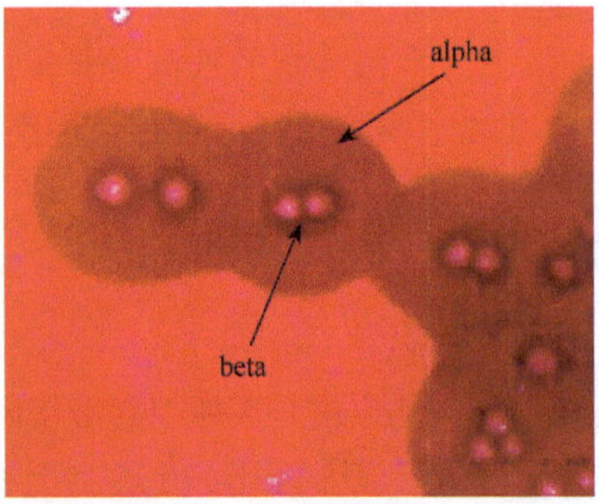

图 15-4 产气荚膜梭菌在厌氧血琼脂平板上的菌落形态

3. 生化反应 所有型菌株均能发酵葡萄糖、麦芽糖、乳糖和蔗糖，不发酵甘露醇或水杨苷，液化明胶，产生 H_2S，吲哚阴性。

4. 分型 根据产气荚膜梭菌产生外毒素种类的不同，可将其分为 A、B、C、D、E 等 5 个毒素型，对人致病的主要为 A 型和 C 型，以 A 型最常见。

（二）临床意义

产气荚膜梭菌是气性坏疽的主要病原体，该菌主要致病物质是外毒素及侵袭性酶。外毒素有 α、β、γ 等 12 种，其中以 α 毒素（卵磷脂酶）最为重要，以 A 型产生量最大。该毒素能分解人和动物细胞膜上的磷脂和蛋白质的复合物，破坏细胞膜，引起溶血、组织坏死和血管内皮损伤，使血管通透性增加。还能促使血小板发生凝集，血栓形成，局部组织缺氧，在气性坏疽的形成中起主要作用。

气性坏疽是一种严重的创伤感染性疾病，多由 A 型菌引起。常继发于骨折、肌肉撕裂伤或组织严重坏死。其致病条件与破伤风梭菌相同。此外，多数 A 型菌株和少数 C、D 型菌株还能产生不耐热肠毒素，引起食物中毒。C 型菌株可经被污染的食品导致坏死性肠炎。

（三）微生物学检验

一般采集气性坏疽患者创伤深部分泌物、穿刺物、坏死组织块（研磨制成悬液）等标本。菌血症患者取血液标本，食物中毒可取可疑食物进行微生物学检验。鉴定依据有：革兰阳性大杆菌，有荚膜（不常见，在流产后感染的宫颈涂片上易见），厌氧血琼脂平板上出现双层溶血环，牛乳培养基中出现“汹涌发酵”现象，Nagler 试验阳性，动物毒力试验和保护性试验阳性。

三、肉毒梭菌

肉毒梭菌（*C.botulinum*）能产生毒性极强的外毒素，又称肉毒毒素，该毒素经污染的食品引起人和动物严重的神经中毒症状，病死率极高，故名为肉毒梭菌。

（一）生物学性状

1. 形态与染色 肉毒梭菌为革兰阳性较粗大杆菌，两端钝圆，单独或成双排列，有时可呈链状。本菌有周鞭毛，无荚膜。芽胞呈椭圆形，直径大于菌体，位于菌体次极端，使细菌呈汤匙状或网球拍状（图 15-5）。

2. 培养特性 严格厌氧，可在普通琼脂平板上生长，在厌氧血琼脂平板上培养 24h，形成 2～4mm 白色粗糙如毛玻璃样菌落，有 β 溶血环。在庖肉培养基中生长，可消化肉渣使之变黑，有腐败恶臭味。

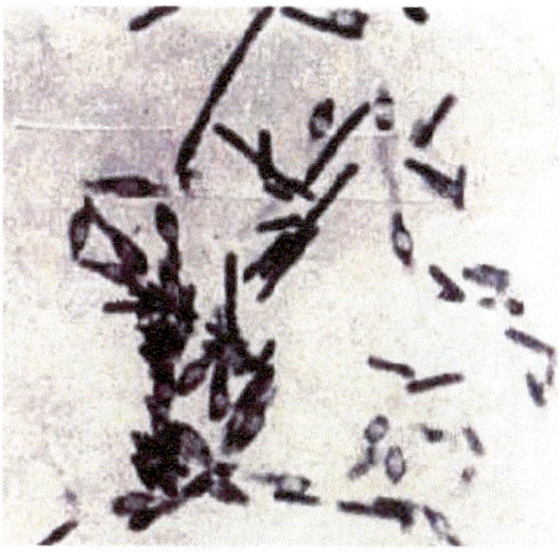

图 15-5 肉毒梭菌

3. 生化反应 本菌的生化反应随毒素型不同而有所差异。除 G 型外，各型均能发酵葡萄糖和麦芽糖，不发酵乳糖。各型别均可液化明胶，产生 H_2S，但不产生吲哚。

4. 分型与毒素 根据肉毒毒素的抗原性分 A、B、C1、C2、D～G 8 个型。大多数菌株只产生一种型别毒素，各型毒素只能被同型抗毒素中和。我国报道大多为 A 型。肉毒毒素不耐热，煮沸 1min 即可被破坏。

（二）临床意义

肉毒梭菌的主要致病物质是其产生的肉毒毒素，该毒素是目前已知毒素中毒性最强者，其毒性比氰化钾强 1 万倍，肉毒毒素对人的致死量为 0.1～1.0μg。肉毒毒素具有嗜神经性，可作用于外周胆碱能神经，抑制神经肌肉接头处神经介质乙酰胆碱的释放，从而导致肌肉弛缓性麻痹。肉毒梭菌多因污染肉类和罐头等食品引起食物中毒，临床表现与其他食物中毒不同，胃肠道症状极少见，主要表现为神经末梢麻痹症状。患者最后可因膈肌麻痹、呼吸困难，导致呼吸停止而死亡。此外，肉毒梭菌还可致婴儿肉毒症，其症状与肉毒毒素食物中毒类似，严重者也可出现呼吸衰弱。

（三）微生物学检验

因肉毒梭菌广泛存在于自然界，故检出本菌并无诊断意义，从患者血清中检出毒素是最直接的有效方法。

食物中毒患者可取剩余食物、早期患者的粪便或呕吐物等标本进行检验。常先增菌培养，以促进肉毒梭菌的生长及毒素的产生，再经动物毒力试验和保护性试验证实毒素的性质。若标本中有毒素存在，可接种血琼脂平板与卵黄琼脂平板进行次代培养，取可疑菌落做生化鉴定及毒素检测。在卵黄琼脂平板上，除G型外，其他型别均产生局限性不透明区和珠光区，这有助于菌落的选择。

本菌的鉴定要点：①涂片镜检为革兰阳性大杆菌，次极端芽胞，菌体呈匙状或网球拍状；②庖肉培养基中消化肉渣使之变黑，有腐败恶臭；③肉毒毒素检测试验阳性。

四、艰难梭菌

艰难梭菌（*C.difficile*）是人和动物肠道中的正常菌群，因本菌对氧气极为敏感，很难分离培养，故得名。近年来发现本菌与临床长期使用某些抗生素有关，可引起假膜性肠炎。本菌目前已成为医院感染的重要病原菌之一，因而日益被重视。

（一）生物学性状

艰难梭菌为革兰阳性粗长杆菌，有周鞭毛，芽胞为卵圆形，位于菌体的次极端。在厌氧血琼脂平板上培养48h后，形成直径3～5mm、白色、粗糙、不溶血的菌落。用其专用培养基CCFA（环丝氨酸、头孢甲氧霉素、果糖和卵黄琼脂）培养48h的菌落，在紫外线的照射下，可见黄绿色的荧光。该菌发酵葡萄糖、果糖和甘露醇产酸，不发酵乳糖、蔗糖和麦芽糖，水解七叶苷，不分解蛋白质，不凝固牛奶，不产生吲哚和H_2S，不产生卵磷脂酶和酯酶。

（二）临床意义

该菌为人类肠道中的正常菌群，肠道中的乳酸杆菌、双歧杆菌、大肠埃希菌等正常菌群对其有拮抗作用。长期或大量使用抗生素后易引起菌群失调，使艰难梭菌被药物选择后大量繁殖而导致抗生素相关性肠炎（假膜性肠炎）。艰难梭菌的主要致病物质是肠毒素和细胞毒素，可导致患者出现腹泻、腹痛，伴有发热、白细胞增多等全身中毒表现，严重者可危及生命。此外，艰难梭菌还可引起气性坏疽、脑膜炎、肾盂肾炎、腹腔感染、阴道感染和菌血症等。

（三）微生物学检验

取患者粪便标本进行微生物学检验，本菌的鉴定要点：①革兰阳性大杆菌，芽胞为卵圆形，位于菌体的次极端；②在CCFA选择培养基上菌落呈黄色、粗糙型；③卵磷脂酶阴性、酯酶阴性，不凝固牛奶、不分解蛋白质，发酵果糖、不发酵乳糖、不产生吲哚；④细胞毒素试验阳性。

细胞毒性检测方法：将粪便标本经3000r/min离心30min后，取上清液过滤除菌或庖肉培养基37℃条件下培养4d的培养液，离心沉淀后取上清液过滤除菌，进行细胞毒性试验、动物试验等。另外还可采用对流免疫电泳、ELISA等免疫技术直接测定毒素。

第 3 节 厌氧球菌

厌氧球菌（anaerobic cocci）是临床上厌氧感染的重要病原菌，约占临床厌氧菌分离菌株的 25%。其主要包括革兰阳性的消化球菌属、消化链球菌属及革兰阴性的韦荣球菌属。

一、消化球菌属

黑色消化球菌是唯一的菌种，为革兰阳性球菌，无芽胞，无荚膜。本菌为专性厌氧菌，生长缓慢，在厌氧血琼脂上需厌氧培养 48h 后才可见细小不溶血菌落。该菌通常寄居在女性阴道处，常与需氧菌混合引起腹腔感染，肝脓肿，外阴、阴道及盆腔感染等。标本呈黑色并有臭味是该细菌感染的重要特点，临床上可根据菌落形态、革兰染色镜检结果、生化反应、气液相色谱分析代谢及药敏试验作出最终报告。

二、消化链球菌属

消化链球菌属是由厌氧消化链球菌、不解糖消化链球菌等 9 个菌种组成，代表菌为厌氧消化链球菌。该菌为革兰阳性球菌，无芽胞，无荚膜，专性厌氧，营养要求较高，需羊血和血清培养基才能生长。在厌氧血琼脂上需厌氧培养 48h 后形成灰白、不透明、边缘整齐的菌落，一般不溶血。该菌是人和动物口腔、上呼吸道、肠道、女性生殖道等部位的正常菌群，可作为条件致病菌引起人体各种组织和器官的感染，在临床厌氧菌分离株中占 20%～30%，居第 2 位，仅次于脆弱类杆菌。

三、韦荣球菌属

韦荣球菌属为革兰阴性厌氧球菌，本属有 9 个种，其中以小韦荣球菌和产碱韦荣球菌最常见。该菌属多排列成对、近似奈瑟菌，无芽胞，无荚膜。专性厌氧，在厌氧血琼脂上可形成圆形、凸起、灰白色或黄色浑浊菌落，不溶血。该菌是口腔、咽部、胃肠道及女性生殖道的正常菌群，为条件致病菌，小韦荣球菌可引起上呼吸道感染，而产碱韦荣球菌多见于肠道感染。

第 4 节 无芽胞厌氧杆菌

一、革兰阴性无芽胞厌氧杆菌

革兰阴性无芽胞厌氧杆菌是临床厌氧菌感染中最常见的病原菌，主要菌属有类杆菌属、梭杆菌属、普雷沃菌属和卟啉单胞菌属。其中脆弱类杆菌最常见，该菌为类杆菌属的代表菌种，菌体着色不均，在陈旧培养物或含糖的液体培养基中呈明显多形性，无鞭毛、无芽胞、多数有荚膜。专性厌养，在厌氧血琼脂上经 24～48h 培养后形成圆形凸起、表面光滑、边缘整齐、半透明、灰白色菌落，在胆汁－七叶苷培养基中能分解胆汁－七叶苷使培养基呈黑色。该菌是人体口腔、肠道及女性生殖道中的正常菌群，常引起内源性感染，如腹膜炎、败血症、女性生殖系统及盆腔感染等。

二、革兰阳性无芽胞厌氧杆菌

革兰阳性无芽胞厌氧杆菌有6个菌属，几十个菌种，在临床厌氧菌分离中约占15%。常见的是丙酸杆菌属、优杆菌属及双歧杆菌。丙酸杆菌属因发酵葡萄糖产生丙酸而得名。其主要寄居于人和动物的皮肤、皮脂腺及乳制品中，可致皮肤痤疮、酒渣鼻等。在进行血液、脑脊液穿刺液及骨髓穿刺液培养时，是常见的污染菌。优杆菌属细菌常与人体口腔和肠道的其他厌氧菌或兼性厌氧菌混合感染，可引起心内膜炎、各种脓肿（如脑脓肿、直肠脓肿和盆腔脓肿等）、伤口感染及败血症等。双歧杆菌属是人和动物肠道内的重要生理菌群，在体内能起到调节和维持人体微生态平衡的重要作用，能合成人体所必需的多种维生素等营养物质，拮抗多种肠道病原微生物，有抗感染、增强机体免疫力、抗肿瘤、调节肠道菌群关系等作用。

目标检测

一、名词解释

1. 厌氧菌
2. “汹涌发酵”现象
3. Nagler 反应

二、单项选择题（选择一个最佳答案）

1. 在有氧条件下，不能生长的细菌是（　　）
   A. 葡萄球菌　B. 分枝杆菌
   C. 类杆菌属　D. 假单胞菌
   E. 嗜血杆菌
2. 下列不是厌氧培养法的是（　　）
   A. 庖肉培养法　B. 烛缸培养法
   C. 硫乙醇酸盐培养法　D. 气体置换法
   E. 焦性没食子酸法
3. 正常人体皮肤分布最多的厌氧菌是（　　）
   A. 类杆菌属　B. 梭杆菌属
   C. 乳杆菌属　D. 放线菌属
   E. 丙酸杆菌属
4. 引起假膜性肠炎的病原体是（　　）
   A. 双歧杆菌　B. 消化链球菌
   C. 艰难梭菌　D. 大肠埃希菌
   E. 白色念珠菌
5. 厌氧菌感染的危险因素不包括（　　）
   A. 组织缺氧或氧化还原电势降低
   B. 机体免疫功能下降
   C. 长期应用抗菌药物
   D. 紫外线下照射
   E. 深部需氧菌感染
6. 引起气性坏疽的微生物是（　　）
   A. 产气荚膜梭菌　B. 梅毒螺旋体
   C. 衣原体　D. 立克次体
   E. 白色念珠菌
7. 患者，男，60岁，主诉：食入肉类制品后，腹痛、腹胀、水样腹泻，无恶心呕吐。粪便标本厌氧培养，见血琼脂平板上出现双层溶血环，卵磷脂酶和 Nagler 试验阳性，该患者感染的病原体首先考虑的是（　　）
   A. 痢疾杆菌　B. 伤寒杆菌
   C. 产气荚膜梭菌　D. 霍乱弧菌
   E. 病毒
8. 引起肉毒中毒的细菌是（　　）
   A. 产气荚膜梭菌　B. 大肠埃希菌
   C. 艰难梭菌　D. 肉毒梭菌
   E. 病毒
9. 处置肉毒中毒的关键环节是（　　）
   A. 迅速隔离患者　B. 迅速给患者补液
   C. 迅速给予镇定药物　D. 迅速给予抗菌药物
   E. 迅速注射 A、B、E 三型多价抗毒素
10. 下列细菌不能产生肠毒素的是（　　）
    A. 白喉棒状杆菌　B. 霍乱弧菌
    C. 大肠埃希菌　D. 产气荚膜梭菌
    E. 金黄色葡萄球菌
11. “汹涌发酵”现象可鉴定（　　）
    A. 炭疽芽胞杆菌　B. 产气荚膜梭菌
    C. 肉毒梭菌　D. 艰难梭菌

E. 破伤风梭菌

12. 破伤风的紧急预防应注射（　　）
A. 破伤风减毒活疫苗
B. 破伤风类毒素
C. 百白破三联疫苗
D. 破伤风抗毒素
E. 丙种球蛋白

13. 破伤风的特异治疗可用（　　）
A. 破伤风减毒活疫苗
B. 抗生素
C. 百白破三联疫苗
D. 破伤风抗毒素
E. 细菌素

14. 引起牙周脓肿常见的病原菌（　　）
A. 铜绿假单胞菌　B. 表皮葡萄球菌
C. 大肠埃希菌　D. 消化链球菌
E. 甲型溶血性链球菌

15. 关于破伤风芽胞梭菌的叙述，正确的是（　　）
A. 属于兼性厌氧菌　B. 革兰阴性细菌
C. 外毒素致病　D. 可引起败血症
E. 可导致肌肉迟缓麻痹

16. 可疑肉毒中毒的患者，采集的标本为（　　）
A. 血液　B. 粪便
C. 伤口渗出液　D. 吃剩的食物
E. 尿液

17. 肉毒梭菌引起的食物中毒是以（　　）
A. 消化系统症状为主
B. 呼吸系统症状为主
C. 泌尿系统症状为主
D. 神经系统症状为主
E. 循环系统症状为主

18. 艰难梭菌感染后，应选用下列哪种药物治疗（　　）
A. 甲硝唑　B. 氯霉素
C. 青霉素　D. 红霉素
E. 四环素

三、问答题

1. 简述厌氧菌的检验程序。
2. 破伤风梭菌感染应具备哪些条件？
3. 产气荚膜梭菌的鉴定依据有哪些？

（陈　娇）

第 16 章　螺旋体、支原体、衣原体、立克次体

学习目标

1. 掌握：螺旋体、支原体、衣原体、立克次体的概念、特点及生物学特性。
2. 熟悉：螺旋体、支原体、衣原体、立克次体的主要检验方法。
3. 了解：常见螺旋体、支原体、衣原体、立克次体的临床意义。

第 1 节　螺　旋　体

螺旋体（*Spirochete*）是一类细长、柔软、弯曲、运动活泼、革兰染色阴性的原核细胞型微生物。其基本结构和生物学性状与细菌相似，有细胞壁和原始核，行二分裂法繁殖，对抗生素敏感等，故分类学上归广义的细菌。

螺旋体在自然界和动物体内广泛存在，种类多，包括 3 科 13 属，引起人类致病的主要有钩端螺旋体属、密螺旋体属、疏螺旋体属。

一、钩端螺旋体

钩端螺旋体属（*Leptospira*）分为致病性（问号形钩端螺旋体）和非致病性（双曲钩端螺旋体）两大类，致病性钩端螺旋体引起人和动物钩端螺旋体病（简称钩体病）。

案例 16-1

患者，女，31 岁，农民。主述：畏寒、发热、全身乏力、四肢肌肉酸痛。发病前当地曾发洪水。查体：体温 38.8℃，精神困倦，全身皮肤及巩膜黄染明显，双下肢腓肠肌压痛（+）。实验室检查：WBC 17.4×10^9/L，NEU 55%，LYM 45%。ALT 68U/L，BIL 218.7μmol/L，BUN 24.4μmol/L。嗜肝病毒血清标志物全部阴性。显微镜凝集试验：黄疸出血群钩体 IgG1∶640（阳性）。

问题：

1. 该患者可能感染什么病原微生物？
2. 需要做哪些检查进一步确定病原体？

（一）生物学性状

1. 形态与染色　钩端螺旋体大小为（6.0～12.0）μm×（0.1～0.2）μm，螺旋排列细密

而规则，菌体一端或两端呈钩状，常呈 S 形或 C 形。暗视野显微镜下，钩端螺旋体运动活泼，呈翻转或扭转屈伸运动（图 16-1）。革兰染色为阴性，但不易着色。常用 Fontana 镀银染色，钩端螺旋体被染成棕褐色（图 16-2）。

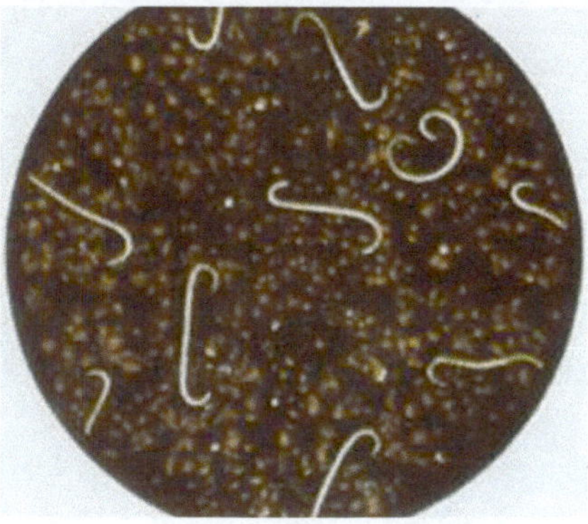

图 16-1 钩端螺旋体（暗视野显微镜）

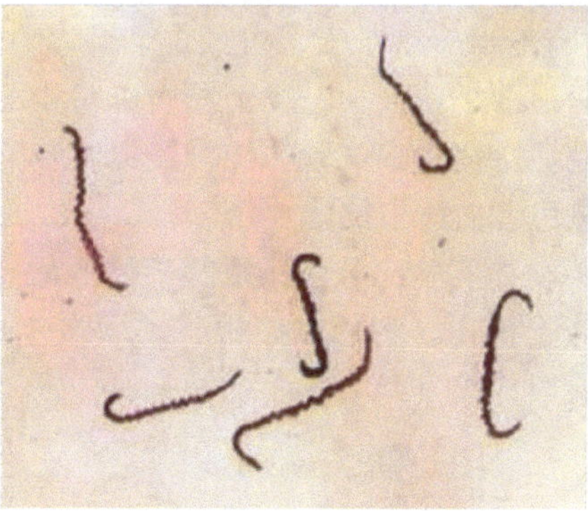

图 16-2 钩端螺旋体（镀银染色）

2. 培养特性 需氧或微需氧；营养要求较高，在含 10% 兔血清的柯索夫（Korthof）培养基中生长良好。最适生长温度为 28～30℃，最适 pH 为 7.2～7.4。本菌生长缓慢，在液体培养基中分裂一次需 6～8h，呈半透明云雾状生长，在固体培养基上，经 2 周左右，可形成透明、不规则的扁平菌落。

3. 抗原构造与分类 主要有属特异性抗原、群特异性抗原和型特异性抗原。应用显微镜凝集试验（MAT）和凝集素吸收试验（AAT），可将钩端螺旋体属进行血清群及血清型的分类。目前钩端螺旋体至少可分为 25 个血清群、273 个血清型，其中我国已发现的致病性钩端螺旋体至少为 19 个血清群、75 个血清型。

4. 抵抗力 抵抗力弱，对热、常用消毒剂、青霉素等敏感，对酸、碱敏感，在中性的湿土或水中可存活数月，这在传播上有重要意义。

（二）临床意义

钩端螺旋体病是一种人兽共患性疾病，鼠类和猪为主要储存宿主，是我国某些农村地区常见的急性传染病之一。钩端螺旋体的致病物质主要包括内毒素样物质、溶血素、细胞毒性因子等。动物感染钩端螺旋体后多呈隐性感染，少数家畜感染后可引起流产。钩端螺旋体在感染的动物肾脏内长期繁殖，并不断从尿液排出体外污染水和土壤，人通过与被污染物接触而感染。临床表现有发热、头痛、乏力、全身肌肉酸痛、眼结膜充血、浅表淋巴结肿大、腓肠肌压痛等典型症状。由于钩端螺旋体血清型不同、毒力不同及宿主免疫水平的差异，故临床表现轻重相差较大。轻者仅出现感冒样症状及轻微的自限性发热，重者可出现黄疸、出血、休克、DIC、心肾功能不全、脑膜炎，甚至死亡。病后对同型钩端螺旋体可产生持久的免疫力，以体液免疫为主。

（三）微生物学检验

1. 标本采集 患者发病 1 周内采取血液，1 周以后取尿液；有脑膜刺激症状者取脑脊液。

2. 检验方法与鉴定

（1）直接镜检：标本离心后，利用暗视野显微镜直接观察，用于早期诊断，方法简便、快速，但检出率低；还可经 Fontana 镀银染色后用普通光学显微镜检查，钩端螺旋体呈棕褐色；亦可用直接免疫荧光法检查。

（2）分离培养：标本接种至 Korthof 培养基，置 28～30℃培养 2～4 周，每 5～7d 取培养物用暗视野显微镜检查有无生长。如有钩端螺旋体存在，用已知诊断血清鉴定其血清群和血清型。30d 未生长者，可报告结果为阴性。

（3）血清学检查：一般于发病初期和发病第 3～4 周取双份血清，检测抗体的效价的变化。常用显微镜凝集试验、间接凝集试验等免疫学检查方法，也可用荧光免疫及 ELISA 等方法检测患者血清中抗体。

（4）动物实验：分离钩端螺旋体的敏感方法，尤其适用于有杂菌污染的标本，常用幼龄豚鼠或金地鼠，将标本接种于动物腹腔，3～5d 后，用暗视野显微镜检查腹腔液，或取心脏血检查并作分离培养。

二、梅毒螺旋体

梅毒螺旋体（*T. pallidum, TP*）属于密螺旋体属苍白密螺旋体中的苍白亚种，是引起人类梅毒的病原体。

案例 16-2

患者，男，32 岁。因全身皮肤黏膜出现红疹而就医，5 个月前有婚外性接触史，4 个月前外生殖器出现无痛性、直径约 1cm 的硬结及溃疡，当时未立即就医，3 周后溃疡自然愈合。3d 前胸、背、腹、臀及四肢泛发红斑及红色斑丘疹，其表面有少许皮屑，皮疹排列无规律。查体：体温 36.8℃，颈、腋等多处淋巴结肿大。

问题：

1. 该患者可能感染什么病原微生物？
2. 需要做哪些检查进一步确定病原体？

（一）生物学性状

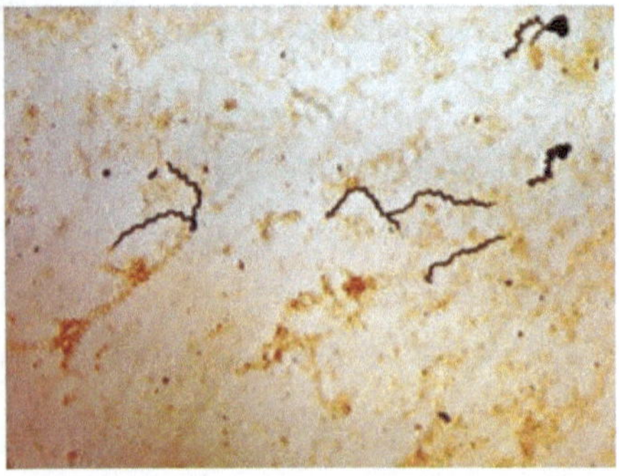

图 16-3　梅毒螺旋体（镀银染色 ×400）

1. 形态与染色　梅毒螺旋体大小为（6.0～15.0）μm×（0.1～0.2）μm，有 8～14 个规则而致密的螺旋，两端尖直，运动活泼。在暗视野显微镜下观察呈移行、屈伸、滚动等方式运动。Fontana 镀银染色法可将梅毒螺旋体染成棕褐色（图 16-3）。

2. 培养特性　梅毒螺旋体不能在无生命的培养基中生长繁殖。有毒力的 Nichols 株能在棉尾兔单层上皮细胞上培养并保持其毒力，但增殖缓慢且只能维持数代。

3. 抵抗力　梅毒螺旋体抵抗力很弱，对热、冷、干燥及一般消毒剂敏感。50℃加热 5min、4℃存放 3d、在体外干燥环境中存放 1～2h 即可死亡。故血液 4℃存放 3d 以上可避免传染梅毒的危险。梅毒螺旋体对青霉素、四环素、红霉素、砷剂等敏感。

（二）临床意义

自然情况下，梅毒螺旋体只感染人，人是唯一的传染源。其主要通过性接触传播引起获得性梅毒；另外，也可经胎盘垂直传播，引起胎儿先天性梅毒。梅毒螺旋体具有很强的侵袭力，以其外膜蛋白、透明质酸酶等致病。

获得性梅毒具有反复、潜伏和再发的特点。临床过程可分为三期。

1. 下疳期 主要出现生殖器无痛性硬下疳，溃疡渗出液中有大量病原体，感染性强，可自愈。

2. 梅毒疹期 全身皮肤、黏膜出现梅毒疹，全身淋巴结肿大，疹内和淋巴结中存在大量螺旋体，传染性强。

3. 慢性肉芽肿样期 病变波及全身组织和器官，引起缺血坏死，侵入中枢神经系统和心血管，可危及生命。

先天梅毒可致胎儿全身感染，造成流产或死胎、马鞍鼻、间质性角膜炎、先天梅毒心肌炎、耳聋等。

机体对梅毒螺旋体的免疫主要是传染性免疫，即有螺旋体存在时就有免疫力，一旦螺旋体消灭后免疫力也随之消失。预防着重是加强卫生宣传教育。梅毒确诊后，应及早进行彻底治疗，治疗主要选用青霉素。

（三）微生物学检验

1. 标本采集 可采取硬下疳渗出液、梅毒疹渗出液或局部淋巴结穿刺液等标本做直接检查；血清学试验可采集血液，分离血清送检。

2. 检验方法与鉴定

（1）直接镜检：取渗出物标本制成湿片，置暗视野显微镜检查，如见运动活泼并呈现屈伸、旋转、前后移行等的螺旋体，即有诊断意义。或将标本进行镀银染色，镜下可见棕褐色密螺旋体。组织块等也可用直接荧光抗体检测法，置荧光显微镜下，可见发荧光的梅毒螺旋体。

（2）血清学检查：测定患者血清中的特异性抗体。有非特异性和特异性两类试验，非特异性为非密螺旋体抗原试验（以牛心肌的心脂质作为抗原，测定患者血清中反应素）常用于梅毒患者的初筛，目前常用的方法有性病研究实验室实验（VDRL）、快速血浆反应素试验（RPR）、甲苯胺红不加热血清试验（TRUST）等。特异性为密螺旋体抗原试验（以密螺旋体抗原检测患者血清中特异性抗体）用于梅毒确认，常用的方法有荧光密螺旋体抗体吸收试验（FTA-ABS）、抗梅毒螺旋体抗体微量血凝检测试验（MHA-TP）、梅毒螺旋体荧光抗体双染色试验（FTA-ABS-DS）、梅毒螺旋体抗体明胶颗粒凝集试验（TPPA）、酶联免疫吸附试验（ELISA）等。WHO 推荐用 VDRL、RPR 法对血清进行初筛试验，阳性结果则用 FTA-ABS、FTA-ABS-DS、MHA-TP、TPPA 和 ELISA 等方法做确认试验。

链 接

关于梅毒的初筛和确认试验

目前，我国梅毒血清学试验的传统程序是：先以非梅毒螺旋体抗原血清试验（如 RPR、TRUST、VDRL 等）进行初筛，再以密螺旋体抗原血清试验（如 TPPA、MHA-TP、FTA-ABS、ELISA 等）进行确认。初筛时可将标本稀释进行反应素的半定量检查，其抗体滴度与病变活动性有关。下疳期梅毒病灶出现1～2周时，血清反应素阳性率为53%～83%，梅毒疹期的阳性率可达100%，慢性肉芽肿样期的阳性率为58%～85%，胎传梅毒的阳性率为80%～100%。经药物治疗后反应素可转阴，因此该法可用于观察疗效，判断是否复发及再感染。初筛试验的缺点是特异性不高，常有假阳性反应。因此在分析结果时应结合病史和临床症状，并做密螺旋体抗原血清试验确证，此类试验特异性强，可用作确证试验，但不能用作疗效的评价和判断复发及再感染。

三、其他常见螺旋体

（一）伯氏疏螺旋体

伯氏疏螺旋体为疏螺旋体，两端稍尖，运动活泼。本菌是莱姆病的病原体，莱姆病是一种自然疫源性传染病，存储宿主为野生和驯养的哺乳动物，如白足鼠、鹿等，主要传播媒介为硬蜱，致病物质为内毒素样物质。人被硬蜱叮咬后，伯氏疏螺旋体在局部繁殖，经3～30d潜伏期，在叮咬部位可出现一个或数个慢性移行性红斑，并伴有乏力、头痛、发热、肌痛等。晚期主要表现为慢性关节炎、慢性神经系统疾病或皮肤异常。

由于伯氏疏螺旋体在莱姆病的整个病程中菌血期较短，患者体内伯氏疏螺旋体数量较少，因此一般不做直接镜检和分离培养，微生物学检查主要采用血清学试验和分子生物学技术。

（二）回归热疏螺旋体

回归热疏螺旋体是引起人类回归热的病原体。节肢动物为传播媒介，根据媒介昆虫不同，可分为两类：以体虱为传播媒介的为虱传回归热（流行性回归热）；以软蜱为传播媒介的为蜱传回归热（地方性回归热）。我国主要流行虱传回归热。其临床特点为急起急退的高热，全身肌肉酸痛，一次或多次复发，肝、脾大，重症可出现黄疸和出血倾向。

微生物学检查可在发热时取一滴外周血制成厚血片，用暗视野显微镜或Giemsa染色后镜检，可见形似卷曲毛发的螺旋体；亦可用制动试验测定相应抗体；区别虱型和蜱型回归热螺旋体，可接种于豚鼠，豚鼠对蜱型敏感，对虱型有抵抗力。

（三）奋森疏螺旋体

常与梭杆菌共同寄居于人类口腔牙龈部，一般不致病，当人体免疫力下降时，这两种菌大量繁殖协同引起溃疡性牙龈炎、咽峡炎、溃疡性口腔炎等。

微生物学检查可用棉拭取牙垢或口腔分泌物制成涂片，革兰染色镜检可见革兰阴性螺旋体；镀银染色镜检可见棕褐色或黑褐色螺旋体，有3～10个稀疏不规则的螺旋，呈波浪状。

第2节 支原体

支原体（*Mycoplasma*）是一类没有细胞壁、呈高度多形性、能通过细菌滤器、可在无生命培养基中生长繁殖的最小的原核细胞型微生物。支原体在自然界分布广泛，目前已分离到150余种，大多数不致病，对人类致病的主要有肺炎支原体、人型支原体、生殖道支原体和解脲脲原体等。

案例 16-3

患者，男，8 岁。以间断咳嗽气喘 2 个月余加重 1 周入院。查体：咽红充血，口唇轻度发绀，双肺呼吸音粗，可闻及痰鸣、喘鸣及中小湿鸣。入院摄胸片提示支气管肺炎，查血支原体 IgM 抗体阳性，血常规及粪尿常规均在正常范围。

问题：

1. 该患者可能感染什么病原微生物？
2. 需要进一步做哪些检查以确定病原体？

一、生物学特性

1. 形态与染色　支原体是原核细胞中最小的细胞型微生物，一般大小为 0.2～0.3μm。因为没有细胞壁，支原体呈高度多形态性，如球形、杆形、长丝形及双球状（图 16-4）。革兰染色为阴性，但不易着色。常用 Giemsa 染色，呈淡紫色。

2. 培养特性　支原体的营养要求较一般细菌高，培养基中需加入 10%～20% 灭活的小牛或马的血清。其对低渗透压敏感，最适 pH 为 7.6～8.0（解脲脲原体最适 pH 为 6.0～6.5），最适生长温度为 37℃。需氧或兼性厌氧，在含 5%～10%CO_2 大气环境或 90%N_2 和 5%CO_2 厌氧环境中培养生长较好。多以二分裂繁殖，生长较缓慢，人型支原体、解脲脲原体需培养 2～4d；肺炎支原体通常需要 21d 或更久。固体培养基中，菌落呈圆形、光滑、边缘整齐较薄、中央致密厚实，呈典型的“油煎蛋”样（图 16-5）。肉汤培养基培养时，呈极浅淡的浑浊。支原体和同样缺乏细胞壁的 L 型细菌在许多特性上有相似之处（表 16-1）。

表 16-1　支原体与 L 型细菌的区别

生物学特性	支原体	L 型细菌
存在条件	广泛分布于自然界	多见实验条件下诱导产生
培养条件	在培养基中稳定，需加胆固醇	需高渗培养，不需要胆固醇
菌落性状	油煎蛋样菌落、较小、直径为 0.1～0.3mm	油煎蛋样菌落、稍大、直径为 0.5～1mm
液体培养基中	浑浊度较低	有一定浑浊度
其他	遗传上与细菌无关，天然无细胞壁	可恢复变为有细胞壁的细菌

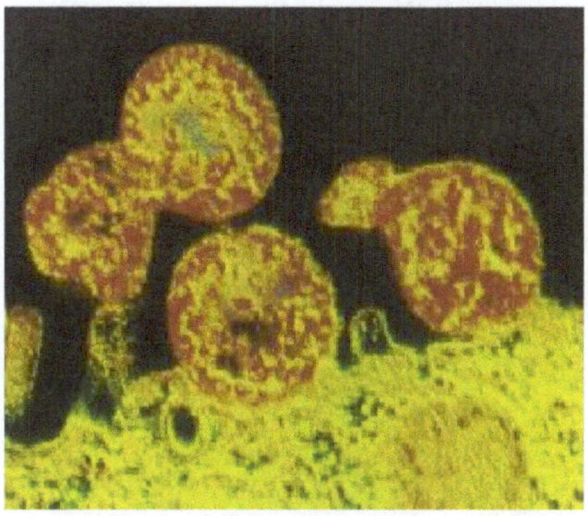

图 16-4　支原体（电镜 ×10 000）

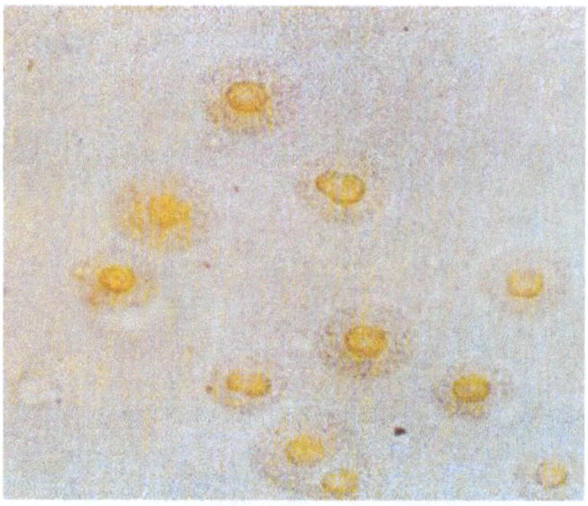

图 16-5　肺炎支原体“油煎蛋状”菌落（固体培养基 ×100）

3. 生化反应 根据分解葡萄糖、利用精氨酸、水解尿素等，可初步鉴定支原体（表 16-2）。

表 16-2 各种支原体的主要生化反应

支原体种类	葡萄糖	精氨酸	尿素
肺炎支原体	+	−	−
人型支原体	−	+	−
生殖器支原体	+	−	−
穿透支原体	+	+	−
解脲脲原体	−	−	+

4. 抵抗力 支原体因无细胞壁，对理化因素的抵抗力比细菌弱，对热、干燥、低渗及多种消毒剂敏感，但对乙酸铊、甲紫和亚碲酸盐有较强耐受性，可用于分离培养时抑制其他细菌生长。对 75% 乙醇、甲酚皂敏感，对青霉素耐药，对红霉素、四环素、螺旋霉素、链霉素、卡那霉素、阿奇霉素等抗生素敏感，干燥标本中难以分离出支原体。

二、临床意义

支原体广泛存在于自然界中，常为哺乳类及禽类的口腔、呼吸道及泌尿生殖道定植的共生菌群。主要引起人类口腔、呼吸道、泌尿生殖道感染等。

肺炎支原体可引起人类原发性非典型肺炎，本病大多发生于夏末秋初，以儿童和青少年感染多见，主要通过呼吸道飞沫传播。致病物质有 P1 蛋白、糖脂抗原和荚膜多糖，肺炎支原体进入呼吸道后，借助顶端的特殊结构、毒性代谢产物等致病物质，引起以细胞损害和细胞间质炎症为主要病理变化的间质性肺炎，故称原发性非典型肺炎。

解脲脲原体、人型支原体和生殖道支原体可通过性接触传播，引起人类非淋球菌性和非衣原体性泌尿生殖道感染，如尿道炎、睾丸附睾炎、慢性前列腺炎、阴道炎、宫颈炎等；也可经胎盘传播引起早产、自然流产、先天畸形、死胎和不孕症等，经产道感染可致新生儿肺炎或脑膜炎。

三、微生物学检验

（一）标本采集

一般可采集患者的痰、咽拭子、鼻咽洗液、支气管分泌物、穿刺液、尿道和子宫颈拭子及各种分泌物等。因为支原体有黏附细胞作用，宜采用拭子标本。支原体对干燥敏感，应注意即采即种或置于转运培养基（蔗糖磷酸盐缓冲液）中。4℃冰箱保存不宜超过 72h，液氮或−70℃可长期保存。

（二）鉴定要点

1. 肺炎支原体 初次分离时，通常先将标本接种于含葡萄糖、酚红和亚甲蓝指示剂的液体培养基中增殖，1 周后培养基由紫色变为绿色，液体清晰，可考虑有肺炎支原体生长，此时可转种于固体培养基上，在含 5%CO_2 的环境下培养，1～2 周长出致密圆形的油煎蛋样菌落。根据形态、菌落和生化反应特征，可对肺炎支原体进行初步鉴定，进一步鉴定还可进行以下试验。①溶血试验：在生长有疑似肺炎支原体的专用平板上，加一层含 8% 豚鼠红细胞琼脂，37℃孵育过夜，如在菌落周围出现溶血环者为阳性。②生长抑制试验：将含可疑肺炎支原体菌落琼脂块切下，转种于专用液体培养基中，孵育 1 周后，吸取 0.3ml 培养液，涂布于专用固体平板上，待稍干后，再贴上浸有肺炎支原体抗体滤纸片。37℃孵育，平板上出现抑制生长环者为阳性。该试验特异性高。

2. 解脲脲原体　分离培养相对容易且快速。取 0.1～0.2ml 标本接种于液体培养基中（内含尿素和酚红指示剂，pH 为 6.0±0.5），置 5%CO_2 和 95%N_2 环境中，37℃孵育，观察颜色变化，由黄色变为红色者判断为阳性。在进一步鉴定中常用以下方法。①代谢抑制试验：解脲脲原体分解尿素，当加入特异性抗血清后，可抑制相对应血清型菌株生长，培养基中指示剂酚红不显色。②生长抑制试验：如同肺炎支原体鉴定操作。其结果必须在低倍镜下观察制片周围抑菌环及宽度。该法虽特异性高但敏感性差。

（三）其他检查法

用 ELISA、补体结合试验、间接血凝试验、冷凝集素试验等血清学试验检测特异性抗体。PCR 等分子生物学技术可检测支原体核酸。

第 3 节　衣　原　体

衣原体（*Chlamydia*）是一类严格细胞内寄生、有独特发育周期、能通过细菌滤器的原核细胞型微生物。其主要特征为：专性细胞内寄生，酶系统不完善，缺乏能量来源，需宿主提供；圆形或椭圆形，革兰染色阴性并有近似的细胞壁结构；含 DNA 和 RNA 两类核酸；对多种抗生素敏感；有独特的发育周期，以二分裂方式繁殖。

案例 16-4

患者，女，24 岁。主述：结婚 2 年余，性生活正常，未采取任何避孕措施，始终未受孕。白带量稍多，色微黄，无明显异味。偶有外阴瘙痒及尿频、尿急、尿痛。查体：T36.8℃，一般情况好；妇科检查：宫颈轻度糜烂，有少许脓性分泌物。实验室检查：血常规正常。尿常规：WBC12/HP。EIA 检测宫颈拭子沙眼衣原体抗原阳性，其他病原检查皆阴性。

问题：

1. 该患者可能感染什么病原微生物？
2. 需要进一步做哪些检查以确定病原体？

衣原体广泛寄生于人类、哺乳动物及禽类，仅少数能致病，能引起人类疾病的衣原体主要有沙眼衣原体、肺炎衣原体和鹦鹉热衣原体，其中最常见的是沙眼衣原体（表 16-3）。目前，在发达国家中，由衣原体感染所致的性传播疾病病例增加很快，已超过淋病奈瑟菌感染，成为最常见的性传播疾病。

表 16-3 常见三种衣原体的性状比较

性状	沙眼衣原体	肺炎衣原体	鹦鹉热衣原体
所致疾病	沙眼、性传播疾病、肺炎（幼儿为主）	肺炎（少儿为主）、呼吸道感染	肺炎（青少年为主）、呼吸道感染
自然宿主	人和小鼠	人	禽类和低等哺乳动物
原体形态	圆形、椭圆形	梨形	圆形、椭圆形
对磺胺类药物的敏感性	敏感	不敏感	不敏感

一、生物学特性

1. 形态染色与生活周期 衣原体一般呈圆形或椭圆形，光学显微镜下勉强可见。衣原体有独特的发育周期(图 16-6)，以两种发育类型存在。①原体：为细胞外存在形式，较小，卵圆形，中央有一致密的拟核，是发育成熟的衣原体，Giemsa 染色呈紫色，Macchiavello 染色呈红色，有感染性。②始体：较大，圆形或不规则形，中央呈纤细的网状结构，无致密拟核，或称网状体。Giemsa 染色呈蓝色，Macchiavello 染色呈蓝色。其为细胞内繁殖型，代谢活跃，不能在细胞外存活，无感染性。原体 8h 左右进入细胞，经 12～36h 转变为始体，48～72h 原体释放，感染新的细胞，又开始新的生活周期。衣原体感染人体细胞后，在胞质内形成特殊的块状物即包涵体（图 16-7）。不同种类衣原体的包涵体，其位置、形态和染色性各异，可帮助衣原体的鉴定。

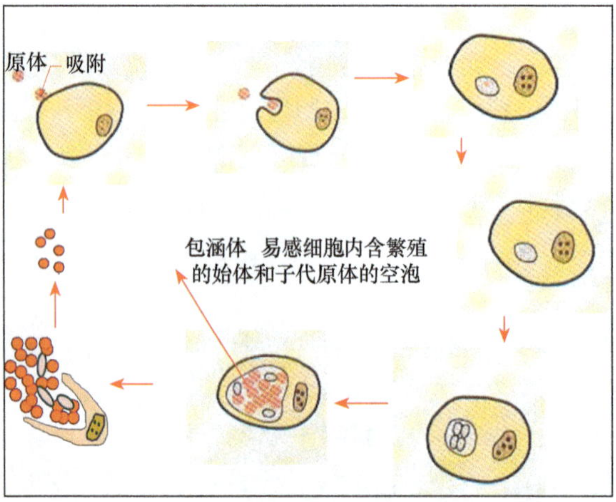

图 16-6 衣原体的发育周期

2. 培养特性 衣原体为专性细胞内寄生，不能用人工培养基培养，通常采用细胞或组织培养、鸡胚培养和动物培养。可用鸡胚卵黄囊及 Hela-299、BHK-21、McCoy 等细胞培养。将接种标本的细胞培养管离心，可促进衣原体黏附而进入细胞；可在培养管内加入二乙氨乙基葡萄糖，以增强衣原体吸附于易感细胞，从而提高分离成功率。目前，最常用的方法是细胞培养法，是衣原体诊断的金标准。

3. 抵抗力 衣原体抵抗力较弱，对热和常用消毒剂敏感，56℃经 5～10min 灭活。0.1% 甲醛及 0.5% 苯酚需 30min、75% 乙醇需 0.5min 即可杀死衣原体。衣原体对冷冻干燥有耐受性，对四环素、红霉素、螺旋霉素、多西环素及利福平均敏感。

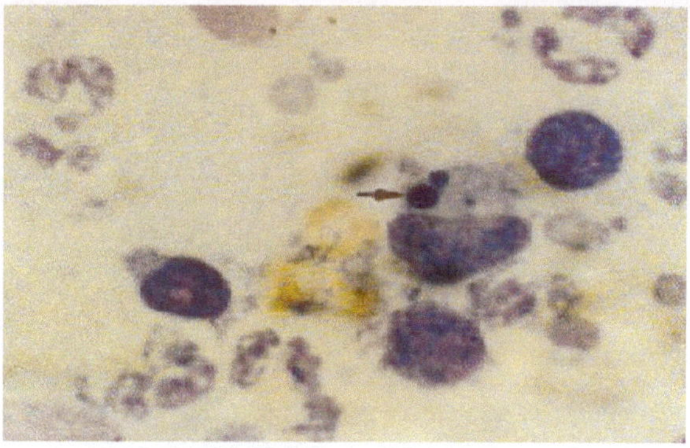

图 16-7　沙眼衣原体，胞质内包涵体（×1000）

二、临床意义

沙眼衣原体可分为沙眼生物亚种、性病淋巴肉芽肿亚种和鼠亚种三种，对人致病的为前两个亚种。沙眼生物亚种主要通过眼—眼或眼—手—眼传播引起沙眼、包涵体性结膜炎，通过性接触传播引起泌尿生殖道感染（如宫颈炎、输卵管炎、附睾炎等），某些沙眼生物亚种的血清型还可引起婴幼儿肺炎。性病淋巴肉芽肿亚种通过性接触传播，可引起性病淋巴肉芽肿。

肺炎衣原体寄生于人类，是重要的呼吸道病原体，主要经飞沫和呼吸道分泌物传播引起急性呼吸道疾病（如肺炎、支气管炎、咽炎等），也可引起如慢性支气管炎、哮喘等慢性感染。

鹦鹉热衣原体的自然宿主为鸟类及低等哺乳动物，一般存在于肠道，病原体随粪便排出而污染环境，以气溶胶方式传播。人多因与家禽或家畜接触而感染，可表现为非典型肺炎，称为鹦鹉热。

衣原体感染后，机体免疫力不强。预防应注意个人卫生，管理好家禽，取缔卖淫嫖娼等。对患者积极治疗，可选取四环素、青霉素、利福平、螺旋霉素等药物治疗。

三、微生物学检验

检验时应注意安全防护，尤其是操作鹦鹉热衣原体标本时，更应重视。

（一）标本采集

根据不同疾病采取不同标本。沙眼或包涵体性结膜炎患者取眼穹隆或眼结膜分泌物、眼结膜刮片。泌尿生殖道感染患者采用泌尿生殖道拭子、宫颈刮片、精液或尿液标本。性病淋巴肉芽肿患者取淋巴结脓液、生殖道上皮细胞刮片、直肠拭子或活检材料送检。鹦鹉热衣原体感染患者取咽喉洗漱液、痰液和血液。肺炎衣原体感染患者可取痰液、支气管肺泡灌洗液、鼻咽部拭子、耳或鼻咽部的吸取物和血液标本。

（二）检验方法与鉴定

衣原体的分离培养，须严格按生物安全要求进行，且受操作繁琐、费用高、时间长的限制，因此临床实验室多采用非培养的诊断方法。

1. 直接涂片染色镜检　① Giemsa 染色：不同发育阶段的衣原体的染色性有所不同。原体 Giemsa 染色为紫红色，与蓝色的宿主细胞质形成鲜明对比；始体被染呈蓝色。②包涵体染色：沙眼衣原体在细胞质内形成不同形态、密集的包涵体，包涵体内含有糖原，用碘液染色呈深褐色斑块，而细胞其他部分呈黄色。肺炎衣原体形成的包涵体呈致密的卵圆形；鹦鹉热衣原体在胞质中形成疏松包涵体，两者都不含糖原，碘染色阴性。③直接免疫荧光染色（DFA）法：可检测上皮细胞内的典型衣原体包涵体。

2. 血清学检查 临床上多用商品诊断试剂盒。目前，主要采用微量免疫荧光检测和酶免疫检测肺炎衣原体和鹦鹉热衣原体；应用单克隆或多克隆抗体酶免疫法检测沙眼衣原体的脂多糖。

3. 分子生物学检查 用 PCR 检测技术、核酸杂交技术提高检测的敏感性和特异性。

链 接

沙眼衣原体的发现者——汤飞凡

汤飞凡为我国著名的医学微生物学家，在沙眼衣原体研究工作上做出了杰出的贡献。1954 年，他恢复了中断近 20 年的研究工作，首先恢复了对沙眼的研究，那时沙眼在世界上许多地区广泛流行，中国人口中有 50% 患有沙眼，边远农村有“十眼九沙”之说，危害极大。在沙眼研究中他通过多次试验研究，先后推翻了“细菌病原说”和“病毒病原说”。1955 年，汤飞凡成功分离了世界上第一株沙眼衣原体，并命名为 TE8。为了证明 TE8 对人类的致病性，他将 TE8 种进自己的一只眼睛，造成了典型的沙眼，这种奉献与牺牲精神一直为后人所称道。

第 4 节 立克次体

立克次体（*Rickettsia*）是一类严格细胞内寄生、以节肢动物为传播媒介、革兰阴性的原核细胞型微生物。立克次体共同特征为：专性细胞内寄生，以二分裂方式繁殖；大小介于细菌和病毒之间，形态以球杆状或杆状为主，革兰染色阴性；含有 DNA 和 RNA 两类核酸；以节肢动物为传播媒介；大多是人兽共患病原体；对多种抗生素敏感。

立克次体是引起斑疹伤寒、恙虫病、Q 热等的病原体，常见的立克次体有普氏立克次体、莫氏立克次体、恙虫病立克次体、Q 热立克次体等。

一、生物学特性

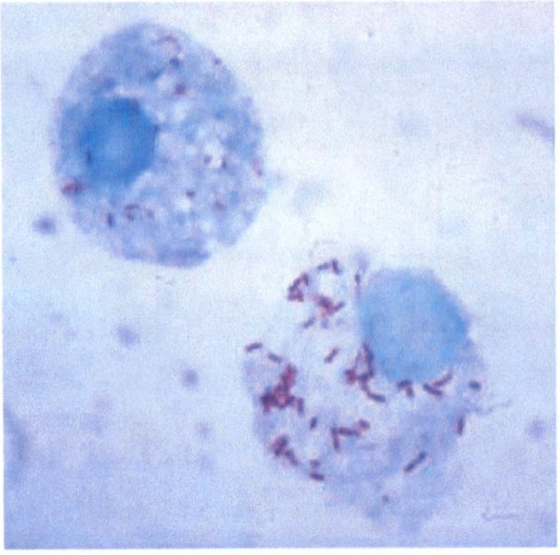

图 16-8 立克次体（Giemsa 染色 ×1 000）

1. 形态与染色 立克次体大多呈杆状或球杆状，大小为（0.8～2.0）μm×（0.3～0.6）μm，革兰染色阴性，但不易着色，Giemsa 染色呈紫蓝色。在感染的宿主细胞内，立克次体排列不规则，多存在于感染细胞的细胞质或细胞核内（图 16-8）。

2. 培养特性 只能在活的真核细胞内生长，以二分裂繁殖。培养立克次体常用的方法有动物接种、鸡胚培养和细胞培养。初次分离通常选择雄性豚鼠腹腔接种；鸡胚卵黄囊接种常用于立克次体的传代，通常采用 5～9 日龄鸡胚；细胞培养常用的细胞为鸡胚成纤维细胞、L929 细胞和 Vero 细胞。

3. 抗原结构　立克次体有两种主要抗原：群特异性抗原和种特异性抗原。群特异性抗原与黏液层的脂多糖成分有关；种特异性抗原与细胞壁外膜蛋白有关。立克次体细胞壁中的脂多糖与变形杆菌某些菌株，如 OX_{19}、OX_2、OX_K 的菌体（O）抗原有共同抗原成分（表 16-4）。由于立克次体难以培养，变形杆菌抗原易于制备，故可用变形杆菌 OX_{19}、OX_2、OX_K 菌株代替相应的立克次体进行非特异性凝集反应，以检测人体血清中有无相应抗体，此反应称为外 – 斐反应（Weil-Felix reaction），可用于立克次体病的辅助诊断。

表 16-4　主要立克次体与变形杆菌菌株抗原交叉现象

立克次体	变形杆菌		
	OX_{19}	OX_2	OX_K
普氏立克次体	+++	+	−
莫氏立克次体	+++	+	−
恙虫病立克次体	−	−	+++
Q 热立克次体	−	−	−

4. 抵抗力　立克次体不耐热，56℃加热 30min 死亡。0.5% 苯酚、75% 乙醇等消毒剂均可在数分钟内将其杀灭。对低温、干燥抵抗力较强，在干虱粪中可保持活性 2 个月左右。对四环素、氯霉素等抗生素敏感，对磺胺类药物不敏感。

二、临床意义

普氏立克次体是流行性斑疹伤寒病原体。患者是唯一的传染源，人虱是主要传播媒介，经虱 – 人 – 虱方式传播。虱叮咬患者后普氏立克次体在虱肠管上皮细胞繁殖，虱再叮咬人时，其粪便排在人皮肤上，粪便中的立克次体因人抓破的伤口进入人体引起感染。干燥粪便中的立克次体也可通过呼吸道或眼结膜感染。经 2 周左右潜伏期后，骤然发病，临床表现为高热、头痛、皮疹，可伴神经系统、心血管系统或其他脏器损害等症状。病后免疫力持久。可采用四环素类抗生素和氯霉素治疗，禁用磺胺类药物。

莫氏立克次体是地方性斑疹伤寒的病原体。鼠是主要储存宿主，经鼠蚤或鼠虱传播。当鼠蚤叮咬人体时，把立克次体传染给人。症状与流行性斑疹伤寒相似，但发病缓慢，病情较轻，很少累及神经系统和心肌等。

恙虫病立克次体是恙虫病的病原体，主要流行于东南亚、西南太平洋岛屿、日本及中国的东南和西南地区。恙虫病为自然疫源性传染病，传染源是鼠类，恙螨既是传播媒介，又是储存宿主。恙虫病立克次体寄居于恙螨体内，可经卵传代，立克次体由恙螨幼虫叮咬而侵入人体。患者被叮咬后，局部出现红色丘疹，成小疱后破裂，溃疡处形成黑色焦痂，是恙虫病的特征之一。本病可引起发热、皮疹、全身淋巴结肿大及内脏器官的病变。

三、微生物学检验

（一）标本采集

主要是采集患者急性期血液以供病原体的分离；也可采集病程早期和恢复期双份血清来检测患者体内抗体滴度的变化。

（二）检验方法与鉴定

1. 直接镜检 通常采用Gimenez染色法，立克次体为红色，背景呈绿色。由于标本中立克次体含量较少，故直接镜检意义不大。但节肢动物及病畜胎盘组织及某些患者的皮疹活检标本可以进行直接镜检，在光学显微镜下可以见到点状小体。

2. 分离培养 豚鼠、小白鼠和鸡胚卵黄囊对多数立克次体敏感，可将标本接种于其中进行分离培养。

3. 血清学检查 取患者双份血清做外－斐反应，效价升高4倍以上可作为新近感染立克次体的指标。单份血清凝集效价超过1∶160时才有诊断意义。

4. 分子生物学检测 应用PCR和核酸探针技术检测立克次体DNA。

目标检测

一、名词解释

1. 支原体
2. 衣原体
3. 外－斐反应
4. 原体
5. 始体

二、单项选择题

1. 梅毒血清学试验的非密螺旋体抗原试验，所用的抗原为（　　）
   A. 疏螺旋体抗原　B. 雅司螺旋体
   C. 梅毒螺旋体　D. 牛心类脂质
   E. 病损处组织
2. 通过接触疫水致病的是（　　）
   A. 梅毒螺旋体　B. 雅司螺旋体
   C. 钩端螺旋体　D. 回归热螺旋体
   E. 奋森螺旋体
3. 下列属于梅毒确证试验的检验方法是（　　）
   A. VDRL　B. RPR
   C. USR　D. TRUST
   E. MHA-TP
4. 易引起儿童、青年呼吸道感染的病原体是（　　）
   A. 沙眼衣原体　B. 斑疹伤寒立克次体
   C. 伯氏疏螺旋体　D. 肺炎衣原体
   E. 肺炎支原体
5. 分离培养解脲脲原体的气体环境是（　　）
   A. 85%N_2、10%O_2、5%CO_2
   B. 90%N_2、10%O_2
   C. 95%N_2、5%CO_2
   D. 95%N_2、5%O_2
   E. 90%N_2、10%CO_2
6. 培养支原体的培养基不含有的成分是（　　）
   A. 马血清　B. 酵母浸液
   C. 牛心浸液　D. 红霉素
   E. 青霉素
7. 具有独特发育周期的微生物是（　　）
   A. 支原体　B. 衣原体
   C. 立克次体　D. 螺旋体
   E. 放线菌
8. 下列具有高度感染性的颗粒结构是（　　）
   A. 内基小体　B. 包涵体
   C. 网状体　D. 始体
   E. 原体
9. 不能用来分离培养衣原体的是（　　）
   A. 鸡胚卵黄囊接种　B. 动物接种
   C. Hela细胞　D. 猴肾细胞
   E. 血平板
10. 立克次体感染不能选用（　　）
    A. 青霉素　B. 红霉素
    C. 磺胺类药物　D. 甲硝唑
    E. 链霉素
11. 外－斐反应：OX_{19}阳性，OX_k阴性，可能的诊断是（　　）
    A. 恙虫病　B. 流行性斑疹伤寒
    C. Q热　D. 甲型副伤寒
    E. 乙型副伤寒
12. 经螨传播的立克次体病是（　　）
    A. Q热　B. 流行性斑疹伤寒
    C. 地方性斑疹伤寒　D. 斑点热
    E. 恙虫病
13. 立克次体感染不能选用（　　）

A. 青霉素　B. 红霉素
C. 磺胺类药物　D. 甲硝唑
E. 链霉素

14. 有关衣原体性状的论述错误的是（　　）
A. 严格的细胞内寄生
B. 生活周期中包括原体和始体两个阶段
C. 形成细胞内包涵体
D. 以复制方式繁殖
E. 对抗生素敏感

15. 沙眼衣原体沙眼亚种不能引起（　　）
A. 沙眼　B. 性病淋巴肉芽肿
C. 泌尿生殖系统感染　D. 衣原体肺炎
E. 包涵体结膜炎

16. 一名怀疑为衣原体肺炎的儿童，进一步确诊的最佳方案是（　　）
A. PCR 检查肺炎衣原体特异性核酸
B. 鸡胚接种分离肺炎衣原体
C. ELISA 检查肺炎衣原体特异性抗体
D. 细胞培养分离衣原体
E. PCR 和 ELISA 分别检查肺炎衣原体特异性核酸及特异性抗体

17. 首先成功分离培养出沙眼衣原体的学者是（　　）
A. 汤飞凡　B. 郭霍
C. 巴斯德　D. 李斯特
E. 琴纳

18. 能引起沙眼的病原体是（　　）
A. 沙眼衣原体沙眼亚种
B. 沙眼衣原体 LGV 亚种
C. 沙眼衣原体鼠亚种
D. 肺炎衣原体
E. 鹦鹉热衣原体

19. 不能通过细菌滤器的微生物是（　　）
A. 螺旋体　B. 支原体
C. 噬菌体　D. 衣原体
E. 朊粒

20. 具有特殊发育周期的微生物是（　　）
A. 支原体　B. 衣原体
C. 立克次体　D. 螺旋体
E. 放线菌

21. 下列微生物形成包涵体的是（　　）
A. 钩端螺旋体　B. 解脲脲原体
C. 肺炎支原体　D. 放线菌
E. 沙眼衣原体

22. 外－斐反应属于（　　）
A. 直接凝集反应　B. 沉淀反应
C. 间接凝集反应　D. 协同凝集反应
E. 反向凝集反应

23. 梅毒传染性最强的病程是（　　）
A. 潜伏期　B. 第一期
C. 第二期　D. 第三期
E. 恢复期

24. 人畜共患的疾病是（　　）
A. 梅毒　B. 钩体病
C. 雅司　D. 回归热
E. 奋森咽喉炎

25. 能在无生命培养基上繁殖的最小微生物是（　　）
A. 病毒　B. 衣原体
C. 支原体　D. 立克次体
E. 螺旋体

26. 缺乏细胞壁的微生物是（　　）
A. 螺旋体　B. 衣原体
C. 立克次体　D. 支原体
E. 放线菌

27. 肺炎支原体不能呈现阳性结果的是（　　）
A. ELISA 技术　B. 补体结合试验
C. 尿素分解试验　D. 葡萄糖发酵试验
E. GIT

28. 可用冷凝集试验协助诊断的疾病是（　　）
A. 斑疹伤寒　B. 非典型肺炎
C. 肠热症　D. 梅毒
E. 猩红热

29. 立克次体与病毒的共同特点是（　　）
A. 对抗生素不敏感　B. 以二分裂方式繁殖
C. 无细胞壁和细胞膜　D. 专性细胞内寄生
E. 必须以节肢动物为媒介进行传播

30. 外－斐反应用以诊断（　　）
A. 菌痢　B. 伤寒
C. 副伤寒　D. 立克次体病
E. 风湿热

三、问答题

1. 简述螺旋体、支原体、衣原体、立克次体的主要生物学性状。
2. 简述梅毒螺旋体的传播方式、所致疾病及常用微生物学检查方法。
3. 简述螺旋体、支原体、衣原体、立克次体的微生物检验方法。

（龙小山）

第17章 真 菌

学习目标

1. 掌握：真菌的形态结构、主要繁殖方式、人工培养条件、常用培养方法与生长现象；白假丝酵母菌、新型隐球菌的主要生物学性状及其微生物学检验。

2. 熟悉：常见皮肤丝状菌的种类、特点及微生物学检验。

3. 了解：常见病原性真菌的临床意义。

真菌（fungus）在生物学分类上属于藻菌植物中真菌超纲，是真核细胞型的微生物。它们在自然界分布广泛，且种类繁多，有10万多种，绝大多数是对人类有利的，如酿酒、制酱，发酵饲料，农田增肥，制造抗生素，生长蘑菇，食品加工及提供中草药药源（如灵芝、茯苓、冬虫夏草等，都是真菌的产物或本身或利用真菌的作用所制备的）。其中有少部分（约300余种）是对人类致病的，对人类致病的真菌分浅部真菌和深部真菌，前者侵犯皮肤、毛发、指甲，为慢性，对治疗有顽固性，但影响身体较小；后者可侵犯全身内脏，严重的可引起死亡。此外有些真菌寄生于粮食、饲料、食品中，能产生毒素引起中毒性真菌病。近年来，由于AIDS流行、肿瘤和慢性消耗性疾病等导致人群免疫力下降、抗生素滥用引起菌群失调等原因，真菌感染明显上升。

第1节 真菌的生物学性状

一、真菌的形态与结构

真菌比细菌大几倍甚至几十倍，用普通光学显微镜的低倍或高倍镜就能看见，真菌形态呈多样性，细胞壁主要由多糖（75%）与蛋白质（25%）组成，不含肽聚糖。因缺乏肽聚糖，故真菌不受青霉素或头孢菌素的作用。真菌按其形态、结构可分为单细胞真菌和多细胞真菌两大类。

（一）单细胞真菌

单细胞真菌呈圆形或卵圆形，常见于酵母菌或类酵母菌。对人致病的主要有新型隐球菌和白假丝酵母菌。这类真菌以出芽方式繁殖，芽生孢子成熟后脱落成独立个体。

（二）多细胞真菌

多细胞真菌又称霉菌或丝状菌，由菌丝和孢子组成。

1. 菌丝　真菌在条件适宜时由孢子长出芽管，逐渐延长呈丝状，称菌丝（hypha）。菌丝又可长出许多分枝，交织成团称菌丝体。菌丝按功能可分为：①营养菌丝：菌丝深入被寄生的物体或培养基中，吸收与合成营养以供生长。②气生菌丝：菌丝向空间生长。③生殖菌丝：是能产生孢子的气生菌丝，按结构可分为无隔菌丝和有隔菌丝。无隔菌丝中无横隔分段，整条菌丝就是一个细胞，在一个细胞内可含有许多核；大部分的有隔菌丝在一定间距形成横隔，称隔膜，将菌丝分成一连串的细胞，隔膜中有小孔，可允许胞质流通。

菌丝有多种形态，如螺旋体状、球拍状、结节状、鹿角状和梳状等。不同种类的真菌有不同形态的菌丝，故菌丝形态有助于鉴别菌种（图 17-1）。

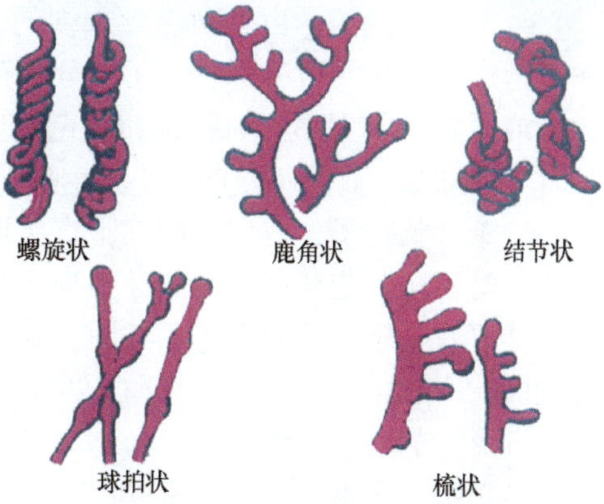

图 17-1　真菌的各种菌丝形态

2. 孢子（spore） 是真菌的繁殖结构，一条菌丝上可长出多个孢子。在适宜的环境下，孢子又可发芽形成菌丝。真菌孢子的抵抗力、形态、位置及作用等均与细菌芽胞的不同，其区别见表 17-1。

表 17-1　真菌孢子与细菌芽胞的区别

区别要点	真菌孢子	细菌芽胞
数目	一条菌丝可以产生多个孢子	一个细菌只能产生一个芽胞
形态	形状多样性	圆形或椭圆形
位置	可在细胞内和细胞外形成	只能在细胞内形成
作用	为繁殖方式之一	不是繁殖方式
抵抗力	不强，60～70°C 短时间即死亡	强，煮沸短时间不死

真菌孢子分无性孢子与有性孢子两种。无性孢子是生殖菌丝上的细胞分化或出芽生成。病原性真菌大多形成无性孢子。无性孢子根据形态可分为分生孢子、叶状孢子和孢子囊孢子（图 17-2）。

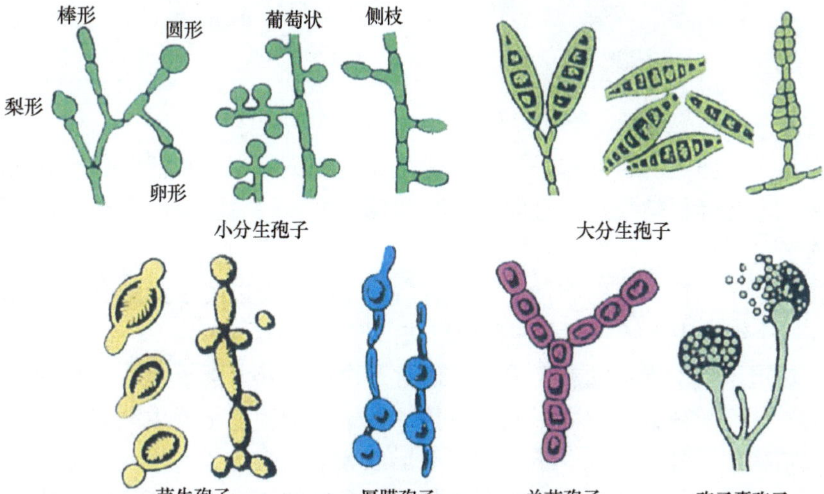

图 17-2　真菌的无性孢子

（1）分生孢子：由生殖菌丝末端的细胞分裂或收缩形成，也可在菌丝侧面出芽形成。按其形态和结构又可分两种。①大分生孢子：体积较大，由多个细胞组成，常呈梭状、棍棒状或梨状。其大小、细胞数和颜色是鉴定的重要依据。②小分生孢子：较小，1个孢子只有1个细胞。真菌都能产生小分生孢子，其诊断价值不大。

（2）叶状孢子：由菌丝内细胞直接形成。①芽生孢子：由菌丝体细胞出芽生成，常见于假丝酵母菌与隐球菌。一般芽生孢子长到一定大小即与母体脱离，若不脱离则形成假菌丝。②厚膜孢子：菌丝内胞质浓缩，胞壁增厚，在不利环境中形成，抵抗力增大。当环境有利时，厚膜孢子又可出芽繁殖。③关节孢子：在陈旧的培养物中，菌丝细胞壁变厚，形成长方形的节段，呈链状排列。

（3）孢子囊孢子：菌丝末端膨大成孢子囊，内含许多孢子，孢子成熟则破囊而出，如毛霉、根霉等。

真菌生长发育到一定时期（一般到后期）就进行有性生殖。有性生殖是经过两个性细胞结合后细胞核产生减数分裂产生孢子的繁殖方式。多数真菌由菌丝分化产生性器官即配子囊，通过雌、雄配子囊结合形成有性孢子（图 17-3）。其整个过程可分为质配、核配和减数分裂三个阶段。第一阶段是质配，即经过两个性细胞的融合，两者的细胞质和细胞核（N）合并在同一细胞中，形成双核期（N+N）；第二阶段是核配，就是在融合的细胞内两个单倍体（haploid）的细胞核结合成一个双倍体的细胞核（2N）；第三阶段是减数分裂，双倍体细胞核经过两次连续的分裂，形成四个单倍体的细胞核（N），从而回到原来的单倍体阶段。经过有性生殖，真菌可产生四种类型的有性孢子。

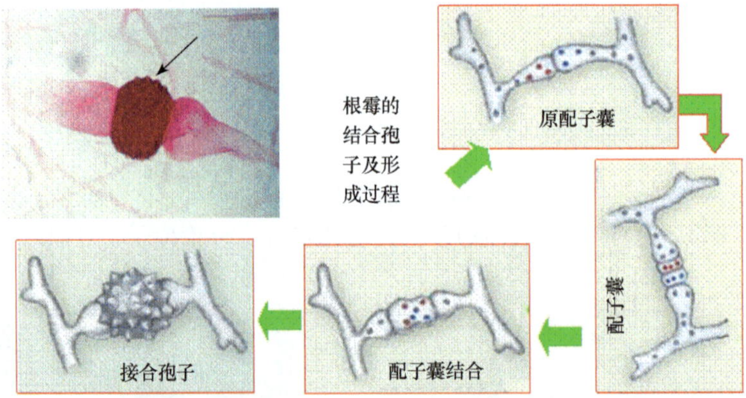

图 17-3　真菌的有性孢子

（1）卵孢子：卵菌的有性孢子，是由两个异型配子囊——雄器和藏卵器接触后，雄器的细胞质和细胞核经授精管进入藏卵器，与卵球核配，最后受精的卵球发育成厚壁的、双倍体的卵孢子。

（2）接合孢子：接合菌的有性孢子，是由两个配子囊以配子囊结合的方式融合成一个细胞，并在这个细胞中进行质配和核配后形成的厚壁孢子。

（3）子囊孢子：子囊菌的有性孢子。通常是由两个异型配子囊——雄器和产囊体相结合，经质配、核配和减数分裂而形成的单倍体孢子。子囊孢子着生在无色透明、棒状或卵圆形的囊状结构即子囊内。每个子囊中一般形成8个子囊孢子。子囊通常产生在具包被的子囊果内。子囊果一般有四种类型，即球状而无孔口的闭囊壳，瓶状或球状且有真正壳壁和固定孔口的子囊壳，由于座溶解而成的、无真正壳壁和固定孔口的子囊腔，以及盘状或杯状的子囊盘。

（4）担孢子：担子菌的有性孢子。通常是直接由“+”“−”菌丝结合形成双核菌丝，以后双核菌丝的顶端细胞膨大成棒状的担子。在担子内的双核经过核配和减数分裂，最后在担子上产生 4 个外生的单倍体的担孢子。

此外，有些低等真菌如根肿菌和壶菌产生的有性孢子是一种由游动配子结合成合子，再由合子发育而成的厚壁的休眠孢子。

二、真菌的繁殖与培养

（一）繁殖方式

真菌通过营养阶段之后，便进入繁殖阶段，经过繁殖产生许多新个体。真菌的繁殖方式通常分为有性繁殖和无性繁殖两类。致病性真菌多是无性繁殖，主要有四种形式。①芽管繁殖：有些真菌的孢子可萌发芽管，芽管延长后形成菌丝；②分裂繁殖：类似细菌的繁殖方式，即营养细胞分裂产生子细胞，如裂殖酵母菌以母细胞一分为二的方式繁殖；③出芽繁殖：母细胞出“芽”，每个“芽”成为一个新个体，酵母菌属的无性繁殖就是这种类型；④生隔繁殖：有些分生孢子在分生孢子梗某一阶段形成一横隔，原生质浓缩后形成一个新的孢子，该孢子又可再独立进行繁殖。还有的真菌可通过菌丝体的断裂片段产生新个体，实验室“转管”接种便是利用这一特点来繁殖菌种。

（二）培养特性

真菌的营养要求不高，常用沙保弱培养基进行培养。皮肤癣菌在此培养基上生长较慢，常需 1～4 周，分离时常在培养基中加一定量的放线菌酮和氯霉素，前者用以抑制污染真菌，后者用以抑制细菌的生长。有些病原性真菌，如白假丝酵母菌、新生隐球菌等加放线菌酮即不能生长，宜用无抗生素的血琼脂平板，见有生长后移种沙保培养基。

培养真菌最适宜的 pH 为 4.0～6.0，浅部感染真菌的最适温度为 22～28℃。但某些深部感染真菌一般在 37℃生长最好。培养真菌需较高的湿度与氧。在沙保培养基上，不同种的真菌可形成三种菌落。

1. 酵母型菌落 是单细胞真菌的菌落形式，菌落光滑湿润，柔软而致密，与一般细菌相似。例如，新生隐球菌及酵母菌多产生此种菌落。

2. 酵母样菌落 外观性状同酵母型菌落，但可见伸入培养基中的假菌丝，它是由伸长的芽生孢子形成。例如，白色假丝酵母菌菌落。

3. 丝状菌落 为多细胞真菌的菌落，由许多菌丝体组成。菌落呈棉絮状、绒球状、粉末状或石膏粉样。菌落的正反两面可显现各种不同颜色。

三、真菌的变异与抵抗力

（一）变异性

真菌是易发生变异的一类微生物，在培养基上多次人工传代或培养时间过久，其形态结构、菌落性状、色素甚至毒力都可发生改变。①形态结构的变异：如初次从患者皮损中分离的皮肤真菌可看到该真菌所特有的菌落外观、颜色、大小及小分生孢子，但经过几代培养后，上述各种特性都可以消失而难以区别。新生隐球菌也可由于几代培养后而使荚膜消失。②菌落变异：如白假丝酵母菌长时间传代培养，细胞逐渐伸长成为假丝，菌落外观变粗糙；絮状表皮癣菌多次传代培养后菌落颜色减退或消失，表面气生菌丝增多。③抗药性变异：真菌突变可引起的胞嘧啶通透酶、胞嘧啶脱氢酶、尿苷－磷酸焦磷酸化酶三者的任何一个酶变异，都能使真菌产生耐药性。

（二）抵抗力

真菌对干燥、阳光、紫外线及一般消毒剂有较强的抵抗力。但不耐热，60℃加热 1h 菌丝和孢子均可被杀死。真菌对 2% 苯酚、2.5% 碘酊、0.1% 升汞或 10% 甲醛溶液较敏感，对常用于抗细菌感染的抗生素均不敏感。灰黄霉素、制霉菌素 B、二性霉唑、克霉素、酮康唑、伊曲康唑等对多种真菌有抑制作用。

第 2 节　真菌的致病性与免疫性

一、致病性

1. 真菌性感染　主要是外源性感染，浅部真菌有亲嗜表皮角质特性，侵犯皮肤、指甲及须发等组织，顽强繁殖，发生机械刺激损害，同时产生酶及酸等代谢产物，引起炎症反应和细胞病变。深部真菌，可侵犯皮下、内脏及脑膜等处，引起慢性肉芽肿及坏死。

2. 条件致病性真菌感染　主要是内源性感染（如白色念珠菌），亦有外源性感染（如曲霉菌），此类感染与机体抵抗力，免疫力降低及菌落失调有关，常发生于长期应用抗生素、激素、免疫抑制剂、化疗和放疗的患者。

3. 过敏性真菌病　系在各种过敏性或变态反性疾病中，由真菌性过敏原（如孢子抗原）引起过敏症，如哮喘、变态反应性肺泡炎和癣菌疹等。

4. 真菌毒素中毒症　真菌毒素已发现 100 多种，可侵害肝、肾、脑、中枢神经系统及造血组织。例如，黄曲霉素可引起肝脏变性，肝细胞坏死及肝硬化，并可致肝癌。实验证明，用含 0.045PPM 黄曲霉素饲料连续喂养小白鼠、豚鼠、家兔等可诱生肝癌。橘青霉素可损害肾小管，肾小球发生急性或慢性肾病。黄绿青霉素引起中枢神经损害，包括神经组织变性、出血或功能障碍等。某些镰刀菌素和黑葡萄穗素主要引起造血系统损害，发生造血组织坏死或造血功能障碍，引起白细胞减少症等。

二、免疫性

1. 非特异性免疫　人类对真菌感染有天然免疫力。其包括皮肤分泌短链脂肪酸和乳酸的抗真菌作用，血液中转铁蛋白扩散至皮肤角质层的抑真菌作用，中性粒细胞和单核－巨噬细胞的吞噬作用，以及正常菌群的拮抗作用。且许多真菌病受生理状态影响，如婴儿对念珠菌病易感，学龄前儿童易患头癣。

2. 特异性免疫　真菌感染中细胞免疫是机体排菌杀菌及复原的关键，T 细胞分泌的淋巴因子对加速表皮角化和皮屑形成，随皮屑脱落，将真菌排除。以 T 细胞为主导的迟发型变态反应引起免疫病理损伤能局限和消灭真菌，以终止感染。一般 DTH 反应强度与体内菌量呈反比，如 DTH 阴性则菌量增加，病情严重，而经治疗又转阳性，说明治疗见效，预后良好。体液免疫对部分真菌感染有一定保护作用，如特异性抗体可阻止真菌转为菌丝相以提高吞噬细胞的吞噬率。抗白色念珠菌抗体与菌表面甘露醇蛋白质复合物结合，阻止本菌黏附宿主细胞。全身性白色念珠菌感染，尽管其迟发型变态反应阳性，或通过被动转移致敏淋巴细胞，还必须同时输入特异抗体才起保护作用。而 DTH 阴性者即使有抗体，不能引起保护作用，表明抗体须在具有良好的细胞免疫基础的机体内才发生保护作用。

第 3 节 真菌感染的检验方法

真菌的临床实验检查一般包括标本采集、直接镜检、染色镜检、分离培养、生化反应及免疫学试验等，以直接镜检和分离培养最重要。

一、标本采集与处理

不同真菌感染应采取不同的临床标本。浅部真菌感染可以采集毛发、皮屑、指（趾）甲、痂等，标本在分离前常先用 75% 的乙醇消毒。深部真菌感染的检查可取痰、尿液、口腔或阴道分泌物、脑脊液、各种穿刺液和活检组织等。采集标本时应注意无菌操作。采集标本后应及时转运至实验室进行检查，室温放置一般不超过 1～2h，以免标本变质污染。标本需在用药前采集，对已用药者则需停药一段时间后再采集标本。

1. 毛发与皮屑 可用镊子拔取头癣患者脆而无光泽、易折断或带有白色菌鞘的病损部位毛发。70% 乙醇消毒手、足、体、股癣病损部位后，用外科圆头钝刀轻轻刮取病损部位边缘或趾间皮屑。

2. 口腔黏膜 用无菌棉拭从口腔或咽部的白色点状或小片病损处取材。

3. 生殖道分泌物 用无菌棉拭子采集两份阴道或宫颈标本，一份用于涂片做形态检查，另一份用于分离培养。

4. 痰 一般收集晨痰标本，嘱患者刷牙漱口后咳出深部痰液，用无菌痰盒或试管收集。

5. 血液及体液 无菌采集 5～10ml 血液，增菌后再分离培养。取脑脊液 5ml、胸腔积液不少于 20ml 立即送检。

6. 脓汁及渗出物 闭合性脓肿用无菌注射器抽取标本，开放性脓肿取病损部痂皮下或较深部的脓液。

7. 尿液和粪便 取中段尿或导尿置无菌试管送检。粪便置无菌小盒送检。

二、检验程序

真菌的检验程序见图 17-4。

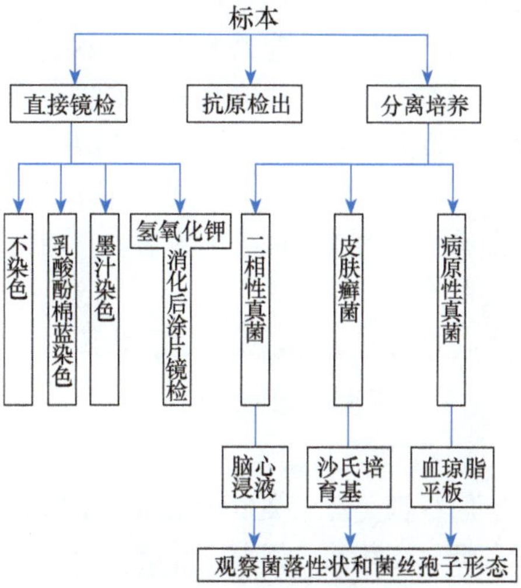

图 17-4 真菌的检验程序

三、检查方法

（一）直接检查法

直接镜检是最简单也是很有价值的实验室诊断方法。其优点在于简便、快速，无菌部位的阳性结果可直接确定真菌感染。但是除了少数真菌外，多数不能确定其种类。由于阳性率较低，阴性结果亦不能排除真菌感染存在可能性，有时需反复检查或做其他方法检查以进一步确定。直接镜检对于浅表和皮下真菌感染最有帮助。

1. 不染色标本检查 取皮屑、毛发、指（趾）甲屑等标本置于载玻片中央，滴加100～200g/L KOH溶液1～2滴，以盖玻片覆盖后在火焰上微微加温，使组织或角质溶解、透明后，先用低倍镜检查有无真菌菌丝或孢子，再用高倍镜检查其特征，可初步诊断真菌感染。

2. 染色标本检查 有些真菌如深部真菌需要染色后观察更清楚，常用的染色方法如下。

（1）革兰染色法：多用于白假丝酵母菌、孢子丝菌和组织胞质菌等。所有真菌均为革兰阳性。

（2）乳酸酚棉蓝染色法：取标本于载玻片上，滴加染液，加上盖玻片后于镜下观察，真菌被染成蓝色。该法适用于各种真菌的直接检查，培养物涂片检查及小培养标本保存等。

（3）荧光染色：用0.1%吖啶橙对标本涂片和组织切片进行染色，在荧光显微镜下观察，白假丝酵母菌、皮炎芽生菌、球孢子菌为黄绿色，新型隐球菌、鼻孢子菌为红色，组织胞质菌为红黄色，曲霉菌为绿色。

（4）墨汁染色：又称墨汁负染色，常用于检查有荚膜的真菌，如新型隐球菌。将优质墨汁与待检标本于载玻片混合，加盖玻片，镜检见背景染成黑色，菌体不着色，在黑色背景下可看到透亮菌体和宽厚荚膜。

（二）分离培养法

1. 培养基 在不同的培养基上真菌菌落形态变化很大，一般以沙保弱培养基为基准描写菌落的形态。常用的培养基有：无选择性培养基（如沙保弱培养基、脑心浸液培养基和血琼脂培养基）、选择性培养基（如放线菌酮－氯霉素琼脂）和鉴别培养基（如马铃薯葡萄糖琼脂、酵母浸膏琼脂、米粉琼脂）等。

2. 培养方法

（1）平皿培养法：培养基倾注于平皿，然后将皮屑、甲屑、毛发标本经70%乙醇浸泡2～3min以杀死杂菌，无菌盐水洗净后接种于沙保弱培养基上，置25～28℃培养数日至数周，观察菌落特征。其他标本接种于血平板或沙保弱培养基上37℃培养。此法的优点是便于分离并观察菌落特征，但水分易蒸发。

（2）试管培养法：是实验室中最常用的一种方法，一般用于菌种传代接种与保存。在大口径试管中装入培养基，制成斜面。接种方便、不易污染。

（3）小培养：是观察真菌结构特征及生长发育全过程的有效方法。小培养方法有多种多样，本节介绍玻片培养法：①取无菌“V”形玻璃棒（或浸泡乙醇，干后）放入无菌平皿内；②取无菌载玻片（或浸泡乙醇，干后）放在玻璃棒上；③制备1cm^2马铃薯葡萄糖琼脂（PDA）于载玻片上；④在琼脂块的每一侧用接种针接种待检菌；⑤取无菌盖玻片盖在琼脂块上，平皿内放少许无菌蒸馏水，加盖，置于25～28℃孵育（白假丝酵母菌培养24～48h，而皮肤癣真菌培养1～7d）；⑥培养后，弃琼脂块于消毒液中，滴加乳酸酚棉蓝染液于载玻片上，再将取下的盖玻片置于载玻片上染色镜检。

（三）真菌的鉴定

1. 生化反应鉴定

（1）糖（醇）类发酵试验：是检验真菌最常用的生化试验。所用的糖有葡萄糖、果糖、半乳糖、麦芽糖、蔗糖、乳糖、密三糖、淀粉等。醇类有甘油、甘露醇、山梨醇、肌醇等。

（2）同化碳源试验：是检验真菌对糖类中的碳源利用能力的一种很有价值的试验，主要用于鉴定酵母菌。其原理是某些真菌在不含碳源而仅含氮源的合成固体培养基上不生长。当培养基中加入该菌能利用的糖类时，则该菌生长。一般对双糖类发酵的真菌，都能同化或利用糖类或碳源。方法是含菌生理盐水与已融化的固体同化碳源培养基（45℃）混合，然后在培养基上分别加糖或浸糖干燥滤纸片，置25℃或37℃孵育24h观察结果。如能同化，则在糖或含糖纸片周围有生长圈，否则无生长。

（3）同化氮源试验：与同化碳源试验相同，但需用无氮源的培养基，不要加糖类，而加入硝酸钾，观察对硝酸钾的利用情况。本法多用于酵母菌的鉴定。

（4）明胶液化试验：某些真菌如着色真菌、链丝菌、放线菌、诺卡菌属等，具有明胶酶，可以分解明胶蛋白，使其失去凝胶性质而不能凝固。

（5）尿素分解试验：某些真菌如石膏样癣菌、犬小孢子菌、新生隐球菌等，具有脲酶，可分解尿素。

2. 免疫学检查 真菌感染的诊断，主要取决于病原学诊断。但在某些情况不能获得病原学证据，如急性组织胞质菌病、曲霉型支气管炎等，需要依靠免疫学手段进行辅助诊断。近年来有许多方法用于检测深部感染真菌的抗体，作辅助诊断荚膜组织胞质菌、念珠菌、曲霉菌感染的疾病。但系统性真菌感染患者常因免疫功能降低不出现抗体，许多真菌间抗原性有交叉反应，有的个体产生抗体后维护时间较长，故必须结合临床情况分析结果才能作出正确的诊断。

3. 其他鉴定试验

（1）芽管形成试验：将待检真菌接种于0.2～0.5ml动物或人血清中，充分震荡混匀数分钟后，置37℃孵育。白假丝酵母菌可由孢子长出短小芽管，其他假丝酵母菌一般不形成芽管。

（2）厚膜孢子形成试验：将待检真菌接种于Tween-80玉米粉琼脂培养基，置25℃孵育。白假丝酵母菌在菌丝顶端、侧缘或中间形成厚膜孢子。

（3）动物接种：动物接种有助于分离病原性真菌、确定真菌的致病性、研究药物对真菌的作用等。小白鼠对新型隐球菌、孢子丝菌、皮炎芽生菌、组织胞质菌较敏感。巴西芽生菌、球孢子菌一般接种豚鼠睾丸内。假丝酵母菌可作家兔耳静脉接种。

（4）真菌毒素检测：检测真菌毒素有许多不同的方法，如生物学方法、薄层层析法、高效液相色谱法和酶联免疫吸附实验法等。生物学方法主要用于检测真菌毒素的毒性，酶联免疫吸附试验操作简便且具有快速、高效等优点，适用于大批量标本中黄曲霉毒素的筛选。

（5）核酸检测：应用聚合酶链反应（PCR）、Southern印迹、脉冲场凝胶电泳（PFGE）等技术检测标本中真菌核酸，对一些疑难、特殊或高度变异的真菌鉴定及侵袭性真菌感染的早期诊断，有重要价值。

四、真菌的药物敏感试验

随着高效广谱抗生素和皮质类固醇激素的广泛应用、免疫缺陷患者的不断增多，真菌感染呈现上升趋势，且病情严重。治疗真菌感染的药物有多种，但致病性真菌易出现耐药，因而抗真菌药物敏感试验显得日趋重要。抗真菌药物敏感试验是测定抗真菌药物对病原真菌的抑制活性的体外试验方法，对帮助临床选择敏感的抗真菌药物和监测耐药真菌的出现和耐药性变化起重要作用。

（一）临床常用抗真菌药物

目前临床常用抗真菌药物主要有多烯类（如制霉菌素、两性霉素B、美帕曲星、曲古霉素）、唑类（如酮康唑、氟康唑）和抗代谢类（如氟胞嘧啶）等。

（二）真菌的药敏试验方法

常用方法有纸片扩散法、E-test 法、液体稀释法等。本节介绍用于酵母菌药敏试验的微量稀释法。

1. 试验前准备

（1）培养基：无苯酚盐的 RPMI1640 加 L- 谷氨酰胺和 pH 指示剂。用丙磺酸吗啉缓冲液（MOPS）调节培养基的 pH 至 7.0。本法适合 5- 氟胞嘧啶（5-FC）和唑类抗假丝酵母菌和一些丝状菌的药敏试验。

（2）药物原液：抗菌药物的储存液必须高于试验浓度的 10 倍（如氟康唑和 5-FC 为 1280μg/ml）。5-FC、氟康唑和其他任何水溶性的药物应用蒸馏水配制。多烯类或其他非水溶性的药物用二甲亚砜配制。储存液应分装成小容量，在－60℃或以下储存，使用当天取出。

（3）接种菌液：测试菌株接种在沙保弱培养基 35℃培养至少传代二次。将培养 24h 后的假丝酵母菌和培养 48h 以上的新型隐球菌挑选直径 1mm 以上的菌落 5 个，混悬在无菌的 5ml 0.85%NaCl 中，调节浊度至 0.5 麦氏标准［（1～5）$\times10^6$CFU/ml］，再以 RPMI 培养基稀释成 1∶2000，得（0.5～2.5）$\times10^3$CFU/ml 菌液。

（4）常量测试的药物稀释：对非水溶性的药物（如两性霉素 B、酮康唑、伊曲康唑等）先用 100% 非水溶性溶剂作对倍稀释，再用 RPMI 培养基作 10 倍稀释（两性霉素、酮康唑等为 160～0.3μg/m1）。水溶性药物（如氟康唑）从储存液中直接用 RPMI 培养基对倍稀释至最终浓度的 10 倍（即为 640～1.2μg/m1）。

（5）质控：根据 CLSI 的指南，将近平滑假丝酵母菌 ATCC22019 和克柔假丝酵母菌 ATCC6258 作为质控菌株。其 MIC 应落在预期值范围内（表 17-2）。

表 17-2　常量稀释法质控菌株 MIC 预期值范围（μg/ml）

菌种	多黏霉素 B	氟康唑	伊曲康唑	酮康唑	5- 氟胞嘧啶
近平滑念珠菌 ATCC22019	0.12～1.0	2.0～8.0	0.06～0.25	0.06～0.25	0.12～0.5
克柔念珠菌 ATCC6258	0.5～2.0	16～64	0.12～0.5	0.12～0.5	4.0～16

2. 常用方法

（1）常量稀释法：将上述配制的系列稀释药液每管加入 0.1ml，再加入 0.9ml 含菌培养液，最终药物浓度为 0.03～16μg/ml（两性霉素 B、酮康唑）和 0.12～64μg/ml（5-FC 和氟康唑）。细菌生长对照为 0.9ml 含菌培养液＋0.1ml 无药培养液；同时无菌、无药的培养基作为阴性对照。35℃培养 46～50h（假丝酵母菌）或 70～74h（新型隐球菌）观察结果。

（2）微量稀释法：将 4 种制备的试验用药用 RPMI 培养基稀释成 0.06～32μg/ml（两性霉素 B、酮康唑）和 0.24～128μg/ml（5-FC 和氟康唑）。于 96 孔微量板中加入 0.1ml，再加入 1∶1000 稀释的菌液（1.0$\times10^3$～5.0$\times10^3$CFU/ml）0.1ml，也需设置对照。35℃孵育，以细菌生长对照出现生长时间为判断结果时间。

观察各管（孔）生长情况。两性霉素 B 的 MIC 为完全抑制生长的完全透明的最低药物浓度。5-FC 和咪唑类的 MIC 为与生长对照比较 50% 生长被抑制的最低药物浓度。

第 4 节 常见病原性真菌及检验

一、浅部感染真菌

浅部感染真菌主要为皮肤丝状菌（dermatophytes），侵犯皮肤、毛发、指甲等角化组织引起癣症，又称癣菌（ringworm），分为表皮癣菌、毛癣菌和小孢子癣菌 3 个属，共 37 个种。

（一）生物学性状

主要内容见表 17-3。

表 17-3 皮肤癣菌的特征

属名	种数	侵犯部位			形态特征		
		皮肤	指甲	毛发	大分生孢子	小分生孢子	菌丝
毛癣菌属	21	+	+	+	细长、棒形、壁薄，少见或无	梨形、棒形，较多见	螺旋状、鹿角状、结节状、球拍状、破梳状，单纯细菌丝
小孢子菌属	15	+	−	+	纺锤形，壁较厚，较多见	棒形，卵圆形，较少见	球拍状及破梳状菌丝
表皮癣菌属	1	+	+	−	梨形，壁较薄，多见	无	单纯菌丝

（二）临床意义

皮肤癣，特别是手足癣，是人类最多见的真菌病。癣病的传播方式为直接或间接接触传播，如直接接触癣病患者或染病动物，间接接触污染的毛巾、帽子、拖鞋、理发工具等。

这些癣菌均能产生角质蛋白酶，具有嗜角质蛋白的特性，主要侵犯皮肤、毛发、指（趾）甲等角化组织，在局部增殖，由于真菌的机械性刺激和增殖过程中产生的代谢产物对组织的作用，引起各种癣病，如头癣、体癣、甲癣、脚癣等。

表皮癣菌属对人致病的仅有絮状表皮癣菌，是人类体癣、股癣、足癣和甲癣的主要病原菌，不侵犯毛发。毛癣菌属在我国常见的有红色毛癣菌、许兰毛癣菌、紫色毛癣菌、断发毛癣菌及石膏粉状毛癣菌，可引起皮肤、毛发和甲板感染。小孢子癣菌属在我国常见的有铁锈色小孢子癣菌和犬小孢子癣菌等，主要侵犯毛发和皮肤，引起头癣与体癣。

（三）微生物学检验

1. 标本采集 甲癣者刮取有病的指甲或趾甲成分，头癣者取断发，体癣者取皮屑，置于载玻片上。

2. 检验方法

（1）直接镜检：直接采取病变部位的标本，用显微镜检查有无菌丝及孢子的存在，本法迅速简便，是临床真菌检查最常用的方法。

（2）分离培养与鉴定：取毛发、皮屑、甲屑等标本，用 70% 乙醇消毒，接种沙保琼脂斜面培养基，25℃培养 7～14d，根据菌落形态及颜色，并挑取菌落镜检菌丝及孢子的特征进行鉴定。

（3）荧光检查：本法主要用于头癣检查。病发在滤过紫外灯照射下可发出不同色泽的荧光，如黄癣菌病发呈暗绿色荧光，白癣小孢子菌属的病发呈亮绿色荧光等。

二、深部感染真菌

深部感染真菌是侵犯皮下组织和内脏，引起全身性感染的真菌。多数能引起慢性肉芽肿样炎症、溃疡及坏死等病变。深部感染真菌分两大类：①致病性真菌：此类真菌在正常人体内部不存在，一旦侵入机体，即可致病，如组织胞质菌、球孢子菌、芽生菌等，我国少见；②条件致病性真菌：是人体正常菌群的成员，当机体抵抗力下降时才致病，如新型隐球菌、白色念珠菌、曲霉菌和毛霉菌等。

（一）白假丝酵母菌

白假丝酵母菌（*Candida albicans*）又称白色念珠菌，广泛存在于自然界，也存在于正常人口腔、上呼吸道、肠道及阴道，一般在正常机体中数量少，不引起疾病，为条件致病性真菌。假丝酵母菌（*Candida*）俗称念珠菌，有81个种，其中有11种对人有致病性。白假丝酵母菌为最常见的致病菌。此外，热带假丝酵母菌、克柔假丝酵母菌和光滑假丝酵母菌也较多引起疾病。新近分离的柏林假丝酵母菌所占比例有逐年增高的趋势。

案例 17-1

患者，男性，52岁，咳嗽3d，伴有全身不适和严重头痛、腹泻。咳出白色泡沫黏痰，腹泻黏液样非血性便。该患者2年前曾做过肾移植手术，为防止排斥反应一直服用肾上腺皮质激素和环孢素A。痰和粪便标本涂片及革兰染色镜检，均见紫蓝色、卵圆形，直径比葡萄球菌大2～3倍的菌细胞，将其接种在玉米粉琼脂培养基上培养后，形成厚膜孢子。

问题：

1. 最可能的临床诊断是什么？为什么？
2. 病原学诊断的依据是什么？
3. 要鉴定该病原体还应做哪些实验？

1. 生物学性状 假丝酵母菌的主要特征是细胞呈球形、椭圆形、圆筒形、长条形，直径为2～4μm，有时为不规则形。其通过发芽而繁殖，可形成假丝菌，少数形成厚膜孢子及真菌丝。假丝酵母菌为酵母型真菌，芽生酵母在特定条件下转为菌丝后则致病力增强。按细胞壁甘露糖蛋白的主要抗原成分不同可分为A和B两种血清型，免疫功能正常人中A型比B型多2倍，免疫功能缺陷者的A、B两型相等。

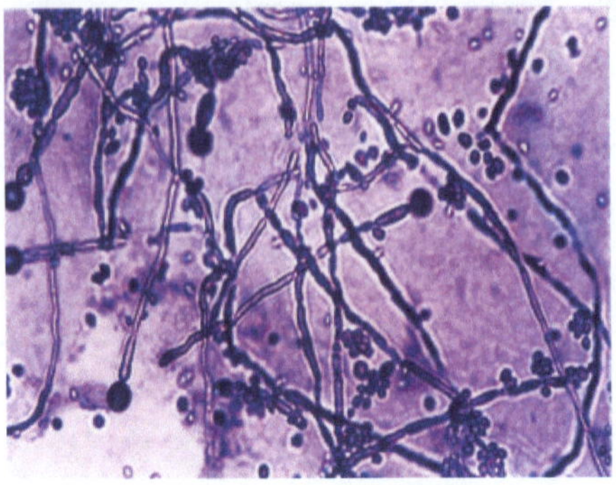

图 17-5　白假丝酵母菌形态（玉米粉琼脂培养基，亚甲蓝染色）

白假丝酵母菌的培养特征是在普通琼脂、血琼脂和沙保培养基上均生长良好。在沙保培养基于室温或37℃培养1～3d长出菌落，呈奶油色或蜡状，柔软、光滑、湿润，有浓厚的酵母气味。培养稍久，有大量向下生长的营养假菌丝，无向上生长的气中菌丝，呈类酵母型菌落。在血琼脂培养基上菌落中等大小呈暗灰色。在玉米粉琼脂培养基上可形成假菌丝，并产生厚膜孢子（图 17-5）。

2. 临床意义　本菌为人体正常菌群之一。此菌正常情况下呈卵圆形，白假丝酵母菌与机体处于共生状态，不引起疾病。当某些因素破坏这种平衡状态，白假丝酵母菌由酵母相转为菌丝相，在局部大量生长繁殖，引起皮肤、黏膜甚至全身性的假丝酵母菌病。当机体的正常防御功能受损导致内源性感染，如创伤、抗生素应用及细胞毒药物使用致菌群失调或黏膜屏障功能改变、皮质激素应用、营养失调、免疫功能缺陷等。假丝酵母菌为双相菌，正常情况下一般为酵母相，致病时转化为菌丝相。因此在细胞涂片或组织切片中发现假菌丝是假丝酵母菌感染的重要证据。在临床标本中如有大量菌丝，提示白假丝酵母菌为致病状态，对诊断具有重要意义。

所致疾病：①皮肤黏膜念珠菌病，好发于皮肤潮湿、皱褶处，如腋窝、腹股沟、肛门周围、会阴及指（趾）间，形成湿疹样皮炎，也可引起甲沟炎及甲床炎。最常见的黏膜感染有新生儿鹅口疮、口角炎及阴道炎。②内脏念珠菌病，如念珠菌性肠炎、肺炎、肾盂肾炎等。③中枢神经系统念珠菌病，主要有脑膜炎、脑膜脑炎、脑脓肿等。

3. 微生物学检验　根据临床所致疾病的不同，可取分泌物、痰、粪、尿、血或脑脊液等标本，按以下方法进行检验及鉴定。

（1）直接镜检：通常取痰、脓、分泌物标本直接涂片，革兰染色镜检，难以透明的标本先用 10%KOH 溶液消化后镜检。镜下见革兰阳性成群的芽生孢子及假菌丝，则有诊断意义。

（2）分离培养：标本接种沙保弱培养基，25℃或 37℃培养 1～4d，可见奶油色、典型的酵母样菌落，镜检见有假菌丝及芽生孢子，可取该菌落进一步鉴定。

（3）鉴定试验

1）芽管形成试验：在无菌小试管中加入人或动物（兔、牛、羊）血清 0.25～0.5ml，接种少量（菌量 10^6/ml）被检菌，充分振摇，混合数分钟后，置于 35℃孵育 1～3h（不超过 4h）。每隔 1h 挑取 1 环含菌血清于清洁载玻片上，加盖玻片后镜检，连续检查 3 次。若在菌体上长出芽管，则芽管形成试验为阳性，否则为阴性。

2）厚膜孢子形成试验：将玉米 - 吐温 -80 培养基上的菌落与培养基一同割下置于载玻片上，盖上盖玻片压平，置显微镜低倍镜或高倍镜下观察。可见较多壁厚、圆形的厚膜孢子，多位于假菌丝的顶端，称为厚膜孢子形成试验。

3）TZC 试验：将假丝酵母菌接种于含 0.005% 氯化三苯四氮唑（TZC）的沙保弱培养基中，经 22～25℃培养 24～48h，白假丝酵母菌不变色或仅淡红色，其他假丝酵母菌呈红色或深红色。

4）糖同化试验：融化 20ml 糖同化试验培养基，冷至 48℃，将培养 24～72h 被鉴定念珠菌株混悬于 4ml 无菌盐水中，调整浊度相当于 McFarland4 号管，全部菌液加入培养基中，混匀倾注成平板，凝固后，将含各种糖类纸片贴在平板表面，于 25～30℃孵育 10～24h，检查被检菌在纸片周围生长与否，如能围绕含糖纸片生长者，即为该糖同化阳性。如观察不清楚，可继续孵育 24h。糖发酵和糖同化试验：根据这两种试验可将常见的几种假丝酵母菌进行鉴别，如白假丝酵母菌对葡萄糖、麦芽糖的发酵和同化试验均为阳性，而对乳糖的发酵和同化试验均为阴性。

5）动物实验：白假丝酵母菌对兔有致病力，给兔耳静脉注射本菌，经 4～5d 死亡。解剖可见肾和肝肿胀、充血，并有小脓肿，涂片及培养均可见本菌及其假菌丝存在。

6）血清学试验：用特异性抗体血清进行玻片凝集试验以鉴定本菌或分型。

（4）血清学诊断：应用胶乳凝集试验或 ELISA 法测定机体内抗白假丝酵母菌抗体。

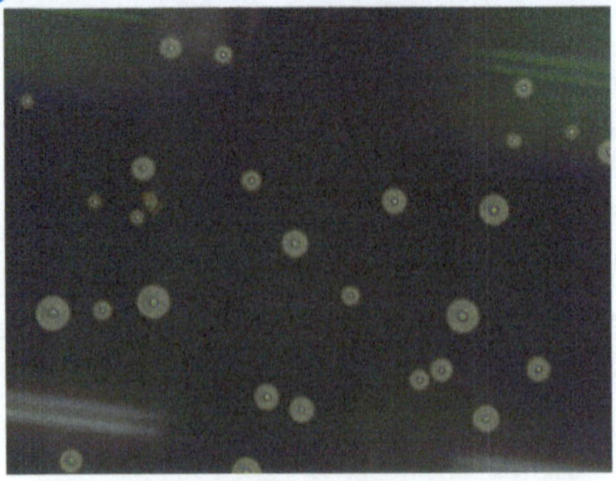

●● 图 17-6 新型隐球菌(墨汁负染色，200×)●●

（二）新型隐球菌

新型隐球菌（*Cryptococcus neoformans*）又名溶组织酵母菌，广泛生存于土壤、鸽类、牛乳、水果等中的腐生菌，也可存在于人体的体表、口腔及肠道。

1. 生物学性状 菌体呈圆形或卵圆形，直径4～6μm；菌体外周有一层肥厚的荚膜，墨汁负染色后可在黑色的背景中见到透亮菌体及荚膜（图17-6）。荚膜为多糖，具有抗原性，可依此分A～D 4个血清型，以A型最多见。非致病性隐球菌则无荚膜。

本菌营养要求不高，在沙保琼脂及血琼脂培养基上，于25℃及37℃皆可生长，而非病原性隐球菌在37℃不能繁殖。本菌培养数天后可出现酵母型菌落，呈乳白色。在麦芽汁琼脂培养基上28℃培养3～5d后可出现菌落。在麦芽汁液体培养基中25℃培养3d后呈浑浊生长，可有少量沉淀或菌膜。

2. 临床意义 新型隐球菌的荚膜多糖是其主要的致病物质，可能与它能抑制机体免疫功能及增加免疫耐受性有关。动物试验证明，无荚膜的突变株缺乏对小鼠的致病力，恢复产生荚膜能力后则可重获致病力。荚膜多糖能抑制中性粒细胞的吞噬作用，削弱T细胞对其产生的免疫应答等。

新型隐球菌一般为外源性感染，大量存在于鸟、鸽粪中。鸽子是重要传染源。主要的入侵途径是呼吸道，常引起肺部感染。新型隐球菌也可见于人体正常微生物群中，当机体免疫力低下时可发生内源性感染，如易发于白血病、艾滋病及糖尿病患者。新型隐球菌经呼吸道吸入而感染，引起肺部轻度炎症，并可播散至全身其他部位，包括皮肤、骨、心脏等组织，最易侵犯中枢神经系统，引起隐球菌性脑膜炎。临床表现类似结核性脑膜炎，预后不良。由于临床上抗生素、激素和免疫抑制剂的广泛使用，近年来新生隐球菌感染的病例有增多的趋势。

3. 微生物学检验 根据临床所致疾病的不同，可取脑脊液、痰、脓、尿及活体组织等标本。常规检验方法如下。

（1）直接镜检：取脑脊液标本做墨汁负染，镜检见圆形或椭圆形的透明菌体，有圆形芽管、宽厚荚膜，可作为诊断依据。

（2）分离培养：在沙保培养基上，室温、37℃培养2～3d即可长出典型酵母型菌落。有荚膜者菌落黏稠。

（3）生化反应

1）糖同化及发酵试验：本菌不发酵各种糖类，但能同化葡萄糖、麦芽糖、蔗糖、半乳糖、肌醇，不同化乳糖。

2）酚氧化酶试验：在含L-多巴枸橼酸铁和咖啡酸培养基中，经2～5d培养，新型隐球菌出现棕黑色菌落。

3）尿素酶试验：新型隐球菌尿素酶试验为阳性，而白假丝酵母菌为阴性。

（三）其他真菌

1. 曲霉菌（*Aspergillus*） 广泛分布于自然界，系条件致病菌，如烟曲霉菌，可引起支气管哮喘或肺部感染。在沙保弱培养基上，室温培养，生长迅速，形成丝状菌落。镜检菌丝较粗，有分隔，菌丝顶端有一球形或椭圆形结构，称为顶囊，顶囊上着孢子柄，孢子柄上着生成串的小分生孢子，此结构特征有助于曲霉菌种间的鉴别。采集患者痰液等标本，做形态检查可检出曲霉菌菌丝、孢子等。接种沙保培养基培养后可见黄绿色毛状菌落。用ELISA等方法亦可检出该菌抗原及相应抗体。

2. 毛霉菌（*Mucor*） 广泛分布于自然界，常使食品霉变，是实验室常见的污染菌，也是人类条件致病性真菌，如腐生毛霉菌，在机体免疫力低下时可致脑、肺、胃肠道感染。在沙保弱培养基上，室温培养，生长迅速，形成丝状菌落。镜检菌丝不分隔，分支，菌丝顶端有呈球形或椭圆形的孢子囊，孢子囊壁较薄，内充满分生孢子，可释放出大量呈圆形的分生孢子。取皮屑、脓液、血液、痰液等标本，做形态检查可检出粗大菌丝，接种沙保等培养基培养生长速度较快，可见初始菌落表面白色棉花状，渐变成灰褐色或其他颜色，顶端有黑色小点。用ELISA等方法可检出该菌特异性抗体。

3. 卡氏肺孢菌（*Pneumocystis carinii*） 过去认为是原虫，现根据形态学和分子遗传学分析证实属于真菌。该菌广泛分布于自然界，可引起健康人的亚临床感染，常见于免疫缺陷患者，可引起肺炎。卡氏肺孢菌病是AIDS最常见、最严重的机会感染性疾病。取痰液或肺组织直接染色后可查见包囊。用单克隆抗体可检测患者血清中卡氏肺孢菌抗原，亦可用IFA、ELISA等方法测定其特异性抗体。用PCR技术及基因探针可检测卡氏肺孢菌核酸。

链接

真菌与医院内感染

念珠菌、曲霉菌和某些其他条件致病性真菌为二重感染的常见致病菌，多发生在应用抗生素和皮质激素及白细胞减少的患者。念珠菌属中80%为白色念珠菌，近年来热带念珠菌、克柔念珠菌有增多趋势。念珠菌除为医院内肺部感染和消化道感染的病原菌外，也可在静脉保留插管时引起败血症，在免疫缺陷患者引起黏膜皮肤念珠菌病。曲霉菌为急性非淋巴细胞白血病患者感染中常见致病菌之一，曲霉菌肺部感染亦并非少见，在免疫缺陷患者中隐球菌性脑膜炎也可发生。此外，由于绷带和筒形石膏污染，还可造成根霉菌和曲霉菌疏松结缔组织炎。

目标检测

一、名词解释

1. 真菌
2. 菌丝
3. 孢子

二、单项选择题

1. 真菌区别于细菌的本质特征是（　　）
   A. 具有包括核膜、核仁在内的高分化的细胞核
   B. 有单细胞或多细胞等不同形态
   C. 有多种繁殖方式
   D. 对抗生素不敏感
   E. 细胞壁中无肽聚糖
2. 真菌细胞不具有的结构或成分是（　　）
   A. 细胞壁　　B. 细胞核
   C. 线粒体　　D. 内质网
   E. 叶绿体
3. 真菌目前仍然依照植物命名法规命名，即采用（　　）
   A. 林奈命名法　　B. 伯杰命名法
   C. 达尔文法规　　D. 维也纳法规
   E. 华盛顿法规
4. 真菌的繁殖方式不包括（　　）
   A. 出芽　　B. 形成菌丝

C. 复制　　D. 菌丝断裂
E. 产生孢子

5. 培养真菌的最适合 pH 是（　　）
A. 2.0～4.0　　B. 3.0～5.0
C. 4.0～6.0　　D. 5.0～7.0
E. 6.0～8.0

6. 多细胞真菌都能产生的孢子是（　　）
A. 芽生孢子　　B. 厚膜孢子
C. 关节孢子　　D. 小分生孢子
E. 大分生孢子

7. 真菌引起的疾病，不包括（　　）
A. 手足癣　　B. 菌群失调症
C. 脑膜炎　　D. 肝癌
E. 脚气病

8. 形成假菌丝的孢子是（　　）
A. 膜厚孢子　　B. 芽生孢子
C. 大分生孢子　　D. 小分生孢子
E. 关节孢子

9. 真菌感染不用青霉素治疗，是因为真菌（　　）
A. 缺乏细胞壁
B. 产耐青霉素的酶
C. 长期使用青霉素易产生耐药
D. 细胞壁缺乏肽聚糖
E. 亲和力低

10. 多细胞真菌的菌落类型是（　　）
A. 酵母型　　B. 类酵母型
C. 混合型　　D. 类丝状型
E. 丝状型

11. 引起深部感染的真菌大多数是（　　）
A. 致病性真菌　　B. 产毒素真菌
C. 条件致病性真菌　　D. 多细胞真菌
E. 具有应变原的真菌

12. 下列真菌中，已成为最普遍的全身性真菌病病原，也是医院感染中最主要的真菌病原的是（　　）
A. 新型隐球菌　　B. 曲霉菌
C. 白假丝酵母菌　　D. 荚膜组织胞浆菌
E. 卡氏孢子菌

13. 下列哪种真菌是 AIDS 患者最常见的机会感染菌，并是其致死的主要原因（　　）
A. 白假丝酵母菌　　B. 新生隐球菌
C. 组织胞质菌　　D. 马内菲青霉菌
E. 卡氏孢子菌

14. 白假丝酵母菌常引起（　　）
A. 癣病
B. 皮下组织感染
C. 皮肤黏膜、内脏感染
D. 真菌超敏反应性疾病
E. 真菌中毒症

15. 真菌细胞壁中不具有的成分是（　　）
A. 肽聚糖　　B. 多糖
C. 糖蛋白复合物　　D. 几丁质
E. 蛋白质

16. 脑脊液的离心沉淀物行墨汁负染色，在黑色背景中，见到菌体周围有透明的荚膜，似一晕轮，有时可见到出芽的酵母样菌，该菌最可能是（　　）
A. 脑膜炎奈瑟菌　　B. 淋病炎奈瑟菌
C. 肺炎链球菌　　D. 新型隐球菌
E. 组织胞浆菌

17. 最常用的真菌培养基是（　　）
A. Sabourand 琼脂培养基
B. 玉米 – 吐温培养基
C. 血琼脂培养基
D. S-S 琼脂培养基
E. 中国蓝培养基

18. 培养白假丝酵母菌产生厚膜孢子的培养基是（　　）
A. 沙氏培养基
B. 察氏培养基
C. 玉米 – 吐温 –80 培养基
D. 血清培养基
E. 血琼脂培养基

19. 引起人体感染最常见的是（　　）
A. 白假丝酵母菌　　B. 光滑念珠菌
C. 热带念珠菌　　D. 类星形念珠菌
E. 克柔念珠菌

20. 能形成芽管和厚膜孢子的是（　　）
A. 白色念珠菌　　B. 热带念珠菌
C. 克柔念珠菌　　D. 类星念珠菌
E. 光滑念珠菌

三、问答题

1. 简述单细胞真菌与多细胞真菌形态结构的区别。
2. 真菌的繁殖条件、方式有哪些？其菌落有何特点？
3. 简述白假丝酵母菌的形态、染色和鉴定方法。

（胥振国）

第18章 病毒概述

学习目标

1. 掌握：病毒的概念、形态、结构、化学组成；病毒标本的采集与运送；病毒的分离培养与鉴定。
2. 熟悉：病毒感染的快速诊断方法。
3. 了解：病毒的增殖方式、过程和干扰现象。

病毒（virus）是一类个体微小、结构简单、只含有一种核酸（DNA 或 RNA）、必须在活细胞内寄生并以复制的方式繁殖后代的非细胞型微生物。病毒体（virion）是指完整的成熟病毒颗粒。

在临床上由微生物引起的感染性疾病中，病毒性疾病约占 75%，且病毒性感染具有传染性强、传播速度快、流行广泛、死亡率高、后遗症严重等特点。有的病毒感染还与肿瘤及自身免疫性疾病有密切关系，给临床诊断、治疗及防治带来很大不便。

第 1 节 病毒基本特性

一、病毒的大小与形态

病毒体极小，其测量单位为纳米（nm），一般介于 20～250nm。绝大多数病毒体小于 160nm，必须用电子显微镜放大数千倍至数万倍才能看到。病毒的形态呈多样性，大致分 5 种类型。多数病毒呈球形或近似球形，少数呈杆状或丝状（如埃博拉病毒）、弹状（如狂犬病病毒）、砖形（如痘类病毒）和蝌蚪状（如噬菌体），见图 18-1。

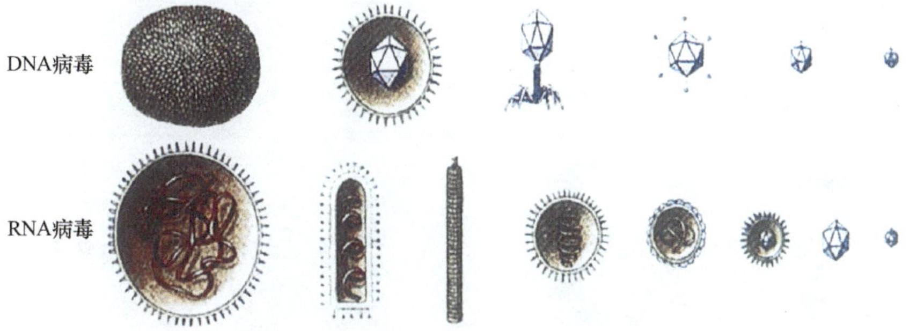

图 18-1 常见病毒的形态示意图

研究病毒大小和形态的方法有很多，如电子显微镜下观察、超滤膜法、超速离心法、电离辐射等。

二、病毒的结构与化学组成

病毒无细胞结构，所有病毒的基本结构均由核心与外围的衣壳构成核衣壳。有些病毒的核衣壳外有包膜（envelope）（图 18-2）。带有包膜的病毒体称为包膜病毒（envelope virus），无包膜的病毒体称为裸露病毒（naked virus）。

（一）病毒核心

核心是病毒的中心结构，由 DNA 或 RNA 及少量蛋白质组成。核酸构成病毒的基因组，病毒所含基因量少，仅为细菌基因组的 1/1000～1/10，这些基因为病毒的感染、增殖、遗传和变异等生命活动提供遗传信息。有些裸露的病毒核酸可进入易感细胞内增殖，具有感染性，故称为感染性核酸。裸露的核酸易被核酸酶分解破坏，又不易吸附细胞，故病毒核酸的感染力比病毒体弱，但因其不受相应病毒受体的限制，故感染宿主的范围则比病毒体广泛。

（二）病毒衣壳

衣壳是包围在病毒核酸外的一层蛋白质，由一定数量壳粒聚合而成。由于病毒核酸的螺旋构型不同，衣壳的数量及排列方式也不同，病毒衣壳的排列呈现以下三种对称性型。①螺旋对称型：壳粒沿盘旋状的核酸走向排列成螺旋对称型，如黏病毒、丝状病毒等。② 20 面体立体对称型：由于病毒核酸浓集在一起形成球形或近似球形，外被衣壳的壳粒排列成 20 个等边三角形的面，连成 20 面体立体对称的球形体。不同病毒每一个面壳粒数目不同，据此可将病毒分类及鉴别病毒。例如，疱疹病毒一个面壳粒有 162 个，而腺病毒有 252 个。③复合对称型：病毒体结构复杂，既有螺旋对称又有 20 面体立体对称。例如，痘类病毒和噬菌体等。

衣壳蛋白包绕并保护病毒核酸，且能与宿主细胞表面的病毒受体特异结合。另外，衣壳蛋白具有良好的免疫原性，能诱发机体产生免疫应答，免疫应答既有免疫防御作用，又可引起免疫病理反应。

（三）包膜

有的病毒在核衣壳外还有包膜，包膜是病毒以出芽方式从宿主细胞内释放时，穿过核膜、胞质膜、空泡膜等，在核衣壳外获得的宿主细胞的膜成分。病毒包膜主要含有脂质、糖类、蛋白质等。因包膜的基质是脂类，故对脂溶剂敏感。包膜表面有病毒编码的突起结构，称为包膜子粒或刺突（spike）（图 18-2），化学成分为糖蛋白。刺突赋予病毒一些特殊功能，如流感病毒有血凝素（HA）和神经氨酸酶（NA）两种刺突，这些物质与致病性、免疫性有关，而且还可用于病毒的鉴定和分类。

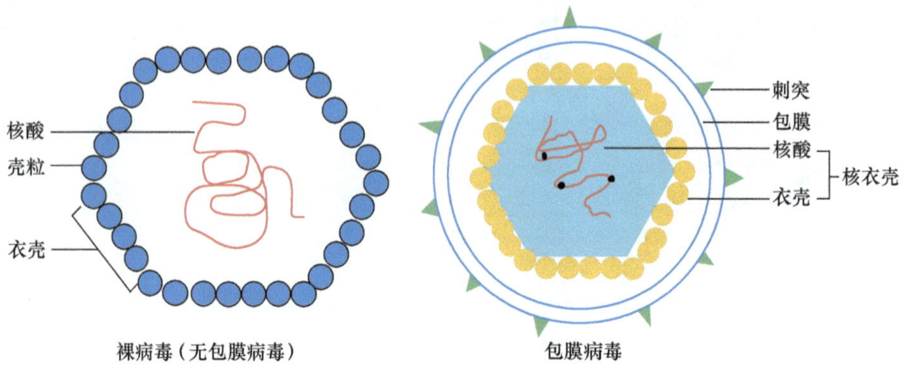

图 18-2　病毒的结构示意图

三、病毒的增殖

（一）病毒复制周期

病毒为非细胞型微生物，缺乏独立代谢的酶系统，故只能在活的宿主细胞内借助宿主细胞提供原料、能量和必需的酶才能进行增殖。病毒是以独特的复制方式进行增殖，从病毒进入细胞开始，经基因组复制到子代病毒释放的全过程，包括吸附、穿入、脱壳、生物合成、组装成熟和释放五个步骤，称为复制周期（图 18-3）。

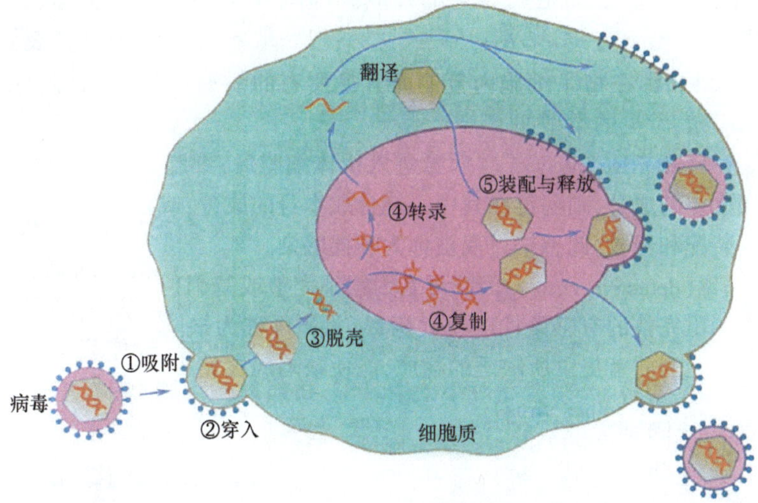

图 18-3 双链 DNA 病毒的复制周期示意图

1. 吸附 病毒与宿主细胞的特异性结合，吸附于易感细胞。病毒的吸附是特异的、不可逆的，这种特异性决定了病毒的嗜组织特性，如人类免疫缺陷病毒与人 T 细胞表面的 $CD4^+$分子结合，导致吸附。有的病毒有多种细胞受体，可引起多途径感染。若病毒无相应细胞受体，则病毒就不能吸附细胞引起感染，故可利用消除细胞表面病毒受体或阻断病毒与受体结合的机制开发和研制抗病毒药物。

2. 穿入 在易感细胞上的病毒体穿过胞质膜进入细胞内，称为穿入。穿入的方式主要有：①细胞胞饮：细胞膜将吸附的病毒包裹并内陷，形成类似吞噬泡的结构，使病毒进入细胞质。无包膜病毒一般以此方式穿入。②转位：少数无包膜病毒吸附于宿主细胞时，其衣壳蛋白的多肽成分和结构发生改变，从而使病毒可直接穿过细胞膜进入细胞质。这种方式较少见。③融合：病毒体的包膜与宿主细胞膜发生融合，而使病毒核衣壳进入细胞质。有包膜病毒多以这种方式穿入宿主细胞中。

3. 脱壳 病毒体脱去蛋白质衣壳，使基因组核酸裸露的过程称为脱壳。病毒核酸不暴露病毒则无法进行复制。脱壳必须有酶的参与，多数病毒在穿入时已在细胞溶酶体酶作用下脱壳。

4. 生物合成 病毒基因经脱壳释放后，利用宿主细胞提供的低分子物质合成大量的病毒核酸及结构蛋白等的过程为生物合成。这一过程仅合成子代病毒的组成元件，在细胞内查找不到完整的病毒体，故称为隐蔽期。以 DNA 病毒的合成为例，首先以 DNA 为模板，在宿主细胞提供的依赖 DNA 的 RNA 聚合酶作用下，转录出早期 mRNA，然后在细胞核糖体上转译早期蛋白质，即病毒编码的依赖 DNA 的 DNA 聚合酶等。在此酶作用下，以亲代病毒 DNA 为模板，可复制大量子代病毒的核酸，再以子代病毒核酸为模板可转录出晚期 mRNA，mRNA 结合在细胞核糖体上可转译出大量晚期蛋白质，即病毒编码的子代病毒衣壳蛋白质和包膜表面的结构蛋白等。

5. 组装、成熟与释放 装配是指将合成的蛋白质和病毒核酸组装成病毒核衣壳的过程。无包膜病毒装配的核衣壳即为成熟子代病毒体。包膜病毒在细胞内装配成核衣壳，然后以出芽方式再包上宿主细胞的核膜或胞质膜释放为包膜病毒。装配好的成熟病毒体从宿主细胞游离出来的过程称为释放。释放的方式有三种：①破胞释放：无包膜病毒装配完成后，宿主细胞破裂而把病毒全部释放到周围环境中。②芽生释放：有包膜的病毒在装配完成后，以出芽方式释放到细胞外。细胞一般不死亡，仍可分裂繁殖。③其他方式：有些病毒如巨细胞病毒，很少释放到细胞外，而是通过细胞间桥或细胞融合在细胞之间传播。

（二）病毒的异常增殖

病毒进入宿主细胞后，可因病毒本身基因组不完整或发生了改变，从而不能在细胞内完成增殖的全过程和复制出有感染性的病毒体。另一方面，如宿主细胞缺乏病毒复制所需要的酶、能量等条件，病毒也不能复制和装配释放成熟病毒体，从而出现异常增殖现象。

1. 缺陷病毒 由于病毒基因组不完整或基因位点改变，致使病毒在宿主细胞内复制不完整、无感染性的病毒颗粒，这种病毒称为缺陷病毒。缺陷病毒不能复制出完整的子代病毒，但能干扰同种成熟病毒体进入易感细胞，故又称为缺陷干扰颗粒。当缺陷病毒与能为其提供缺乏物质的另一种病毒共同培养时，则能使缺陷病毒完成正常的增殖。这种具有辅助作用的病毒称为辅助病毒。例如，丁型肝炎病毒是一种缺陷病毒，必须在乙型肝炎病毒或其他嗜肝 DNA 病毒的辅助下才能增殖，此时乙型肝炎病毒是丁型肝炎病毒的辅助病毒。

2. 顿挫感染 病毒进入宿主细胞后，因细胞不能为病毒复制提供所需的酶、能量及必要的成分，所以病毒在其中不能合成自身成分，或者虽能合成病毒成分，但不能完成装配和释放。此现象称为顿挫感染。

（三）病毒的干扰现象

当两种病毒同时或短时间内先后感染同一细胞时，可发生一种病毒抑制另一种病毒增殖的现象，称为干扰现象。干扰现象可发生在异种、同种、同型病毒之间，也可发生在灭活病毒和活病毒之间。干扰现象发生的原因：①宿主细胞产生的干扰素抑制了病毒的复制；②第一种病毒破坏或改变了宿主细胞的表面受体，使另一种病毒无法吸附细胞；③第一种病毒改变了宿主细胞的代谢途径，影响了另一种病毒的复制过程；④缺陷病毒所引起的干扰。在使用活疫苗预防病毒性疾病时，应注意合理使用，以避免不同疫苗中的病毒之间发生干扰现象而影响疫苗的效果。

四、病毒的遗传与变异

病毒的基因组较简单，每种病毒只有一种核酸，小病毒的基因数仅 3～4 个，大病毒可多达数百个基因。例如，已知动物病毒中基因组最小的丁型肝炎病毒，基因组是仅含 1.7kb 的单链 RNA，痘类病毒的双链 DNA 基因组长度为 130～300kb。病毒增殖速度极快，如单个腺病毒在一个细胞内可产生相当于 17 代的 25 万个子代 DNA 分子，故病毒较其他微生物更具有遗传不稳定性，即变异性。

病毒的变异现象主要有毒力变异、抗原变异、空斑变异等。在自然条件下，某些病毒如脊髓灰质炎、流感病毒等均存在不同毒力的毒株。用人工方法也可诱导毒力变异，如狂犬病病毒在兔脑内连续传代后对犬及人的毒力显著降低，可用来制备预防狂犬病的疫苗制剂。流感病毒易发生抗原变异而形成新的变异株，使人群丧失原有的抵抗力从而引起大流行。

五、外界因素对病毒的影响

受某些外界因素的影响，病毒可发生变异，也可被灭活。灭活是指病毒失去了感染性。灭活的病毒仍可保留免疫原性、红细胞吸附、血凝现象、细胞融合等。灭活病毒的机制主要是病毒包膜被破坏、病毒蛋白质变性、病毒核酸结构改变等。

（一）物理因素

1. 温度 大多数病毒耐冷而不耐热。病毒一旦离开机体，经56～60℃加热30min或100℃数秒，即被灭活。病毒对低温的抵抗力较强，通常在4～7℃下可存活数小时至数日，在－70℃以下可保存数月至数年，因此常用低温冷冻法保存病毒。但病毒对反复冻融很敏感，在标本中加入适当的保护剂，如甘油或二甲基亚砜等，可防止病毒灭活。

2. 射线 紫外线、X线和γ射线都能灭活病毒，这是因为光量子可击毁病毒核酸的分子结构。但有些病毒（如脊髓灰质炎病毒）经紫外线灭活后，再用可见光照射可使其复活，此现象称为光复活，故不宜用紫外线灭活法来制备灭活疫苗。

（二）化学因素

1. 脂溶剂 病毒包膜中含有脂类，因而有包膜病毒可迅速被脂溶剂（如乙醚、氯仿等）灭活，这类病毒通常不能在含有胆汁的肠道中引起感染。但脂溶剂对无包膜病毒（如肠道病毒）几乎无影响。

2. 甘油 大多数病毒在50%甘油盐水中能存活较长，因病毒体中含游离水，不受甘油脱水作用的影响，故可用于保存病毒感染的组织。

3. 化学消毒剂 一般病毒对高锰酸钾、次氯酸盐等氧化剂很敏感，升汞、乙醇、强酸及强碱均能迅速灭活病毒。醛类消毒剂能使病毒灭活且保持免疫原性，故常用甲醛做灭活剂制备灭活病毒疫苗。

4. 抗生素与中草药 一般认为，抗生素对病毒无抑制作用，病毒分离时，可在待检标本中加入抗生素以抑制细菌的生长便于分离病毒。近年来的文献及临床试验表明，多种中草药如板蓝根、大青叶、黄芪等对某些病毒有一定的抑制或灭活作用。

链接

病毒的发现

1886年，在荷兰工作的德国人麦尔（Mayer）把患有花叶病的烟草植株的叶片加水研碎，取其汁液注射到健康烟草的叶脉中，能引起花叶病，证明这种病是可以传染的。通过对叶子和土壤的分析，麦尔指出烟草花叶病是由细菌引起的。

1892年，俄国的伊凡诺夫斯基（Ivanovski）进一步发现，患病烟草植株的叶片汁液，通过细菌过滤器后，还能引发健康的烟草植株发生花叶病。这种现象起码可以说明，致病的病原不是细菌，但伊凡诺夫斯基将其解释为是由于细菌产生的毒素而引起。生活在巴斯德的细菌致病说的极盛时代，伊凡诺夫斯基未能做进一步的思考，从而错失了一次获得重大发现的机会。

1898年，荷兰细菌学家贝杰林克（Beijerinck）同样证实了麦尔的观察结果，并同伊凡诺夫斯基一样，发现烟草花叶病病原能够通过细菌过滤器。但贝杰林克提出这种致病因子不是细菌，而是一种新的物质，称为“有感染性的活的流质”，并取名为病毒，拉丁名叫“*Virus*”。神奇的病毒“诞生”了！

第2节 病毒的分类

目前已发现4000余种动、植物病毒，临床上证实有500多种病毒对人类有致病性。对这些病毒的分类属于病毒学中的基本研究领域，其目的不仅为了检查和鉴定病毒，更重要的是了解不同病毒间及病毒与其他生物种间的异同程度或种缘关系。

一、病毒的分类等级

生物系统一般分类为界、门、纲、目、科、属、种七级，目前病毒分类中除了单负链病毒目和套病毒目外，其余分类不设目。病毒分类系统将病毒分类为科、属、种三级或科、亚科、属、种四级。科和亚科是根据病毒体的形态、基因结构和复制模式等特征进行分类，仅在5个病毒科（痘病毒科、疱疹病毒科、细小病毒科、副黏病毒科和反转录病毒科）中分亚科。在科或亚科中又根据理化特性和血清学特性等分类病毒属，属下分类为不同的病毒种。

二、非寻常病毒的分类

非寻常病毒（unconventional virus）是比病毒更小更简单的致病因子，又称亚病毒因子。ICTV于1995将其分类为卫星病毒（satellite virus）、类病毒（viroid）和朊粒（prion）等。

（一）卫星病毒

具有二级结构的单链共价闭合环状的RNA分子，含500～2000bp，卫星病毒RNA具有自己的蛋白质衣壳，但不能直接在宿主细胞内复制。卫星病毒分为两类：一类能编码自身衣壳蛋白；另一类不能编码自身衣壳蛋白，复制时需辅助病毒提供蛋白质衣壳（曾称为拟病毒）。由于该病毒与辅助病毒基因组之间很少有同源序列，复制时常干扰辅助病毒的增殖，故卫星病毒与缺陷病毒不同。

（二）类病毒

由单链共价闭合环状RNA分子组成，含200～400bp，无衣壳，大小仅为最小病毒的1/20左右。类病毒无编码核酸复制酶的基因，在细胞核内复制时需利用宿主细胞的RNA多聚酶Ⅱ。

（三）朊粒

朊粒是蛋白质型感染颗粒，个体微小，不含核酸，主要成分是蛋白酶抗性蛋白。曾将其归类为非寻常病毒，译为朊病毒。近年来的研究认为，不应将朊粒列入病毒范畴，其生物学的分类定位待定。

第3节 病毒感染的检验

对患者的感染尽早做出病毒病原学诊断是微生物学检验的责任和任务。由于病毒属于严格细胞内寄生的微生物，培养时必须有活的细胞支持，因而病毒的分离鉴定较困难，需时较长，且有的病毒至今仍不能培养。因此，临床检查往往是绕过病毒分离培养而采取的快速诊断的方法。

一、标本的采集与处理

（一）标本采集

应在感染早期或急性期采集标本，这一时期的标本病毒量多，检出率高。另外要根据感染部位采集标本，如呼吸道感染一般采集鼻咽洗漱液、鼻咽拭子或痰液，肠道感染采集粪便，病毒血症时取血液，发疹性疾病取疱疹内积液。

标本的采集一定要注意无菌操作，避免外源性微生物包括细菌、支原体等对标本的污染，同时要防止病毒标本的传播。

（二）标本的处理

最好在采集标本后1～2h内送到病毒实验室。血清标本应做好标记于－20℃保存。病毒在室温中易灭活，标本采集后应低温保存并迅速送检。如需运送，应将标本放入装有冰块或低温材料的保温瓶内冷藏。送检的组织等可放入含有抗生素的50%甘油缓冲盐水或二甲基亚砜（DMSO）中低温冷藏。不能立即检查的应保存在－70℃的环境中。

二、形态检验

（一）光学显微镜检查法

病变组织或脱落细胞在有病毒增殖的部位可形成嗜酸性或嗜碱性的特征性包涵体，根据包涵体在细胞中的部位、数量、形状等特征，辅助诊断可疑病毒性感染。

（二）电镜和免疫电镜检查

含有高浓度病毒颗粒（每毫升≥10^7颗粒）的样品，可直接应用电镜技术观察病毒颗粒。对含低浓度病毒的样本可用免疫电镜技术使病毒颗粒富集后再观察，或经超速离心后取标本沉淀物进行电镜观察，以提高检出率。电镜下不仅能观察病毒的形态学特征，还可测量病毒的大小与计数。

三、分离与鉴定

病毒的分离与鉴定是诊断病毒感染的金标准，对诊治具有指导性意义。由于其操作复杂，对实验条件有严格的要求且需时较长、实验成本高等因素，不能广泛应用于临床诊断。

但有些情况下应考虑应用病毒的分离，如怀疑为新现病毒感染、疫苗的培育、天然弱病毒的获得等。

（一）病毒的分离培养

病毒具有严格的细胞内寄生的特点，病毒的分离培养应根据宿主细胞对病毒的敏感性及病毒对宿主细胞的亲嗜性的不同，来选择以何种途径接种至何种细胞、组织和动物。脑脊液、血液、血清等无菌标本可直接接种。无菌组织剪碎经培养液洗涤后制成10%～20%悬液离心后，取上清液接种。含漱液、粪便、感染组织等污染标本在接种前先用抗生素处理。培养方法有细胞培养、鸡胚培养、动物培养等。

1. 细胞培养 是最常用的方法。根据病毒的细胞嗜性，选择适当的细胞。常用的细胞有：①原代培养细胞，如猴肾或人胚肾细胞等，敏感性高，但来源困难；②二倍体细胞株，可有限传50代左右，便于实验室使用，但经多次传代后会出现细胞的老化和衰亡；③传代细胞系或株，如Hela、Hep-2细胞等，实验室易于保存，对病毒感染性稳定，应用广泛。标本接种后溶细胞型病毒可致细胞出现细胞病变效应，稳定感染病毒的细胞并不出现明显病变，但被感染的细胞膜表面会出现病毒的表达的蛋白等标志物，如血凝素、病毒特异性抗原等。当细胞培养后，不出现细胞病变效应或检测试验结果阴性，则可能是因为标本中病毒含量较低，即便病毒有增殖也未被检出，此时应需盲目传代3次，如仍为阴性方可确定标本中无病毒存在。

2. 鸡胚培养和动物接种 鸡胚对多种病毒敏感，是分离培养某些病毒常用的方法。采用孵化9～14d的鸡胚，根据病毒不同种类选择不同部位接种。例如，羊膜腔接种用于流感病毒的初次分离培养，绒毛尿囊膜用于接种人类疱疹病毒等，卵黄囊接种用于嗜神经病毒的培养，尿囊腔接种用于流感病毒、腮腺炎病毒等的培养。动物接种是最原始的分离病毒的方法，但目前已很少应用。可根据病毒的亲嗜性选择敏感动物和适宜的接种部位。例如，狂犬病毒或乙型脑炎病毒的分离鉴定时，将其接种于小白鼠脑内。

（二）病毒的鉴定

通过病毒的分离培养，成功分离到病毒以后若要鉴定到科、属、种，还需结合临床特点、流行病学资料、标本来源及培养特性等做进一步的鉴定。

1. 病毒在培养细胞中增殖的鉴定指标

（1）细胞病变效应：病毒在敏感细胞内增殖过程中，可出现细胞病变效应（cytopathic effect CPE），表现为细胞内颗粒增多、聚集团缩或融合，有的可形成包涵体，最后出现细胞溶解、脱落、死亡等。不同病毒的细胞病变效应特征不同，如腺病毒可引起细胞圆缩、团聚，典型者呈葡萄串样。脊髓灰质炎病毒可引起细胞圆缩、分散、坏死、脱落。呼吸道合胞病毒等引起细胞融合，形成多核巨细胞等。据此，根据选择的细胞类型和观察病毒所致的细胞病变效应的特点，可对感染病毒进行初步判定。但有包膜的病毒以出芽方式释放子代病毒，不出现细胞病变效应或所致病变轻微、不易观察。

（2）红细胞吸附现象：某些病毒如流感病毒感染细胞后，不出现细胞病变现象，但被感染的细胞膜上会出现病毒的某些蛋白质成分如血凝素，血凝素能与豚鼠、鸡等动物及人的红细胞结合，称之为红细胞吸附现象。若加入病毒的特异性抗体，则可与病毒特异性抗原（血凝素）结合，因而抑制红细胞吸附现象，此方法称为红细胞吸附抑制试验，可作为这类病毒增殖的指征，还可根据这一现象对病毒作出初步鉴定。

2. 病毒感染性及病毒数量测定

（1）红细胞凝集试验：含有血凝素的病毒接种鸡胚或感染细胞后，若病毒增殖，则可将血凝素释放至细胞外，收集鸡胚羊膜腔液、尿囊液或收集细胞培养液，加入动物红细胞后可出现红细胞凝集，该试验可作为病毒增殖的指标。例如，将病毒悬液做不同稀释检测血凝效价，则可对病毒含量进行半定量检测。

（2）中和试验：用已知特异性抗病毒血清与待测病毒悬液混合一定时间后，再接种于敏感细胞，经培养后观察细胞病变效应或红细胞吸附现象是否消失，即特异性抗体能否中和病毒的感染性，此方法比较可靠。若用不同浓度的抗血清进行中和试验，则可根据抗体的效价对待测病毒进行半定量检测。

（3）空斑形成试验：将一定量适当稀释的待检病毒液接种于敏感的单层细胞中，经一定时间培养后，病毒吸附于细胞上时，再在其上覆盖一层融化的半固体营养琼脂后继续培养，可见单个病毒增殖可使受染的单层细胞溶解脱落，形成肉眼可见的空斑。一个空斑由一个病毒增殖所致，计数培养皿中空斑数即可推算出待检标本中病毒的数量。通常以每毫升病毒液的空斑形成单位（plaque formation unit，PFU），即 PFU/ml 来表示。

（4）50% 组织细胞感染量（50% tissue culture infectious dose，$TCID_{50}$）或 50% 致死量（50% lethal dose, LD_{50}）测定：估计所含病毒感染量的方法。病毒感染鸡胚、易感动物或敏感细胞后，引起 50% 发生死亡或病变的最小病毒数量，即为 50% 组织细胞感染量或 50% 致死量。方法是将待检病毒液做 10 倍系列稀释，分别接种于单层细胞，经培养后观察细胞病变等指标，以能感染半数细胞的最高稀释度的病毒量为终点，经统计学处理计算 $TCID_{50}$ 或 LD_{50}。此方法以细胞病变来判断病毒的感染性和毒力。

四、病毒感染的快速诊断

病毒感染的快速诊断主要是指通过非培养法鉴定技术，包括直接检测标本中的病毒成分（抗原、核酸）和 IgM 型特异抗体等，快速地对病毒性疾病作出诊断的方法。

（一）病毒蛋白抗原检测

一般采用免疫学技术直接检测标本中的病毒抗原来进行早期诊断。目前常用酶联免疫吸附试验、发光免疫分析技术、荧光免疫技术和放射免疫测定等技术。这些技术操作简便、特异性强、敏感性高。用酶、化学发光物、荧光素等物质标记的特异性抗体（尤其适用单克隆抗体技术）可检测到标本中 ng（10^{-9}g）至 pg（10^{-12}g）水平的抗原或半抗原。另外，应用蛋白质印迹试验亦可检测病毒抗原。

（二）早期抗体的检测

1. IgM 型特异抗体检测 用酶联免疫吸附试验或免疫荧光试验（IFA）检测病毒感染机体产生的特异性抗体 IgM，可对病毒性感染作出早期诊断。

2. 免疫印迹试验 常用于检测抗体或抗原，如用该方法检测 HIV 的抗体而确定 HIV 感染。

（三）检测病毒核酸

用核酸电泳、核酸杂交、聚合酶链反应及基因芯片等技术可检测病毒 DNA 或 RNA，这些方法在病毒性疾病的病原学诊断和流行病学调查方面具有广阔的前景。

目标检测

一、名词解释

1. 病毒体
2. 包涵体
3. 细胞病变效应
4. 病毒的干扰现象

二、单项选择题（选择一个最佳答案）

1. 下列为病毒的特殊结构的是（　　）
   A. 核心　　B. 衣壳
   C. 壳粒　　D. 核衣壳
   E. 刺突
2. 下列有关病毒体的概念，错误的是（　　）
   A. 完整成熟的病毒颗粒
   B. 细胞外的病毒结构
   C. 具有感染性
   D. 具有核衣壳
   E. 在宿主细胞内复制的病毒组装成分
3. 下列描述病毒的基本性状中，错误的是（　　）
   A. 专性细胞内寄生
   B. 只含有一种核酸
   C. 形态微小，可通过滤菌器
   D. 结构简单，无典型细胞结构
   E. 可在宿主细胞外复制病毒成分
4. 下列与病毒蛋白质特性无关的是（　　）
   A. 保护作用
   B. 吸附作用
   C. 脂溶剂可破坏其敏感性
   D. 病毒包膜的主要成分
   E. 免疫原性
5. 病毒在宿主细胞内的复制周期过程，正确的描述是（　　）
   A. 吸附、穿入、脱壳、生物合成、组装成熟与释放
   B. 吸附、脱壳、生物合成、成熟及释放
   C. 吸附、结合、穿入、生物合成、成熟及释放
   D. 特异性结合、脱壳、复制、组装及释放
   E. 结合、复制、组装及释放
6. 裸露病毒体的结构是（　　）
   A. 核酸＋包膜　　B. 核心＋衣壳＋包膜
   C. 核衣壳＋包膜　　D. 核心＋衣壳
   E. 核酸＋蛋白质
7. 下列哪项不是病毒体的特征（　　）
   A. 非细胞结构
   B. 只含一种类型核酸
   C. 对抗生素不敏感
   D. 可在任何活细胞内增殖
   E. 对干扰素敏感
8. 关于病毒核酸的描述，错误的是（　　）
   A. 可控制病毒的遗传和变异
   B. 可决定病毒的感染性
   C. RNA 可携带遗传信息
   D. 每种病毒只有一种类型核酸
   E. 决定病毒包膜所有成分的形成
9. 可直接作为 mRNA 翻译蛋白质的病毒核酸类型是（　　）
   A. 双股 DNA　　B. 双股 RNA
   C. 单负股 RNA　　D. 单正股 RNA
   E. 单股 DNA
10. 对病毒包膜的叙述错误的是（　　）
    A. 化学成分为蛋白质、脂类及多糖
    B. 表面凸起称为壳粒
    C. 具有病毒种、型特异性抗原
    D. 包膜溶解可使病毒灭活
    E. 可保护病毒
11. 与衣壳生物学意义无关的是（　　）
    A. 保护病毒核酸
    B. 介导病毒体吸附易感细胞受体
    C. 构成病毒特异性抗原
    D. 本身具有传染性
    E. 病毒分类、鉴定的依据
12. 构成病毒核心的化学成分是（　　）
    A. 磷酸　　B. 蛋白质
    C. 类脂　　D. 肽聚糖
    E. 核酸
13. 对病毒衣壳的描述错误的是（　　）
    A. 由多肽构成的壳粒组成
    B. 表面凸起称刺突
    C. 可增加病毒的感染性
    D. 呈对称形式排列
    E. 可抵抗核酸酶和脂溶剂的作用
14. 有包膜的病毒侵入细胞的方式是（　　）
    A. 胞饮　　B. 直接穿入
    C. 吞噬　　D. 膜融合

E. 裂解细胞膜

15. 有包膜病毒释放的方式多为（　　）

A. 裂解细胞　　B. 细胞融合

C. 细胞穿孔　　D. 出芽

E. 胞吐作用

16. 不能用于病毒分离培养的方法是（　　）

A. 人工合成培养基培养

B. 动物接种

C. 细胞培养

D. 鸡胚接种

E. 器官培养

17. 病毒血凝的机制是（　　）

A. 红细胞表面抗原和相应的抗体结合

B. 红细胞表面糖蛋白受体与病毒表面血凝素结合

C. 红细胞表面的病毒抗原与相应的抗体结合

D. 病毒与红细胞表面的抗体结合

E. 红细胞吸附在宿主细胞上

三、问答题

1. 简述病毒的结构、化学组成及其功能。
2. 列出病毒分离与培养的方法。
3. 病毒感染的快速诊断方法有哪些？

（陈　娇）

第19章 常见病毒

学习目标

1. 掌握：流感病毒、肝炎病毒、人类免疫缺陷病毒的主要生物学特性及其常用的检验方法；流感病毒的变异性与疾病流行的关系；乙肝病毒的抗原抗体检测的临床意义；人类免疫缺陷病毒抗体的筛选与确证试验。

2. 熟悉：SARS冠状病毒、风疹病毒、麻疹病毒、常见的肠道病毒等的传播途径、传染源、主要临床特点及主要检验方法。

3. 了解：常见的肠道病毒的鉴定方法和特征，朊粒的生物学特性和临床意义。

第1节 呼吸道病毒

呼吸道病毒是指以呼吸道为侵入途径，引起呼吸道局部感染或呼吸道以外组织器官病变的一类病毒。据统计，90%以上的急性呼吸道感染是由病毒引发的，其感染具有传播快、传染性强、潜伏期短、病后免疫力不持久等特点。常见的呼吸道病毒有流行性感冒病毒、冠状病毒、麻疹病毒、腮腺炎病毒、风疹病毒、呼吸道合胞病毒等。其中流行性感冒病毒中的禽流感病毒近年来较为流行，引起人们的广泛关注。

一、流行性感冒病毒

流行性感冒病毒（influenza virus）简称流感病毒，是引发人和动物流行性感冒的病原体。流感病毒属于正黏病毒科，分为甲（A）、乙（B）、丙（C）3型。其中甲型流感病毒是人类流感最重要的病原体，容易发生变异，可造成世界性大流行，且甲型流感病毒除了感染人之外，还可以引起猪、马、禽类等感染。乙型流感病毒一般引起局部或小流行。丙型流感病毒多为散发感染，主要侵犯婴幼儿，很少引起流行。

案例 19-1

患者，4岁幼儿。3d前出现高热，体温38.8℃，伴咽痛、流涕、鼻塞、咳嗽、咳痰等症状。患儿幼儿园内曾出现类似症状儿童。经检查发现咽部充血，扁桃体肿大。1d前入院查体：T 39℃，P 84次/分，R 20次/分，BP 135/90mmHg。实验室检查：白细胞 9.0×10^9/L，RT-PCR法检测呼吸道标本（咽拭子、痰）中的甲型H1N1流感病毒核酸，结果呈阳性。

问题：

1. 该幼儿可能患什么疾病？病原体是什么？
2. 该病原体生物学特性是什么？
3. 如何对该病原体进行检验？

（一）生物学性状

1. 形态与结构

（1）形态：流感病毒呈球形、椭圆形或丝状，直径为80～120nm。从患者体内新分离株常呈丝状。

（2）结构：流感病毒属于有包膜的RNA病毒，由3层组成（图19-1）。

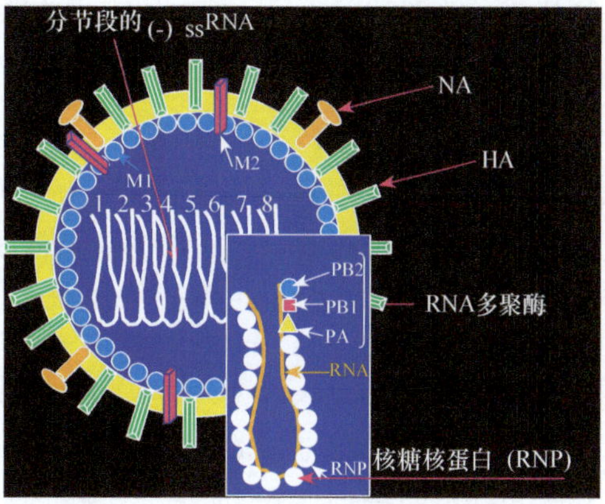

图19-1 流感病毒的结构示意图

1）核衣壳：由核酸、核蛋白（NP）和RNA多聚酶构成。病毒核酸为7～8个分节段的单股负链RNA，每一个节段可编码一种结构或功能蛋白，这一结构特点使病毒在复制过程中易发生基因重组，从而导致新病毒株的出现，这也是流感病毒容易变异的主要原因。流感病毒的每个RNA片段外有核蛋白和RNA多聚酶蛋白，与RNA一起构成了核衣壳，核衣壳呈螺旋对称型。核蛋白是一种可溶性蛋白，免疫原性稳定，很少发生变异，具有型特异性。

2）包膜：分2层，内层为基质蛋白（M蛋白），具有保护病毒核心和维持病毒形态的作用。外层是由来源于宿主细胞膜的脂质双层构成。甲型和乙型流感病毒的包膜上镶嵌有2种刺突，即血凝素（HA）和神经氨酸酶（NA）。两种刺突均为病毒基因编码的糖蛋白，具有重要的免疫原性，是划分流感病毒亚型的依据，也与病毒致病性有关。

HA呈柱状，能与人、鸡、豚鼠等多种红细胞表面的*N*-乙酰神经氨酸受体结合而引起红细胞凝集，即血凝。HA与病毒吸附和穿入有关，具有型和株特异性，可刺激机体产生中和抗体，抑制病毒的感染，但HA免疫原性极不稳定，易发生变异。NA呈蘑菇状，具有水解宿主细胞表面神经氨酸的作用，有利于成熟的病毒从感染细胞内释放并促进病毒的扩散。

2. 分型与变异

（1）分型：根据RNA、核蛋白和M蛋白的不同可以将流感病毒分为甲（A）、乙（B）、丙（C）3型。其中甲型流感病毒根据其HA和NA的免疫原性的不同，又可将其分为若干亚型。乙型和丙型流感病毒不易发生抗原变异，至今尚未发现亚型。

（2）变异：甲型流感病毒的HA和NA均极易发生变异，其中HA变异的更快，而病毒的变异与流感流行的关系甚为密切，并且抗原变异幅度的大小直接影响流感流行的规模。其变异有两种不同的形式：抗原漂移和抗原转变。前者属于量变，其变异幅度小，仅仅引起流感的局部中小型流行。后者属于质变，其变异幅度大，导致新亚型出现，引起流感大流行甚至世界性大流行。甲型流感病毒在历史上曾经引起多次世界性大流行（表19-1）。

表 19-1 人类甲型流感病毒的亚型与流行年代

病毒亚型	亚甲型	亚洲甲型	香港亚型	新 A1 与 A3 交替型
亚型类别	H1N1	H2N2	H3N2	H3N2 H1N1
流行年代	1918～1957	1957～1968	1968～1977	1977 以后

3. 培养特性 流感病毒可在鸡胚和培养细胞中增殖。初次分离病毒接种于鸡胚羊膜腔中阳性率较高，传代培养适应以后可接种于尿囊腔。细胞培养一般可选原代猴肾细胞（PMK）或狗肾传代细胞（MDCK）。流感病毒在鸡胚和培养细胞中并不引起明显的细胞病变，用红细胞凝集试验或红细胞吸附试验及免疫学方法来证实病毒的存在。

4. 抵抗力 流感病毒对外界抵抗力较弱，耐冷不耐热，室温下传染性很快丧失，56℃加热 30min 即被灭活，－70℃以下或冷冻真空干燥可长期保存。其对脂溶剂、干燥、紫外线、甲醛、乙醚等均敏感。

（二）临床意义

流感病毒主要通过飞沫传播，进入呼吸道黏膜细胞内增殖，引起黏膜充血水肿、细胞变性脱落等局部病变。病毒的传染源主要是患者。潜伏期一般为 1～3d，潜伏期后患者出现鼻塞、咳嗽、流涕、咽痛等症状。发病初期 2～3d，鼻咽部分泌物中病毒含量最高，此时传染性最强。病毒一般不进入血液，但其毒素样物质可进入血液，引起畏寒、发热、乏力、头痛、全身酸痛等症状。无并发症的患者一般病程不超过 1 周。年老体弱、抵抗力较差的患者常继发细菌感染，使病程延长，症状加重，可导致肺炎，严重者甚至死亡。病后可获得对同型病毒的短暂免疫力，呼吸道局部 SIgA 对清除病毒、抵抗再感染起主要作用。

流感病毒传染性强，传播迅速。流行期间应尽量避免人群聚集，公共场所要注意空气流通。用乳酸或食醋熏蒸进行空气消毒，对防止流感扩散有一定效果。对易感人群接种流感疫苗，可获得对同一亚型病毒的免疫力，有效防止流行的发生。盐酸金刚烷胺是目前防治甲型流感的常用药物，干扰素及中草药（板蓝根、大青叶等）也有一定的疗效。

链 接

流感大流行的历史性回顾

流感大流行并不常见，但是能够反复发生。20 世纪发生了三次大流行：1918 年的“西班牙流感”、1957 年的“亚洲流感”和 1968 年的“香港流感”。1918 年的大流行造成全球 4000 万～5000 万（估计值）人死亡。这次罕见的大流行被认为是人类历史上最致命的事件之一。继后的两次流行要轻得多，1957 年的死亡人数估计为 200 万，1968 年为 100 万。2000 年，欧洲再次爆发流感，几万人死亡。1997 年香港爆发 H5N1 型高致病性禽流感并首次传染给人类。2009 年 4 月底，墨西哥爆发新 A 型 H1N1 流感并波及全球。

（三）微生物学检验

1. 标本 应于疾病早期采集，以发病后 3d 内最好。采集患者鼻腔洗液、咽漱液或鼻咽拭子，经抗生素处理后即可接种。

2. 检验方法

（1）电子显微镜观察标本：可见球形或丝状病毒颗粒，用特异性抗体进行免疫电镜观察可提高检出率。

（2）血清学诊断：取急性期和恢复期血清做血凝抑制实验，若恢复期血清抗体效价较急性期增高4倍以上有诊断价值。除此之外，亦可选用ELISA、中和实验等方法。

（3）反转录－聚合酶链反应（RT-PCR）：PCR技术可用于猪流感病毒基因的检测和分子流行病学调查等。

（4）病毒分离：从患者呼吸道标本中分离流感病毒，可用鸡胚接种法和细胞培养法分离鉴定，但需时较长。

二、禽流感病毒

禽流感病毒属甲型流感病毒，容易在禽类间流行，过去在民间称为“鸡瘟”。国际兽疫局将其定为甲类传染病。禽流感呈世界范围分布，1994年、1997年、1999年和2003年分别在澳大利亚、意大利、中国香港、荷兰等地爆发，2005年主要在东南亚和欧洲爆发，2013年3月底在中国上海和安徽两地发现H7N9禽流感病例。高致病性禽流感疫情的蔓延已引起世界广泛关注。

（一）生物学性状

禽流感病毒的形态结构呈多形性，其中球形直径80～120nm，有包膜。基因组为分节段的单股负链RNA。根据其外膜血凝素（HA）和神经氨酸酶（NA）蛋白抗原性的不同，可将其分为16个H亚型（H1～H16）和9个N亚型（N1～N9）。感染人的禽流感病毒亚型主要为H5N1、H9N2、H7N7、H7N9，其中感染H5N1的患者病情重，病死率高。

（二）临床意义

禽流感病毒的传染源主要为患禽流感或携带禽流感病毒的家禽，另外野禽或猪也可成为传染源。许多家禽都可感染病毒而发病，如火鸡、鸡、鸽子、鹌鹑、鹦鹉等陆禽，但以火鸡和鸡最为易感，发病率和死亡率都很高；鸭和鹅等水禽也易感染，并可带毒或隐性感染，有时也会大量死亡。

禽流感病毒主要经呼吸道传播，通过密切接触感染的禽类及其分泌物、排泄物，受病毒污染的水等，或直接接触病毒毒株被感染。在感染水禽的粪便中含有高浓度的病毒，并通过污染的水源由粪－口途径传播流感病毒。至今还未发现人感染的隐性带毒者，也尚无人与人之间传播的确切证据。

对于人类中的易感人群，一般认为任何年龄均具有易感性，但12岁以下儿童发病率较高且病情较重。与不明原因病死家禽或疑似感染禽流感家禽密切接触人员为高危人群。

流感病毒疫苗接种是当前人类预防流感的首选措施，然而，由于流感病毒血清型众多，一旦流感病毒疫苗株和流行株的抗原性不匹配，就会导致疫苗失效，无法提供相应的保护。同时由于流感病毒变异的速度很快，疫苗研发的速度落后于病毒变异的速度，新的流行株出现后，其对应疫苗的制备至少需要6个月的时间，造成疫苗制备一直处于被动状态，故无论传统灭活疫苗，还是基因工程疫苗、核酸疫苗等新型疫苗都无法对所有类型的流感病毒提供交叉保护。

微生物学检验同流感病毒。

三、SARS 冠状病毒

冠状病毒在分类上属于冠状病毒科冠状病毒属。在电子显微镜下观察发现，这类病毒的包膜上有向四周伸出的棘突，形如花冠，故将其命名为冠状病毒。SARS 冠状病毒是严重急性呼吸综合征（severe acute respiratory syndrome，SARS）的病原体。

（一）生物学特征

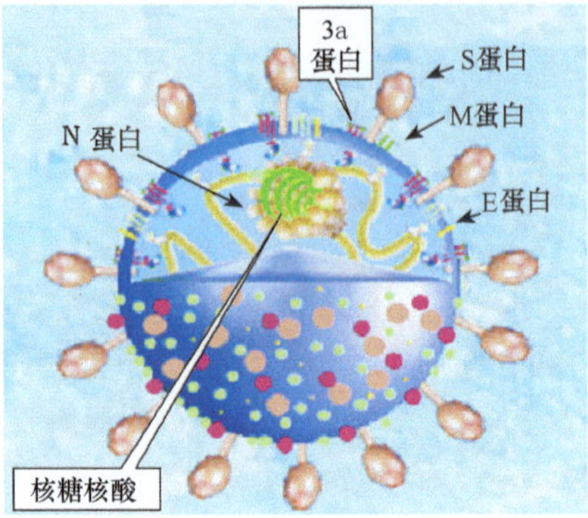

图 19-2 SARS 冠状病毒的结构示意图

1. 形态结构 SARS 冠状病毒电镜下形态与冠状病毒类似，病毒颗粒呈不规则球形，直径 60～220nm，核衣壳呈螺旋对称，有包膜。包膜表面有 3 种糖蛋白（图 19-2）。

（1）棘突糖蛋白（S 蛋白）：是受体结合位点，是病毒感染过程中吸附与穿入细胞的关键蛋白，也会引起宿主的免疫反应。

（2）小包膜糖蛋白（E 蛋白）：较小，能与包膜结合。

（3）膜糖蛋白（M 蛋白）：负责营养物质的跨膜运输、新生病毒出芽释放与病毒外包膜的形成。

冠状病毒的核酸类型为非节段单股正链 RNA，长 27～31KDa，是 RNA 病毒中最长的 RNA 核酸链。

2. 培养特性 培养 SARS 冠状病毒选用 Vero 或 Vero-E6 细胞系，如果分离株将来用于疫苗生产，则使用 Vero 细胞。CPE 的特点主要是细胞变圆、折光性变强、脱落或死亡。

3. 抵抗力 SARS 冠状病毒对外界抵抗力比其他人类冠状病毒强。病毒在人体排泄物和血液中能存活较长时间。紫外线及常用化学消毒剂（如过氧化氢、过氧乙酸、二氧化氯、乙醇等）可使病毒失去其感染性。

（二）临床意义

SARS 的传染源主要是患者，野生动物（果子狸等）可能是 SARS 冠状病毒的寄生宿主和传染源。病毒主要通过飞沫侵入呼吸道黏膜而传播。SARS 起病急，潜伏期 1～14d，平均 5d，以发热为首发症状，3～7d 后出现干咳、胸闷等症状。患者可出现急性呼吸窘迫综合征、休克、多器官功能障碍综合征等，病死率较高。SARS 病理研究发现，患者肺内主要为细胞毒性 T 细胞浸润，说明主要为细胞免疫反应，这种免疫反应一方面可清除感染细胞内的病毒，另一方面又可因过度反应造成免疫病理损伤。机体感染 SARS 冠状病毒后，可产生特异性抗体 IgG 和 IgM，IgG 为保护性抗体，可中和体外分离到的病毒颗粒。

SARS 的预防主要是采取严格管理传染源、严密隔离患者、严格的消毒和提高机体免疫力等综合措施。对 SARS 的患者和疑似病例要及时进行严格的隔离和治疗。流行期间应尽量避免大型集会，公共场所保持空气流通。治疗主要采用支持疗法。

（三）微生物学检验

SARS 相关标本的处理、病毒培养和动物试验均必须在生物安全三级实验室内进行。

1. 标本 用常规方法采集鼻咽拭子或洗液、粪便、漱口液等标本，放入病毒保存液或运输液内，2～8℃保存，长期保存须置于－70℃冰箱内。急性期血清标本应尽可能在发病

1周内采集，恢复期血清标本可在发病后3～4周采集。

2. 检验方法

（1）反转录－聚合酶链反应（RT-PCR）：特异性检测SARS病毒的RNA片段，可检测出发热开始后10d内机体的SARS冠状病毒。但是，现有的RT-PCR方法所扩增的核酸片段不一定为所有SARS冠状病毒所共有，因此结果阴性时并不能完全排除患者体内SARS病毒的存在。

（2）病毒培养：利用Vero细胞来培养SARS患者的血液、粪便和呼吸道分泌物标本中的病毒。该方法是唯一能证明活病毒存在的方法，但病毒培养的条件非常苛刻。

（3）免疫学检测：用ELISA检测患者血清中的特异性IgG和IgM抗体。

四、其他呼吸道病毒

（一）麻疹病毒

麻疹病毒是麻疹的病原体，属于副黏病毒科。麻疹是儿童常见的急性呼吸道传染病，传染性强，易感年龄为6月龄至5岁的婴幼儿。

1. 生物学特性 麻疹病毒呈球形，直径约150nm，有包膜。核酸为完整的不分节段的单股负链RNA，不易发生基因重组和变异，故麻疹病毒的免疫原性较稳定，只有一个血清型。

麻疹病毒的衣壳呈螺旋对称型，包膜上有放射状排列的刺突，由血凝素（H）和融合因子（F）构成。细胞培养时，由于融合因子的作用，可引起细胞融合成多核巨细胞，细胞核内及胞质内可出现嗜酸性包涵体。

麻疹病毒对理化因素的抵抗力较弱，56℃加热30min可使病毒灭活，一般消毒剂均破坏病毒，对紫外线及脂溶剂亦敏感。

2. 临床意义 患者是唯一的传染源，病毒经飞沫传播或通过鼻腔分泌物污染的玩具、日常用具等进行传播，冬春季发病率高。潜伏期至出疹期均有传染性，尤以出疹前2～3d传染性最强。潜伏期为1～2周，病毒先在呼吸道上皮细胞内增殖，然后进入血液，形成病毒血症。患者眼结膜、口腔黏膜、皮肤、呼吸道、消化道等均受染产生病变，表现为局部水肿、细胞内出现包涵体等。临床表现主要有发热、咳嗽、流涕、眼结膜充血，发病2d后口颊黏膜出现灰白色外绕红晕的黏膜斑，对临床早期诊断有一定意义。之后患者皮肤相继出现红色斑丘疹。麻疹一般可自愈。由于麻疹感染过程中使机体免疫力进一步降低，年老体弱者常合并细菌感染。极个别麻疹患者恢复后数年内，可出现亚急性硬化性全脑炎（SSPE），患者大脑功能发生渐进性衰退，表现为反应迟钝、神经精神异常、运动障碍，最后导致昏迷、死亡。麻疹病后可获牢固免疫力，极少发生再感染。

3. 微生物学检验

（1）标本：取发病早期的鼻咽拭子、鼻咽洗液、痰、血和尿等，取双份血清。

（2）检验方法

1）电镜观察包涵体。

2）病毒分离培养：经处理的标本接种原代人胚肾细胞或Vero、Hela等细胞分离麻疹病毒。

3）抗原检测：用直接或间接免疫荧光法、ELISA法可检测患者标本中麻疹病毒的抗原。

4）核酸检测：采用核酸杂交或RT-PCR法可检测麻疹病毒RNA。

5）抗体检测：取双份血清用ELISA法等检测患者血清中的特异性抗体，血清抗体效价有 4 倍升高时有诊断价值。

（二）腮腺炎病毒

腮腺炎病毒是流行性腮腺炎的病原体，属于副黏病毒科。腮腺炎在世界各国均有流行，主要侵犯儿童。

1. 生物学特性 病毒颗粒呈球形，直径约 150nm，核心为单股负链 RNA，核衣壳呈螺旋对称型，有包膜，包膜上有血凝素 – 神经氨酸酶刺突（HN）及融合因子刺突（F）。该病毒只有一个血清型，对紫外线及脂溶剂均敏感，56℃加热 30min 可灭活病毒。

2. 临床意义 人是腮腺炎病毒的唯一宿主，病毒经飞沫传播，亦可经唾液污染食具或玩具等进行传播。该病潜伏期为 2～3 周，病毒首先侵入呼吸道上皮细胞和局部淋巴结内增殖，随后进入血流发生病毒血症，之后侵入腮腺及其他器官引起相应症状。临床表现主要为一侧或双侧腮腺肿大、疼痛，伴发热、无力、食欲减退等。若无合并感染，大多可自愈，病程一般为 1～2 周。青春期感染者，男性易合并睾丸炎，女性易并发卵巢炎。流行性腮腺炎是导致男性不育症和儿童期获得性耳聋的最常见原因。腮腺炎病愈后一般可获得牢固免疫。

3. 微生物检查

（1）标本：采集发病早期患者的唾液、脑脊液、双份血液。

（2）鉴定

1）病毒分离培养：用原代恒河猴细胞或人胚肾细胞分离培养。

2）抗原检测：用免疫荧光法检测发病早期患者的唾液、脑脊液和尿液中的相应抗原，可作早期诊断。

3）核酸检测：用 RT-PCR 法检测病毒 RNA。

4）抗体检测：采用 ELISA 法、血凝抑制试验检测双份血清中的 IgM、IgG 抗体，IgG 抗体有 4 倍或 4 倍以上升高时有诊断价值。

（三）风疹病毒

风疹病毒属于披膜病毒科，是引起风疹的病原体。病毒呈球形，直径为 60nm，核酸为单股正链 RNA，核衣壳为 20 面体立体对称型，有包膜，包膜上有刺突，具有血凝和溶血活性。该病毒只有一个血清型，人是其唯一自然宿主。

人群对风疹病毒普遍易感，儿童为主要易感者。病毒通过呼吸道传播，在局部淋巴结增殖后，侵入血流播散至全身。临床表现有发热、麻疹样出疹、耳后及枕下淋巴结肿大等。风疹一般为自限性疾病，病后可获得持久免疫力。风疹病毒感染最严重的危害是孕妇感染后可致胎儿先天畸形。该病毒可通过胎盘感染胎儿，引起胎儿畸形或先天性风疹综合征。患儿出生后可表现为先天性心脏病、先天性耳聋、智力低下等症状。接种风疹病毒减毒活疫苗是目前有效的预防措施。

目前常用的检测风疹病毒的方法为血清学方法，如 ELISA 法等检测血清中特异性 IgM 和 IgG 抗体。

（四）腺病毒

腺病毒为无包膜的 DNA 病毒。病毒的核衣壳呈 20 面体立体对称型，直径为 70～90nm，12 个顶角的五邻体由基底和一根纤维突起组成，对细胞有毒性。腺病毒大约有 100 个血清型，其中可感染人类的目前有 49 个型别。

病毒主要通过呼吸道、胃肠道和密切接触进行传播。感染后可导致咽炎、扁桃体炎、肺炎、流行性眼结膜炎、急性出血性膀胱炎、胃肠炎等。

采集相应标本后，经过病毒培养、血清学试验、核酸检测等方法，可对腺病毒作出微生物学检验。

第2节 肠道病毒

肠道病毒（enterovirus）属于小RNA病毒科肠道病毒属，主要包括：脊髓灰质炎病毒、柯萨奇病毒、轮状病毒、埃可病毒和新型肠道病毒型。该类病毒主要经粪-口途径传播，然后通过血液侵犯其他器官，引起各种不同的临床表现。

一、脊髓灰质炎病毒

脊髓灰质炎病毒（poliovirus）是引起脊髓灰质炎的病原体，有3个血清型，即Ⅰ～Ⅲ型。脊髓灰质炎是儿童的一种急性传染病，呈世界性流行。该病毒感染机体后多为隐性感染，重型感染则侵犯中枢神经系统，破坏脊髓前角运动神经细胞，引起肢体不对称的迟缓性麻痹，多见于儿童，故又名小儿麻痹症。

（一）生物学特性

1. 形态与结构 病毒颗粒呈球形，直径为27～30nm，无包膜，核心为单股正链RNA。核衣壳呈二十面体立体对称，含4种不同的结构蛋白（VP1～VP4）。其中，VP1、VP2与VP3暴露于病毒表面，对宿主细胞膜上的受体有特殊亲和力，与病毒的致病性和毒性有关。VP4存在于病毒体内部，紧靠RNA。

2. 培养特性 该病毒能在灵长类动物细胞中增殖。组织培养以人胚肾、人胚肺、人羊膜及猴肾细胞最为敏感。病毒感染细胞后可形成典型的细胞病变，被感染的细胞圆缩、坏死及脱落。

3. 抵抗力 脊髓灰质炎病毒在自然界中生存力较强。在污水和粪便中可存活数月。耐低温，−70～−20℃可保存数年，但对干燥、热、紫外线灯均很敏感，56℃加热30min可被灭活。由于脊髓灰质炎病毒无包膜，故可抵抗乙醚、乙醇和胆盐。对高锰酸钾、过氧化氢、漂白粉等氧化剂敏感。

（二）临床意义

人是脊髓灰质炎病毒的唯一自然宿主。传染源主要为患者及无症状带毒者，主要通过粪-口途径传播。1～5岁小儿发病率最高，以夏秋季发病为主。脊髓灰质炎病毒经口侵入机体后，先在咽部和肠道的淋巴组织内繁殖，形成隐性感染。免疫低下者，则进入血液循环，引起第一次病毒血症，从而在淋巴结、肝、脾的网状内皮细胞内再次增殖，导致第二次病毒血症。若机体缺乏免疫力，病毒随血流经血-脑屏障侵入中枢神经系统，在脊髓前角运动神经细胞中增殖，引起细胞病变，轻者表现为暂时性肢体弛缓性麻痹。重者可造成肢体弛缓性麻痹，极少数患者可发展为延髓麻痹，导致呼吸、心脏功能衰竭而死亡。

无论是显性或是隐性感染，肠道、呼吸道黏膜局部均可产生SIgA，可以阻止病毒的吸附和增殖，血清中亦可产生中和抗体和补体结合抗体。我国自1986年开始实行脊髓灰质炎预防接种计划，即2月龄婴儿连续3次口服脊髓灰质炎减毒活疫苗，可保持持久免疫力。

（三）微生物学检验

1. 标本采集 发病初期取患者粪便、血液或脑脊液等标本经常规处理后，低温保存待检。

2. 检验方法

（1）病毒的分离培养：将标本低速离心，取上清液接种于人胚肾或猴肾细胞中，37℃培养 7～10d，观察细胞病变并作出诊断。

（2）分子生物学技术检测：采用核酸杂交、聚合酶链反应（PCR）等分子生物学方法检测肠道病毒 RNA，仅需微量标本。

（3）血清学检查：型特异性抗体效价第 1 周末可达高峰，尤以特异性 IgM 上升最快，阳性者可作出早期诊断。可用中和试验及酶标法检测特异性抗体。取发病早期和恢复期双份血清，若抗体效价升高 4 倍或以上有诊断意义。近年来，采用免疫荧光法检测病毒抗原，有快速诊断价值。

二、轮状病毒

人类轮状病毒（human rotavirus，HRV）分类上属于呼肠病毒科轮状病毒属。因病毒颗粒形如车轮，故命名为“轮状病毒”。该病毒在肠道细胞内增殖，从粪便中排出，是引发婴幼儿腹泻的主要病原体。迄今已知的轮状病毒有 A～G7 个血清群。A 群是引起婴幼儿腹泻并致死的主要病原体。

（一）生物学特性

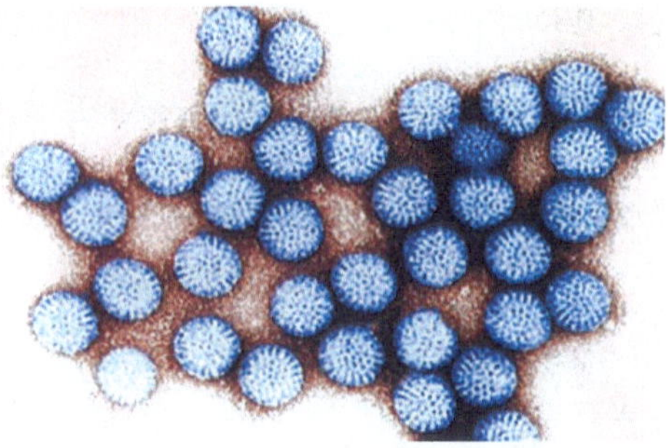

图 19-3 轮状病毒

完整的轮状病毒颗粒呈球形，无包膜，直径为 70～75nm，双层衣壳。内衣壳的壳粒从内向外呈放射状排列，形似车轮（图 19-3）。外衣壳的外面在电镜下可见一层半透明的光滑薄膜。病毒体的核心为双股 RNA，由 11 个不连续的节段组成。

轮状病毒的组织培养较为困难，需选用特殊的细胞株培养，如恒河猴胚肾细胞 MA104 株和非洲绿猴肾传代细胞 CV-1 株。

轮状病毒抵抗力较强，在粪便中可存活数天到数周，耐乙醚、酸碱，在 pH3.5～10 环境中仍可保持其感染性；56℃加热 30min 可被灭活，也可被消毒剂灭活，如酚、甲醛等，95% 的乙醇是最有效的灭活剂。

（二）临床意义

轮状病毒引起婴幼儿严重胃肠炎，占病毒性肠炎的 80% 以上，是导致婴幼儿死亡的主要原因之一。该病毒主要经粪－口途径传播，病毒侵入小肠黏膜绒毛细胞内增殖，造成绒毛萎缩、变短、脱落。随后受损的细胞脱落至肠腔并释放大量病毒，随粪便排出体外。潜伏期为 24～72h，可从轻微的亚临床感染、轻度腹泻，到严重的甚至是致死性脱水腹泻不等。当婴幼儿的免疫功能低下时，急性胃肠炎可转变为慢性，患儿粪便中长期排出病毒而成为本病的传染源。

感染轮状病毒后，血液中出现特异性 IgM、IgG 抗体，肠道局部出现 SIgA，可中和病毒，对同型病毒的感染有保护作用，对异型病毒只有部分保护作用。婴幼儿免疫系统发育不完善，SIgA 含量低，病愈后还可重复感染。

（三）微生物学检验

1. 标本 白色米汤样便或水样便。

2. 检验方法

（1）标本电镜观察：为最直观准确的检验方法。轮状病毒具有特殊的形态和结构，用电子显微镜直接检测粪便标本，特异性诊断率可达 90%～95% 以上，免疫电镜检查可提高检出率。

（2）检测病毒抗原：可用 ELISA 双抗体夹心法检测粪便中的病毒抗原。

（3）血清学检查：感染后 5d 即能用 ELISA 等免疫学方法检测出血清特异性 IgM 抗体，2～4 周可检出 IgG 抗体。

（4）分子生物学技术检测：核酸电泳、核酸杂交、PCR 技术可检测病毒 RNA。

三、其他肠道病毒

国际病毒分类委员会于 1976 年决定，新发现的肠道病毒将按发现的序号统一命名。因此，1969 年以来分离的肠道病毒新血清型不再归属于柯萨奇病毒和埃可病毒，而是按抗原排列顺序分别命名为新型肠道病毒 68～72 型。68 型主要引起儿童毛细支气管炎和肺炎，69 型不致病，70 型引起急性出血性结膜炎，71 型引起无菌性脑膜炎和手足口病，72 型为甲型肝炎病毒。

案例 19-2

患者，3 岁 7 个月。于 2d 前口腔黏膜、手足皮肤出现疱疹入院治疗，伴发热，体温 37.8℃。患儿幼儿园内曾出现类似症状儿童。查体：T 38℃，P 84 次 / 分，R 20 次 / 分，BP 130 / 90mmHg。

问题：

1. 该患儿最有可能感染哪种病毒？
2. 该病毒的感染途径是什么？
3. 如何对该病毒进行检验？

（一）新型肠道病毒 70 型

新型肠道病毒 70 型（enterovirus70，EV70）为球形病毒，直径为 20～30nm，衣壳呈 20 面体立体对称，无包膜。为单股正链 RNA。该病毒可在 HeLa 细胞、人胚肺二倍体细胞、人胚肾细胞、羊膜细胞、猴肾等多种细胞内生长，出现细胞病变，较易分离。

该病毒耐酸，对紫外线、氧化剂、高温干燥敏感。临床诊疗中，用 75% 乙醇消毒是最可靠的消毒方法。病毒最适温度较低，仅为 33℃，这一性质与其优先感染眼结膜有关。

人群对该病毒普遍易感，通过直接接触传播，潜伏期约 24h。本病菌引起急性出血性结膜炎（AHC），又称流行性出血性结膜炎（俗称红眼病），主要表现为眼睑红肿、结膜充血、流泪，可有脓性分泌物及结膜下出血，但极少累及巩膜和虹膜。本病为自限性疾病，自然病程 1～2 周，视力无损害，角膜无基质浸润，一般无后遗症。

微生物学检验主要采集患者的眼分泌物或血清，鉴定方法包括病毒分离、血清学检查和分子生物学技术检测。

（二）新型肠道病毒 71 型

新型肠道病毒 71 型（enterovirus71，EV71）为小球形、单股正链的无包膜 RNA 病毒，20 面体对称结构，属 A 组肠道病毒。该病毒可在人胚肾、Hep-2、Vero 等多种细胞内生长，引起细胞病变。

EV71 主要传播途径是粪－口传播、呼吸道传播和接触传播。近几年，EV71 的流行不断扩大，患者的主要表现为手足口病，多发生于 5 岁以下儿童，传染性强，可暴发流行或散发。初起表现为低热、厌食、口痛等。口腔黏膜出现小疱疹，后破溃形成溃疡，分布于后舌、颊及硬腭，亦可布于齿龈、扁桃体及咽部。同时，在手足皮肤出现斑丘疹，斑丘疹很快转为小疱疹，2～3d 内吸收，不留痂。预后良好，但可复发。该病毒还能引起脑膜炎、脑炎，病情进展迅速，危及生命。

微生物学检验可采集患者的粪便、血清、咽拭子、疱疹液等，鉴定方法主要包括病毒的分离、血清学检查和生物芯片技术。

（三）柯萨奇病毒

柯萨奇病毒是从美国纽约柯萨奇镇两名儿童的粪便里分离出来的，故名。该病毒可分为 A、B 两组。A 组有 23 个血清型，B 组有 6 个血清型。该病毒的生物学性状与脊髓灰质炎病毒基本相同。

柯萨奇病毒的传播途径以隐性感染多见，类似于脊髓灰质炎病毒的感染，表现为轻微的腹泻或上呼吸道感染等症状。病毒最终可侵犯多组织器官，如呼吸道、皮肤、肠道、心脏等，因此，临床表现多样化是其致病特点。我国成人和儿童的病毒性心肌炎多由其所致。另外，柯萨奇病毒（A16 等型）还可引起手足口病。人感染该病毒后血清中很快即可检测出中和抗体，对同型病毒有持久免疫力。

该病毒的诊断可采集患者咽喉部分泌物或粪便、脑脊液进行细胞培养或接种乳鼠进行病毒的分离，或用血清学方法检测双份血清，恢复期比急性期抗体滴度大于 4 倍者可辅助诊断。应用 PCR 技术可快速检测病毒核酸。

（四）埃可病毒

埃可病毒是在 1951 年脊髓灰质炎流行期间，从健康儿童的粪便中偶然分离出来的。目前，已发现有 31 种血清型。

埃可病毒的生物学性状与脊髓灰质炎病毒和柯萨奇病毒相似。对人、猴的组织细胞有致病性，对乳鼠无致病力。病毒感染后常常出现多种临床综合征，如类脊髓灰质炎、无菌性脑炎、皮疹等。感染后机体可产生特异性中和抗体，对同型病毒感染有持久免疫力。埃可病毒的微生物学检验与柯萨奇病毒类似。

第 3 节　肝炎病毒

肝炎病毒是一大类能引起病毒性肝炎的病原体。病毒性肝炎是危害人类健康的最严重的疾病之一。目前公认的肝炎病毒主要有：甲型肝炎病毒（HAV）、乙型肝炎病毒（HBV）、丙型肝炎病毒（HCV）、丁型肝炎病毒（HDV）和戊型肝炎病毒（HEV）。这些病毒属于不同的病毒科，其生物学特性和传播途径有着明显差异。其中甲型肝炎病毒和戊型肝炎病毒经消化道传播，引起急性肝炎。乙型肝炎病毒和丙型肝炎病毒则由输血、血制品或污染的注射器等传播，可引起急性肝炎、慢性肝炎，并与肝硬化和肝癌有关。丁型肝炎病毒是一种缺陷病毒，必须在乙型肝炎病毒辅助下才能复制，故其传播途径与乙型肝炎病毒相同。除了这些类型以外，近年还发现了一些可能与人类肝炎相关的病毒如庚型肝炎病毒和TT型肝炎病毒等。

一、甲型肝炎病毒

甲型肝炎病毒（hepatitis A virus, HAV）是引起甲型肝炎的病原体。1973年，Feinstione采用免疫电镜技术在肝炎急性期患者粪便中发现该病毒。甲型肝炎呈世界性分布，主要感染儿童和青少年。人类感染HAV后多呈隐形感染或亚临床感染，只有少数人发生急性肝炎。感染后一般可以完全恢复，不转为慢性。

案例 19-3

患者，男，18岁。4d前出现头痛，恶心呕吐，食欲不振，发热，有厌油。检查发现皮肤巩膜黄染，肝肋下2.5cm，有压痛。实验室检查：抗-HAV IgM阳性。

问题：

1. 该患者可能感染什么疾病？病原体是什么？
2. 如何对该病原体进行检验？

（一）生物学特性

1. 形态结构 HAV属小RNA病毒科肠道病毒属，因此其形态、大小与肠道病毒相似，直径约为27nm，呈球形，为20面体立体对称结构，无包膜。

HAV的基因组为线性单股正链RNA，含7478个核苷酸。HAV仅有一个开放读码框架（ORF），分成P1、P2及P3三个区，分别控制HAV衣壳蛋白、蛋白酶和RNA聚合酶的合成。病毒的衣壳具有免疫原性，可诱导产生中和抗体。

2. 培养特性

（1）动物培养：黑猩猩、狨猴对HAV易感。经口服或静脉注射可使上述动物发生肝炎。在潜伏期和急性期的早期，HAV可随粪便排出，恢复期在血清中能检出相应的HAV抗体。动物模型主要用于研究发病、免疫机制及对减毒活疫苗的毒力和免疫效果考核。

（2）细胞培养：HAV可在原代狨猴肝细胞、人胚肾细胞、非洲绿猴肾细胞等多种细胞内增殖。在培养细胞中，病毒增殖和释放均非常缓慢，复制周期长，不引起细胞裂解。因此，自标本中分离HAV常需数周甚至数月，并很难获得大量病毒。应用免疫荧光染色法，可检出细胞培养中的HAV，亦可将培养细胞裂解后，用放射免疫法检测HAV。

3. 抵抗力 HAV在自然界中存活能力较强，在粪便和污水中可存活数月。60℃加热1h不能将其灭活，对乙醚、酸及有机溶剂均有抵抗力。100℃煮沸5min被灭活，紫外线照射1h可破坏其传染性。

（二）临床意义

1. 传染源与传播途径 HAV的传染源主要是患者，尤其是无黄疸型肝炎患者。HAV主要通过粪－口途径传播，传染性极强。HAV随患者的粪便排出体外，通过污染水源、食物、海产品、食具等传播而造成散发性流行或大流行。由于HAV比肠道病毒更耐热，耐氯化物的消毒作用，故可在污染的废水、海水及食品中存活数月或更久。1988年，上海曾发生因食用HAV污染的毛蚶而暴发甲型肝炎流行，患者多达30余万，危害严重。

甲型肝炎的潜伏期为15～50d，HAV常在患者转氨酶升高前5～6d就存在于患者的血液和粪便中。发病后2周开始，随着肠道中抗–HAV IgA及血清中抗–HAV IgG/IgM的产生，粪便中不再排出病毒。

2. 致病性 HAV经口侵入人体，首先在口咽部或唾液腺中增殖，然后到达肠黏膜及其局部淋巴结中大量增殖，进而入血引起病毒血症，最终侵犯靶器官肝脏。由于HAV在细胞培养中增殖缓慢而并不直接造成明显的细胞损害，故其致病机制除病毒的直接作用外，机体的免疫病理反应也是一个重要因素。甲型肝炎患者在显性感染或隐性感染后，机体都可产生抗–HAV的IgM和IgG抗体，前者在感染早期出现，发病后1周达高峰，维持2个月左右逐渐开始下降，后者在恢复后期出现，并可维持多年，对病毒的再感染有免疫力。甲型肝炎的预后较好。

（三）微生物学检验

甲型肝炎一般不直接进行病原学检查，免疫学检查主要应用ELISA、放射免疫测定等方法检测患者血清中的抗–HAV IgM。它出现早、消失快，是HAV感染早期诊断的重要指标。检测抗–HAV IgG对了解既往感染史或进行流行病学调查，检测群体中抗–HAV阳性率，分析人群的免疫力有一定意义。

二、乙型肝炎病毒

乙型肝炎病毒（hepatitis B virus，HBV）是乙型肝炎的病原体。该病毒属于嗜肝DNA病毒科，以血源性传播为主，引起急性肝炎、慢性肝炎等多种类型，并与肝硬化及肝癌密切相关。乙型肝炎为一种世界性疾病，据世界卫生组织报道，全球乙型肝炎患者及无症状携带者达3.5亿之多。我国属高流行区，一般人群感染率为9.09%，是我国重点防治的严重传染病之一。

案例19-4

患者，男，13岁。半年前开始出现食欲不振、乏力、恶心等症状，遂到医院就诊。查体：面黄消瘦，肝右肋下3cm，肝区触痛（＋）。实验室检查：HBsAg（＋），HBeAg（＋），抗–HBs（－），抗–HBe（－），抗–HBc（＋）。肝功能：ALT 172U/L，AST 121U/L。

问题：

1. 该患者可能患什么疾病？
2. 该疾病的病原体是什么？其形态有什么特征？如何传播？
3. 如何对该病毒进行检验？

（一）生物学特性

1. 形态与结构 用电镜在HBV感染者的血清中可观察到3种不同形态的HBV病毒颗粒，即大球形颗粒、小球形颗粒和管形颗粒（图19-4）。

（1）大球形颗粒：是Dane于1970年首先在HBV感染者的血清中发现该颗粒，故又称为Dane颗粒。它是有感染性的HBV完整颗粒，呈球形，直径为42nm，具有双层衣壳结构。其中外衣壳相当于一般病毒的包膜，由脂质双层与蛋白质组成，其上镶嵌有HBV的表面抗原（HBsAg）、前S1抗原（PreS1）及前S2抗原（PreS1）。外衣壳内部包绕着一个直径为27nm的内核，呈20面体立体对称，内核的表面为内衣壳，相当于一般病毒的衣壳，其表面有HBV核心抗原（HBcAg），用酶降解HBcAg可暴露出可溶性的e抗原（HbeAg）。衣壳内为双股环状未闭合的DNA和DNA聚合酶（图19-5）。

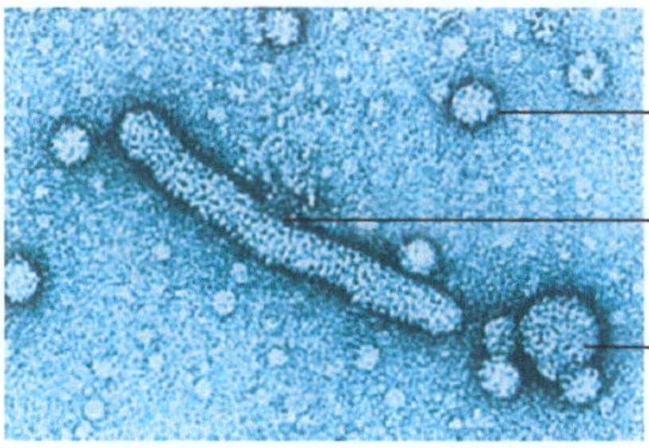

图19-4 HBV电镜下的形态图

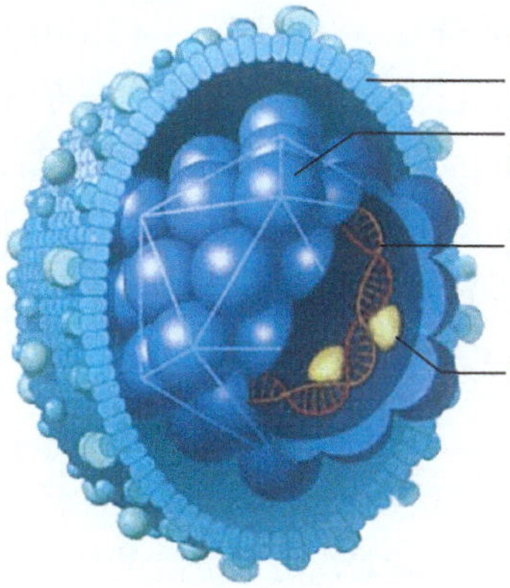

图19-5 HBV大球形颗粒结构模式图

（2）小球形颗粒：直径为22nm，是由HBV感染肝细胞时产生的过剩的病毒衣壳装配而成的，不含病毒核酸DNA及DNA聚合酶，大量存在于患者血液中。

（3）管形颗粒：成分与小球形颗粒相同，长100～500nm不等，直径22nm，存在于血液中。这种颗粒是由小球形颗粒“串联而成”，内无病毒核酸。

2. 基因结构 HBV基因组约含3200个核苷酸，呈双股环状DNA，但其中有一段为单股。单股区的长短在各病毒体不等，但都不超过全基因组的一半。病毒DNA的长链为负链，较短的链为正链，两链通过碱基配对构成环状DNA结构，控制HBV各种蛋白的合成。HBV基因组负链DNA含有4个开放读码框（ORF），分别称为S、C、P和X区，S区中的S基因编码产生HBV外衣壳蛋白，即HBsAg、$PreS_1$、$PreS_2$。C区的C基因编码产生内衣壳抗原，即HBcAg和HBeAg。P区的P基因编码产生DNA聚合酶等。X区编码的蛋白称为HBxAg，可反式激活一些细胞内的癌基因及HBV基因，与肝癌的发生及发展有关。

3. 抗原组成

（1）HBsAg：存在于3种颗粒的表面，化学成分为糖蛋白。HBsAg大量存在于感染者的血液中，是HBV感染的主要标志。HBsAg具有免疫原性，可刺激机体产生特异保护性抗体，即抗-HBs。该抗体为中和抗体，具有防御HBV感染的作用，也是制备乙肝疫苗的最主要成分。$PreS_1$和$PreS_2$抗原也具有免疫原性，抗-$PreS_1$和抗-$PreS_2$能阻断HBV与肝细胞结合而发挥其抗病毒的作用。

（2）HBcAg：存在于Dane颗粒核心结构的表面，为内衣壳成分，其外被HBsAg所覆盖，故在血液循环中不易检出。HBcAg的免疫原性强，能刺激机体产生抗-HBc。抗-HBc IgG在血中持续时间较长，为非保护性抗体。抗-HBc IgM的存在提示HBV正处于活跃的复制状态。

（3）HBeAg：是HBcAg被蛋白酶裂解后形成的可溶性抗原，仅见于HBsAg阳性的血清，比HBsAg在血清中存在的时间短，其消长与Dane颗粒及DNA多聚酶基本一致，因此HBeAg阳性为HBV复制及具有强感染性的一个指标。HBeAg可刺激机体产生抗-HBe，能与受染肝细胞表面的 HBeAg 结合，通过补体介导破坏受染的肝细胞，故对 HBV 感染有一定的保护作用。

4. 培养特性 至今，HBV 尚不能在组织细胞培养中分离培养。目前采用的细胞培养系统是病毒 DNA 转染系统。黑猩猩是对 HBV 最敏感的动物，可用来进行 HBV 的致病机制研究和疫苗效价及安全性评价，但来源困难。近年来，从鸭、地松鼠中发现了与 HBV 相似的肝炎病毒，已被列入嗜肝 DNA 病毒科，可以应用于 HBV 的研究。

5. 抵抗力 HBV 对外界环境的抵抗力较强，对低温、干燥、紫外线均有一定的耐受性。不被 70% 乙醇灭活。高压灭菌法、100℃加热 10min、环氧乙烷等均可灭活 HBV。0.5% 过氧乙酸、5% 次氧酸钠等亦可用于消毒。

（二）临床意义

1. 传染源 HBV 的传染源主要是患者或无症状携带者。乙型肝炎的潜伏期较长（30～160d），无论在潜伏期、急性期或慢性活动期，患者的血清都具有传染性。HBV 携带者因为无症状而不易被察觉，是更危险的传染源。

2. 传播途径

（1）血液、血制品等传播：人对 HBV 非常易感，故只需极少量的被 HBV 污染的血液进入人体即可引起感染。输血、注射、外科或牙科手术、针刺、使用公用剃刀或牙刷、皮肤黏膜的微小损伤均可传播；HBV 也可通过唾液、阴道分泌物、精液等体液传播；医院内污染的器械（如牙科、妇产科器械）亦可致医院内传播。

（2）母婴传播：人群中有大约 50% 的 HBV 携带者来自于母婴传播，是乙型肝炎的稳定传染源。母亲可以通过胎盘、产道和母乳喂养传播 HBV。

此外，HBV 亦可以通过性途径传播。

3. 发病机制 乙型肝炎的临床呈多样性，可由无症状携带者至急性肝炎、慢性肝炎、重症肝炎等。病毒不仅存在于肝内，也存在于脾和血细胞等。一般认为，病毒在细胞内增殖对肝细胞的直接破坏作用不大，而机体对肝脏的免疫病理损害才是引起肝炎发生的主要原因。由于机体不同，产生的免疫应答及肝细胞损害也有差异。病毒主要通过细胞介导的免疫病理损伤、免疫复合物引起的病理损伤、自身免疫反应引起的病理损伤等方式对宿主细胞造成损害，从而引起乙型肝炎。

乙型肝炎的临床表现复杂，表现为急性肝炎、慢性肝炎、重症肝炎及肝外病变等。另外，HBV 感染与原发性肝癌密切相关。

（三）微生物学检验

目前主要采用血清学方法检测 HBV 的 HBsAg 与抗 -HBs，HBeAg 与抗 -HBe 及抗 -HBc，检测抗 -HBc IgM 可了解患者是否处于急性感染期。最常用的方法为 ELISA 法及发光免疫分析技术。应用核酸杂交法或 PCR 检测 HBV DNA 可进行疾病诊断，亦可作为药物疗效的考核指标。HBV 抗原、抗体的血清学标志与临床的关系较为复杂，必须对检测指标综合分析，方能有助于临床判断（表 19-2）。

HBsAg 阳性见于急性肝炎、慢性肝炎或无症状携带者。急性肝炎恢复后，一般在 1～4 个月内 HBsAg 消失，若持续 6 个月以上则认为已向慢性肝炎转化。抗 -HBs 阳性见于乙型肝炎恢复期、既往感染或接种过疫苗。患者血清中检出 $PreS_1$ 和 $PerS_2$ 抗原可作为病毒复制的指标，抗 $-PreS_1$ 和抗 $-PreS_2$ 检出则提示病毒正在或已经被清除，预后良好。HBeAg 阳性提示 HBV 在体内复制，抗 –HBe 阳性表示机体已获得一定的免疫力。抗 –HBc IgM 阳性亦提示仍有病毒复制。

表 19-2 HBV 抗原抗体检测结果分析

HBsAg	抗 –HBs	HBeAg	抗 –HBe	抗 –HBcIg M	抗 –HBcIg G	结果分析
+	–	–	–	–	–	HBV 感染或无症状携带者
+	–	+	–	+	–	急性乙型肝炎（俗称“大三阳”）
+	–	–	+	–	+	急性感染趋向恢复（俗称“小三阳”）
+	–	+	–	+	+	急性或慢性乙型肝炎
–	+	–	+	–	+	乙型肝炎恢复期
–	–	–	–	+	+	既往感染
–	+	–	–	–	–	既往感染或接种过疫苗

三、丙型肝炎病毒

丙型肝炎病毒（hepatitis C virus, HCV）是引起丙型肝炎的病原体，曾被称为肠道外传播的非甲非乙型肝炎病毒，于 1989 年被正式命名，1991 年被国际病毒委员会归为黄病毒科。虽然丙型肝炎作为疾病早已被发现，但因该病毒不能在体外培养且血中的含量很少，故对 HCV 的认识主要来自黑猩猩实验及分子生物学研究的结果。

（一）生物学特性

HCV 是一类具有包膜的单股正链 RNA 病毒。病毒体呈球形，直径为 40～60nm。HCV 可在黑猩猩体内连续传代，引起慢性肝炎。HCV 对氯仿、乙醚、甲醛等有机溶剂敏感。

（二）临床意义

HCV 的传染源为患者及病毒携带者，主要经输血或血制品传播、性接触传播和母婴传播。同性恋者、静脉药物依赖者及接受血液透析的患者为高危人群。潜伏期约 7 周，多数丙型肝炎患者感染后不出现症状，发病时已呈慢性过程。慢性丙型肝炎的表现轻重不等，约 20% 可逐渐发展为肝硬化。HCV 感染与肝癌的发生密切相关。

HCV 感染患者体内先后出现 IgM 和 IgG 型抗体，产生较低的免疫力，对同一毒株的再次攻击几乎没有免疫力。在免疫力低下的人群中，可能同时感染 HBV 及 HCV，此双重感染常导致疾病的加重。

（三）微生物学检验

1. 标本 采用血清或血浆，标本采集后应尽快进行分离，若冷藏或冻存应于 4～6h 内，最好在－70℃及以下，因为在－20℃时 HCV RNA 易发生明显降解。解冻后的标本应持续保持在低温状态，避免反复冻融。

2. 检验方法

（1）检测病毒抗体：用 ELISA 等法检测抗 –HCV，可筛选献血员、诊断或鉴别丙型肝炎及评价疗效。HCV 感染的确诊可用免疫印迹法，即以 HCV 不同蛋白分别检测其相应抗体。

（2）检测病毒 RNA：因 HCV 在血液中含量很少，不宜以核酸（斑点）杂交法检测。

临床上用敏感的 RT-PCR 法检测 HCV RNA，常用于丙型肝炎的早期诊断和预后判断。

四、丁型肝炎病毒

1977 年，Rizzetto 用免疫荧光法检测乙型肝炎患者的肝组织切片时，发现肝细胞内除 HBcAg 外，还有一种新抗原，当时称为 δ 因子。此后，通过黑猩猩等实验证实，这是一种不能独立复制的缺陷病毒，必须在 HBV 或其他嗜肝 DNA 病毒辅助下才能复制，现已正式命名为丁型肝炎病毒（hepatitis D virus，HDV）。

（一）生物学特性

HDV 呈球形，直径为 35～37nm，核心为单股负链环状 RNA，长度仅 1.7kb，是已知动物病毒中最小的基因组。病毒核心上有 HDV 抗原，可刺激机体产生抗体（抗 -HDV），核心外包以 HBsAg，HBsAg 构成的衣壳可防止 HDV RNA 的水解，在 HDV 致病中起重要作用，但它并非为 HDV 的基因物，而是由同时感染的 HBV 所提供。HDV 抗原主要位于肝细胞内，在血清中出现早、消失快（维持 2 周左右），常不易检测到。HDV 的传播途径与 HBV 相同，主要经血液传播。黑猩猩、土拨鼠和北京鸭可作为 HDV 研究的实验动物模型。

（二）临床意义

HDV 感染呈世界性分布，我国以四川等西南地区多见。在全国各地报道的 HbsAg 阳性者中，HDV 的感染率为 0～10%。HDV 感染早期，其抗原主要存在于肝细胞核内，随后出现于血液。HDAg 刺激机体产生特异性抗 -HD。HDV 感染常可导致乙肝病毒感染者的症状加重与恶化，故在发生重症肝炎时，应注意有无 HBV 伴 HDV 的共同感染。HDV 与 HBV 有相同的传播途径，预防乙型肝炎的措施同样适用于丁型肝炎，如接种 HBV 疫苗也可预防 HDV 感染。由于 HDV 是缺陷病毒，如能抑制 HBV，则 HDV 亦不能复制。

（三）微生物学检验

1. **HDV 抗原检测** 一般用免疫荧光法或 ELISA 法检测肝组织或血清中的 HDV 抗原。
2. **抗 -HD 检测** 用 ELISA 方法检测患者血清中的抗 -HDV IgM 或抗 -HDV IgG。
3. **HDV 基因组检测** 用血清斑点杂交法或 PCR 检测患者血清或肝组织中的 HDV RNA。

五、戊型肝炎病毒

戊型肝炎病毒（hepatitis E virus,HEV）是引起戊型肝炎的病原体，曾被称为消化道传播的非甲非乙型肝炎病毒。1955 年，印度曾暴发流行。1986 年，我国新疆南部地区发生戊型肝炎流行，大约 12 万人发病，死亡 700 余人，是迄今世界上最大的一次戊型肝炎流行。1989 年，美国学者 Reyes 等成功克隆了该病毒基因组，并正式命名为戊型肝炎病毒。

（一）生物学特性

HEV 属杯状病毒科，基因组为单股正链 RNA，病毒体呈球状，直径为 27～34nm，呈 20 面立体对称，无包膜，表面有锯齿状刻缺和突起，形似杯状。HEV 的细胞培养尚在研究中。多种灵长类动物（如恒河猴、食蟹猴、非洲绿猴、绢毛猴及黑猩猩等）可感染HEV。该病毒在碱性环境中稳定，对高盐、氯化铯、氯仿等敏感；反复冻融易降解，但在液氮中保存稳定。

（二）临床意义

HEV主要经粪－口途径传播，潜伏期为10～60d，平均为40d。经胃肠道进入血液，在肝内复制，经肝细胞释放到血液和胆汁中，然后经粪便排出体外。人感染后可表现为临床型和亚临床型，病毒随粪便排出，污染水源、食物和周围环境而发生传播。潜伏期末和急性期初的患者粪便排毒量最大，传染性最强，是本病的主要传染源。

HEV通过对肝细胞的直接损伤和免疫病理作用，引起肝细胞的炎症或坏死。临床上表现为急性戊型肝炎（包括急性黄疸型和无黄疸型）、胆汁淤滞性肝炎及重症肝炎。多数患者于发病后6周即好转并痊愈，不发展为慢性肝炎。孕妇感染HEV后病情常较重，尤以怀孕6～9个月时最为严重，常发生流产或死胎，病死率达10%～20%。

（三）微生物学检验

对HEV的感染最好作病原学诊断，否则很难与甲型肝炎相区别。可用电镜或免疫电镜技术检测患者粪便中的HEV病毒颗粒，也可用RT-PCR法检测粪便或胆汁中的HEV RNA。目前，临床诊断常用的方法是检查血清中的抗–HEV IgM或IgG，如抗-HEV IgM阳性，则可确诊患者HEV感染。如血清中存在抗–HEV IgG，则不能排除是既往感染，因为抗–HEV IgG在血中持续存在的时间可达数月至数年。

第4节 疱疹病毒

疱疹病毒是一群中等大小、结构相似、有包膜的DNA病毒，在自然界中分布广泛，现已发现100多种，感染宿主可分布于人类、哺乳动物、鸟类等。根据其生物学特性可将其分为3个亚科：疱疹病毒α亚科、疱疹病毒β亚科和疱疹病毒γ亚科。其中与人感染有关的人类疱疹病毒已发现有8种（表19-3）。

表19-3 人类疱疹病毒的种类及其所致主要疾病

正式命名	常用名	所致疾病
人类疱疹病毒1型	单纯疱疹病毒1型	唇疱疹、齿龈炎、角膜结膜炎、脑膜炎等
人类疱疹病毒2型	单纯疱疹病毒2型	生殖器疱疹、新生儿疱疹
人类疱疹病毒3型	水痘－带状疱疹病毒	水痘、带状疱疹
人类疱疹病毒4型	EB病毒	传染性单核细胞增多症、Burkitt淋巴瘤、鼻咽癌
人类疱疹病毒5型	人类巨细胞病毒	先天性巨细胞病毒感染、先天性畸形、输血后传染性单核细胞增多症、肝炎、间质性肺炎
人类疱疹病毒6型	人类疱疹病毒6型	婴儿玫瑰疹
人类疱疹病毒7型	人类疱疹病毒7型	未确定
人类疱疹病毒8型	人类疱疹病毒8型	卡波西肉瘤

人类疱疹病毒的共同特征有：病毒体呈球形，核心为双链线性 DNA，衣壳呈 20 面体立体对称，由 162 个壳粒组成，有包膜，包膜的表面有刺突。除 EB 病毒外，其余的疱疹病毒均能在人二倍体成纤维细胞核内增殖，引起明显的细胞病变，形成核内嗜酸性包涵体，病毒可以使受染细胞和邻近未感染细胞融合后形成多核巨细胞。病毒感染后，可引发显性感染、潜伏感染、整合感染、先天性感染多种感染形式。

一、单纯疱疹病毒

单纯疱疹病毒（herpes simplex virus，HSV）有 2 个血清型，即 HSV-1 和 HSV-2。HSV-1 型常引起口唇和角膜疱疹。HSV-2 型则主要通过性接触传播引起生殖器疱疹，并导致皮肤病变。

（一）生物学特性

单纯疱疹病毒为有包膜的 DNA 病毒，完整的病毒体直径为 110～120nm，核衣壳为 20 面体对称，包膜表面有多种糖蛋白突起，基因组为双链线状 DNA。

HSV 感染宿主的范围较广，常用实验动物有家兔、豚鼠、小鼠等。该病毒可在多种细胞内增殖，常用人胚肺、原代兔肾、人胚肾细胞或地鼠肾等传代细胞分离培养病毒。感染细胞很快出现细胞肿胀、变圆、核内嗜酸性包涵体等明显的细胞病变。在鸡胚绒毛膜上，HSV-2 形成大空斑，而 HSV-1 形成针尖大小的空斑。HSV 对动物的感染范围比较广泛，常用的实验动物有家兔、小鼠、豚鼠等。

（二）临床意义

单纯疱疹病毒的感染非常普遍，呈全球性分布，人是其唯一的自然宿主，传染源主要是患者和病毒携带者。通过直接接触或性接触而传播，亦可通过被唾液污染的餐具而间接传染，也可以经垂直传播途径感染胎儿或新生儿。感染后症状不明显，常见的为皮肤黏膜的局限性疱疹，偶见全身感染。通常可将其分为原发感染、潜伏感染、复发性感染和先天性感染。HSV-1 主要侵犯躯体腰以上部位，引起齿龈炎、唇疱疹、角膜结膜炎、脑炎等。HSV-2 侵犯躯体腰以下部位，主要引起生殖器疱疹、新生儿疱疹、无菌性脑膜炎等。

（三）微生物学检验

1. 标本采集 采集水疱液、唾液、脑脊液、角膜刮取物、阴道棉拭子等标本。

2. 检验方法

（1）分离培养

1）细胞培养：标本处理后接种于人胚肾、兔肾等易感细胞，常常可以获得较高的分离率。一般在接种标本后的 1～2d 即出现病变，细胞表现为肿胀、变圆形成巨细胞。然后用单克隆抗体做间接免疫荧光染色鉴定。

2）鸡胚绒毛尿囊膜培养：标本接种于 12 日龄的鸡胚绒毛尿囊膜，48h 后膜上出现隆起的白斑。

3）小白鼠乳鼠接种：标本处理后接种于脑内，经 3～4d 因脑炎而死亡。

（2）血清学诊断：取病变组织涂片，用酶标记的单克隆抗体进行染色，检查细胞内特异性疱疹病毒抗原。亦可检测特异性抗 HSV IgM 和抗 HSV IgG。

（3）分子生物学方法：应用 PCR 法或原位核酸杂交法检测标本中的疱疹病毒 DNA，可快速诊断，并可鉴别 HSV - Ⅰ 和 HSV - Ⅱ。

二、水痘－带状疱疹病毒

（一）生物学特性

水痘－带状疱疹病毒（varicella-zoster virus，VZV）基本性状与HSV相似，仅有1个血清型。一般实验动物和鸡胚对水痘－带状疱疹病毒不敏感。在人或猴成纤维细胞中可增殖，并缓慢产生细胞病变，形成多核巨细胞，受感染细胞核内可见嗜酸性包涵体及多核巨细胞。

（二）临床意义

人是水痘－带状疱疹病毒唯一的自然宿主。在儿童初次感染时引起水痘，恢复后可潜伏体内，少数人在多年后受到某些刺激复发而引起带状疱疹，多见于成年人和老年人。水痘患者是主要传染源，经呼吸道、咽、结膜、口、皮肤等处侵入人体。病毒先在局部淋巴结增殖，进入血液后散布到各个内脏继续大量增殖。潜伏期为2～3周，然后全身皮肤广泛发生丘疹、水疱疹和脓疱疹，皮疹主要呈向心性分布，躯干较面部和四肢多。皮疹内含有大量病毒，感染细胞内生成多核巨细胞和嗜酸性核内包涵体。水痘消失后不遗留瘢痕，病情一般较轻，但偶有并发肺炎和脑炎。原发感染后，病毒潜伏在脊髓后根神经节或脑神经的感觉神经节中，当机体免疫力下降时，在某些因素（如发热、受冷、机械压迫等）的刺激下，可导致潜伏的病毒被激活，病毒沿感觉神经轴索下行到达该神经所支配的皮肤细胞内增殖，在皮肤上沿感觉神经的通路发生串联的水疱疹，形似带状，故名带状疱疹。此类疱疹多发生于腰腹部和面部，1～4周内局部痛觉非常敏感，有剧痛。

患水痘后，机体产生特异性体液免疫和细胞免疫，极少再发生感染。但长期潜伏于神经节中的病毒不能被清除，故不能阻止病毒激活而发生带状疱疹。

（三）微生物学检验

水痘－带状疱疹的临床症状典型，一般不需作实验室诊断。必要时，可刮取疱疹基底部细胞涂片染色，检查嗜酸性核内包涵体和多核巨细胞；也可用膜抗原单克隆抗体进行免疫荧光法检查细胞内抗原，有助于快速诊断。

三、巨细胞病毒

巨细胞病毒（cytomegalovirus，CMV）是巨细胞病毒感染的病原体，由于巨细胞病毒所感染细胞发生肿胀，并有巨大的核内包涵体，故以此为名。

（一）生物学性状

CMV的形态和基因结构与HSV极为相似，但感染宿主和细胞范围均较窄，且种属特异性高。尽管CMV在体内可以感染人唾液腺、白细胞、肾脏和呼吸道上皮细胞、肝细胞等，但体外培养只能在人二倍体成纤维细胞中复制增殖。病毒在细胞中复制周期长，增殖缓慢，初次分离需2～3周才出现CPE，典型的病变为细胞肿胀、核变大、变圆，核内出现外有一晕轮围绕着嗜酸性包涵体，形似“猫头鹰眼”。

（二）临床意义

人群中CMV感染非常普遍。初次感染多在2岁以下，常呈隐性感染或潜伏感染，少数出现临床症状。病毒可长期或间歇地从唾液、乳汁、精液、尿液或宫颈分泌物中排出，可通过口腔、输血、产道、胎盘、哺乳、器官或骨髓移植等多种途径传播。人感染CMV

后可产生特异性的抗体 IgM、IgG、IgA，可以限制病毒的复制，但不能有效地防御 CMV 感染，仍可存在潜伏感染。细胞免疫在抗 CMV 感染中起重要作用。

（三）微生物学检验

1. 病毒分离培养与鉴定 取患者的尿液、唾液、阴道分泌物或白细胞等标本处理后接种于人二倍体成纤维细胞，培养 4～6 周后观察 CPE，也可用单克隆抗体免疫荧光染色检测 CMV 的早期抗原。

2. 细胞学检查 尿标本经离心后取沉渣涂片，经 Giemsa 染色镜检，观察巨大细胞及核内嗜酸性包涵体。应用人 CMV 的特异性单克隆抗体直接检测临床标本中人 CMV 的晚期磷蛋白抗原，作为人 CMV 活动性感染的早期快速诊断。

3. 病毒 DNA 的检测 应用核酸杂交和 PCR 技术检测 CMV DNA，具有快速、敏感、准确的特点。

4. 血清学诊断 应用 ELISA 方法检测 CMV 的 IgM 以协助诊断 CMV 近期感染。

四、EB 病毒

EB 病毒（Epstein-Barr virus，EBV）是 1964 年 Epstein 和 Barr 等首先从非洲儿童恶性淋巴瘤细胞中发现的一种病毒。1966 年 Old 等首先证实 EB 病毒和鼻咽癌的血清学关系，1968 年 Henle 等证明 EB 病毒是传染性单核细胞增多症的病原体。

（一）生物学性状

1. 形态与结构 EBV 在电镜下的形态与疱疹病毒相似，为球形有包膜的双链 DNA 病毒，直径约 120nm，核衣壳为由 162 个壳粒组成的 20 面体立体对称型，包膜上有病毒编码的糖蛋白。

2. EBV 表达的特异性抗原

（1）病毒潜伏感染时表达的 EBV 抗原

1）EBV 核抗原（EB nuclear antigen，EBNA）：所有 EBV 感染的 B 细胞核内，都可检出该抗原。

2）潜伏感染膜蛋白（latent membrane protein，LMP）：是潜伏感染 B 细胞出现的膜抗原。

（2）病毒增殖感染相关的 EBV 抗原

1）EBV 早期抗原（early antigen，EA）：是病毒增殖早期产生的非结构蛋白。EA 出现是 EBV 增殖开始、感染细胞进入溶解性周期的标志。

2）EBV 衣壳抗原（viral capsid antigen，VCA）：是病毒增殖后期合成的结构蛋白，存在于细胞质和细胞核内。

3）EBV 膜抗原（membrane antigen，MA）：是 EBV 的中和性抗原，其中糖蛋白 gP320/220 能诱导生成中和抗体。

3. 培养 常用新鲜分离的人脐带血淋巴细胞进行病毒培养。

（二）临床意义

人群中 EBV 感染非常普遍，90% 以上成人均有 EBV 抗体。传染源为健康排病毒者、隐性感染者和患者。EBV 主要通过唾液传播，偶尔经输血传播。幼儿时期感染 EBV 一般为亚临床感染，或引起轻度咽炎和上呼吸道感染。与 EBV 感染相关的疾病主要有传染性单核细胞增多症、非洲儿童恶性淋巴瘤（又称 Burkitt 淋巴瘤）、鼻咽癌等。

EBV 原发感染后机体产生细胞免疫，能防止病毒的外源性再感染及限制体内病毒扩散，但不能清除潜伏在细胞中的病毒。

（三）微生物学检验

1. 直接检测病毒抗原或核酸 采集淋巴结、脾等组织，用荧光免疫法检测细胞中的 EB 核抗原，用原位核酸杂交法或 PCR 法等检测标本细胞中的 DNA。

2. 血清学诊断 EBV 的分离培养较困难，一般用 ELISA 法或荧光免疫法检测 EBV 抗体。检测 VCA-IgA 及 EA-IgA 抗体，抗体滴度 1∶10～1∶5 或持续升高，对鼻咽癌有辅助诊断意义。VCA-IgM 的存在说明原发感染。抗 EA-D 阳性提示有发生鼻咽癌的可能。抗 EA-R 阳性可能患非洲儿童恶性淋巴瘤。复发感染时，可能出现抗 EA-D 阳性及抗 EA-R 阳性。VCA-IgG 抗体或 EBNA-IgG 抗体阳性表示既往感染，但 VCA-IgG 抗体或 EBNA-IgG 抗体阴性表示近期感染。检测异嗜性抗体，可辅助诊断传染性单核细胞增多症。

五、人疱疹病毒 6、7、8 型

（一）人疱疹病毒 6 型

人疱疹病毒 6 型（human herpes virus 6，HHV-6）于 1986 年由 Salahuddin 等从 6 例淋巴增生及 AIDS 患者的外周单核细胞中分离出，是对 T 淋巴细胞具有高度亲嗜性的有包膜双链 DNA 病毒，其结构与疱疹病毒相似，但抗原性与已知的疱疹病毒不同，故称为 HHV-6。

IgM 分两组，即 HHV-6A 和 HHV-6B。本病毒和 HIV 一样存在血液中，主要感染 $CD4^+$T 细胞，在 B 细胞、胶质细胞及单核细胞中也可复制。HHV-6 在人群中感染十分普遍，原发感染多见于 6 月龄至 2 岁的婴儿，引起婴儿玫瑰疹，大多痊愈，不伴有并发症和后遗症。与其他疱疹相似，HHV-6 感染除引起急性感染外，也能在体内进入潜伏状态引起持续性感染。潜伏的 HHV-6 在机体免疫功能受抑制时被激活，进一步加重机体免疫功能损害。

用 ELISA 方法及免疫荧光技术可检测 HHV-6 的特异性抗体，检测 IgM 类抗体可确定近期感染，也可用 PCR 技术检测 HHV-6 DNA。

（二）人疱疹病毒 7 型

人疱疹病毒 7 型（human herpes virus 7，HHV-7）是 Frenker 等在 1990 年从健康成人外周血单核细胞中发现。病毒主要潜伏在唾液腺和外周血单核细胞中，可通过唾液传播。人群感染十分普遍，大多数健康成人抗体呈阳性。HHV-7 的检测可采用病毒分离、血清学方法，鉴定可用 PCR、分子杂交等。

（三）人疱疹病毒 8 型

人疱疹病毒 8 型（human herpes virus 8，HHV-8）是 1994 年由 Yuan Chang 及 Patrick Moore 等从 AIDS 患者卡波西肉瘤组织中首先发现的。目前认为 HHV-8 是引起卡波西肉瘤的致病因子，并与增生性淋巴系统疾病和增生性皮肤疾患的发病有关。HHV-8 的检测大多采用 PCR 技术。

第5节 黄病毒和出血热病毒

一、黄病毒

黄病毒属是一大群具有包膜的单正链RNA病毒。该类病毒通过吸血的节肢动物（蚊、蜱、白蛉等）叮咬人、家畜及野生动物而传播，具有自然疫源性。过去曾归类为虫媒病毒。在我国常见的黄病毒有流行性乙型脑炎病毒、登革病毒和森林脑炎病毒等。

（一）流行性乙型脑炎病毒

流行性乙型脑炎病毒（epidemic type B encephalitis virus）简称乙脑病毒，是流行性乙型脑炎（简称乙脑）的病原体。该病毒经蚊媒传播，流行呈明显的季节性，主要在夏秋季流行。其传播范围广，引发疾病病死率高，幸存者可留下神经性后遗症。

1. 生物学特性 乙脑病毒呈球形，直径为35～50nm。核酸为单股正链RNA，衣壳呈立体对称，核衣壳外有一层薄的外膜，表面有突起，为病毒的血凝素刺突，能凝集鹅、鸽及雏鸡的红细胞。

乳鼠为病毒的易感动物，经脑内接种乙脑病毒后，3～5d可发病，表现为神经系统兴奋性增高，肢体麻痹而死亡，其脑组织内含有大量乙脑病毒。病毒可在地鼠肾、幼猪肾等原代细胞和白蚊传代细胞中增殖，产生明显的CPE。

乙脑病毒对氯仿、乙醚等脂溶剂敏感，不耐热，56℃加热30min可被灭活，对低温、干燥抵抗力强。

2. 临床意义

（1）传播媒介：在我国，乙脑病毒主要经三带喙库蚊传播。流行高峰期在6～9月。

（2）传染源和储存宿主：蚊虫叮咬猪、牛、羊等牲畜，病毒可在蚊和动物间不断循环，因此家畜（尤其是幼猪）是乙脑病毒主要的中间宿主和传染源。当带病毒的蚊叮咬易感人群时，则引起人感染。乙脑患者和隐性感染者也可成为传染源。

（3）致病性与免疫性：人群对乙脑病毒普遍易感，但绝大多数表现为隐性感染或轻度感染，只有少数引起中枢神经系统症状而发生脑炎。乙脑病毒侵入机体后，先在局部皮肤毛细血管内皮细胞和淋巴结中增殖，随后少数乙脑病毒进入血流，形成第1次病毒血症。病毒继而在肝、脾等处进一步增殖，10d左右大量病毒再次入血，可引起第2次病毒血症。患者可出现发热、寒战、全身不适等症状。绝大多数感染者病情不再继续发展，表现为顿挫感染。极少数免疫力低下的患者，病毒可突破血－脑屏障引起脑实质和脑膜病变，出现高热、剧烈头痛、惊厥、抽搐等症状，病死率高达10%～40%，治疗不及时可留有痴呆、失语、瘫痪等不同程度的后遗症。隐性感染者或病后均可获得持久的免疫力，主要以体液免疫为主，完整的血－脑屏障和细胞免疫也起重要作用。

3. 微生物学检验

（1）标本：血液、脑脊液、尸检脑组织等。

（2）检验方法

1）分离培养：取发病初期患者的脑脊液、尸检脑组织等，接种于C6/36蚊传代细胞、原代地鼠肾细胞或鸡胚细胞中培养。

2）血清学检查：①抗原检测，用免疫荧光技术或ELISA技术检测乙脑病毒抗原，阳性结果有早期诊断意义；②抗体检测，特异性IgM抗体检测、血凝抑制试验。

3）分子生物学技术检测：采用反转录聚合酶链反应（RT-PCR）检测病毒核酸，有较高的敏感性和特异性，特别适用于抗体尚未转为阳性患者的早期快速诊断。

（二）登革病毒

登革病毒是登革热的病原体，属黄病毒科黄病毒属。登革热是以伊蚊为主要传播媒介的季节性的急性传染病。

登革病毒为小球形单股正链RNA病毒，有包膜。其有4个血清型，各型之间有交叉抗原，登革病毒与乙脑病毒之间也有抗原交叉。

人和猴为登革病毒的自然宿主，病毒通过伊蚊（白纹伊蚊和埃及伊蚊）叮咬而传播。病毒进入机体后，可在毛细血管内皮细胞和单核细胞内增殖，然后经血流播散，引起发热、头痛、肌肉和关节酸痛、淋巴结肿大及皮肤出血、休克等。临床上可出现普通型登革热和登革出血热/登革休克综合征两种类型。前者病情较轻，后者病情较重。其发病机制至今尚未完全清楚，与初次感染后产生的抗体和再次感染所致的免疫病理反应有关。

患者发病初期是标本采集的最佳时期，取患者或可疑感染者的血清、白细胞或死亡患者的肝、脾等标本进行分离培养，标本应在低温下保存，快速送检。鉴定方法包括病毒分离培养和血清学检查两个方面。病毒的分离培养主要采用白纹伊蚊C6/36细胞株。血清学检查可用ELISA法、免疫荧光法等检测标本中的病毒抗原。应用ELISA法可检测血清中特异性IgM抗体，可早期诊断登革热。

二、出血热病毒

出血热病毒是一类可引起机体发热、皮肤黏膜及不同脏器出血，伴有低血压和休克等症状的一类病毒。其种类繁多，常见的有汉坦病毒、新疆出血热病毒及埃博拉病毒。

（一）汉坦病毒

汉坦病毒（Hantaan virus）又称肾综合征出血热病毒（hemorrhagic fever with renal syndrome virus，HFRSV），是肾综合征出血热的病原体，习惯称为流行性出血热。此病在我国流行范围广，危害严重。该病毒于1978年由韩国汉坦河附近流行性出血热疫区捕获的黑线姬鼠肺组织中分离出，后又从患者血清中分离到该病毒。现已将其分类为布尼亚病毒科的一个新属，即汉坦病毒属。

1. 生物学性状

（1）形态与结构：汉坦病毒呈球形、卵圆形或多形态性，直径约120nm，核酸类型为单负股RNA链，有长、中、短3个片段，分别编码病毒RNA多聚酶（L），糖蛋白（G_1、G_2）和核蛋白（N）。核衣壳外有包膜，包膜上有刺突，为血凝抗原，含有糖蛋白G_1、G_2成分，其凝集鹅红细胞活性在pH6.0～6.4范围最强。

（2）培养特性：汉坦病毒可在人肺癌传代细胞、地鼠肾细胞、人胚肺二倍体细胞、非洲猴肾细胞（Vero-E6）中增殖，但细胞病变并不明显。常用免疫荧光法测定感染细胞的胞质内的病毒抗原。易感动物有黑线姬鼠、长爪沙鼠、大鼠和乳小鼠等，实验感染后可在鼠肺、肾等组织中检出大量病毒。

（3）抵抗力：病毒对脂溶剂敏感，对酸抵抗力弱，60℃加热1h可被灭活。在4～20℃

环境中相对稳定，室温下，在水和食物中 48h 仍有传染性。

2. 临床意义

（1）致病性：我国汉坦病毒的宿主动物有几十种，主要有黑线姬鼠、长尾仓鼠、褐家鼠、野兔、猫等。携带病毒的动物通过唾液、尿和粪便排出病毒，污染食物、水、空气等自然环境，人或动物经呼吸道、消化道或皮肤伤口接触等方式传染。该病有明显的地区性和季节性，与鼠类分类和活动有关。我国已证实几种厉螨和小盾恙螨不仅是传播媒介，也是储存宿主。

该病毒进入人体后，潜伏期为 1～2 周，起病急，典型的临床表现为高热、出血和肾损害。常伴有三痛（头痛、腰痛、眼眶痛）及三红（面、颈、上胸部潮红），眼结膜、咽部及软腭充血，软腭、腋下及前胸等处有出血点。典型的临床过程包括发热期、低血压休克期、少尿期、多尿期和恢复期。

（2）免疫性：汉坦病毒感染后，发病 1～2d 后即可出现特异性 IgM 抗体，第 7～10d 达到高峰。IgG 抗体出现在第 3～4d，第 10～14d 达到高峰，可持续数年。病后免疫力持久。

3. 微生物学检查

（1）病毒分离与抗原检测：须在具备严格隔离条件的实验室内进行。患者急性期血清、尸检病死者器官和感染动物的肺、肾组织，均可用于病毒分离和抗原检测。待检标本接种细胞培养，免疫荧光抗体染色，查细胞质内的病毒抗原。标本接种黑线姬鼠或大鼠后，可在组织细胞中查到特异性病毒抗原。

（2）血清学诊断：检测患者血清中病毒特异性 IgM 和 IgG 抗体，单份血清 IgM 抗体阳性，双份血清 IgG 抗体效价呈 4 倍或 4 倍以上增高者，均有诊断意义。应用核酸杂交技术及 PCR 技术检测病毒 RNA，特异性和敏感性更高。

三、新疆出血热病毒

该病毒是从我国疫区捕获的硬蜱虫和新疆塔里木盆地出血热患者的血液、尸体脏器中分离获得，故名。该病毒呈圆形或椭圆形，直径 90～120nm，病毒结构、培养特性等特点均与汉坦病毒相似，能用鸡胚分离传代。该病毒对 1～4 日龄乳鼠易感。

新疆出血热是一种自然疫源性疾病，有严格的地区性和明显的季节性，主要分布在荒漠牧场。野生啮齿动物（如子午砂鼠、塔里木兔、长耳跳鼠）、家畜（如羊、马、牛、骆驼等）是主要的储存宿主。硬蜱是该病毒的传播媒介，也是储存宿主，病毒可经蜱卵传代。每年 4、5 月份，蜱大量繁殖，也是发病的高峰期。人被带病毒的蜱叮咬后，潜伏期为 5～7d，而后发病，临床表现以全身疼痛、发热、中毒症状和皮肤黏膜有出血点为主要特征，严重者有鼻出血、呕血、血尿及蛋白尿。病后机体可产生多种抗体，可获得持久免疫力。

微生物学检查与汉坦病毒基本相同，其预防主要针对传染源和传播途径采取措施。

链 接

埃博拉病毒

埃博拉病毒（Ebola virus）是引起 Ebola 出血热的病原体。因 1976 年首次在扎伊尔北部的 Ebola 河附近暴发流行，故名为 Ebola 病毒。

Ebola 病毒呈长丝状，长短不一，基因组为单股负链 RNA。该病毒传播途径主要有密切接触、注射传播和空气传播。病毒侵入机体并在组织细胞中复制后，引起组织坏死，导致血管损伤而造成广泛出血。临床表现为突发起病、高热、乏力、头痛、肌痛等，进而出现呕血、黑便、瘀斑、黏膜出血等出血现象，常常死于休克和多器官功能障碍。

进行微生物学检查时要做好安全防护措施，可用ELISA法和直接免疫荧光染色检测病毒抗原和相应的抗体，也可用RT-PCR技术扩增分泌物中的病毒基因组。

目前，Ebola出血热尚无有效的疫苗进行预防，应采取综合性措施预防，发现患者要立即隔离，患者的分泌物、排泄物、血液及接触过的物品须严格消毒，尸体应立即深埋或火化。

第6节 反转录病毒

反转录病毒属于反转录病毒科，包括一大类含有反转录酶的RNA病毒，分为肿瘤病毒亚科、泡沫病毒亚科和慢病毒亚科，每一亚科又有若干个属。肿瘤病毒亚科大多引起禽类、猫、鼠、猴等动物肿瘤，其中与人类疾病相关的有人类嗜T细胞病毒。泡沫病毒亚科的致病作用尚不清楚。慢病毒亚科中的人类免疫缺陷病毒（human immunodeficiency virus，HIV）是艾滋病的病原体，受到人类的广泛关注。

一、人类免疫缺陷病毒

人类免疫缺陷病毒是获得性免疫缺陷综合征（acquired immunodeficiency syndrome，AIDS，简称艾滋病）的病原体。HIV有HIV-1和HIV-2两型。HIV-1是引起全球艾滋病流行的病原体，HIV-2主要在西非和西欧流行。目前，艾滋病已成为全球最重要的公共卫生问题之一。

案例 19-5

患者，女，35岁，有静脉注射吸毒史3年。近期出现腹泻、低热、体重明显减轻，口腔出现溃疡，全身淋巴结肿大，抗生素治疗无效。入院检查：$CD4^+$T细胞数量减少，$CD4^+/CD8^+$为0.4，抗-HIV（+）。

问题：

1. 该患者可能患什么疾病？病原体是什么？
2. 该疾病的传播途径有哪些？
3. 如何对该病毒进行检验？

（一）生物学特性

1. 形态与结构 电镜下病毒颗粒呈球形，直径为100～120nm，呈20面体立体对称结构，HIV的核心呈致密圆锥状，包括两条相同的单股正链RNA、反转录酶、整合酶、蛋白酶等。HIV的最外层为脂蛋白包膜，膜上有表面蛋白（gp120）和镶嵌蛋白（gp41）两种糖蛋白，gp41为跨膜蛋白，gp120为刺突，刺突位于包膜的表面，能识别多种细胞膜表面的CD4受体，与病毒的特异性吸附、穿入和致病性有关。包膜内面为P17构成的基质蛋白，其内为P24构成的衣壳蛋白（图19-6）。

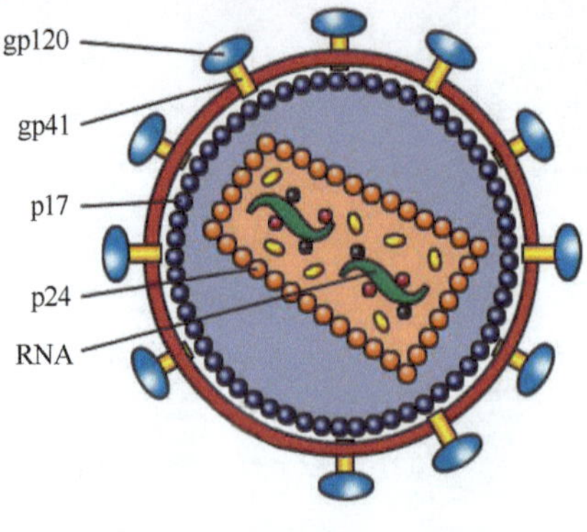

图 19-6 HIV 的结构示意图

2. HIV 复制 HIV 首先借助其包膜糖蛋白刺突 gp120 与易感细胞表面的 CD4 结合，随后介导包膜与宿主细胞膜融合，核衣壳进入细胞质内脱壳释放出核心 RNA 进行复制。在病毒反转录酶、病毒体相关的 DNA 多聚酶的作用下，以病毒 RNA 为模板，先反转录成 cDNA（负链 DNA），构成 RNA：DNA 中间体。中间体中的 RNA 再经 RNA 酶 H 水解后去除，而以剩下的负链 DNA 拷贝成病毒双股 DNA（前病毒 DNA）。在整合酶的作用下，病毒双股 DNA 基因组整合入宿主细胞染色体中，成为细胞染色体的一部分。宿主染色体上的病毒基因称作前病毒（provirus），与受染细胞基因组一起复制。当前病毒活化而自身转录时，长末端重复序列（LTR）起着启动和增强其转录的作用。在宿主 RNA 聚合酶的作用下，病毒的 DNA 转录为 RNA 并分别经拼接、加帽或加尾形成 HIV 的 mRNA 或子代病毒 RNA。mRNA 在宿主细胞核糖体上翻译蛋白质，经进一步酶解、修饰等形成病毒结构蛋白和非结构蛋白。子代 RNA 则与病毒结构蛋白装配成核衣壳，从宿主细胞释放时获得包膜，成为完整的具有传染性的子代病毒。最后以出芽的方式释放至感染细胞外。

3. 培养特性 HIV 在体外仅感染具有表面分子 CD4 的 T 细胞、巨噬细胞，因此实验室常用新鲜正常人 T 细胞或患者自身分离的 T 细胞来培养病毒。一般多用黑猩猩作为 HIV 感染的动物模型。

4. 抵抗力 HIV 的抵抗力较弱，56℃ 30min 即被灭活。0.1% 漂白粉、70% 乙醇或 0.5% 甲酚皂等对病毒均有灭活作用。在室温下（20～22℃）病毒活性可以保持 15d。

（二）临床意义

1. 传染源和传播途径 传染源是艾滋病患者和 HIV 无症状携带者，病毒主要存在于其血液、阴道分泌物、精液、乳汁中。其传播途径主要是通过性接触传播、血液传播及垂直传播。人群对 HIV 普遍易感。性活跃者（同性恋和异性恋）、静脉吸毒者等是高危人群。

2. 致病机制 当 HIV 侵入人体后，病毒主要侵犯 $CD4^+$T 细胞（主要是 Th 细胞）和单核 / 巨噬细胞，并在细胞中大量繁殖，引起细胞变性、坏死，导致以 Th 细胞缺陷为主的严重免疫缺陷。Th 细胞大量减少，而 $CD8^+$T 细胞相对增多，出现 $CD4^+$T 细胞 /$CD8^+$T 细胞比例倒置。免疫功能严重受损，致使患者易发生恶性肿瘤及病毒、真菌、细菌等多种机会感染。

3. 临床特征 从艾滋病感染到发病有一个完整的自然过程，临床上可分为以下四个时期。

（1）急性感染期：HIV 初次感染的个体可无明显症状，部分人于感染后 2～6 周内出现发热、头痛、咽炎、呼吸困难、淋巴结和肝脾大、斑丘疹、黏膜溃疡、腹泻、甚至脑炎等症状，这些表现呈自限性，常在 1～4 周内自然消失。在感染的急性期，通常难以检测到 HIV 抗体。

（2）无症状潜伏期：急性感染数周后进入较长时间的慢性感染期。患者可不出现任何临床症状，外周血中 HIV 抗原含量很低或不能检测出，此期可以长达 6 个月至 10 年。

（3）艾滋病相关综合征（ARC）期：随着 HIV 的大量增殖，免疫系统的损伤进行性加重，开始出现各种症状。其症状可有持续发热、盗汗、失重、不明原因的慢性腹泻、湿疹、银屑病、脂溢性皮炎、口腔念珠菌病、黏膜白斑病等。

（4）典型艾滋病期（AIDS）：大约 50% 的感染者在感染后 7～8 年发展到 AIDS。表现为严重的细胞免疫缺陷，一些对正常机体无明显致病作用的病毒、细菌、真菌、原虫常常可以造成AIDS患者机会感染或致死性感染，部分患者可并发恶性肿瘤和卡波西肉瘤，常持续1～3年后死亡，5年内病死率为90%。

4. 免疫性 在HIV感染过程中，机体可产生多种抗HIV的抗体，包括抗gp120等中和抗体，但中和活性不高。这些抗体主要在急性期降低血清中的病毒抗原数量，但不能清除细胞内病毒。HIV感染也可引起细胞免疫应答，包括特异性CTL和非特异性NK细胞的杀伤作用，其中CTL对HIV感染细胞的杀伤十分重要，但也不能彻底清除潜伏感染的病毒，这与病毒导致免疫逃逸作用有关。

（三）微生物学检验

1. 标本 取患者的血液、外周血单核细胞等标本。

2. 检验方法

（1）病毒分离：采用未感染者的外周血单核细胞与患者的单核细胞作混合培养。HIV生长缓慢，经7～14d培养后可检测培养液中反转录酶的活性。多数HIV抗体阳性者的外周血单核细胞中均能检测出HIV。特征性CPE是融合细胞。

（2）核酸检测：目前常用定量RT-PCR方法测定血浆中HIV RNA的拷贝数，用于监测艾滋病的进展和评价抗病毒治疗效果。

（3）抗原检测：常用ELISA法检测HIV的核心蛋白p24，用于早期辅助诊断。抗原检出率远远低于抗体检出率。间接免疫荧光法可用于检测培养细胞中的HIV抗原。

（4）抗体检测：①筛选试验，用ELISA法、间接荧光法等试验检测血清中的抗体进行初筛，阳性者再行确认试验；②确认试验，最常用的确认试验为免疫印迹试验，该方法可检测出p24、gp41、gp120等蛋白的特异性抗体。若血清中同时检出两种或两种以上抗体阳性，即可确认为受HIV感染。

二、人类嗜T淋巴细胞病毒

人类嗜T淋巴细胞病毒（human T-cell lymphotropic virus，HTLV）是20世纪80年代发现的第一个人类反转录病毒，是人类T细胞白血病及淋巴瘤的病原体，分为Ⅰ型（HTLV-Ⅰ）和Ⅱ型（HTLV-Ⅱ）。

（一）生物学特性

HTLV在电镜下呈球形，直径约100nm，核心为病毒的RNA和反转录酶，最外层为病毒的包膜，其表面嵌有刺突gp120，能与细胞表面的CD4分子结合而介导病毒的感染。包膜内有病毒的衣壳，含有P18和P24两种结构蛋白。

（二）临床意义

HTLV仅感染$CD4^+$T细胞并在其中生长，导致受染的T细胞发生转化而最终发展为T淋巴细胞性白血病，其机制尚不十分清楚。HTLV-Ⅰ可经输血、注射或性接触等传播，也可通过胎盘、产道或哺乳等途径垂直传播。HTLV-Ⅰ导致成人T淋巴细胞白血病，亦引起热带下肢痉挛性瘫痪及B细胞淋巴瘤。HTLV-Ⅱ可引起毛细胞白血病。

（三）微生物学检查

采取患者新鲜外周血分离淋巴细胞，采用PHA处理后，加入含IL-2的营养液，培养3～6周，电镜下观察病毒颗粒，并检测细胞培养上清液反转录酶的活性，最后用免疫血清或单克隆抗体进行鉴定。可用 ELISA 法、间接 IFA 和免疫印迹法等检测病毒特异性抗体，也可用 PCR 法检测病毒前 DNA。

第 7 节 朊粒及其他病毒

一、朊粒

朊粒（prion）是一种由正常宿主细胞基因编码的构象异常的朊蛋白（prion protein，PrP），目前尚未发现其含核酸成分，是传染性海绵状脑病（transmissible spongiform encephalopathy，TSE）的病原体。

（一）生物学特性

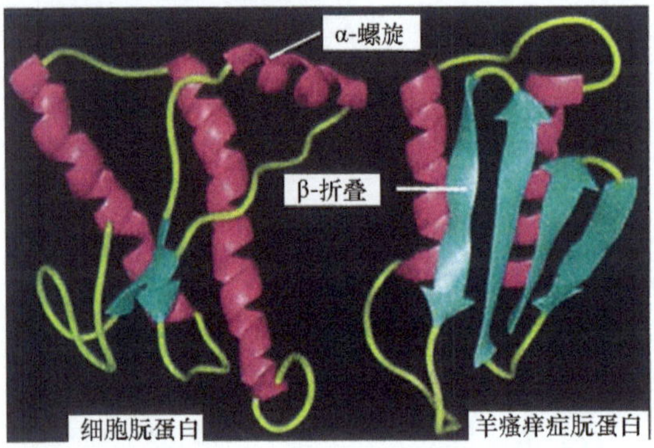

图 19-7 朊粒的三维结构模式图

1. 形态与结构 朊粒不具有病毒体结构，其本质是一种具有传染性的疏水性糖蛋白，它的致病因子主要成分为蛋白酶抗性蛋白（proteinase resistant protein，PrP），正常人和动物的神经细胞编码这一蛋白质的前体分子，称之为 PrP^{C}（图 19-7）。PrP^{C} 无致病性，对蛋白酶敏感，可在多种组织尤其是神经元细胞中普通表达，具有一定的生理功能。当 PrP^{C} 类的分子构型发生异常改变时，可抵抗蛋白酶的消化，成为 TSE 的病原体，也称为羊瘙痒朊蛋白（PrP^{SC}）。故 PrP^{SC} 仅存在于感染的人和动物的组织中，具有致病性和传染性。

2. 抵抗力 朊粒抵抗力较强，对甲醛、蛋白酶、电离辐射和紫外线等抗性强。而对酚类、乙醚和漂白剂等敏感。朊粒耐强碱（手术器械需用 2mol / L 的氢氧化钠浸泡 2h），耐高温，高压灭菌需 134℃加热 2h 才能使其失去传染性。

（二）临床意义

prion 病是一种人和动物的慢性退行性、致死性中枢神经系统疾病，即 TSE。该疾病潜伏期长，可达数年甚至数十年。一旦发病，呈慢性、进行性发展，最终死亡。病理学特征是大脑皮质神经元空泡变性、死亡，星形胶质细胞增生，脑皮质疏松呈海绵状，有淀粉样斑块形成，脑组织中无炎症反应。本病不能诱导机体产生特异性免疫应答。患者出现痴呆、共济失调、震颤等临床症状。

TSE 可通过消化道、血液、神经及医源性等多种途径传播，如疯牛病可通过消化道导致人类的感染，人与人之间的可能传播方式主要是输血、组织器官移植、污染的手术器械等。主要的人和动物的 prion 病包括库鲁病、牛海绵状脑病（BSE）、羊瘙痒病、克雅病（CJD）、克雅病变种等。

（三）微生物学检验

诊断 prion 病除了根据流行病学、临床表现及病理学改变外，病原学检查则通过免疫学和分子生物学方法检测 PrP^{SC}。例如，用免疫组化法和免疫印迹法可检测 PrP^{SC}。用基因分析法可诊断家族性 prion 病，根据等位特异性杂交或核苷酸序列分析，可确定其 PrP 基因型是否发生突变。

二、其他病毒

（一）狂犬病病毒

狂犬病病毒是狂犬病的病原体，属于弹状病毒科、狂犬病毒属，是一种嗜神经病毒。

1. 生物学特性

（1）形态与结构：病毒外形呈子弹状，大小为（75～80）nm×180nm，一端圆钝，一端平凹，核心为单股负链 RNA，核衣壳呈螺旋对称型，外有脂蛋白包膜，包膜上有糖蛋白刺突，刺突与病毒的感染和毒力有关。

（2）培养特性：狂犬病病毒有嗜神经细胞性，易在神经细胞中大量繁殖。其宿主范围广，可感染鼠、家兔、豚鼠、马、牛、猫、犬等，侵犯中枢神经细胞并在其中增殖，在细胞质中可形成嗜酸性、圆形或椭圆形的包涵体，称内基小体（图 19-8）。

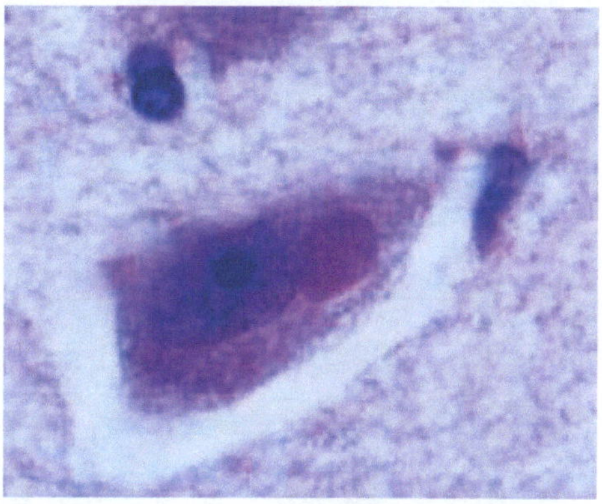

图 19-8 狂犬病毒感染后形成的内基小体

（3）抵抗力：狂犬病病毒对外界抵抗力不强，60℃加热 5min 可被灭活。对热、紫外线和日光敏感。该病菌易被甲醛、碘酒、乙醇、乙醚及氧化剂和表面活性剂灭活。肥皂水对病毒亦有灭活作用。

2. 临床意义 狂犬病病毒主要在家畜及野生动物中传播，人被患病动物咬伤后感染，潜伏期一般为 1～3 个月。病毒由伤口处侵入周围神经，沿传入神经轴索上行至中枢神经系统，在神经细胞内增殖并引起中枢神经系统损伤，然后又沿传出神经扩散到唾液腺及其他组织。患者的典型临床表现为神经兴奋性增强，有躁动不安、恐声、恐光、恐水等症状，病死率几乎达 100%。患病后或经预防接种狂犬病疫苗后均可获得特异性免疫力。

3. 微生物学检验 人被犬或其他动物咬伤后，立即检查动物是否患有狂犬病，应将犬或动物捕获隔离观察，若连续观察 7～10d 动物不发病，一般认为该动物未患狂犬病或咬人时唾液中尚无狂犬病病毒。如观察期间动物发病，应将其杀死，取脑组织涂片，用免疫荧光抗体法检测病毒抗原，同时作组织切片观察内基小体。

取狂犬病患者唾液、分泌物、尿沉渣等涂片，或取其睑、颊皮肤组织活检，用免疫荧光抗体法检查病毒抗原。亦可应用 PCR 技术检测标本中狂犬病病毒的 RNA。

（二）人乳头瘤病毒

人乳头瘤病毒（human papillomavirus，HPV）属于乳头瘤病毒科，主要侵犯人的皮肤和黏膜，导致不同程度的增生性病变，引起良性疣和纤维乳头瘤，某些型别还与恶性肿瘤发生密切相关。

HPV 呈球形，直径为 52～55nm，无包膜，核衣壳呈 20 面体立体对称。核酸为双链环状 DNA。目前，HPV 尚不能在组织细胞中培养。

HPV 只能感染人的皮肤和黏膜上皮细胞，病毒在这些细胞中复制能诱导上皮增殖，表皮变厚，伴有棘层增生和某些程度表皮角化，在颗粒层常出现嗜碱性核内包涵体。上皮增殖形成乳头状瘤，亦称为疣。

该病毒主要通过直接接触感染者的病损部位或间接接触被病毒污染的物品而传播。生殖器感染主要由性接触传播，新生儿可在通过产道时受感染，感染时病毒仅停留在局部皮肤和黏膜中，不产生病毒血症。不同型别的 HPV 侵犯的部位不同，所致疾病也不尽相同（表 19-4）。HPV 感染后，可产生特异性抗体，但此抗体对机体没有保护作用。

表 19-4　不同型别 HPV 与疾病的关系

HPV 型别	引起的相关疾病
2、4、26、27、29	寻常疣
3、10、28、41	扁平疣
1、4	跖疣
5、8、9、12、15、36	疣状表皮增生异常
6、11	尖锐湿疣
6、11	喉乳头瘤、口腔乳头瘤
16、18、31、33、45、56	宫颈上皮内瘤及宫颈癌相关

三、微生物学检查

应用免疫组化方法检测病变组织中的 HPV 抗原，用核酸杂交法和 PCR 技术检测 HPV DNA，已被广泛用于疣的确诊和 HPV 致病性的研究。

目标检测

一、名词解释

1. HBsAg
2. 抗原转变
3. 内基小体
4. Dane 颗粒
5. HIV

二、单项选择题

1. 根据流感病毒核蛋白抗原性的不同，流感病毒可以分为几型（　　）
   A. 1 型　B. 2 型　C. 3 型　D. 4 型　E. 5 型
2. 引起手足口病的主要病毒是（　　）
   A. 肠道病毒 71 型　B. 呼吸道病毒　C. 虫媒病毒　D. 疱疹病毒　E. 肝炎病毒
3. HIV 的传播途径不包括下列哪种（　　）
   A. 血液途径　B. 破损皮肤黏膜　C. 性接触途径　D. 母婴垂直途径　E. 日常接触
4. 流行性出血热主要引起下列哪个脏器的损伤（　　）
   A. 肾　B. 肝　C. 脾　D. 肺　E. 心脏
5. 轮状病毒主要可以引起下列哪种临床症状（　　）
   A. 便血　B. 腹痛　C. 腹泻　D. 食欲减退　E. 呕吐
6. 下列哪种动物是乙脑病毒的主要动物宿主（　　）
   A. 鼠　B. 兔　C. 鸟　D. 蝙蝠　E. 猪
7. 不引起呼吸道感染的一组病毒是（　　）
   A. 冠状病毒、脊髓灰质炎病毒
   B. 风疹病毒、乙型肝炎病毒

C. 人类免疫缺陷病毒、轮状病毒
D. 麻疹病毒、ECHO 病毒
E. 腮腺炎病毒、柯萨奇病毒

8. 流感病毒最易发生变异的抗原结构是（　　）
A. 甲型流感病毒的 NA
B. 甲型流感病毒的 HA
C. M 蛋白
D. RNA 多聚酶
E. 乙型流感病毒的 HA

9. 流行性腮腺炎较常见的并发症是（　　）
A. 亚急性硬化性全脑炎
B. 肺炎
C. 肝炎
D. 睾丸炎或卵巢炎
E. 肾炎

10. 亚急性硬化性全脑炎（SSPE）的病原是（　　）
A. 风疹病毒　　B. 麻疹病毒
C. 疱疹病毒　　D. 轮状病毒
E. HIV

11. 未接种麻疹疫苗又与麻疹患者密切接触的儿童应及早（　　）
A. 服用抗生素
B. 服用中草药
C. 注射麻疹恢复期血清
D. 注射母亲全血
E. 注射丙种球蛋白

12. 不能通过垂直传播的病毒是（　　）
A. 人类免疫缺陷病毒
B. 风疹病毒
C. 乙型肝炎病毒
D. 巨细胞病毒
E. 流感病毒

13. 在急性呼吸道感染中，最常见的病原微生物是（　　）
A. 细菌　　B. 支原体
C. 衣原体　　D. 病毒
E. 真菌

14. 预防脊髓灰质炎最有效的特异性预防措施是（　　）
A. 注意饮食卫生
B. 口服脊髓灰质炎减毒活疫苗
C. 注射丙种球蛋白
D. 消灭蝇类
E. 加强粪便管理

15. 引起婴幼儿急性胃肠炎的主要病原体是（　　）
A. 柯萨奇病毒　　B. 埃可病毒
C. 轮状病毒　　D. 杯状病毒
E. 脊髓灰质炎病毒

16. 关于脊髓灰质炎病毒的叙述不正确的是（　　）
A. 传播途径主要经粪 – 口
B. 无包膜的小型病毒
C. 核衣壳呈 20 面立体对称
D. 感染过程只有一次病毒血症
E. 对其免疫以体液免疫为主

17. 轮状病毒的核酸类型是（　　）
A. 单股正链 RNA
B. 单股负链 RNA
C. 双股 RNA，分节段
D. 单股 DNA
E. 双股 DNA

18. 关于 HAV 的叙述，下列哪项是错误的（　　）
A. 形态结构与肠道病毒相似
B. 经粪 – 口途径传播
C. 只有一个血清型
D. 感染易变为慢性
E. 100℃加热 5min 及甲醛或氯处理均可使其灭活

19. HBV 感染的主要标志是（　　）
A. HBsAg　　B. 抗 –HBs
C. HBeAg　　D. HBcAg
E. 抗 –HBe

20. 下列方法中，不能灭活 HBV 的是（　　）
A. 煮沸 100℃，30min
B. 高压蒸汽 121℃，20min
C. 0.5% 过氧乙酸浸泡，30～60min
D. 70% 乙醇浸泡，30～60 min
E. 5% 次氯酸钠，60～120min

21. 可高度传染乙型肝炎的血液中含有（　　）
A. HBsAg、HBcAg、HBeAg
B. HBsAg、抗 HBe、抗 HBc
C. HBsAg、抗 HBs、HbeAg
D. 抗 HBe、抗 HBs、抗 HBc
E. HBsAg、抗 HBc、HBeAg

22. 关于 HBV 的叙述下列哪项是正确的（　　）
A. 核酸为双股线状 DNA
B. 其 DNA 多聚酶无反转录酶功能

C. 血中测出 HBeAg 是体内 HBV 复制的指标之一
D. 可用减毒活疫苗特异性预防
E. 主要传播方式为经粪 – 口途径

23. 下列哪种病毒为缺陷病毒（　　）
A. HAV　　B. HBV
C. HCV　　D. HDV
E. HEV

24. 关于乙型肝炎病毒表面抗原，下列叙述哪项正确（　　）
A. 有感染性，有抗原性，能产生保护性抗体
B. 无感染性，有抗原性，能产生非保护性抗体
C. 有感染性，有抗原性，能产生非保护性抗体
D. 无感染性，有抗原性，能产生保护性抗体
E. 有感染性，无抗原性，不产生任何抗体

25. 关于 HBsAg，下列叙述哪项不正确（　　）
A. 我国无症状携带者占人口总数的 10% 左右
B. 少数无症状携带者肝脏有病理改变
C. 是最早出现在血清中的抗原
D. 阳性者不能作为献血员
E. 其相应抗体出现表示传染性强

26. 关于流行性乙型脑炎，下述错误的一项是(　　)
A. 幼猪是主要的传染源和中间宿主
B. 主要传播媒介是伊蚊
C. 测定体内特异性 IgM 抗体可作出早期诊断
D. 病后免疫力持久
E. 是自然疫源性疾病

27. 反转录病毒的核酸类型为（　　）
A. 单股负链 RNA　　B. 单股正链 DNA
C. 单股正链 RNA　　D. 单股负链 DNA
E. 单股正链 RNA 二聚体

28. HIV 主要侵犯的细胞是（　　）
A. T 淋巴细胞　　B. 巨噬细胞
C. 小胶质细胞　　D. 树突细胞
E. 以上均是

29. HIV 的传播方式不包括（　　）
A. 性接触传播　　B. 输血传播
C. 垂直传播　　D. 使用生物制品
E. 食品、餐具传播

30. 用于确证 HIV 感染的实验方法是（　　）
A. ELISA　　B. 免疫印迹法
C. 免疫荧光检查法　　D. 放射免疫测定法
E. 火箭电泳法

31. 内基小体可用于辅助诊断的疾病是（　　）
A. 腺病毒感染　　B. 鹦鹉热
C. 麻疹　　D. 狂犬病
E. 疱疹

三、问答题

1. 甲型流感病毒为何会引起大流行？
2. 乙型肝炎病毒的主要抗原抗体系统由哪些成分组成？目前检测乙型肝炎病毒的血清学试验主要检测其中的哪些成分？各有何临床意义？
3. 试述 HIV 的结构、致病性及常用的检测方法。

（杨园园）

第 20 章　临床标本微生物学检验概述

学习目标

1. 掌握：临床标本微生物学检验的基本程序、常规检验方法与报告。
2. 熟悉：临床常见标本的采集和送检原则。
3. 了解：临床微生物学检验报告的分级报告制度。

临床标本的微生物学检验，即从各种常见标本中查找病原微生物，以及检查病原菌对抗生素的敏感性，在明确诊断、指导用药、预防和流行病学调查等方面具有重要意义。临床标本微生物学检验的原则是：准确、快速、敏感、低耗、安全。引起临床感染常见的病原微生物包括细菌、支原体、衣原体、螺旋体、立克次体、病毒、真菌等，由于支原体、衣原体、螺旋体、立克次体、病毒、真菌的检验已在前面相关章节详述，本章主要介绍常见临床标本的细菌学检验。

第 1 节　临床标本的采集和处理

标本采集是保证微生物检验结果准确的首要条件，因此，标本采集的质量至关重要。严格按操作规程的要求进行标本采集、运送、保存和处理，应在标本采集、送检、保存各环节规范，才能确保检验结果的准确性和可靠性。

一、临床标本的采集

1. 微生物学检验申请单　为保证临床标本准确有目的地检查出病原微生物，标本应同时有一份完整、清楚的检验申请单。申请单应包括标本类型、来源、患者姓名、性别、年龄、临床诊断或症状、送检目的及是否使用抗生素等内容。

2. 无菌操作　在采集血液、脑脊液、穿刺液、骨髓等标本时，应严格注意无菌操作，避免杂菌污染标本。采集粪便、痰液、咽拭子、肛拭子等标本时要尽量避免杂菌污染。

3. 标本盛放容器　标本要使用无菌容器盛装，尤其是正常时无菌的标本，如血液、脑脊液、穿刺液、骨髓等，必须盛放在无菌容器内。标本容器应采用干热、湿热、紫外线等物理方法灭菌。容器上应贴上标签，注明患者的姓名、床号及条形码等信息。

4. 采集时间和部位　一般情况下，应尽量在疾病早期、急性期或临床症状典型时且在使用抗生素之前采集标本。如已使用抗生素，采集标本时应作相应处理，以免影响培养结果。根据感染的具体情况，选择适当的部位采集标本。

5. **安全防护** 许多标本含有病原微生物，在采集、运送、保存和检验过程中必须注意安全，防止病原微生物溢出，导致污染、传播和自身感染。

二、临床标本的送检与保存

标本采集后，应在盛装标本的容器上贴好标签，并立即送检。如不能及时送检，应根据病原微生物的生物学特性，采用冷藏或保温等措施，也可将标本放入运送培养基或保存液中保存运送。

1. 临床常规标本采集后一般应在 1h 内送交检验室，延迟送检将影响病原菌的检出。标本若不能立即送检，应保存在 4℃环境，但不能超过 24h，否则会影响病原菌的检出率。

2. 厌氧菌培养的标本运送时间与标本的量有关，标本量少应加快运送，可在 15～30min 内送达。不能及时送检的组织标本，必须保存在厌氧环境条件下，25℃可以保存 20～24h。不能冷藏及冷冻。

3. 如怀疑淋病奈瑟菌、脑膜炎奈瑟菌、流感嗜血杆菌等低温敏感菌感染标本应立即处理。脑脊液、生殖道分泌物、眼分泌物、内耳分泌物等标本不宜冷藏。

4. 任何临床标本，包括拭子、体屑、体液或组织块，已知或可能含有被分离的致病菌，都应视为生物危险材料。送检时，严格执行有关的病原微生物标本运送管理规定，运送过程中，标本切勿污染容器的瓶口和外壁，容器必须包装好，防止倒翻或碰破流出。标本标识要清楚，指定专人运送。在运送含有高致病性病原微生物的标本时，应按照生物安全有关规定将标本包装好，由专人运送。

第 2 节 临床标本的微生物学检验

一、细菌学检验基本流程

临床标本细菌学检验基本程序见图 20-1。

二、培养基的选择

从临床标本中分离出病原菌，并检查出其对抗生素的敏感性，对临床诊断、治疗、预后和流行病学调查意义重大。能否从临床标本中分离出病原菌，是细菌学检验过程的关键。为提高病原菌分离的准确性，应根据标本来源和可能存在的病原菌，选择合适的培养基（表 20-1）。

三、标本中病原菌的挑选

临床标本进行病原菌分离培养后，正确挑选病原菌对于临床标本细菌学检验整个过程来说至关重要。人体很多部位存在有正常菌群，因此进行细菌分离时，应特别注意区分标本中分离出的是病原菌还是正常菌群及污染菌。通常，在排除杂菌污染的情况下，从机体无菌部位分离出的细菌，可视为病原菌。而从有菌部位采集的标本，若为细菌感染，则分离出的病原菌在数量上一般会显著多于污染的杂菌及正常菌群。分离病原菌时，通常判断污染细菌的方法有以下几种。①菌落是否在接种划线痕上；②每次培养注意做无菌对照培

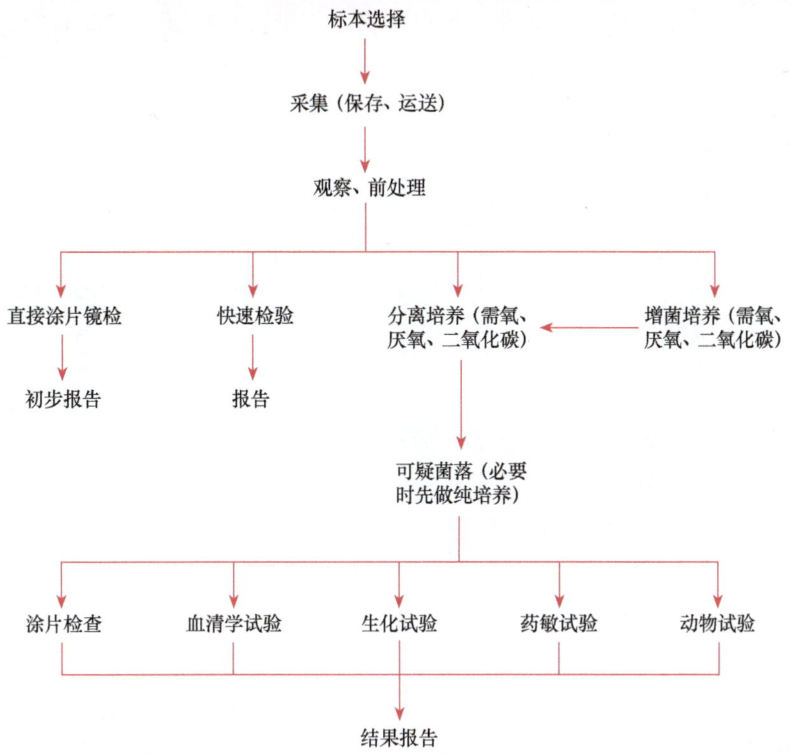

图 20-1　临床标本常规细菌学检验基本程序

养；③结合培养细菌的生长特点对照判断；④结合培养细菌的繁殖速度注意培养时间；⑤结合培养细菌的形态特征做涂片染色检查。

表 20-1　临床标本培养基的选择原则

临床标本	培养基	备注
血液、骨髓	EB、BA、CA、MAC、SA	必要时做厌氧培养
脑脊液	EB、BA、CA	必要时做厌氧培养
穿刺液	BA、CA、MAC	必要时做厌氧培养
痰液、咽拭子	BA、CA、SNA、SA	疑似结核患者用改良罗氏培养基
尿液	BA、CA、MAC、SNA	同时做尿液计数
粪便、肛拭子	SS、MAC、NYE、TCBS	
生殖道分泌物	BA、CA、SNA、SA	
脓液或脓肿拭子	BA、CA、MAC	

注：BA，血平板；CA，巧克力平板；EB，增菌肉汤；MAC，麦康凯培养基；NYE，新耶尔森菌选择培养基；SA，沙保培养基；SNA，奈瑟菌选择培养基；TCBS，硫代硫酸盐－枸橼酸盐－胆盐－蔗糖琼脂平板；SS，SS琼脂平板

四、临床标本的细菌学鉴定方法

临床标本的细菌学鉴定方法通常包括细菌的形态学检查、细菌生化鉴定、抑菌试验、血清学鉴定、分子生物学检测、动物试验等。

（一）细菌的形态学检查

细菌的形态学检查是细菌检验的重要方法之一。通过形态学检查，了解细菌的形态、

结构和染色性等，为细菌的进一步鉴定提供依据。还可以根据某些细菌的形态特征作出初步诊断，并可快速为临床提交初步报告，如痰液中的抗酸杆菌和脑脊液中的脑膜炎奈瑟菌等。常用的形态学检查方法有不染色标本检查法、革兰染色法、抗酸染色法。此外，还有一些特殊染色法，如鞭毛染色、芽胞染色、荚膜染色、墨汁负染等方法。

（二）细菌生化鉴定

细菌生化鉴定是细菌鉴定最重要的方法之一。不同细菌具有不同的酶系统，因而对底物的分解能力不完全相同，常产生不同的代谢产物。用生物化学方法检测细菌的代谢产物，可用于区别和鉴定细菌。

（三）抑菌试验

抑菌试验可应用于某些细菌的鉴定，某些细菌可被特定的化学物质或药物所抑制，利用这个原理可对细菌加以鉴定，如新生霉素药敏试验可用于葡萄球菌的鉴定，乙基氢化羟基奎宁（optochin）敏感试验可用于肺炎链球菌的鉴定，O/129 抑菌试验可用于弧菌属的鉴定，杆菌肽敏感试验可用于 A 群链球菌的鉴定等。

（四）细菌血清学鉴定

血清学鉴定具有高度特异性，是临床微生物检验中常用方法之一。血清学鉴定是根据抗原与相应抗体在适宜的条件下能在体外发生特异性结合的原理，用已知的抗原或抗体来检测未知的抗体或抗原。例如，沙门菌属及志贺菌属等可通过血清学鉴定确定细菌的种或血清型。常用的血清学鉴定方法有凝集试验、沉淀试验、免疫荧光技术、酶联免疫吸附试验（ELISA）、发光免疫分析技术、制动试验、荚膜肿胀试验等。

（五）分子生物学检测

分子生物学检测方法对于检测那些难以培养或培养时间太长的细菌，无疑是一条最佳的快速鉴定途径。随着分子生物学技术的不断发展和完善，为细菌的鉴定提供了新的研究鉴定手段，使诊断更加快速、简便、准确。目前临床上鉴定细菌常用的分子生物学检测方法主要有 PCR 技术、核酸杂交技术及生物芯片技术。

（六）动物实验

动物实验可用于某些病原微生物鉴定，有的试验结果特异性较高，可帮助鉴定。此外，动物实验还常用于细菌毒力的测定。

五、细菌学检验报告原则

检验结果的报告应表述正确，清晰明了，报告内容包括：①患者的唯一性标识（如姓名、性别、住院号或门诊号等）和就诊科室；②提出检验申请的医生姓名或工号等标识，以及科室、实验室的名称；③标本采集时间及实验室接收标本的时间；④标本种类及来源的解剖位置；⑤报告发布日期及时间；⑥检验者或发布报告者及审核人的签名。

为服务于临床诊断和治疗，检验过程中应尽快提供临床微生物检验报告，应遵循分段报告的原则。根据直接镜检、快速鉴定结果，发出初步报告；进一步培养鉴定及药敏试验后，发出确诊报告和药敏分析结果。例如，血培养阳性标本，可先将培养液涂片进行革兰染色作出初步报告，然后再作出细菌鉴定和药敏结果的最终报告。药敏结果报告必须填写每一个入选药物敏感（S）、中介（I）、耐药（R）的定性结果。如为耐药株（MRSA 等）或多重耐药株（MDR），则注明不能使用的抗生素种类。实验条件许可的情况下，尽量提供各个药物的 MIC 值。

所有检验记录应按照相关规定保存一定时间。如发现已发报告出现错误，应根据检验记录及时进行更改。

目标检测

一、选择题（选择一个最佳答案）

1. 标本采集的一般原则，不包括（　　）
   A. 早期采集　B. 无菌采集
   C. 采集适量标本
   D. 根据目的菌的特性选用采集方法
   E. 每天清晨采集
2. 不能及时送检的标本，应保存的温度为（　　）
   A. 37℃　B. 20℃
   C. 18℃　D. 10℃
   E. 4℃
3. 一般情况下，用于细菌培养的标本保存时间不超过（　　）
   A. 24h　B. 48h
   C. 72h　D. 12h
   E. 2h
4. 下列临床标本采集时，必须严格无菌操作的是（　　）
   A. 痰液　B. 粪便
   C. 尿液　D. 脑脊液
   E. 脓汁
5. 不能及时送检的厌氧菌培养标本，应保存的温度（　　）
   A. 37℃　B. 25℃
   C. －18℃　D. 10℃
   E. 4℃
6. 下列临床常见的标本中，不含正常菌群的是（　　）
   A. 痰液　B. 粪便
   C. 中段尿　D. 咽拭子
   E. 膀胱穿刺液
7. 正常情况下，用于厌氧菌培养的标本送检时间不超过（　　）
   A. 24h　B. 48h
   C. 2h　D. 12h
   E. 15 ~ 30min
8. 临床标本细菌学检验中，下列哪种菌不能用形态检查方法初步诊断（　　）
   A. 脑膜炎奈瑟菌　B. 结核分枝杆菌
   C. 大肠埃希菌　D. 白喉棒状杆菌
   E. 淋病奈瑟菌
9. 临床标本送检过程中操作不正确的是（　　）
   A. 专人送检　B. 立即送检
   C. 使用运送培养基保存
   D. 将洒出的标本重新吸回容器内送检
   E. 以上都正确
10. 下列不符合细菌学检验报告原则的是（　　）
   A. 及时报告
   B. 分段报告
   C. 检验者与审核人需签名
   D. 随意更改报告内容
   E. 以上都符合

二、问答题

1. 简述临床标本细菌学检验的基本流程。
2. 简述临床细菌学检验报告原则。

（龙小山）

第 21 章　临床常见标本的微生物检验

学习目标

1. 掌握：临床常见标本的微生物检验及报告方法。
2. 熟悉：临床微生物检验常见标本的采集及检验程序。
3. 了解：临床微生物检验标本中的常见微生物。

第 1 节　血液标本的微生物学检验

一、标本采集

1. 采血部位　血培养通常采血部位为肘静脉。

2. 皮肤消毒　为了减小皮肤定植菌的污染，静脉穿刺部位应该消毒。临床上常使用的消毒剂有 70% 乙醇、碘酒、聚维酮碘、碘伏和葡糖酸氯己定等。含碘消毒剂需要足够的作用时间（碘酒需 30s，碘伏需 1.5～2min）。对碘过敏者，用 70% 乙醇消毒 60s 待乙醇挥发干燥后采血。皮肤消毒后除非带有消毒手套，否则不可接触消毒区域。

3. 采血时间及采血量　采集血液标本应尽量在使用抗菌药物之前进行，最佳时间一般认为是在间歇热发生前 0.5～1h。血液与培养基的比例应在 1∶5～1∶10。对于成人，每次培养（如每次静脉穿刺）推荐抽取 20～30ml 血量，一般每瓶采集 8～10ml。对于婴幼儿，抽血量不应超过患者总血量的 1%，一般为 1～5ml。

4. 采血次数　现行的指南是对每次血流感染不同部位采集血液进行 2～3 次血培养。对成年患者要进行多次血培养，否则会导致血培养数量不足阳性率下降，而且结果难以解释。常规血培养应包括配对的需氧和厌氧血培养瓶。当抽血量少于推荐的培养血量，血标本应首先接种到需氧瓶中，剩下的血标本再接种到厌氧瓶中。血液注入培养瓶后立即送检，不可放冰箱内保存。

5. 血培养所用抗凝剂　所有的肉汤培养基中都含有抑制血栓形成的抗凝剂，最有效的抗凝剂——聚茴香脑磺酸钠（SPS）具有中和溶菌酶、抑制吞噬作用、灭活某些氨基糖苷类抗生素及抑制部分补体反应的作用。

二、常见微生物

血液培养中常见病原菌见表 21-1。

表 21-1　血液培养中常见病原菌

种类	病原菌
革兰阳性菌	金黄色葡萄球菌、凝固酶阴性葡萄球菌、肠球菌、肺炎链球菌、A 群链球菌、B 群链球菌、产单核李斯特菌、结核分枝杆菌等
革兰阴性菌	脑膜炎奈瑟菌、卡他莫拉菌、大肠埃希菌、克雷伯菌属、肠杆菌属、沙门菌属、铜绿假单胞菌、不动杆菌属、流感嗜血杆菌、变形杆菌属、沙雷菌属等
真菌	念珠菌属、隐球菌属、曲霉菌属等
厌氧菌	拟杆菌属、韦荣球菌等

三、检验方法与报告

（一）检验程序

血液标本的细菌学检验程序见图 21-1。

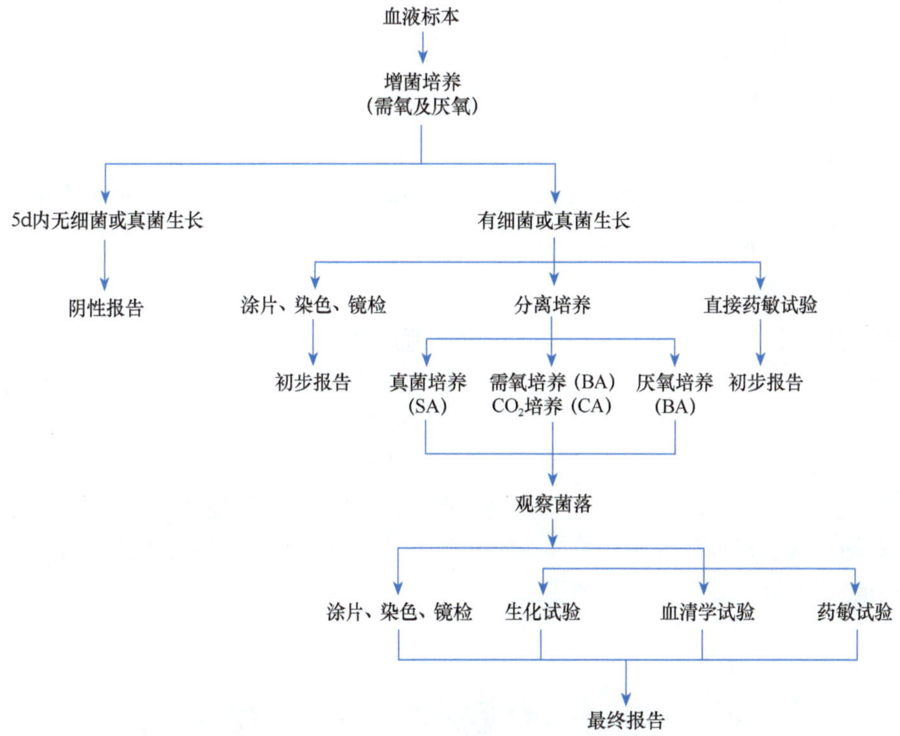

图 21-1　血液标本细菌学检验程序

（二）检验方法

1. 增菌培养　血液标本需先增菌培养。若使用全自动血培养仪，有细菌生长时仪器会自动报警。若人工增菌培养，则每天早晨观察有无病原菌生长现象，如出现沉淀、均匀浑浊、形成菌膜、产生气泡、血液呈胶冻状凝固或溶血等现象，提示有细菌生长。若未观察到上述现象，则摇匀培养液继续孵育。用自动培养仪培养 5d，仍无菌生长可进行育传，以提高培养阳性率。用手工操作培养 7d 无菌生长，应至少做 2 次育传。若育传后仍无细菌生长，则报告培养阴性。

2. 涂片镜检 血培养仪报警或肉眼观察有细菌生长时，无菌操作取培养物涂片、革兰染色镜检（图 21-2），若镜检发现有单一种类细菌或真菌，可取培养液做直接药敏试验。将革兰染色和直接药敏试验结果尽快报告给临床医生，为疾病的诊断和治疗提供参考。若查见有两种及多种病原菌，则须先分离培养，获得纯菌后做菌种鉴定。

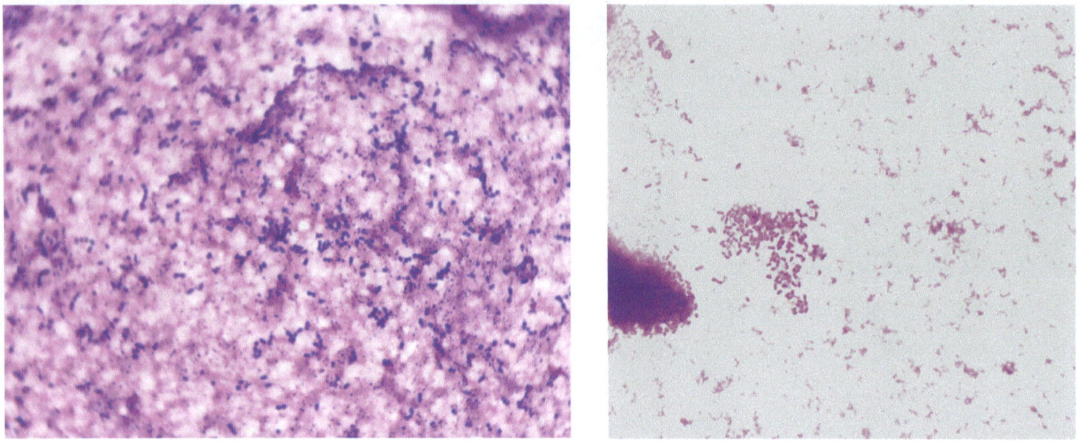

图 21-2 血培养阳性培养液直接涂片结果（左为革兰阳性球菌，右为革兰阴性杆菌）

3. 分离培养与鉴定 对于增菌培养的阳性标本，根据镜检结果，选择合适的培养基（如 BA、CA、SA、MAC/EMB 或厌氧 BA）进行微生物的分离培养，获得单个菌落后进一步做生化试验、血清学试验进行鉴定，同时做抗菌药物敏感试验。

（三）结果报告

血液培养阳性结果属于危急值，应立即通知临床医生，报告采用分级报告制度。

1. 一级报告 增菌培养有细菌生长，取培养液涂片、染色、镜检，将细菌形态、染色性、排列方式等特征报告临床医生，以供初步选择抗菌药物。

2. 二级报告 获得直接药敏试验结果后，应立即将结果告知临床医生。若分离培养的菌落革兰染色结果与培养液直接染色结果不一致也应当立即告知临床医生，此为二级报告。

3. 三级报告 根据分离菌株最终鉴定和药敏试验结果，做出最终正式报告。

阴性报告为“经 5d 培养无细菌生长”。

第 2 节 脑脊液标本的微生物学检验

一、标本采集

1. 标本采集 脑脊液多由临床医生采集，一般通过腰椎穿刺采集脑脊液 3～5ml，特殊情况可采用小脑延髓或脑室穿刺采集，避免混入血液。

2. 标本运送与保存 采集的脑脊液标本盛于无菌试管或小瓶中立即送检，同时注意保温。不可置于冰箱保存，否则会使一些细菌死亡（如脑膜炎奈瑟菌、肺炎链球菌和流感嗜血杆菌），影响细菌的检出率。但做病毒检查的脑脊液标本应低温保存。

二、常见微生物

脑脊液培养中常见病原菌见表 21-2。

表 21-2　脑脊液培养中常见病原菌

种类	病原菌
革兰阳性菌	金黄色葡萄球菌、凝固酶阴性葡萄球菌、肠球菌、肺炎链球菌、A 群链球菌、B 群链球菌、产单核李斯特菌、结核分枝杆菌等
革兰阴性菌	大肠埃希菌、脑膜炎奈瑟菌、卡他莫拉菌、肺炎克雷伯菌属、肠杆菌属、铜绿假单胞菌、不动杆菌属、流感嗜血杆菌等
真菌及其他	新型隐球菌、白假丝酵母菌、钩端螺旋体等

三、检验方法与报告

（一）检验程序

脑脊液标本细菌学检验程序见图 21-3。

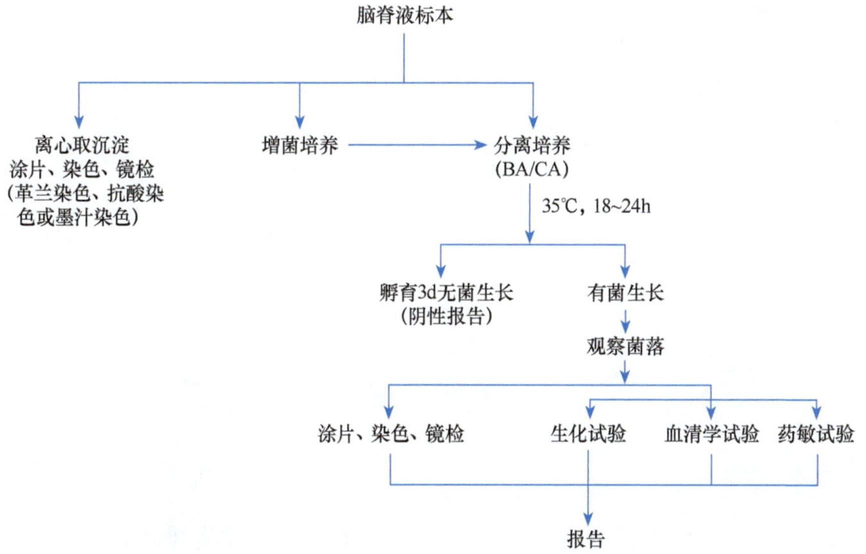

图 21-3　脑脊液标本细菌学检验程序

（二）检验方法

1. 显微镜检查　浑浊或脓性脑脊液可直接涂片、染色、镜检。无色透明的脑脊液，应以 3000r/min 离心 10～15min，根据检验目的不同采取不同的染色方法镜检。

（1）革兰染色：取沉淀物涂片，革兰染色后镜检，根据菌体染色性、形态等初步报告。

（2）抗酸染色：疑为结核分枝杆菌感染时，取离心沉淀物涂片，抗酸染色后镜检，根据染色性及形态特征初步报告。

（3）墨汁负染色：疑为新型隐球菌感染时，取脑脊液沉淀物进行墨汁负染色，显微镜观察，圆形菌体周围有宽厚透明荚膜可初步报告。

2. 增菌培养　为提高阳性率，可将脑脊液标本先接种血培养瓶增菌后再分离培养。

3. 分离培养与鉴定 根据检验目的，选择合适的培养基（如 BA、CA、SA 等）进行微生物的分离培养。

（1）一般细菌培养：用接种环挑取浑浊脑脊液标本或经离心沉淀的沉淀物或增菌阳性的培养物，分别接种于 BA 和 CA 上，置于 35℃，CO_2 环境中培养 18～24h。根据菌落特点及革兰染色结果，进一步做生化试验及血清学试验进行鉴定，同时做抗菌药物敏感试验。

（2）结核分枝杆菌培养：疑为结核分枝杆菌感染时，接种于罗氏培养基，按结核分枝杆菌培养鉴定方法对菌落进行培养、鉴定。

（3）真菌培养：疑为真菌感染时，接种于 BA 或 SA 上，分别置于 35℃及 25℃温箱中孵育，一般 2～3d 长出菌落，根据菌落形态、涂片镜检及生化反应等进行鉴定。

（三）结果报告

1. 涂片镜检 脑脊液为无菌体液，一旦发现有病原体应立即报告临床医生。如检查发现革兰阴性球菌、肾形、凹面相对、成双排列，位于细胞内或细胞外，可报告“找到革兰阴性双球菌，形似脑膜炎奈瑟菌”；见到革兰阳性球菌、矛头状、成双排列，菌体周围有明显荚膜，可报告“找到革兰阳性双球菌，形似肺炎链球菌”；其他不易识别的细菌，可报告“找到革兰 × 性 × 菌，呈 ×× 排列”；抗酸染色镜检找到红色杆菌，可报告“找到抗酸杆菌”。墨汁负染色镜检在黑色背景中见到圆形菌体，菌体周围有宽厚荚膜，可报告“找到新型隐球菌”。

2. 分离培养 生长的菌落，应立即进行生物化学和血清学鉴定，同时做药敏试验，最后报告“检出 ×× 菌”，并报告药敏试验结果。

3. 阴性报告 培养 3d 仍无菌生长者，报告“经 3d 培养无细菌生长”。

（陈　静）

第 3 节　尿液标本的微生物学检验

一、标本采集

一般情况下，正常人尿液是无菌的，而外尿道中常有正常菌群寄生。因此，尿培养标本的采集应注意无菌操作，防止污染，并结合菌落计数判断是否为尿路感染病原菌。

（一）采集方法

1. 中段尿采集法 该方法简单、易行，是最常用的尿培养标本收集方法。嘱咐患者睡前少饮水，清晨起床后先用肥皂水清洗外阴部及尿道口，再用清水冲洗尿道口周围，开始排尿，将前段尿排去，留取中段尿 10～20ml 直接排入专用的无菌容器中，加盖，立即送检。

2. 其他采集法 ①膀胱穿刺尿采集法：必要时可用耻骨上膀胱穿刺留尿标本。②导尿采集法：采取导尿管留尿，取 10～15ml 于无菌容器内送检。③集尿法：结核分枝杆菌培养时，可取一清洁容器，留取 24h 尿液取沉渣 10～15ml 送检。

（二）标本运送与保存

标本采集后应及时送检、及时接种，室温下保存时间不得超过 2h（夏季保存时间应适当缩短或冷藏保存），4℃冷藏保存时间不得超过 8h，但应注意淋病奈瑟菌培养时标本不能冷藏保存。

二、常见微生物

尿液标本中常见的微生物中 80% 为革兰阴性杆菌，其中以大肠埃希菌最为常见，该菌占尿道感染的 70% 以上，其次为变形杆菌、铜绿假单胞菌、克雷伯杆菌、肠杆菌等。20% 为革兰阳性菌，其中以肠球菌为多见，其次为葡萄球菌、粪链球菌等。其他微生物还有支原体、衣原体、真菌等。

三、检验方法与报告

（一）检验程序

尿液细菌学检验程序见图 21-4。

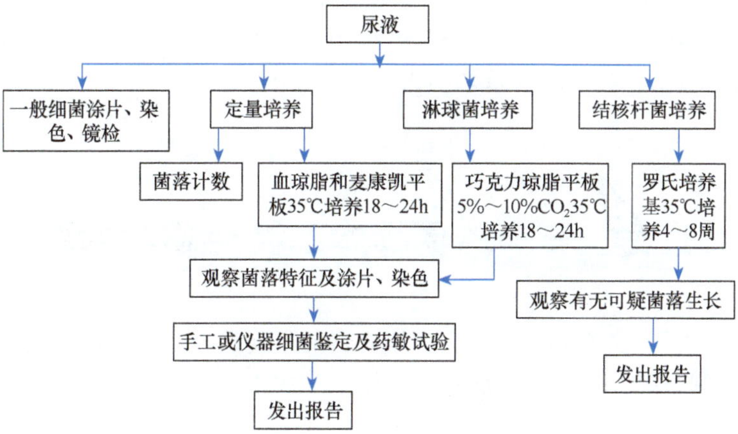

图 21-4　尿液标本的细菌学检验程序

（二）检验方法

1. 显微镜检查

（1）一般细菌涂片检查：取尿液 10ml 左右放入无菌试管中，经 3000r/min 离心 15min，弃去上清液，取沉渣涂片革兰染色镜检，根据细菌的染色性和形态，做出初步报告。

（2）假丝酵母菌检查：疑为假丝酵母菌感染，取尿液离心沉淀物置于清洁玻片上，加盖玻片后用高倍镜观察，或涂片革兰染色镜检。如发现革兰阳性卵圆形芽生孢子或假菌丝，即可做出初步报告。

（3）淋病奈瑟菌检查：疑为淋病患者，取尿液离心沉淀物革兰染色镜检，如发现革兰阴性双球菌、呈肾型，存在于细胞内或细胞外，即可做出初步报告。

（4）结核分枝杆菌检查：取尿液离心沉淀物涂片，进行萋－纳抗酸染色或金胺“O”荧光染色，镜检并报告结果。

2. 尿液细菌计数　尿培养结果需进行尿液细菌计数才有诊断价值。常用的细菌计数方法是定量培养法，即用定量加样器取 5μl 尿液于琼脂平板上滴注呈一条直线，然后用接种环沿直线左右均匀划线；或用定量接种环取尿液标本划线于琼脂平板。35℃培养 24h 后，计数菌落，并计算出每毫升细菌数。

3. 分离培养与鉴定

（1）一般细菌培养：用无菌接种环取尿液接种于血琼脂和麦康凯（或中国蓝、EMB）平板上，35℃培养18～24h，观察结果。根据菌落形态特征及涂片镜检结果，选择相应方法做进一步的鉴定。

（2）结核分枝杆菌培养：将尿液3000 r/min离心30min后取沉淀物0.1ml接种于改良罗－琴培养基上。取可疑菌落按结核分枝杆菌检验方法进行鉴定。

（3）厌氧菌培养：取膀胱穿刺尿进行培养，接种厌氧血琼脂平板上，厌氧环境中培养。

4. 结果报告

（1）一般细菌涂片检查根据观察结果，报告“找到革兰×性××细菌”。若镜下见革兰阴性双球菌，存在于细胞内（外），则报告“找到革兰阴性双球菌，存在于细胞内（外），疑似淋病奈瑟菌”，如发现革兰阳性卵圆形芽生孢子或假菌丝，则报告“找到酵母样细菌，疑似白假丝酵母菌”；如抗酸染色镜检见红色细长杆菌，则报告“找到抗酸杆菌”。

（2）一般认为，尿标本中革兰阴性杆菌超过10^5CFU/ml，革兰阳性球菌超过10^4CFU/ml才有诊断意义。分离培养并鉴定后，报告“检出××细菌”，同时报告药敏试验结果。若培养48h无细菌生长，则报告“48h培养无细菌生长”。

第4节　粪便标本的微生物学检验

由于粪便中细菌种类很多，故应根据检查目的不同选择适宜的培养基或用适当方法处理，尽可能地抑制杂菌，以利于病原菌的检出。

一、标本采集

（一）采集方法

患者用药前自然排便后，采集脓血、黏液部分2～3g粪便，外观无异常的粪便应从粪便的表面不同部位取材，液体便取絮状物1～2ml，置无菌容器内送检。如排便困难或婴幼儿患者，可用直肠拭子法采集标本。

（二）标本运送与保存

粪便标本采集后应及时送检，如不能立即送检，可将标本放入甘油盐水保存液中保存，或保存于冰箱内（勿超过2h）。

二、常见微生物

肠道感染粪便标本中常见的微生物有霍乱弧菌、志贺菌（福氏、宋内）、大肠埃希菌（ETEC、EHEC、EAggEC）、金黄色葡萄球菌、艰难梭菌、产气荚膜梭菌等以肠毒素为主的病原菌。沙门菌、大肠埃希菌（EPEC、EIEC）、志贺菌（鲍氏、志贺）、弯曲菌、副溶血弧菌、小肠结肠炎耶尔森菌等以侵袭性为主的病原菌及轮状病毒、埃可病毒、甲型肝炎病毒、戊型肝炎病毒等病毒。

三、检验方法与报告

（一）检验程序

粪便标本细菌学检验程序见图 21-5。

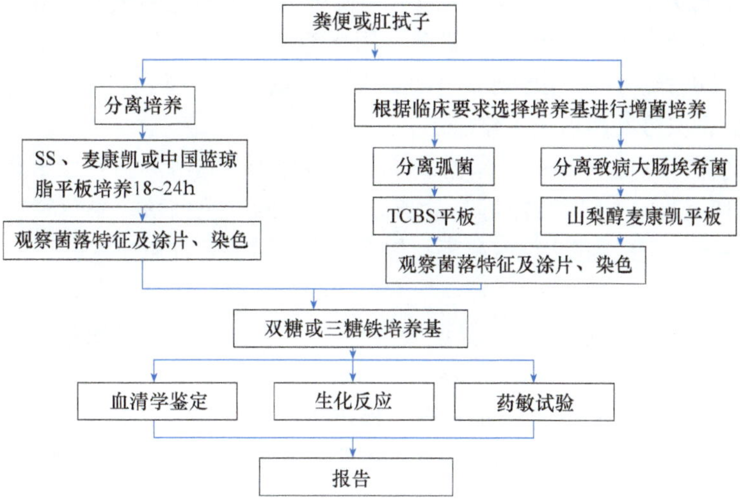

图 21-5　粪便标本的细菌学检验程序

（二）检验方法

1. 显微镜检查　粪便标本含大量正常菌群，从染色性和形态上无法分辨它是否为病原菌，因此一般不直接涂片镜检，只有当检查霍乱弧菌时，或菌群失调检查优势菌时才直接涂片镜检。

（1）霍乱弧菌检查：①一般细菌涂片检查，取新鲜米泔水样便涂片 2 张，干燥后，用乙醇或甲醛固定，革兰染色，显微镜观察有无革兰阴性呈鱼群样排列的弧菌；②悬滴检查，取患者粪便制成悬滴标本或压滴标本检查细菌动力，霍乱弧菌古典型和 EL-Tor 型常呈穿梭样极活泼的运动，在悬滴涂片中加 O1 群霍乱弧菌诊断血清后，在显微镜下观察，若原运动活泼的现象停止，为制动试验阳性。可初步推断为疑似 O1 群霍乱弧菌。

（2）酵母菌检查：在载玻片上加一滴生理盐水与标本混匀，加盖玻片直接镜检或革兰染色后镜检，见有革兰阳性的芽生孢子及假菌丝即可报告检出。

（3）粪便中优势菌群检查：取粪便标本做革兰染色镜检，根据细菌形态、染色性、排列及相对比例等，推定优势菌群并及时报告结果。

2. 分离培养与鉴定　根据需要及检查目的不同，选择不同方法进行微生物分离与鉴定。

（1）沙门菌及志贺菌培养：取黏液、脓血便接种于 SS 平板及麦康凯（或 EMB 和中国蓝）平板上，或增菌培养后接种于上述平板上，35℃培养 18～24h。取可疑菌落通过生化反应及血清学试验进行鉴定。

（2）霍乱弧菌培养：取粪便标本接种于碱性蛋白胨进行增菌培养，6h 后取表面菌膜移种或直接接种于碱性平板或 TCBS 平板上，35℃培养 18～24h。观察并挑取可疑菌落通过形态学检查、动力制动试验及血清学试验等进行鉴定。

（3）副溶血性弧菌培养：取粪便（或可疑食物）标本增菌培养后移种至 SS 平板和副溶血性弧菌选择平板上，或直接接种于上述平板上，35℃培养 18～24h，取可疑菌落做生化试验、耐盐试验加以鉴定。

（4）致病大肠埃希菌培养：取脓血、糊状便接种于麦康凯（或 EMB）、山梨醇麦康凯琼脂平板上，35℃培养 18～24h，挑取可疑菌落进行生化反应并与大肠埃希菌多价血清做玻片凝集试验，阳性者做进一步的鉴定。

（5）小肠结肠炎耶尔森菌培养：一般从粪便中分离小肠结肠炎耶尔森菌常与其他肠道致病菌同时检查。将标本接种于耶尔森菌专用培养基（CIN）及麦康凯平板上，分别置于 25～30℃及 35℃培养。前者用于分离小肠结肠炎耶尔森菌，后者用于分离沙门菌和志贺菌。培养 48h 后，取可疑菌落做生化鉴定。

（6）金黄色葡萄球菌培养：取绿色或糊状便接种于甘露醇高盐琼脂平板或血琼脂平板上，35℃培养 18～24h。挑取甘露醇高盐琼脂平板上的黄色菌落，染色镜检，若符合葡萄球菌特征，进一步进行凝固酶、DNA 酶及甘露醇发酵试验等加以鉴定。

3. 结果报告

（1）涂片做革兰染色镜检后，根据观察结果，初步报告“找到革兰 × 性 ×× 形态细菌”。

（2）分离培养后，根据鉴定结果报告“检出 ×× 菌”，同时报告药敏试验结果。若培养 48h 无细菌生长则报告“培养 48h 无细菌生长”。厌氧培养 3～5d 未见细菌生长，报告“厌氧培养 × 天无细菌生长”。

（陈　娇）

第 5 节　痰液标本的微生物学检验

一、标本采集

痰液标本采集最好在使用抗菌药物之前，以晨痰为佳，常用方法包括自然咳痰法、支气管镜采集法、小儿取痰法、胃内采痰法、气管穿刺法等。标本采集后应尽快送检，否则置于室温下 2h 内保存。对于结核分枝杆菌和真菌培养的标本可放于 4℃保存，避免杂菌生长。对于可疑烈性呼吸道传染病患者的标本（如 SARS、肺炭疽、高致病性禽流感、肺鼠疫等），必须严格执行国家的法律法规及相关文件进行标本的采集、运送、保存及检验，注意生物安全防护。若痰标本中混有正常菌群或唾液中含有食物颗粒，将会导致检验结果的错误。

1. 自然咳痰法　是最常用的痰液采集方法。留取痰液前，嘱咐患者用生理盐水或清水漱口或用牙刷清洁口腔，若有义齿应取下义齿。患者应用力咳出呼吸道深部的分泌物，直接吐入无菌、干燥、不吸水的带盖容器中，标本量应大于 1ml。若痰量较少或咳痰困难者，可诱导排痰，让患者雾化吸入加热至 45℃的 10%NaCl 溶液约 10min，激发强烈咳嗽以利于痰液排出。对于无法自然咳痰患者，也可采用无菌吸痰管吸取气管深部分泌物。痰液标本中白细胞＞25 个 / 低倍视野，且鳞状上皮细胞＜10 个 / 低倍视野视为合格标本，这对痰液的细菌学诊断极其重要。

2. 支气管镜采集法　本法由临床医生按相应操作规程进行采集，包括环甲膜穿刺经气管吸引法、防污染毛刷采集法、支气管肺泡灌洗法等。后者即通过支气管镜灌入肺部无菌生理盐水 100～300ml 获得，可定量培养病原体，若菌量为10^3～10^4CFU/ml 或以上，提示急性细菌性肺炎的存在，因患者不易接受，一般不采用。

3. 小儿取痰法　患儿用清水反复漱口后，以压舌板向后压舌，将无菌棉拭子伸入咽后壁或腭垂后侧，小儿被压舌刺激咳嗽，可咳出肺部或气管分泌物黏于拭子上，置于无菌试管中送检。对于年龄较小且咳痰量少的患者，可轻压胸骨上部气管，促进痰液排出，然后用无菌棉拭子采集。

4. 胃内采痰法　婴幼儿肺结核患者有时将痰误咽入胃中，可采集胃内容物作为标本，其阳性结果比咳痰高，通常于清晨空腹时插入胃管抽取胃液送检。

5. 气管穿刺法　主要用于厌氧菌培养，尤其放线菌。本法能减少标本被污染的可能性，但属侵入性操作，患者较痛苦，很少应用。

二、常见微生物

呼吸道感染以上呼吸道多见，下呼吸道虽然少见，但往往更加严重，包括肺炎和支气管炎。一些条件致病菌和耐药菌成为医院内感染的常见致病菌，故痰液标本的微生物学检验对呼吸道疾病的诊断具有重要意义。健康人体上呼吸道有正常菌群存在，而下呼吸道是无菌的，因此痰液通过上呼吸道时可能有正常菌群的污染，采集痰液标本时应注意标本是否合格。痰液标本中常见的病原微生物见表 21-3。

表 21-3　痰液标本中常见的病原微生物

微生物类型	常见的病原微生物
原核细胞型微生物	金黄色葡萄球菌、凝固酶阴性葡萄球菌、A 群链球菌、肺炎链球菌、肠球菌、脑膜炎奈瑟菌、白喉棒状杆菌、结核分枝杆菌、流感嗜血杆菌、铜绿假单胞菌、肺炎克雷伯菌、嗜肺军团菌、百日咳鲍特菌、炭疽芽胞杆菌、支原体、肺炎衣原体
真核细胞型微生物	白假丝酵母菌、新生隐球菌、曲霉菌、毛霉菌
非细胞型微生物	流感病毒、副流感病毒、腺病毒、鼻病毒、呼吸道合胞病毒、单纯疱疹病毒、麻疹病毒、冠状病毒、柯萨奇病毒

三、检验方法与报告

（一）检验程序

痰液标本的微生物学检验程序见图 21-6。

（二）检验方法

1. 涂片镜检　首先筛选标本是否合格，是否适合做细菌培养，初步判断有无病原菌存在。

（1）直接涂片镜检：若痰液标本中的白细胞>25 个 / 低倍视野且鳞状上皮细胞<10 个 / 低倍视野视为合格标本，适合做细菌培养。若标本中白细胞<10 个 / 低倍视野，鳞状上皮细胞>25 个 / 低倍视野为不合格标本，可能为口腔或咽喉分泌物，不宜做细菌培养，应重新送检。怀疑嗜肺军团菌肺炎的患者因痰液可能过少或水分过多，故此类标本无需评估是否合格，直接进行荧光染色和培养。

（2）一般细菌涂片镜检：取痰液中脓性或带血部分制成薄涂片，革兰染色镜检，根据染色性、形态、排列等特征初步报告。

（3）结核分枝杆菌镜检：取痰液中脓性或干酪样部分制成厚涂片，抗酸染色镜检，根

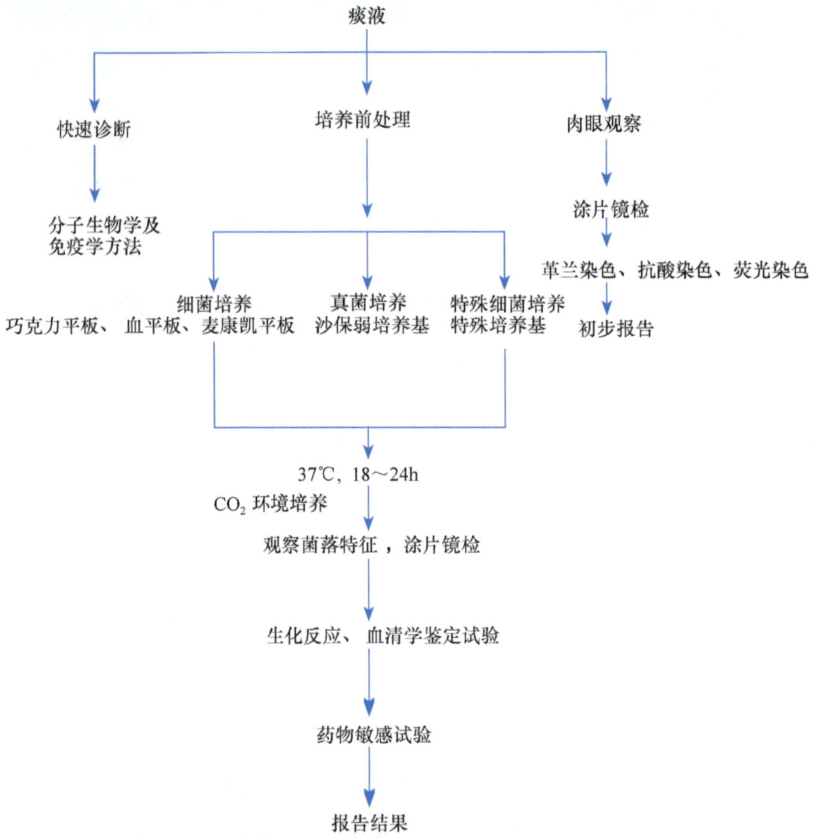

图 21-6 痰液标本的微生物学检验程序

据染色、形态等报告找到或未找到抗酸杆菌。金胺“O”荧光染色敏感性较高，可用于筛选抗酸杆菌，阳性者再进行抗酸染色。

（4）放线菌、诺卡菌镜检：将痰液加生理盐水反复洗涤数次，挑取硫磺样颗粒或着色斑点，制成压片，高倍镜观察，若所见结构中央为交织的丝状体，末端膨大呈棒状，呈放射状排列，进一步做革兰染色和抗酸染色镜检。

2. 分离培养

（1）痰培养前处理：若痰标本黏液较少可直接接种，否则应进行培养前处理。①痰液的洗净：将痰液加入 20ml 无菌生理盐水的试管中，震荡 5～10s 后静置，用接种环挑取沉淀于管底的脓痰转入另一试管，用同样方法反复洗涤 3 次，以洗去痰液中正常菌群；②痰液的均质化：向痰液中再加入等量的 pH7.6 的 1% 胰酶溶液，37℃消化 90min，使痰液均质化。

（2）普通细菌培养：将处理后的痰标本接种于各种培养基上培养，革兰阴性杆菌常规采用血平板、麦康凯、中国蓝平板接种，奈瑟菌属和嗜血杆菌属常规采用巧克力平板接种。因标本易受口腔正常菌群的污染，故一般不进行厌氧培养或肉汤增菌。血平板、巧克力平板接种后置需氧及 5%CO_2 环境，35℃培养后观察菌落；麦康凯、中国蓝平板接种于需氧环境培养，取可疑菌落革兰染色，镜检观察细菌形态特征初步鉴定。某些细菌培养要求特殊，应采用特殊的培养基。怀疑为嗜肺军团菌感染的标本应接种于缓冲活性炭－酵母琼脂培养基（BCYE）培养 3～5d 后观察菌落；怀疑为流感嗜血杆菌感染的可接种于马血－杆菌肽平板；怀疑为百日咳鲍特菌感染的接种鲍 - 金培养基；怀疑为肺炎支原体感染的接种 Hayflick 培养基；怀疑为白喉棒状杆菌的接种于吕氏血清斜面、亚碲酸钾平板培养。

（3）结核分枝杆菌培养：将处理后痰标本接种于罗 - 琴培养基，置于 35～37℃，5%～10%CO_2 环境中培养，第 1 周观察 2 次结果，以后每周观察 1 次，直到第 6～8 周，根据涂片抗酸染色结果、菌落出现的时间及特征报告结果。

（4）厌氧菌培养：将标本接种于厌氧培养基，于厌氧环境下培养，观察细菌生长现象和菌落特征，根据生长现象挑取可疑菌落做革兰染色镜检，初步报告结果。

（5）嗜肺军团菌培养：将标本接种于巧克力平板、血平板和 BCYE 平板上，置于 35℃ 5%～10%CO_2 中培养。该菌在 BCYE 平板上 48h 后生长为中等大小扁平菌落，灰白色，而巧克力平板、血平板上不生长，应进一步鉴定，注意该菌具有较强的传染性。

（6）真菌培养：痰液标本中可能出现的病原性真菌为白假丝酵母菌和曲霉菌。将标本接种于沙保弱培养基，置 37℃或室温下培养 2～7d 后观察菌落特征。

3. 鉴定试验　根据镜检细菌形态、培养的菌落特征，进一步做生化反应、血清学试验、PCR 技术、DNA 探针等。

（三）结果报告

结果判断需要综合考虑是否是下呼吸道病原微生物，应排除上呼吸道正常菌群的污染。若平板上生长菌落的比例较大或中等，则考虑是病原菌。

1. 涂片革兰染色镜检　根据染色性、形态、排列及有无特殊结构初步判断，报告“找到革兰 × 性 × 形态菌”。

2. 涂片抗酸染色镜检　若见到抗酸染色阳性杆菌，可报告“找到抗酸杆菌”。

3. 放线菌及诺卡菌　若所见细菌中央为革兰阳性菌丝体，周围为革兰阴性放线状排列的棒状体，抗酸染色为非抗酸性，可报告“找到疑似放线菌”。若所见细菌革兰染色结果与放线菌相同，但抗酸染色为弱阳性，可报告“找到疑似诺卡菌”。

4. 未检出致病菌，报告为“正常菌群”；若检出致病菌，除报告该菌外，还应报告正常菌群情况，根据平板上生长的所有菌落所占比例推断，可分为纯培养、大量、中等量、少量和个别。

5. 根据涂片镜检、分离培养、鉴定试验，最终报告为“检出 ×× 菌”，并报告药敏试验结果。

（楼　研）

第 6 节　脓液（病灶分泌物）标本的微生物学检查

一、标本采集

1. 采集方法

（1）开放性脓肿：采集标本时先用无菌生理盐水或乙醇清洗被采部位的表面后，再用无菌棉拭子采取病灶深部的脓液及分泌物。通常用两支无菌棉拭子取脓液或分泌物，一支直接涂片染色镜检，另一支做分离培养。所选用的器械、盛装标本的容器，均应达到无菌要求。

（2）闭锁性脓肿：先用2.5%碘酒或75%乙醇消毒周围皮肤，再用无菌注射器穿刺抽取或手术引流的方法采集。若疑为厌氧菌感染时，取材后立即排尽注射器内空气，将针头插入无菌橡皮塞内一并送检。

（3）大面积烧伤感染的创面分泌物：因创面部位不同而细菌种类不同，应用无菌棉拭采取多部位创面脓液分泌物放进无菌试管送检。也可将沾有脓液的最内层敷料放入无菌平皿送检。

2. 标本运送与保存 采集后的标本应立即送检。如不能立即送检应置于4℃冰箱保存。但疑为淋病奈瑟菌和脑膜炎奈瑟菌的标本应注意保温，最好床旁接种。

二、常见微生物

对脓液（病灶分泌物）进行细菌培养，目的是进行病原菌的诊断，同时指导临床合理用药，从脓液中能够检出的病原体见表21-4。

表21-4 脓液标本中常见的微生物

种类	病原菌
革兰阳性菌	金黄色葡萄球菌、凝固酶阴性葡萄球菌、化脓性链球菌、肺炎链球菌、肠球菌、消化链球菌、炭疽芽胞杆菌、破伤风梭菌、产气荚膜梭菌、溃疡棒状杆菌、结核分枝杆菌
革兰阴性菌	大肠埃希菌、铜绿假单胞菌、变形杆菌、肺炎克雷伯菌、流感嗜血杆菌、拟杆菌属细菌、梭杆菌属细菌
其他病原体	放线菌、诺卡菌、念珠菌

三、检验方法与报告

1. 检验程序 脓液（病灶分泌物）标本的细菌学检验程序见图21-7。

2. 检验方法

（1）直接涂片检查：将脓汁或病灶分泌物涂成薄片，做革兰染色镜检。疑为结核分枝杆菌的标本，做抗酸染色找结核分枝杆菌。对疑为棒状杆菌的标本应做异染颗粒染色。根据所见细菌形态及染色特点发出初步报告。

（2）细菌培养

1）普通细菌的培养：将标本分别接种血平板、中国蓝或麦康凯平板，置于35℃温箱培养18～24h后观察结果，根据菌落形态特征结合涂片染色镜检结果，进一步对细菌进行鉴定，同时做药物敏感试验。

2）嗜血杆菌和奈瑟菌培养：将标本接种于巧克力平板，置于35℃的5%～10%CO_2环境培养。

3）厌氧培养：若疑为厌氧菌感染则应进行厌氧培养。将标本接种于厌氧血琼脂平板后，置于厌氧环境中培养，根据生长情况及涂片染色结果，再进一步鉴定。

4）放线菌及诺卡菌培养：标本接种固体平板后，置于有氧及厌氧环境中培养1周以上，每天观察，根据生长情况及涂片染色结果再进一步鉴定。

3. 结果报告

（1）初步报告：如见到革兰阳性球菌呈葡萄状排列，可报告“找到革兰阳性球菌，形

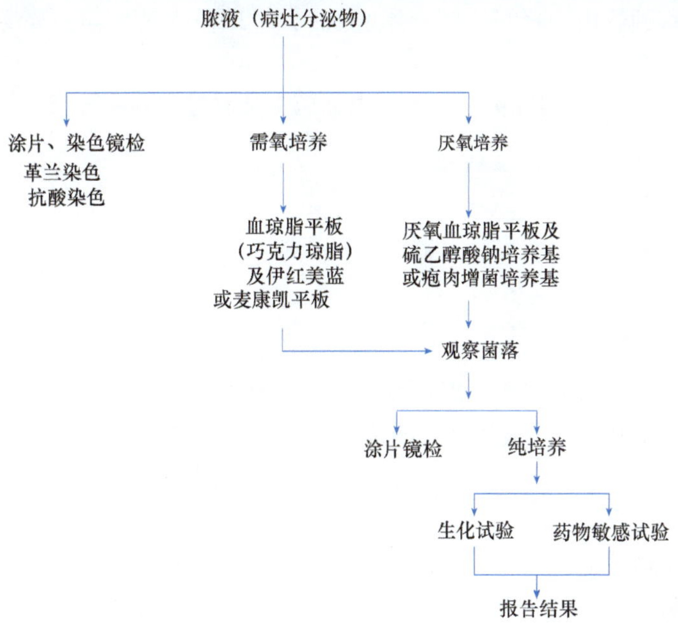

图 21-7　脓液（病灶分泌物）标本的细菌学检验程序

似葡萄球菌”；如查见不易识别的细菌，则报告“找到革兰 × 性 × 形态细菌”。

（2）分离培养检出阳性标本时，报告“检出 ×× 菌”，同时报告抗菌药物敏感性试验结果。

（3）若培养 48h 仍无细菌生长，报告“经培养 48h 无细菌生长”，厌氧培养 3～5d 仍未见生长，报告“厌氧培养 × 天无细菌生长”。

（窦　迪）

第 7 节　生殖道标本的微生物学检验

一、标本采集

（一）生殖道分泌物

1. 尿道及尿道口标本　以无菌生理盐水清洗尿道口，采取从尿道口溢出的分泌物。或者用细径的无菌棉拭子或无菌接种环伸入尿道 3～4cm，轻轻旋转后取出，分泌物可直接收集在棉拭子或接种环上。

2. 外阴部糜烂、溃疡标本　操作者应带外科保护手套，用无菌生理盐水清洗患处，用无菌棉拭子取分泌物，溃疡标本要除去表面的痂皮，擦去流出的第一滴血（如果有），用清洁的载玻片收集渗出的血清标本，并立即盖上清洁的盖玻片。也可用无菌针头、注射器从病损部位或增大的淋巴结吸取标本。

3. 阴道及宫颈口分泌物　可用拭子在阴道后穹隆部收集分泌物标本。若要用于淋球菌或衣原体培养，则需从宫颈内获取标本。插入窥器后，先用棉球轻轻擦去宫颈黏液，将采样棉拭子深入到宫颈管内，轻轻旋转，停留 10s 以上取出，采集到的分泌物置无菌容器中尽快送检。

4. 前列腺液 疑为前列腺炎的患者，由临床医师通过前列腺按摩，留取前列腺液置无菌容器中尽快送检。

（二）穿刺液标本

生殖器疱疹消毒后，用无菌注射器采集疱疹液。女性盆腔脓肿、子宫内分泌物由专科医师用无菌导管抽取。

（三）梅毒螺旋体标本

从外生殖器的硬下疳处采集，以洁净玻片直接蘸取渗出液，或从溃疡面基底部挤压组织液少许，置于玻片上，加盖玻片后立即送检。

二、生殖道标本中常见微生物

正常人体内生殖器应是无菌的，而在外生殖器常有多种正常菌群的存在，如尿道口常见葡萄球菌、大肠埃希菌、类白喉棒状杆菌、耻垢分枝杆菌，阴道内常见乳酸杆菌、酵母菌、支原体等。这些正常菌群一方面维持着外生殖器的微生态平衡，另一方面可使生殖道感染病原学诊断复杂化，因此在采集生殖道标本时应尽可能防止正常菌群污染。

生殖道标本主要以性传播疾病（sexually transmitted disease，STD）的病原体为主。STD 有二十几种，1991 年我国卫生部确认 8 种 STD 为重要防治与监测的病种，8 种 STD 分别是艾滋病、淋病、梅毒、软下疳、性病淋巴肉芽肿、非淋菌性尿道炎、尖锐湿疣、生殖器疱疹，其病原体依次是人类免疫缺陷病毒、淋病奈瑟菌、梅毒螺旋体、杜克雷嗜血杆菌、沙眼衣原体 L_1、L_2、L_3 血清型、支原体和衣原体、人类乳头状病毒、人类单纯疱疹病毒 2 型（表 21-5）。

表 21-5 生殖道标本中常见病原体

种类	病原体
革兰阳性球菌	金黄色葡萄球菌、表皮葡萄球菌、β 溶血性链球菌、肠球菌、消化链球菌
革兰阴性球菌	淋病奈瑟菌
革兰阳性杆菌	阴道加特纳菌、结合分枝杆菌
革兰阴性杆菌	杜克雷嗜血杆菌、大肠埃希菌、产气肠杆菌、铜绿假单胞菌、变形杆菌、不动杆菌、类杆菌、动弯杆菌
其他	梅毒螺旋体、假丝酵母菌、支原体、衣原体、疱疹病毒、人类免疫缺陷病毒

三、检验方法与报告

（一）检验程序

生殖道分泌物标本操作流程见图 21-8。

（二）检验方法及结果报告

1. 显微镜检查

（1）不染色标本：取一滴无菌生理盐水置载玻片上，将标本于盐水中混匀，加盖玻片后镜检。若发现大量的发亮的芽生孢子与假菌丝，则报告“查到酵母样真菌，形似假丝酵母菌”。用暗视野显微镜观察螺旋体，发现生殖器溃疡或下疳患者分泌物中有纤细、发亮、

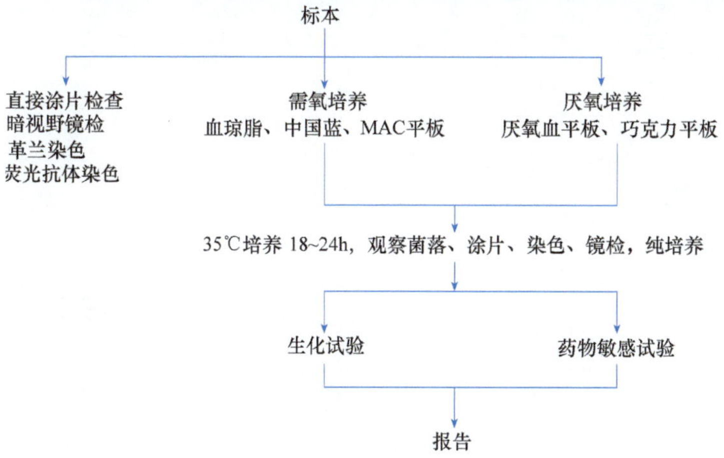

图 21-8　生殖道分泌物标本细菌学检验程序

前后旋转波动的密螺旋体则提示梅毒螺旋体。

（2）染色标本：①革兰染色，一般细菌及淋病奈瑟菌检验时将标本涂片染色后镜检，镜检发现有革兰阳性和阴性细菌，即可根据形态作出初步报告。例如“找到革兰阴性双球菌，位于白细胞内（外），疑似淋病奈瑟菌”。从阴道分泌物的涂片中发现线索细胞、大量革兰阴性短杆菌或弯曲弧菌，可报告“找到线索细胞”，是诊断细菌性阴道病的重要指标。发现有细小的革兰阴性杆菌，单独存在或呈丛，有时有两极浓染现象者，则可报告“找到革兰阴性小杆菌，疑似嗜血杆菌”。②荧光染色，将可疑淋病、非淋菌性尿道炎或梅毒患者的尿道、宫颈及下疳分泌物或脓液涂片，自然干燥后甲醇固定，分别进行特异性荧光抗体染色，置荧光显微镜下观察。若在中性粒细胞或上皮细胞内发现荧光亮点，则可初步报告：“×××× 荧光抗体检测阳性”。③ Fontana 镀银染色，用于检查梅毒螺旋体。

2. 分离培养

（1）一般细菌及淋病奈瑟菌培养：一般情况下，可用血琼脂平板和中国蓝平板或伊红美蓝平板各 1 个，35℃孵育 18～24h。若培养淋病奈瑟菌则应增加 1 个巧克力琼脂平板，置 5%～10%CO_2 环境孵育。

（2）厌氧菌培养：接种血琼脂平板，放于厌氧环境，分离厌氧菌。

（3）假丝酵母菌培养：接种沙保弱培养基及血琼脂培养基，分别放室温及 35℃孵育。

（4）支原体培养：是确诊支原体感染的可靠方法之一，将标本接种于以牛心消化液为基础，另加 20% 小牛血清及新鲜酵母浸液制成的培养基中，35℃的 5%CO_2 条件下培养 3～4d 或更长时间，出现典型菌落后再进行鉴定。

分离培养后对致病菌进行细菌鉴定及标准化药物敏感性试验，最后报告“检出 ×× 细菌”及药敏试验结果；普通细菌培养 48h 后仍无细菌生长，可报告“经 48h 培养无细菌生长”。

（陈秀荣）

第三篇 微生物检验常用实验指导

实验一　生物显微镜油镜的使用方法

【实验目的】

掌握普通生物显微镜的使用方法及维护保养方法。

【实验原理】

油镜即油浸接物镜，其成像原理与低倍镜或高倍镜一样，都是被检物通过不同光镜后形成放大的虚像（实验图 1-1）。当光线由反光镜通过玻片与镜头之间的空气时，由于空气与玻片的密度不同，使光线受到折射及发生散射，降低了视野的照明度。若中间的介质是一层油（其折射率与玻片的相近），则几乎不发生折射，增加了视野的进光量，从而使物像更加清晰（实验图 1-2）。

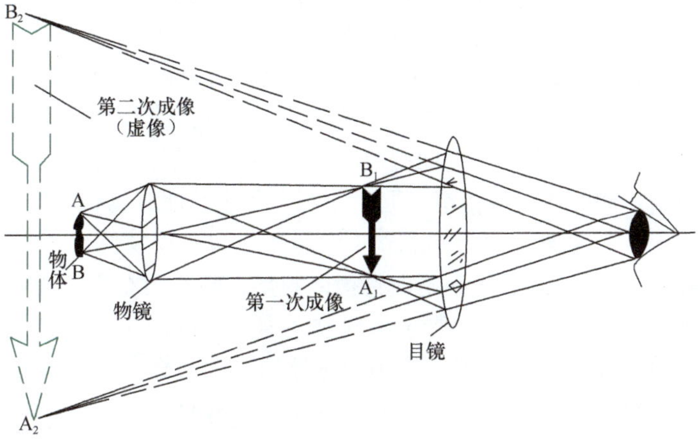

实验图 1-1　生物显微镜成像原理示意图

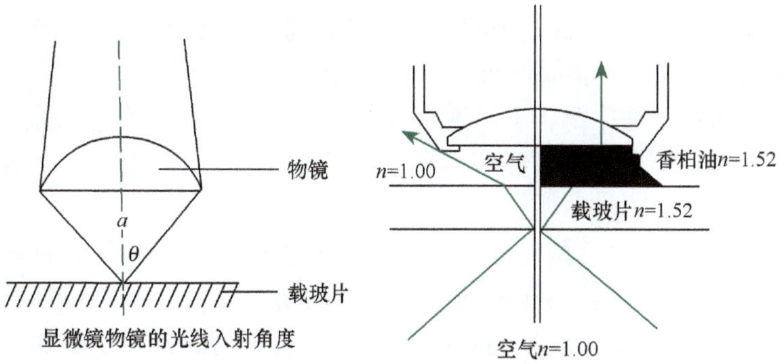

实验图 1-2　普通生物显微镜油镜的工作原理示意图

【实验材料】

1. **显微镜**　双目或单目普通生物显微镜（带油镜头）。
2. **试剂**　香柏油或液体石蜡（石蜡油）、清洁剂（乙醚 7 份＋无水乙醇 3 份）。
3. **其他物品**　擦镜纸、革兰染色细菌标本片、消毒缸等。

【实验方法与步骤】

1. 操作流程 取镜→清洁→对光（低倍镜）→低倍镜镜检→高倍镜镜检→在玻片标本膜上滴加镜油→油镜观察→油镜头处理→收镜。

2. 使用方法

（1）取镜：将显微镜小心地从镜箱内取出，用右手紧握镜臂，左手托住镜座，平稳地将显微镜搬运到实验操作台上。将显微镜放在自己身体的左前方，以镜座的后端离实验台边缘 6～10cm 为宜，右侧可放观察标本、记录本或绘图纸等。

（2）清洁：检查显微镜的各个部件是否完整和正常，并用清洁布清洁显微镜各部件。

（3）对光：接通自带光源显微镜的电源，打开显微镜上的电源开关（带反光镜的则打开实验台上的工作灯），转动粗调焦手轮，使镜筒略升高（或使载物台下降），调节物镜转换器使低倍镜转到工作状态（即对准通光孔，当镜头完全到位时，可听到轻微的扣碰声）。使聚光器上升到适当位置（以聚光器上端透镜平面稍低于载物台平面的高度为宜）并打开光栏。然后用眼睛向目镜内观察（注意两眼应同时睁开），同时调节位于镜座上的亮度控制旋钮（或调节反光镜的方向），使视野内的光线均匀、亮度适中。

（4）低倍镜的使用：①放置被检玻片标本，在已对好光的显微镜上，将被检玻片标本放置到载物台上并用标本推进器上的弹簧夹固定好（注意：使有盖玻片或有标本的一面朝上），然后转动标本推进器的纵向或横向旋钮，使需要观察的标本部位对准通光孔的中央；②调节焦距，用眼睛从侧面注视低倍镜，同时用粗调焦手轮使载物台上升（或物镜头下降），直至低倍镜头距玻片标本的距离小于 0.6cm（注意操作时必须从侧面注视镜头与玻片的距离，以避免镜头碰破玻片），然后用眼睛向目镜内观察，同时用左手慢慢转动粗调焦手轮使载物台下降（或使镜筒上升）直至视野中出现物像为止，再转动细调焦手轮，使视野中的物像达到最清晰；③观察与记录结果，使用推进器的纵向或横向调节钮移动标本片并进行观察，用右手记录观察结果（在调焦时若镜头与玻片标本的距离已超过了 1cm 还未见到物像时，应严格按上述步骤重新操作）。

（5）高倍镜的使用：①在低倍镜操作的基础上，将需要用高倍镜观察的物像移至视野正中央，同时调准焦距，使被观察的物像达到最清晰；②转动物镜转换器，直接使高倍镜转到工作状态（对准通光孔）。此时视野中一般可见到不太清晰的物像，可使用细调焦手轮进行调节使物像清晰，观察与记录结果。

在转换低、高倍镜中动作要轻（详见注意事项），若转换好高倍镜后需要观察的物像不在视野中央，甚至不在视野内，可用标本推进器纵向或横向调节钮前后、左右移动标本的位置，使物像进入视野并移至中央。

（6）油镜的使用：①调整聚光器，将聚光器升至最高位置并将光栏开至最大。②放入被检玻片标本，用推进器纵向或横向调节钮使需要观察的标本部位对准通光孔，并往玻片标本上需观察的部位（载玻片的正面，相当于通光孔的位置）滴加一滴香柏油或石蜡油作为介质（若使用高倍镜观察后，则只需将需要观察的部位移至视野正中央，转动物镜转换盘移开高倍镜再滴加一滴香柏油或石蜡油），转动物镜转换盘选择油镜并调整至工作状态（使用高倍镜观察后，此时油镜头的下端镜面一般正好浸在镜油中）。③油镜头浸入镜油内，用油镜头对准油滴后，须俯身在镜旁，眼睛从侧面看着油镜头，缓缓转动粗调焦手轮使镜筒逐渐下降或载物台升高，直至油镜头的前端浸没在镜油中，并几乎与玻片接触，但切勿碰到玻片。然后眼睛转移到目镜处，一边观察一边慢慢转动粗调焦手轮，使镜筒徐徐上升（此时只能上升而不能下降）或载物台慢慢下降（此时只能下降而不能上升），待看到模糊物像时，再改用细调焦手轮来回转动调节直到所观察的物像清晰为止。观察与记录结果（如果油镜头前端已离开镜油面，应按上述过程重复操作）。④油镜的保护，用油镜观察完毕后，先将镜筒升高或使载物台下降 1cm 左右，取下载物台上的玻片标本，并将油镜头转离至通光孔外侧。先用一块擦镜纸揩擦去油镜头上大部分的油，然后用一块擦镜纸蘸取少量清洁剂（乙醚乙醇）擦去残留的镜油，最后用一块擦镜纸揩擦去残留的清洁剂。将镜体全部复原［载物台四周调整、聚光器下降到适当位置，关闭光栅（光栏），物镜头呈“品”字或“八”字形放置等］后放入镜箱完成操作。

同时处理玻片标本上的镜油。若是有盖玻片的固封玻片标本，可直接用上述方法揩擦干净。若是无盖玻片的标本，则载玻片上的油可用拉纸法揩擦，即先把一小张擦镜纸盖在油滴上，再往纸上滴几滴清洁剂，趁湿将纸往外拉，如此反复几次即可将镜油清理干净。

【注意事项】

1. 取用显微镜时，应一手紧握镜臂，一手托住镜座，不要用单手提拿，以避免目镜或其他零部件滑落。同时，不可随意拆卸显微镜上的零部件，以免发生丢失损坏或使灰尘落入镜内。

2. 显微镜的机械部件可用纱布等柔软布料擦拭，光学部件不可用纱布、手帕、普通纸张或手指揩擦，以免磨损镜面，只能用擦镜纸轻轻擦拭。

3. 从低倍镜准焦的状态下直接转换到高倍镜时，有时会发生高倍镜碰擦玻片而不能转换到位的情况，主要是因低倍镜与高倍镜不配套（即不是同一型号的显微镜上的镜头）。此时不能硬转，应检查玻片是否反放、低倍镜的焦距是否调好及物镜是否松动等情况后再重新操作。若调整后仍不能转换，则应将镜筒升高（或使载物台下降）后再转换物镜，然后在眼睛的注视下使高倍镜贴近盖玻片，再一边观察目镜视野，一边用粗调焦手轮使镜头缓慢地上升（或载物台下降），看到物像后再用细调焦手轮准焦。

4. 在观察带有液体的临时装片时，不能倾斜载物台，以避免因载物台的倾斜而使液体流到显微镜上造成污染。

5. 在利用显微镜观察标本时，要养成两眼同时睁开，双手并用（左手操纵粗/细调焦螺旋，右手操纵标本推进器）的习惯，必要时应一边观察一边计数或绘图记录。

【实验结果与报告】

1. 观察记录

（1）记录普通光学显微镜各部分的名称（实验图 1-3）。

（2）记录显微镜油镜的使用与维护方法。

2. 结果分析及报告

（杨　翀）

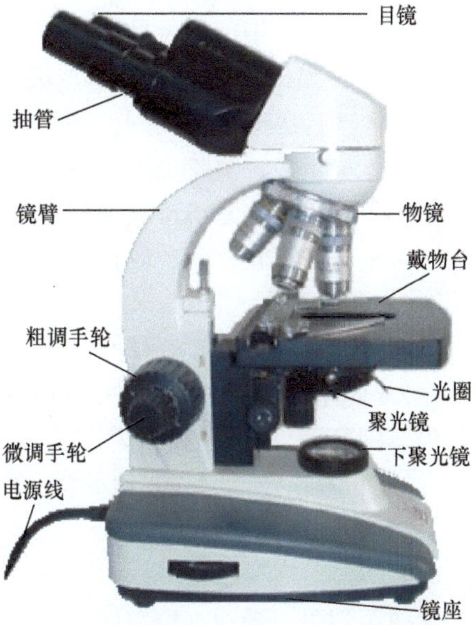

实验图 1-3　普通光学显微镜

实验二 细菌的基本形态和特殊结构观察

【实验目的】

掌握细菌的基本形态和特殊结构观察方法及其意义。

【实验原理】

经革兰染色后，在光学显微镜下可以清晰地观察到细菌的大小、形态、排列和染色性，从而可以观察到两大类细菌，即革兰阳性菌和革兰阴性菌。经特殊结构染色后，可以观察到细菌的芽胞、荚膜和鞭毛等特殊结构。

【实验材料】

1. 细菌标本片 葡萄球菌革兰染色标本片，大肠埃希菌革兰染色标本片，霍乱弧菌染色标本片，伤寒杆菌鞭毛染色片，肺炎双球菌革兰染色片，破伤风梭菌芽胞染色片。

2. 其他 显微镜、擦镜纸、香柏油、拭镜液。

【实验方法与步骤】

1. 细菌基本形态的观察

（1）球菌：葡萄球菌革兰染色标本片可见菌体呈圆形，染成紫色，呈现葡萄串状排列，为革兰阳性球菌。

（2）杆菌：大肠埃希菌革兰染色标本可见菌体呈短杆状，染成红色，呈分散排列，为革兰阴性杆菌。

（3）弧菌：霍乱弧菌革兰染色标本片可见菌体呈弧形，染成红色，呈分散排列，为革兰阴性弧菌。

2. 细菌特殊结构的观察

（1）芽胞：破伤风梭菌芽胞染色片可见菌体为细长杆状，染成蓝色；菌体顶端染成红色，并大于菌体的球状物即芽胞，呈“鼓槌状”，其他散乱分布的红色球体，为菌体脱落的成熟芽胞。革兰染色片可见菌体染紫色，芽胞不着色为透亮空泡。

（2）荚膜：肺炎双球菌革兰染色片可见视野背景为紫色，其中可见到染色呈深紫色，矛头状菌体，纵向成双排列，菌体周围染成淡紫色的区域（或未染上颜色的空白区），即荚膜（菌体呈紫色，荚膜呈淡紫色或不着色）。

（3）鞭毛：伤寒杆菌鞭毛染色片可见菌体为较粗大杆状，染成红色，单个或成堆排列，周围可见到波浪状弯曲、较长、呈淡红色的周鞭毛。

【注意事项】

1. 观察标本时，双眼睁开，边观察边绘图并记录结果。

2. 使用油镜时，先将油镜浸入滴加在载玻片上的香柏油内，然后缓缓上调粗调节器至物像模糊可见，再用细调节器调至物像清晰，即可观察。

3. 观察染色片时，光线要强一些，这样有利于观察细菌的基本形态和特殊结构。

【实验结果与报告】

1. 观察、记录

（1）记录显微镜下细菌形态。

（2）记录显微镜下细菌的特殊结构。

2. 结果分析及报告

（杨园园）

实验三　革兰染色法

【实验目的】

熟练掌握革兰染色操作方法。

【实验原理】

革兰染色原理见第4章第1节。

【实验材料】

1. 菌种　葡萄球菌、大肠埃希菌培养物。

2. 试剂　革兰染色液（甲紫、卢戈碘液、95%乙醇、稀释复红）、生理盐水。

3. 器材　普通光学显微镜、接种环、载玻片、盖玻片、酒精灯、香柏油、擦镜液、擦镜纸、吸水纸、火柴等。

【实验方法与步骤】

1. 涂片　取洁净载玻片2张，用接种环各加生理盐水1～2环于其中央，以无菌操作挑取大肠埃希菌及葡萄球菌菌落少许，分别涂布于生理盐水中，用接种环涂成均匀浑浊的菌液（如系液体培养物，则不需要加生理盐水，直接涂于载玻片中央）。

2. 干燥　在室温下自然干燥或在火焰上方烘干。

3. 固定　将细菌涂片以钟摆速度来回通过酒精灯火焰外焰3次。

4. 染色

（1）初染：将甲紫染液滴加在已固定的菌膜上，染色1min，水洗。

（2）媒染：滴加卢戈碘液媒染1min，水洗。

（3）脱色：滴加95%乙醇脱色，摇动标本片至无紫色脱下为止，需0.5～1min，水洗。

（4）复染：滴加稀释复红复染1min，水洗。

5. 结果　用滤纸吸干或自然干燥，油镜观察。葡萄球菌染成紫色，为革兰阳性菌；大肠埃希菌染成红色，为革兰阴性菌。

【注意事项】

1. 细菌涂片时，挑取菌量要适中，菌液涂匀后，从其上方观察玻片下文字模糊不清为宜。菌膜涂布要均匀。

2. 火焰上方烘干细菌涂片切不可将细菌涂膜烤焦。固定时间要适当。

3. 染色时，染液以覆盖标本为宜，不宜过多。脱色时间根据细菌涂片厚薄而定，菌膜厚时要适当延长脱色时间。

4. 用水冲洗时，将玻片倾斜，以细小水流冲于玻片上端，使水流沿玻片斜面流下，切忌将水流直冲菌膜部位，以免菌膜脱落。

5. 染液要新鲜配制使用，防止污染，勿使用陈旧染液，以免影响结果。

【实验结果与报告】

1. 观察记录

（1）记录革兰染色操作步骤。

（2）记录镜下观察的结果，填实验表 3-1。

实验表 3-1 革兰染色镜下观察结果

标本	形态	排列	颜色	革兰染色性
金黄色葡萄球菌				
大肠埃希菌				

2. 结果分析及报告

（李剑平）

实验四 培养基的制备

【实验目的】

初步学会培养基制备的基本方法。

【实验材料】

1. 试剂 蛋白胨、牛肉膏（牛肉浸液）、氯化钠、琼脂粉、脱纤维羊血、葡萄糖、乳糖、甘露醇、柠檬酸钠、硫酸镁、磷酸氢二钾、磷酸二氢钠、磷酸二氢铵、硝酸钾、硫代硫酸钠、柠檬酸铁、硫酸亚铁、尿素、溴甲酚紫、溴麝香草酚蓝、中性红、酚红、1mol/L NaOH 溶液、1mol/L HCl 溶液、础培养基干粉、营养培养基干粉、半固体培养基干粉、SS 培养基干粉、麦康凯培养基干粉等。

2. 器材 三角烧瓶、量筒、玻璃棒、吸管、无菌试管、硅胶塞、精密 pH 试纸、天平、分析称量纸（硫酸纸）、牛皮纸、纱布、橡皮筋或棉线、高压蒸气锅、无菌平皿。

【实验方法与步骤】

（一）基础培养基的制备

1. 调配 取牛肉膏 0.3～0.5g，蛋白胨 1g，氯化钠 0.5g，蒸馏水 100ml，加入锥形瓶内，混匀。

2. 溶化 加热使培养基各种成分均匀溶解于水中。

3. 矫正 pH 用精密 pH 试纸矫正 pH 至 7.4。

4. 过滤澄清 用滤纸或夹脱脂棉的纱布将培养基过滤澄清，除去杂物，使其清晰透明。

5. 分装 将上述培养基分装于试管内，分装量为试管长度的 1/3，加试管塞塞紧，10 支为一扎，上端用牛皮纸包住并用橡皮筋或棉线扎紧。若为固体培养基，则先灭菌，后分装。

6. 灭菌 采用高压蒸气灭菌法灭菌，121.3℃维持 15min。灭菌完毕，待压力为零后取出。

7. 检定

（1）无菌试验：将制备好的培养基置 35℃温箱培养 24h，若无细菌生长，证明其无菌。

（2）生长试验：将大肠埃希菌接种于该培养基中，35℃温箱培养 24h 后观察其生长繁殖情况，若细菌能生长，培养基变浑浊，说明培养基有效。

8. 保存 制备好的培养基应注明名称、制作日期，琼脂平板（带培养基的平皿）应底在上、盖在下装于保鲜袋内，以减少水分蒸发，液体培养基应直立放置。制作好的培养基应存放于冷暗处或 4℃冰箱中，通常不宜保存过久（一般不超过 2 周）。

（二）固体培养基的制备

在上述基础培养基中加入 2～3g 琼脂，灭菌后分装至无菌培养皿中，制成固体培养基。

（三）半固体培养基的制备

在上述基础培养基中加入 0.2～0.5g 琼脂，分装至试管中，灭菌后则制成固体培养基。

（四）血液琼脂平板和巧克力琼脂平板的制备

将灭菌后的普通琼脂培养基（pH7.6）加热融化，冷却至 50℃左右，以无菌操作加入 10% 无菌脱纤维羊血［临用前置 37℃水浴预温 30min，轻轻摇匀（避免产生气泡）］，分装于无菌试管或平皿内，凝固后即成血液琼脂斜面和血液琼脂平板。若琼脂温度在 70～80℃ 时加入血液，并在 80℃ 水浴中摇匀 15～20min，倾注平板后即成巧克力琼脂平板。

另外，市售 SS 培养基干粉、麦康凯培养基干粉、真菌培养显色培养基等可按厂商说明制备。

【注意事项】

1. 培养基调配溶解。应先在三角烧瓶中加入少量水，再加入称量好的培养基干粉及各成分，以防培养基干粉粘瓶底烧结。制备大量培养基，除玻璃容器外，还可用铝锅、搪瓷桶，但不可用铁、铜容器，以免铁、铜离子进入培养基；因培养基中含铁量超过 0.14mg/L 时可抑制细菌毒素的产生，含铜量超过 0.3mg/L 时可抑制细菌生长。培养基中需加染料、胆盐、指示剂等，应在校正 pH 后加入。

2. 平板的浇注。倾注培养基时，切勿将皿盖全部开启，以免空气中尘埃及细菌等落入而污染培养基。应注意掌握倾注平板时的温度，因为倾注时若培养基温度过高，则冷凝水较多，易致污染；若温度过低，部分琼脂凝固，倾注的平板表面会高低不平。倾注培养基可在无菌室或超净工作台内进行，倾注完成后，将皿盖稍开一缝隙，在紫外灯照射下待凝，这样利于蒸气散发，减少平板内冷凝水。倾注血液琼脂时，由于加血时琼脂表面容易产生气泡，倾注时适时转动三角烧瓶，使气泡附于瓶壁，可减少血平板表面的气泡。

3. 不同培养基的分装方法见第 4 章第 2 节。分装时，分装量不得超过容器容量的 2/3，避免灭菌时外溢。

4. 灭菌后，应检查培养基有无异样，如瓶身破损、水分浸入、棉塞松动等，均应挑出弃之。

【实验结果与报告】

1. 观察、记录

（1）记录培养基的制备程序及制备方法。

（2）记录所制备的培养基，填实验表 4-1。

实验表 4-1　记录所制备的培养基

培养基种类	体积	数量	保存方式	保存日期

2. 结果分析及报告

（龙小山）

实验五　细菌接种与培养技术

【实验目的】

掌握细菌接种与培养技术。

【实验材料】

1. 菌种　大肠埃希菌、金黄色葡萄球菌、大肠埃希菌与金黄色葡萄球菌混合培养液等。

2. 培养基　普通琼脂平板、血琼脂平板、琼脂斜面培养基、肉膏汤管、半固体培养基等。

3. 其他　接种针、接种环、无菌棉拭子、酒精灯或红外接种环灭菌器、火柴、记号笔、恒温培养箱等。

【实验方法与步骤】

1. 细菌接种技术

（1）分区划线接种法：适用于杂菌量较多的标本。

1）用已烧灼灭菌并冷却的接种环挑取少量细菌标本，在平板培养基表面任一边缘处涂抹，再以“Z”字形不重叠连续划线作为第一区，其范围不超过平板的 1/4。

2）将平板旋转适当角度，烧灼灭菌接种环，待冷却后于第二区以相同方法再作连续划线，在开始划线时与第一区的划线相交 3～4 次。

3）将接种环烧灼灭菌，待冷却后按上述方法，分别划出第三、四区或第五区（见正文图 4-1）。

4）接种完成后，灭菌接种环并归放原处。在平板底部做好标记，将培养皿置于 37℃培养箱中培养 18～24h。

（2）液体培养基接种法

1）右手持接种环（或接种针），烧灼后冷却，左手握持菌种管和液体培养基管。

2）用右手掌与小指、小指与环指分别夹取两管的硅胶塞或棉塞，然后将试管口迅速通过火焰灭菌。

3）用已灭菌并冷却的接种环（针）挑取适量细菌标本后，伸进倾斜的液体培养基管内，在接近液面的内管壁上轻轻研磨。

4）取出接种环（针）并在火焰上烧灼灭菌，两试管口再次通过火焰灭菌，再将硅胶塞或棉塞分别塞回原试管。

5）直立液体培养管，菌种即均匀地混合于液体培养基中（见正文图 4-4）。

6）接种完成后，烧灼接种环（针），并归放原处，试管置于 37℃培养箱中培养。

（3）斜面培养基接种法

1）左手握持菌种管和斜面培养基管，培养基斜面朝上。

2）取下试管塞，管口经火焰灭菌后，右手持已烧灼灭菌并冷却的接种环（针），从菌种管中挑取适量菌种后，烧灼试管口，塞上试管塞。将沾有细菌的接种环（针）迅速伸进斜面培养基管内，先从斜面的底端轻轻向上划一直线，然后再从斜面底端以 Z 字形轻轻连续向上划线。或先从斜面正中垂直刺向试管底部，然后抽出再从斜面底端向上划线（见正文图 4-2）。

3）接种完成后，烧灼接种环（针）并归放原处，在试管上做好标记，将试管置于 37℃培养箱中培养 18～24h。

（4）穿刺接种法

1）左手握持半固体培养基。右手持接种针，灭菌冷却后，用右手手掌与小指拨取并挟持管塞，将管口通过火焰灭菌。

2）蘸取细菌标本（大肠埃希菌或变形杆菌），将接种针从培养基正中央垂直刺入近管底部（但不要触及管底），再循原穿刺线路退出（见正文图 4-3）。

3）在火焰上灭菌管口，盖上管塞，灭菌接种针。用同样的方法于另一管接种葡萄球菌。将培养管做好标记，置 35℃恒温箱培养 18～24h。

2. 细菌培养技术 细菌接种后，需要在适宜的气体、温度等环境下才能生长繁殖，而不同的细菌对环境的要求稍有不同。因此，要根据菌种的要求，选择适宜的培养方法。

（1）需氧培养法（普通培养法）：将已接种细菌的培养基（固体、液体及半固体培养基）置于 37℃培养箱中培养 18～24h，即可观察到大多数细菌的生长现象，少数生长较缓慢的细菌，需培养 3～7d（如产单核李斯特菌）甚至 1 个月（结核分枝杆菌）才能观察到生长现象。

（2）二氧化碳培养法：适用于培养某些需要一定浓度的 CO_2 才能生长的细菌，如脑膜炎奈瑟菌、布鲁菌等。

1）二氧化碳培养箱培养法：调节好二氧化碳培养箱内 CO_2 的含量、温度，待 CO_2 的含量达到 5%～10%，温度达到 37℃后，将已接种好细菌的培养基置于二氧化碳培养箱内，孵育一定时间后，观察到细菌的生长现象。

2）烛缸法：将接种好细菌的培养基置于标本缸或玻璃干燥器内，点燃的蜡烛置于缸内（实验图 5-1），盖上缸盖并用凡士林密封，待蜡烛自行熄灭，此时缸内 CO_2 浓度可达到 5%～10%。再将标本缸置于 37℃培养箱内培养，培养 18～24h（有的细菌需培养 3～7d 或更长）。

3）化学法：按标本缸容积（每升）加入苯酚氢钠 0.4g 和浓盐酸 0.35ml 的比例，将此两种化学物质分别置于同一洁净的平皿内，再将此平皿及已接种好细菌的培养基置于标本缸内，加盖密封标本缸。使标本缸倾斜，平皿内的两种化学物质接触后发生化学反应，产生 5%～10% CO_2。

实验图 5-1 烛缸培养法

（3）厌氧培养法：厌氧性细菌必须在无氧的环境下才能生长，这类细菌需进行厌氧培养。常用的厌氧培养有厌氧培

实验图 5-2　厌氧罐培养法

养箱、厌氧袋、厌氧罐、庖肉培养法及硫乙醇酸盐法等。

1）庖肉培养法：①取新鲜除脂肪和筋膜的牛肉，捣碎，置于蒸馏水搅拌煮沸 30min，充分冷却后除去表层脂肪，过滤澄清，制成肉渣；②将碎肉渣（约 0.5g）置于肉汤管中，肉渣与肉汤比例为 1∶2，每管液面加入液体石蜡，121℃高压灭菌 15min；③将待检菌种入庖肉培养基中，培养 24～48h 后观察结果。

2）厌氧罐培养法：①在无菌操作下，迅速将待检标本接种于培养基中（做好记号），并立即将平皿置于已准备好的厌氧罐中，同时放入一支亚甲蓝厌氧指示剂管。旋紧罐盖，达到完全密封。②将真空泵接通厌氧罐抽气接口（实验图 5-2），抽真空至表指针为 0.09～0.093MPa（680～700mmHg 柱）时，关闭抽气口活塞，用止血钳夹住抽气橡皮管。打开氮气钢瓶气阀向厌氧罐内充入氮气，当真空表指针返回到零位终止充氮。再接上述步骤抽气和充入氮气，如此重复 2～3 次，使罐中氧的含量达最低度。最后充入的氮气使真空表指针达 0.02MPa（160mmHg）时停止充氮气。再开启 CO_2 钢瓶阀门，向罐内充入 CO_2 直至真空表指针达到 0.011MPa（80mmHg）时停止。为除尽罐内残留的氧，连接氢气袋向厌氧罐内充入氢气直至真空表指针回到零位为止。充气完毕，封闭厌氧罐。③将厌氧罐置于 37℃恒温箱中培养 48h 或更长时间，注意罐中厌氧指示剂的颜色变化。④从罐内取出平皿，观察菌落特征，并挑取菌落做涂片镜检。

【注意事项】

1. 细菌接种过程中必须严格执行无菌操作。所用的器具、培养基等必须经过严格的灭菌后方可使用。

2. 接种环（针）使用前后都必须灭菌，灭菌后挑取细菌前须冷却。带菌的接种环（针）在进出试管时，动作要快速准确，不能碰及试管内壁和管口。

3. 平板接种时，平皿盖不能完全打开或打开角度太大，更不能将平皿盖直接置于实验台面上，避免呼吸道或空气中的杂菌污染。

4. 固体培养基和斜面培养基划线接种时，不能用力过大，应运用腕力在培养基表面轻轻滑行，切忌划破培养基，影响实验结果。

5. 接种（或挑取细菌）前后，试管口都应在火焰上灭菌。

6. 庖肉培养基使用前需要先在水浴中煮沸 10min，以驱除其中氧气。

【实验结果与报告】

1. 观察记录

（1）记录细菌接种方法。

（2）记录各种培养基接种细菌并培养后的现象，填实验表 5-1。

实验表 5-1　培养基接种细菌并培养后的现象

培养基	有无污染菌	接种线（数量、密度、长度）	分区	用途
液体培养基				
半固体培养基				
固体培养基				

（3）记录细菌培养方法。

2. 结果分析及报告

实验六　细菌生长现象观察

【实验目的】

学会描述细菌在液体、半固体及固体培养基中的生长现象。

【实验材料】

大肠埃希菌、金黄色葡萄球菌等在液体、半固体及固体培养基中的培养物。

【实验方法与步骤】

1. 细菌在固体培养基上的生长现象　葡萄球菌与大肠埃希菌混合物经分离培养，在普通琼脂平板上形成菌落。葡萄球菌菌落直径为2～3mm，金黄色，圆形凸起，边缘整齐，湿润不透明，为S型菌落。大肠埃希菌菌落较大，圆形，光滑，湿润，灰白色（见正文图4-8）。

2. 细菌在液体培养基中的生长现象　大肠埃希菌在液体培养基中呈均匀浑浊生长，表面形成白色菌膜，管底有沉淀（见正文图4-6）。

3. 细菌在半固体培养基中的生长现象　大肠埃希菌在半固体培养基中，沿穿刺线向周围扩散生长，穿刺线模糊，四周呈雾状。葡萄球菌沿穿刺线生长，穿刺线四周培养基透明澄清（见正文图4-7）。

【注意事项】

1. 观察细菌培养物时应注意无菌操作。

2. 观察菌落时，应注意区别污染的杂菌与目的菌。杂菌一般生长于划线痕迹外或为个别的形态异常的单个菌落。另外观察时也应防止杂菌落入。

3. 不同细菌在不同培养基上生长现象各异，如为固体培养基，观察菌落应注意菌落大小、形态、颜色、气味、透明度、表面光滑或粗糙、湿润或干燥、边缘整齐与否及溶血特征。

【实验结果与报告】

1. 观察、记录（实验表6-1）

实验表6-1　细菌在各种培养基中的生长现象

培养基	细菌种类	生长现象

2. 结果分析及报告

（窦　迪）

实验七　细菌分布与消毒灭菌

【实验目的】

掌握常见消毒灭菌及其效果的检查方法，树立无菌观念。

【实验原理】

微生物种类繁多，分布广泛，空气、土壤、水、人体体表及与外界相通的腔道、物品表面等，都有细菌存在。用物理、化学等方法可进行消毒灭菌，亦可采集经消毒灭菌后的样品进行细菌培养，以检查消毒灭菌效果。

【实验材料】

1. 高压蒸汽灭菌器、干烤箱。
2. 普通琼脂平板培养基、肉汤培养基、自来水、河水、泥土等。
3. 枯草芽胞杆菌、大肠埃希菌、葡萄球菌普通琼脂平板培养物等。
4. 接种环、无菌吸管、酒精灯、记号笔、37℃恒温培养箱、75%乙醇棉球、紫外线灯、黑纸片、无菌镊子等。

【实验方法与步骤】

（一）认识常用消毒灭菌器

1. 高压蒸汽灭菌器

（1）种类：高压蒸汽灭菌器是目前应用最广泛、灭菌效果最好的灭菌器具之一，其种类有手提式、直立式、横卧式等。它们的构造及灭菌原理基本相同。

（2）构造及原理：高压蒸汽灭菌器是一个密闭的耐高温和耐高压的双层金属圆筒，两层之间盛水。外壁坚厚，其上方或前方有金属厚盖，盖有螺栓，借以紧闭盖门，使蒸汽不能外溢。高压蒸汽灭菌器上还装有排气阀、安全阀、压力表及温度计。加热后，灭菌器内蒸汽压力升高，温度也随之升高，压力越大，温度越高。

（3）用法：使用高压蒸汽灭菌器时，需加一定容量的水于灭菌器内，放入待灭菌物品后，盖好器盖并将螺旋拧紧。加热后，待压力升至34.47kPa时，打开排气阀，排除灭菌器内冷空气，再关闭排气阀。待蒸汽压力升至所需压力（一般为103.43kPa）时，持续15～20min即可达到灭菌目的。灭菌完毕，停止加热，待压力下降至零时，开盖取物。

灭菌时必须加足量的水，盛物桶内的物品勿过挤，冷空气必须排尽，切不可突然打开排气阀门排气减压，以免因压力骤然下降而使灭菌器内液体外冲。

（4）用途：高压蒸汽灭菌可用于耐高温、高压及不怕潮湿的物品，如普通培养基、生理盐水、纱布、敷料、手术器械、玻璃器材、隔离衣等的灭菌。

2. 干烤箱

（1）构造：干烤箱是中间夹着石棉的双层金属制成的方形或长方形箱体，箱底装有电热丝，通电后发热使箱内温度升高，箱内有数层金属架，并附有温度计和自动温度调节器等装置。

（2）用法：将需要灭菌的物品包装后放入箱内，闭门加热。温度升到160～170℃，维持2h，可达到灭菌目的。灭菌后停止加热，待温度下降至40℃以下方可开门取物，以防玻璃器皿等因温度骤然下降而爆裂。

（3）用途：干热灭菌主要用于要求干燥的、耐高温的物品灭菌，如玻璃器材、凡士林、液体石蜡、药粉等的灭菌。

（二）细菌分布与检测

1. **空气中细菌的检查** 取普通琼脂平板5个，按统计学抽样调查方法置于室内5个点，打开平皿盖，暴露于空气中15min，再盖上皿盖。于平皿底面注明采样地点、日期，置35℃恒温箱培养18～24h后，观察结果。

2. **水中细菌的检查** 用无菌吸管吸取自来水、河水（污水）各1ml，放入无菌平皿内。将已溶化且冷至50℃的营养琼脂，分别倾入上述平皿内（琼脂厚为3～4mm），轻摇平皿使琼脂与水混匀。静置冷凝后，作好标记，置35℃恒温箱培养18～24h后观察结果，计算菌落数。

3. **土壤中细菌的检查** 取地面下10cm深处的泥土1g，放入10 ml无菌生理盐水中混匀成1∶1的泥土悬液，静置数分钟后，吸取上清液0.1 ml于普通琼脂平板表面，用无菌接种环涂布均匀，置37℃恒温箱培养18～24h后，观察结果。

4. **咽喉部细菌的检查** 把无菌普通琼脂平板的平皿盖打开，将培养基面对准口腔前面10cm处，用力咳嗽3～4次，盖好平皿盖并标记。或用无菌棉拭子擦拭受检者咽喉部采集标本，将棉拭子标本涂布在血琼脂平板边缘，再用灭菌接种环划线分离，作好标记，放入35℃恒温箱培养18～24h，观察结果。

（三）紫外线杀菌试验

1. 取接种环，在酒精灯火焰上灼烧灭菌，然后用无菌接种环取葡萄球菌菌种少许在无菌的普通琼脂平板上做密集划线，使细菌均匀密集涂布于平板的表面，接种环灭菌后放试管架上。或用无菌棉签蘸取葡萄球菌肉汤培养物，在管内壁旋转挤去多余菌液，均匀涂布于普通琼脂平板表面。
2. 用镊子夹起黑纸片遮住涂有细菌的平板中央。
3. 将培养皿打开放置在距紫外线20～30cm处，直接接受紫外线照射30min。
4. 照射完毕，取出黑纸片，盖好琼脂平板，放入35℃恒温箱孵育18～24h，观察细菌生长情况。

（四）皮肤消毒试验

1. 取普通琼脂平板一个，用记号笔在平板底部划5格，标明1、2、3、4、5。
2. 未消毒的两手指分别轻触1、2格内琼脂。
3. 用碘伏消毒手指后再各分别轻触3、4格内琼脂，余下第5格作为空白对照。
4. 盖好皿盖，置35℃恒温箱培养18～24h，观察结果。

（五）煮沸消毒灭菌试验

1. 取六支肉汤管，编为1、2、3、4、5、6号，1、2、3三管接种无芽胞菌的大肠埃希菌，4、5、6三管接种有芽胞菌的枯草芽胞杆菌。
2. 将1、4两管同时放入100℃水浴内煮沸5min，取出置35℃恒温箱培养18～24h，观察细菌生长情况。
3. 将2、5两管同时放入100℃水浴内煮沸1h，取出置35℃恒温箱培养18～24h，观察细菌生长情况。3、6两管不加热作对照，置35℃恒温箱培养18～24h观察细菌生长情况。

【注意事项】

1. 培养皿标记要做在有培养基的底部外面。

2. 培养基放入温箱时要底部朝上。

3. 皮肤上微生物检查时手指要轻按，不要压烂培养基。

4. 紫外线杀菌试验时划线接种不要划烂培养基，种有细菌的培养基表面为受照面，照射时间要充分。

【实验结果与报告】

1. 观察、记录

（1）空气中的细菌（实验表 7-1）。

实验表 7-1　空气中的细菌

观察点	东南角	东北角	西北角	西南角	中间
菌落计数					

（2）水中、泥土中和咽喉部的细菌（实验表 7-2）。

实验表 7-2　水中、泥土中和咽喉部的细菌

观察点	自来水	河水	泥土	咽喉
菌落计数				

（3）紫外线消毒记录（实验表 7-3）。

实验表 7-3　紫外线消毒记录

观察点	未照射区域	照射区域
菌落计数		

（4）不同煮沸时间对细菌作用效果观察的结果（实验表 7-4）。

实验表 7-4　不同煮沸时间对细菌作用效果的影响

	100℃煮沸 5min	100℃水浴 1h	对照
大肠埃希菌			
枯草芽胞杆菌			

（5）手指皮肤消毒试验观察的结果（实验表 7-5）。

实验表 7-5　手指皮肤消毒试验观察的结果

	消毒前	消毒后
菌落计数		

2. 结果分析及报告

（王革新）

实验八　常用细菌生化鉴定反应

【实验目的】

初步学会细菌生化反应的操作方法及熟悉在临床细菌学检验中的应用。

【实验原理】

不同细菌具有各自独特的酶系统，因而对底物的分解能力各不相同，其代谢产物也不相同。这些代谢产物又各具有不同的生物化学特性，可利用生物化学的方法测定这些产物，从而鉴别或鉴定细菌。

【实验材料】

1. 菌种　细菌标本（大肠埃希菌、变形杆菌、伤寒沙门菌、乙型副伤寒沙门菌、普通变形杆菌、醋酸钙不动杆菌、铜绿假单胞菌、粪产碱杆菌、金黄色葡萄球菌、链球菌等培养物）。

2. 培养基　葡萄糖发酵培养基、乳糖发酵培养基、葡萄糖蛋白胨水培养基、苯丙氨酸培养基、氨基酸脱羧酶培养基、尿素培养基、枸橼酸盐培养基、硝酸盐培养基、DNA 琼脂培养基、克氏双糖铁培养基、MIU 培养基等。

3. 试剂　靛基质试剂、V-P 试剂、甲基红指示剂、三氯化铁试剂、液体石蜡、硝酸盐还原试剂、氧化酶试剂、3% 过氧化氢水溶液（临用前配制）。

4. 器材　接种环（针）、酒精灯或红外接种环灭菌器、记号笔、恒温培养箱等。

【实验方法与步骤】

1. 糖发酵试验

（1）以无菌操作，将待检纯种细菌接种到葡萄糖、乳糖发酵培养基中。置于 35℃恒温培养箱中，培养 18～24h 后观察结果。

（2）观察结果：如待检菌能分解葡萄糖产酸产气，则培养基变黄色，培养基中倒置小导管中有气泡（固体培养基出现裂隙），用符号“⊕”表示。若待检菌分解葡萄糖只产酸不产气，则培养基变黄，导管中无气泡（固体培养基不出现裂隙），用“+”表示；若待检菌不分解葡萄糖，发酵管不变色，导管中无气泡（固体培养基不出现裂隙），用“－”表示。

2. 靛基质试验

（1）以无菌操作，将待检纯种细菌接种到蛋白胨水中，然后置于 35℃恒温培养箱中培养 18～24h。

（2）取出培养物，沿试管壁加入靛基质试剂（对二甲基氨基苯甲醛溶液）0.5ml。

（3）观察结果：试剂与培养基接触面出现玫瑰红色者为阳性，用“+”表示；不出现红色者为阴性，用“－”表示。

3. 甲基红试验

（1）将待检纯种细菌接种于葡萄糖蛋白胨水中，然后置于 35℃恒温培养箱中培养 18～24h。

（2）取出培养物，滴加甲基红试剂（每毫升培养基中滴加试剂 1 滴）。

（3）观察结果：培养基呈红色者为阳性，用“+”表示；培养基呈黄色者为阴性，用“－”表示。

4. V-P 试验

（1）将待检纯种细菌接种于葡萄糖蛋白胨水培养基中，然后置于 35℃恒温培养箱中培养 18～24h。

（2）取出培养物，滴加 V-P 试剂（每毫升培养基滴加 V-P 试剂 0.1ml），充分混匀。

（3）观察结果：培养基出现红色者为阳性，用“+”表示；不出现红色者为阴性，用“－”表示。

5. 枸橼酸盐利用试验

（1）将待检纯种细菌接种于枸橼酸盐培养基中，然后置于 35℃恒温培养箱中培养 18～24h。

（2）观察结果：培养液呈深蓝色且有细菌生长者为阳性，用“+”表示。培养液未变色且无细菌生长者为阴性，用“－”表示。

上述靛基质试验、甲基红试验、V-P 试验、枸橼酸盐利用试验合称为“IMViC”试验。

6. 尿素酶试验

（1）将待检纯种细菌接种于尿素培养基中，然后置于 35℃恒温培养箱中培养 18～24h。

（2）观察结果：培养基变红为阳性，用“+”表示。培养基不变色为阴性，用“－”表示。

7. 苯丙氨酸脱氨酶试验

（1）将待检纯种细菌接种于苯丙氨酸琼脂斜面上，然后置于 35℃恒温培养箱中培养 18～24h。

（2）取出培养物，滴加 4～5 滴 10% 三氯化铁试剂。

（3）观察结果：培养基出现绿色为阳性，用“+”表示。培养基无色为阴性，用“－”表示。

8. 氨基酸脱羧酶试验

（1）将待检纯种细菌接种于氨基酸脱羧酶培养基和氨基酸对照管中，然后置于 35℃恒温培养箱中培养 18～24h。

（2）观察结果：对照管应保持黄色，氨基酸测定管由黄变紫（溴甲酚紫为指示剂）或由绿变蓝（溴麝香草酚蓝为指示剂）为阳性，用“+”表示。黄色为阴性。用“－”表示。如对照管为阳性（紫色或蓝色），则所有氨基酸脱羧酶试验皆无效，不能作出判定。

9. 触酶（过氧化氢酶）试验

（1）挑取固体培养基上的待检菌落，置于洁净玻片上，滴加 3% 过氧化氢溶液数滴。

（2）观察结果：于半分钟内有气泡产生者为阳性，用“+”表示。不产生气泡者为阴性，用“－”表示。常用金黄色葡萄球菌作阳性对照，链球菌作阴性对照。

10. 氧化酶试验

（1）用滤纸条沾取被检菌落，用毛细管吸取氧化酶试剂，滴加于滤纸条菌落上（或直接将试剂滴加于培养皿中的菌落上）。

（2）观察结果：立刻出现红色，继而逐渐加深（如加的试剂是盐酸四甲基对苯二胺，阳性呈蓝色）为阳性，用“+”表示。不变色为阴性，用“－”表示。

11. DNA 酶试验

（1）将被检菌点种于 DNA 琼脂平板上，于 35℃培养 18～24h 后。

（2）取出培养物，用 1mol/L 盐酸倾注平板。

（3）观察结果：菌落周围有透明环为阳性，用“+”表示。无透明环为阴性，用“－”表示。

12. 硝酸盐还原试验

（1）将待检菌接种于硝酸盐培养基，35℃培养 18～24h。

（2）取出培养物，加入硝酸盐还原试剂（甲液、乙液等量混合）0.1ml。

（3）观察结果：立刻或于10min内呈红色为阳性，用“+”表示。如不出现红色，需检查硝酸盐是否被还原，可于原试管内再加少许锌粉，如出现红色，表示硝酸盐仍然存在，为真阴性，用“-”表示。若不出现红色，表示硝酸盐已被还原，硝酸盐还原试验为阳性。

13. 克氏双糖铁（KIA）试验

（1）将待检菌接种于克氏双糖铁培养基（底层穿刺，上层斜面划线），35℃培养18～24h。

（2）观察结果：如斜面上层和底层均呈黄色且有气泡产生，说明待检菌发酵乳糖和葡萄糖产酸又产气；如斜面底层变黄，上层仍为红色，说明待检菌只发酵葡萄糖而不发酵乳糖；如底层变黑，说明该菌能产生硫化氢，生成黑色的硫化铁沉淀。

14. 动力吲哚尿素酶（MIU）试验

（1）将待检细菌穿刺接种到MIU培养基内，35℃培养18～24h。

（2）观察结果：接种线变宽、变模糊，培养基变浑浊为动力试验阳性；加入吲哚试剂后，试剂与培养基的接触界面形成玫瑰红色为吲哚实验阳性；培养基全部变为桃红色为尿素酶试验阳性。

【注意事项】

1. 制备液体葡萄糖发酵管时，内装的小倒管在接种细菌前应无气泡存在，否则不能使用。

2. 滴加靛基质试剂应沿管壁缓缓加入，稍待片刻，观察液面上是否出现红色，之后红色化合物会逐渐扩散以致不清晰。

3. 滴加V-P试剂后要充分摇匀，静置10min后再观察是否有红色化合物出现。

4. 做氧化酶试验时，应避免接触含铁物质，否则容易出现假阳性；氧化酶试剂在空气中容易氧化，应经常更换配制的试剂。

【实验结果与报告】

1. 观察记录

（1）糖发酵试验（实验表8-1）。

实验表8-1 记录细菌发酵葡萄糖的现象

菌名	葡萄糖培养基		乳糖培养基	
	颜色	气体	颜色	气体

（2）IMViC试验（实验表8-2）。

实验表8-2 记录IMViC试验现象

菌名	靛基质试验（I）	甲基红试验（MR）	V-P试验	枸橼酸盐利用试验（C）

（3）尿素酶试验（实验表 8-3）。

实验表 8-3　记录尿素酶试验现象

菌名	培养基颜色	结果

（4）苯丙氨酸脱氨酶试验（实验表 8-4）。

实验表 8-4　记录苯丙氨酸脱氨酶试验现象

菌名	滴 10% 三氯化铁试剂后颜色	结果

（5）氨基酸脱羧酶试验（实验表 8-5）。

实验表 8-5　记录氨基酸脱羧酶试验

菌名	氨基酸脱羧酶培养基颜色	氨基酸对照管颜色	结果

（6）触酶试验（实验表 8-6）。

实验表 8-6　记录触酶试验现象

菌名	有无气泡	结果

（7）氧化酶试验（实验表 8-7）。

实验表 8-7　记录氧化酶试验现象

菌名	滴加氧化酶试剂后颜色	结果

（8）DNA 酶试验（实验表 8-8）。

实验表 8-8　记录 DNA 酶试验现象

菌名	菌落周围有无出现透明环	结果

（9）硝酸盐还原试验（实验表 8-9）。

实验表 8-9　记录硝酸盐还原试验现象

菌名	滴加甲液、乙液后颜色，如若不出现红色，加锌粉后颜色	结果

（10）克氏双糖铁（KIA）复合试验（实验表 8-10）。

实验表 8-10　记录 KIA 试验现象

菌名	斜面上层颜色	斜面底层颜色	培养基有无裂隙	结果

（11）动力吲哚尿素酶（MIU）试验（实验表 8-11）。

实验表 8-11　记录 MIU 试验现象

菌名	接种线	滴加吲哚试剂后颜色	培养基颜色	结果

（龙小山）

实验九　抗菌药物敏感试验

【实验目的】

掌握药物敏感试验（K-B 法）的操作方法。

【实验原理】

将含有定量抗菌药物的纸片贴在已接种测试菌的琼脂平板上，纸片中的药物吸收琼脂中的水分后溶解，并向纸片周围扩散形成递减的浓度梯度，在药敏纸片周围抑菌浓度范围内形成透明的抑菌圈。抑菌圈的大小反映测试菌对测定药物的敏感程度，并与该药物对测试菌的最低抑菌浓度（MIC）呈负相关，即抑菌圈越大，MIC 越小。

【实验材料】

1. **培养基** 水解酪蛋白琼脂（M-H）。

2. **菌种** 质控菌株、测试菌。

3. **抗菌药物纸片**

4. **器材** 接种环、酒精灯、打火机、生理盐水、灭菌的培养皿和棉拭子、记号笔、镊子、培养箱、直尺或游标卡尺、细菌比浊仪等。

【实验方法与步骤】

1. **标准比浊管的制备** 取 0.048mol/L（1.175%）$BaCl_2$ 0.5ml，加 0.18mol/L（1%）H_2SO_4 溶液 99.5ml，充分混匀。选择与培养管管径相同的试管，每管分装 4～6ml 该混合液，密封，则制成 0.5 麦氏单位的标准比浊管。若有细菌比浊仪则不需要制备。

2. **测试菌液制备** 用接种环挑取形态相似的纯培养菌落 4～5 个，接种于 3～5ml 肉汤培养基中，35℃培养 4h，用生理盐水或肉汤调节菌液浓度至 0.5 麦氏单位。也可用接种环挑取菌落，直接悬浮于生理盐水或肉汤中振荡混匀，菌液浓度调至 0.5 麦氏单位。

3. **接种细菌** 用无菌棉拭子蘸取调好的菌液，在试管内壁旋转挤去多余菌液，在 M-H 琼脂平板上均匀涂抹，旋转培养皿 60°，重复涂抹共 3 次，涂满整个平板表面，最后沿平板内缘涂抹一周。

4. **贴药敏片** 室温干燥 3～5min 后，用无菌镊子取药敏纸片，贴于平板表面，并用镊尖轻压一下纸片，使其贴平。每张纸片的间距不小于 24mm，纸片的中心距平板的边缘不小于 15mm，90mm 直径的平板适宜贴 6 张药敏纸片。

5. **培养** 将平板底部向上，置于 35℃恒温培养箱中，培养 16～18min 后观察结果。

6. **测量抑菌圈直径** 用游标卡尺或直尺测量抑菌圈的直径。

【注意事项】

1. 实验前需对每批 M-H 琼脂进行检测，合格后方可使用。

2. 药物纸片的贴放要均匀，并且要充分接触琼脂。药物纸片应始终保存在封闭、冷冻、干燥的环境。日常使用或未用完的纸片应及时放 4℃环境保存，用时须提前 1～2h 取出放室温平衡。药敏纸片应在有效期内使用。

3. 待检菌液浓度一定要与比浊管接近。此外，菌液配好后应在 15min 内用完。

4. 应均匀涂布细菌菌液，贴药敏纸片时位置要适当，药敏纸片一旦落在 M-H 琼脂表面就不可再移动，温箱内放置 M-H 琼脂培养基时底部向上，且平皿堆放不超过 2 块，防止受热不均。

5. 试验过程中，严格无菌操作。测量抑菌环要仔细、精确。先测量质控菌株的抑菌圈直径，判断质控是否合格，再测量测试菌的抑菌圈直径。查看美国临床实验室标准化研究所（CLSI）标准，对测试菌作出敏感、耐药和中介判断。

【实验结果与报告】

1. **观察记录**

（1）记录药敏试验方法。

（2）记录所选用的药物及药敏试验结果（实验表 9-1）。

实验表 9-1 所选用的药物及药敏试验结果

	纸片 1	纸片 2	纸片 3	纸片 4	纸片 5	纸片 6
待检菌 1						
待检菌 2						
结果（S、MS、R）						

注：记录各纸片名称及抑菌圈直径

2. 结果分析及报告

（张新明）

实验十 病原性球菌鉴定

【实验目的】

掌握常见病原性球菌的形态特点、培养特征、鉴定方法与结果报告。

【实验原理】

根据病原性球菌的形态染色、培养特性、生化反应、抗原构造等特性来鉴定及鉴别病原性球菌。

【实验材料】

1. 菌种 金黄色葡萄球菌，甲、乙型溶血性链球菌，肺炎链球菌，粪肠球菌和淋病奈瑟菌。

2. 培养基与试剂 血琼脂平板、普通琼脂平板培养基、无菌生理盐水、新鲜兔血浆、3%H_2O_2、革兰染色液、马尿酸钠培养基、血清肉汤、100g/L 去氧胆酸钠溶液、$FeCl_3$ 试剂、ASO 胶乳试剂、胆汁－七叶苷斜面培养基、65g/L NaCl 血清肉汤培养基、PYR 试剂、待检血清、杆菌肽纸片、Optochin 纸片等。

3. 其他 显微镜、恒温箱、离心机、无菌吸管、无菌试管、无菌平皿、载玻片、酒精灯、接种环、恒温水浴锅等。

【实验方法与步骤】

（一）葡萄球菌

1. 分离培养与生长现象 挑取待检细菌直接在血平板和普通琼脂平板划线分离。置35℃恒温箱培养 18～20h。

葡萄球菌在血液琼脂平板上的生长表现：菌落为圆形，中等大小，表面光滑，边缘整齐，不透明。金黄色葡萄球菌菌落呈现金黄色，而表皮葡萄球菌和腐生葡萄球菌菌落呈白色或柠檬色（如菌落色素不易区别时，用白纸片蘸菌落少许有助观察）。金黄色葡萄球菌的菌落周围多有透明溶血环，而其他葡萄球菌一般无溶血环。在普通琼脂平板上为圆形、光滑凸起、湿润，直径 2～3mm，颜色呈灰色。

2. 形态检查 分为直接涂片染色镜检和培养后涂片染色镜检。其形态特征如下：革兰染色阳性，为球形或椭圆形，呈葡萄串状排列，亦有单个散在分布。无芽胞，无荚膜，直径为 0.5～1.5μm。

3. 生化反应

（1）触酶试验：阳性，其原理、方法及结果判断见实验八。

（2）血浆凝固酶试验：方法见第 4 章第 3 节，金黄色葡萄球菌的凝固酶阳性，表皮葡萄球菌的凝固酶阴性。

（3）糖发酵试验：其原理、方法及结果判断见实验八。葡萄球菌糖发酵试验见实验表 10-1。

实验表 10-1　葡萄球菌致病株与非致病株生化反应比较

项目	致病菌株（金黄色葡萄球菌）	非致病株
葡萄糖	+	+
乳糖	−	−
麦芽糖	+	+
蔗糖	+	+
甘露醇	+	−
血浆凝固酶试验	+	−

4. 药敏鉴定——新生霉素敏感试验

（1）方法：按照 K-B 法药敏试验的步骤进行操作。

（2）结果：出现抑菌环者为敏感，不出现者为耐药，此试验可鉴别血浆凝固酶阴性的葡萄球菌，表皮葡萄球菌为敏感，腐生葡萄球菌为耐药。

（二）链球菌

1. 分离培养与生长现象　挑取菌种直接在血平板上划线分离，置 35℃恒温箱培养 18～20h。链球菌在血液琼脂平板上的生长表现：灰白色、圆形凸起、表面光滑、边缘整齐的针尖大小菌落，菌落周围出现不同的溶血情况。甲型链球菌菌落周围出现草绿色溶血环（α 溶血），乙型链球菌菌落周围出现透明溶血环（β 溶血），丙型链球菌菌落周围无溶血环。肺炎链球菌在血平板上出现的菌落与甲型链球菌相似，但培养 2～3d 后，因菌体发生自溶，菌落中心凹陷呈“脐状”。

2. 形态检查　分为直接涂片染色镜检和培养后涂片染色镜检，其形态特征为革兰染色阳性，为圆形或卵圆形，成双或呈链状排列。链的长度因菌种和培养基不同而有明显差异，一般在液体培养基中易形成长链。肺炎链球菌为矛头状、成双排列的革兰阳性球菌。

3. 生化反应

（1）胆汁溶菌试验：其原理、方法及结果判断见第 4 章第 3 节。肺炎链球菌胆汁溶菌试验阳性，甲型群链球菌为阴性。

（2）CAMP 试验：其原理、方法及结果判断见第 4 章第 3 节。B 群链球菌 CAMP 试验为阳性，其他链球菌为阴性。

（3）马尿酸钠试验

1）方法：取待检菌纯培养物接种于马尿酸钠培养基中，35℃培养 48h，3000r/min 离心 30min，吸取上清液 0.8ml 于另一试管中，加入 $FeCl_3$ 试剂 0.2ml，立即混匀，10～15 min 后观察。

2）结果判断：出现恒定沉淀物为阳性；如果虽有沉淀物，但轻摇后立即溶解为阴性。B 群链球菌马尿酸钠试验为阳性，其他群链球菌为阴性。

（4）菊糖发酵试验：肺炎链球菌菊糖发酵试验为阳性，甲型链球菌为阴性。

4. 药敏鉴定

（1）杆菌肽敏感试验

1）方法：挑取，按药敏试验方法将被检的链球菌密集涂布于血平板上，用灭菌镊子夹取每片含有 0.04U 的杆菌肽纸片，贴于上述平板上，于（36±1）℃培养 18～24h。

2）结果判断：在杆菌肽纸片周围出现明显抑菌环（≥10mm）为敏感，抑菌环＜10mm 为耐药。A 群链球菌对杆菌肽敏感，其他链球菌对杆菌肽耐药。

（2）Optochin 敏感试验

1）方法：挑取被检菌密集划线接种于血平板上，贴放 Optochin 纸片，35℃培养 18～24h 观察抑菌环大小。

2）结果判断：抑菌环＞14mm 为敏感，＜14mm 为耐药。肺炎链球菌对 Optochin 敏感，甲型群链球菌耐药。

（三）肠球菌

1. 分离培养与生长现象 挑取待检菌直接在血平板上划线分离，置 35℃温箱培养 18～20h。肠球菌在血琼脂平板上出现灰白色、不透明、表面光滑的小菌落，菌落周围可出现 α 溶血环，也可无溶血环。

2. 形态检查 分为直接涂片染色镜检和培养后涂片染色镜检，其形态特征类似链球菌，为单个、成双或短链状排列的卵圆形革兰阳性球菌。

3. 生化反应

（1）胆汁 - 七叶苷试验：其原理、方法及结果判断见第 4 章第 3 节。肠球菌胆汁 - 七叶苷试验阳性。

（2）PYR 试验

1）方法：用接种环挑取待检菌在含有 PYR 的纸片上涂擦，然后置 35℃孵育 5min，再于纸片上滴加 PYR 试剂，观察纸片颜色。

2）结果判断：约 1min 后纸片呈红色为阳性，不变色为阴性。本试验是一种快速筛选鉴定试验，可用于鉴定能产生吡咯烷酮芳基酰胺酶的细菌如肠球菌、A 群化脓性链球菌和某些凝固酶阴性的葡萄球菌等。尤其是用于肠球菌和 D 群链球菌的鉴别，肠球菌为 PYR 试验阳性，D 群链球菌为试验阴性（实验表 10-2）。

4. 65g/L NaCl 生长试验

（1）方法：将待检菌接种 65g/L NaCl 血清肉汤培养基中，35℃孵育 18～24h。

（2）结果判断、解释和报告：细菌生长且使培养基变黄为阳性，细菌不生长为阴性。此试验是鉴别肠球菌和 D 群链球菌的重要试验，前者为阳性，后者为阴性。

实验表 10-2 肠球菌属、D 群链球菌和乳球菌属的鉴别

试验	肠球菌属	D 群链球菌	乳球菌属
胆汁－七叶苷试验	+	+	+
PYR 试验	+	−	+
65g/LNaCl 中生长	+	−	V
45℃生长	+	−	−

注：＋为 90% 以上菌株阳性，－为 90% 以上菌株阴性，V 为 11%～89% 菌株阳性

（四）奈瑟菌

1. 分离培养与生长现象 挑取待检菌直接在血平板、巧克力平板上划线分离。置 35℃恒温箱培养 18～20h。脑膜炎奈瑟菌在血平板、巧克力平板上培养 24～72h 后，形成圆形、光滑、湿润、透明、微带灰蓝色菌落，在血平板上不溶血、易乳化。在卵黄双抗平板（EPV）上，菌落呈无色、较大、扁平、湿润、奶油状。淋病奈瑟菌在巧克力平板上经 18～24h 培养后，形成圆形、细小、光滑、半透明菌落。

2. 形态检查 分为直接涂片染色镜检和培养后涂片染色镜检，奈瑟菌形态特征为成双排列的卵圆形革兰阴性双球菌。

3. 生化反应 脑膜炎奈瑟菌和淋病奈瑟菌葡萄糖发酵试验均为阳性，脑膜炎奈瑟菌能发酵麦芽糖，而淋病奈瑟菌则不能发酵麦芽糖。

【注意事项】

1. 触酶试验不宜用血平板上的菌落，因红细胞内含有触酶，会出现假阳性反应。此外，陈旧培养物中，细菌可失去触酶活性，而出现假阴性反应。

2. 在临床检验中，常遇到血浆凝固酶阴性的葡萄球菌，不能轻率作出非致病性葡萄球菌或污染菌的结论。因血浆凝固酶阴性的葡萄球菌也可引起菌血症、尿路感染和心内膜炎等。

3. 近年来，已发现对 Optochin 耐药的肺炎链球菌。因此，若抑菌圈直径较小，应再做胆汁溶菌试验，以证实是否为肺炎链球菌。

4. 做胆汁溶菌试验时，应使用新鲜胆汁。

5. 观察胆汁－七叶苷试验时，要求至少 1/2 斜面变黑才可判为阳性，如只有细菌生长，而斜面不变黑，或仅小部分变黑，不能判为阳性。

【实验结果与报告】

1. 观察记录

（1）葡萄球菌生长现象与鉴定结果。

（2）链球菌生长现象与鉴定结果。

（3）肠球菌生长现象与鉴定结果。

（4）奈瑟菌生长现象与鉴定结果。

2. 结果分析及报告

（袁 星）

实验十一　肠杆菌科细菌鉴定

【实验目的】

掌握肠杆菌科细菌的鉴定方法。

【实验原理】

肠杆菌科的细菌具有各自独特的酶系统，因而代谢过程中对底物的分解能力不相同，所产生的代谢产物各自具有不同的生物化学特点，利用生物化学的方法检测这些代谢产物来鉴定肠杆菌。某些引起肠道感染的肠杆菌科细菌需根据其抗原结构进行血清学鉴定。

【实验材料】

1. 菌种　大肠埃希菌、肺炎克雷伯菌、奇异变形杆菌、鼠伤寒沙门菌、福氏志贺菌。

2. 试剂　革兰染色液、滤纸片、氧化酶试剂、苯丙氨酸脱氨酶试剂、靛基质试剂、无菌的液体石蜡等。

3. 生化鉴定培养基　克氏双糖铁培养基、葡萄糖、乳糖、蛋白胨水、枸橼酸盐、苯丙氨酸脱氨酶、赖氨酸脱羧酶、鸟氨酸脱羧酶、卫矛醇、尿素、硫化氢、氨基酸对照试验等微量生化反应管。

4. 血清　沙门菌诊断血清、志贺菌诊断血清。

5. 器材及其他　普通光学显微镜、载玻片、接种环、接种针、火柴、酒精灯、香柏油、吸水纸、擦镜纸、玻片夹、标记笔、恒温培养箱等。

【实验方法与步骤】

1. 形态观察　待测菌革兰染色，油镜观察。被检菌均为革兰染色阴性中等大小杆菌，两端钝圆，多呈单个散在分布。

2. 菌落观察　用分区划线法，将待测菌接种于血琼脂平板、SS、MAC、中国蓝平板上，37℃恒温箱培养 24h。菌落形态见实验表 11-1。

实验表 11-1　待测菌在不同平板上的菌落特征

菌种	血平板	SS	MAC	中国蓝
大肠埃希菌	圆形、凸起、边缘整齐、大灰色的菌落	圆形、凸起、边缘整齐、红色的菌落	圆形、凸起、边缘整齐、红色的菌落	圆形、凸起、边缘整齐、蓝色的菌落
普通变形杆菌	呈迁徙生长	圆形、中等大小、无色透明或半透明的菌落，菌落中心可呈黑色	圆形、中等大小、无色透明或半透明的菌落	无色透明或半透明的菌落
肺炎克雷伯菌	圆形、凸起、灰白色、不溶血黏液型菌落	红色、较大、浑浊、凸起的黏液型菌落	红色、较大、浑浊、凸起的黏液型菌落	圆形、凸起、蓝色的菌落
鼠伤寒沙门菌	圆形、凸起、中等大小、无色、半透明光滑型菌落	中心呈黑色，外周无色透明菌落	无色半透明的光滑型菌落	无色半透明的光滑型菌落
福氏志贺菌	圆形、凸起、半透明的光滑型菌落	中等大小、无色半透明的光滑型菌落	中等大小、无色半透明的光滑型菌落	中等大小、无色半透明的光滑型菌落

3. 接种培养 将待测菌分别用接种针接种于一套肠杆菌科细菌生化编码鉴定管，其中氨基酸对照试验、赖氨酸脱羧酶和鸟氨酸脱羧酶需滴加无菌石蜡封盖，37℃恒温箱培养 24h。靛基质试验、苯丙氨酸脱氨酶试验需要分别加入相应试剂，然后读取各个试验结果并记录。

4. 沙门菌鉴定 菌落特点和生化反应符合沙门菌（发酵葡萄糖，不发酵乳糖，不分解尿素，产 H_2S，枸橼酸盐利用试验阳性）的待检菌，需进行血清学鉴定。取待检菌先与沙门菌 A～F 多价诊断血清做玻片凝集反应，若凝集依次进行 O、H 单价血清凝集试验，确定其血清群及型别。

5. 志贺菌鉴定 菌落特点和生化反应符合志贺菌（发酵葡萄糖，不发酵乳糖，不分解尿素，不产 H_2S，不能利用枸橼酸盐）的待检菌，需进行血清学鉴定。取待检菌先与志贺菌 A～D 群多价血清凝集反应，如不凝集，可能为表面 K 抗原隔离所致，可通过 100℃加热 15～30 min 破坏 K 抗原，再行凝集试验。如仍不凝集，则可能为 EIEC 菌株，需进一步鉴别。如发生凝集，再用定群和定型诊断血清作玻片凝集以鉴定到群和型。

【注意事项】

1. 正确选择、使用各生化反应管与相应试剂，严格无菌操作，防止交叉污染。
2. 按生化编码鉴定管顺序判断生化反应结果并记录，读出正确的鉴定编码，查阅编码表读出该菌的最终鉴定结果。
3. 血清学鉴定时，要仔细观察凝集现象，若存在表面抗原的干扰，加热去除后再进行凝集试验，先确定群抗原，再确定型抗原。

【实验结果与报告】

1. 观察记录

（1）糖发酵试验（实验表 11-2）。

实验表 11-2 记录细菌发酵葡萄糖的现象

菌名	葡萄糖培养基		乳糖培养基	
	颜色	气体	颜色	气体

（2）IMViC 试验（实验表 11-3）。

实验表 11-3 记录 IMViC 试验现象

菌名	靛基质试验（I）	甲基红试验（MR）	V-P 试验	枸橼酸盐利用试验（C）

（3）沙门菌血清学鉴定结果。

（4）志贺菌血清学鉴定结果。

2. 结果分析及报告

（陈 静）

实验十二　假单胞菌鉴定

【实验目的】

掌握常见假单胞菌的鉴定方法。

【实验原理】

根据假单胞菌属细菌的形态染色、培养特性、菌落特征、生化反应及抗原结构等不同来鉴定不同的假单胞菌。

【实验材料】

1. 菌种　待检菌（铜绿假单胞菌等）。

2. 培养基　普通琼脂平板、血琼脂平板、SS 平板、麦康凯琼脂平板、O/F 发酵管、KIA、硝酸盐培养基、枸橼酸盐培养基、精氨酸双水解酶培养基、DNA 酶、麦芽糖、甘露醇、木糖、乙酰胺培养基等。

3. 试剂　革兰染液，生理盐水，1% 盐酸二甲基对苯二胺（氧化酶试剂），硝酸盐还原试剂甲、乙液等。

4. 其他　光学显微镜、香柏油、醇醚混合液、滤纸、恒温培养箱、试管、载玻片、接种针（环）、酒精灯、火柴、高压锅等。

【实验方法与步骤】

1. 形态观察

（1）革兰染色：直接涂片革兰染色镜检，铜绿假单胞菌为革兰阴性杆菌，菌体长短不一，常呈多形性。

（2）动力检查：压滴法观察细菌动力，运动活泼。

（3）鞭毛染色观察：该菌一端有 1～3 根红色的鞭毛（不超过 3 根）。

2. 菌落观察　取待检细菌划线接种于血琼脂平板、麦康凯琼脂平板，35℃培养 18～24h，观察平板上菌落特征及色素等。普通琼脂平板上形成圆形、大小不一、边缘不整齐、扁平、光滑、湿润而常呈融合状态的菌落，琼脂被染成蓝绿色或黄绿色。血琼脂平板上形成大而扁平、湿润、有金属光泽、有生姜味的灰绿色或蓝绿色菌落，菌落周围有透明溶血环。麦康凯平板上形成微小、半透明菌落，48h 后菌落中央常呈棕绿色。

3. 生化反应

（1）氧化酶试验：铜绿假单胞菌氧化酶试验阳性。

（2）氧化发酵（O/F）试验：铜绿假单胞菌氧化发酵（O/F）试验为氧化型。

（3）其他生化反应：取铜绿假单胞菌进行一系列生化反应，将细菌接种于各种生化培养基中，35℃培养 18～24h，观察结果（实验表 12-1）。

实验表 12-1　铜绿假单胞菌和嗜麦芽窄食单胞菌主要生化反应结果

细菌	KIA				MIU			O/F			氧化酶	枸橼酸盐	精氨酸双水解酶	硝酸盐产氮	赖氨酸	色素
	底面	斜面	产气	硫化氢	动力	吲哚	尿素酶	葡萄糖	麦芽糖	木糖						
铜绿假单胞菌	－	－	－	－	＋	－	＋/－	O	－	O	＋	＋	＋	＋	－	＋
嗜麦芽窄食单胞菌	－	－	－	－	＋	－	－	O	O	－	－	－	－	－	＋	－

【注意事项】

1. 从临床分离的菌株中有部分不产生色素（大约有 10%），尤其是从痰液中分离的菌落为黏液型的铜绿假单胞菌，常不产生色素，但在室温中移种数代后常可恢复典型菌落和产生色素能力。

2. 对于不产生色素的铜绿假单胞菌，可通过硝酸盐还原试验产生氮气、乙酰胺水解、42℃生长，以及在含 2.0g/L 的硫酸镉琼脂生长加以确定。

【实验结果与报告】

1. 观察记录

（1）记录铜绿假单胞菌革兰染色、压滴法及鞭毛染色检查结果（实验表 12-2）。

实验表 12-2 铜绿假单胞菌形态观察

	结果
革兰染色	
压滴法	
鞭毛染色	

（2）记录铜绿假单胞菌生长现象（实验表 12-3）。

实验表 12-3 铜绿假单胞菌于不同培养基上的生长现象

菌名	营养琼脂	血平板	麦康凯琼脂平板	SS 琼脂平板
铜绿假单胞菌				

（3）记录铜绿假单胞菌生化反应结果（实验表 12-4）。

实验表 12-4 铜绿假单胞菌生化反应结果

试验	氧化酶	O/F	尿素酶	吲哚	枸橼酸盐利用	精氨酸双水解酶
铜绿假单胞菌						

2. 结果分析及报告

（陈秀荣）

实验十三 结核分枝杆菌生物学性状观察

【实验目的】

掌握结核分枝杆菌的生物学性状。

【实验材料】

1. 标本 结核分枝杆菌培养物，经高压灭菌的结核痰液标本。

2. 示教片 经高压蒸汽灭菌的结核痰液标本、结核分枝杆菌示教片。

3. 培养基 改良罗－琴（L-J）培养基。

4. 试剂 萋－尼抗酸染色液、金胺“O”染色液。

5. 其他 载玻片、木夹、接种环、酒精灯、恒温培养箱、显微镜、香柏油、擦镜纸等。

【实验方法与步骤】

1. 形态观察

（1）直接涂片法：用接种环挑取已经高压蒸汽灭菌处理的肺结核患者晨痰标本中干酪样或脓性部分，直接涂于载玻片上，均匀涂成约 2.0cm×2.5cm 大小的痰膜，干燥后再涂一层，制成厚涂片，自然干燥，固定。

（2）集菌涂片法

1）离心集菌法：脑脊液、胸腔积液、腹水和中段尿可直接离心沉淀集菌。痰标本需先用 4% NaOH 溶液处理，经 13.4kPa 高压蒸汽灭菌 20min 后再以 3000r/min 离心 30min，取沉淀物涂片、染色、镜检。

2）漂浮集菌涂片法：取上述处理的痰液 5～10ml 放入 100ml 容积的玻璃瓶中，加灭菌蒸馏水 30ml（总量不超过瓶容积的 1/3），加二甲苯 0.3ml，放振荡机上振荡 10min（振荡机速率 240 次 / 分），取出，再加蒸馏水满瓶口不外溢，静置 15min，把载玻片盖于瓶口上，放置 15～20min，取下玻片平放台上，自然干燥后，染色镜检。

（3）染色

1）抗酸染色法：①初染，用木夹夹住已固定的玻片，滴加 5% 苯酚复红染液，以覆盖标本为度，在酒精灯火焰高处缓缓加温，切勿煮沸，待染液微冒蒸气即暂时离开，如此反复数次，约维持 5min。保持染液不干燥，若染液蒸发减少，可补加染液以防干涸。待标本片冷却后用水冲洗多余的染液。②脱色，用 3% 盐酸乙醇脱色，直至涂片无红色染液流下为止，水洗。③复染，用吕氏亚甲蓝染液复染 1min，水洗后用吸水纸吸干，用油镜检查。

2）金胺“O”染色法：①荧光染色，加荧光染液金胺“O”盖满痰膜，染色 10～15min，水洗；②脱色，滴加 3% 盐酸乙醇，脱色 1～2min，至无黄色，水洗；③复染，加对比染液 0.5% 高锰酸钾溶液染色 1～3min，水洗，干后镜检。

（4）结果

1）抗酸染色法：结核分枝杆菌染成红色，抗酸染色阳性，细长略弯曲，杆状，可见分枝生长；非抗酸杆菌及细胞染成蓝色，为抗酸染色阴性。用油镜观察计数，报告结果，报告方式见正文表 14-1。

2）金胺“O”染色法：在暗视野背景下，抗酸杆菌呈黄绿色或橙黄色荧光。荧光染色后应在 24h 内完成检查，需隔夜时，将痰涂片置于暗处保存，次日完成检查。用荧光显微镜观察，报告结果，报告方式见正文表 14-1。

3）集菌涂片法：报告“找到抗酸杆菌”或“未找到抗酸杆菌”。

2. 菌落特点观察

（1）标本处理及接种：取痰标本 1ml 加 2%NaOH 溶液 2～4ml，置室温 30min，其间振荡 2～3 次，促痰液化。取消化后痰液混匀，用灭菌的毛细吸管取 0.1ml，无菌操作接种罗－琴培养基斜面上，反复倾斜使痰液分布均匀，每份痰标本接种两支培养基，倾斜放于 37℃恒温箱内培养 1 周后，再直立于试管架上培养至少 4 周以上，接种后应每周观察细菌生长情况，发现可疑菌落经抗酸染色验证后报告。

（2）菌落特点及结果报告：观察结核分枝杆菌在罗－琴培养基上菌落特征，典型菌落为乳白色或淡黄色，粗糙，呈颗粒状或菜花状，表面干燥、不透明，边缘不规则。报告培养结果，报告方式见正文表 14-2。

3. 生化反应

（1）耐热触酶试验

1）方法：取罗－琴培养基上培养的菌落，制成 10mg/ml 菌悬液，取 0.5ml 加入含 1ml pH7.0 1/15M PBS 液，置于 68℃水浴 20min，冷却至室温后缓缓滴加 30%H_2O_2 与 10%Tween-80 的等量混合液 0.5ml（需临用前配制），勿摇动，20min 内观察结果。

2）结果及意义：持续产生小气泡者为阳性，20min 内无气泡产生为阴性。空白试剂对照无气泡产生，结核分枝杆菌为阴性，堪萨斯分枝杆菌为阳性。本试验主要用于鉴别结核分枝杆菌与非结核分枝杆菌，前者触酶试验阳性，耐热触酶试验阴性；后者大多数两种试验均为阳性。

（2）硝酸盐还原试验：试验原理、方法见第 4 章第 3 节。结核分枝杆菌硝酸盐还原试验为强阳性，牛结核分枝杆菌为阴性。

（3）脲酶试验：试验原理、方法见第 4 章第 3 节。结核分枝杆菌脲酶试验为阳性，蟾蜍分枝杆菌为阴性。

4. 抗煮沸试验 将标本置于 100℃水中煮沸 1～10min，再取标本涂片抗酸染色，观察结果。致病菌株能耐煮沸 10min 仍不失去抗酸性，而非致病菌株煮沸 1min 即失去抗酸性。

【注意事项】

1. 结核患者的痰标本应先高压蒸汽灭菌处理，所有器材、试剂等均应在生物安全柜中进行，防止引起医源性传播。尤其接种环，接触标本后应先放沸水中灭菌 1min，再在酒精灯火焰上烧灼，切不可直接在火焰上烧灼，以免环上细菌污染。

2. 抗酸染色初染时，勿使染液沸腾或煮干，随时补充染液以防干涸。

3. 水洗后用吸水纸吸干水分，因可能沾有结核分枝杆菌，只能用于一份标本，以免影响结果。

4. 标本接种于罗－琴培养基后，需反复倾斜试管，使标本均匀分布于培养基上，倾斜培养 1 周后再直立。

5. 结核分枝杆菌可通过形态检查、分离培养、动物试验、PCR 技术等方法进行鉴定，也可通过检测患者血清中特异性抗体进行辅助诊断。

【实验结果与报告】

1. 观察记录

（1）记录镜下结核分枝杆菌形态特征，绘图并描述（实验表 13-1）。

实验表 13-1 抗酸染色及荧光染色结果判断与报告

	镜检结果（×1000）	报告
抗酸染色		
荧光染色		

（2）观察记录结核分枝杆菌的菌落特征。

（3）观察记录耐热触酶试验、硝酸盐还原试验、脲酶试验现象及结果（实验表 13-2）。

表 13-2　耐热触酶试验、硝酸盐还原试验、脲酶试验现象及结果

菌名	耐热触酶试验	硝酸盐还原试验	脲酶试验

2. 结果分析及报告

（楼　研）

实验十四　常见病原性真菌鉴定

【实验目的】

掌握常见病原性真菌的鉴定方法。

【实验材料】

1. 标本　白假丝酵母菌（菌种）、皮肤丝状菌（病发、皮屑等）、新生隐球菌（脑脊液、尿液、痰液等）。

2. 培养基　沙氏葡萄糖琼脂平板、血平板、玉米粉－吐温－80 培养基（RFAT）。

3. 试剂　100g/L KOH 溶液、生理盐水、小牛血清、同化糖试剂等。染色剂：革兰染色液、乳酸酚棉蓝染色液、印度（或优质）墨汁。

4. 器材　光学显微镜、清洁载玻片、盖玻片、接种环（针）、试管、染色夹、染色缸、火焰灯、火柴等。

【实验方法与步骤】

1. 标本采集　表皮癣菌：取患者毛发、皮屑、甲屑，将其剪碎；白假丝酵母菌：可取霉菌性阴道炎的分泌物或尿道分泌物标本；隐球菌：脑脊液由临床专科医生采集；尿液、痰液标本可由患者自己送检，离心沉淀取沉淀物检查。

2. 检验程序　见实验图 14-1。

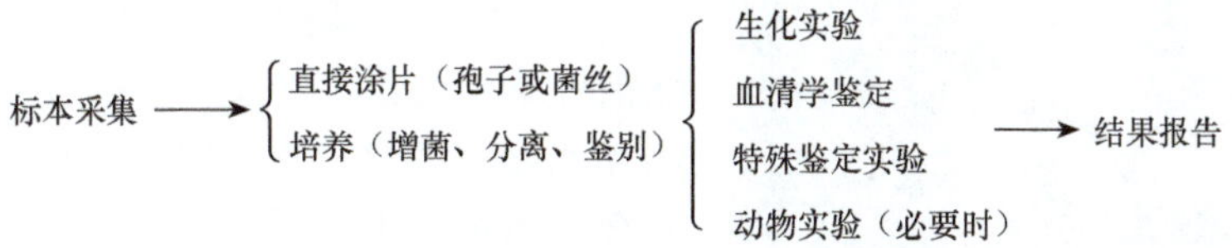

实验图 14-1　常见病原性真菌检验程序

3. 检验方法

（1）浅部感染真菌：取剪碎的病发或皮屑，置于清洁的玻片上，滴加 100g/L KOH 溶液数滴，用酒精灯微微加温，至毛发或皮屑透明，再加一盖玻片（注意不可产生气泡），用镊子轻轻压实，置于低倍镜下找到菌丝或孢子，再换用高倍镜观察，根据菌丝及孢子形态初步确定真菌的种属。

如果标本不好观察，可在透明后沿盖玻片四周滴加下列其中一种染色液（如乳酸酚棉蓝染液、甲紫液、复红液、亚甲蓝液）效果会更好。

浅部感染真菌：镜下找到菌丝或孢子即可报告检出真菌菌丝和（或）孢子。

（2）白假丝酵母菌

1）直接观察：可取霉菌性阴道炎的白带标本，一部分标本直接涂片后用乳酸酚棉蓝染色液染色后观察。

2）培养鉴定：另外部分标本可用乙醇或含青霉素的液体处理，再用无菌生理盐水冲洗后，接种于沙氏葡萄糖琼脂平板、血平板和玉米粉-吐温-80培养基中置于25℃培养24～72h。

将玉米粉-吐温-80培养基上的菌落与培养基一同割下置于载玻片上，盖上盖玻片压平，置显微镜低倍镜或高倍镜下观察。可见较多壁厚、圆形的厚膜孢子，多位于假菌丝的顶端，称为厚膜孢子形成试验。

3）芽管形成试验：在无菌小试管中加入人或动物（兔、牛、羊）血清0.25～0.5ml，接种少量（菌量10^6/ml）被检菌，充分振摇，混合数分钟后，置于35℃孵育1～3h（不超过4h）。每隔1h挑取1环含菌血清于清洁载玻片上，加盖玻片后镜检，连续检查3次。若在菌体上长出芽管，则芽管形成试验为阳性；否则为阴性。

4）糖同化试验：其原理与方法见第17章第2节。也可用同化试验生长图谱法（auxanographic method）或商品试验卡进行检查。

5）结果：①镜下形态特点，镜下可以看到圆形或椭圆形的孢子（直径3～6μm）或假菌丝。②菌落特点如下。a. 沙保琼脂，24h可见菌落，菌落呈奶油色、光滑。b. 血平板，35℃，48h有灰白色、白色菌落。c. 玉米粉-吐温-80培养基，在72h内可见丰富的假菌丝，绝大部分菌株可在菌丝顶端有典型的单个、最多不超过两个厚膜孢子。在30℃以上，不产生厚膜孢子，此点是与都柏林念珠菌重要的鉴别。③芽管形成试验，绝大部分白念珠菌可产生典型手镜状芽管，萌出芽管的孢子呈圆形，芽管较细，为孢子直径的1/3～1/2，其萌发连接点不收缩（称为箭状）。孵育时间不得超过3h，不然其他产假菌丝的酵母，也将发芽与芽管相混淆。④生化特性，能同化葡萄糖、麦芽糖、蔗糖（少数例外）、半乳糖、木糖、海藻糖，不能利用硝酸盐，尿素酶阴性。

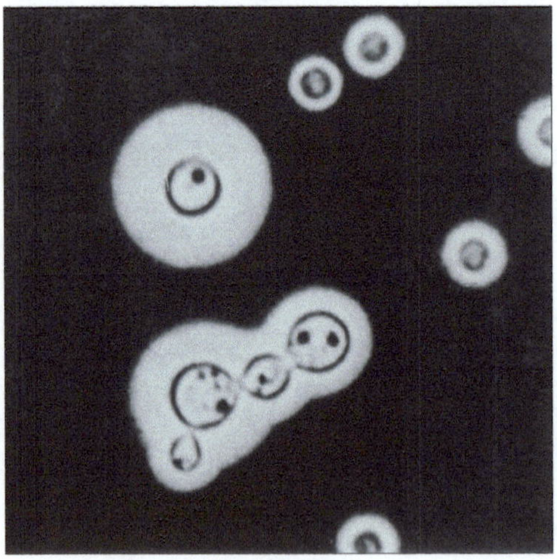

实验图14-2 新型隐球菌（墨汁负染色）

（3）新型隐球菌：墨汁负染色，取脑脊液、尿液标本离心沉淀物（1～2滴）涂片，加优质墨汁或印度墨汁1滴，加盖玻片静置3～5min，先在低倍镜，再换高倍镜下观察（如果太浓加点生理盐水），黑色背景里看到周围绕以透光厚荚膜圈的圆形孢子，宽度与菌体直径相当，有时可看到芽生孢子（实验图14-2）。

【注意事项】

（1）真菌标本直接镜检时，加盖玻片一定不能产生气泡，否则会误认为是孢子。皮屑组织较大或较厚，可用200g/L KOH溶液消化、透明。一次检查未检出菌丝或孢子，不能排除真菌感染的可能，对表皮癣菌菌种的鉴定，必须加做培养、生化反应和血清学试验（必要时），并综合临床资料具体分析。

（2）白假丝酵母菌鉴定中，还应该加做糖发酵试验，必要时用血清学试验加以区分。分离鉴定中温度一定要掌握好，不同的念珠菌生长温度不同。加做氯化三苯四氮唑（TTC）试验，白假丝酵母菌不使培养基变色或仅呈淡红色，而其他念珠菌或酵母菌可使培养基变为红色。

（3）新生隐球菌经过培养后，荚膜会减小或消失，必须再转种于小鼠体（如脑）内待发病后用脑脊液涂片才可观察到宽大荚膜。

（4）无菌操作，注意生物安全。

【实验结果与报告】

1. 观察记录

（1）浅部感染真菌鉴定结果。

（2）白假丝酵母菌鉴定结果。

（3）新型隐球菌鉴定结果。

2. 结果分析及报告

（胥振国）

实验十五　临床常见标本微生物检验

【实验目的】

掌握临床常见标本的微生物检验工作流程，各项操作技能及检验结果的分析、解释和报告。

一、尿液标本的微生物学检验

正常情况下，人体膀胱中的尿液是无菌的，从膀胱中无菌操作穿刺采集的尿液也应无菌，若没遵守标本采集程序采集标本，尿液可能会受到尿道口寄居菌群的污染，细菌计数一般不超过 10^3CFU/ml。当泌尿系统感染时，患者尿液菌落计数为10^4～10^5CFU/ml 或以上，因此可根据微生物的数量判断是否为该病原菌引起的泌尿系统的感染。检出尿液中的病原菌后，根据每种细菌的形态特点、培养、生化反应及抗原结构等特点，鉴定细菌的种类，同时在体外进行抗菌药物敏感试验，从而指导临床合理用药。

【实验材料】

1. 标本　尿液标本。

2. 培养基　血琼脂培养基、巧克力琼脂培养基、中国蓝琼脂培养基、M-H 琼脂培养基、微量生化管等。

3. 试剂　生化反应鉴定管、革兰染色液、无菌生理盐水、0.5 麦氏标准比浊管、香柏油、醇醚混合液、各种生化试剂、细菌鉴定诊断血清等。

4. 器材及其他　玻片、吸管、游标卡尺、无菌试管、无菌空平皿、小镊子、光学显微镜、接种环、接种针、酒精灯、超净工作台、35℃培养箱、CO_2 培养箱、各种药敏纸片等。

【实验方法与步骤】

1. 涂片染色镜检　取尿液标本 5～10ml 放入无菌试管，经 3000r/min 离心 30min 后取沉渣涂片，革兰染色镜检，记录检验结果。

2. 细菌分离培养 将尿液标本分别接种于血琼脂培养基、中国蓝琼脂培养基，置于35℃恒温培养箱，18～24h 后观察生长现象，描述菌落特征。

3. 尿液细菌计数 定量接种环法：用定量接种环（1μl，5μl 或 10μl）取一环尿液在血琼脂培养基上作均匀的连续划线接种。置于 35℃培养 18～24h 后计数菌落。例如，定量接种环含量为 1μl（0.001ml），培养基菌落数为 100 个，则每毫升尿液的细菌数为：培养基上菌落数 / 每接种环尿量（ml）$=100\times1/0.001=10^5$CFU/ml。如果是检查特殊细菌，如淋病奈瑟菌、结核分枝杆菌等则不需进行细菌计数。

4. 细菌鉴定及药物敏感试验 取菌落涂片革兰染色镜检，根据形态学检查结果，选用合适的生物化学试验及血清学试验对细菌进行鉴定，同时做抗菌药物敏感试验。

【注意事项】

1. 注意尿液细菌计数的影响因素，与抗生素的使用、输液、利尿剂的使用、尿液的 pH 变化和细菌种类有关。
2. 对不同类型的临床标本选择正确的培养基进行细菌的分离培养。
3. 由于尿液标本需进行菌落计数，接种标本时应定量且分区划线过程中接种环不能灭菌。
4. 严格无菌操作，注意生物安全，特别注意实验过程中的自我保护，防止感染。

【实验结果与报告】

1. 观察记录

（1）涂片做革兰染色镜检结果（实验表 15-1）。

实验表 15-1 记录革兰染色结果

染色性	细菌形态	排列方式

（2）菌落计数。

（3）生化试验结果（实验表 15-2）。

实验表 15-2 记录生化试验结果

生化反应	试验现象	结果判断

（4）血清学试验结果。

（5）药敏试验结果（实验表 15-3）。

实验表 15-3 药敏试验结果

抗菌药物	抑菌圈直径	结果

2. 结果分析及报告

二、血液标本的微生物学检验

正常人的血液是无菌的，当细菌侵入血液或骨髓并在其中生长繁殖引起菌血症、败血症时，血液标本中可检出相应病原菌，为临床提供病原学诊断依据。

【实验材料】

1. **血液标本** 球菌（或其他细菌）感染者血液或模拟标本。

2. **培养基** 血液增菌培养基、血琼脂培养基、巧克力琼脂培养基、中国蓝琼脂培养基、M-H 琼脂培养基、营养肉汤、微量生化管等。

3. **试剂** 革兰染色液、无菌生理盐水、0.5 麦氏标准比浊管、香柏油、醇醚混合液等。

4. **器材及其他** 光学显微镜、玻片、接种环、接种针、游标卡尺、小镊子、无菌试管、酒精灯、超净工作台、35℃培养箱、CO_2 培养箱、各种药敏纸片等。

【实验方法与步骤】

1. 取血液标本接种于增菌培养基，置血培养仪或 35℃温箱培养。

2. **涂片染色镜检**

（1）仪器培养：仪器报警显示有阳性培养瓶时，立即取出对应阳性瓶，并无菌抽取培养液进行涂片、革兰染色镜检，记录检验结果。

（2）手工培养：每天观察血液标本增菌培养物，根据生长现象确定微生物分离培养的指标。对于疑有细菌生长的血标本培养物，进行涂片革兰染色镜检，记录检验结果。

3. **细菌分离培养** 根据涂片染色镜检结果，选择合适的培养基转种、分离培养。一般选用血琼脂培养基、巧克力琼脂培养基和中国蓝琼脂培养基分离细菌，置于 35℃培养 18～24h。

4. **细菌鉴定及药物敏感试验** 观察菌落生长现象，描述菌落特征。取菌落涂片革兰染色镜检，根据形态学检查结果，选用合适的生物化学试验或血清学试验对细菌进行鉴定，同时做抗菌药物敏感试验。

【注意事项】

1. 认真仔细观察血液标本增菌培养物的生长现象，判定是否有细菌生长。

2. 根据细菌种类选择抗菌药敏纸片，并且药敏纸片应在有效使用期内使用。

3. 严格按照微生物检验操作规程进行操作，注意无菌操作和生物安全，特别注意实验过程中的自我保护，防止感染。

【实验结果与报告】

1. **观察记录**

（1）涂片做革兰染色镜检结果（实验表 15-4）。

实验表 15-4　记录革兰染色结果

染色性	细菌形态	排列方式

（2）生化试验结果（实验表 15-5）。

实验表 15-5　记录生化试验结果

生化反应	试验现象	结果判断

（3）血清学试验结果。

（4）药敏试验结果（实验表 15-6）。

实验表 15-6　药敏试验结果

抗菌药物	抑菌圈直径	结果

2. 结果分析及报告

三、痰液标本的微生物学检验

痰液是指气管、支气管或肺泡黏膜分泌出来的黏液，采集时一般用清水漱口数次，再用力咳出气管深部痰液，尽量避免鼻咽分泌物、唾液等，吐入无菌容器后立即送检。痰液是否合格做细菌培养的标准为低倍镜下鳞状上皮细胞≤10 个，白细胞≥25 个。当确定痰涂片合格后方可进行分离培养。由于呼吸道标本存在大量正常菌群，故分离出来的细菌不一定是致病菌，应根据实际情况进行判断。痰液的细菌学检查对于呼吸道感染性疾病的诊断、治疗具有很重要的意义。

【实验材料】

1. 标本　痰液标本或模拟痰液标本。

2. 培养基　血琼脂培养基、巧克力琼脂培养基、中国蓝琼脂培养基、M-H 琼脂培养基、微量生化管等。

3. 试剂　生化反应鉴定管、革兰染色液、抗酸染色液、无菌生理盐水、0.5 麦氏标准比浊管、香柏油、醇醚混合液、各种生化试剂等。

4. 器材及其他 玻片、无菌试管、游标卡尺、小镊子、光学显微镜、接种环、接种针、酒精灯、超净工作台、35℃培养箱、CO_2 培养箱、各种药敏纸片等。

【实验方法与步骤】

1. 肉眼观察 痰液为下呼吸道标本，选取脓血性的痰液用于细菌学检验。异常恶臭的脓性痰，常见于肺脓疡患者，而且可能与厌氧菌有关。痰液中有颗粒状、菌块和干酪样物质可能与放线菌病和曲霉菌感染有关。

2. 直接涂片检查 取痰液标本直接涂片，革兰染色镜检，确定标本是否适合做细菌培养，并初步判定是否有病原菌存在。若临床怀疑为抗酸菌感染，直接涂片后抗酸染色镜检。

3. 细菌分离培养 将痰液标本分别接种于血琼脂培养基、巧克力琼脂培养基和中国蓝琼脂培养基。巧克力琼脂培养基置 5%～10%CO_2 环境培养，其他培养基于普通环境 35℃培养箱孵育 18～24h，观察生长现象，描述菌落特征。

4. 细菌鉴定及药物敏感试验 取可疑菌落涂片革兰染色镜检，根据形态学检查结果，选用合适的生物化学试验及血清学试验对细菌进行鉴定，同时做抗菌药物敏感试验。

【注意事项】

1. 首先检查痰液标本是否适合做细菌培养。

2. 根据直接涂片染色结果，正确选择培养基进行痰液标本中细菌的分离培养，注意四分区或三分区划线的操作技术。

3. 严格按照微生物检验操作规程进行操作，注意无菌操作和生物安全，特别注意实验操作过程中的自我保护，防止感染。

【实验结果与报告】

1. 观察记录

（1）涂片做革兰染色镜检结果（实验表 15-7）。

实验表 15-7 记录革兰染色结果

染色性	细菌形态	排列方式

（2）生化试验结果（实验表 15-8）。

实验表 15-8 记录生化试验结果

生化反应	试验现象	结果判断

（3）血清学试验结果。

（4）药敏试验结果（实验表 15-9）。

实验表 15-9 药敏试验结果

抗菌药物	抑菌圈直径	结果

2. 结果分析及报告

（陈 娇）

实验十六 细菌检验自动化技术

【实验目的】

初步学会细菌检验自动化仪器的操作方法。

【实验原理】

1. 全自动血培养分析是根据微生物在代谢过程中可产生 CO_2、培养基 pH 等的改变来判断有无微生物生长。

2. 全自动细菌鉴定是采用光电比色原理（测定细菌分解底物产生不同产物的浊度），利用数码鉴定的原理，经矩阵分析得到鉴定结果，从而对细菌作出鉴定的方法。

3. 全自动细菌药敏分析是采用 NCCLS 推荐的微量肉汤稀释方法，以最小药物浓度仍能抑制细菌生长反应孔的浓度为该抗生素对此菌的最低抑菌浓度，报告 S、I、R 敏感等级。

【实验材料】

1. 标本 待检细菌标本。

2. 器材 全自动血培养分析仪、全自动细菌鉴定 / 药敏分析仪等。

3. 培养基 血培养瓶、细菌自动鉴定测试卡、细菌自动药敏分析反应板等。

【实验方法与步骤】

1. 观察全自动血培养分析仪 观察全自动血培养分析系统的型号、主要结构组成、血培养瓶等。

2. 观察全自动细菌鉴定 / 药敏分析仪 观察全自动细菌鉴定 / 药敏分析系统的型号、主要结构组成、细菌测试反应板、药敏测试反应板等。

3. 全自动血培养分析仪的操作方法

（1）按要求取一定量的血液注入培养瓶中。

（2）撕下培养瓶上的双条码之一，贴于送检报告单上备查。

（3）输入患者资料，存盘。

（4）打开主机门。用条形码扫描仪扫描条码面板“Vial Emtry”，扫描瓶上条码，孵育架上瓶位指示灯亮。

（5）将培养瓶放入指定瓶位。仪器出现“的的的”三声，指示操作结束，关机门。

（6）主机检测到阳性瓶后，瓶位编码及主机外部“Positive Vial”均会出现阳性指示，并伴有报警声。

消除报警声，打开主机门。扫描条码面板“Remove Positive”，阳性瓶所在位置瓶位指示灯亮。逐个取出阳性瓶，同时扫描瓶上条码。仪器出现“的的的”三声，指示操作结束，关机门。

（7）阴性瓶的取出。打开主机门，用条形码扫描仪扫描条码面板“Remove Negetive”，阴性瓶所在位置瓶位指示灯亮。取出阴性瓶。仪器出现“的的的”三声，指示操作结束，关机门。

4. 全自动细菌鉴定 / 药敏分析仪的操作方法

（1）依次打开打印机、电脑显示器、电脑主机电源开关。在键盘上输入管理指令，启动仪器。

（2）打开读数器 / 孵箱电源开关。

（3）主菜单下，按一定程序，移动光标，使电脑与读数器互相连接。

（4）配制待检菌液。

（5）菌液接种和封闭（由系统接种 / 封闭装置自动进行）。

（6）卡片装入读数器 / 孵箱。

（7）输入患者资料。

（8）自动打印检测报告。

【注意事项】

1. 不同型号的全自动血培养分析仪、全自动细菌鉴定 / 药敏分析仪的操作方法不完全相同，使用时应按说明书进行操作。

2. 仪器必须维护保养，每天应启动仪器。微生物鉴定与药敏试验完成后，应及时取出鉴定卡和药敏卡。每两周用标准菌株对仪器进行一次质控，以保证检验结果的准确性。每天须检查血培养分析仪培养瓶孔位中的实际温度，每月检查培养瓶检测孔一次，清除孔内纸片及杂物。每月检查稳压电源的输出电压。

3. 仪器房温度必须维持在 18～22℃，并保持内室干燥，少开窗，随手关门。

【实验结果与报告】

1. 观察记录

（1）记录全自动血培养分析系统的型号、主要结构组成、血培养瓶等。

（2）记录全自动细菌鉴定 / 药敏分析仪的型号、主要结构组成、细菌测试反应板、药敏测试反应板等。

（3）记录全自动血培养分析仪、全自动细菌鉴定 / 药敏分析仪的操作方法。

（4）记录检测结果。

2. 结果分析及报告

（李剑平）

参 考 文 献

安庆云．2008．微生物学与免疫学基础．北京：北京大学医学出版社
蔡凤．2009．微生物学．第2版．北京：科学出版社
蔡信之，黄君红．2010．微生物学实验．第3版．北京：科学出版社
陈华民．2013．微生物检验技术．北京：中国中医药出版社
陈梅芳，夏金华．2013．病原生物与免疫学．北京：人民卫生出版社
陈淑增，魏秋芬，杨翀．2010．病原生物学与免疫学．武汉：华中科技大学出版社
丛玉隆．2013．实用检验医学．第2版．北京：人民卫生出版社
崔昱．2013．病原生物学检验．第2版．北京：人民卫生出版社
段巧玲，杜兆丰，吐尔洪•艾买尔．2013．微生物学检验技术．武汉：华中科技大学出版社
费樱．2012．临床微生物学检验实验指导．北京：科学出版社
付玉荣，张文玲．2013．临床微生物学检验实验．武汉：华中科技大学出版
甘晓玲．2011．微生物学检验．第3版．北京：人民卫生出版社
郭积燕．2008．微生物检验技术．第2版．北京：人民卫生出版社
洪秀华，刘运德．2010．临床微生物学检验．第2版．北京：中国医药科技出版社
洪秀华．2005．临床微生物学检验．北京：科学技术文献出版社
黄敏．2006．微生物学与微生物学检验．北京：人民军医出版社
贾文祥．2001．医学微生物学．北京：人民卫生出版社
李凡，徐志凯．2013．医学微生物学．第8版．北京：人民卫生出版社
李剑平，刘雪梅．2013．医学免疫学与病原生物学．北京：科学出版社
李玉中，宗成国．2009．临床医学检验技术（士）考题分级解析．第2版．北京：人民军医出版社
梁冰．2007．微生物学检验分册．北京：军事医学科学出版社
刘辉，赵玉玲．2012．微生物检验技术．北京：人民军医出版社
刘荣臻．2007．微生物学检验．北京：高等教育出版社
刘运德．2003．微生物学检验．第2版．北京：人民卫生出版社
吕厚东，赵玉玲．2013．临床微生物学检验．武汉：华中科技大学出版社
吕厚东，赵玉玲．2013．临床微生物学检验．武汉：华中科技大学出版社
倪语星，尚红．2011．临床微生物学检验．第5版．北京：人民卫生出版社
潘丽江，高江原．2014．医学免疫学与病原生物学．第2版．北京：科学出版社
祁国明．2005．病原微生物实验室生物安全．北京：人民卫生出版社
尚红，王毓三，申子瑜．2015．全国临床检验操作规程．第4版．北京：人民卫生出版社
唐珊熙．2012．微生物学．北京：中国医药科技出版社
童明庆．2006．临床检验病原生物学．北京：高等教育出版社
王端礼．2004．医学真菌学（实验室检验指南）．北京：人民卫生出版社
吴彬，蒙仁．2011．病原生物与免疫学基础．北京：北京出版社
肖纯凌，赵富玺．2014．病原生物学和免疫学．第7版．北京：人民卫生出版社
徐纪平．2003．医学微生物学．北京：科学出版社
叶应妩，王毓三，申子瑜．2006．全国临床检验操作规程．第3版．南京：东南大学出版社

于岩岩，赵鸿. 2006. 临床细菌学实验室操作指南. 北京：人民卫生出版社
张宝恩，苏盛通. 2008. 病原生物与免疫学基础. 北京：科学出版社
张卓然. 2000. 医学微生物学和免疫学. 第4版. 北京：人民卫生出版社
赵斌，祝继英. 2015. 病原生物学与免疫学. 北京：科学出版社
周庭银. 2007. 临床微生物学诊断与图解. 第2版. 上海：上海科学技术出版社
CLSI. 2007. Principles and Procedures for Blood Cultures. Approved Guideline (M47-A). USA.
CLSI. 2013. Performance Standards for Antimicrobial Susceptibility Testing. Twenty-Tird Informational Supplemen t (M100-S23). USA
J. Vandepitte, J. Verhaegen, K. Engbae 等. 2006. 临床细菌学实验室操作指南. 第2版. 北京：人民卫生出版社
Laboratory biosafety manual (Third edition, WHO). 2004.

《微生物检验技术》教学大纲

一、课程性质和任务

微生物检验技术是医学检验技术专业学生重要的专业技能之一，其对应医院检验科微生物检验室这一临床工作岗位。《微生物检验技术》是医学检验技术专业重要的专业核心课程，是检验医学的重要组成部分。微生物检验的作用是为感染性疾病提供微生物学（病原学）的诊断，通过系统的检验方法，及时、准确地对临床标本作出病原学诊断和抗菌药物的敏感性报告。通过本课程学习，使学生掌握微生物检验的基本知识，基本操作技能，并熟练运用微生物检验的知识技能，对临床标本中微生物作出鉴定。

二、课程教学目标

通过教学，使学生具有实施微生物检验基本操作技术及临床标本的常见微生物检验技能。

（一）知识教学目标

1. 掌握微生物检验的基本知识。
2. 掌握临床常见微生物的生物学性状，检验程序，检验方法及报告方式。
3. 掌握消毒灭菌的基本概念及无菌操作技术。
4. 熟悉常见微生物的致病性。
5. 了解常见微生物感染的防治原则。

（二）能力培养目标

1. 学会使用微生物学检验常用仪器。
2. 学会配制各种常用培养基，试剂及消毒剂。
3. 熟练掌握常用的消毒灭菌方法和无菌操作方法。
4. 熟练掌握细菌、真菌等微生物检验的基本方法。
5. 熟练掌握常见细菌、真菌等微生物的鉴定。
6. 熟练掌握临床常见标本的微生物学检验方法。

（三）思想教育目标

1. 使学生热爱医学检验技术专业，培养学生良好的职业道德。
2. 具有实事求是的科学态度和严谨认真的工作作风。
3. 具有职业创新意识。
4. 树立无菌观念，具有实验室生物安全意识。

三、教学内容和要求

教学内容	教学要求			教学活动参考
	掌握	理解	了解	
一、绪论				理论讲授
（一）微生物、微生物学及医学微生物学	√			多媒体演示
（二）微生物的种类	√			讨论
（三）微生物与人类的关系			√	
（四）微生物学发展			√	
（五）微生物学检验	√			
二、细菌的基本性状				理论讲授
（一）细菌的形态与结构				多媒体演示
1. 细菌的大小和形态	√			讨论
2. 细菌的结构	√			实践操作
（二）细菌的生理				
1. 细菌的化学组成和物理性状			√	
2. 细菌的生长繁殖	√			
3. 细菌的新陈代谢		√		
（三）细菌与环境				
1. 细菌的分布		√		
2. 消毒灭菌		√		
（四）细菌的遗传与变异				
1. 细菌的遗传物质与变异现象	√			
2. 细菌的变异机制			√	
3. 细菌遗传变异在医学上的应用		√		
（五）细菌的分类与命名				
1. 细菌的分类等级			√	
2. 细菌的分类方法		√		
3. 细菌命名		√		
三、细菌的感染				理论讲授
（一）细菌的致病性				多媒体演示
1. 细菌的毒力因子	√			讨论
2. 细菌的侵入数量			√	
3. 细菌的侵入途经		√		
（二）细菌感染的发生发展				
1. 感染的来源	√			
2. 感染的发生发展	√			
（三）医院感染				
1. 医院感染常见的微生物				
2. 医院感染的流行病学			√	
3. 医院感染的监测与控制			√	
四、细菌检验基本技术				理论讲授
（一）细菌形态检验				多媒体演示
1. 细菌染色标本检验	√			讨论
2. 细菌不染色标本检验			√	实践操作
（二）细菌接种与培养				
1. 培养基	√			
2. 细菌接种与培养技术	√			
3. 细菌的生长现象	√			
（三）细菌生化鉴定技术				
1. 糖类代谢试验	√			

续表

教学内容	教学要求			教学活动参考
	掌握	理解	了解	
2. 蛋白质和氨基酸的代谢试验	√			
3. 碳源利用试验	√			
4. 酶类试验	√			
5. 复合生化试验	√			
（四）细菌的非培养检测技术			√	
1. 免疫学检测		√	√	
2. 分子生物学检测		√		
3. 毒素检测				
（五）细菌检验自动化技术				
1. 全动血液培养检测系统				
2. 全自动微生物鉴定/药敏分析系统				
五、细菌耐药性检测				理论讲授
（一）临床常用抗菌药物				多媒体演示
1. 抗菌药物种类		√		讨论
2. 抗菌药物选择原则			√	实践操作
（二）抗菌药物敏感试验方法				
1. 纸片扩散法	√			
2. 稀释法		√		
3. E-test 法		√		
4. 联合药物敏感试验			√	
（三）细菌耐药性检测				
1. 耐药表型的检测			√	
2. 耐药基因检测			√	
六、病原微生物实验室生物安全、				理论讲授
（一）实验室生物安全				多媒体演示
1. 危险度评估		√		讨论
2. 生物安全防护设备		√		实践操作
3. 实验室生物安全水平	√			
（二）生物安全技术				
1. 常用器具及设备的使用	√			
2. 感染性或潜在感染性物质的操作			√	
3. 血液及其它体液的标准预防措施		√		
七、微生物检验的质量保证				理论讲授
（一）检验前质量保证				多媒体演示
1. 检验申请			√	讨论
2. 标本的采集与运送	√			实践操作
（二）检验中质量保证				
1. 对检验人员的要求		√		
2. 对培养基、试剂、设备要求		√		
3. 检验过程			√	
（三）检验后质量保证				
1. 检验结果的评审与报告		√		
2. 检验后标本的处置		√		

续表

教学内容	教学要求			教学活动参考
	掌握	理解	了解	
八、常见病原性球菌				理论讲授
（一）葡萄球菌属				多媒体演示
1. 生物学特性	√			讨论
2. 临床意义			√	实践操作
3. 微生物学检验	√			
（二）链球菌属				
1. 生物学特性	√			
2. 临床意义			√	
3. 微生物学检验	√			
（三）肠球菌属				
1. 生物学特性		√		
2. 临床意义			√	
3. 微生物学检验		√		
（四）奈瑟菌属				
1. 脑膜炎奈瑟菌		√		
2. 淋病奈瑟菌	√			
3. 卡他莫拉菌			√	
九、肠杆菌科				理论讲授
（一）概述				多媒体演示
1. 分类	√			讨论
2. 主要生物学特性	√			实践操作
（二）埃希菌属				
1. 生物学特性	√			医院见习
2. 临床意义			√	
3. 微生物学检验	√			
（三）志贺菌属				
1. 生物学特性	√			
2. 临床意义			√	
3. 微生物学检验	√			
（四）沙门菌属				
1. 生物学特性	√			
2. 临床意义			√	
3. 微生物学检验	√			
（五）克雷伯菌属、耶尔森菌属、变形杆菌属、肠杆菌属				
1. 克雷伯菌属		√		
2. 耶尔森菌属			√	
3. 变形杆菌属		√		
4. 肠杆菌属			√	
十、非发酵革兰阴性杆菌				理论讲授
（一）假单胞菌属				多媒体演示
1. 铜绿假单胞菌	√			讨论
2. 其他假单胞菌			√	实践操作
（二）其他非发酵革兰阴性杆菌				
1. 伯克尔德菌属				
2. 窄食单胞菌属			√	
3. 产碱杆菌属			√	

续表

教学内容	教学要求			教学活动参考
	掌握	理解	了解	
4. 不动杆菌属			√	
5. 黄杆菌属			√	
6. 莫拉菌属			√	
十一、弧菌属、气单胞菌属、邻单胞菌属、弯曲菌属、螺杆菌属				理论讲授
（一）弧菌属				多媒体演示
1. 霍乱弧菌	√			讨论
2. 副溶血性弧菌			√	实践操作
（二）气单胞菌属和邻单胞菌属				
1. 气单胞菌属			√	
2. 邻单胞菌属			√	
（三）弯曲菌属				
1. 生物学特性			√	
2. 临床意义			√	
3. 微生物学检验		√		
（四）螺杆菌属				
1. 生物学特性		√		
2. 临床意义			√	
3. 微生物学检验		√		
十二、其他革兰阴性杆菌				
（一）嗜血杆菌属				
1. 生物学特性	√			
2. 临床意义			√	
3. 微生物学检验		√		
（二）鲍特菌属				
1. 生物学特性		√		
2. 临床意义			√	
3. 微生物学检验			√	
（三）军团菌属				
1. 生物学特性		√		
2. 临床意义			√	
3. 微生物学检验			√	
（四）布鲁菌属				
1. 生物学特性		√		
2. 临床意义			√	
3. 微生物学检验			√	
十三、常见革兰阳性需氧或兼性厌氧杆菌				理论讲授
（一）革兰阳性无芽胞杆菌				多媒体演示
1. 白喉棒状杆菌		√		讨论
2. 产单核细胞李斯特菌			√	实践操作
3. 红斑丹毒丝菌			√	
4. 阴道加特纳菌		√		
（二）革兰阳性需氧芽胞杆菌属				
1. 炭疽芽胞杆菌		√		
2. 蜡样芽胞杆菌			√	

续表

教学内容	教学要求			教学活动参考
	掌握	理解	了解	
十四、分枝杆菌、放线菌与诺卡菌属				理论讲授
（一）结核分枝杆菌				多媒体演示
1. 生物学特性	√			讨论
2. 临床意义			√	实践操作
3. 微生物学检验		√		
（二）非结核分枝杆菌				
1. 生物学特性			√	
2. 临床意义			√	
3. 微生物学检验		√		
（三）麻风分枝杆菌				
1. 生物学特性			√	
2. 临床意义			√	
3. 微生物学检验			√	
（四）放线菌与诺卡菌属				
1. 放线菌			√	
2. 诺卡菌属			√	
十五、厌氧菌				理论讲授
（一）概述				多媒体演示
1. 厌氧菌的种类、分布及临床意义	√			讨论
2. 厌氧菌感染的微生物学检验	√			实践操作
（二）梭状芽胞杆菌属				
1. 破伤风梭菌		√	√	
2. 产气荚膜梭菌		√		
3. 肉毒梭菌		√		
4. 艰难梭菌				
（三）厌氧球菌				
1. 消化球菌属			√	
2. 消化链球菌属			√	
3. 韦荣球菌属			√	
（四）无芽胞厌氧杆菌				
1. 革兰阴性无芽胞厌氧杆菌		√		
2. 革兰阴性无芽胞厌氧杆菌		√		
十六、螺旋体、支原体、衣原体、立克次体				理论讲授
（一）螺旋体				多媒体演示
1. 钩端螺旋体	√			讨论
2. 梅毒螺旋体	√			实践操作
3. 其他常见螺旋体			√	
（二）支原体				
1. 生物学特性	√			
2. 临床意义			√	
3. 微生物学检验		√		
（三）衣原体				
1. 生物学特性	√			
2. 临床意义			√	
3. 微生物学检验		√		

续表

教学内容	教学要求			教学活动参考
	掌握	理解	了解	
（四）立克次体				
1. 生物学特性		√		
2. 临床意义				
3. 微生物学检验		√	√	
十七章、真菌				
（一）真菌的生物学性状				
1. 形态与结构	√			
2. 培养与繁殖	√			
3. 真菌的变异性与抵抗力			√	
（二）真菌的致病性与免疫性				
1. 致病性		√		
2. 免疫性			√	
（三）真菌感染的检验方法				
1. 标本的采集与处理		√		
2. 检验程序		√		
3. 检查方法		√		
（四）常见病原性真菌及检验				
1. 浅部感染真菌			√	
2. 深部感染真菌		√		
十八、病毒概述				理论讲授
（一）病毒基本特性				多媒体演示
1. 病毒的大小与形态	√			讨论
2. 病毒的结构与化学组成	√			实践操作
3. 病毒的增殖		√		
4. 病毒的遗传与变异			√	
5. 外界因素对病毒的影响			√	
（二）病毒的分类				
1. 病毒的分类等级			√	
2. 非寻常病毒的分类			√	
（三）病毒感染的检验				
1. 标本的采集与处理	√			
2. 形态检验		√		
3. 分离与鉴定		√		
4. 快速诊断方法	√			
十九、常见病毒				理论讲授
（一）呼吸道病毒				多媒体演示
1. 流行性感冒病毒	√			讨论
2. 禽流感病毒		√		实践操作
3. SARS 冠状病毒		√		
4. 其他呼吸道病毒			√	
（二）肠道病毒				
1. 脊髓灰质炎病毒		√		
2. 轮状病毒			√	
3. 其他肠道病毒			√	

续表

教学内容	教学要求			教学活动参考
	掌握	理解	了解	
（三）肝炎病毒				
1. 甲型肝炎病毒	√			
2. 乙型肝炎病毒	√			
3. 丙型肝炎病毒		√		
4. 丁型肝炎病毒			√	
5. 戊型肝炎病毒			√	
（四）疱疹病毒				
1. 单纯疱疹病毒	√			
2. 水痘－带状疱疹病毒		√		
3. 人巨细胞病毒			√	
4. EB 病毒			√	
5. 人疱疹病毒 6、7、8 型			√	
（五）黄病毒、出血热病毒				
1. 黄病毒		√		
2. 出血热病毒			√	
（六）反转录病毒				
1. 人类免疫缺陷病毒	√			
2. 人类嗜 T 细胞病毒			√	
（七）其他病毒、朊粒				
1. 其他病毒			√	
2. 朊粒		√		
二十、临床标本微生物学检验概述				理论讲授
（一）临床标本的采集 和处理	√			多媒体演示
（二）临床标本的微生物学检验	√			讨论
二十一、临床常见标本的微生物学检验				实践操作
1. 血液标本的微生物学检验	√			医院见习
2. 脑脊液标本的微生物学检验		√		
3. 尿液标本的微生物学检验	√			
4. 粪便标本的微生物学检验		√		
5. 痰液标本的微生物学检验	√			
6. 脓液标本的微生物学检验		√		
7. 生殖道标本的微生物学检验		√		

四、教学大纲说明

（一）适用对象与参考学时

本教学大纲供高职高专医学检验技术专业使用，建议总学时为 136 学时，其中理论教学 68 学时，实践教学 68 学时。

（二）教学要求

1. 本课程对理论教学部分要求有掌握、理解、了解三个层次。掌握是指对《微生物检验技术》中所学的基本知识、基本理论具有深刻的认识，并能灵活地应用所学知识分析、解释生活现象和临床问题。理解是指能够解释、领会概念的基本含义并会应用所学技能。

了解是指能够简单理解、记忆所学知识。

2. 本课程突出以培养能力为本位的教学理念，在实践技能方面分为熟练掌握和学会两个层次。熟练掌握是指能够独立娴熟地进行正确的实践技能操作。学会是指能够在教师指导下进行实践技能操作。

（三）教学建议

1. 在教学过程中要积极采用现代化教学手段，加强直观教学，充分发挥教师的主导作用和学生的主体作用。注重理论联系实际，并组织学生开展必要的临床案例讨论分析，以培养学生的分析问题和解决问题的能力，使学生加深对教学内容的理解和掌握。

2. 实践教学要充分利用教学资源，应用案例分析讨论、临床见习等教学形式，充分调动学生学习的积极性和主观能动性，强化学生的动手能力和专业实践技能操作。

3. 教学评价应通过课堂提问、布置作业、单元目标测试、案例分析讨论、期末考试、技能操作考核等多种形式，对学生进行学习能力、实践能力和应用新知识能力的综合考核，以期达到教学目标提出的各项任务。

目标检测选择题参考答案

第一章

1. A　2. D　3. E　4. C　5. B　6. D　7. B　8. E　9. A　10. C

第二章

1. C　2. A　3. C　4. D　5. D　6. D　7. A　8. B　9. C　10. B
11. D　12. E　13. C　14. D　15. C　16. A　17. C　18. C　19. E　20. E
21. A　22. B　23. C　24. B　25. A　26. C　27. B　28. D　29. C　30. A
31. C

第三章

1. A　2. C　3. E　4. B　5. B　6. A　7. E　8. D　9. D　10. D
11. A　12. D　13. B　14. C　15. A　16. C　17. D　18. D　19. C　20. D
21. E　22. E　23. E　24. D　25. B　26. D　27. C　28. E　29. B　30. D

第四章

1. A　2. D　3. D　4. C　5. D　6. E　7. B　8. B　9. C　10. E
11. E　12. C　13. A　14. C　15. C　16. D　17. A　18. A　19. C　20. B
21. D　22. D　23. B　24. A　25. D　26. A　27. C　28. B　29. E　30. C
31. B　32. D　33. D　34. C　35. D　36. C　37. D　38. C　39. B　40. A
41. D　42. C　43. C　44. C　45. A　46. E　47. C　48. D　49. C　50. E
51. A　52. A　53. E　54. B　55. C　56. A　57. C　58. B

第五章

1. D　2. D　3. C　4. B　5. D　6. C　7. B　8. B　9. A　10. D
11. C　12. B　13. D　14. C　15. C　16. B　17. B　18. D　19. B　20. E

第六章

1. A　2. A　3. B　4. E　5. E　6. D　7. A　8. B　9. E　10. B
11. B　12. A　13. C　14. D　15. C

第七章

1. E　2. D　3. A　4. C　5. D　6. E　7. B　8. D　9. E　10. D
11. E　12. B　13. C　14. D　15. A

第八章

1. D　2. A　3. B　4. A　5. A　6. D　7. A　8. C　9. B　10. D
11. A　12. A　13. E　14. D　15. A　16. C　17. C　18. D　19. C　20. B
21. B　22. D　23. C　24. E　25. A　26. D　27. C　28. E　29. C　30. E

第九章

1. C　2. B　3. B　4. B　5. E　6. E　7. B　8. D　9. D　10. B
11. B　12. C　13. C　14. A　15. C　16. A　17. C　18. A　19. D　20. D
21. D　22. C　23. C　24. C　25. C　26. A　27. D　28. A　29. C　30. D

第十章

1. D　2. C　3. C　4. B　5. D　6. D　7. B　8. E　9. A　10. C
11. A　12. A　13. B　14. E　15. A　16. A　17. D

第十一章

1. D　2. D　3. B　4. A　5. A　6. D　7. B　8. C　9. A　10. C
11. D　12. D　13. C　14. D　15. A　16. E　17. E

第十二章

1. B　2. B　3. D　4. C　5. B　6. A　7. C　8. C　9. B　10. B
11. E　12. C　13. C　14. A　15. E　16. A　17. C　18. E　19. D　20. B

第十三章

1. E　2. B　3. D　4. C　5. C　6. A　7. E　8. C　9. A　10. D
11. B　12. C　13. A　14. D　15. B　16. B　17. B　18. B　19. C　20. E

第十四章

1. D　2. D　3. B　4. C　5. D　6. B　7. D　8. A　9. B　10. D
11. B　12. D　13. B　14. D　15. D　16. A　17. B　18. B　19. C　20. C
21. C　22. B　23. C　24. B　25. D　26. A　27. C　28. B

第十五章

1. C　2. B　3. E　4. C　5. D　6. A　7. C　8. E　9. D　10. A
11. B　12. D　13. D　14. D　15. C　16. D　17. D　18. A

第十六章

1. D　2. C　3. E　4. E　5. C　6. D　7. B　8. E　9. E　10. C
11. B　12. E　13. C　14. D　15. B　16. E　17. A　18. D　19. A　20. B
21. E　22. A　23. B　24. B　25. C　26. D　27. C　28. B　29. D　30. D